Barbara Skarga

NACH DER BEFREIUNG

Aufzeichnungen aus dem Gulag 1944–1956

Aus dem Niederländischen
von Bärbel Jänicke

Mit einer Einleitung
von Alicja Gescinska

Hoffmann und Campe

Die polnische Originalausgabe erschien 2008 unter dem Titel
Po wyzwoleniu 1944–1956 im Verlag W drodze, Poznań.
Der letzte Nachdruck der polnischen Originalausgabe erschien 2008
unter dem Titel *Po wyzwoleniu 1944–1956*
im Verlag Społeczny Instytut Wydawniczy Znak, Kraków.

Die niederländische Ausgabe erschien 2022 unter dem Titel
Na de bevrijding. Aaantekeningen over de goelag, 1944–1956
im Verlag De Bezige Bij, Amsterdam.

1. Auflage 2024
Copyright © Erben Barbara Skarga
Copyright niederländische Übersetzung © 2022 Steven Lepez
Für die deutschsprachige Ausgabe
Copyright © 2024 Hoffmann und Campe Verlag, Hamburg
www.hoffmann-und-campe.de
Umschlaggestaltung: Lisa Busch © Hoffmann und Campe
Umschlagabbildung: © Erben Barbara Skarga
Satz: Pinkuin Satz und Datentechnik, Berlin
Gesetzt aus der Minion Pro
Druck und Bindung: GGP Media GmbH, Pößneck
Printed in Germany
ISBN 978-3-455-01726-7

Ein Unternehmen der
GANSKE VERLAGSGRUPPE

INHALT

EDITORISCHE NOTIZ 7

ÜBER *NACH DER BEFREIUNG* 9

ÜBER BARBARA SKARGA: LEBEN UND
WERK EINER RENAISSANCEFRAU 19

ZEITLEISTE VON SKARGAS GEFANGENSCHAFT 41

VORWORT 43

1. DER ALLTAG: DAS GEFÄNGNIS 45

2. DAS HOSPITAL 81

3. DIE ARBEIT 159

4. DER ALLTAG: DAS LAGER 245

5. DIE LIEBE 285

6. THEATER UND SCHAUSPIELER 331

7. BUDJONOWKA	383
8. DIE GRENZE	475
GLOSSAR	495
HINWEISE DES NIEDERLÄNDISCHEN ÜBERSETZERS	499
ZITIERTE WERKE	503
HAUPTWERKE VON BARBARA SKARGA	505

EDITORISCHE NOTIZ

Die deutsche Ausgabe von Barbara Skargas *Nach der Befreiung* beruht auf der niederländischen kritischen Ausgabe, die in der Erschließung des Werkes wertvolle Vorarbeit geleistet hat. Nachweisbare Fehler, die das Original enthält, etwa Ortsnamen in Russland, historische Ereignisse oder Daten, die Skarga fehlerhaft erinnerte, wurden vom niederländischen Übersetzer korrigiert. Ebenfalls korrigiert wurden Passagen des Originals, in denen Skargas Formulierungen russifiziert sind und unkorrekt ins Polnische übertragen wurden. Auch die zahlreichen und sehr informativen Kommentare, die die niederländische Ausgabe enthält, wurden übernommen.

ÜBER *NACH DER BEFREIUNG*

Im akademischen Jahr 2007/2008 arbeitete ich als Gastwissenschaftlerin an der Universität Warschau. Einen Großteil dieses Jahres verbrachte ich mit dem Sammeln von Quellenmaterial und Vorbereitungen für meine Doktorarbeit, die ich im folgenden Jahr an der Universität Gent beginnen wollte. Gleichzeitig bot mir dieses Vorbereitungsjahr in meiner Heimatstadt auch die Möglichkeit, Fächer meiner Wahl zu belegen und meine Kenntnisse über Aspekte der Philosophiegeschichte zu vertiefen, mit denen ich bis dahin nicht sehr vertraut war.

In meinem Studium der Moralwissenschaften in Gent hatte ich beispielsweise selten, wenn überhaupt, etwas über Denker aus östlicheren Regionen Europas gehört. Es schien so, als hörte die europäische Philosophie an der Ostgrenze Deutschlands auf zu existieren. Kontinentale Philosophie an westeuropäischen Universitäten befasst sich fast ausschließlich mit deutschen und französischen Denkern. Mehr als die Hälfte des europäischen Kontinents wird damit schlichtweg übergangen. Während meines Jahres in Warschau versuchte ich jedenfalls, die polnische und russische Philosophie besser kennenzulernen. Dort und damals hörte ich zum ersten Mal den Namen Barbara Skarga.

Ich beschäftigte mich mit dem Werk des einflussreichen polnischen Philosophen Leszek Kołakowski (1927–2009), und in einem der Artikel, die ich las, wurde auf eine Studentin von ihm verwiesen: Barbara Skarga. Das verwirrte mich ein wenig, weil Skarga fast ein Jahrzehnt älter war als Kołakowski; keine klassische Lehrer-Schüler-Beziehung also. Ich war sofort von dieser brillanten Studentin Kołakowskis fasziniert und kaufte mir alle Bücher, die ich von den beiden finden konnte.

Ich hatte das Glück, dass beide Denker damals noch lebten und ihre neueren Werke noch im Buchhandel erhältlich waren. Ein zusätzlicher Glücksfall war, dass Kołakowski ausgerechnet 2007 seinen achtzigsten Geburtstag feierte. Der wurde an der Universität Warschau ausgiebig begangen, und zu diesem Anlass kam Kołakowski, der seit Anfang der siebziger Jahre in Oxford lebte und arbeitete, selbst nach Warschau. Er wurde in einer prachtvollen Aula der Universität geehrt. Im Anschluss daran folgte eine festliche Zusammenkunft mit Studenten und Professoren. Und dort sah ich zum ersten und letzten Mal auch Barbara Skarga, zuerst auf dem Podium neben Kołakowski und danach in den Gängen.

Nach meiner Rückkehr aus Warschau stürzte ich mich auf meine Doktorarbeit und hatte weniger Zeit, mich mit Skarga und Kołakowski intensiver zu befassen. Erst nach Abschluss meiner Dissertation nahm ich mir wieder ausgiebig Zeit, um mich in ihre Werke zu vertiefen. Daraus ging unter anderem ein Buch über Kołakowskis Leben und Werk hervor, das ich zusammen mit zwei Kollegen geschrieben habe. Und es führte auch zu einem dauerhaften, zunehmenden Interesse an der Persönlichkeit und der Philosophie Skargas. In den letzten Jahren habe ich mich zwar gelegentlich und indirekt in mehreren meiner Schriften auf sie bezogen, aber sie stand nie im Mittelpunkt, auch wenn ich fast ständig mit dem Lesen, Zusammenfassen und Analysieren ihrer Bücher beschäftigt war.

So wollte es der Zufall, dass ich gerade mitten im Lesen von Skargas Buch *Po wyzwoleniu... (1944–1956)* war, als Russland im Februar 2022 mit seiner großflächigen Invasion in die Ukraine begann. Schlagartig wurde mir die Relevanz von Skargas Worten bewusst. Alles, was sie vor so vielen Jahren niedergeschrieben hatte, bekam in diesen Tagen und Wochen eine zusätzliche Bedeutung, eine besondere Dringlichkeit. So vieles von dem, was Skarga beschrieben hatte, war auf schmerzliche Weise wiedererkennbar geworden. Die russische Rhetorik über die Notwendigkeit, das Nachbarland von Faschisten zu befreien. Menschen, die in Züge Richtung Osten gesetzt wurden. Hunger als Waffe. Deportationen, die Evakuierungen genannt wurden. Scheinreferenden und -wahlen. Skarga beschrieb, wie es früher war, und die Parallelen zur heutigen Zeit sind nicht zu verkennen. Die Erkenntnis, dass jeder Skargas *Nach der Befreiung* lesen sollte, um zu einem besseren Verständnis von Gegenwart und Vergangenheit zu gelangen, traf mich Ende Februar 2022 fast wie ein Blitzschlag.

Ich möchte betonen, dass Skarga unbestreitbar die *Grande Dame* der polnischen Philosophie des vergangenen Jahrhunderts war und dass sie ein Werk von solchem Umfang und solcher Tiefe geschrieben hat, dass man sich damit ein Leben lang beschäftigen könnte. Aber gleichzeitig – und ohne ihre Verdienste als Philosophin damit schmälern zu wollen – kann ich mich des Eindrucks nicht erwehren, dass kein einziges philosophisches Buch von ihr so bedeutsam und so wertvoll ist wie *Po wyzwoleniu…*: ihre autobiographischen Aufzeichnungen über ihre Jahre im Gulag und während der Verbannung auf eine Kolchose im äußersten Osten Russlands.

Skargas *Nach der Befreiung* ist in mindestens dreifacher Hinsicht von Bedeutung. Zunächst ist das Buch von historischer Relevanz. Es enthält eine Fülle sachlicher Informationen über einige der dunkelsten Seiten der zentral- und osteuropäischen Geschichte. Es ist auffallend, dass die historische Forschung, das kollektive Bewusstsein und das verfügbare Wissen über den Gulag sowie die Literatur darüber eher begrenzt sind, besonders im Vergleich zur

Beschäftigung mit den Lagern der Nazis. Für Historiker ist *Nach der Befreiung* deshalb auch von unschätzbarem Wert. Skarga skizziert Aspekte des Gulaguniversums, die in anderen Aufzeichnungen und Werken über den Gulag, beispielsweise von Solschenizyn, eher fehlen. Skarga selbst unterstreicht den Wert von Solschenizyns Werk, aber auch dessen Schwächen. Sie hebt hervor, wie anders es war, als Europäer und nicht als Russe im Gulag zu sitzen. Sie zeigt auch auf, wie anders es war, als Frau im Gulag zu landen. Das grundlegende Bedürfnis nach Liebe und Zärtlichkeit. Die Angst, vergewaltigt zu werden, schwanger zu werden. Und was passiert dann? All das sind Aspekte, die für eine Frau zum alltäglichen Leben im Gulag dazugehörten und die Skarga auf oft ergreifende Weise beschreibt und in Erinnerung bringt.

Die Kenntnis der Vergangenheit ist immer auch unabdingbar für ein besseres Verständnis der Gegenwart. Dies führt uns zu einem zweiten Aspekt der Bedeutung von *Nach der Befreiung*. Man lernt nicht nur die Vergangenheit, sondern auch die Gegenwart besser kennen. Wer die derzeitigen Beziehungen Russlands zu seinen Nachbarn und der slawischen Welt besser verstehen will, kann in *Nach der Befreiung* wichtige, aber auch traurige Lektionen lernen: Lektionen über Russlands Imperialismus und Eroberungsdrang, über die falsche Rhetorik der Befreiung, über die Mentalität der Fügsamkeit und Untertänigkeit der russischen Bevölkerung, über Polen, über die Ukraine, jene Nation, die Skarga so schön als Steppenfalke beschreibt – prächtig schwebend mit kraftvollen Schwingen –, und zugleich eine so tragische Nation, die immer wieder vom Schicksal geknechtet wird; eine verlorene, unglückliche Nation, die doch so sehr frei sein möchte. Die europäische Geschichte hat uns im Jahr 2022 eingeholt. Die Geschichte wiederholt sich, stellte auch Skarga fest, und sie widerspricht damit Marx, dem zufolge sich die Geschichte erst als Tragödie und dann als Farce wiederholt. Nein, die Wiederholung der Geschichte bleibt immer Mal für Mal tragisch.

Drittens schrieb Skarga ihre Erinnerungen in den frühen achtziger Jahren nieder. Sie war zu dieser Zeit eine Philosophin in der Blüte ihres Denkens, und das kann man in *Nach der Befreiung* auch sehen. Das Buch enthält viele Gedanken, die zu weiterer Reflexion anregen – Gedanken, die das Wesen des Menschen, der Zwischenmenschlichkeit und der Unmenschlichkeit ergründen. Nicht nur aus historischer und aktueller, sondern auch aus philosophischer Perspektive ist *Nach der Befreiung* deshalb ein Buch, das man in Ehren halten, lesen und wiederlesen sollte.

Schließlich möchte ich auch die literarischen und erzählerischen Qualitäten von *Nach der Befreiung* erwähnen. Das Buch ist eine außergewöhnliche Mischung aus persönlichen Reminiszenzen, historischem Tatsachenmaterial, philosophischer Reflexion *und* literarischer Kunstfertigkeit. Es hat zudem einen bemerkenswerten Aufbau und eine organische Erzähllinie, um all diese Elemente zu einem Ganzen zu schmieden. In ihrem Vorwort spielt Skarga selbst diese Aspekte des Buches allerdings herunter, und sie scheint mir dabei zu bescheiden zu sein. Skarga erklärt, dass ihr Buch »unfertig« sei, weil es nun einmal unmöglich zu vollenden sei. Es werde immer Erinnerungen geben, die wieder auftauchen, wieder verblassen, sich aufdrängen, wieder verebben. Immer gebe es Informationen, die weiter aufgedröselt werden könnten und sollten. Es gebe immer mehr zu sagen, als gesagt werden könne.

In anderen Büchern, etwa einer in Interviewform aufgezeichneten Autobiographie aus dem Jahr 2008, kommen in der Tat noch andere Erfahrungen aus Skargas Jahren im Gulag zur Sprache – Erfahrungen, die zweifellos auch in *Nach der Befreiung* ihren Platz hätten finden können. Ein treffendes Beispiel ist die Geschichte von Heino. In Kapitel 4 von *Nach der Befreiung* wird ganz kurz auf einen Arzt namens Heino verwiesen, aber mehr erfahren wir nicht über ihn. Dennoch war Heino eine nicht unbedeutende Figur in Skargas Leben.

Er war ein deutscher Arzt, mit dem sie sich in den Lagern angefreundet hatte. Vielleicht war das Schicksal mit ihm sogar noch ungnädiger als mit Skarga, denn anders als Skarga wurde er von Schuldgefühlen geplagt, von dem Gefühl, dass er etwas Schreckliches getan hatte, wofür ihn das Schicksal nun bestrafte. Heino war Arzt in Nazideutschland gewesen und während des Krieges nach Brüssel geschickt worden, um dort zu arbeiten. Eines Tages bat ihn ein Kollege, ihn zu vertreten. Ohne genau zu wissen, um welche Art Arbeit es sich genau handelte, willigte Heino ein. Er wurde zu einem Selektionsplatz geschickt. Er sollte Häftlinge selektieren, die medizinisch Arbeitsfähigen von denen trennen, die es nicht waren.

In der Annahme, den kranken und geschwächten Häftlingen einen Gefallen zu tun, gebrauchte er die Einstufung »arbeitsunfähig« sehr großzügig, um ihnen zunächst ein wenig Ruhe zu gönnen. Erst im Nachhinein erklärte ihm sein Kollege in zynischem Ton, wie das Schicksal der Arbeitsunfähigen aussehen werde. Das brachte Heino völlig aus der Fassung: Er kündigte, schloss sich dem Widerstand gegen die Nazis an, wurde dann aber von sowjetischen Soldaten verhaftet und in den Gulag gesteckt. Dort lernte er Skarga kennen. Sie überlebten beide die Lager, hielten auch danach Kontakt und blieben Freunde (auch wenn es wegen der Mauer und des Eisernen Vorhangs nicht selbstverständlich war, Freundschaften zu pflegen).

Obwohl solche Hintergrundinformationen, ergänzende Schilderungen und zweifellos noch sehr viele andere Elemente aus der mehr als zehnjährigen Gefangenschaft auch in *Nach der Befreiung* nicht fehl am Platze gewesen wären, ist Skarga in ihrer Beurteilung ihres eigenen Buches zu streng, wenn sie sagt, es sei »unfertig« und sie habe ihre Erinnerungen nur frei niedergeschrieben, so wie sie in ihr aufkamen, ohne chronologische Einordnung. Dies ist eindeutig nicht der Fall. Ich würde sogar wagen, das Gegenteil zu behaupten: *Nach der Befreiung* zeichnet sich gerade durch einen sehr strikten Aufbau aus. Die Erinnerungen sind mehr oder weniger thematisch geordnet (Erinnerungen an die Arbeit, an die Liebe in den Lagern und dergleichen); zugleich haben Skargas Aufzeichnungen auch einen chronologischen Aspekt, wodurch sich eine fesselnde Erzählung samt Spannungsbogen ergibt. Skarga nimmt uns mit auf ihre Odyssee durch die russische Hölle: von ihrer Verhaftung und den ersten Monaten in Gefängnissen in Litauen bis zum Beginn ihrer Gulagjahre und ihrer Deportation nach Uchta, wo sie als Krankenschwester im Hospital eingesetzt wurde, und dann nach Balqasch in der kasachischen Steppe, wo sie in einer Ziegelfabrik arbeiten musste.

Als Leser fühlt man mit, und wenn man glaubt, dass Skargas Leidensweg mit der Entlassung aus dem Gulag ein Ende haben würde, beginnt das Elend von Neuem, diesmal mit der Zwangsverbannung und der Arbeit in einer Kolchose, die in Kapitel 7 beschrieben wird. Und im letzten, kurzen Kapitel gibt es die Katharsis: Skarga darf endlich die Kolchose verlassen und erreicht nach einer Zugfahrt, die kein Ende zu nehmen scheint, die polnische Grenze. Es ist jedoch eine Katharsis mit einem bitteren Beigeschmack. Im vorletzten Absatz schreibt Skarga, dass das Gefühl der Enttäuschung nie größer war als genau in diesem Moment. Bei der Annäherung an die polnische Grenze durchquert der Zug ein Gebiet, das früher polnisches Territorium gewesen war, Polen inzwischen aber mit den Friedensverträgen der Nachkriegszeit weggenommen wurde. Dies war das Land, für das so viele Polen ihr Leben gegeben hatten, für das sie im Krieg gekämpft hatten, für das sie ihre jungen Jahre geopfert hatten. Und ausgerechnet hier hing nun alles voller russischer Schilder und russischer Aufschriften. So bitter kann das Ende der Hölle manchmal schmecken.

Die erzählerischen Qualitäten von Skargas Aufzeichnungen dürfen sicherlich hervorgehoben werden. Vergleicht man diese Aufzeichnungen mit der Fülle literarischer Zeugnisse über die Nazilager, so fällt auf, dass die besten dieser Zeugnisse immer Figuren – Menschen – enthalten, die einen als Leser ein Leben lang begleiten – »Charaktere«, die uns an der Gurgel packen und sich wie ein allgegenwärtiger schlummernder Schmerz in unser Herz einnisten. Primo Levis Hurbinek zum Beispiel. Oder das von Tadeusz Borowski beschriebene Kind, dessen Mutter so tut, als wäre es nicht ihr Kind, als sie mit dem Zug in Auschwitz ankommen. Oder das Kind, das in Elie Wiesels *Die Nacht* erhängt wird und einen grausamen Tod stirbt, woraufhin ein Häftling es nicht mehr aushält und fragt: Wo ist Gott in all dem, wo ist Gott in Auschwitz? *Dort hängt er.* Das sind Szenen, Figuren, Geschichten von anderen, die auch unsere Geschichte sind und die man nie vergisst.

Auch *Nach der Befreiung* lässt eine Reihe von Figuren Revue passieren, die einem in ähnlicher Weise im Gedächtnis bleiben. Manchmal liegt das an dem unerträglichen, unmenschlichen Elend, das sie erlitten haben: die exekutierten Häftlinge in Litauen, das Schicksal der armenischen Opernsängerin im Gulag, das Schicksal von Sergei Michailowitsch, der Frau, die – auch im Gulag – lieber als Mann durchs Leben gehen wollte, das Schicksal des Leningrader Professors, dessen Verhaftungsgeschichte unfassbar absurd ist, die Jüdin, die zwei Stunden lang über demselben Flughafen im Kreis flog und auf besonders fiese Weise Opfer des Antisemitismus der russischen Kommunisten wurde. Unvorstellbar tragische Leben.

Und dann gibt es Figuren, die einem nicht so sehr wegen ihres elenden Schicksals unter die Haut gehen, sondern weil sie in der Finsternis des Gulags und der Entmenschlichung so außergewöhnliche Lichtstrahlen sind. Musas liebevolle Eltern in Kapitel 5. Das ältere Ehepaar in der Kolchose, in der Skarga lebte. Die Ukrainer, die so schön singen konnten und durch deren Gesang sich Skarga wieder ein wenig als Mensch fühlte. Und sogar der zerzauste Hund aus Kapitel 5, um den sich die Frauen im Gulag so sehr bemühten. Sie alle sind Lichtstrahlen, die dazu beigetragen haben, diese schwierige, entscheidende Aufgabe zu erfüllen: nicht der Entmenschlichung nachzugeben, in dieser unmenschlichen Welt nicht gleichgültig zu werden. »Wir wollen Menschen bleiben. Wir wollen nicht, dass das Leben in uns verlöscht. Wir schützen uns vor der tödlichen Abstumpfung unserer Gefühle.«

Das sind alles vergessene Menschen und Ereignisse, von denen Skarga selbst sagt: »Man sollte ihre Geschichte so laut hinausschreien, dass jeder die Schreie hören kann.« Das sind alles Menschen und Ereignisse, von denen sie selbst sagt, sie habe die moralische Pflicht, sich an sie zu erinnern, ihr Schicksal aufzuzeichnen, denn wer sonst könne es noch tun. »Niemand denkt heute noch an sie. Niemand spricht mehr von ihnen. Sinnlose Opfer.« Skarga hat es als ihre moralische Pflicht angesehen, ihre Schicksale zu dokumentieren. Wenn dem so ist, so ist es auch unsere moralische Pflicht, etwas über diese Schicksale zu lesen und die Schreie zu hören.

Alicja Gescinska, August 2022

ÜBER BARBARA SKARGA: LEBEN UND WERK EINER RENAISSANCEFRAU

Eine glückliche Kindheit mit dunklen ausgefransten Rändern

Barbara Skarga wurde 1919 in eine privilegierte Familie hineingeboren. Einerseits stand die Familie voll und ganz im modernen Wirtschaftsleben – ihr Vater leitete als juristischer Spezialist für Versicherungsrecht einen Dachverband von Versicherungsgesellschaften. Andererseits war die Familie tief im alten polnischen Landadel verwurzelt – die Schwester von Skargas Vater besaß ein großes Anwesen in Litauen, wo die ganze Familie viel Zeit zusammen verbrachte.

Polen und Litauen teilen eine jahrhundertelange gemeinsame, komplexe Geschichte. Über die Jahrhunderte bildete sich in Städten wie Vilnius (polnisch Wilno) eine polnische intellektuelle Elite heraus, und eine polnische Wirtschaftselite leitete große Ländereien und Bauernhöfe auf dem litauischen Land. Deshalb nimmt Litauen auch eine einzigartige Stellung in der polnischen Kulturgeschichte ein. Das Land hat sich als wesentlicher Nährboden der polnischen Kultur erwiesen. Die erste Zeile des zweifellos bedeutendsten polnischen Gedichts aller Zeiten, *Pan Tadeusz* (1834) von Adam Mickiewicz (1798–1855), lautet bezeichnenderweise »Lithauen! Wie die Gesundheit bist du, mein Vaterland«. Der Literaturnobelpreisträger Czesław Miłosz (1911–2004) wuchs ebenfalls in Litauen auf, und das Land seiner Jugend wird in seinen Gedichten sehr oft als Referenzpunkt der Schönheit und des Lebens, wie es sein sollte, aber selten ist, erwähnt.

Dass das Leben selten so ist, wie es sein sollte, wussten Skarga und ihre Familie nur zu gut. Die Tatsache, dass Skarga in einer privilegierten Familie aufwuchs, bedeutet nicht, dass das Schicksal ihr und ihrer Familie wohlgesinnt war. Ganz im Gegenteil. Ihr Leben war geprägt von den großen Erschütterungen der Geschichte des 20. Jahrhunderts. Ihre Eltern heirateten 1916 (es war die zweite Ehe ihres Vaters, der zehn Jahre älter war als Skargas Mutter). Im Jahr 1917 wurde Skargas Schwester Hanna geboren, doch dann brach in Russland die Revolution aus. Die Familie, die damals in Minsk lebte, floh nach Warschau, wo 1919 Skarga und einige Jahre später ihr Bruder Edward zur Welt kamen.

Die Familie teilte ihre Zeit zwischen Warschau und Litauen auf, wo sie oft viele Monate im Jahr auf dem Landgut der Schwester von Skargas Vater in Chocieńczyce, etwa hundertfünfzig Kilometer von Vilnius entfernt, verbrachte (heute gehört Chocieńczyce zu Belarus und heißt Khotenchitsy). Wie sich Skarga später erinnerte, war ihre Erziehung streng, aber aufgeschlossen und von humanistischen Werten durchdrungen. Auch wenn die Familie protestantisch war, spielte die Religion im Alltag kaum eine Rolle. Skarga selbst wies sich als Philosophin auch immer als ungläubig aus, wenngleich mit starken Wurzeln in und Interessen an den religiösen Aspekten des menschlichen Daseins.

Skarga erhielt eine Ausbildung, die für die privilegierte, intellektuelle Klasse in diesem Teil Europas damals typisch war: Sie vertiefte sich in eine Vielzahl von Sprachen (neben der Muttersprache auch Griechisch, Latein, Französisch und Deutsch; im Alltag hatte sie zudem Kontakt zum Litauischen und oft auch zum Jiddischen, das von Juden in Vilnius gesprochen wurde) sowie in Literatur, Musik, Mathematik und Wissenschaft.

Literatur und Musik besaßen in der Familie einen hohen Stellenwert. Skargas Mutter war musikalisch begabt, und auf dem Landgut in Litauen wurde oft Klavier gespielt. Die Skargas waren auch gut mit der Familie von Stefan Żeromski befreundet, dem damals vielleicht bedeutendsten polnischen Schriftsteller, der den Nobelpreis mehrfach nur knapp verpasste. Die Familien wohnten sogar eine Zeit lang unter einem Dach, und Żeromskis Tochter wurde die beste Spielkameradin von Skarga und ihrer Schwester. Skarga erinnerte sich später daran, wie bedeutsam die Gestalt Żeromskis war, dass er keineswegs gestört werden durfte, wenn er durch den Garten wandelte und ganz in seine eigenen Gedanken vertieft war – dann musste absolute Stille herrschen. Sobald er sich an seinen Schreibtisch setzte, folgte ein Seufzer der Erleichterung, und es durfte wieder gespielt werden. Beim Schreiben störte ihn der Lärm weniger als beim Denken.

Im Jahr 1925 starb Żeromski. Es war das erste Mal, dass der Tod Skarga so nahe kam, und es hinterließ bei ihr einen tiefen Eindruck. In den folgenden Jahren sollten noch weitere Ereignisse Skargas Leben tiefgreifend erschüttern. Zunächst war dies der Börsenkrach von 1929, der das Leben der Familie auf den Kopf stellte. Der Verband, dem ihr Vater vorstand, ging in Konkurs; die Familie selbst geriet in finanzielle Schwierigkeiten und musste in eine kleine Wohnung in Warschau umziehen. Einige Monate später erlag Skargas Vater, damals zweiundfünfzig, einem Herzinfarkt, was der unbeschwerten Kindheit der zehnjährigen Barbara ein jähes Ende setzte. Skargas Vater, der stets auf großem Fuß gelebt hatte, starb, ohne seiner Frau und seinen Kindern einen Cent zu hinterlassen. Kurzerhand beschlossen sie, zur Verwandtschaft nach Litauen umzuziehen: Das Leben dort war um ein Vielfaches erschwinglicher als in Warschau, und die Familie konnte sich gegenseitig beistehen. Skargas Mutter musste sich plötzlich Arbeit suchen und wurde Angestellte in einem Busunternehmen. Sie verdiente sehr wenig, aber mit der Unterstützung der Familie genug, um ihre Kinder zu ernähren.

Barbara Skarga schloss ihre Schulausbildung in Litauen ab und glänzte als Schülerin, vor allem in Mathematik. Ihr Wunsch, Mathematik auch zu studieren, wurde zu Hause jedoch nicht mit Begeisterung aufgenommen: Ihre Mutter wollte, dass sie eine praktischere Ausbildung wählte. Sie legte dann die Aufnahmeprüfung an der Polytechnischen Fakultät der Warschauer Universität ab, mit Erfolg. Damit war sie eine der wenigen Studentinnen im Ingenieursstudium, die sich auf Elektrotechnik spezialisierten. So kehrte sie 1937 nach Warschau zurück, wo ein pulsierendes Studentenleben mit allem, was dazugehört, begann: Alkohol, Partys, Kino, Theater, Musik und natürlich auch ein wenig Studieren. Doch wirklich glücklich war Skarga nicht. Vor allem das Anfertigen technischer Zeichnungen langweilte sie unendlich, und so beschloss sie nach drei Semestern, einen Schlussstrich zu ziehen. Sie wollte zurück nach Litauen und lieber etwas im Bereich der Geisteswissenschaften machen. Sie entschied sich für ein Philosophiestudium an der Stefan-Batory-Universität in Vilnius. Als sie später gefragt wurde, warum sie diese Entscheidung getroffen und was sie zur Philosophie getrieben habe, war Skargas Antwort kurz, aber vielsagend: »Die Literatur und der Mangel.«[1]

---

1 Janowska/Mucharski, 2008, S. 97.

Von der Unterdrückung zur Knechtschaft

Doch der Krieg lag in der Luft, und aus den dunklen Wolken brach im September 1939 das Unheil über Polen herein. Am 1. September marschierten die Deutschen von Westen her ein, am 17. September wurde das Land von Osten her von der Sowjetunion angegriffen. Dies hatte auch große Auswirkungen auf Litauen. Ein Teil Litauens (das Memelgebiet) wurde Deutschland einverleibt, der andere Teil wurde sowjetisch. Als sich Russland und Deutschland 1941 gegenseitig den Krieg erklärten, wechselten sich Zeiten der deutschen und der russischen Besatzung und Gewaltherrschaft ab. Einige Litauer sahen in Hitler einen Befreier vom sowjetischen Joch und nutzten zugleich ihre Chance, die polnische Elite loszuwerden. Andere sahen in den Soldaten der Roten Armee Befreier im Kampf gegen die Nazis *und* im Kampf gegen die privilegierte polnische Klasse. Unterdessen versuchten die Polen in Litauen, den polnischen Charakter des Landes zu wahren, indem sie gleichermaßen gegen Deutsche, Russen und litauische Nationalisten kämpften. Mit anderen Worten: ein sehr komplexes, explosives Gemisch.

Barbara Skarga schloss sich der Armia Krajowa (AK) an, der nichtkommunistischen polnischen Widerstandsarmee, wie übrigens auch ihre Schwester, doch die beiden wussten nicht von der Aktivität der jeweils anderen – so groß war die Notwendigkeit der Geheimhaltung. Skarga wurde Kurierin, ein Verbindungsglied zwischen verschiedenen Gruppierungen der AK. Es war wie für viele eine besonders harte Zeit: Es gab wenig zu essen und viel Unsicherheit und Gefahr. Die Universität wurde geschlossen; Skarga zog mit ihrer Mutter, ihrem Bruder und ihrer Schwester zur Untermiete zu einer anderen Familie, um überleben zu können. Skarga selbst machte einen Ausbildungskurs zur Stuckateurin und Wandmalerin, denn jede Kleinigkeit half, um an die schwer zu beschaffenden Kartoffeln auf dem Schwarzmarkt zu kommen.

In der Zwischenzeit vertiefte sich Skarga aber auch weiterhin in die Philosophie: Im Untergrund setzte sie ihr Studium fort. Ihr wichtigster Lehrer war der polnische Philosoph und Schriftsteller Henryk Elzenberg (1887–1967), der wohl vor allem für die zahlreichen von ihm notierten Aphorismen bekannt ist. Elzenberg hatte Verbindungen zu Untergrundbewegungen und war Mitbegründer der Abteilung des Klubs Demokratyczny in Vilnius (in Städten wie Warschau, Krakau, Posen und Lwiw entstanden ab 1937 solche demokratischen Klubs: antifaschistische Organisationen, in denen sich überwiegend linke Mitglieder der polnischen Intelligenzija zusammenschlossen).

Es war allerdings nicht so, dass Skarga, als sie ihr Philosophiestudium begann und von Elzenberg unterrichtet wurde, erst noch ein politisches Bewusstsein für die Gefahren faschistoider Regime und totalitärer Denkbilder entwickeln musste. In *Nach der Befreiung* sagt sie an einer Stelle, sie habe nie »Scheuklappen« aufgehabt wie so viele Intellektuelle, die den totalitären Verlockungen nur schwer widerstehen konnten und mit den Nazis oder Kommunisten gemeinsame Sache machten. Vielmehr sei sie schon in jungen Jahren gegen die totalitären Verlockungen »geimpft« worden.

Das Landgut von Skargas Familie grenzte an die Sowjetunion – sie wohnten auf der einen Seite des Flusses, und auf der anderen Seite des Flusses lag das gewaltige Mutterland des Sozialismus. Während das litauische Ufer ein idyllischer Ort war, nahm man am anderen Ufer ständig die Anwesenheit von Soldaten wahr, die schreiend Wache hielten, damit es niemand wagte, den Fluss zu überqueren und aus dem Land zu fliehen. Nicht einmal barfuß im Wasser zu waten war erlaubt.

Dennoch gelang es manchmal jemandem, aus dem Osten zu entkommen und in ihrem Dorf aufzutauchen. Als Skarga etwa dreizehn Jahre alt war, kam ein Junge namens Kola. Er bat die Dorfbewohner inständig, bleiben zu dürfen und ihn nicht zurückzuschicken. Lieber würde er sofort erschossen. Sein Dorf und seine ganze Familie waren von den Kommunisten deportiert oder auf der Stelle liquidiert worden. Von einem Hügel im Wald, wo er sich versteckt hielt, hatte er alles mitangesehen. Auf Drängen von Skargas Cousine, die im Dorf Respekt genoss, durfte der Junge bleiben; er arbeitete unter dem Schutz von Skargas Familie als Gartenhelfer. Das Erste, was die Soldaten der Roten Armee taten, als sie im September 1939 einmarschierten, war, Kola zu erschießen. Aufgrund der Geschichten, die Kola und andere erzählt hatten, und des zynischen Mordes an ihm, war sich Skarga sehr im Klaren darüber, dass vom östlichen Bruder, vom Kommunismus, von Ideologien, die die Gemeinschaft über das Individuum stellen, nicht viel Gutes zu erwarten war.[2]

Und viel Gutes hatte auch Skarga selbst nicht zu erwarten. Dennoch begann jener 8. September 1944 wie ein strahlender Tag. Skarga zog ein Sommerkleid und leichte Schuhe an. Für den Abend war eine Party bei einer Freundin geplant, doch zunächst hatte sie eine Verabredung mit einem anderen AK-Kurier in Vilnius. Als sie an der Tür dieses Kuriers schellte, stellte sich heraus, dass dort Soldaten der Roten Armee auf sie warteten. Der Mitgliedschaft in der Armia Krajowa (AK) verdächtigt, wurde sie vollständig entkleidet, um sicherzugehen, dass sie nichts schmuggelte. Am Abend deportierte man sie. Was danach folgte, hat Skarga in ihrem Buch *Nach der Befreiung* in erschütternden Details beschrieben. Die vielen Monate, die sie in litauischen Gefängniszellen verbringen musste, waren eine höllische Qual und standen den Gulagjahren, die noch folgen sollten, in nichts nach: die Verhöre, die Misshandlung, der Schlafentzug, der Tod so vieler Landesleute und Zellengenossen. Und darauf folgte der Gulag: eine zehnjährige Haftstrafe, danach noch anderthalb Jahre Zwangsarbeit jenseits des Endes der Welt, in einer Kolchose im fernen Osten Russlands.

---

2   Skarga, 2017, S. 190–191.

In all diesen Jahren – vor allem in den Jahren vor dem Leben in der Kolchose – hatte sie keinen oder kaum Kontakt zu ihrer Familie. Posthum wurde Skargas Korrespondenz aus diesen Jahren veröffentlicht. Bis 1954 war dies nur ein gelegentlicher Brief an ihre Mutter oder ein Brief von einer zufälligen Mittelsperson (z. B. einem Polen, der früher aus dem Gulag zurückkehren durfte), die die Familie in Polen darüber informierte, wo Skarga jeweils gerade inhaftiert war. Von der Zeit ihrer Verbannung in die Kolchose an nahm die Korrespondenz zu. Die Briefe aus dieser Zeit sind oft eine vielleicht unbeabsichtigte bewegende Ode an die Liebe: die Liebe zwischen Mutter und Tochter, die Schwesterliebe, aber auch die Liebe zu den Geisteswissenschaften und der Kunst.

Alles andere als sentimental, sind diese Briefe Ausdruck einer tiefen Sorge umeinander. Man spürt, dass Skarga ihr Bestes tut, um gegenüber ihrer Mutter und ihrer Schwester den Anschein zu wahren, dass alles einigermaßen gut liefe, damit diese sich nicht zu sehr sorgen.

> Nehmt Euch meine düsteren Briefe nicht zu Herzen, denn angesichts meines allgemeinen Hangs zur Melancholie sind sie ganz normal. Ich muss immer etwas Trübsal teilen, um ich selbst sein zu können. Aber glaubt mir, dass es nur ganz außergewöhnliche Gemütszustände sind, die ein solches Entbehren und solche tränenreichen Worte verursachen [...]. Die Zeit fließt, und lasst sie so schnell wie möglich fließen. Jeder Tag, der vergeht, bringt mich näher zu Euch, und ich sehne mich nach nichts anderem.[3]

Das ist meistens der Tenor von Skargas Briefen, und die posthume Sammlung erhielt deshalb auch den Titel *Wenn ihr an mich denkt, dann ohne Traurigkeit.*

---

3   Skarga, 2019, S. 37–38.

Doch umgekehrt war das ebenso sehr der Fall: Auch Skargas Mutter und Schwester zeichneten ein rosigeres Bild der Realität in Polen. Hanna machte inzwischen eine steile Karriere als Schauspielerin und zeitweilig auch als Sängerin. Sie sang unter anderem Lieder von Władysław Szpilman, dem Pianisten, dessen tragische Kriegsjahre von Roman Polanski verfilmt wurden (Szpilman war nicht nur Pianist, sondern auch Komponist, und das nicht nur von klassischer Musik – er komponierte auch viele populäre Liedchen). Mit dem wachsenden nationalen Ruhm ging jedoch kein wachsender Wohlstand einher. In den Briefen an Barbara Skarga vermittelten Mutter und Schwester dennoch den Eindruck, als müsste sie nur fragen, wenn sie Rubel bräuchte, dann würden sie ihr welche schicken. In Wirklichkeit aber musste jeder Złoty zweimal umgedreht werden, und das Leben in Polen war ohnehin kärglich.

Diese Briefe offenbaren auch eine große Liebe zur Literatur, zur Kunst und den Geisteswissenschaften; man kann mit gutem Grund davon ausgehen, dass diese Liebe Skarga durch die Gulagjahre hindurchgeholfen hat. Skarga muss von dem intrinsischen Wert von Schönheit, Kunst, Kultur und Philosophie enorm durchdrungen gewesen sein; dieses Bewusstsein brannte wie ein inneres Feuer, das sie durch die Kälte – im buchstäblichen wie im übertragenen Sinne – dieser Gulag- und Kolchosjahre trug. Als sie hört, dass ihr jüngerer Bruder Edek an der Universität Polonistik studiert, ist sie hocherfreut: Sie hält es für wichtig, dass er sich für die Humaniora entscheidet, weil das Humane dem kommunistischen Materialismus und der Instrumentalisierung des Menschen und des Lebens diametral entgegensteht. Als sie erfährt, dass ihre Nichte als Pianistin sehr begabt ist und drei Stunden am Tag übt, ist sie ebenfalls begeistert.

Gleich zu Beginn ihres Leidensweges, als sie erst wenige Wochen in Litauen im Gefängnis saß, hatte sie bereits begonnen, Puschkin auf Russisch zu lesen, und in einem ihrer seltenen Briefe aus dieser

Zeit schrieb sie, dass sie immer besser Russisch lesen könne. Die wichtigste Quelle des Trostes, der wichtigste Blasebalg, der das innere Feuer ihres humanistischen Geistes anfachte, war jedoch Juliusz Słowacki (1809–1849). Skarga schreibt, wie sie sich an *Beniowski,* einem der berühmtesten Gedichte Słowackis, aufrichten und darin ihre Sorgen vergessen konnte.

> In ihm finde ich eine Wirtsstube, in der ich meine Sorgen ertränken kann. Es sollte Euch nicht betrüben, sondern gerade froh machen, dass in mir noch solche Gefühle aufleben, dass ich die Schönheit und den Zauber der Poesie spüre, dass ich noch denken und träumen kann und dass ich noch nicht ganz zu der Maschine verkommen bin, zu der wir alle hier langsam zu werden drohen. Und meine psychische Widerstandskraft ist so groß, dass ich alles ertragen kann, denn das Schwerste liegt hinter mir, und ich habe alles erhobenen Hauptes und mit Stolz durchgestanden. Denn: Der Glaube an die Richtigkeit meiner eigenen Einstellung ist stärker als das, was mir persönlich als Schicksal zuteilwird. Und manchmal ist es besser, nicht zu sein, als zu sein.[4]

Diese letzten Sätze fassen meiner Meinung nach das Wesen von Skargas kraftvoller Persönlichkeit zusammen, eine Stärke, die aus der Liebe zu ihren Nächsten und der Liebe zum Besten, was die Menschheit hervorgebracht hat, schöpft. Während ihrer Jahre im Gulag und in der Kolchose hielt die Literatur sie oft aufrecht: Jessenin, Dostojewski, sogar die sowjetische Propagandaliteratur halfen ihr, nicht völlig den Mut zu verlieren.

Als sie in der Kolchose häufiger schreiben konnte und zudem die Möglichkeit hatte, eine kleine örtliche Bibliothek zu besuchen, lebte ihre Liebe zur Literatur noch mehr auf. Außerdem begann sie den

---

4   Skarga, 2019, S. 31.

Faden der Philosophie wieder aufzugreifen: Sie las Marx, Engels und auch Spinoza. Und als sie Ende Dezember 1955 endlich nach Polen zurückkehren konnte, nahm sie mehr oder weniger sofort wieder ihr Studium der Philosophie auf. Dazu muss man als Mensch ungeheuer begeistert sein. Keine Bitternis, keine Vorwürfe gegenüber der Philosophie oder der Kunst (kann es nach dem Gulag noch Philosophie geben?). Kein Gefühl, dass es sich um ein abgeschlossenes Kapitel handelte: Ihre jungen Jahre waren vorbei, die Studienzeit war vorbei, außerdem hatte Skarga im Gulag viel von ihrem Wissen eingebüßt: Ihr Griechisch, ihr Deutsch, ihr Französisch, all das hatte sich verflüchtigt. Und doch stürzte sie sich wieder in die Philosophie und schloss 1957 ihr Studium ab.

Das innere Feuer, das sie dazu motivierte, rührte nicht nur aus einem Wissendrang oder der Philosophie selbst. Skarga erklärte später, dass sie sich einerseits fragte, ob sie es noch könne: Konnte sie noch denken? Konnte sie noch abstrakt denken? Das wollte sie für sich selbst herausfinden. Andererseits hatte sie auch sehr stark das Gefühl, dass ihr das Recht zu denken zwölf Jahre lang genommen worden war. Sie betonte diesen Aspekt des Kommunismus und des Gulag sehr oft: die Uniformität des Denkens und Handelns, man darf nicht eigenständig denken, die Individualität spielt keine Rolle, der individuelle Geist muss unterdrückt werden. Skarga wollte dieses Recht zu denken wieder für sich beanspruchen. Hätte sie aufgehört zu philosophieren, hätten die Kommunisten sie am Ende doch kleingekriegt. Und das wollte sie nicht. Nicht zufällig zog sich diese Überzeugung durch ihr späteres philosophisches Œuvre – sie sah sich in ihrem Denken als »Individualistin«. Der Wert des Individuums, die intrinsische Würde der menschlichen Person ist das höchste Gut.

Philosophische Tour de force

Angesichts der Entbehrungen, die sie erleiden musste, und der Hungerjahre, die nicht nur am Magen, sondern auch am Kopf, am Wissen, an der Würde nagten, kann man es zweifellos als eine Tour de force bezeichnen, dass Skarga ein solches philosophisches Œuvre geschaffen hat. Es ist ein Œuvre, in dem nicht *ein* Opus magnum im Zentrum steht, sondern das von Essayistik und der Kunst des Fragens geprägt ist. Ein guter Philosoph ist nicht in erster Linie jemand, der die richtigen Antworten kennt, sondern jemand, der die richtigen Fragen stellt. Und darin hat sich Skarga ausgezeichnet, ein wenig wie ihr philosophischer Lehrer Leszek Kołakowski. Ihr Œuvre besteht aus zahllosen Essays, einem Kreisen um zentrale Fragen, in dem man nicht nach gradlinigen, fertigen Antworten suchen darf.

Skargas erstes philosophisches Spezialgebiet war der Positivismus, wie er Mitte des 19. Jahrhunderts in Polen aufkam. Den Begriff »Positivismus« entlehnten die polnischen Positivisten von Auguste Comte, aber ihre Menschen- und Gesellschaftslehre hatte mehr mit Denkern wie John Stuart Mill und Herbert Spencer gemeinsam als mit Comte: dem Glauben an und dem Kampf für die Gleichberechtigung von Mann und Frau, der Emanzipation der Bauern, dem Primat der Vernunft vor den Gefühlen. Der Positivismus in Polen war eher eine breite kulturelle Strömung als eine philosophische Schule. Darüber promovierte Skarga 1964, was ein Kuriosum darstellte: Damals war es in kommunistischen Ländern höchst ungewöhnlich, eine philosophische Dissertation zu schreiben, in der Marx oder der Marxismus keine bedeutende Rolle spielten. Was nicht heißt, dass sie nicht mit den Arbeiten ihrer marxistischen Kollegen vertraut gewesen wäre. Im Gegenteil: Sie hatte gute Kontakte zu Adam Schaff (1913–2006), damals zweifellos der bedeutendste polnische Marxist. Schaff verschaffte Skarga die Möglichkeit, in Paris zu leben und zu arbeiten, doch sie hatte das Gefühl, dass sie ss ihrer Mutter nicht antun könne; sie konnte sie nicht ein weiteres Mal zurücklassen.

Außerdem hatte sie guten Kontakt zu Leszek Kołakowski. Kołakowski war anfangs ein marxistischer Philosoph, in den fünfziger Jahren entfernte er sich jedoch immer weiter von der offiziellen Doktrin und wurde zum Revisionisten und später zum vielleicht führenden Kritiker des Kommunismus, der in Polen und weit darüber hinaus Resonanz fand. Sein dreibändiges Werk *Die Hauptströmungen des Marxismus*, das in den siebziger Jahren erschien, ist die bedeutendste Dekonstruktion der marxistischen Philosophie und sorgte dafür, dass auch bei vielen westlichen Intellektuellen, die anfänglich mit dem Marxismus sympathisierten, langsam die Scheuklappen fielen.

Für seine zunehmende Dissidenz zahlte Kołakowski einen hohen Preis. 1968 war ein Horrorjahr in der polnischen Geschichte. Die Daumenschrauben der kommunistischen Repression wurden angezogen, und das ging mit einem lähmenden Antiintellektualismus und einem abscheulichen Antisemitismus einher. Binnen weniger Monate wurden etwa zwanzigtausend Juden und Intellektuelle gezwungen, das Land zu verlassen, darunter viele von Skargas jüdischen Freunden und philosophischen Kollegen: Kołakowski, aber auch Bronisław Baczko (1924–2016) und Krzysztof Pomian (*1934), die beide danach auch international Karriere als Denker machten und deren Werke mit zahlreichen Preisen, Ehrendoktorwürden und Ehrungen ausgezeichnet wurden. Für manche war das erzwungene Exil eine Tragödie. So beschreibt Skarga, dass einige ihrer Kollegen keine Ahnung hatten, was sie im Ausland tun oder wohin sie gehen sollten. In späteren Interviews erzählte sie, wie sie viele ihrer Kollegen nach Dworzec Gdanski brachte, den Bahnhof in Warschau, an dem der Exodus für viele begann. »Okropne były pożegnania«: Der Abschied war immer wieder schrecklich.[5]

---

5 Janowska/Mucharski, 2008, S. 245.

Skarga selbst ließ sich nur teilweise auf die politischen Entwicklungen im Lande ein. Ihre Arbeit als Philosophin war meist unpolitisch, sie konzentrierte sich auf ideengeschichtliche Aspekte, die mit gesellschaftlichen Entwicklungen wenig zu tun hatten. Sie war allerdings dabei, als *Dziady* (dt.: *Totenfeier*) – ein Bühnenstück von Mickiewicz mit antirussischen Untertönen – unter der Regie von Kazimierz Dejmek Ende 1967 aufgeführt wurde. Diese Aufführung war eine aufsehenerregende Form des Protests gegen die Unterdrückung und die russische Einflussnahme im Land, und sie bildete den unmittelbaren Auslöser für weitere Repressionen des Regimes, die zum Massenexodus von 1968 führten.

Doch Skarga selbst wollte Polen nicht mehr verlassen. Allerdings entwickelte sich mit den Jahren Frankreich zu einer zweiten Heimat für sie. Dass sie einmal die Möglichkeit hatte, sich in Frankreich niederzulassen – wovon sie absah –, war kein Zufall: In ihrer Arbeit als Philosophin beschäftigte sie sich zunehmend mit Denkern wie August Comte und anderen französischen Philosophen, die als Wegbereiter des polnischen Positivismus im 19. Jahrhundert galten. Dass sich Skarga in diese französischen Denker vertiefte, war eine Konsequenz, die sich aus ihrer Dissertation ergab, und ein logischer Schritt in ihrer weiteren Forschung. Skarga genießt zu Recht Anerkennung dafür, dass sie viele französische Denker in Polen eingeführt hat. Und im Laufe der Jahre entwickelte sie eine große Affinität zu Frankreich, zur französischen Sprache und zu französischen Philosophen: sowohl zu den toten als auch zu den lebenden. Mit Emmanuel Levinas beispielsweise verband sie eine enge Freundschaft. Levinas hatte selbst litauische Wurzeln, hatte für kurze Zeit in Charkiw studiert und gelebt und war ein philosophischer Weggefährte. In ihren eigenen Essays baute Skarga oft auf Levinas auf; was die beiden vielleicht am meisten verband, war ihr Europäertum. Einmal fragte sie Levinas, was er nun eigentlich sei, was für ein Denker er sei, mit seinem gemischten kulturellen

Hintergrund (er sprach auch Russisch und seine Frau Polnisch). Levinas antwortete: »Ich bin Europäer.« Skarga erklärte, dass sie diese Bezeichnung auch für sich selbst passend finde.[6]

Unter anderem in einem der Hauptthemen ihres Werkes zeigte sich Skarga Levinas verpflichtet: in der Frage nach dem Bösen. Obwohl sie einmal bekundete, nicht viel davon zu halten, wenn Menschen versuchten, ihr philosophisches Werk anhand ihrer Autobiographie zu erklären, lässt es sich doch kaum leugnen, dass ihre Erfahrungen im Gulag und in der Kolchose ihr Denken geprägt haben. Besonders ihre Verteidigung des Individualismus und ihre Aversion gegen politische Extreme sind davon kaum zu trennen. Und das gilt auch für die Frage des Bösen, die in ihren Betrachtungen immer wiederkehrt.

Obwohl sie sich selbst als Ungläubige verstand, konnte Skarga mit größter Ernsthaftigkeit über den Teufel sprechen. Sie hielt den Teufel für ein wichtiges philosophisches Thema, für das man keineswegs religiös sein musste. Was dies anging, bezog sie sich gelegentlich auch auf den Manichäismus. Das hatte sie mit Denkern wie Kołakowski und Miłosz gemeinsam: Alle ungläubig oder mit ihrer eigenen, sehr atypischen Metaphysik ringend, rückten sie den Manichäismus in ihrer Philosophie oder in ihren Gedichten ins Zentrum.

Wenngleich Skarga die Reflexionen über den Teufel sehr ernst nahm, war sie der Ansicht – darin Levinas folgend –, dass das Böse in der Welt nicht so sehr in metaphysischen Begriffen verstanden werden sollte: Das Böse ist per Definition Menschenwerk. Dabei ist das Böse nicht bloß *im* Menschen oder in den Menschen selbst zu finden, sondern auch und vor allem *zwischen* den Menschen: Es ist etwas, was in einer seltsamen Form der Zwischenmenschlichkeit von »ich« und »du« entsteht.[7]

---

6 Janowska/Mucharski, 2008, S. 289–292.
7 Skarga, 2005, S. 117–118.

Als Skarga später den Kommunismus als eine mögliche Manifestation des Teufels charakterisierte, stellte sie klar, dass sich das Teuflische des Kommunismus nicht in einer Art metaphysischer Intervention einer übermenschlichen Entität verberge und dass es ebenso wenig in der absichtlichen Negation des Guten liege. Was so teuflisch am Kommunismus war, war die wuchernde Ausbreitung der Gleichgültigkeit. Skarga hat viel darüber geschrieben, dass sich das Gute *nicht* als Gegensatz zum Bösen darstellt – das Gegenteil des Guten sei vielmehr die Gleichgültigkeit. Viel von dem Elend, das der Kommunismus verursachte, ging nicht auf zielgerichtete Boshaftigkeit oder zielgerichtetes Verursachen von Leid, von *Vernichtung* zurück (das waren eher die Folgen als die Quellen des Bösen). Diabolisch war die Gleichgültigkeit der Autoritäten, der Machthaber, und die Tatsache, dass man letztlich gezwungen wurde, als Mensch selbst immer gleichgültiger zu werden, um noch leben zu können. Im Grunde, so Skarga, ist das Böse ein Rätsel, das unser Verständnis immer übersteigen wird, weshalb es womöglich besser ist, sich zu fragen, wie man das Böse bekämpfen kann, als sich zu fragen, was es bedeutet.[8]

Hoffnung und Menschsein

In den achtziger Jahren war Skarga noch immer nur indirekt an den großen Veränderungen beteiligt, die sich abzeichneten. Sie hatte zwar Verbindungen zur Bürgerrechtsbewegung Komitee zur Verteidigung der Arbeiter (KOR) und zur Bewegung Solidarność, aber sie erwartete eigentlich nicht viel von ihnen. Das Polen, das sie bei ihrer Rückkehr im Dezember 1955 vorgefunden hatte, hatte sie zutiefst enttäuscht. Es schien, als wäre die Nation gebrochen,

---

8   Skarga, 2017, S. 237.

als hätte sie es tatenlos hingenommen, fortan unter dem Joch der Kommunisten und Russlands zu leben. Diese Enttäuschung ließ in Skarga den Glauben an die Möglichkeit eines kurzfristigen großen Wandels erlöschen. Den vollständigen Zusammenbruch des Kommunismus hielten zugegebenermaßen aber viele für unwahrscheinlich, und er kam unerwartet – selbst im November 1989 noch.

Skarga konzentrierte sich auf ihre Arbeit, sie wurde 1988 Professorin, Chefredakteurin von *Etyka*, Polens führender Philosophiezeitschrift, und veröffentlichte in den achtziger Jahren einige ihrer wichtigsten Bücher. Im Jahr 1982 publizierte sie ihre umfangreiche Studie über Henri Bergson, in der sie sich besonders intensiv mit einem Aspekt von Bergsons Denken befasste, der zunehmend zu einem zentralen Thema in ihrem eigenen Denken wurde: mit der Frage der Zeit. Sie schrieb zahlreiche Aufsätze über die Bedeutung, die Erfahrung und den Ursprung der Zeit. Eine der Fragen, die sie beschäftigte, lautete: Welche Bedeutung hat das »Jetzt«? Skarga war der Ansicht, dass das »Jetzt« im ontologischen Sinne nicht wirklich ein sinnvoller Begriff sei, das »Jetzt« existiere nicht, es sei ein »Nichts« zwischen dem, was war, und dem, was sein werde.[9]

Mit einer ähnlichen Skepsis gegenüber der ontologischen Dimension unseres Zeitbegriffs rückte sie auch den Begriffen der Endlichkeit und der Ewigkeit zu Leibe. In einem späteren Aufsatz kommt sie zu dem Schluss, dass der Begriff der Ewigkeit hohl sei.

> Zu dieser Schlussfolgerung befugte mich die Erkenntnis, dass alles stirbt, alles zerbröckelt, alles vergeht, sogar Felsen, Steine, Kontinente, Epochen und Zivilisationen, dass alles, was entsteht, verloren geht. Die Ewigkeit ist nicht Teil der Existenz, auch wenn wir uns von dem Gedanken daran nicht befreien können.[10]

---

9 Skarga, 2017, S. 303–305.
10 Skarga, 2005, S. 84.

Diese Faszination für Fragen über die Zeit geht also auf ihr Interesse an Bergson und ihre Arbeit in den achtziger Jahren zurück. In jenen Jahren schrieb sie auch einige ideengeschichtliche Werke wie *Granice historyczności* (1989) über die Grenzen der Historizität. In den letzten zwanzig Jahren ihres Lebens lag der Schwerpunkt zunehmend auf metaphysischen Fragen wie in ihren Büchern *Tożsamość i różnica, Eseje metafizyczne* (1997) und *Kwintet metafizyczny* (2005). Man könnte also von drei Hauptphasen ihres Denkens sprechen: dem Anfang mit Betonung auf dem Positivismus, dem mittleren Teil mit Betonung auf ihrer ideengeschichtlichen Arbeit und der letzten Phase mit Betonung auf Metaphysik. Skarga selbst sah in ihrem Werk vor allem Kontinuität, und das nicht zu Unrecht: Wenn es verschiedene Phasen in ihrem Denken gibt, so gehen sie doch ganz logisch und kohärent ineinander über.

Dass sich Skarga als apolitische Denkerin verstand, bedeutet jedoch nicht, dass sie sich in einen Elfenbeinturm des abstrakten Denkens eingeschlossen hätte. Ganz im Gegenteil. Sie verfügte über eine fast beispiellose Fähigkeit, genau jene grundlegenden Aspekte der menschlichen Existenz zu erläutern, durch die die philosophische Reflexion weit über die Grenzen der Philosophie hinaus relevant wird. Die Abstraktion des Alltäglichen und seine Verknüpfung mit einer Theorie eines wesentlichen Aspekts der *conditio humana* kennzeichnen viele von Skargas Aufsätzen. Ein schönes Beispiel dafür ist ein posthum veröffentlichter Aufsatz über Einsamkeit.

Einsamkeit hat einen negativen Beigeschmack, der weithin akzeptiert wird. Skarga will das keineswegs leugnen und erörtert auch ausführlich die vielen Erscheinungsformen der Einsamkeit, in denen sie ein schmerzhafter und sogar tragischer Teil der Existenz ist. Aber Einsamkeit kann auch eine äußerst wertvolle Erfahrung sein. Vielleicht kann man so etwas erst erkennen, wenn man jahrelang mit anderen eingesperrt war. Bereits in *Nach der Befreiung* beschreibt Skarga, wie sie einen seltenen Moment der Einsamkeit zu schätzen wusste. In ihrem Aufsatz über Einsamkeit spürt sie dieser Erfahrung eingehender nach. Sie erörtert mehrere Phänomene, die oft mit Einsamkeit in Verbindung gebracht werden und mit ihr einhergehen können, sich aber doch wesentlich von ihr unterscheiden, etwa Isolation, Alleinsein, Entfremdung. Aber Einsamkeit ist doch noch etwas anderes. Skarga verbindet die Philosophie von Levinas mit der Erfahrung der Einsamkeit und hebt hervor, dass die Einsamkeit notwendig ist, um nicht nur sich selbst, sondern auch den anderen besser kennenzulernen. Manchmal sieht man das Antlitz des anderen in dem Moment besser vor sich, in dem der andere nicht da ist, im Moment der Abwesenheit.[11]

Dass Skarga keine Elfenbeinturmphilosophin war, belegt auch die Tatsache, dass ihr Bekanntheitsgrad mit den Jahren wuchs. Sie fand Anerkennung als »moralische Instanz«, als »Gewissen des Landes«, und als sie am 18. September 2009 starb, trauerte das Land um die »Grande Dame der Philosophie«[12]. Diesen öffentlichen Ruhm und diese Anerkennung verdankte sie nicht nur ihrer akademischen Arbeit, sondern auch der Tatsache, dass sie viele Beiträge für ein breites Publikum schrieb, in philosophischen Talkshows auftrat und als Pädagogin ihren Beitrag zu einer besseren Welt von morgen leistete. Skarga bezeichnete sich selbst oft bewusst als Philosophin *und* Pädagogin: Sie betrachtete das Lehren als einen sehr wichtigen Bestandteil ihrer Arbeit. Und als Dozentin war sie auch sehr bedeutsam. Was Kołakowski für eine Generation polnischer Intellektueller in den siebziger und achtziger Jahren bedeutete, war Skarga in kleinerem Maßstab für eine spätere Generation. Sie zog eine neue Generation polnischer Philosophen und Intellektueller heran. Dabei fällt auf, dass es unter ihren einst besten Schülern so-

---

11 Skarga, 2009, S. 97.
12 Das ist ein Hinweis auf die Auszeichnung, die sie 1995 erhalten hat; in diesem Jahr wurde sie in den Orden des Weißen Adlers aufgenommen, die höchste Auszeichnung in Polen.

wohl Linke als auch Rechte gab, was Skargas Credo bestätigte: Man soll Studenten nicht beibringen, *was* sie denken, sondern *wie* sie denken sollen.

Philosophieren war für sie eine Weise zu sein, eine Art, fragend in der Welt zu stehen, um so auch sich selbst kennenzulernen. Der wahre sokratische Daimon also. »Erkenne dich selbst« ist und bleibt eine entscheidende Aufgabe: Nur wenn man ein bewusstes Leben lebt, ist man nicht bloß ein Spielball des Schicksals und äußerer Kräfte. Nur dann lebt man sein Leben in vollem Umfang und ist ein ganzer Mensch. Skarga war sich des doppelten Bodens dieser Aussage jedoch sehr wohl bewusst: »Es ist schwer, ein Mensch zu sein.«[13]

Dessen ungeachtet: Gelingt es, ist es schön und hoffnungsvoll. Und Hoffnung war nicht zufällig ein Thema, auf das Skarga als Denkerin oft zurückkam. In *Sein und Zeit* vertrat Martin Heidegger (1889–1976) die Ansicht, dass der Tod der Horizont unserer Existenz sei. Der Tod ist immer der letzte Orientierungspunkt unseres Seins, das somit ein *Sein zum Tode* ist. Skarga bezeichnete Heidegger als den letzten der großen Philosophen, aber in diesem Punkt ist sie mit ihm grundsätzlich uneins. Sie beschrieb das Leben viel eher als ein *Sein zur Hoffnung*.[14]

Es gibt *eine* Sache, die stärker ist und jenseits des Todes als fundamentaler Aspekt unserer Geworfenheit in die Existenz steht: Hoffnung. Hoffnung ist der Horizont unseres Lebens, der Richtpunkt unseres Handelns. Dies ist ein wundervoller Gedanke, aber man muss auch einräumen, dass Skarga zuweilen ein viel düstereres Menschenbild vertrat. Obwohl sie die Frage nach dem Sinn des Lebens für sehr wichtig, ja sogar für unumgänglich hielt und sich fortwährend mit dieser Sinngebung befasste, konnte sie auf Sinnfragen

---

13 Skarga, 2007, S. 242.
14 Skarga, 2017, S. 23.

manchmal auch schroff oder düster antworten, was gelegentlich den Eindruck vermittelte, als hätte sie von ihren Jahren in der Hölle doch eine gewisse Verbitterung und Narben auf der Seele zurückbehalten. Was ist der Sinn des Lebens? Das Leben hat keinen Sinn, denn welchen Sinn hat es, dass Millionen in Lagern sterben?

> Warum sollte ich dem Leben etwas übel nehmen? Wem sollte ich etwas übel nehmen? Wer herrscht über das Leben? Das Leben entfaltet sich selbst, ob ich es will oder nicht. Wir können uns nur die Frage stellen, ob es einen Sinn hat … Ich weiß nicht, ob das Leben einen Sinn hat. Leszek Kołakowski sagt, es sei notwendig, an einen bestimmten Sinn des Lebens zu glauben. Ich stimme ihm nicht zu. Ich bin pessimistischer gestimmt als er. Während des Krieges sind so viele Millionen Menschen gestorben. Und das auf so grausame Art und Weise. Zu welchem Zweck? Warum? Wie kann man hier nach dem Sinn fragen?[15]

Skarga ließ ihre Verärgerung durchaus erkennen, wenn zu viel über diesen »Sinn« geschwatzt wurde. Kam daher das Bedürfnis, stets das Wort »sens« zu verwenden? Und doch war sie gerade dann der Auffassung, dass man dem Menschen *eines* niemals nehmen dürfe, mag es auch vergebens sein: Quellen des Trostes, wie Literatur, Musik und Freundschaft, und Hoffnung.[16]

Vielleicht müssen wir dem Leben gerade deshalb, weil es von sich aus keinen Sinn hat, diesen Sinn geben und dürfen aus diesem Grund das so bedeutsame Feuer der Liebe, der Freundschaft, der Musik, der Künste, der Philosophie niemals erlöschen lassen. Skarga war eine Renaissancefrau: enorm vielseitig, enorm belesen, enorm getrieben vom intrinsischen Wert der Weisheit. Auch in ih-

---

15 Janowska/Mucharski, 2008, S. 9.
16 Janowska/Mucharski, 2008, S. 10–12.

ren Aufzeichnungen aus dem Gulag wird dies darin deutlich, dass sie scheinbar ohne große Anstrengung so viel konnte und so viel war: eine Krankenschwester, eine Ingenieurin einer Ziegelei, eine Humanistin *pur sang*, die Literatur und Kunst hochhielt und tief im Herzen trug. Dass ein Mensch zu Großem fähig ist und das sogar dann, wenn das Schicksal auf brutalste Weise versucht hat, ihn ganz kleinzumachen, ist schön und stimmt hoffnungsvoll. Und damit kann Skarga jedem als Inspiration bei der schwierigen Aufgabe dienen, vor der wir alle stehen: der Aufgabe, Mensch zu sein.

Alicja Gescinska

Am 15. November 1955 schickte Barbara Skarga ihren letzten kurzen Brief nach Hause, um ihre bevorstehende Rückkehr aus der Kolchose anzukündigen. Sie erwähnt darin W. W.: Wanda Wasilewska, die polnische prosowjetische Schriftstellerin und Politikerin, die enge Verbindungen zu höchsten Autoritäten sowohl in Russland als auch in Polen hatte. Sie versuchte das Los der Polen in der Sowjetunion ein wenig zu verbessern und wirkte auch vermittelnd, um Skargas Rückkehr zu beschleunigen. Als Mittelsperson ermöglichte sie außerdem Skargas Familie, Rubel in die Kolchose zu schicken.

15/XI

Meine Allerliebsten,
endlich breche ich auf. Ich bin heute nach Bulajewo vorgeladen worden, und dort wurde mir erklärt, dass der Aufbruch aus Petropawlowsk auf den 25. November festgelegt wurde. Am 24. November breche ich aus dem mir so fremden Medweschka auf. Bis dahin wird es mir nicht gelingen, bei klarem Verstand zu sein. Ich denke, dass dieser Brief noch rechtzeitig ankommen wird, und sei es erst am Tag meiner Rückkehr selbst. Ich schicke ihn morgen früh los. Deinen Brief, Mama, habe ich bekommen. Sobald ich unterwegs bin, werde ich noch einmal an W. W. schreiben und mich bei ihr bedanken. Erwarte mich also und sei nicht so unruhig. Ich komme gesund, fröhlich und alles in allem jung zurück. Mehr schreibe ich nicht. Ich werde es selbst erzählen. Ich küsse Euch mit aller Kraft, die in mir steckt. Auf Wiedersehen. Wenn es mir gelingt, werde ich unterwegs noch ein Telegramm schicken. Nochmals, auf ein sehr baldiges Wiedersehen.

Barbara

Das Telegramm, das am 26. November 1955 verschickt wurde, mit der kurzen Botschaft (in polonisiertem Russisch): *Ich breche morgen auf, wir fahren über Karaganda. Küsse, Barbara*

Nach der langen Zugfahrt kam Skarga am 11. Dezember 1955 aus der Sowjetunion in der polnischen Stadt Sanok an. Dort erhielt sie am 13. Dezember ihre Repatriierungskarte und durfte nach Hause telefonieren, um den Tag und die Stunde ihrer Rückkehr nach Warschau mitzuteilen. Ihre Mutter und ihre Schwester erwarteten Skarga wenige Tage später am Warschauer Ostbahnhof (Dworzec Wschodwni). Ein Wiedersehen nach mehr als elf Jahren; Barbara Skarga war damals sechsunddreißig.

Nach ihrer Rückkehr nach Polen waren Spaziergänge und Wandertouren durch die Berge Skargas bevorzugte Form der Entspannung. Auf diesem Foto aus den sechziger Jahren ist sie nahe Morskie Oko (»Meerauge«), dem größten See in der Hohen Tatra, zu sehen.

ZEITLEISTE VON SKARGAS GEFANGENSCHAFT

September 1944 Verhaftung. Skarga wird über ein Jahr lang vom MWD in Vilnius inhaftiert – zunächst in einem kleinen Gefängnis in der Ofiarna-Straße und dann im berüchtigten Lukiškės-Gefängnis (polnisch: *Więzienie na Łukiszkach* oder kurz Łukiszki).

Herbst 1945 Skarga wird in das Pravieniškės-Gefängnis in der Nähe von Kaunas gebracht. In *Nach der Befreiung* spricht Skarga immer noch fälschlicherweise von Prawianski. In späteren aufgezeichneten Gesprächen mit ihr und in ihrer posthum veröffentlichten Korrespondenz spricht sie vom Pravieniškės-Gefängnis.

1946 Beginn der Gulagjahre, in denen sie nacheinander in Lagern in Woiwosch, Uchta (im Nordwesten Russlands) und Balqasch (in Kasachstan) sitzt.

1954 Ihre zehnjährige Haftstrafe ist vorbei. Sie darf den Gulag verlassen, wird aber nun in einer Kolchose in der Nähe von Petropawlowsk im äußersten Osten Russlands zu Zwangsarbeit verpflichtet (je nach Quelle und historischer oder geografischer Perspektive wird diese Region zu Sibirien gezählt oder auch nicht). In ihren Aufzeichnungen nennt Skarga diese Kolchose und das gleichnamige Dorf »Budjonowka«, in Wirklichkeit war es jedoch eine Kolchose im Dorf Medweschka.

Dezember 1955 Rückkehr nach Polen.

VORWORT

Erinnerungen aufzuschreiben ist ein Bedürfnis alter Menschen, ein natürliches Bedürfnis, das von Historikern normalerweise geschätzt wird. Das Problem ist allerdings, dass die Vergangenheit verblasst. Was davon bleibt, sind nur Fragmente, manchmal vollkommen uninteressante, und selbst wenn diese Fragmente wertvoll oder wichtig genug sind, um sie festzuhalten, hat die Distanz bereits ihren Schatten auf sie geworfen. Wer schreibt, macht die Erfahrung, dass er oder sie aus einer völlig anderen Perspektive auf die Vergangenheit blickt und nicht in der Lage ist, ein authentisches Bild der eigenen Wahrnehmung wiederzugeben. Eine Vielzahl von Gestalten, Stimmen und Ereignissen erscheint nur als eine kaum sichtbare Spur ... Kann ein Mensch den Nebel seines eigenen Vergessens durchdringen?

Dies war einer der Gründe, die meine Hand lähmten, als ich zur Feder griff. Aber es gibt nun einmal Dinge, die nicht nur bewahrenswert sind. Man sollte sie so laut hinausschreien, dass jeder die Schreie hören kann. Sie sind stets präsent und hängen uns noch immer wie ein Mühlstein um den Hals.

Es ist schwierig, nach Solschenizyns Buch über den Gulag zu schreiben. Es enthält einen solchen Reichtum an Faktenmaterial und bietet eine derart hervorragende Analyse, dass es noch lange Zeit die grundlegende Wissensquelle zu dieser merkwürdigen

Realität sein wird. Einige seiner Ansichten kann ich jedoch nicht teilen. Solschenizyn betrachtet die Lager aus einer russischen Sicht. Sein Blick von innen her ist im Allgemeinen sehr schätzenswert, bestimmte Dinge bemerkt er jedoch nicht, die einem Europäer im Gulag auffallen. Ein Europäer reagierte vom Zeitpunkt seiner Verhaftung bis zu seiner Entlassung in vielerlei Hinsicht anders als ein Russe. Seine politische und moralische Situation war anders, was zu einer anderen Sichtweise auf die Gesamtheit der Gepflogenheiten und Ereignisse in den Lagern führte.

Vor langer Zeit, als wir noch in den Lagern waren, haben wir uns gegenseitig versprochen, diese Zeit irgendwann mit einem Sinn für Humor als eine Welt kolossaler Absurdität zu beschreiben. Heute ist es schwieriger, diesen Humor zu bewahren, vielleicht weil ich das Ganze aus der Distanz betrachte. Ich bin nicht mehr der Akteur, sondern ein bewusster Zeuge der moralischen und physischen Verwüstung, die diese Jahre angerichtet haben. Dennoch unterläuft es mir mehr als einmal, dass sich Spott in meine Feder schleicht, weil Spott manchmal schärfer sieht und klarer zeichnet als bitterer Ernst.

Mein Buch bietet keine kompakte Gesamtkomposition. Die aus der Vergessenheit hervorgekramten Erinnerungen ließen sich nur schwer in eine thematische Ordnung bringen. Ich will ihnen keine neue, logische Struktur geben. Die Erinnerungen sollten einfach so fließen, wie sie aufgeschrieben wurden. Und das Schreiben dauerte lange! Ich habe dieses Buch vor etwa fünf Jahren begonnen. Aber ich habe die Arbeit daran mehrfach unterbrochen. Und wenn ich mich wieder daranmachte, tat ich das mit Gram. Ohne Freunde hätte ich dieses Buch wahrscheinlich nie vollendet. Wobei ich nicht weiß, ob man es überhaupt als vollendet bezeichnen kann. Ich könnte noch viel mehr schreiben, vielleicht genügt aber das, was das Buch bereits jetzt enthält?

Barbara Skarga, 1984

1

DER ALLTAG: DAS GEFÄNGNIS

Das Wecken fand um fünf Uhr morgens statt. Das Hämmern an die Türen diente als Signal. Der Tag begann: die Morgentoilette, das Anstehen in der morgendlichen Reihe vor der *Parascha*. Man musste seine Notdurft schnell verrichten. Ehe man sichs versah, wurde die Tür geöffnet und der Befehl gegeben, den Kübel wegzutragen. Natürlich konnte man seine Notdurft auch auf später verschieben, aber das bedeutete, dass unsere Exkremente die Luft bis spät in die Nacht verpesteten. Alle trieben sich gegenseitig an, aber in der Regel nützte das wenig, denn unsere Mägen waren völlig in Unordnung geraten, und nur wenige schafften es, sich innerhalb des begrenzten Zeitrahmens zu entleeren. Manchmal wurden wir gemeinsam zu einem Waschplatz gebracht, wo wir uns die Hände mit lauwarmem Wasser waschen konnten. So viel Glück hatten wir selten. Dazu mussten diensthabende Wärter besonders gut gelaunt sein. Nachdem die Tür geöffnet worden war, mussten zwei von uns den großen Kübel mit den zwei Eisengriffen wegtragen. Mit größter Mühe und zugleich auch majestätisch – um nicht zu kleckern – trugen wir den randvollen Kübel, der mindestens achtzig Liter Fäkalien enthielt, aus der Zelle. Es war keine angenehme Arbeit, aber sie wurde gern gemacht, wegen des Wassers, woran es uns immer mangelte, wegen der Möglichkeit, den Waschraum zu benutzen, und auch wegen des Gangs über den Korridor an sich.

Immer diese hundert Meter hin und zurück, genug, um sich die Beine zu vertreten.

Die Parascha kam immer sauber in die Zelle zurück, völlig rein, was nicht bedeutete, dass sie ihren starken Gestank losgeworden wäre. Der nur mit Wasser ausgespülte Deckel war vom Urin angefressen. Nachdem sie in die Ecke zurückgestellt war, diente die Parascha als Waschbecken. In den ersten Monaten unserer Gefangenschaft bekamen wir noch kein Wasser. Wir wuschen uns damals noch mit Morgenkaffee, ein halber Liter dieser schwarzen Brühe musste dazu dienen, Augen, Mund und ein wenig den Körper frisch zu machen und anschließend den ganzen Tag über davon zu trinken, bis wir abends um sechs Uhr einen halben Liter Tee bekamen: Wasser, das diesmal nicht bräunlich, sondern gelblich war. Es hatte einige Zeit gedauert, bis wir unser Recht auf einen Eimer Wasser erkämpft hatten. Von da an konnten wir die Parascha bis zum Rand mit Wasser gefüllt zurückbringen. Wir konnten uns also ein bisschen besser waschen, aber auch nicht viel besser. Die Parascha musste bis zum Abend reichen. Jeder von uns durfte sich nicht mehr als einen Becher füllen. Das war eine strenge Absprache, die auch strikt eingehalten wurde. Abends, wenn Platz dazu war und das Wasser noch nicht ganz getrunken war, konnten sich ein oder zwei von uns gründlicher waschen.

Die Zelle ist nicht groß. Fünf Meter lang, zweieinhalb Meter breit. Wir sind vierzehn Personen. Acht Gefangene schlafen auf der einen Seite, sechs auf der anderen (weil dort die Parascha steht). Wir schlafen nackt, zusammengepfercht wie Sardinen in einer Büchse. Wir tun unser Bestes, um die Lumpen, die wir tagsüber tragen, zu kleinen Quadraten zusammenzulegen und so in der Mitte der Zelle Platz zu schaffen. Abwechselnd versuchen wir zu gehen, nach hinten und nach vorne, nach hinten und nach vorne, zigmal. Es gibt keine Möbel. Wir sitzen auf dem Boden und sind froh, dass es ein Holzboden ist. Der ist immer wärmer als Beton. Wir warten auf den Morgenappell. Das dauert nicht lange. In der Ferne hören wir schon, wie sich die Türen öffnen, das Kommando, sie sind in der Nähe, wir hören wieder das Geräusch von Schlüsseln in Schlössern. Wir stellen uns in eine Reihe. Sie treten ein, es folgt ein stereotypes Muster: *Wie viele seid ihr hier, vierzehn?* Der Kerl, der unseren Wärter ablöst, zählt uns mit den Fingern. Das Zählen ist schließlich ein bisschen kompliziert. »Gibt es Kranke?«, fragt er. Nein. Noch ein ernster Blick, vielleicht kann er noch etwas anmerken, um Schwierigkeiten zu machen. Ist nichts Verdächtiges festzustellen? Aber der Wärter will schlafen gehen. Wir warten jetzt auf das Frühstück. Brot. Ein halber Liter Kaffee. Das ist alles. Nur wenige haben Päckchen bekommen. Sie teilen sich eine Knoblauchzehe oder ein Stück Zwiebel mit den anderen. Es schmeckt wie die köstlichste Wurst.

Die Morgenstunden verbringen wir damit, Läuse zu töten. Dabei gibt Frau H., die Kunsthistorikerin und Architektin ist, immer einige phantastische Betrachtungen zur Ästhetik des Alltags zum Besten. Ich selbst bin weniger kultiviert, doch ich schätze diese Tätigkeit, weil sie die Zeit schneller vergehen lässt. Wir haben viele Läuse, und die Kontrolle aller Nähte unserer Unterwäsche und Kleider zieht sich über einige der endlosen Stunden hin. Wir sinnieren auch über das Verhalten dieser braven Tierchen, ihre chamäleonhafte Begabung und ihren räumlichen Scharfsinn. Wir wissen, dass die braunen Läuse von A. stammen – sie sind aus ihrem braunen Pullover gekrochen und über die Ritzen der Regale direkt zu H. gewandert, um sich mit den Läusen zu streiten, die dort schon waren und leicht schwarz schimmern. Es gibt große Läuse, kleine Läuse, meistens sind alle sehr lebendig. Gespräche über dieses Thema sind für die einen ein ständiges Ärgernis, für die anderen ein Spiel. Aber worüber sollen wir am Ende noch sprechen, da wir wissen, dass es unter uns eine Denunziantin gibt, die jedes unserer Worte in ihrem Kopf notiert. Nur Helka beginnt manchmal zu träumen. Sie sitzt neben der Parascha, da sie als Letzte dazugekommen ist. Sie ist die einzige *Bytowitschka* unter uns (eine Bytowitschka ist eine Gefangene, die wegen eines kriminellen Vergehens eingesperrt ist). Ich vermute, dass sie eine Prostituierte war. Sie scheint zumindest eine Menge einschlägiger Erfahrungen zu haben. Die meisten ihrer Geschichten handeln von polnischen Gefängnissen aus der Vorkriegszeit. Wir glauben ihr nichts von dem, was sie sagt; ihre Geschichten scheinen uns nicht wahr zu sein. »In so einer Zelle«, sagt sie, »waren wir zu zweit, und es gab zwei Betten.«

»Betten?«, fragen wir erstaunt.

»Ja, so Dinger, auf denen man liegt, mit Matratzen und auch mit Decken, Bettlaken und Kissen.«

Das mit der Decke kann ich noch glauben, doch dass es in einem Gefängnis ein Kissen geben soll, erscheint mir doch arg übertrieben. Der Mensch neigt dazu, die Vergangenheit zu idealisieren. Aber Helka schwelgt weiter in Erinnerungen: »Wir hatten ein Damebrett und ein Schachspiel, ein richtiges, nicht so eines, wie ihr es aus Brot macht.« Das ist nicht gut, sie hat gemerkt, dass wir Schach spielen, und das ist verboten.

»Wir bekamen auch Bücher, und in unserer Zelle gab es keine Parascha, sondern ein richtiges Waschbecken. Und täglich gingen wir zu einer Gemeinschaftstoilette.« Träume. Ich sehe andere Mädchen müde lächeln und brav mit dem Kopf nicken.

»Und bei den politischen Häftlingen gab es sogar Papier, es gab Bleistifte, Kugelschreiber, ich weiß es, denn ich musste ihre Zellen sauber machen. Sie selbst wollten das nicht machen. Und sie hatten so viele Bücher und Schränke für Sachen und so viele Sachen, und sie schrieben Briefe, und … Sie aßen Weißbrot mit Butter und Wurst. Und nur damit ihr es wisst, es gab auch einen kleinen Laden, und sie konnten dort alles kaufen, was sie wollten.« Wir zucken mit den Schultern. Ein Gefängnis ist ein Gefängnis. Wir haben keinen Vergleichsmaßstab, wir sind alle zum ersten Mal an einem Ort wie diesem. Aber gleich von Weißbrot und Kopfkissen zu sprechen, das war doch zu weit hergeholt. Wir haben keine Matratzen, von Bettlaken träumen wir nicht einmal. Einen alten Wintermantel, den mir meine Familie auf dem ein oder anderen Weg schicken konnte, lege ich so gerade wie möglich auf den Boden, darüber breite ich eine Decke, die ich in der Mitte falte – auf die eine Hälfte der Decke lege ich mich, mit der anderen Hälfte decke ich mich zu. Unter meinem Kopf liegt eine Tasche mit etwas Unterwäsche – und schon ist mein Bett gemacht. Der Boden ist weich. Wie unsere liebe Frau Architektin sagt, haben Dielen die besondere Eigenschaft, unter dem Gewicht, das sie tragen, nachzugeben. Sie sind biegsam und fast so bequem wie eine Hängematte. Sich zuzudecken ist eigentlich nicht nötig, denn in der Zelle ist es stickig, manchmal sogar brütend heiß wegen der stinkenden Frauenkörper. Eine Decke dient eher zur Abschottung, um sich vor der Berührung eines erhitzten und schwitzenden Körperteils einer Zellengenossin zu schützen: ein Arm, eine Schulter, ein Bein, eingequetschte Hüften, die mehr Raum für sich selbst suchen, mehr Bewegungsfreiheit.

Die Zeit wird genau begrenzt und bemessen. Das Mittagessen. Die berüchtigte Suppe mit Fischaugen, einem Löffel Maisgrütze, ohne Fett, ohne Fleisch. Die langen Stunden nach dem Mittagessen werden manchmal von einer Geschichte, manchmal sogar von einem Vortrag ausgefüllt, denn wir versuchen dazuzulernen, sofern möglich. Die Abendsuppe und der Tee, das Forttragen der Parascha und dann schließlich der Abendappell. Das Licht brennt die ganze Nacht. Die Hände müssen über der Decke liegen, wahrscheinlich aus Angst, jemand könnte sich die Adern aufschneiden. Dabei haben wir nichts, womit wir das tun können, höchstens eine Glasscherbe, die jemand vielleicht zufällig auf dem Gang gefunden hat, als wir zum Saubermachen rausgingen. So eine kleine Glasscherbe ist ein Schatz. Man kann sich damit die Nägel feilen oder ein Stückchen Speck abschneiden oder sie nutzen, um eine Zwiebel mit anderen zu teilen. Dieser Schatz muss gut verborgen bleiben, denn bei der nächsten Inspektion wird er uns sofort wieder weggenommen. Ein Gefangener hat kein Recht auf scharfe Gegenstände, auf Nadeln, Scheren oder Ahlen.

Das Licht scheint uns gnadenlos in die Augen, es stört den Schlaf, die Nacht ist nicht gut. Jeder von uns lauscht, ob jemand den Gang entlangläuft, ob die Schritte, die wir hören, an unserer Zelle vorbeigehen, ob sie an unserer Tür anhalten. Das Klicken des Schlüssels im Schloss lässt uns erschaudern. Die Nachtstunden sind die Stunden des Verhörs. In der Regel kommen sie uns etwa eine Stunde nach dem Abendessen holen, gerade wenn wir einzuschlafen versuchen. Brutal, mit Geschrei und Gebrüll, scheuchen sie die halb wachen Gefangenen vor sich her. *Dawai, dawai*[1]. Und kaum haben sie eine Person abgeholt, werden die Türen schon wieder geöffnet, und immer ertönt gebetsmühlenartig die Frage: *Wer hat den Buchstaben K?* Und alle, die Kowalska, Kownacka, Krajewska heißen, antworten, woraufhin sie einen Namen auswählen. Dann folgen noch der Vorname und der Name des Vaters, damit es keine Verwechslung gibt, und dann verschwinden sie: *Bystreje!*[2] Die anderen beten schweigend und hoffen, dass sie an diesem Tag ruhig schlafen dürfen.

Ich erinnere mich, dass der Waschplatz in den ersten drei Monaten meiner Gefangenschaft nicht zur Verfügung stand. Wir litten nicht nur an Läusen, sondern auch an Krätze. Wir kratzten uns gnadenlos. Einige von uns bekamen sogar Wunden. Und dann wurden wir nachts plötzlich weggebracht. Wir mussten all unsere Habseligkeiten mitnehmen. Im Waschraum erhielten wir ein kleines Stück Seife, wir wurden aufgefordert, uns vollständig auszuziehen und unsere Sachen auf bereitgestellte Bügel zu hängen. Sie kamen gleich in den »Ofen«, um die Läuse durch hohe Tem-

---

1 Vorwärts, vorwärts! (Russisch).
2 Schneller! (Russisch).

peraturen abzutöten. Das Wasser war warm und floss in schwarzen Strömen von uns herab. Wir hätten uns herrlich erfrischt gefühlt, wenn nicht dieser Anblick unserer eigenen Körper gewesen wäre: gelblich, verwelkt und mit kaum verhüllten Knochen, die überall vorstanden. Erst wenige Monate hier und schon so ein enormer körperlicher Verfall. Wir alle dachten voller Unruhe daran, was wohl alles noch kommen würde, wie lange unser Organismus noch durchhalten würde.

Spaziergänge waren uns ein Quell der Freude (aber sie kamen erst später, sogar noch später als die Möglichkeit, uns zu waschen). Wir wurden für zwanzig Minuten in einen kleinen Innenhof geführt, wo wir unsere Runden drehen konnten. Die Sonne schien, der Frühling war nahe, und diese warmen Sonnenstrahlen weckten Hoffnung in uns. Was für ein Trugbild.

Mit diesen Spaziergängen verbindet sich eine Anekdote, deren genaue Einzelheiten ich erst bei meiner Rückkehr nach Hause erfuhr. Der Stabschef unseres Distrikts, den ich im Folgenden »Chef« nennen werde, war selbst verhaftet worden. Er musste schwere Verhöre über sich ergehen lassen. Nach einem dieser Verhöre wurde dem Chef eine schnelle Abwicklung des Falles in Aussicht gestellt, was nichts Gutes verhieß. Er war nun überzeugt, dass die Zeit der größten Prüfung angebrochen sei.

Eines Morgens, als es noch dunkel war, hörte er auf dem Gang das Geräusch von Waffen und vielen Schritten. Das Schloss klapperte, die Tür wurde geöffnet. Ihm wurde befohlen, nach draußen zu gehen und seine Sachen in der Zelle zurückzulassen. Nur seinen Mantel durfte er anziehen. Eine bewaffnete Militäreskorte nahm ihn in ihre Mitte und brachte ihn zum Ausgang. Er erzählte mir später, dass er nicht einmal mehr beten konnte und es bedauerte, dass er nicht seine Uniform trug, an der er so sehr hing. Er wurde in den Innenhof gebracht. Nach vielen Monaten der Gefangenschaft hat die frische Außenluft fast die gleiche Wirkung wie Opium. Man hat keine Kraft mehr, auch nur einen Fuß vor den anderen zu setzen, im Kopf dreht sich alles, und man hört ständig ein seltsames Rauschen in den Ohren. Dieser plötzliche Sauerstoffschub ist für die engen Lungen zu viel des Guten. Der Chef suchte nach Halt, lehnte sich an den Türrahmen, schaffte es, sein Gleichgewicht wiederzufinden und ein paar Schritte auf die Wand auf der anderen Seite zuzugehen. Die Militäreskorte baute sich vor ihm auf, die Gewehre im Anschlag. Er wartete. Einer der Soldaten rief ihm zu, er solle versuchen zu gehen und sich beeilen. Doch er blieb stehen und wartete ungeduldig darauf, wie es weitergehen würde. Unterdessen kramten die Soldaten ihre Tabakbeutel hervor und begannen ihre *Bankrutki*, ihre Zigaretten, zu drehen und miteinander zu scherzen. Er schloss daraus, dass sie auf jemanden warteten, und einer der Soldaten ging weg, um etwas oder jemanden zu holen. Vielleicht einen höheren Offizier, um ihm mitzuteilen, dass nun alles bereit sei? Aber nein, nach einer Weile kam er zurück und hatte nur einen normalen Stuhl dabei. Er stellte den Stuhl neben den Chef und bot diesem an, sich zu setzen, da ihm das Gehen so schwer fiel. »Das macht nichts«, sagte er. »Das nächste Mal bist du schon daran gewöhnt.« Jetzt verstand der Chef überhaupt nicht mehr, was los war. Er wollte sich nicht hinsetzen; es erschien ihm unmöglich, sich in einem solchen Moment zu setzen. Schließlich entschied der Leiter der Eskorte, dass er in seine Zelle zurückkehren dürfe.

Dort angekommen, begann der Chef sich Gedanken zu machen. Wollten sie ihm Angst einjagen? War dies wieder ein Versuch, ihn zu brechen? Er konnte sich dieses seltsame Ereignis nicht erklären. Erst am nächsten Tag, als dieselbe Eskorte vorbeikam, allerdings zu einer anderen Zeit, eher gegen Mittag, und der Anführer ihn gutmütig fragte, ob er sich schon etwas besser fühle und an diesem Tag ein paar Schritte laufen könne, denn Gehen mache einen Menschen schließlich kräftiger, begriff er, dass er zum ersten Mal die Erlaubnis bekommen hatte, die streng reglementierten Spaziergänge zu machen. Es ging also nur darum, einen Spaziergang zu machen, um nicht mehr und nicht weniger.

Wie viele solcher kleinen Begebenheiten es wohl gegeben hat, Ereignisse, die ein unerfahrener Häftling völlig falsch interpretiert? So erzählte man sich beispielsweise Geschichten darüber, dass man uns aus reiner Bosheit genau dann gesalzenen Fisch gebe, wenn das Wasser knapp sei. Es stimmt, es gab Zeiten, in denen dieser Fisch die einzige Nahrung darstellte und die Wasserversorgung ausgesprochen schlecht war. Wollte man die armen Teufel damit noch mehr ins Elend treiben? Ich glaube nicht. Die Schuld lag bei der katastrophalen Gefängnisverwaltung und der noch schlechteren Verteilung. Im Gefängnis fehlte es an Kübeln. Die Zellen hatten keine Wasserhähne. Die Wasserversorgung für eine so große Zahl von Gefangenen stellte ein unlösbares Problem dar. An der Tatsache, dass die Lieferung an Fisch regelmäßig kam und wir damit versorgt wurden, war nichts Erstaunliches. Fisch war in Russland nun einmal viel leichter zu bekommen als Fleisch. Und Fleisch verdirbt im Sommer, während sich gesalzener Fisch gut hält. So bekamen wir auch in Zeiten, in denen der Wassermangel größer als sonst war, Fisch vorgesetzt. Aber Wasser war ein ständiges Problem. Wenn wir auf Transport geschickt wurden, brachte man uns an jeder größeren Station, an der wir anhielten, einen Kübel. Mit dem Wasser darin sollten wir uns ein wenig waschen, ein wenig trinken, und im Handumdrehen konnte man den Boden des Kübels sehen. Der Durst laugte uns aus, das stimmt, aber ... Reine Boshaftigkeit? Nachdem ich dieses Land kennengelernt habe, weiß ich, dass das Elend in solchen Momenten weniger auf vorsätzliches Handeln zurückzuführen ist als auf Inkompetenz, mangelndes Organisationsvermögen, Gleichgültigkeit gegenüber den Gefangenen und allgemeine Missstände.

Wollten sie jemanden piesacken, gingen sie anders vor, zielgerichteter. Unsere Hungerrationen, die harten Verhöre, das Verbot,

Päckchen zu empfangen, der Einschluss und die vielen selbst erdachten Formen der physischen und psychischen Folter – manchmal mit begeistertem Eifer ausgeführt, manchmal der Langeweile des Verhörers entsprungen – genügten. Nicht jedem gelang es, diese Heimsuchungen zu überstehen. In unserer Zelle bekamen wir es mit drei Todesfällen zu tun. Der erste Fall war sehr traurig, auch wenn niemand Frau Sofia besonders mochte. Sie war unsympathisch, eifersüchtig, aggressiv, übermäßig gierig und bereit, alles zu essen, was sie in die Finger bekam. Dabei muss sie früher einmal eine großartige Gastgeberin gewesen sein. Tagelang erzählte sie von ihren kulinarischen Kreationen. Ich erinnere mich sogar an ein Rezept für einen speziellen Mohnkuchen von ihr. Wenn ein Mensch Hunger leidet, redet er gerne über Essen, aber darüber zu reden, zahlt sich nicht aus, denn es regt die Magensäfte an und verursacht unerträglichen Hunger. Deshalb protestierten wir gegen ihre Geschichten.

Wir haben nicht sofort erkannt, dass sie an einer Krankheit litt. Vielleicht war es Pellagra oder Darmtuberkulose, eine Krankheit, die meist erst nach längerem Aufenthalt in den Lagern auftrat. Sie begann mit furchtbarem Durchfall, schrecklicher Dehydrierung und einer Schwächung, die derart schnell zunahm, dass diese einst lebhafte und energiegeladene Frau nach einem Monat nicht mehr wiederzuerkennen war. Ich hatte damit noch keine Erfahrung und begriff nicht, wie schlecht es ihr ging. Es betrübt mich, über diesen Tod zu schreiben, über ein würdeloses Sterben, ohne Bewusstsein für den Ernst der Lage, ein Sterben, das kein Mitgefühl weckte. Wer an einer Magenkrankheit leidet, erweckt bei allen Zellenbewohnern Abscheu. Es ist eine Qual, die auszehrenden Symptome mit anzusehen. Für den Kranken selbst ist es eine Tortur, sich nicht von den ständigen Zuschauern befreien zu können. Alles geschieht ständig unter den Augen der anderen: die traurigsten, intimsten Erlebnisse und Geschehnisse. Wir waren fassungslos, als Frau Sofia sich nicht mehr auf der Parascha halten konnte. Wir stützten sie und brachten sie zu einem Verantwortlichen. Fünfzehn Minuten später war sie nicht mehr am Leben. Das hat uns furchtbar getroffen.

Ein paar Monate später starb jemand anderes aus unserer Gruppe, eine ältere Frau, die schon länger unter Herzproblemen litt. Damals waren wir in einer ziemlich großen Zelle untergebracht, in deren Mitte als einziger benutzbarer Gegenstand ein Tisch stand. Unter diesem Tisch hatte sie sich ein Bett gemacht, und in dieser Nacht ging auch sie in eine bessere Welt, so leise, dass niemand ihr Stöhnen hörte. Die Leute werden vielleicht sagen: Wie symbolisch, so unter dem Tisch zu verschwinden. Aber glauben Sie mir, so hat damals niemand gedacht, ganz im Gegenteil. Es war ein privilegierter, eigens für die Kranke geräumter Ort, ein einigermaßen stiller und etwas den Blicken entzogener Platz, der einen Hauptvorteil hatte: Die Tischplatte hielt das grelle Licht ab, es gab etwas Schatten.

Den dritten Todesfall werde ich nie vergessen. Wenn es einen Vorfall gibt, der uns völlig aus der Fassung gebracht hat, dann war es dieser. Es war kein normaler Tod, es war ein regelrechter Mord, raffinierter als mit einer Phenolspritze. Dank einer Person, die am selben Tag wie sie inhaftiert worden war, kannte ich die Verhaftungsgeschichte dieser Gefangenen schon, bevor ich sie kennenlernte. Später bestätigte Frau Wera diese Details. Demnach wurden sie unter irgendeinem Vorwand auf der Straße angehalten und zum Kommissariat gebracht. Anschließend wurden beide Frauen in Decken gewickelt, damit sie nicht bemerkt werden konnten, und in ein Gebäude des MWD in der Ofiarnastraße gebracht. Warum diese ganze Inszenierung notwendig war, ist schwer zu ergründen. Dachten sie wirklich, dass diese Frauen den Ort, an den sie gebracht wurden, nicht erkennen würden? Dieser Ort war schon seit der allerersten Präsenz der Bolschewiki in unserer Stadt bekannt und danach durch die Präsenz der Deutschen. Manche Gebäude haben das an sich – sie dienen immer demselben Zweck, nur die Macht und die Uniformen wechseln. Die Gestapo hatte das Gebäude vom NKWD übernommen, und der hatte das Gebäude wiederum von der Gestapo übernommen. Und da der Ort in Vilnius[3] so bekannt war, zweifelte keine dieser Frauen nun daran, wo sie sich befand. Eine von ihnen, Frau A., war übrigens Richterin gewesen. Sie war vor dem Krieg durch dieselben Korridore gegangen, als es dort noch Gerichte gab. Sie erzählte mir sogar, dass das Büro des Volkskommissars früher das Büro des Vorsitzenden des Berufungsgerichts war. In den Kellern befand sich damals noch ein Archiv, aber wäre es nicht eine Verschwendung, diese Zellen mit den dicken Mauern nur für Papierkram zu nutzen? Die Gitter waren doch ohnehin eingebaut, das war noch unter der zaristischen Herrschaft geschehen. Es waren die damaligen Machthaber, die diesen Komplex als Gericht und Gefängnis hatten bauen lassen.

Frau A. landete in meiner Zelle. Frau Wera wurde in eine Zelle gebracht, in der auch eine meiner Freundinnen saß. Ich kann ihre Geschichte also auf der Grundlage mehrerer Zeugenaussagen wiedergeben. An dem Tag, an dem sie verhaftet wurde, war sie krank und hatte Durchfall. Während ihres ersten Verhörs, in ebendiesem Büro des Vorsitzenden des Gerichts, ließ der Volkskommissar – dem wir den Spitznamen »Goldmund« gegeben haben, weil seine Vorderzähne aus Gold waren – einen Kübel bringen. Wenn sie aufrecht stand, schlug er sie eigenhändig. Wenn sie sich setzte, bedrohte er sie und schimpfte sie aus, so lange es ging. Und das alles in Anwesenheit einer ganzen Entourage von Offizieren. Dann folgten die Zelle, die nächtlichen Verhöre, die Schläge und schließlich eine

---

[3] Wir haben beschlossen, die aktuelle Schreibweise der europäischen Städte zu verwenden, auf die sich Skarga bezieht: Vilnius (und nicht Wilno), Lwiw (und nicht Lwów oder Lvov). Bei Städten, die später vollständig umbenannt wurden, haben wir uns dafür entschieden, sie so zu nennen, wie es Skarga selbst getan hat (d. h. Leningrad, Stalingrad). Dabei wird der aktuelle Name dieser Städte in einer Fußnote genannt.

mehrwöchige Isolierzelle, in der sie sie mit eiskaltem Wasser folterten. Dabei zog sie sich eine Nierenentzündung zu. Es wurde viel über sie geredet, darüber, wie zäh sie früher war, wie optimistisch, wie sie dafür sorgte, dass die jüngeren Häftlinge nicht den Mut verloren. Sie hatte sie ermutigt, ihre Morgengymnastik zu machen und auch ihr Gedächtnis zu trainieren, damit es durch den Hunger nicht geschwächt würde. Aber nach dieser Haft und der Folter mit kaltem Wasser war sie ein anderer Mensch geworden. Ihre Gesundheit war völlig zerstört. Nur das Glitzern in ihren Augen und die Unbeugsamkeit ihrer Worte waren gleich geblieben.

Es war bereits in der zweite Maihälfte 1945, als mir eines Tages befohlen wurde, alle meine Sachen zu packen. Ich wurde durch die mir bereits vertrauten Gänge des Gefängnisses in Richtung Schalter geführt, wo ich zu meiner großen Freude einige Freunde, Kollegen und Mitstreiter aus dem Widerstand wiedersah. Und dort sah ich auch Frau Wera. Ich kannte sie vorher noch nicht, hatte aber schon viel von ihr gehört. Ich erinnere mich noch an ihr graues Gesicht, ihre geschwollenen Augen, ihre zitternden Hände. Wir wurden nach draußen gebracht, vollständig von einer Eskorte von Wachmännern umringt, und so fanden wir uns auf einer sonnenbeschienenen Straße wieder. Wir liefen diagonal über den Lukiškės-Platz in Richtung Lukiškės-Gefängnis. Wir müssen ziemlich schlimm ausgesehen haben. Ich erinnere mich auch, dass wir einem jungen Paar begegneten, das in helle Frühlingsfarben gekleidet war; das Mädchen hielt einen Strauß Narzissen in der Hand. Das Paar blieb abrupt stehen, ich konnte den Schrecken auf den Gesichtern der beiden deutlich erkennen.

Frau Wera konnte nicht mehr gehen; zunächst stützte ich sie zusammen mit einer Freundin, aber wir waren selbst nicht mehr besonders kräftig. Die Soldaten erlaubten einigen männlichen Gefangenen, ihr zu helfen. Sie mussten sie mehr oder weniger vorwärtsschleppen, denn sie konnte keinen einzigen Schritt mehr gehen.

Es gelang uns, irgendeine Zelle zu erreichen. Am Anfang konnte Frau Wera sich noch selbst aufrichten, und sie konnte uns noch vieles erzählen. Doch mit jedem Tag wurde sie schwächer. Wir baten eine freie Krankenschwester um Hilfe. Sie versprach, die Kranke gleich in die Krankenstation zu bringen, aber anschließend kam sie nicht mehr vorbei. Sie suchte unsere Zelle nicht mehr auf. Wir hörten allerdings, wie sie ihre übliche Runde machte und ihr eine andere Tür – die Zelle neben unserer – geöffnet wurde. Danach sollten wir eigentlich an der Reihe sein. Aber nein, ihre Schritte gingen an uns vorbei, zogen wieder weiter. Und wir hörten, wie die Wache das Schloss einer weiter entfernten Zelle öffnete. Wir hämmerten wild gegen die Tür. Wir forderten, dass ein Arzt, der Verantwortliche für das Gefängnis, kommen solle. Alles vergebens. Keine Antwort. Unsere flehentlichen Bitten wurden von den diensthabenden Wärtern völlig ignoriert. Erst als der Todeskampf begann, als Frau Wera fast das Bewusstsein verloren hatte, nahmen sie sie mit. Sie starb, wie es scheint, noch am selben Tag. Am nächsten Tag kam die Krankenschwester auf ihrer Morgenrunde wieder vorbei, als wäre nichts geschehen.

Im Gefängnis von Lukiškės erging es uns etwas besser. Die Fenster waren weit geöffnet, wir wurden immer noch gnadenlos zusammengedrängt, aber es gab mehr Sauerstoff. Wir konnten den Innenhof sehen und darauf kleine spielende Katzen. Wir konnten sie stundenlang beobachten. Wir fühlten uns, als wären wir noch in Polen. Überall gab es Polen. Wir sprachen mit allen Zellen, die wir erreichen konnten: mit den Zellen direkt neben uns, über uns, unter uns und sogar mit den noch höher- und niedriger gelegenen Zellen. Sogar mit Zellen, die wir in einem anderen Flügel sehen konnten, versuchten wir Kontakt aufzunehmen. Zu dieser Zeit waren wir im Umgang mit dem Morsealphabet schon besonders gut geübt. Die Neuigkeiten verbreiteten sich in allen Gebäuden, alles Wissenswerte machte die Runde, ob es sich nun um lokale Nachrichten oder

Berichte aus der Stadt handelte. Wir wussten damals schon, dass sie im Begriff waren, uns wegzubringen, weit weg. Und dass dies in mehreren Etappen geschah. Und dass auch wir irgendwann an der Reihe sein würden.

Wir wurden oft mitgenommen, um irgendwo zu arbeiten. Das war eine Wohltat, denn meist wurden wir sehr weit weggebracht, in ein weit entferntes Gebäude, wo ein Umbau stattfand. Dort putzten wir die Fenster, wischten wir Böden, machten wir die Türen sauber; und es gelang uns dort immer, von den Arbeitern *Machorka*[4] zu bekommen und ein paar Neuigkeiten mit ihnen auszutauschen. Die Arbeiter waren Russen, Belarussen, Litauer, aber keine Polen. Das Misstrauen gegenüber den Polen war zu groß, um ihnen diese Freiheit zu gewähren, mochte sich auch alles noch immer zwischen vier Wänden abspielen. Aber wie herzlich diese Arbeiter waren, und immerhin war es Kontakt mit anderen Menschen! Die Zelle zu verlassen, ein wenig zu gehen und sich zu bewegen, mit jemandem zu sprechen – das war ein großartiger Zeitvertreib, der den Tag verkürzte und uns auf andere Gedanken brachte.

Wir ließen den Mut nicht sinken. Manchmal organisierten wir unterhaltsame Festchen. Ich erinnere mich noch ganz genau, wie wir am Neujahrstag, noch im alten Gefängnis, beschlossen, einen Ball zu veranstalten. Wir putzten uns mit Decken und einigen Hemden heraus (natürlich nur die, die noch welche hatten), und Paare begannen zu den Klängen von Gesang und rhythmischem Löffelklopfen auf dem Boden zu tanzen. Sofort stürzten drei Wärter schreiend herein, denn der Appell war bereits vorbei, und danach war absolute Nachtruhe angesagt. Sie konnten gar nicht fassen, was los war, und dachten, wir seien verrückt geworden. Wir versuchten ihnen ruhig zu erklären, dass es Brauch sei, am Neujahrstag einen Ball zu veranstalten, und dass wir deshalb beschlossen hätten, das

---

4 Russischer Tabak von minderer Qualität.

auch zu tun. Über ihre verblüfften Gesichter schütteten wir uns aus vor Lachen.

Manche betrachten das Gefängnis und alles, was sie dort mitmachen, mit großer Niedergeschlagenheit. Sie beten, weinen, sitzen halb tot in einem Eckchen und reagieren kaum auf das, was um sie herum geschieht. Sie sind unausstehlich, sie stecken andere an, sie ziehen sie nach unten, in die Tiefe, in Richtung Gebrochenheit, in Richtung Aufgabe. Andere wiederum sind wie Clowns ständig in Bewegung, sie lassen es nicht zu, dass sich ihre Mithäftlinge auch nur einen Moment lang konzentrieren und ein wenig Stille suchen. Sie mischen sich ständig ein, wollen ihre Anwesenheit immer mit Worten geltend machen, obwohl man sich ihrer Gesellschaft allein schon deshalb nicht entziehen kann, weil sie sich in der Zelle aufhalten. Auch diese Menschen sind unerträglich. Ihre lärmende Omnipräsenz lässt die Spannungen eskalieren, und das in einer Situation, in der die Nerven ohnehin schon bis zum Äußersten gespannt sind.

Aber ohne Lachen kann man nicht leben. Lachen ist die Rettung. Es schafft eine Distanz zu der Situation, in der wir uns befinden. Es befreit uns und zwingt uns sozusagen von außen auf uns, auf unser Leid zu blicken, und das macht es leichter. Es ist auch eine Waffe gegen diejenigen, die uns schon als besiegt betrachten wollen. Unser Lachen brüskiert sie, erstaunt sie und zeigt ihnen, dass wir noch nicht zu willenlosen Sklaven geworden sind, dass wir noch immer menschliche Reaktionen haben und dass wir die Absurdität dieser Realität erkennen, in der wir nun zufällig gelandet sind und leben müssen. Lachen ist geistige Unabhängigkeit, und die Peiniger sind wütend, wenn sie Gelächter hören. Zwischen ihren zusammengebissenen, knirschenden Zähnen quetschen sie dann hervor: *Das Lachen wird dir bald vergehen.*

Der Alltag im Gefängnis besteht größtenteils aus Verhören. Oder genauer gesagt: das nächtliche Leben, das irgendwann unmittelbar nach dem Abendappell beginnt und bis in die frühen Morgenstunden andauert und einen unterschiedlichen Ausgang haben kann. Solschenizyn hat schon viel über die Foltermethoden der NKWDler enthüllt. Mit Licht geblendet werden. Gezwungen werden, auf der Stuhlkante zu sitzen. Isolation. Und natürlich einfach geschlagen werden. Aber ist die schlimmste Folter nicht die einer Mutter, der klar wird, dass man ihr ihre kleinen Kinder weggenommen und in ein sowjetisches Waisenhaus gebracht hat, wobei ein jovialer Verhörer ihr dann ein Bild von der Zukunft zeichnet: eine Begegnung mit zwei durch und durch überzeugten Kommunisten, die ihre Mutter nicht einmal ansehen wollen? Das ist eine reale Bedrohung: Irena sagen sie das täglich. Sie verlangen von ihr, dass sie die Adresse ihres Vaters, eines Widerstandskämpfers der AK, herausrückt. Sie sitzt neben mir auf ihrem »Bett«, mit dem Rücken an die Wand gelehnt, und betet mit dem Gesicht in den Händen. Ihre Folter dauert Stunden, den ganzen Tag lang, kennt kein Ende. Und doch bricht sie nicht, obwohl man an ihrer Stelle zu heulen anfangen könnte. An der anderen Wand sitzt Lonia in einer merkwürdigen Position, leicht zur Seite gebückt mit einem Kopf, der auf unnatürliche Weise schief hängt. Ihren hageren, schon ausgemergelten Körper, übersät von blauen – eher schwarzen – Flecken, durchzuckt bei jeder Bewegung ein schneidender Schmerz. Jede Nacht peitschen sie sie mit einer Kosaken-*Nagajka*[5] aus. Und was noch schlimmer ist: Sie erzählen ihr, dass sie genau das Gleiche mit ihrer Schwester machen, nur noch etwas grausamer, noch brutaler. Morgens tragen sie Lonia ins Haus, weil sie nicht mehr laufen kann. Abends schleifen sie sie wieder zu dieser Folter. Aber sie bleibt stumm. Wir versuchen, ihren Körper mit kalten Kompressen zu bedecken. Das verschafft ihr eine gewisse Erleichterung, aber was ist Erleichterung angesichts der Geschichten, mit denen die Offiziere sie immer wieder bombardieren? Ich erinnere mich noch an den Tag, an dem der Wärter, der ein

---

5 Eine kurze, dicke Peitsche (auch als *Kamtscha* bekannt).

Auge auf das Treiben im Waschraum haben sollte, geistesabwesend war. Er ließ uns in den Umkleideraum, in der sich noch Mädchen von einer anderen Zelle befanden, unter ihnen auch Lonias Schwester. Sie stürzte sich auf uns, fragte uns, ob wir mit ihrer Schwester in der Zelle seien. Was für eine große Freude war es für uns, als wir sie gesund und gar nicht so schrecklich zugerichtet sahen. Lonia war zu diesem Zeitpunkt nicht bei uns. Sie hatte keine Kraft mehr zu gehen. Aber als wir ihr hinterher erzählten, dass Basia gesund und wohlauf sei und nicht gefoltert werde, kam Lonia sofort wieder zu Kräften. Das Leben kehrte in ihren geschundenen Körper zurück.

Schläge waren nicht die bevorzugte Methode, um Geständnisse zu erzwingen. Nein, es gibt einfachere Methoden, die für die sensiblen Herzen unserer Verhörer weniger bedrückend sind. Es reicht aus, die Gefangenen am Schlafen zu hindern. Auf diese Weise bricht man selbst die Stärksten. Mehrere Verhörer müssen sich dabei immer gegenseitig ablösen können. Aber es war Krieg, und offenbar litt auch das NKWD unter Personalmangel. Deshalb scheiterte die Prozedur oft. Wenn es nur zwei Verhörer gab, die sich abwechselten, gaben auch sie irgendwann auf.

Es ist ein seltsames Gefühl, mehrere Tage lang nicht zu schlafen. Zuerst will man nur schlafen, die Augen fallen zu, alles dreht sich ein bisschen im Kopf. Es fühlt sich an, als hätte man einen Kater. Doch nach drei oder vier Tagen passiert allmählich etwas mit einem Menschen. Ich erinnere mich an meinen Verhörer, einen Major namens Prudnikow. Er war von kleiner Statur. Während des Verhörs zog er seine *Walenki* aus und schwang unaufhörlich seine kurzen Beine. Er trug dicke Strümpfe aus Lammfell. Diese Beine begannen sich unter dem Tisch ineinander zu verschlingen und sich wie ein bräunlich-grauer Block zu bewegen. Ich weiß auch nicht, warum, aber der Geruch hat mich überwältigt. Es war etwas Trauriges, etwas Gewalttätiges, das durch meine Nase in mein Gehirn zu dringen schien. Der Block wurde dunkler, dann teilte er sich in zwei

Hälften, begann nach Teer zu riechen. Erst dann dämmerte mir, dass ich auf den Boden schaute, nicht auf die Beine von Prudnikow, sondern auf die seines Stellvertreters, der mich aufzuwecken versuchte, indem er mir freundlich ein Glas Wasser anbot. *Kulturno*, so würden es die Russen nennen. In einem Gehirn ohne Schlaf wird alles trübe, das Einzige, woran man denkt, ist: *nicht sprechen, nicht sprechen*. Oder man antwortet einfach mit: *Nein, nein, nein*. Aber dann höre ich, wie er zufrieden Prudnikow zuruft, dass ich endlich nein gesagt habe, also sage ich sofort: *Ja, ja, ja*. Ich sehe – offenbar sehe ich also noch –, dass sich seine Beine unter dem Tisch immer schneller bewegen, und ich höre, dass er wütend ist und schreit.

Eine Woche kommt mir wie ein Jahrhundert vor. In der Zelle tun meine Mitgefangenen alles, um mich vor den wachsamen Augen des Judas unter uns verborgen zu halten, damit ich, wenn auch nur einen Moment, einnicken kann. Das klappt aber nicht so gut. Der Wärter wird benachrichtigt: *Die und die da dürfen nicht schlafen*. Aber ich schlafe trotzdem, mit offenen Augen. Ich schalte mich komplett ab. Doch das dauert nur einen Moment, zu kurz, denn sie nehmen mich wieder mit. Sie sind jetzt zu zweit, denn einer allein wäre nicht dazu imstande, mich mitzuschleppen. Ich betone und übertreibe, wie schwach ich mich fühle – nur damit sie denken, dass ich ein vollkommen ausgewrungener Lappen bin. Prudnikows Stellvertreter begrüßt mich – es ist ein freundlicher, ruhiger Offizier. Er schließt die Tür. Er setzt sich neben einen brennenden Ofen und sagt mit schläfriger Stimme: *Nado rasskasywat*[6], und schläft fast sofort ein. Ich auch. Wir sind beide eingeschlafen. Er auf einem Hocker, an den Ofen gelehnt. Ich auf einem Stuhl in der Mitte des Raumes, wie jeder Gefangener während eines Verhörs. Er hatte zuvor schon geschlafen und wird deshalb früher wach. Er gibt mir etwas zu trinken und beginnt irgendwas zu sagen. Ich höre ihm

---

6 »Du musst sprechen« (Russisch).

nicht zu, bis er mich auffordert, mich zusammenzureißen, denn Prudnikow könne jeden Moment zurückkommen. Daraufhin setze ich mich etwas aufrechter auf meinen Stuhl, ich bin ein wenig ausgeruht. Ich habe fast eine Stunde geschlafen; es fühlte sich wie eine ganze Nacht an. Prudnikow erscheint, seine Augen sind rot und geschwollen, obwohl er mehrere gute Stunden lang friedlich geschnarcht hat. Er weiß nicht recht, was er fragen, was er sagen soll. Er spitzt einen Bleistift an und bietet mir sogar eine Zigarette an. Er schweigt, steht auf, geht im Zimmer umher, setzt sich wieder hin, geht kurz irgendwohin und kommt wieder zurück. Dann beginnt er mir mit monotoner Stimme etwas zu erzählen. Wie er vor dem Krieg in Bulgarien war, wie viele Früchte es dort gab und welch guten Wein! Er sehnt sich nach der Sonne. Und ich auch. Gleich darauf rappelt er sich auf, schreit und schreibt mit Feuereifer etwas auf, zerreißt das Papier und fängt mit runder, akkurater Handschrift wieder von vorne an: *Frage und Antwort*. Nur weiß er noch nicht, welche Frage er stellen soll. Und ich antworte sowieso nicht. Und so vergehen leere Stunden, weil er das ganze Arsenal an Fragen ausgeschöpft hat und weiß, dass er von mir keine anderen Antworten bekommen wird als die, die er bereits erhalten hat. Stunden der Langeweile vergehen quälend langsam, sie ziehen sich vom Abend bis in die Nacht, manchmal unterbrochen von einem kurzen Nickerchen – seinem oder meinem, denn auch er döst, manchmal schnarcht er sogar. Dann schreckt er auf, ruft seinen Stellvertreter und verschwindet. Herrliche Minuten, denn sofort schlafen wir gemeinsam ein.

Nach zwei Wochen hat Prudnikow dieses Spiel satt. Die Nacht kommt, und niemand ruft mich zum Verhör. Es folgt eine zweite Nacht, und ich darf wieder ruhig durchschlafen. Nach einer Woche fühle ich mich ausgezeichnet. Auch mein Verhörer ist sichtlich ausgeruht. Die geröteten Augen sind verschwunden. Er ist weniger nervös. Von Zeit zu Zeit schaut er mich sehr aufmerksam an und sagt, das Problem mit den Frauen sei, dass sie wie Katzen einen zu starken eigenen Willen hätten und nicht gehorchten.

Später unterhielt ich mich mit vielen Lagergenossen genau über dieses Thema: Schlafentzug während des Verhörs. Ihre Erfahrungen und Erkenntnisse waren im Großen und Ganzen die gleichen. Einige Halluzinationen, eine weitgehende Schwächung, gewisse Sehstörungen und das Schlimmste: Man verliert die Kontrolle über sich selbst, über seine Sprache, über seine motorischen Fähigkeiten. Wer noch vor dem Krieg verhört worden war oder in Moskau, hatte in der Regel vier bis fünf einander abwechselnde, immer ausgeruhte Verhörer. Die Betroffenen verloren deshalb schneller ihre Kräfte. Ich habe nicht nachgefragt, ob sie am Ende durchgehalten haben; ich glaube, sie haben wohl etwas unterschrieben, ohne zu wissen, dass sie da gerade etwas unterschrieben. Ich hatte in unserer Stadt, weit weg von Moskau, Glück. Zwei Verhörer, von denen sich einer zudem als Mensch erwies – das hat mich vor dem schlimmsten Gefühl bewahrt: der Selbstverachtung.

Einmal fragte mich ein Bekannter: *Gut, aber wie sah der Prozess nun aus?* Welcher Prozess, ich verstand nicht, wovon er sprach. *Nun ja, der Prozess, wie lange hat der gedauert, Wochen, Monate? Was hat der Staatsanwalt gesagt? Wie haben sich die Zeugen verhalten? Diese Dinge.* Mein Gott, wieder diese Kluft zwischen der Vorstellung eines Europäers und der Realität der sowjetischen Welt. Was für ein Prozess! Zwei langweilige Tage, das Verlesen von Akten durch Richter, die nichts über den Fall wussten, keine Zeugen, keine Zuschauer, eine Sekretärin, die ständig einschlief und nicht wusste, wer nun eigentlich die Rolle des Staatsanwalts und wer die des Rechtsanwalts spielte. Ich wurde zusammen mit dreizehn anderen Personen beschuldigt, Mitglied der AK zu sein. Keiner von uns hat dem widersprochen. Aus dicken Büchern und Papierstapeln, die nichts Substanzielles enthielten, wurden vollkommen sinnlose Schlussfolgerungen vorgelesen. Aber es war auch ein angenehmer

Moment für uns, eine Gelegenheit, Gleichgesinnte zu treffen, die Möglichkeit, Erfahrungen und Gedanken auszutauschen. Am Ende des zweiten Tages wurde uns das Urteil der Reihe nach mitgeteilt. Wir standen auf und sagten, dass wir polnische Staatsbürger seien und nicht des Verrats am Vaterland beschuldigt werden dürften, da die Sowjetunion nicht unser Vaterland sei. Wir sagten, dass wir dieses Gericht als illegal betrachteten und es den Grundlagen des internationalen Rechts widerspreche. Das machte die Richter wütend – von dem Moment an durften wir nichts mehr sagen. Die Beratung dauerte fünf Minuten. Wir hatten nicht einmal Zeit, eine Zigarette zu rauchen. Die Männer bekamen fünfzehn Jahre *Katorga*, die Frauen zehn Jahre ITL und fünf Jahre *po rogam*, was bedeutete, dass wir für fünf Jahre unsere Bürgerrechte verloren. Was für eine Komödie! Die Richter, die übrigens alle sehr jung waren, hatten ihr Urteil schon längst fertig, es war im Vorhinein geschrieben und kopiert worden. Unsere Verhöre waren ja nicht von Leutnants, sondern von Obersten und Majoren durchgeführt worden. Und die hatten schon längst entschieden, was mit uns geschehen sollte.

Der Prozess war, mit einem Wort, eine Augenwischerei, wie so viele andere Dinge in diesem riesigen Land, wo man durchaus etwas auf den Schein gibt, aber nicht überzeugend und auf falsche Weise. Sie taten ihr Bestes, um dem Urteil juristisches Gewicht zu verleihen, um den Eindruck zu erwecken, dass es rechtmäßig sei und von einem Kriegstribunal gefällt wurde. Aber dieses Tribunal wusste selbst auch sehr gut, dass es dabei nur um eine Vorstellung ging, die einfach gespielt werden musste. Und so wurde das Stück gespielt, mit allen Formalitäten, die dazu gehören. Hier wird etwas vorgelesen, dort etwas gesagt, wir machen eine Pause, etwas später eine zweite, dann noch schnell ein vorgefertigtes Urteil unterschreiben und dann nach Hause. Der Häftling darf nichts gefragt werden, das würde den Prozess nur unnötig in die Länge ziehen. Zeugen? Auch das ist nur lästig. Anwälte? Eine zusätzliche Belastung. Eine Einlassung eines Staatsanwalts? Überflüssig. Es ist doch schon bekannt, dass sie schuldig sind. Eins, zwei und fertig. Eigentlich hätten sie es in einer Stunde erledigen können.

Aber offenbar hatte jemand von oben gesagt, der Fall sei wichtig und müsse länger ausgespielt werden. Und so zog sich das Tribunal in die Länge, eingedenk der russischen Redewendung *tjani resinu*[7]. Sinnlos, nutzlos. Trotz allem waren wir zufrieden – es waren zwei Tage der Begegnung mit anderen, eine Abwechslung zur alltäglichen Realität unserer Zelle.

Das Aufschreiben dieser Erinnerungen hat mir nicht gutgetan. Ich habe sie für mehr als ein Jahr in eine Schublade legen müssen. Ist es denn die Mühe wert, damit fortzufahren? Sollte ich mich nicht besser mit etwas anderem beschäftigen, notfalls damit, Erzählungen zu schreiben? Außerdem, was kann ich Neues erzählen, wen kann ich wovon überzeugen?

Als ich später von den Lagern erzählte, habe ich oft etwas Auffallendes erlebt: Meine Zuhörer warteten auf die Schilderung der größten Grausamkeiten, fast im Stil moderner Horrorfilme: Mord, Schläge, Folter, das scheint für sie das Wichtigste zu sein. Als ob das menschliche Leid nur physischer Natur wäre. In dieser Reaktion meiner Zuhörer verbarg sich etwas Böses, eine Abgestumpftheit, ein Mangel an Sensibilität für die Existenz eines Schmerzes, der manchmal nur ein moralischer Schmerz ist. Aber ich will auch nicht unfair sein. Vielleicht verlangte es meine Zuhörer danach, sich auf diese Weise in ihrem Hass zu bestärken, in ihrem eigenen Denken bestätigt zu werden, in ihrer Überzeugung, dass dort der Tiefpunkt, die Hölle, erreicht war und dass die Menschen, die ihre Macht an uns auslebten, selbst der Hölle entstammten. Nun, daran ist etwas Wahres: dass der Kommunismus eine neue Verkörperung

---

[7] Wörtlich: dehnen wie Gummi; um den heißen Brei herumreden.

des Teufels ist. Aber ich kann es nicht ändern, dass ich keinen Hass empfinde, vor allem nicht gegen Menschen. Vielleicht dem System gegenüber, der Idee und dem Plan dahinter, also gegenüber etwas, was im Grunde genommen abstrakt ist und bei seiner Umsetzung zu einem grauenhaften Mechanismus wurde, der jeden Menschen kaputt gemacht hat, der nicht in der Lage, nicht fähig oder nicht willens war, die Kanten seines eigenen Wesens so glatt zu schleifen, dass er doch noch in das System passt. Tatsache ist, dass diese Maschinerie jeden brach, sowohl diejenigen, die Teil von ihr waren, wie auch diejenigen, die sich ihr widersetzten, die Freien ebenso wie die Gefangenen. Körper und, schlimmer noch, Charaktere wurden gebrochen. Die Vorstellungskraft wurde lahmgelegt, Gedanken wurden erstickt, das Gehirn gewaschen. Kurzum: Der Mensch wurde sowjetisiert. Die Menschen verloren ihren Sinn für Würde und innere Freiheit. Sie mussten lernen, in vorgekauten Formeln zu denken, und wurden zu gleichförmig gekleideten Marionetten. Aber selbst in diesen Holzpuppen regte sich manchmal noch etwas. Wir betrachteten mit ein wenig Verwunderung die Offiziere und Soldaten mit ihren roten oder blauen Abzeichen an den Oberarmen. Sogar mit ein bisschen Mitleid. Vor allem mit den Soldaten, diesen armen Teufeln, hatten wir Mitleid. Sie hatten zwar Macht über uns, fürchteten sich aber davor, eigenständig zu denken. Ich, die Gefangene, fühlte mich – obgleich meine Schinder mit mir machen konnten, was sie wollten – freier als dieser alte Wärter, der mir heimlich und schnell, wenn die anderen es nicht sahen, etwas Machorka zusteckte. Wie sollte ich ihn da hassen können?

Czesław Miłosz beschrieb einmal so eine eindrucksvolle Szene, in der sowjetische Soldaten einem gefangen genommenen Deutschen etwas zu essen gaben. Sie gaben ihm auch eine Zigarette, und danach sagten sie ruhig, es sei Zeit, und brachten ihn hinter die Ställe. So ist das Schicksal. Bist du am Leben, dann rauchen wir zusammen eine Zigarette. Kommt der Befehl zu schießen, dann schießen wir dich tot. *Prikas jest prikas*[8]. So war es auch bei uns. Wenn sie aufgefordert wurden zu schlagen, schlugen sie zu. Wenn sie aufgefordert wurden, uns in die Isolierzelle zu werfen, hatten wir Pech, dann mussten wir eben dort sitzen. Und doch wurden die Gräueltaten oft von einem sanften »Du, Kamerad, wirst hier nicht lebend rauskommen, was für ein Jammer« begleitet.

Nicht alle Fakten beflügeln die Phantasie derer, die das Gefängnis noch nie von innen gesehen haben. Unsere Zelle war groß, die luxuriöseste, die ich je gesehen habe. Etwa sechs mal sechs Meter. Fast ein Quadrat. Obwohl wir mit fünfundzwanzig Personen darin saßen, was etwas mehr als einen Quadratmeter pro Person bedeutet, hatten wir das Gefühl, viel Platz zu haben. Diese sechzig Zentimeter mal zwei Meter, also 1,2 Quadratmeter, zu haben, reichten aus, um sich ausstrecken zu können und nicht ständig mit angezogenen Beinen sitzen zu müssen. Das ist eine ganze Menge. Wir lagen also dicht beieinander, aber die Beine hatten etwas Spielraum. Und es blieb noch ein bisschen Platz, um den Tisch, der in der Mitte stand, zu umrunden. Unter und neben dem Tisch gab es auch Liegeplätze, sehr gute sogar, denn man konnte sein Essgeschirr dann einfach auf den Tisch legen. Betten gab es natürlich nicht. Ich habe dreizehn Monate in diesem Gefängnis verbracht und währenddessen nur zwei alte hölzerne Etagenbetten in einer Zelle gesehen. Schlafen, sitzen, essen, alles spielte sich auf dem Boden ab. Die Zelle hatte zwei Fenster, war hell dank der hohen Fenster, die in tiefen Nischen saßen. Die Wände waren dick. Die zaristischen Gefängnisse waren sehr solide gebaut: Die Wand war anderthalb Meter dick.

Man konnte keine Stimmen von draußen hören, nur Geräusche oder Schritte auf dem Flur. Manchmal waren es viele Schritte, als ob Dutzende von Menschen aufgescheucht würden. Eine frische Ladung Häftlinge? Im Dezember 1944 zogen ganze Heerscharen

---

[8] Befehl ist Befehl (Russisch).

durch die Flure. Ein neuer Zellengenosse informierte uns über die Massenverhaftungen in unserer Stadt. Aber abgesehen von diesem Tumult herrschte nur Stille. Wir hatten keine Bücher oder Zeitungen. Wir erzählten uns gegenseitig von Filmen und Büchern. Manchmal sangen wir etwas, ganz leise. Und die Stunden verstrichen quälend langsam.

Graue Gesichter, eingefallene Wangen, verquollene Augen. Nicht vom Weinen, nein, die Augenlider waren von Schlaflosigkeit, Hunger und Unruhe verquollen. In den ersten Tagen, so erinnere ich mich, oder eher in den ersten Monaten kamen wir, eine nach der anderen, dahinter, dass wir keine Menstruation mehr bekamen. Zuerst löste das eine Panikattacke aus. Jesus Maria, hier schwanger sein, was soll ich mit einem Kind anfangen? Werden sie es mir wegnehmen, es beseitigen? Dann begriffen wir, dass es sich nicht um eine Schwangerschaft handelte. Das war das Gefängnisleben. Darauf folgte doppelte Freude. Es würde kein Kind geben. Und: Wir mussten uns nicht mehr solche Sorgen machen, was wir tun sollten, wenn wir wieder einmal »krank« würden. Woher sollten wir irgendwelche Hygieneartikel bekommen? Eine Frau ist gerade verhaftet worden und hat ihre Periode; sie pult Watte aus einem alten Wintermantel. Aber für wie lange haben wir Watte? Außerdem ist sie schmutzig. Aber was können wir tun? Was sonst können wir tun? Die Gefängnisärztin zuckt angesichts unserer Bitten nur mit den Schultern. Halina zerreißt das Handtuch, das ihr die Familie geschickt hat, wäscht es ständig, was die anderen ärgert, weil sie zu viel Wasser verbraucht. Jemand brummelt. Jemand beruhigt die Gemüter. Aber auch das ist ein Grund für Spannungen. Seife haben wir nicht, wie soll man sich also waschen? Der Geruch in der Zelle wird immer muffiger, fast unerträglich. Halinas Gesicht ist rot vor Scham und Demütigung. Hier gibt es nichts, womit man sich verstecken könnte, nichts, was man vor anderen verbergen könnte. Wir sind zu einem Mangel an Privatsphäre verurteilt, dazu, vor den Augen anderer zu essen, zu schlafen, zu verdauen, zu urinieren, krank zu sein und sogar zu sterben. Nicht eine Minute, nicht einmal eine Sekunde Einsamkeit. Nackte Physiologie, nichts als Physiologie. Wir sind keine Menschen mehr, sondern schlecht funktionierende, müde Körper. Das ist der Alltag.

Die menschliche Sensibilität ist etwas Eigenartiges. Wir sind ruhig, aber gleichzeitig auch empfindlich wie die kompliziertesten Messinstrumente. Wir reagieren auf jedes Signal von außen, manchmal sogar bevor es unsere Zelle erreicht. Telepathische Gedanken, vor allem sensibel für Unglück. Niemand reagiert auf Vorahnungen mit Langmut oder Achselzucken. Wir haben bereits genug Erfahrung, um zu wissen, dass da etwas ist, etwas, was uns auf das Schlimmste vorbereitet. Irenas morgendliche Niedergeschlagenheit zum Beispiel, so ohne Grund. Ihre kleine Tochter wurde in ein *Detdom*[9] gebracht. Auch ihre Mutter, ihr Mann und ihr Bruder wurden gefangen genommen. Nun sind sie ihrem Vater auf den Fersen, einem der prominentesten sozialistischen Aktivisten der Vorkriegszeit in Polen. Er ist jetzt der Anführer des immer noch aufrechterhaltenen Widerstands und tut sein Bestes, um Menschen, Wertgegenstände, Dokumente usw. zu retten. Sie treiben Irena in die Erschöpfung, indem sie sie ständig durchprügeln, dabei ist das unnötig. Es genügt, wenn sie ihr von ihrer kleinen Tochter erzählen oder von ihrer Mutter, einer kranken Frau. Sie verlangen von ihr, die Adresse des Verstecks ihres Vaters zu nennen. Irena sitzt neben mir, ganze Tage lang schweigt sie und bewahrt die Ruhe. Sie betet. Doch heute kann sie ihre Fassung nicht bewahren. Wir sehen es alle. Sie wälzt sich auf ihrem Liegeplatz herum, steht auf, will etwas sagen, schweigt wieder, stammelt ein halbes Wort. Seit einem Monat haben sie sie nicht mehr zum Verhör mitgenommen. Als der diensthabende Wachmann die Tür öffnet, beginnt das übliche Ritual: *Wer*

---

9 Russisch für »Waisenhaus« (Kurzversion von *Detski dom*).

hat den Buchstaben ... Irena geht auf ihn zu, wir alle wissen, dass er ihretwegen gekommen ist. Wir warten alle unruhig ab, aber eigentlich wissen wir es schon. Als sie ein paar Stunden später zurückkommt, noch grauer als sonst, stellt niemand irgendwelche Fragen. Später wird sie uns einige Details davon erzählen. Sie hatten ihren Vater am Tag zuvor auf der Straße aufgegriffen. Jemand war ihm gefolgt, jemand hatte ihn verpfiffen. Im Büro des Volkskommissars, unserem »Goldmund«, wurde eine Szene aufgeführt, die wie immer von wenig verfeinertem Geschmack zeugte. Die kranke Mutter und die Tochter wurden vorgeladen, um den Vater zu knacken, um im Gegenzug zur Freilassung beider Frauen ein Geständnis zu bekommen. Eine grausame Erpressung eines erschütterten, nicht mehr ganz jungen Menschen. Aber die Erpressung war vergeblich. Keiner beugte sich. Doch bei einem Verhör sind alle Mittel erlaubt, nichts bleibt unversucht. Voller Gram hören wir Irena zu, denn Maciejs Verhaftung konfrontiert uns mit der Hoffnungslosigkeit des Kampfes, mit der Unvermeidlichkeit der Opfer, die er noch kosten wird, mit unserem eigenen, wenig beneidenswerten Los. Immer häufiger hören wir die eindringliche Stimme des Schicksals sagen: Es gibt niemanden mehr, der sich um uns kümmert, und wer es doch tun wollte, denkt sicher, dass wir schon abgeschrieben sind. Morgen wird man uns vergessen haben, vielleicht sogar schon heute. Verbitterung ist fühlbarer als körperliche Wunden. Die Verbitterung einer Verlorenen.

Wir sprechen fast nie über politische Fragen. Aber schon allein aus der Haltung dieser Frauen wird deutlich, dass sie nichts bereuen, dass sie ihre Aktivitäten in der AK für richtig halten, für sinnvoll. Mehr noch: für normal angesichts der Situation, in der sich unser Volk während des Krieges befand. Das ist eine Selbstverständlichkeit und kein Problem. Jede von uns ist die Arbeit im Untergrund mit einem Gefühl der Verantwortung angegangen und war sich der möglichen Folgen im Vorhinein bewusst. Und doch hatten nur wenige mit derartigen Folgen gerechnet. Kaum jemand konnte ahnen, dass die Befreier uns eine neue, schreckliche Unfreiheit bringen würden. Der Gedanke daran ist unser tägliches Brot. Das bittere Brot der Niederlage.

Wir kennen auch Freude. Hanka S. ist Sportlehrerin. Sie nötigt uns dazu, uns zu bewegen, damit unsere Muskeln nicht schwächer werden. Wir haben kaum Platz, aber jeder von uns kann Bauchmuskelübungen und *Squats* machen, und wir dehnen uns jeden Tag ein paarmal. Manch andere wollen das nicht. Natürlich wird der Mief in der Zelle dadurch tatsächlich noch unerträglicher. Geschwächte Körper fangen schon bei der geringsten lebhafteren Bewegung an zu schwitzen. Seit einigen Tagen machen wir uns nun Sorgen um Hanka. Es fing damit an, dass sie eines Morgens gleich nach dem Aufstehen verkündete, ihr Mann sei freigelassen worden. Sie hatte nachts davon geträumt, was einen tiefen Eindruck bei ihr hinterlassen hatte. Der Traum schien uns eine Wahnvorstellung zu sein. Hankas Mann hatte nicht die geringste Chance, das Gefängnis zu verlassen. Wir waren mehr oder weniger über seine Aktivitäten informiert. Wir versuchten Hankas Hoffnungen zu vertreiben. Aber sie widersetzte sich uns mit einer seltsamen, törichten Hartnäckigkeit; sie war sich sicher, dass er frei sei und sie jeden Moment ein Päckchen von ihm bekommen könne.

Die Eintrübung des Denkens ist ein schleichendes Gift. Die gesamte menschliche Person, die das Leid nicht mehr ertragen kann, wird davon erfasst. Hanka ist fröhlich, sie lacht, sie singt. Sie erzählt uns, dass es ihr nun egal ist, ob sie sie verurteilen oder wegschicken, denn sie weiß, dass ihr Mann sich um ihre beiden Kinder, einen Jungen und ein Mädchen, kümmern wird, dass er sie so erziehen wird, wie es sich gehört. Dass nichts wichtiger ist, verstehen wir sehr gut, denn Kinder sind für uns immer das Wichtigste. Aber Hanka, Hanka selbst? Vielleicht ist das Glück, das sie jetzt empfindet, eine

Art Erlösung für sie. Aber wie sehr trauere ich, wenn ich Hanka sehe, um diese süße, warmherzige, mutige Hanka. Wir betrachten sie mit immer größerer Traurigkeit, denn die Tage vergehen, und ihr Zustand wird nicht besser. Ja, mehr noch: Sie wird wütend auf uns, weil wir ihr nicht glauben wollen. Sie wirft uns vor, sie wie eine Närrin zu behandeln. Wir widersprechen dem natürlich. Aber sie verliert ihre Freude und sitzt in ihrer Ecke, schweigend und stur, fest davon überzeugt, dass alles sich so verhält, wie sie es sagt, wie ihr Herz es ihr diktiert. Die ganze Zelle betet einen Rosenkranz für sie, und vielleicht merkt sie, dass es in dem Gebet um sie geht, denn sie bekommt einen Wutanfall. Wieder wirft sie uns Unglauben, Ignoranz, zynische Phantasielosigkeit vor. Und sie hat recht: Wir sind um eine Idee verlegen, denn wir wissen nicht, was wir tun oder wie wir reagieren sollen. Ich versuche die anderen Frauen davon zu überzeugen, dass wir ihr nicht widersprechen dürfen, sie nicht verärgern dürfen, ihr nicht die Hoffnung rauben dürfen, auch wenn diese Hoffnung völlig unsinnig ist. Die ganze Zelle steht unter Spannung. Wir befürchten, dass etwas Schlimmeres bevorsteht.

Und dann kommt der Tag der Päckchen. Es passiert nicht oft, dass der diensthabende Wärter, den wir den »Weihnachtsmann« nennen, unsere Zelle besucht. Aber heute kommt er mit einem vollen Sack herein. *Wer hat den Buchstaben S?* Worauf die Frauen, die Skowrońska, Stefańska, Sikorska heißen, antworten. Nein, für sie ist es nicht. Das Päckchen ist für Hanka, von ihrem Mann. Unmöglich! Wir sind alle sprachlos. Nachdem der Wärter weggegangen ist, helfen wir Hanka, eine geheime Botschaft im Zwieback, in der Naht der Unterwäsche, in den Nähten des dicken Pullovers zu entdecken. Gefunden. Hanka liest, abwechselnd weinend und lachend. Er ist frei. Er ist bei den Kindern. Es geschehen Wunder. Er war freigelassen worden, genau in der Nacht von Hankas Traum. Und wir waren schon bereit, sie für geisteskrank zu erklären … Menschliche Vorahnungen sind etwas Seltsames.

Eigenartig waren auch die Umstände der Freilassung oder vielmehr der Verhaftung von Hankas Ehemann, wie ich erst später erfuhr. Er wurde zusammen mit anderen festgenommen und ins Kommissariat gebracht. Unter ihnen befand sich auch ein Spekulant, der einen Sack mit Fleisch bei sich trug. Er stellte diesen Sack unter die Bank, auf der er saß. Er wurde als Erster in das Büro des Dienststellenleiters gerufen und kam nach nur wenigen Minuten wieder heraus, nahm seine Dokumente, die man ihm abgenommen hatte, wieder an sich und verließ schnell das Kommissariat. Es bestand kein Zweifel daran, dass er ein Spion war. Das Fleisch hatte er jedoch vergessen. Also holte Hankas Mann den Sack unter der Bank hervor und spielte anschließend die Rolle des Spekulanten. Das Fleisch war der greifbare Beweis, und das NKWD glaubte ihm. Er wurde zu einer Geldstrafe und einer dreizehnmonatigen Haftstrafe verurteilt. Er verbüßte seine Strafe und kehrte nach Hause zurück.

Die sympathischste Zelle ist die Zelle Nummer elf, die mit dem Tisch, unter dem Frau N. starb, eine sechs mal sechs Meter große Zelle, in der Irena und unsere Frau Architektin sowie Hanka und Lonia und drei fröhliche Prostituierte wohnen. Es sind brave, freundliche Mädchen, die fleißig und so gut wie möglich die Parascha schrubben. Die Verhörer sagten, die Bewohner hier würden das Strafgesetzbuch besser kennen als der Staatsanwalt selbst. Wir hatten sogar alle Punkte des Artikels 58[10] auswendig gelernt. Jedes neue Gesicht wird sofort gründlich begutachtet. Und wenn das Urteil positiv ausfällt, beginnen die Instruktionen: was man sagen soll, wie man sich verteidigt, welche Fragen man beantwortet, wann man schweigt. Gerade ist eine neue Frau aufgetaucht. Ich kenne sie noch aus früheren, freieren Zeiten. Sie ist eine Studentin am Kon-

---

10 Nach dem Artikel 58 des sowjetischen Strafgesetzbuches aus dem Jahr 1927 wurden Personen für konterrevolutionäre Aktivitäten bestraft. Die auf seiner Grundlage Verurteilten wurden in der Regel »58er« genannt. (A. d. dt. Übers.)

servatorium mit einer herrlichen, lyrischen Sopranstimme. Wir machen sie, so gut wir können, mit den Abläufen der Verhöre vertraut. Sie war aus der Wohnung von Bekannten von ihr mitgenommen worden – sie könnte dort zufällig gewesen sein. Sind das auch Musiker? Ja, dann kam sie doch einfach dorthin, um Partituren abzuholen. Welche? Ach, das spielt keine Rolle. Die Lieder von Mahler zum Beispiel. Wir haben noch Zeit, ihr einige Dinge beizubringen, denn sie wurde immer noch nicht zu einem Verhör vorgeladen. Wir kennen die Methode: Sie lassen die Gefangene erst noch etwas »abbröckeln«, wie sie das nennen. Aber während dieses »Abbröckelns« durchläuft die Gefangene die erste Abteilung der Gefängnisuniversität. Unsere Sängerin ist sich fast sicher, dass sie die Verhörer hinters Licht führen kann. Und das ist ihr auch gelungen, und zwar singend. Es begann an einem deprimierenden Abend mit düsterer Stimmung. Wodurch? Ich weiß es nicht mehr. Vielleicht weil sie Lonia wieder geprügelt hatten. Unsere Sängerin summte leise das »Ave Maria«. In der Zelle ist es nicht erlaubt, laut zu sprechen. Es muss Stille herrschen. Jedes laute Geräusch bedeutet Streit, das schadet dem *tjuremny reschim*[11]. Und plötzlich war da dieses intime »Ave Maria«, wir hatten ein wenig darauf gedrängt. W. streute die silbrigen Klänge eines Strauss-Walzers in die Runde. Ihre volle, reine Stimme schien in dieser Totenstille die Wände zu durchbrechen. Für uns war das die ungebändigte Stimme der Freiheit und des Glücks. Sofort fielen sie zu zehnt bei uns ein. Schreiend. Fluchend. Wer hat da gesungen?« »Ich«, antwortete ich. »Ich war es.« Sie fingen selbst an zu lachen. Sie wussten, dass ich keine Sängerin war. Sogar der für das Gefängnis Verantwortliche wurde hinzugezogen. Er wusste sehr wohl, wer gesungen hatte. W. wurde abgeführt, und wir durften zur Strafe keine Päckchen mehr erhalten und mussten kerzengerade auf der Wache stehen, bis sie kommen würden, um

---

[11] Gefängnisregime (Russisch).

uns zu erlösen. Und so standen wir da, immer noch lachend und ohne uns etwas aus der Strafe zu machen. Nur das Schicksal von W. bereitete uns noch Sorgen. Falls sie in die Isolierzelle gesteckt wurde, konnte sie ihre Stimme verlieren. Nach einer Stunde durften wir uns setzen. Der Abendappell verlief normal. Niemand schrie noch. W. kehrte erst nachts zurück, in bester Laune. Offenbar hatten sie ihr die Geschichte über die Partituren von Mahlers Liedern abgenommen. Nach dem Verhör versammelte sich eine Gruppe von Offizieren und bat sie, etwas zu singen. Ein improvisiertes, kostenloses Konzert für das NKWD! Aber sie wollte nicht beginnen, bevor sie ihr nicht versprochen hatten, unsere Strafe aufzuheben. Danach weigerte sie sich nicht länger und begann einige Lieder von Tschaikowsky zu singen. Zwei Tage später wurde sie freigelassen. Unsere Strafe war aufgehoben. Russen mögen Musik sehr.

Es ist Juni im Lukiškės-Gefängnis. Wir sitzen mit acht oder neun Häftlingen in der Zelle. Davor waren wir noch vierzehn, sodass wir das nun als großen Komfort empfinden. Die Verhöre sind beendet. Jede Woche kommen Päckchen. Es ist fast ein normales Gefängnis geworden, nicht mehr dieser Kerker höllischer Qualen. Die Fenster stehen offen. Die Katzen spielen im Innenhof. Drei schwarze, eine weiße mit Flecken. Sie spielen um einen alten Eimer herum. In der Wand muss es einen Spalt geben, denn manchmal verstecken sie sich alle, und dann taucht dort ein Köpfchen vorsichtig hinter dem Eimer auf, umherschauend, und hopp, dann springen die vier wieder hervor. Der Besen, der in der Ecke steht, wird attackiert.
   Katzen, Märchen und Morsezeichen – wir haben es geschafft, Kontakt mit den Zellen neben und unter uns aufzunehmen. Unter uns sind sie zu siebt, zu ihnen gehört auch ein Priester. Sie wurden im Frühjahr verhaftet. Ihr Urteil hat man ihnen bereits mitgeteilt: die Todesstrafe. Das glauben wir nicht. Es gibt geflüsterte Berichte, die uns erreichen und besagen, dass diese Urteile nicht

mehr vollstreckt werden sollen. Die Todesstrafe werde vollständig abgeschafft, oder ist sie es vielleicht sogar schon? Die Jungs machen sich nichts draus. Durch das Fenster lassen wir »ein Pferd« hinab. Das heißt: ein an einer langen Schnur oder einem langen Gürtel befestigtes kleines Päckchen. Wir besorgen ihnen Zigaretten, sie schenken uns einen herrlichen Rosenkranz aus Brot. Neben ihnen sitzen auch *Smertniki*[12]. Wie viele? Das wissen sie nicht. Es sind Polen – wir hören, dass sie manchmal laut beten. Im Keller sind die Wände zu dick, und so kann man das Klopfen durch die Zwischenwand nicht hören. Wir bitten unsere Nachbarn auf unserer Etage, ein Pferd zu ihnen hinunterzulassen. Jetzt wissen wir es: Sie sind nur zu fünft. Sie wurden vor einem Monat verurteilt. Neben ihnen, in der dritten Zelle, sitzen Deutsche. Wer dort noch sitzt, ist schwer auszumachen. Keiner von ihnen darf auf den Korridor, nicht einmal, um zur Toilette zu gehen. Der Kübel aus ihrer Zelle wird von zwei Häftlingen weggetragen, die sie nicht kennen.

Die Männer, die unter uns sitzen, schreiben uns Briefe. Sie sind lustig. Sie stellen sich vor: Alter, Name, Brigade. Sie sind alle so jung. Und dann ist da noch der junge Kaplan. Sie schreiben so amüsante Verse. Ein Pferd hinabzulassen, die Nachrichten, die sie uns schicken – das ist eine Quelle der Freude. Sie schauen auch den Katzen zu. Wir schließen Wetten ab und schicken uns Sportmeldungen. Eine von ihnen hat den Besen erobert, die schwarze, oder war es die mit den Flecken? Die Männer bekommen keine Päckchen, also teilen wir Essen mit ihnen, wir lassen etwas Brot und Speck per Pferd nach unten. Sie freuen sich wie kleine Kinder. In der Nähe des Fensters legen sie ein Stück Speck auf den Boden, um eines der Kätzchen anzulocken. So ein flauschiges, warmes Fell würde man doch gerne streicheln.

Nachts werden wir von Lärm, Geschrei und Bewegung geweckt.

---

12 Zum Tode Verurteilte (Russisch).

Unten ist etwas im Gange. Dann wird es still. Am Morgen lassen wir ein Pferd hinab. Es kommt unangerührt zurück. Sollten sie etwa mitgenommen worden sein, alle? Uns überkommt eine heftige Unruhe. Mittags erhält unsere gesamte Zelle den Befehl, sich auf den Gang zu stellen. Man gibt uns Eimer, Bürsten und Tücher. Wir werden nach unten gebracht. Die Zellen stehen sperrangelweit auf, es ist kein Mensch mehr zu sehen. Es liegen nur ein paar einzelne Sachen herum: Säcke mit Kleidern, Jacken, Mäntel, ein oder zwei Decken auf dem Boden, einige deutsche Überzieher. Wir müssen sie aufsammeln und auf einen Karren im Gang legen. Polnische und deutsche Sachen. Dann schrubben wir dort die Böden, wo vorher unsere Jungs waren. Und auch nebenan, wo die Deutschen gesessen haben. Wir schrubben gründlich, für die Nächsten, damit sie den Kopf in ihren letzten Tagen wenigstens auf ein sauberes Stück Holzboden legen können. An der Wand, wahrscheinlich vom Priester eingeritzt, eine Inschrift: *exoriare aliquis nostris ex ossibus ultor*[13].

Wenn ich heute noch schreibe, dann für diese jungen Männer. Für ihr Gedenken. Für diesen Kaplan, der bis zum Ende seinen Glauben in Ehren hielt und sogar seinen Sinn für Humor nicht verlor. Niemand denkt heute noch an sie. Niemand spricht mehr von ihnen. Sinnlose Opfer. Unbeugsame, nicht zu brechende, unbesiegbare, treue Menschen. Sie wurden nicht verschont. Wie haben sie sich wohl gefühlt, als sie zusammen mit den Deutschen, gegen die sie fünf Jahre lang gekämpft hatten, am Rande einer selbst gegrabenen Grube aufgereiht wurden? Von der Kugel der Freunde, der Befreier, der Verbündeten mit dem Feind gleichgemacht. Sie hätten sicherlich lieber den Befehl *Feuer!* gehört, doch stattdessen hörten sie *Ogon!*

---

[13] Möge aus unseren Gebeinen jemand als Rächer auferstehen.

2
DAS HOSPITAL

Man muss die Bilder langsam aus der Dunkelheit ausgraben, ihre Farben und Konturen enthüllen, damit sie von Neuem lebendig werden und einem helfen können, andere Bilder wiederzufinden. Chronologie hat hier keine Bedeutung. Es geht mir nicht darum, den Verlauf der Entwicklung meines eigenen Schicksals darzustellen. Ich beginne deshalb mit Bildern, die mir besonders gut in Erinnerung geblieben sind. Der Transport ist immer ein großes Ereignis für die Gefangenen. Er ist eine starke Zäsur in ihrer Lagerzeit. Der Häftling hat sich mehr oder weniger irgendwo eingenistet, Beziehungen aufgebaut, die Möglichkeit einer relativen Existenz genossen – und plötzlich ist da diese Veränderung, ein Aufbruch nach wer weiß wohin. Die Lager sind sehr unterschiedlich, das wissen wir. Es gibt Lager, in denen man keine Chance hat zu überleben, und dann gibt es bessere, in denen es leichter ist, ein *Pridurok* zu sein, in denen man – wie man damals sagte – nicht wirklich lebt, aber doch die Möglichkeit hat zu existieren. 1948 wurde ich plötzlich aufgefordert, alle meine Habseligkeiten zu packen – entgegen aller Hoffnung auf eine Rückkehr nach Polen. Diese Hoffnung war durchaus real, da bereits zwei Transporte mit Polen aus Uchta organisiert worden waren. Doch stattdessen wurde ich nun zusammen mit anderen nach Artikel 58 Verurteilten ins Ungewisse verschleppt.

Ich erinnere mich an die Kälte im Waggon, während wir durch die verschneite Taiga und über das Uralgebirge fuhren, an die Station Perm, von der mir die alten Verbannten erzählt hatten, und an die endlose Steppe mit kleinen Berggipfeln am Horizont, erst weiße, dann graue ohne Schnee, ohne sichtbare Vegetation. Wir betrachteten diese andere Welt durch ein kleines Fenster unter der Decke, das wir über die oberen Pritschen erreichen konnten. In den Waggons – es waren gewöhnliche Viehwaggons – befanden sich Pritschen auf etwa achtzig bis neunzig Zentimetern Höhe; die zweite Reihe darüber noch einmal achtzig bis neunzig Zentimeter höher. Sie waren meist nur an einer Seite des Wagens angebracht, die andere Seite blieb frei. Da die Norm für die Ladung vierzig Personen betrug, mussten Menschen unter und zwischen den Pritschen schlafen, natürlich auch darauf. Die oberen Pritschen galten als privilegierter Platz. Auch der restliche Boden war belegt. Eine Pritsche bot ungefähr acht Personen Platz.

Unser Zug hielt gewöhnlich weit von den Bahnhofsgebäuden entfernt. Die einzige Information über die Fahrtrichtung erhielten wir dank der Güterwagen, die in der Regel eine deutliche, mit schwarzer Farbe durchgestrichene Aufschrift der Region trugen, zu der der Wagen gehörte. Es waren Abkürzungen, die wir entziffern konnten. SWRD lasen wir zutreffend als Swerdlowsk[14], OM als Omsk, KAR als Karaganda. Wir fuhren nach Norden, niemand sagte uns, wohin. Das war ein Geheimnis, das man den Gefangenen nicht verraten durfte. Selbst der Arzt, der uns während des Transports begleitete, hatte Angst, sich zu verplappern. Ich kannte ihn gut, aus Uchta. Wir hatten zusammengearbeitet und hin und wieder miteinander gesprochen. Zwischen uns bestand eine gegenseitige Sympathie. Er leitete die zentrale Krankenstation und war ein ruhiger, zurückhaltender Mann. Er war selbst verurteilt worden und

---

14 Das heutige Jekaterinburg.

hatte seine zehnjährige Strafe vollständig abgesessen. Er war 1937 verhaftet worden oder vielleicht auch schon etwas früher. Dem Vernehmen nach hatte er eine sehr hohe Position als Parteisekretär in Usbekistan oder Tadschikistan innegehabt. Jetzt war er für diesen Transport eingesetzt worden und machte seine Runde durch die Waggons. Er gab uns Aspirin und sah uns mit verständnisvollem Blick an. Er kannte das alles nur zu gut.

Erst am letzten Tag, als der Zug in einem bestimmten Bahnhof zum Stehen kam, teilte er uns mit, dass wir am Ziel unserer Reise seien, in der Stadt Balqasch[15], die an einem großen See liegt. Daraus ergab sich eine lustige Geschichte. Jemand erzählte uns, er habe mal etwas von einer großen Fischkonservenfabrik in der Region Balqasch gehört. Als dann die Behörden die Beschreibungen der Aufgabenbereiche zu erfassen begannen, erklärten viele Frauen, als Fachkraft in der Fischindustrie gearbeitet zu haben. Diese Mitteilungen erwiesen sich freilich als völlig nutzlos, da niemand von uns einen solchen Betrieb zu Gesicht bekam.

In dieser Station – der letzten – standen wir lange Zeit still. Schließlich ging es wieder weiter. Noch immer war da die Steppe, aber irgendwo auf der rechten Seite konnten wir durch die Ritzen die Schornsteine einer riesigen Fabrik ausmachen. Danach verschwand sie aus unserem Blickfeld, und der Zug fuhr mitten in ein nicht allzu großes Industriegebiet hinein. Jemand rief: *Ziegelei!* Ich hätte nie gedacht, dass ich gerade dort so viele Jahre meines Lebens verbringen würde. Auf der weiteren Fahrt dann nichts als Steppe, ohne jegliche Bebauung. Schließlich kamen wir zum Stillstand. Wenige Meter weiter bot sich ein vertrauter Anblick: Zäune, hölzerne Wachtürme und Baracken. Mit anderen Worten: ein Gulag.

Wir mussten uns in einem Halbkreis aufstellen, und die übliche Inspektion und Kontrolle begann. Dann kam der Arzt in Begleitung

---

15 Stadt im Osten von Kasachstan.

eines Offiziers. Abweichend von der alphabetischen Reihenfolge rief er mich und Halina, eine Ukrainerin, die wie ich in Uchta als Krankenschwester gearbeitet hatte, zu sich. Unsere Sachen wurden oberflächlich untersucht, und die anderen sahen, wie wir zur Lagerzone gebracht wurden. Auf der linken Seite befand sich das Gebäude, das als Hospital dienen sollte. Ein langer Korridor, viele Säle mit geschlossenen und offenen Türen, Papierstapel auf dem Boden, herumliegende Gerätschaften, Betten, Tische, Stühle. Eine schreckliche Unordnung. Wir bekamen den Auftrag, uns hier einzurichten und für Ordnung zu sorgen, wofür wir einen relativ sauberen Raum als Ausgangsbasis wählten. Wir suchten in dem Gebäude nach Betten und Matratzen, fanden alte, abgenutzte Decken. In gewisser Weise war es amüsant, durch die aufgehäuften zurückgelassenen Gegenstände zu streunen. Sie waren mit chinesischen oder japanischen Aufschriften versehen. Es gab auch einen kleinen Apothekenraum, doch dem wandten wir uns erst später zu, da sich die Türen mit keinem der gefundenen Schlüssel öffnen ließen. Wir entdeckten jedoch einen nicht allzu großen Saal mit einer tragbaren Apotheke, die mächtige japanische Spritzen, einige Medikamente, Verbandszeug, medizinische Werkzeuge und einen Sterilisator enthielt. Wir begannen mit dem Aufräumen. Später mussten uns einige Frauen dabei helfen, und wir erhielten den Befehl, uns auf die Aufnahme der ersten Kranken vorzubereiten. So fing es an.

Ich sehe diesen Tag plastisch vor mir, kann sogar den Wind spüren, rau, aber immer noch warm, obwohl es schon Mitte November war. Ich war keinen Wind mehr gewohnt – in Uchta wehte er nur selten, und hier jagte er fast unaufhörlich über die endlose Steppe. An die Steppe selbst erinnere ich mich wiederum vor allem aus den späteren Jahren. Solange ich im Krankenhaus arbeitete, sah ich nur ein Stückchen davon, und ich ahnte noch nicht, welche Überraschungen die Steppe barg.

Zwei Krankenschwestern, freie Bürgerinnen, wurden zu uns geschickt, um uns zeitweise bei der Organisation des Krankenhauses zu helfen. Sie kamen aus dem Zentrum von Schesqasghan, von der Verwaltung der örtlichen Lager, knapp zwölfhundert Kilometer von uns entfernt. Eine von ihnen, eine schwarzhaarige, hübsche Jüdin, hatte sofort das Sagen. Sie redete in recht freundlichem Ton mit uns, schenkte uns eine kleine medizinische Enzyklopädie und brachte uns sogar Bücher zum Lesen mit. Sie war überrascht, dass wir *Der Sturm* von Ehrenburg[16] nicht kannten. Sie war sehr anspruchsvoll. Ich erinnere mich, wie sie uns einen Rüffel verpasste, als Omeljantschik (mein Gott, wie sehr muss ich mir das zu Herzen genommen haben, da mir der Name des Kranken wie von selbst aus der Feder fließt) auf die Toilette ging, obwohl er keine Erlaubnis dazu hatte. Ich machte gerade zusammen mit den Ärzten die Runde, und Ola Jachnitska, ebenfalls Krankenschwester, war eben mal nach draußen gegangen, statt den Kranken im Auge zu behalten. (Auch an Ola erinnere ich mich gut, sie war ein wunderschönes Mädchen, in das das halbe Lager verliebt war. Sie hatte tolles Haar, das sie gerne flocht, manchmal zu Dutzenden von kleinen Zöpfen. Mit der Zeit verschlechterte sich aber ihr Zustand, und sie verlor ihre Haare.) Was für ein Geschrei das war! Sie gaben mir die Schuld an der schlechten Organisation des Krankenhauses und wollten mich sofort von der Arbeit abziehen. Zum Glück legte sich der Sturm wieder. Omeljantschik hatte eine Wundrose im Gesicht und vierzig Grad Fieber. Ich habe nicht geglaubt, dass er wieder gesund werden könnte. Wir gaben ihm Streptozid – Penicillin hatten wir nicht. Wir beleuchteten sein Gesicht mit einem brennenden, in Spiritus getränkten Lappen; das musste als Quarzglas durchgehen. Wie durch ein Wunder wurde er wieder gesund.

Es war keine schlechte Phase in meinem Leben. Ich lag nicht in einer Baracke, das Licht ging in der Nacht aus: das Glück eines je-

---

16 Ilja Ehrenburg (1891–1967), russischer Schriftsteller und Journalist.

den Gefangenen. Ich litt keinen Hunger. Am Anfang bekamen wir wahrscheinlich nur Rote Bete und ein leckeres, aber mikroskopisch kleines Stück Fisch. Erst später standen Haferflocken und ein sogenannter Hirsebrei auf dem Speiseplan. Die roten Rüben waren eine Katastrophe, ebenso wie die Klimaveränderung. In den ersten zwei Monaten grassierte die Ruhr, die wir mit starkem Getreidekaffee zu bekämpfen versuchten. Den ganzen Tag über kochten wir Wasser auf einem normalen Ofen (die Krankenhausküche war noch nicht in Gebrauch) und brauten Kaffee. Das waren immerhin ein paar Vitamine. Am schlimmsten plagte uns die Kälte. Die Decken, die wir hatten, waren alt und verschlissen, die Matratzen in noch schlechterem Zustand, es fehlte an Unterwäsche. Die Kranken legten sich auf nackte Bretter und versuchten sich mit ihren Matratzen zuzudecken – was in den Augen der Ärztinnen eine Unsitte war, die hart bestraft werden musste. Wir wussten nicht, was wir tun sollten: Sollten wir ein Auge zudrücken auf die Gefahr hin, dass wir selbst hinausgeworfen wurden und die Kranken in die Lagerzone zurückkehren mussten? Oder sollten wir die Kranken zwingen, so zu liegen, wie es sich gehört, kulturno? Aber das war eine fast unmenschliche Forderung. Ich habe die Kranken angeschrien, wenn die Ärztinnen durch die Säle gingen. Danach tat ich so, als würde ich nicht sehen, wie sie sich unter ihren Matratzen versteckten. Wie gut, dass eine freie Krankenschwester, die offensichtlich selbst einmal deportiert worden war, Organisationstalent hatte und es schließlich schaffte, neue Decken, Bettlaken und sogar so etwas wie Kissen zu besorgen. Das war ein großes Glück.

Die Öfen konnten wir nicht benutzen. In Uchta wurde mit Holz geheizt, und Holz war tatsächlich im Überfluss vorhanden. Ringsherum rauschte die Taiga. Hier dagegen wurde mit Steinkohle geheizt oder besser gesagt mit Steinkohlegranulat. Alle Öfen fielen aus – das Granulat wollte einfach nicht glühen. Erst später hat uns jemand mit der entsprechenden Erfahrung erklärt, dass dieses

Granulat mit Wasser besprengt werden musste, um es zu einer Art Brikett zu kneten. Aber selbst dann brannte das Zeug nur mäßig. In einigen Sälen konnten deshalb gar keine Kranken untergebracht werden, weil die Temperatur nicht über den Gefrierpunkt stieg. In einem dieser Säle lagerten wir die Leichen. In einem anderen hatte ich für mich selbst einen Schlafplatz eingerichtet, nachdem ein Arzt zu uns geschickt worden war und sich dauerhaft in unserem bisherigen Zimmer einquartiert hatte. Zu dieser Zeit hatte ich eigentlich kein Recht mehr, im Hospital zu wohnen. Nach der Arbeit hätte ich in die Frauenbaracke zurückkehren müssen, aber unter dem Vorwand, Nachtschichten zu schieben, schlief ich weiterhin dort.

Halina wurde ziemlich bald in eine Ambulanz versetzt, und an ihrer Stelle kam Heniek K., ein gut aussehender, freundlicher Mann. Er hatte lange Zeit als Arzthelfer in der Nähe von Uchta gearbeitet, in einer Einrichtung, die als Zentralkrankenhaus des Kombinats[17] galt. Gemeinsam leiteten wir nun das kleine Hospital, da auch die Ärztinnen weggingen und mir befohlen wurde, selbst die Aufgaben einer Ärztin zu übernehmen. Mein Gott, ohne medizinische Ausbildung und mit dem Wissen einer durchschnittlichen Krankenschwester! Ich lief also mit einem Stethoskop herum und diagnostizierte mit Grauen Lungenentzündungen, es gab viele schreckliche Fälle von Angina und ständig auch die Ruhr, allerdings zum Glück milderer Art. Mit der Zeit erhielten wir einen ausreichenden Vorrat an Bakteriophagen. Ich lief Tag und Nacht durchs Hospital und war mir meiner überwältigenden Verantwortung und Hilflosigkeit bewusst. Nur keinen Fehler machen und niemandem schaden! Vielleicht war ich gerade deshalb so wütend über die Anwesenheit eines Japaners, der Arzt war, es aber nicht zugeben wollte. Die Geschichte ist ganz einfach. In der Apotheke fand ich viele Medikamente mit

---

17 In kommunistischen Ländern häufig verwendete Bezeichnung für einen Zusammenschluss von Fabriken mit unterschiedlichen Spezialisierungen.

japanischen Namen (vor uns waren japanische Kriegsgefangene im Lager gewesen). Es gab dort auch eine Packung Ampullen, die wie Morphium aussahen, und Morphium brauchten wir gerade für jemanden, der sehr schwer litt. Man riet mir, mich an den Japaner zu wenden, der allgemeine Arbeit verrichtete. Er kam, wollte mir anfangs aber nicht helfen. Später, als er den Kranken sah, wurde er zugänglicher. Es war tatsächlich Morphium. Er entzifferte auch den Rest der Medikamente, die Verfallsdaten und die Gebrauchsanweisungen einiger Mittel, die ich nicht kannte. So konnten wir unseren bescheidenen Vorrat beträchtlich aufstocken. Er gab zu, dass er Arzt sei, zwang mich aber, diese Tatsache geheim zu halten. Seiner Ansicht nach konnte kein Spezialist, kein intelligenter Mensch seine Funktion in Gefangenschaft ausüben. Ich selbst teilte seine Meinung nicht im Geringsten. Bis heute bin ich davon überzeugt, dass man versuchen sollte, möglichst alle Funktionen im Lager zu besetzen, denn nur so konnten wir uns gegen den Missbrauch durch die rücksichtslosen Machthaber und ihre Handlanger unter den Gefangenen zur Wehr setzen, nur so konnten wir die anderen, die Hilflosesten und Unglücklichsten, schützen.

Der Tag war mit Arbeit ausgefüllt. Und die Abende? Bis zum Appell blieb Heniek noch im Hospital. Wir redeten, lachten und scherzten mit den Kranken. Wir waren noch jung und waren froh, wann immer wir konnten, wenn auch nur für einen Moment; wir waren sogar grundlos froh. Dann kam die Nacht. Am Anfang hatte Halina Nachtdienst, und ich ging schlafen. Ich erinnere mich aber auch an Nächte, in denen Duschka die Flure putzte, die Böden fegte und die Geräte polierte, während ich selbst von Saal zu Saal, von einem Kranken zum anderen wanderte, mit dieser ständigen Angst ... Schließlich war Bauchtyphus diagnostiziert worden. Der Patient lag in dem Raum, der damals noch unser einziges Isolierzimmer war. Ich rieb die Haferflocken durch eine feine Gaze, denn der rohe Hafer war nicht gereinigt, höchstens einmal flüchtig gesiebt worden und noch voller zäher Spelzen. Es gab außerdem mehrere Kranke, die Tuberkulose mit hohem Fieber hatten, also aktive Tuberkulose. Ich habe viele solcher Fälle in Uchta gesehen, als ich auf der offenen Tuberkulosestation arbeitete. Ich fürchtete, sie könnten jeden Moment sterben.

Der Tod kam auch und dann doch unerwartet. Der Patient hatte eine gewöhnliche Angina und nicht einmal hohes Fieber. Plötzlich, mitten am Tag, begann er nach Luft zu ringen. Er musste ein Geschwür gehabt haben. Wir konnten nichts mehr tun, wir waren keine Chirurgen. Vielleicht waren wir auf dem Holzweg gewesen, vielleicht war uns gar nicht in den Sinn gekommen, dass es sich um einen ernsten Fall handeln könnte. Andererseits: Was hätten wir ihm außer Kompressen und Rachenspülungen verordnen können? Er starb still und plötzlich. Selbst die anderen Kranken haben es nicht bemerkt. Als ich zu ihm kam, war es schon vorbei. Erst danach wurde ein Arzt aus der Stadt hinzugezogen, der in dem kalten, leeren Raum eine Autopsie durchführte. Ja, es war ein Geschwür gewesen, aber auch ein Herzleiden. Hätte ein Chirurg rechtzeitig etwas tun können? Wenn ich das Risiko eingegangen wäre, ihn zu behandeln, und der Patient wäre dennoch gestorben, hätte ich einen neuen Prozess am Hals gehabt. Aber daran habe ich damals nicht einmal gedacht. Diese Überlegungen kamen erst später. Hätte ich ihn retten können oder nicht? Zunächst stellt sich die Frage, ob ich überhaupt gewusst hätte, was zu tun gewesen wäre. Und selbst wenn ich es gewusst hätte! Ich hatte nie mit eigenen Augen gesehen, wie ein Luftröhrenschnitt durchgeführt wurde.

Heute ist mir die Sinnlosigkeit solcher Überlegungen mehr als bewusst, aber damals war es anders. Damals habe ich ständig darüber nachgedacht. Ich konnte das Gefühl der Verantwortung nicht abschütteln. Vielleicht kann ich mich gerade deshalb so genau an den Kranken, der hoch aufgerichtet auf seinem Kissen saß, und an sein blaues Gesicht erinnern. An seinen Namen erinnere ich mich nicht mehr. Es könnte ein Litauer oder ein Ukrainer gewesen sein. Wie auch immer, für mich war er »mein Kranker«.

Irgendwann wurde unserem Lager ein Arzt zugewiesen. Wir fürchteten uns vor diesem Tag. Von ihm hing vieles ab: unsere Arbeit im Hospital oder eine eventuelle Entlassung, was allgemeine Arbeit bedeutet hätte. In diesem Hospital fühlten wir uns wohl. Zwei Polinnen inmitten eines Meeres von Fremden. Nur hin und wieder, vor allem nachts, bekamen wir Besuch von Vertretern der Lagerleitung. Sie waren immer misstrauisch, verdächtigten uns und die so schwer kranken Patienten ständig der »Verstöße gegen die Lagerordnung«. Mein Gott, war das lächerlich und zugleich ärgerlich. Die banalste Kleinigkeit konnte für jeden unerwartete und traurige Folgen haben. Eine Zeitung, die eine freie Schwester mitgebracht hatte (erst später kamen ein paar Zeitungen von der sogenannten K-W TSCH hinzu), ein Brief oder ein geschmuggeltes Foto, das wie durch ein Wunder den Transport und die Kontrolle überstanden hatte, ein von einem freien Bürger geliehenes Buch oder einfach ein Messer, auch wenn ich befugt war, eine ganze Garnitur von Skalpellen zu verwalten (die immer streng unter Verschluss gehalten wurden), und es gab garantiert Ärger, inklusive Einschluss oder Abzug von der Arbeit im Hospital. Ich musste die kranken Frauen sogar davor warnen, Stricknadeln (sie flickten alte Pullover), Spiegel und dergleichen bei sich zu haben. Das Regime verhängte ein strenges Verbot solcher Dinge. Bei jeder Kontrolle – immer nachts und ohne Rücksicht auf ihren Gesundheitszustand – wurden die Kranken aufgefordert, aus ihren Betten aufzustehen, um unter den Matratzen nachschauen zu können. Das war eine ärgerliche, missliche Erfahrung. Für ein Messerchen, das bei einem Kranken gefunden wurde, wurde ich verantwortlich gemacht, dabei waren es ungefähr fünfzig Kranke. Einzig Typhus und offene Tuberkulose waren gefürchtet – wer daran erkrankt war, wurde verschont. Die anderen Kranken versteckten ihre Schätze nachts oft in den für die ansteckenden Krankheiten vorgesehenen Sälen, obwohl ich sie viele Male darauf hinwies, dass sie so Gefahr liefen, sich anzustecken. Ihr Wunsch nach Aufbewahrung eines Messerchens oder eines Briefs war jedoch stets stärker, und es hatte keinen Sinn, dagegen anzukämpfen.

Vor allem die Litauer zeigten sich erstaunlich widerspenstig. Einmal fand ich unter der Matratze eines Verstorbenen alte Briefe und einen wahrscheinlich noch in der Heimat genähten Tabakbeutel, der einem anderen Kranken gehörte. Diesem war es bei der Inspektion gerade noch rechtzeitig gelungen, ihn darunter zu verstecken. Später wartete er auf den Abtransport der Leiche, ohne zu ahnen, dass wir mit der Leiche auch die Matratze zur Desinfektion wegschaffen würden. Er hatte Glück, dass ich diese Schätze gefunden habe und kein anderer. Solche Kleinigkeiten, solche unscheinbaren Gegenstände waren für jeden Häftling von größter Bedeutung. Ein Stück Papier, das häufig gelesen wurde, entwickelte sich zu einem Symbol, wurde zu einem Fetisch, zum sichtbaren Zeichen einer noch nicht erloschenen Verbundenheit mit dem Leben, mit der Vergangenheit, mit der Menschlichkeit, mit allem, was uns genommen worden war. Die Angst vor Krankheit war nicht so groß wie die Angst, dieses letzte Stück Verbindung mit der Vergangenheit und dem eigenen früheren Leben zu verlieren. Wahrscheinlich besaß jeder von uns einen solchen Schatz. Ich selbst habe viele Jahre die Fotos meiner Schwester und meiner Nichte versteckt, und es ist mir gelungen, sie an allen Kontrollen vorbeizuschleusen, auch wenn ich mich dabei vollständig entkleiden musste. Der Einfallsreichtum eines Gefangenen ist grenzenlos. Aber wenn etwas schiefgeht, dann geht es furchtbar schief.

Zu uns kam also ein Arzt. Ich werde diese Momente und die Monate, die ich mit Herrn Mieczysław verbrachte, nie vergessen. Er war klein, nicht mehr ganz jung, sprach Russisch mit einem ukrainischen Akzent, und in der ersten Stunde, als wir unsere Visite bei den Kranken machten, war mir überhaupt nicht klar, dass er Pole war. Erst als wir zu dritt im Dienstzimmer saßen und er anfing, Fragen über den Hospitalbetrieb, die Angestellten, die Menschen in den Sälen, die Medikamentenlieferungen, die Küche und so weiter zu stellen, sagte er irgendwann zu Heniek auf Polnisch: *daj zapalić?* Gibst du mir eine Zigarette? Und sofort waren alle meine Ängste verflogen. Er hatte anfangs auch Angst vor uns gehabt. Er kam aus Kengir[18], wo er lange Zeit allgemeine Arbeit verrichten musste. Er war völlig erschöpft und wusste nicht, was ihn erwartete. Meistens reichten schon ein paar Gerüchte aus, damit man seinen Job verlor, und in der Regel waren es die engsten Mitarbeiter, die ein Gerücht streuten. Überall gab es Denunzianten, eine regelrechte Lagerplage. Polen waren jedoch nur selten Denunzianten (in zehn Jahren ist mir nur ein einziger Fall begegnet: eine Frau, die sich einen aristokratischen Namen, auf den sie kein Anrecht hatte, zuschrieb – Gott segne sie). Zwischen uns Landsleuten entwickelte sich eine Art natürlicher Vertrautheit, eine Vertrautheit, die ich erst wieder in Polen, im jetzigen System, verloren habe. Aber *dort* waren wir eine Einheit. *Dort* konnten wir uns aufeinander verlassen. Im Meer der Nationalitäten bildeten wir stets nicht allzu große Inselchen, die über die verschiedensten Gebiete dieses riesigen Staates verstreut waren. Doch unsere kleinen Inselchen hielten tapfer stand. So auch, als wir anfingen, miteinander Polnisch zu sprechen. Alles, was uns trennte, verschwand augenblicklich. Der gute Herr Mieczysław wurde zu unserem Beschützer und Lehrer, zu unserem besten Freund.

Es war der Winter 1948. Bescheiden, aber fröhlich feierten wir das Neujahrsfest. Jemand von den freien Offizieren, wahrscheinlich

---

18 Zentral gelegenes Dorf in Kasachstan, in dem auch ein Gulag errichtet worden war, das durch den Aufstand, der dort 1954 ausbrach, bekannt wurde. Dieser »Kengir-Aufstand« wurde zum ersten Mal von Solschenizyn in *Archipel Gulag* beschrieben.

derjenige, der an Syphilis erkrankt war und heimlich zu uns zur Behandlung kam, brachte einen großen Karpfen mit. Die Hospitalküche war zu diesem Zeitpunkt zwar schon in Gebrauch, doch es wurden dort keine Mahlzeiten zubereitet. Aber diesen Fisch, so eine Delikatesse, konnten wir in Fischöl, das wir im Krankenhaus hatten, frittieren. Zwei Stationsschwestern – die schöne Ola, die andere war wahrscheinlich Duschka – und vielleicht auch noch eine dritte, Ninka, Doktor Heniek und jemand von den Kranken (vielleicht war das schon Antek) blieben in dieser Nacht bei uns. Wir verbrannten Papier in der Küche und machten im Feuer Voraussagen über die Zukunft, wir sangen, wir aßen Fisch mit Hafer. Wir mussten sehr auf der Hut sein, dass uns niemand bei diesem Bankett und diesem Fest erwischte, aber zum Glück verlief alles ruhig.

Und so begann 1949, das fünfte Jahr meiner Gefangenschaft, ein Jahr ohne irgendeine Nachricht von meiner Familie, denn seit meiner Verlegung nach Uchta durften wir nur noch zweimal im Jahr schreiben, und das auch nur an jemanden, der sich selbst in der Sowjetunion aufhielt. So ging es in einem sogenannten *Spezlag* mit seinem strengen Regime einzig für Artikel-58-Kriminelle zu. Niemand von uns erhielt Päckchen, wir saßen noch nicht lange genug in dem neuen Lager; demzufolge herrschte eine enorme Hungersnot. Unter diesem Hunger litten vor allem die Männer, für die Frauen war es weniger schwer. Es ist sehr seltsam, aber ich erinnere mich ganz genau: In diesem ersten Winter mussten die Frauen kaum arbeiten. Sie saßen in der Lagerzone in ihren Baracken, manchmal wurden sie zum Schneeräumen gescheucht, manchmal mussten sie Kleidung flicken, aber das war es dann auch. Dieses Lager war offensichtlich völlig unvorbereitet und überstürzt eingerichtet worden, ohne jegliche Absprachen mit dem *Gosekonomsowjet*[19]. Wir hatten keinen Zweifel daran, dass der Beschluss, ein solches Sonderlager

---

19 Agentur für langfristige Wirtschaftsplanung in der Sowjetunion.

einzurichten, vor nicht allzu langer Zeit getroffen und ohne jegliche Vorausplanung durchgeführt worden war. Der Einsatz von Arbeitskräften, der in diesem Land so wertvoll war und meist so exzessiv betrieben wurde, dass er nicht mehr menschlich war, blieb hier ungenutzt und wurde vom Produktionsprozess ausgeschlossen. Das organisatorische Chaos erregte sichtlich den Zorn der Lagerleitung, einen Zorn, der sich dann gegen die nutzlosen Frauen richtete. Die Baracken wurden mit Inspektionen, elend langen Appellen in eisiger Kälte und voll im rauen Wind drangsaliert. Die Faulenzerinnen bekamen keine warme Kleidung oder Walenki, doch die Frauen fügten sich in dieses Schicksal. Aus den Decken machten sie Pullover, sie schmiedeten geheime Verschwörungen mit den Lagerwächtern, die auch gerne einen modischen Pullover wollten und Schafs- oder Kamelwolle mitbrachten, mit der die Frauen arbeiten konnten. Von dieser Wolle konnte man immer ein wenig abzweigen, um damit die Strümpfe eines Jungen zu stopfen, der unter der eisigen Kälte schwer zu leiden hatte. Ich gebe zu, dass diese Frauenbaracken – mit sechzig oder mehr Frauen überbelegt, muffig, voller stechender Gerüche – mich in eine schreckliche Stimmung versetzten. Unaufhörlicher Lärm, ständiges Gezänk – es herrschte die Atmosphäre von Deportationszellen. Außerdem wusste niemand, was der nächste Tag bringen würde, wann diese ganze Masse aus der Zone gejagt und zu welcher Arbeit sie dann geschickt werden würde. Das Klima war schrecklich. Sogar noch schlimmer als im eisigen, aber stillen Norden. Durch die aufwehende Kälte und den Wind, der einem durch Mark und Bein ging, war es hier schwierig, sich überhaupt aufrecht zu halten. Bei einem Schneesturm, der *Purga*, genauer gesagt dem *Buran*[20] (so die Bezeichnungen in diesen geographischen Breiten), konnte man keine Hand vor Augen sehen.

---

20 Zwei Begriffe, die eine bestimmte Windart beschreiben, die für Sibirien, Kasachstan und den hohen Norden typisch ist.

Ich erinnere mich an folgendes Bild: Gegen Abend klopfte es an die Tür des Hospitals – einige Männer brachten zwei halb erfrorene Kollegen herein. Sie waren irgendwo bei der Arbeit gestürzt, aber ihr Fehlen war nicht sofort bemerkt worden. Schnee und Eis klebten an ihrem Gesicht, Lippen und Stirn waren mit einem Tuch bedeckt, nur die Augen leuchteten noch. Sie waren die Ersten, die mir von der Steppenerde erzählten, von jenem gefrorenen Boden, in den kein Spaten und keine Spitzhacke eindringen konnte, von jener Erde, die ich später so oft selbst mit einem Kuhfuß zu durchbrechen versuchen sollte. Diesen Boden habe ich sehr gut kennengelernt, und ich habe mir selbst beigebracht, wie ich damit umgehen musste; aber das lernte ich erst später. Jetzt befand ich mich noch in einer privilegierten Position.

Das Hospital war für einen Gefangenen nun einmal das Paradies. Jeder hoffte dort zu landen. Stellen Sie sich nur den phantastischen Moment vor, wenn ein müder, kaum noch lebender Mensch, jemand, der immer nur in einer schrecklichen Kälte oder in einer muffigen, überfüllten Baracke ausharren musste, mit ständigem Hunger und einem nagenden Verlangen nach einer Scheibe, einer Kruste, zur Not auch nur einem Krümelchen Brot – wie zärtlich über Brot gesprochen wurde! –, jemand, der ungewaschen ist, weil er sich nur alle zehn Tage waschen kann und das eiskalte Wasser im Waschbecken nicht gerade einladend ist, jemand, dessen gesamter Besitz aus nichts anderem besteht als einer mit Sägespänen gefüllten Matratze, hart und schmutzig, einer alten Decke und etwas, was man als Kopfkissen bezeichnen könnte (manchmal hat er auch ein verdächtig graues Bettlaken, aber meistens ist es nur eine Matratze ohne Bettlaken), jemand, der all seine bourgeoisen Vorurteile hinter sich lassen musste, weil es sich hier ja schließlich nicht um einen Kurort handelt – stellen Sie sich also den Moment vor, in dem so jemand plötzlich ein sauberes Federbett vor sich sieht, eine saubere Decke, ja ein richtiges Bett statt harter Bretter, dazu Wärme, Ruhe, sogar vor den Fenstern hängende Gardinen aus Verbandsmull, das lächelnde Gesicht einer Krankenschwester sowie eine relativ dicke Suppe zum Mittagessen. Er darf sich hinlegen, niemand reißt ihn um fünf Uhr morgens aus dem Schlaf, es gibt keinen Appell, es gibt keinen *Raswod*, diesen gespenstischen Ort, an dem sich Brigaden bilden und an dem man ab sechs Uhr darauf wartet, die Zone Richtung Arbeit zu verlassen. Nachts wird das Licht ausgeschaltet. Der Albtraum eines jeden Häftlings – dieses unaufhörlich brennende Licht, das einen nicht schlafen lässt – erlischt. Die Nacht ist dunkler, eine echte Nacht, in der man sogar die Augen öffnen kann, um in sie einzutauchen und vor sich hin zu träumen. Und wie herrlich ist die Stille. Es gibt nur jemanden, der den Gang entlangschlurft, aber vorsichtig, um die Schlafenden nicht zu wecken, jemand wirft einen Blick in den Saal, beugt sich sorgsam herab und schüttelt sogar das Kopfkissen auf, wie ein Engel, wie eine Mutter, vielleicht ein geliebter Mensch, jemand von uns.

Die Zeit vergeht langsam. Putzfrauen wischen den Boden, machen die Betten, man kann sogar auf die Toilette gehen, um eine Zigarette zu rauchen; auf dem Gang und in den Sälen ist das Rauchen verboten, und es kommt nicht infrage, dieses Verbot zu ignorieren, sonst wird man abgemeldet und aus dem Hospital geworfen, und das Paradies hat ein Ende. Also liegt man brav in einer zusammengeflickten, aber sauberen Pyjamahose da, und der einzige Gedanke, der einen umtreibt, ist die Hoffnung, der Arzt möge noch etwas finden, damit man nicht schon bald wieder in der Zone arbeiten muss. Der Kranke ist froh, dass er krank ist. Die Krankenschwestern achten deshalb strenger darauf, dass er seine Medikamente auch wirklich einnimmt. Er würde sie lieber nicht schlucken, denn er will nicht gesund sein, er will nicht gesund werden, er will diese Zeit ins Unendliche ausdehnen und denkt mit Schrecken daran, dass morgen wieder eine Kommission vorbeikommt und sich wieder einige von ihnen, die jetzt noch bequem daliegen, ihre Lagerkleidung anziehen müssen, ihre Füße in zerrissene und feuchte Walenki zwängen, ihre nach Desinfektionsmittel stinkende wattierte Hose und einen Strickpullover anziehen, ihren Kopf mit einer alten Ohrenklappenmütze – vielleicht dem reparierten Exemplar, das einem anderen Häftling gehörte, der heute schon eine Leiche ist – schmücken und in dieser Eiseskälte von minus vierzig Grad zur Arbeit zurückkehren müssen. Der Tag, an dem die Kranken entlassen werden, ist ein Tag des allgemeinen Grauens. Ist er vorbei, haben diejenigen, die bleiben durften, noch ein paar Tage Ruhe, noch ein paar wohlverdiente, glückliche Tage.

Wie oft haben mir kranke Menschen von diesem Glück erzählt! Wie oft habe ich die Freude in ihrem Gesicht gesehen, weil sie das Paradies betreten hatten! Wie viele von ihnen haben alles darangesetzt, auf der Liste derer zu stehen, die in die Krankenstation überwiesen werden! Selbstverletzung, das ist ein bekanntes Lagergeheimnis. Es genügt, einen in Petroleum getränkten Faden mit einer Nadel durch den Schultermuskel zu ziehen, und schon entwickelt sich ein riesiges Geschwür mit dem gewünschten Fieber als Folge. Bei den meisten Selbstverletzungen handelt es sich um verschiedene Arten von Infektionen. Einige sind gefährlich und führen zu Amputationen. Das ist vertretbar, wenn es sich nur um einen Finger handelt, aber manchmal betrifft es eine Hand oder einen ganzen Arm. Manche stecken ihre Hand in das Zahnrad einer Maschine oder hacken mit einer Axt in ihren eigenen Arm, nur um der Arbeit zu entgehen. Manche sind sogar bereit, das allerschlimmste Zeug zu schlucken: Nägel und Glas. Eine Operation scheint weniger bedrohlich zu sein als zwölf Stunden im Schnee und in Eiseskälte. Das Risiko ist enorm, und es sind fast ausschließlich die Kriminellen, die dieses Risiko eingehen. Die politischen Gefangenen haben deutlich weniger Mumm. Vielleicht wissen sie auch besser, wie fatal so etwas enden kann. Hat man seine Gesundheit einmal verloren, gewinnt man sie nie wieder zurück. Ein geschwächter Organismus hat nicht die Kraft, sich wieder vollständig zu erholen. Je schwerer die Krankheit ist, desto schlimmer sind die Folgen für den Gefangenen. Der Kontertanz mit dem Tod beginnt. Nur für diejenigen, die sich dessen nicht bewusst sind, ist das Hospital ein Paradies. Für das dort arbeitende Personal, das weiß, wie man geheilt werden kann und womit, ist selbst ein leicht erkrankter Mensch ein zukünftiger Sterbender. Man kann ihn ein wenig unterstützen, ihn mit Vitaminen und Lebertran ein wenig aufpäppeln, ihm etwas Raum geben, um auszuruhen. Aber von einer vollständigen Regeneration der Kräfte kann keine Rede sein. Die Kommission der freien Ärzte wird die hoffnungslosen Fälle schneller entlassen, als wirklich eine Besserung zu erwarten ist. Und außerdem ist eine Besserung ohne die allgemein notwendigen Medikamente unmöglich. So kehrt der Kranke also schnell wieder zur Arbeit zurück, und die Krankheitssymptome kehren bald mit noch größerer Wucht wieder. Sind die Nieren, die Lunge oder das Herz betroffen, ist der nächste Krankenhausaufenthalt weniger erfreulich. Manche kamen bis zu dreimal wieder zurück, andere nur zweimal. Alle pathologischen Prozesse verlaufen in einem geschwächten, müden Körper viel schneller. Schließlich gibt es keine Entlassung mehr, sondern nur noch die sogenannte *Birka*: ein furchtbar kleines Holzplättchen, das an der großen Zehe des linken Fußes befestigt wird und auf dem die Nummer oder der Nachname steht. Dann bleibt nur noch eine hölzerne Hülle für die letzte Reise aus der Zone heraus – ein Wärter jagt mit einem Karabiner noch eine Kugel durch den Sarg, um sicherzugehen, dass darin kein Lebender liegt, der Fluchtträume hegt. Und dann ein Grab in der trostlosen Wildnis, ohne Kreuz, ohne Blumen, in der Untiefe der gefrorenen Erde.

In den Bericht, der an die Zentrale geschickt wird, schreibt die älteste Krankenschwester der Station nur *abgereist*. *Gestorben* durfte man nicht schreiben. Gestorbene gab es überhaupt nicht. *Abgereist*. Nicht wissend, wohin. Nur die Nummer der Krankheit deutet darauf hin, dass die »Abreise« etwas seltsam war: nicht auf eigenen Füßen, unfreiwillig.

Zum Glück starb nicht jeder. Es gelang, einige vor dem Schlimmsten zu bewahren, sie unter verschiedenen Vorwänden so lange wie möglich bei uns zu behalten, um von freien Ärzten ein besseres, wirksameres Mittel zu bekommen. Trotz all der Unbilden war das Hospital zweifellos eine Oase und ein Segen für viele, die die Hoffnung schon aufgegeben hatten.

Ich liebte die Hospitäler in den Lagern, ich liebte die Kranken, die so dankbar für jedes gute Wort waren, ich liebte sogar die Gefangenen, die sich selbst verletzten, die voller Unruhe abwarteten, ob nicht eine Krankenschwester oder ein Arzt sie an die Machthaber im Lager verraten würde, womit ihnen eine neue Verurteilung wegen Sabotage, ein anderes Gefängnis, vielleicht sogar ein schlimmeres Lager drohen konnte. Ich liebte das Hospital, denn obwohl wir uns in einem der tiefsten Kreise der Hölle befanden, gab es doch eine gewisse Hoffnung, es gab Dankbarkeit und nicht diesen schrecklichen, erbarmungslosen Kampf um jeden Bissen Brot, um bessere Arbeit und um das Morgen.

Ich glaube, das Hospital hat mein Leben gerettet. Ich erinnere mich an einen anderen Transport und ein anderes Lager, mehr zu Beginn meiner Karriere als Gulagbewohnerin. Die Naivität, die Verlegenheit, die ständige Desorientiertheit waren typisch für uns alle, für uns politische Narren, die sich der Gesetze der Wirklichkeit nicht bewusst waren, wo – wie man sagte – die *Kirka*[21] und der Spaten die einzige Schule des Lernens waren, die über Leben und Tod entschieden. Der Tod war immer gegenwärtig, so greifbar, so nahe und in einer so grausamen Form wie einem durch Dystrophie erzeugten Muskelschwund oder, um eine anschaulichere

---

21 Spitzhacke (Russisch).

Beschreibung zu geben, in Form der *Dochodjagi*, jener Menschen, deren Ende sich nähert, die einen Ausweg aus der allgemeinen Arbeit bräuchten, denen es aber an Erfahrung und Mut fehlt, etwas zu unternehmen. Man dachte nicht im Geringsten daran, aus dem Lager zu entkommen, nein, das war eine Fata Morgana. Die einzige Möglichkeit bestand darin, sich »einzunisten«, zu versuchen, eine nicht allzu schwere und möglichst saubere Arbeit zu bekommen. Wenn ich an diese Zeiten zurückdenke, staune ich über die Haltung der polnischen Frauen. Wie ist es zu erklären, dass sie es schafften, so stark zu bleiben, dass sie ungeachtet des Mangels an materieller Hilfe, ohne Päckchen und deshalb ständig hungernd sowie ohne gute Sprachkenntnisse über die Runden kamen und sich gleichzeitig etwas bewahrten, was fast unwirklich erscheint: Sie wahrten ihre Würde. Das hat uns geholfen, zu leben, einen klaren Kopf zu behalten, auch wenn wir desorientiert und anfangs sehr ängstlich waren. Diese beiden Eigenschaften verflüchtigten sich mit der Zeit. Sie passten schließlich nicht zu der harten und gnadenlosen Realität, die schnelle Orientierung und individuellen Mut erforderte. Woher kam diese Überzeugung, dass eine polnische Frau nicht das Recht hat, sich zu verkaufen, dass sie distanziert und unabhängig sein muss? Wie viel Unabhängigkeit gehört dazu, die Unantastbarkeit der eigenen Standpunkte und des eigenen Körpers zu wahren? Woher kam die Sturheit jener Bauernmädchen, die sich sogar gegenüber der weiblichen russischen Intelligenzija herablassend verhielten? Woher dieser Stolz, der sie oft zwang, die schwerere Arbeit zu ertragen, ihnen aber nicht erlaubte, sich zu beugen? Warum hielt man uns Mädchen aus den unterschiedlichsten Verhältnissen für echte Aristokratinnen? Warum sprach man über uns, als wären wir *gordyje Poljatschki*[22]? War es wirklich so, dass sich jede von uns als Repräsentantin der Nation fühlte, als Botschafterin der Freiheit,

---

22 Stolze Polinnen (Russisch)

der Kultur und der höchsten europäischen Ideale? Was für ein schrecklicher Größenwahn begleitete uns alle, was für ein Glaube an unsere natürliche Überlegenheit gegenüber dem, was uns nicht mehr zu sein schien als ein gottverlassener Ort, als Barbarei, als Verbrechen! Ich denke, diese Haltung war in vielen Fällen unbegründet, zumindest gegenüber den älteren Frauen der russischen Intelligenzija. Aber es war nun einmal so. Wo sollten wir den Ursprung für diese Haltung zu suchen beginnen? Hass? Vielleicht war es eher Verachtung, vielleicht auch das Gefühl, auf kultureller Ebene völlig anders zu sein, ein Gefühl, das sich mit jeder neuen Erfahrung in den Lagern verstärkte.

Tatsache ist, dass den polnischen Frauen, wenn sie im Lager auftauchten, nachgesagt wurde, sie seien zart und freundlich, und dass die Häftlinge sofort bereit waren, sie zu schützen und ihnen zu helfen. Aber wie konnte man diese Fürsorge verteilen, wenn so viele polnische Frauen hinzukamen? Unweigerlich blieb auch ihnen nichts anderes übrig, als allgemeine Arbeit zu leisten. Ich hatte also Glück, dass nur eine kleine Gruppe polnischer Frauen in Uchta ankam, eine unbedeutende Zahl neben den Massen litauischer, belarussischer und russischer Frauen. Ich kannte meine Landsleute nicht, sie befanden sich in anderen Waggons, und schon am nächsten Tag meldeten sie sich freiwillig für die Minen. Dieses Lager hatte schließlich einen guten Ruf. Ich selbst blieb in der Verteilungsstelle Uchta, allein unter Frauen verschiedenster Nationalitäten, die alle schon seit einiger Zeit darauf warteten, irgendwohin zugewiesen zu werden. Ich lag oben auf der Pritsche, hatte Angst vor Dieben und rezitierte *Beniowski*[23] für eine in polnische

---

23 Weitschweifiges Gedicht von Juliusz Słowacki, dem gemeinsam mit Adam Mickiewicz und Zygmunt Krasiński bedeutendsten polnischen Dichter des 19. Jahrhunderts (die drei Nationalbarden). Die Handlung des Gedichts spielt vor dem Hintergrund der Konföderation von Bar (1768–1772), eines Aufstands des polnischen Adels gegen die russische Besetzung. Das Ge-

Poesie verliebte Litauerin. Es waren Tage der Untätigkeit und der Unruhe. Keiner konnte schlafen. Die weißen Juninächte brachten den natürlichen Biorhythmus durcheinander. Die Lebensmittelverteilung war schrecklich – zweimal am Tag ein wässriges Etwas, was als Suppe durchgehen sollte, mit zwei Blättern Kohl und nur einem Löffel Linsen. Kein Fett, kein Zucker. Die Grundration an schlecht gebackenem Brot aßen wir unmittelbar nach Erhalt auf, und dann zog sich ein ganzer Tag mit ermüdendem Warten auf die nächste Mahlzeit dahin.

Ich möchte nicht ins Detail gehen, aber genau dort haben sie mich gefunden, diese zarte, magere polnische Frau (es ist wirklich wahr, dass ich mich damals keineswegs durch ein gutes Gewicht auszeichnete). Ein Russe aus einem benachbarten Lager, genauer gesagt aus dem OLP Nummer 1, ein polnischer Arzt aus Odessa, der mir befahl, mich als Spezialschwester des Roten Kreuzes zu melden, und schließlich Doktor Charetschko selbst, der Leiter der Krankenstation, der mich mit Herzlichkeit und Traurigkeit ansah: All diese Menschen trugen – ganz uneigennützig – dazu bei, dass ich gemeinsam mit drei anderen Frauen, zwei Litauerinnen und einer Ukrainerin, in ein neues Lager in Woiwosch, mehr als hundert Kilometer von Uchta entfernt, verlegt wurde, um dort in einem Hospital zu arbeiten. Das Hospital entpuppte sich jedoch als ein noch nicht abgeholzter Birkenwald, und wir mussten vorübergehend woanders arbeiten, aber meine Karriere nahm genau dort ihren Anfang.

Im Hospital selbst befand ich mich erst fünf Monate später. Es war nicht groß: zwei Baracken, drei größere Säle, zwei Isolierzimmer. Wir hatten auch einen Operationssaal, obwohl das ein hochtrabendes Wort ist. Kürzlich habe ich jemandem erzählt, wie während

---

dicht enthält viele spöttische Seitenhiebe gegen Russland und die russische Kultur.

einer Operation das Licht ausging, woraufhin der Chirurg die Operation bei Kerzenlicht fortsetzte. Als der junge Mann das hörte – er war zweifellos zehn Jahre nach dem Krieg geboren –, bezichtigte er mich der Lüge. Er hielt es für unmöglich, dass ein Krankenhaus keinen eigenen Generator hat. Außerdem dürfe man der Aseptik wegen keine Operationen bei Kerzenlicht durchführen. Mein Gott, was für Ansprüche! Woher hätte der Generator kommen sollen?! Der Operationssaal war ein nicht allzu großer gewöhnlicher Raum mit einem einfachen Tisch, auf den ein Tischtuch genagelt war, einem Schrank für die Instrumente sowie einem Medizinschränkchen, einem Waschbecken und einem Hocker. Das war alles. Das erste Waschen fand im Sprechzimmer statt, das zweite im Operationssaal. Eine gewöhnliche Lampe mit einer etwas helleren Glühbirne beleuchtete das Operationsfeld. Meistens hatte ich die Aufgabe, den Herzschlag zu kontrollieren und auch den Blutdruck im Auge zu behalten. Maritié reichte die Instrumente an. Der Arzt war für die Anästhesie verantwortlich. Sie waren zu dritt, manchmal auch zu zweit. Einer von ihnen hatte seine Strafe bereits verbüßt und lebte außerhalb der Lagerzone. Die Operationen waren schwer: viele Darmverschlingungen (die Krankheit derer, die nach einer langen Hungerperiode ein Päckchen erhielten), eiternde Blinddärme, Amputationen nach Unfällen bei der allgemeinen Arbeit, nach Erfrierungen und Wundbrand. Den Leistenbrüchen schenkten wir fast keine Beachtung, das war alltägliche Kost.

Der Chirurg war ein besserer Schlachter, ein ehemaliger Einwohner von Stalingrad[24], ein Major, zweifellos ein Kommunist, der eine fünfjährige Haftstrafe bekommen hatte, ohne zu wissen, warum. Er gehörte zu den Hunderttausenden, die durch die größte Hölle des Krieges gegangen waren und Berlin erreicht hatten. Aber sie

---

24 Das heutige Wolgograd.

hatten in der für sie fremden kapitalistischen Welt zu viel gesehen, um danach einfach so, ohne spezielle Umerziehung in einem Lager, zu ihren zivilen Pflichten zurückzukehren. *Nado ich perewospitat.*[25] Die obersten Machthaber waren der festen Überzeugung, dass es genügte, diese andere Welt gesehen zu haben, um voll und ganz von ihr durchdrungen zu werden und dann die Großartigkeit des sozialistischen Vaterlandes zu vergessen. Das Lager war ein guter Ort, um das Denken umzukehren. Dort saßen also Legionen von Soldaten, Offizieren und Obersten, die ein Foto von sich herumzeigten, das sie wie durch ein Wunder heimlich bei sich behalten konnten, ein Foto, auf dem die vielen Ehrabzeichen, die einst an ihrer Brust prangten, zu sehen waren. Dann nippten sie an ihrer *Balanda*. Viele von ihnen »reisten ab«, noch bevor ihnen Amnestie gewährt wurde.

Michail Danilowitsch hielt uns auf Trab und behandelte uns, als wären wir seine frühere medizinische Kompanie. Er lehrte uns das Handwerk der Krankenpflege und löschte unseren Durst mit Spiritus. Seine Lagerfrau (fast alle Ärzte hatten eine) Duschka half ihm bei der Leitung des Hospitals. Sie war eine *Urka*, eine Diebin, und nun begleitete sie uns im Krankenhausleben und sorgte dafür, dass die Küche das Krankenhauspersonal etwas besser versorgte. Unter dem Einfluss des Spiritus verschwand die anfängliche Unsicherheit der Neuankömmlinge: Marité, ich selbst und die liebe Frau Lastienie, die Älteste von uns. Wir wurden selbstbewusster und lernten, wie wir mit Menschen umgehen mussten, von deren Existenz wir bis vor kurzem nicht einmal wussten und die für viele einen Albtraum im Lager darstellten: die *Urki*. Im Lager waren sie die Chefs, und wehe dem, der nicht wusste, wie er auf ihre Befehle reagieren musste.

Ich muss sagen, dass der wichtigste Lehrer für uns in diesem Fall Michail Danilowitsch war, der die Kriminellen noch aus der Zeit

---

[25] »Sie müssen umerzogen werden« (Russisch).

seines Armeedienstes gut kannte, und die Taktik, die er ihnen gegenüber angewandt hatte, behielt er auch hier auf meisterliche Art bei. Im Krankenhaus bekamen wir es zum Glück nicht oft mit ihnen zu tun. Die Kranken zählten nicht, da sie vom Willen und der Entscheidung des Arztes abhingen. Aber in unserem kleinen OLP gab es neben dem Hospital eine Baracke für sogenannte Unbegleitete, also Häftlinge, die ohne Bewachung zur Arbeit gehen durften. In der Regel handelte es sich dabei um Kriminelle – nur solchen Personen wurde weitreichendes Vertrauen entgegengebracht. Sie arbeiteten als Fahrer und Mechaniker in einem anderen Stützpunkt, der sogar einige Kilometer außerhalb der Zone lag. Sie brachen früh auf und kamen spät zurück. Sie beeilten sich dabei nicht besonders, denn außerhalb der Zone war es immer einfacher, ein Mädchen und Alkohol zu finden. Zu uns kamen sie nur selten. Gewöhnlich verlangten sie, dass man ihnen Betäubungsmittel gab. Sie waren auch bereit, alles zu trinken, was auch nur einen Tropfen Alkohol enthielt. Die widerlichsten Mixturen, sogar Jod. Es kam zu traurigen Szenen, manchmal sogar zu gefährlichen, aber Michail Danilowitsch konnte gut mit ihnen umgehen. Sie nahmen Rücksicht auf ihn. Er imponierte ihnen mit seinem autoritären Ton, aber ich bin sicher, dass sie ihn auch als Mensch zu schätzen wussten. Schließlich konnte er mit ihnen zusammensitzen und Geschichten über seine eigenen Kriegserlebnisse aufwärmen. Jeder Urka liebt Geschichten, hört sie sich an wie ein Märchen und ist einem guten Geschichtenerzähler gegenüber bereit, eine loyale Herzlichkeit an den Tag zu legen. Sie betrachteten Michail mit Bewunderung. Trotzdem kam es vor, dass eine halbwilde Meute mit viel Lärm in das Hospital eindrang, um Alkohol zu fordern. Das war nicht angenehm. Trotz der Kaltblütigkeit unseres Chirurgen ergriff mich dann die Angst. Ich fürchtete mich vor Vergewaltigung, der berüchtigten »Straßenbahn«. Wenn sie sich das in den Kopf gesetzt hatten, konnte sie niemand mehr aufhalten. Aber offenbar hatte Michail Danilowitsch ein größeres

Recht auf uns, als sie es sich selbst zugestanden. Tatsache ist, dass uns damals nichts passiert ist. Und dass wir als Frauen davonkamen, weil er seine schützende Hand über uns hielt, hatte eine einzige Ursache: Niemand im Lager rührte eine Frau an, die einem anderen gehörte, vor allem dann nicht, wenn diese andere Person im Lager von Bedeutung war: ein *Chlebores*[26], ein Koch, ein Arzt oder ein *Narjadtschik*. Vom Eigentum anderer Leute hatte man sich fernzuhalten. Das war ein ungeschriebenes Gesetz, das peinlich genau eingehalten wurde. Ein Urka würde eher darauf achten, dass die Frauen nicht ihre Männer betrügen. Er selbst wird die Frau eines anderen nicht anrühren, und er wird es auch nicht zulassen, dass ein anderer derlei versucht. Er wird mithelfen, eine untreue Frau zu bestrafen. Es gab drei Ärzte und drei Krankenschwestern sowie sechs junge Frauen. Die Regelung sprach also für sich selbst. Wir gehörten alle zu jemandem, auch wenn Duschka eigentlich schon die Frau eines anderen war, zumindest zu Beginn unseres dortigen Aufenthalts. Die Zeit tut das ihre. Sobald der Hunger keine allzu große Last mehr ist, wird sofort ein anderer, ebenso starker Hunger geweckt: der Hunger nach einem anderen Körper.

Zwei Vorfälle im Hospital sind noch immer in mein Gedächtnis eingemeißelt. Einmal brachte man vierundzwanzig Häftlinge mit Verbrennungen aufgrund einer Gasexplosion. Sie sahen furchtbar aus. Das Gas war in den Baracken durch ein brennendes Streichholz explodiert, als sich alle nach der Arbeit gerade halb nackt wuschen. Sie erlitten alle Verbrennungen dritten Grades, einige nur im Gesicht und an den Händen, andere am Rücken oder an der Brust. Ihr Anblick war schrecklich. Sie waren so geschwollen, dass wir nicht einmal wussten, ob sie noch Augäpfel hatten. Bevor sie

---

26 Im Lager war der Chlebores für das Schneiden des Brots zuständig. Das war keine leichte Arbeit und verschaffte ein gewisses Prestige. Wer in seiner Gunst stand, konnte manchmal mit einer größeren Scheibe Brot rechnen als ein anderer.

zu uns gebracht wurden, machten sie die Hölle durch: Sie mussten auf den Transport warten, auf eine Eskorte, eine regelmäßige Kontrolle, und erst dann wurden sie verladen. Der Unfall ereignete sich genau an jenem Lagerpunkt, an dem das Hospital hätte stehen sollen, wo aber stattdessen noch immer Birken wuchsen, etwa sieben Kilometer von unserem Ort entfernt. Eine nicht allzu lange Strecke, aber die Straße war wegen der Schneehaufen kaum befahrbar. Sie mussten also warten, bis die Arbeiter den Schnee geräumt hatten, und sie wurden aufgehalten, weil keine zusätzliche Eskorte verfügbar war. Die Eskorte befand sich schon auf den Lastwagen, um die Schneeräumer zu holen. Aber konnte man diese schwer verbrannten Menschen ohne den Schutz automatischer Gewehre allein abfahren lassen? Sie waren fast eine Stunde unterwegs. Bevor wir sie aufnehmen und den schlimmsten Betroffenen Erste Hilfe leisten konnten, war es für fünf von ihnen bereits zu spät. Sie starben noch in derselben Nacht, und drei oder vier weitere starben am nächsten Tag. Es war ein schrecklicher Tod nach einem unaussprechlichen Leidensweg. Wir hatten nicht genug Morphium. Luminal verschaffte keinen Schlaf. Bis heute kann ich mir nicht vorstellen, dass die Hälfte dieser verbrannten Häftlinge überlebt hat, dass die Wunden zu Narben wurden und die Augen wieder zu sehen begannen. Was war geschehen? Bei dem Lichtblitz und dem plötzlichen Knall hatten sie alle reflexartig die Augen mit den Händen bedeckt. Die Hände sahen furchtbar zugerichtet aus, kein Stück Haut war mehr zu sehen, aber die Augen waren geschützt geblieben.

Wir arbeiteten Tag und Nacht, fast ohne Ruhepausen, und schonten uns nicht. Ich glaube, wir waren effizienter und engagierter als das Hospitalpersonal, mit dem wir es heutzutage zu tun haben. Welche Krankenschwester würde ohne Unterlass die Lage eines Kranken verbessern wollen? Ihn einmal hinlegen, dann wieder aufsetzen, ihm dann helfen, sich von einer Seite zur anderen zu drehen (die Schmerzen machten es ihm unmöglich, liegen zu bleiben, und zum Aufsetzen fehlte ihm die Kraft), ihm immer wieder den stinkenden Eiter abwaschen, der von ihm heruntertropfte, ihm sanft etwas zu trinken geben, ohne seine geschwollenen Lippen zu berühren? Und doch taten wir das alles, ein wenig aus Furcht vor dem Anblick dieser schwarzen, unmenschlichen Gesichter, ein wenig aus Mitleid. Aber vielleicht auch aus einer Art Automatismus, mit dem wir die Arbeit immer geschickter und immer gleichgültiger verrichteten? Vielleicht fiel mir gerade da die immer stärker werdende Gleichgültigkeit auf, mit der sich jeder im medizinischen Bereich Tätige gegen das Grauen abschottet. Der Geruch im Krankenzimmer war nicht zum Aushalten. Nichts stinkt so schlimm wie Eiter. Und die Kranken quollen über vor Eiter, ihre Fäkalien waren davon durchdrungen. Noch heute rieche ich den Gestank der Leichen, aus denen das Leben hinwegfaulte.

Die Störung der Gasleitung, ein Vorfall, an dem niemand Schuld traf, war auf die mangelnde Erfahrung der Häftlinge zurückzuführen, die noch nie einen Ofen gesehen hatten, der mit Erdgas betrieben wurde. Aber diese Region der Taiga war die Region von Gas, Ölraffinerien und Rauchschwaden. Es war besser, mit Gas statt mit Holz zu heizen; es gab viel Wärme ab und machte nichts schmutzig. Als wir im Hospital selbst einen Ofen bekamen, machte das unser Leben viel leichter. Es wurde auch noch eine große Gasleitung von Woiwosch nach Uchta gelegt. Die Brigaden, die daran arbeiteten, wohnten währenddessen in verschiedenen Lagern, wobei sie jeden Monat oder alle zwei Monate in ein anderes Lager wechselten. Eine Zeit lang wohnten sie auch in dem Lagerpunkt in unserer Nähe. Es wurde dort fürchterlich eng und auch unsicher. In der Umgebung des Hospitals wimmelte es von kleinen Dieben, die es auf alles abgesehen hatten, was sie nur finden konnten. Aus Sorge um das Lagerregime führten ihre Vorgesetzten nächtliche Inspektionen in unseren Sälen durch, was unsere eigenen Vertreter der Macht normalerweise nicht taten. Sie mischten sich nicht in unsere Angelegenheiten ein, ein wenig aus Faulheit, ein wenig aus Bequemlichkeit. Im Gegenzug bekamen sie dann von einem freien Arzt ab und zu eine halbe Flasche Spiritus. Schließlich war der Bau der Pipeline abgeschlossen. Bevor die Brigaden weggebracht wurden, fand erst noch eine Feier zur Eröffnung der Pipeline statt, bei der der General unseres Kombinats mit seiner Entourage die vorzeitige Entlassung einiger Rekordhalter versprach. Einige kriminelle Häftlinge wurden ausgewählt, um diese frohe Botschaft zu überbringen. Da es eiskalt war, mussten die Häftlinge lange auf die Ankunft der Lagerleitung warten. Der General, der mit der Ausführung des Plans zufrieden war, ordnete an, jedem ein Glas Wodka zu geben. Das hatte die Wirkung eines Blitzschlags. Die ausgehungerten, ermüdeten Menschen, die in den zurückliegenden Tagen zwölf Stunden und mehr hatten arbeiten müssen, verfielen in einen Schockzustand. So wurden sie zu uns gebracht. Ich erinnere mich nicht mehr daran, wie viele es waren – vier oder fünf. Sie starben still und leise, ohne auch nur einmal das Bewusstsein wiederzuerlangen. Ein Junge allerdings, er war vielleicht erst siebzehn Jahre alt, spürte, dass der Tod nahte – er weinte die ganze Nacht. Er wollte so schrecklich gern leben und hatte Angst vor dem Tod. Er wollte mich nicht loslassen. Er lehnte seinen Kopf an meine Schulter. Als ich am nächsten Morgen Bericht von der Nachtschicht erstatten musste und ihn für ein paar Minuten allein ließ, wurde er für immer still.

Ich kann und will nicht bloß über Tote schreiben – es waren zu viele. Aber ich habe die Pflicht, derer zu gedenken, die dort bei mir gestorben sind, die ebenfalls »vorzeitig freigelassen« wurden. Ich lebe schließlich, und sie sind lange tot, und sie waren so jung wie ich, und wie die anderen und wie ich wollten sie leben. Es war ihnen nicht vergönnt. Das Schicksal hat sie irgendwo in eine Gasse gedrängt, aus der es keinen Ausweg gab. Zum Glück kam es während meiner Lagerzeit nicht so massenhaft zu Todesfällen wie zuvor; vor und während des Krieges war es noch viel schlimmer. In dieser Zeit wurden die Leichen, die morgens aus den Baracken gebracht wurden, auf Haufen geworfen – sie waren völlig gefroren, starr und mit Schnee bedeckt. Man musste warten, bis die Erde auftaute, um ein Grab für sie zu finden. Es grassierte die Pellagra, diese unheimliche Krankheit, deren Ursache der Hunger ist und die Dutzende auf einmal dahinraffte. Wir dagegen kannten die Pellagra kaum. Wir bekamen alle täglich einen Sud aus Kiefernnadeln gegen Skorbut und hundert Gramm Lebendhefe, die uns vor der Pellagra bewahrte. Man kümmerte sich um uns, damit wir – wie man sagte – »unsere Schuld mit harter Arbeit abbezahlen konnten«, damit wir nicht einfach und schnell krepierten. Der Staat brauchte Gusseisen und Stahl. Wir bekamen jeden Morgen etwas zu trinken, damit wir effizienter und besser arbeiteten und in dieser seltsamen Zone des Seins durchhielten, diesem Zwischenraum, der noch nicht der Tod, aber auch nicht mehr das Leben ist. Wir hatten es also ein wenig leichter. Das änderte freilich nichts daran, dass jeder Rückschlag, jede Niederlage die anderen im Lager mit Todesangst erfüllte. Denn: Heute hast du es nicht geschafft, und morgen bin vielleicht ich dran. Aus diesem Kampf erwuchs die schrecklichste Grausamkeit, die den Kranken dazu veranlasste, seinem ebenfalls kranken Nachbarn ein verstecktes Stück Brot unter dem Kopfkissen zu entwenden. Neidische Blicke verfolgten die Hände der Krankenschwester: Wem gibt sie Vitamine, wem schenkt sie zusätzliche Suppe ein, wer bekommt eine Traubenzuckerspritze und wer nur Tropfen gegen den unaufhörlichen Durchfall, der alle Kräfte raubt und es unmöglich macht, auch nur zu gehen, oder gegen die Geschwüre, mit denen der Körper zunehmend übersät ist? Dystrophie, Pellagra und Tuberkulose sind die wahren Lagermörder. Andere Folterknechte oder Gaskammern braucht man nicht. Hier wird der Mensch gebraucht, solange er lebt, solange er sich bewegt. Solange er noch einen Baum fällt, noch einen Brunnen gräbt, noch ein Haus baut – für andere zwar, doch das Haus steht. Was morgen und auch heute mit ihm geschehen wird, ist unwichtig. Wenn er seine Kräfte verliert, zählt er nicht mehr.

Es gab Lager, in denen man versuchte, mit diesen Kräften sparsamer umzugehen. Es gab eine riesige Institution, die sogenannte OP (*otdelnoje prodowolstwije*[27]). Die Dochodjagi wurden eingesammelt und einen Monat lang von der Arbeit befreit. Dort bekamen sie etwas Besseres zu essen. Die Ruhe verfehlte nicht ihre Wirkung, zumindest nicht bei den Menschen, bei denen die irreversiblen Prozesse noch nicht eingesetzt hatten und die allmählich wieder zu Kräften kamen. Einige nahmen sogar etwas an Körpergewicht zu. Die OPs mussten kaum mehr tun, als den Schnee in der Zone zu räumen, manchmal in der Küche Kartoffeln zu schälen, *rabotjonka ne plochaja*[28], oder einfach auf den Pritschen zu liegen, um nach all den schlaflosen Tagen den Schlaf nachzuholen. Die Rückkehr in die Brigade war jedoch eine Tragödie. Denn dann stellte sich heraus, wie schwierig es war, wieder zu Kräften zu kommen, wohingegen sich der Verlust der Kräfte in Windeseile vollzog. Manche landeten mehrmals in der OP, jedes Mal in einem schlechteren Zustand, sodass schließlich auch die OP keine Wohltat mehr war. Dann blieb nur noch das Hospital, aber gegen Hunger und Auszehrung kennt die Heilkunde keine Medizin.

Ach, wie gut für uns gesorgt wurde! Jeder von uns wurde untersucht und einer bestimmten Gesundheitskategorie zugeordnet. In die erste Kategorie fielen jene, die vor Gesundheit strotzten. Wer in die zweite Kategorie fiel, war nicht ganz so gesund, aber immer noch gesund genug, um im Wald Bäume zu fällen. Die dritte Kategorie befreite einen von schwerer Arbeit. Dann folgten die Arbeitsunfähigen, eine Kategorie, der nur ausnahmsweise jemand

---

[27] Abteilung mit besonderem Nahrungsvorrat.
[28] Kein schlechter Job (Russisch).

zugewiesen wurde und für die mehrere wärmere Orte vorgesehen waren, wie die Küche, der Platz, wo die Brote geschnitten wurden, die Nähwerkstatt. Alle sechs Monate trat die Gesundheitskommission zusammen, manchmal auch häufiger. Dies war jedoch ein Anzeichen dafür, dass eine Deportation vorbereitet wurde. Während dieser Zeit wurden sogar Dochodjagi in die erste oder zweite Gesundheitskategorie eingestuft, um sie auf diese Weise im Lager loszuwerden. Sollen sie doch woanders sterben und hier nicht unsere großartige Statistik verderben! Dem muss man hinzufügen, dass es prinzipiell nicht erlaubt war, einen Kranken zu deportieren.

Die Kommissionen waren eine Geschichte für sich. Ich habe als Krankenschwester daran teilgenommen und musste die Delinquenten wiegen und messen oder bestimmte Merkmale aufschreiben. Letzteres war keine sehr angenehme Aufgabe. Durch das Behandlungszimmer des Arztes schlurfen Hunderte von völlig nackten Männern, furchtbar dünn, ohne Hintern, mit Narben von Geschwüren am ganzen Körper, so abgemagert, dass es schwierig war, ihr Alter zu bestimmen. Sie sehen aus wie alte Männer, obwohl sie kaum zwanzig Jahre alt sind. Verwelkte Männlichkeit, eingefallene Brustkästen, hängende Schultern. Nur die Kriminellen sind muskulös, stark und männlich. Diese Menschenreihe zieht also langsam an dem Arzt vorbei, der sich, kaum dass er mit dem Stethoskop die Brust eines Delinquenten berührt hat, schon dem nächsten zuwendet, während er der Krankenschwester, die alles notiert, eine kurze Diagnose zuruft: AD2 Kategorie drei (für den Transport wird daraus also eine Zwei). Der Arzt ist natürlich frei, aber früher war er selbst einmal ein Häftling. Doch das hat er bereits vergessen. Die inhaftierten Ärzte, die neben ihm sitzen, haben kein Recht, sich Geltung zu verschaffen. Manchmal sagt einer von ihnen, er könne doch deutliche Symptome von Tuberkulose oder Herzkrankheit ausmachen. Einige wagen es sogar, Streit anzufangen. Hin und wieder trägt das Früchte und jemand kann so gerettet und bei der

Kommissionsuntersuchung in die OP oder ins Hospital überwiesen werden. Es kommt auch vor, dass der freie Arzt selbst die untersten Kategorien zuschreibt, weil das Lager seinen Plan nicht erfüllt hat, und diese Tatsache gerechtfertigt werden muss. Die Arbeiter sind krank, sie sind arbeitsunfähig. Sie müssen durch stärkere Männer ersetzt werden. Der Plan diktierte oft das Urteil des Arztes.

Doch dieser gespenstische Tanz der Skelette hat auch mehr als einmal unsere Heiterkeit erregt. Nie zuvor und auch nie danach hatte ich Gelegenheit, so viele originelle Tätowierungen zu sehen. Der Körper jedes Kriminellen ist ein einziges großes Kunstwerk. Auf dem Rücken ein mächtiger Adler, der ein Mädchen im Schnabel hält, auf der Brust ein Segelschiff, auf dem Bizeps ein Kartenspiel, eine Wodkaflasche und die Aufschrift: *Der Wodka und die Frauen haben mich auf den falschen Weg geführt*, oder: *Liebe Mutter, ich, dein treuer Sohn*, oder: *Ich liebe Tatjana*. Aufschriften, die einem die Tränen in die Augen treiben, vulgäre Aufschriften und manchmal geradezu alberne. Vollgezeichnete Schenkel, vollgekritzelte Hintern. Und selbst auf dem Glied eines der Banditen stand einmal: *Bastard*. Es war eine Kunst für sich, die nicht frei von Humor war, der sich im Muskelspiel zeigte. Wenn sich die Muskeln anspannten oder dehnten, blähte Wind die Segel der Schiffe, das Mädchen öffnete seine Schenkel, und der Adler schien mit den Flügeln zu schlagen. Manchmal war es schwer, sich das Lachen zu verkneifen.

Auch die Frauen mussten vor dem Komitee erscheinen. Splitternackt defilierten sie ergeben vor den Krankenschwestern und Ärzten, und wie die Männer drehten sie ihnen zuerst den Rücken zu, um den Zustand ihrer hängenden Pobacken zu zeigen – die Grundlage für die Diagnose Dystrophie. Das war ein trauriges Geschehen, und ich war wirklich viel ruhiger, wenn ich an der Seite der Ärzte an dieser Demonstration teilnehmen konnte. Der nackte Mensch in dieser Menge schien seiner Würde völlig beraubt zu sein, er lief in einer Reihe wie ein verängstigtes Tier in Gefangenschaft.

Im Frühjahr warnte uns Haretschko, der Leiter der Krankenstation, dass Arzthelfer ins Hospital kämen und wir, die Krankenschwestern, in einen anderen Lagerpunkt gebracht würden. Uns erfasste Panik, schließlich hatten wir hier ein recht ruhiges Leben. Wir bedauerten auch, dass wir von unserem freundlichen Chirurgen Abschied nehmen sollten. Bedauern hilft natürlich nichts, denn wie so oft kam eines Tages ein Lastwagen mit einer Eskorte, und innerhalb einer halben Stunde wurden wir unter großem Geschrei – schneller, schneller! – aufgeladen und weggebracht, ohne zu wissen, wohin. Der Bestimmungsort wurde den Häftlingen, nie mitgeteilt. Das Schicksal war uns jedoch gnädig oder besser gesagt: Ich glaube, es war Haretschko, der gnädig mit uns war. Duschka und ich kamen in das erste, nahe gelegene OLP, zu einer Gruppe von Menschen, die ich bereits durch den Stacheldraht kennengelernt hatte. Die anderen wurden nach Wetlasjan in ein zentrales Krankenhaus gebracht.

Über dieses OLP Nummer 1 muss ich noch ein paar Worte verlieren. Es war ein sogenanntes großes Lager, ein altes Lager, von deren Eigenart uns die Urki erzählt hatten, während sie über seine Vorzüge seufzten. Ein großes Lager bedeutete weniger strenge Disziplin, die Möglichkeit, dort seinen Platz zu finden trotz der Mafiagruppen, die selbst die Lagerleitung fürchtete, von den Wärtern ganz zu schweigen. Ein großes Lager bedeutete auch Liebe, denn wer konnte schon Tausende von Männern und Frauen im Auge behalten. Es gab eine Vielzahl von Schlupfwinkeln, in denen sich Paare voller Sehnsucht verstecken konnten: eine kleine Dachkammer über der Schneiderei, ein Kleider- oder Werkzeuglager, eine kleine Hütte, ein Zimmerchen, das einem Ingenieur, Buchhalter oder Arzt zugeteilt war, von seinem Inhaber aber einem Freund überlassen wurde. Ein größeres Lager bedeutete auch die Möglichkeit, bessere Kleidung zu bekommen, Walenki oder eine Burka[29], vor Ort

---

29 Eine Art Filzmantel aus dem Kaukasus.

gefertigte Filzschuhe, an die gestohlenes Leder genäht war, etwas, was jeder Schuster heimlich im Austausch gegen eine Monatsration von den Rekordhaltern in der Lagerkantine machte. Ein großes Lager bedeutete auch Theater, Tanz, eine geschmuggelte Flasche Wodka von einem bestochenen Freien. Mit anderen Worten, ein großartiges Leben, vor allem wenn man in der Zone leichte Arbeit verrichten und morgens nicht zum *Raswod* gehen musste. Man konnte ausschlafen, denn wer konnte schon kontrollieren, ob man nach dem Wecken auch wirklich aufgestanden war. Die Häftlinge waren zahlreich, die Baracken erstreckten sich über einen ganzen Kilometer, und es gab nur wenige Aufseher, die sich längst nicht immer wohl dabei fühlten, tief in die Zone vorzudringen. Schließlich wusste keiner von ihnen, ob beim nächtlichen Kartenspiel nicht genau auf ihren Kopf gewettet worden war, und Kartenspielen ist für die Urki eine der wichtigsten Entspannungsmöglichkeiten. Sie spielen um Geld, um Machorka, um ein Mädchen, um den Kopf eines Denunzianten oder eines Aufsehers. Alles eine Frage der Phantasie, der Menge des Alkohols, der getrunken wird. Wer nicht stört, wer sich nicht unnötig in die Baracken begibt, wer nicht spioniert, sondern bei allem ein Auge zudrückt, hat Überlebenschancen, denn wer will schon für den Kopf eines Müßiggängers eine weitere Verurteilung riskieren. Zeloten haben hingegen Pech. Ein Zelot findet sein Ende, bevor er überhaupt merkt, dass er in Gefahr ist. Zeloten suchen gewöhnlich die Gesellschaft anderer ihres Schlages. Man kann sie schon von weitem kommen sehen, und man wird immer jemanden benachrichtigen, dass sie im Anzug sind, dass sie etwas suchen, dass sie meinen, irgendwo herumschnüffeln zu können, und dass sie gegen alle Widerstände strenge Disziplin durchsetzen wollen.

Die Strenge ist hier abgeschwächt, und doch herrscht hier kein Chaos. Die Macht hat immer noch die stärkste Waffe in Händen: Brot und eine Schüssel mit Grütze. Ein großes Lager ist das Königreich des Scheins. Die Häftlinge gehen brav zur Arbeit, sie grüßen brav die Gruppe der Offiziere, sie warten ruhig im Speisesaal, bis sie an der Reihe sind, und nach dem Abendessen ziehen sie sich ohne das geringste Murren in die Baracken zurück. Mit anderen Worten: Es herrscht Ruhe und Ordnung, niemand scheint das Lagerregime zu stören, aber insgeheim tun alle das, was nach dem Regime streng verboten ist. Sie treffen sich zu Gesprächen, gehen heimlich von einer Baracke zur anderen, sie haben ihre Frauen, ihre Freunde, mit denen sie trinken und Karten spielen, sie schreiben Briefe, treiben mit den Freien Handel, sie verkaufen Brot für Machorka und Machorka für ein Stück Stoff, Speck für gestohlene Walenki, manchmal stehlen sie etwas von einem Mitgefangenen, manchmal brechen sie nachts in ein Lagerhaus ein, um daraus einige Dosen mit Schweinekarkasse zu entwenden, und manchmal ziehen sie mit einer Axt in der Hand herum, um blutige Vergeltung zu üben. Wer nachts in der Zone Schreie oder Wehklagen hört, hält sich die Ohren zu und dreht sich auf die Seite, um nichts zu hören, nichts zu wissen und nichts zu bezeugen. Das Grundprinzip des Lagers lautet: »Ich habe nichts gehört«, auch wenn man mit eigenen Augen gesehen hat, wie jemand verprügelt, ermordet oder vergewaltigt wurde. Man weiß nichts, und man sagt nichts zu seinem Nachbarn, denn der könnte einen verraten, und die Urki dulden keine Spitzel. Das ist gleichbedeutend mit der Todesstrafe.

Diskretion! Das ist das Grundprinzip des Lagerlebens. Man sollte nicht nach etwas fragen. Man sollte nicht mehr wissen wollen als das Nötigste. Die Fragen, woher man etwas hat, wer einem etwas gegeben hat und warum man hier einsitzt, sind aus der Lagersprache gestrichen. An solchen Dingen ist nur ein Narr oder ein Denunziant interessiert. Und beide bringen sich in Schwierigkeiten. Auf einen Narren nimmt niemand Rücksicht, und Narren sterben schnell. Das Leben eines Denunzianten ist kurz, und nicht einmal ein Transport kann ihn retten. Eine mündliche Nachricht durchdringt Mauern, legt selbst Tausende von Kilometern von Lager zu Lager zurück. Früher oder später werden die Denunzianten gefasst, und es findet sich immer jemand, der bereit ist, das alte Urteil zu vollstrecken.

Diskretion! Gerüchte wachsen im Stillen, Klatsch und Tratsch werden nur mit dem vertrauenswürdigsten Nachbarn geteilt, mit dem, der einem am meisten am Herzen liegt – schließlich muss man über etwas reden, und Klatsch und Tratsch nehmen zu und sind oft unfair, verletzend, schrecklich. Jemand flüstert jemandem ins Ohr: Aus dem Krankenhaus entlassen, das ist ein Major der MWD, das ist ein Blutsauger, er hat im *Butyrka*[30] Menschen gequält, aber er ist erwischt worden. Weshalb sitzt er ein? Das ist nicht bekannt. Vielleicht dafür, dass er einen Witz erzählt hat. Vielleicht weil er Bestechungsgelder angenommen hat. Vielleicht hat jemand weitergetragen, dass er die deutsche Polizeiorganisation gelobt hat? Wer weiß das schon? Vielleicht war er überhaupt kein Major, sondern ein stiller Leiter einer Kolchose, dem es nicht gelungen war, den vorgesehenen Plan zu erfüllen. Der Artikel, nach dem er verurteilt wurde, lässt sich nicht verbergen und spricht für Sabotage. Und ein alter Häftling weiß, dass man für Sabotage zehn Jahre bekommt, wenn man es als Kolchosbauer wagt, die zurückgelassenen Weizenhalme von einem Getreidefeld aufzulesen. Gleiches gilt für den Fahrer, dessen Motor den Geist aufgegeben hat, den Offizier, der einen unbedeutenden Befehl eines Generals nicht ordnungsgemäß ausgeführt hat, und den Opernsänger, dessen Stimme aufgrund einer Erkältung versagt hat, als ihm ein hochrangiger Offizier zuhören wollte. Ich weiß nicht, ob in diesem Hospitalbett ein Folterknecht

---

30 Gefängnis im Zentrum von Moskau, in dem in den Sowjetjahren viele politische Häftlinge einsaßen, bevor sie in die Gulags geschickt wurden. Einer von ihnen war der russische Schriftsteller Warlam Schalamow (1907–1982), der siebzehn Jahre in den Gulags gesessen hat und in seinem Werk die sehr schlechten Bedingungen im Butyrka-Gefängnis schildert.

oder ein Unglücklicher liegt, aber das Gerede hält an, schwillt an, und jemand anderes flüstert mir zu, dass ich jenen beschütze und dafür bestimmt verdächtige Motive haben müsse, und ein anderer fügt hinzu, dass ein verdeckter Befehl von oben gekommen sei, ihn möglichst lange auf der Krankenstation zu behalten. Es ist unmöglich, diese zweideutige Situation zu klären. Man kann den Kranken nicht fragen, was der Grund für seine Verhaftung war, und man kann von den Flüsterern keinen Einblick in die Unbegründetheit ihrer Verdächtigungen erhalten. Unter dem Schleier der Diskretion verbirgt sich eine abscheuliche, brutale menschliche Quälerei – verursacht von Wut, Misstrauen und Hass –, für die es keine Erlösung gibt.

Die Gesellschaft in einem großen Lager besteht aus mehreren Schichten. Es gibt höhere und niedere Klassen. An der Spitze stehen die Chefärzte, die Kommandanten und der Narjadtschik (der über die Zusammensetzung und den Einsatz der Brigaden entscheidet, der die gesamte Belegschaft des Lagers kontrolliert), der Hauptbuchhalter und der Leiter der Planungsabteilung. Unter ihnen stehen die anderen Ärzte, die Schreibkräfte, Ingenieure, Köche, *Chleboresy*, die Akteure, die Verantwortlichen der sogenannten K-W TSCH. Zu dieser Klasse gehört auch der Leiter des Magazins und der Näherei, denn jeder will ja einen Lederflicken oder neue Walenki bekommen. Die Krankenschwestern und unteren Angestellten, Laboranten, Näherinnen, Wäscherinnen, *Dnewalnye* (d. h. diejenigen, die die Baracken reinigen) und Brigadiers bilden die nächste Schicht. Sie verfügen nicht über die gleichen wertvollen Möglichkeiten wie die vorhergehende Gruppe. Nach ihnen folgt nur noch eine graue Masse von Arbeitern. Diejenigen, die in der Zone bleiben, haben es natürlich besser als jene, die außerhalb des Lagers arbeiten müssen und alle möglichen Schrecken erleben, die mit einem Begriff verbunden sind, dessen bloßer Klang schon dazu führt, dass es einem schwarz vor Augen wird: »allgemeine Arbeit«.

Das Grundprinzip der bestehenden Schichtung ist die Möglichkeit, andere zu manipulieren. Jeder ist eine Art Sklave, aber manche sind es mehr, andere weniger, und je niedriger man in der sozialen Hierarchie steht, desto unfreier ist man. Man kann sogar die Herrschaft über seine eigenen Gedanken einbüßen. Denn was sind das schließlich für Gedanken, die ständig nur um dieselben Dinge kreisen: Werde ich heute essen oder nicht? Werde ich es schaffen, ein zusätzliches Stück Brot oder eine Schüssel Suppe zu ergattern oder nicht? Das ist das Einzige, was einem unaufhörlich im Kopf herumspukt, und wer den ganzen Tag ein Brecheisen oder eine Spitzhacke schwingen musste, ist nicht imstande, Fragen zu philosophischen Themen auf den Grund zu gehen. Mit der Müdigkeit und dem Hunger geht geistige Abgestumpftheit einher, eine Art Amnesie und eine Gleichgültigkeit gegenüber allen Werten. Nichts zählt mehr, nur noch, sich hinzulegen, den geschundenen Gliedern Ruhe zu gönnen und zu schlemmen, um sich den Bauch vollzuschlagen, *ot pusa*[31], wie die Russen sagen. Wer zur untersten Schicht gehört, hat niemanden unter sich, den er missbrauchen kann. Er kann allenfalls auf den guten Willen, die Solidarität eines anderen hoffen, aber diese Solidarität gibt es nicht. Denn das oberste Credo lautet: Arbeite möglichst wenig, profitiere möglichst viel. Profitieren kann man aber nur auf Kosten des anderen, des Schwächeren, des weniger Gewitzten. Lass ihn den Hammer schwingen, unter diese Rekordzahl werde ich schon meinen eigenen Namen setzen. Er hat das Holz gehackt, aber ich werde mir den Stamm zurechnen. Er hat seinen Spaten geschärft, aber ich werde ihn ihm wegnehmen. Dieser Kampf wird überall ausgetragen. Der Kampf tobt genauso hart um ein Werkzeug wie um die Frage, wo man graben soll, denn es ist weniger schwer, einen ein Meter hohen Berg Erde zusammenzuschaufeln als einen Berg von drei Metern Höhe. Genau dieser

---

31 Russische Redensweise: nach Herzenslust essen.

Kampf ermöglicht es den Machthabern, die Menschen nach ihrem Gutdünken zu lenken. Der Vorarbeiter sorgt dafür, dass der eine bessere Ration erhält, der ihm zu Diensten gewesen ist und mit ihm den größten Teil des Päckchens, das ihm von zu Hause geschickt wurde, geteilt hat. Den Ungehorsamen kann man immer bestrafen, ihn »in Garantie«[32] halten, wie man es nannte, ihm die zerschlissensten Kleider geben, nur noch von Fäden zusammengehaltene Lappen. Man kann immer einen noch schlechteren Platz, eine noch härtere Arbeit für ihn finden. Aber der Vorarbeiter muss auch aufpassen, dass er den Narjadtschik nicht verärgert. Man kann leicht dafür sorgen, dass der Vorarbeiter seine Stelle verliert. Ein Arzt braucht eine Krankenschwester, ein Chefarzt einen Arzt, und die Lagerchefs können nicht auf einen Chefarzt, Kommandanten und Narjadtschik verzichten. Das System von Strafen und Belohnungen ist ein mächtiges System, in dem der Mensch zu einem stillen, folgsamen Wesen ohne Stimme degeneriert, dem der Wille zum Widerstand genommen ist. Mit jedem Protest zieht man das Unheil und die Rache derer, die über einem stehen, auf sich, und je niedriger man steht, desto schwerer wiegt das Unheil. Je weniger Macht jemand hat, desto stärker muss er sie zeigen, um der Welt ein Zeichen der eigenen Existenz zu geben. Denn wer sich widersprechen und kritisieren lässt, ist in den Augen der Herren ein törichter Narr, der nichts als Verachtung wert ist und den Untergang verdient. Denn die Macht hat schließlich immer recht, die Macht ist unantastbar und grenzenlos, von ihr hängt die Existenz der Untergebenen ab. Kritik ist gleichbedeutend mit Rebellion, und das ist ein Verbrechen, und je beherzter die Kritik, desto brutaler die Konsequenzen: Einzelhaft, Verlust des Rechts, Päckchen und Briefe zu empfangen, sogar eine zweite Verurteilung. Die Macht liebkost die Bequemen und Gehorsamen und vernichtet diejenigen, die es wagen, ein ei-

---

32 Die »Garantie« war die Minimalration.

genes Urteil und eine eigene Meinung zu haben. Das ideologische Ziel eines Lagers ist die Umerziehung, und diese besteht darin, den Häftlingen beizubringen, ein für alle Mal so zu denken, wie es die Ordnung vorschreibt. Dabei spielt es keine Rolle, ob es sich um eine Lagerordnung oder um staatliche Vorschriften handelt. Das Lagersystem ist eine getreue Wiedergabe des Staatssystems. Der einzige Unterschied sind die Mittel, mit denen manipuliert wird. Dort geht es um Wohnungen, Reisen, Geld, Preise, Ehrenabzeichen und Inhaftierung. Hier um größere oder kleinere Rationen, bessere und wärmere Kleidung, leichtere Arbeit. Aber das Prinzip ist das gleiche.

Wer sich dem System nicht beugen will, löst Überraschung und Bestürzung aus. Die Mentalität der Sowjetmenschen ist bereits so sehr von Folgsamkeit geprägt, dass selbst die Häftlinge Aufsässigkeit nicht verstehen können. Warum sollte man so schwachsinnig sein, Widerstand zu leisten? Ist es Würde? Was bedeutet sie? Die Prinzipienfestigkeit eines Polen, eines Esten und eines Rumänen löst bei den Lagerinsassen allgemeines Erstaunen aus: »Seht euch das an, wir lassen euch verrotten.« In diesen Worten schwingen sowohl Neid als auch Hass mit. Dass es noch solche seltsamen, unabhängigen Menschen gibt! Wenn das so ist, sollten sie vernichtet werden. Aber seltsamerweise kam es auch manchmal vor, dass diese unabhängige Grundhaltung auch auf etwas wie Respekt stoßen konnte, als ob diese lange Zeit unfreien Menschen zu verstehen begännen, dass es da draußen auch noch einen anderen Planeten gibt, einen besseren, einen stärkeren, auf dem man nicht aufgrund seiner reinen Muskelkraft, sondern aufgrund seines Charakters beurteilt wird. Sehr typisch waren die so oft gehörten Worte, die von einigen russischen Gefangenen geäußert wurden: »Ihr denkt selbst, allein schon dafür sollten sie euch einsperren.«

Als ich diese Menschen im Lager, die Russen, die Ukrainer, die Belarussen aus der Ostukraine oder aus Belarus selbst Tag für Tag beobachtete, begann ich zu verstehen, was während ihrer Verhöre geschehen sein musste. Wie hätten sie schweigen oder widersprechen können, wenn die Macht von ihnen forderte, sich schuldig zu bekennen? Wahrscheinlich wussten sie selbst nicht so recht, was sie genau gestehen sollten, aber der gerissene Verhörer gab ihnen auf diese oder jene Weise einen Hinweis, und so wurden sie auf den Weg der Ehrlichkeit gebracht. Folterungen konnten diesen natürlichen Prozess der Selbstverleugnung beschleunigen. Denn wer höher steht, sieht besser und weiß es schließlich besser – ich muss mich also geirrt haben, ich muss wohl den Überblick verloren haben, ich muss wohl aus der Spur geraten sein, auch wenn ich nicht wahrnehme, dass ich mir dessen je bewusst gewesen wäre. Je größer meine Schuld, desto schwerer muss meine Strafe sein. Ich hatte es nicht rechtzeitig eingesehen. Dann bleibt nur noch eines übrig, nämlich meine maximale Loyalität unter Beweis zu stellen, meinen absoluten Gehorsam, damit man mir glaubt, dass ich nicht böswillig war, dass ich es nicht wollte. Deshalb werde ich alles sagen, was sie von mir fordern, auch das, was ich nicht weiß und was mir unwahr erscheint. Aber sie halten es für wichtig, also sollte es auch gemacht werden, und es hat keinen Sinn, sich seine eigenen Annahmen zusammenzuspinnen. Herling-Grudziński[33] hat diese Desintegration der Psyche von Häftlingen sehr genau beschrieben, diesen Gewissenskonflikt des Kommunisten, der sowohl mit sich selbst als auch mit der Partei, an die er fast blind glaubt, ins Reine kommen will. Die Fairness gebietet mir, dem noch eines hinzufügen: Ein Verhör ist wie eine schwere, tödliche Krankheit, sie zerstört die seelische und körperliche Widerstandskraft des Menschen. Die schlaflosen Nächte, die Isolierzelle, die Folter mit eiskaltem Wasser, der Hunger und die Schläge werden unerträglich. Allzu oft habe ich

---

33 Gustaw Herling-Grudziński (1919–2000), polnischer Schriftsteller, der von 1940 bis 1942 in den Gulags saß und seine Erfahrungen in seinem bekanntesten Buch *Welt ohne Erbarmen* schildert.

die letzten Tage eines Kranken mitansehen müssen. Er glaubt noch an ein gutes Ende, beißt die Zähne zusammen und kämpft, ohne zu murren, willigt er in die schmerzhaftesten Behandlungen ein. Doch dann kommt der Moment, in dem er zu begreifen beginnt, dass der Kampf aussichtslos und das Ende diesmal unausweichlich nah ist. Stundenlanges Aufbäumen, manchmal Bedauern, Tränen und danach nur noch tiefe Resignation, gelegentlich sogar eine gewisse Ungeduld. Wenn der Tod schon kommen muss, soll er besser schnell kommen. Das Warten wird unerträglich, und der Kranke will keine Medikamente mehr, die seinen Zustand nur verlängern – er will höchstens noch etwas gegen den Schmerz. Keine aufbauenden Worte mehr, sie sind überflüssig, denn er sehnt sich nur noch nach einem: nach Ruhe. So ist es auch mit dem Häftling, der die Hoffnung, jemals wieder freigelassen zu werden, verloren hat. Er weiß, dass die Würfel schon gefallen sind. Warum sich also die Mühe machen, warum neue Qualen ertragen? Dass sie schreiben, was sie wollen, dass sie sagen, was sie wollen, ist ihm egal, selbst sein eigener Name zählt nicht mehr. Er will einfach nur in Ruhe gelassen werden. Er ist bereit, wenn auch widerwillig, auf die mildernden Umstände einzugehen, die das Damoklesschwert, das über seinem Kopf schwebt, scheinbar verschwinden lassen könnten. Er hat nicht mehr die Kraft, neu anzufangen. Die Resignation ist genauso tief, die Todesangst genauso traurig. Das ist kein Mensch mehr, das ist sein toter Schatten.

Gestehen heißt, den Tod zu akzeptieren. Wir, wir Europäer, waren jedoch von einer solchen Hinnahme weit entfernt, sowohl während der Verhöre als auch im Lager. Wir waren uns darüber im Klaren, dass unser Schicksal von der allgemeinen politischen Lage abhing und wir eines Tages, ungeachtet der Urteile, nach allen Rückschlägen, in unsere Heimat zurückkehren könnten. Das war keine unsinnige Überzeugung, doch die meisten von uns – von denen, die es überlebt haben – mussten ihre gesamte Strafe absitzen, und niemand hat sich für uns eingesetzt. Aber wer hätte auch für uns eintreten können, da die polnischen Behörden selbst 1952 noch arrestierte Häftlinge an das MWD auslieferten (ich kenne einen solchen konkreten Fall)[34]? Aber damals wussten wir nicht, wie sich unser Schicksal entwickeln würde. Im Gegensatz zu uns hegten die Russen im Lager keine Hoffnung mehr. Sie klammerten sich an kleine Glücksfälle, etwa bessere Arbeit oder ein besseres Lager. Sie waren ruhig, gehorsam und stets bereit, den Herren der operativen Einheiten (d. h. den Offizieren der internen Abteilung) zu Diensten zu sein. Unter ihnen befanden sich viele interessante, gebildete Menschen, mit denen man ein angenehmes Gespräch führen konnte, allerdings nicht über Politik. Das war ein Tabuthema. Denn für ein ungeschicktes Wort, für die kleinste Kritik am System drohte eine zweite Verurteilung.

Ein großes Lager bedeutete vor allem die Anwesenheit der alten russischen und sowjetischen Intelligenzija, die seit der Revolution systematisch zerstört wurde. Normalerweise ist diese Gruppe loyal und schweigsam. Wie sollte man über ihre Prozesse und Verurteilungen sprechen können, wenn die eine Hälfte bis heute glaubt, dass sie schuldig ist, und sich schämt, und die andere Hälfte begreift, dass sie betrogen wurde, und sich umso mehr schämt? Deshalb blicken sie mit Missgunst auf einen Polen, einen Rumänen oder einen Ungarn, der sich über die derzeitigen antipathischen Machthaber lustig macht. Er erkennt keines ihrer Prinzipien oder Argumente und keine ihrer Wahrheiten an und erinnert sich hocherhobenen Hauptes an seine eigene Strafvollstreckung und sein Urteil, denn sie verweisen schließlich auf seine heldenhafte Vergangenheit voller

---

34 Skarga verweist hier auf das Schicksal von sieben Marineoffizieren, die 1952 auf Spionageverdacht hin und nach einem stalinistischen Scheinprozess verurteilt wurden. Drei dieser Offiziere wurden im Dezember desselben Jahres exekutiert, ein anderer starb 1956 unter jämmerlichen Umständen im Gefängnis.

moralischer Wahrheit. Wir haben das Gefühl, dass die Wahrheit auf unserer Seite ist, und wir wissen, dass wir einfach gestrauchelt und in feindliche Hände gefallen sind. Ein Russe dagegen befindet sich nicht in einem fremden Land, sondern in den Händen seiner eigenen Brüder, und in ihm regt sich der Gedanke, dass seine Brüder berechtigte Gründe hatten, das Urteil zu verkünden.

Natürlich gab es auch Ausnahmen. Ihre Seltenheit machte sie umso schöner und ihr Schicksal umso tragischer. Sie fühlten sich alleingelassen. So entstand zwischen ihnen und uns ein dauerhaftes Band des Verständnisses und der Sympathie. Was uns ebenso verband, war die Verachtung gegenüber den anderen.

Ehrlich gesagt empfand ich weniger eine solche Verachtung, sondern vor allem Mitleid mit diesen gebrochenen und unfreien Menschen, und die Missgunst, mit der wir betrachtet wurden, überraschte mich nicht. Im Lager waren wir die allerärmsten Schlucker. Wir wurden schlechter behandelt als die Deutschen – wir durften über das Rote Kreuz keine Päckchen oder Briefe aus Polen erhalten. Nur wer Blutsverwandte oder Bekannte hatte, die in Vilnius, Lwiw, Podolien und Wolhynien geblieben waren, konnte auf materielle Hilfe hoffen. Aufgrund der Unabhängigkeit und Offenheit, mit der wir über unsere Vergangenheit sprachen, konnten wir mit wenig Sympathie rechnen. Manchmal verspürten wir bei unseren Mitgefangenen den Wunsch, uns zu demütigen, als wollten sie uns klarmachen, dass unsere unabhängige Haltung angesichts der unbestreitbaren Macht der Behörden, die uns so fest im Griff hatten, töricht und unangemessen sei. Wie oft haben uns die Russen nicht gesagt, wir sollten uns fügen, als ob sie sich als Gefangene mit denen, die sie selbst in Ketten gelegt hatten, solidarisieren würden? Das galt selbstverständlich nicht für alle. Aber es waren doch viele. Manchmal denke ich, dass ihr Hass aus dem Gefühl der Bedeutungslosigkeit und Erniedrigung herrührte. Auch heute noch empfinden diejenigen, die gehorchen, einen Hass auf diejenigen, die dazu imstande sind, ungehorsam zu sein. Das ist derselbe psychologische Vorgang, derselbe Mechanismus. Je tiefer der Fall, desto größer der Hass auf diejenigen, die sich dem Fall widersetzen.

Und wir haben uns damals sehr wirkungsvoll gewehrt. Deshalb haben wir die Nachrichten aus Polen mit noch größerer Bestürzung vernommen. Warum sagt die Gesellschaft Ja, wenn sie mit lauter Stimme Nein schreien sollte?[35] Warum dieses naive Vertrauen in die Freundschaft des älteren Bruders? Haben sie das Jahr 1939 vergessen, Katyń[36], die Deportationen, das Martyrium von Hunderttausenden, uns, den Warschauer Aufstand[37], den Okulicki-Pro-

---

35 Skarga verweist hier auf das Scheinreferendum, das 1946 in Polen organisiert wurde: das »Dreimal ja«-Referendum«, mit dem die Kommunisten freie Hand bekamen. Die drei Fragen des Referendums betrafen die Demontage des demokratischen Apparates und die Einführung kommunistischer Wirtschaftsprinzipien sowie die Abschaffung des Senats, das Durchführen von Verstaatlichungen und Landwirtschaftsreformen nach kommunistischer Manier. Im Jahr darauf folgten Scheinwahlen, in denen die von Moskau gelenkten Kommunisten alle Macht an sich zogen.

36 Nachdem Hitlers Wehrmacht am 1. September 1939 in Polen eingefallen war, tat die Sowjetunion am 17. September 1939 das Gleiche. Etliche Kriegsjahre war Polen von beiden Mächten besetzt. Die Russen führten dabei intensive »Entpolonisierungskampagnen« durch und verübten viele Gräueltaten. In den Wäldern von Katyń wurden mehr als zwanzigtausend Polen ermordet, vornehmlich Offiziere und Mitglieder der polnischen Intelligenzija.

37 Am 1. August 1944 brach der Warschauer Aufstand aus. Zu diesem Zeitpunkt befanden sich die Truppen der Roten Armee in der Nähe der Hauptstadt. Die Aufständischen rechneten auf die Hilfe dieser Truppen, aber die Hilfe blieb aus. Die Aufständischen hielten dreiundsechzig Tage stand. Was danach folgte, war die totale Vernichtung Warschaus. Bis zum heutigen Tag ist die Rolle der Roten Armee dabei umstritten. Lange war die *communis opinio*, dass die Aufständischen bewusst ihrem Schicksal überlassen wurden. Unlängst hat die These, wonach die Rote Armee, die selbst in Gefechte südlich von Warschau verwickelt und erschöpft war, nicht zur Hilfe in der Lage gewesen sei, unter Historikern an Legitimität gewonnen.

zess[38]? Wie kann es sein, dass ein Volk, das so unbeugsam war, dass selbst die Deutschen es nicht brechen konnten, plötzlich so entwaffnet ist und denen ein strahlendes Lächeln schenkt, die es wieder in Fesseln legen wollen? Lange Zeit waren wir davon überzeugt, dass alle Machtverschiebungen in Polen nur ein geschicktes, durch die Umstände erzwungenes politisches Spiel seien, ein Spiel, das gespielt werden musste, um nicht unterzugehen, und dass hinter diesem Spiel immer noch eine starke, unabhängige und unnachgiebige polnische Bewegung stünde und jede Gelegenheit genützt würde, die Freiheit und die Entwicklung der Werte unserer Kultur zu fördern. Der Fall von Mikołajczyk[39] erschütterte jedoch diese Überzeugung. Und ein noch größerer Schlag war die Nachricht von der Vereinigung der Arbeiterpartei mit der Sozialistischen Partei. Schon damals konnten wir russische Zeitungen lesen und verstanden, was sich hinter üblichen Nachrichtenmeldungen und schön formulierten Parolen verbarg. Wir begannen zu begreifen, dass dies das Ende war: Wohl nicht nominell oder rechtlich, aber de facto hörten wir auf, ein unabhängiger Staat zu sein. Das waren herbe Momente der Enttäuschung, des Schmerzes und des Gefühls,

---

38 Leopold Okulicki (1898–1946) war ein polnischer General und Anführer der AK (der nichtkommunistischen Widerstandsarmee von Polen). Nach dem Krieg wurde er vom NKWD entführt und festgenommen. Während eines Scheinprozesses – dem »Prozess der Sechzehn« – wurde er 1945 zu zehn Jahren Gefängnis verurteilt. Er starb 1946 im Butyrka-Gefängnis in Moskau.

39 Stanisław Mikołajczyk (1901–1966) war während des Zweiten Weltkriegs und in der ersten Zeit danach einer der bedeutendsten demokratischen Politiker Polens. Während des Krieges führte er von Juli 1943 an die Exilregierung in London. Da beim Warschauer Aufstand keine Hilfe aus dem Westen kam, trat er zurück. Nach dem Krieg wurde er noch Vizepremierminister. Bei den Scheinwahlen von 1947 erhielt seine Bauernpartei ungeachtet ihrer Popularität kaum Sitze. Er trat als Vizepremier zurück, und kurz bevor er verhaftet werden sollte, gelang es ihm noch, aus dem Land zu flüchten.

verraten oder völlig vergessen zu werden. Und geradezu unerträglich waren dabei noch die Kommentare, die meist von den intelligentesten Russen kamen: Wir könnten nun selbst am eigenen Leib erfahren, dass die Träume von der Freiheit nur Träume seien und sich unsere Naivität als grenzenlos erwiesen habe, und es sei an der Zeit, sich an den Gedanken zu gewöhnen, dass das Lager unsere Zukunft sei oder nach dem Lager allenfalls noch das Exil, das ewige Exil, das jeden Gefangenen erwarte, der die Ehre hat, mit Artikel 58 herumzulaufen.

In einem großen Lager untergebracht zu sein ist gleichwohl durchaus ein Grund zur Freude, weil es dort leichter ist, bessere Kleidung und ein Stück Brot zu bekommen. Die Arbeit ist leichter, und es gibt mehr Möglichkeiten, sich *po blatu*[40] einzurichten. Und bekanntermaßen sind Beziehungen bedeutsamer als der Volkskommissar. Das große Lager, das zentrale Lager in Uchta, besteht aus Macht. Hier sind alle Instanzen zusammengebracht und dann noch in doppelter Ausführung: die Instanzen des gesamten Kombinats und die Instanzen des Lagers. Hier befinden sich also sowohl die Zentrale des Planungsbüros als auch die der örtlichen PPTsch[41], es gibt die Finanzabteilungen des Kombinats und unsere eigene Buchhaltungsabteilung, es gibt eine Abteilung für die allgemeine Versorgung und für die Versorgung des OLP. Außerdem gibt es noch drei Theater, die *Kulturno-Wospitatelnaja Tschast*, das Krankenhaus und so weiter und so fort. Jede Abteilung wird von einem Offizier des MWD oder einem Sonderbevollmächtigten geleitet, aber auf den unteren Ebenen gibt eine Mischung von *Seki*, Exilanten, und manchmal auch Freigelassenen, die sich zufällig in diese entlegenen Winkel verirrt haben, den Ton an. Im OLP lebt also eine ganze Gruppe von Ingenieuren, die aufgrund ihrer Spezialisierung hier-

---

40 Über Beziehungen, auf zwielichtige Weise (Russisch).
41 Institution, die für die Produktionsplanung verantwortlich war.

hergeschickt wurden. Einige arbeiten in der Zone, aber die meisten verlassen das Lager mit einer Eskorte, um in der Stadt zu arbeiten, auf einer großen Baustelle, in einer großen Raffinerie, in einem Öl- und Gaswerk und so weiter. Im OLP gibt es einerseits viele echte Techniker, die tatsächlich eine technische Ausbildung genossen haben, und andererseits solche, die ihren Beruf erst hier erlernt haben, Anfänger wie die meisten von uns, die den Machthabern weisgemacht haben, dass sie etwas von Elektrizität, Mechanik oder Krankenpflege verstünden. Aber die Jahre tun das ihre, und alles lässt sich systematisch erlernen, wenn der Ingenieur oder der Arzt ein wenig Gnade walten lässt und den selbst ernannten Spezialisten nicht gleich am ersten Tag ohne Pardon hinauswirft. Letztlich schert sich niemand sonderlich um die Qualität der Arbeit, und ein gutes Einvernehmen kann sich als nützlich erweisen. Der Ingenieur kann vielleicht keine Päckchen empfangen, und der Anwärter zum Techniker hat gerade ein Päckchen erhalten. Aus dieser Situation kann man seinen Vorteil ziehen. Das ist eine gute Situation, die sich für beide auszahlt. Der eine wird weniger hungern, der andere weniger müde sein. In Konflikten zeigt der Austausch von Diensten seine dunklen und – für den wenig erfahrenen Häftling – überraschenden Seiten. Ein Ingenieur hat letztlich einen höheren Rang, und in den Augen eines Durchschnittsrussen bestimmt gerade der Rang den Wert eines Menschen. Nicht der Mensch selbst, sondern sein *Tschin*[42], wie Gogol einst schrieb. Pech für den Techniker, der sich einmal geweigert hat, sein Päckchen zu teilen, oder der einmal nicht gehorcht hat.

Ein großes Lager bedeutet ein Orchester, das beim Raswod spielt, und ein Orchester, das beim Abendessen zum Lob der Rekordhalter spielt. Im Saal derer, die die Norm nicht erreicht haben: nur Bänke

---

42 Russisch für »Rang« (Skarga verweist hier auf die grundlegende Thematik in Gogols *Der Mantel*).

und Tische, schmutzige Blechschüsseln, auf die der Koch so etwas wie Grütze draufgeklatscht hat oder eine dünne Suppe ohne jegliches Fett und voller verfaulter Kartoffelschalen. Bei den Rekordhaltern: Tische mit Tischdecken, wenn auch aus Papier, aber immerhin, die Schüsseln sind genau die gleichen, aber sie sind besser gefüllt – mit einem Stück Fleisch oder Fisch und einer Extraportion auf einen besonderen Bezugsschein. Einem großen Brocken Brot, in den man begeistert hineinbeißen möchte, manchmal sogar weiß und gebacken. Daneben die Hoffnungslosigkeit des ewig wiederkehrenden Speiseplans: Hafersuppe und Hirsebrei, oder umgekehrt: Hirsesuppe und Haferbrei, dazu höchstens ein einziges Kohlblatt. Es werden sogar Pasteten mit Fischfüllung hergestellt, und gelegentlich bereitet der Koch Hafersülze oder eine Suppe zu, die nach Roter Bete riecht. Ein ziemliches Kunststück, denn es findet sich kaum Rote Bete in der Suppe, aber die Farbe ist gut und der Geruch mehr oder weniger befriedigend. Einen Bezugsschein für Rekordhalter zu bekommen ist ein Ereignis. Einige Ingenieure genießen dieses Privileg ständig. Sie sichern sich immer wieder einen Rekordschein, wer weiß, wieso, sicher für bestimmte gegenseitige Dienste, obwohl nach dem Lagertarif allen, die in der Zone arbeiten, nur die gleiche Grundration zusteht, also das Schlechteste und Bescheidenste, was man essen kann. Ein Essen, das einen nicht sterben, aber auch nicht leben lässt. Doch wo man auch geht und steht, ergeben sich merkwürdige Wendungen. Die Krankenschwestern bekamen auch keine Rekordportionen, aber hin und wieder brachte ein dankbarer Kranker oder ein kleiner Gauner etwas extra (woher, das weiß man natürlich nicht, und man sollte auch nicht danach fragen) als Dank für die Aufnahme ins Hospital, als Dank für das begehrte Recht, Zugang zur eleganten Krankenstation zu bekommen. Dort hingen sogar Vorhänge vor den Fenstern. Es sah fast aus wie in Europa.

Die Ärzte, die Narjadtschiki, die Kommandanten, sie brauchten keine Bezugsscheine. Die Köche brachten ihnen ihr Essen in Kochtöpfen in ihre Büros und Amtsstuben. Die gesamte Oberschicht des Lagers wurde gesondert verpflegt. Ein gutes Stück Fleisch, eine dicke Suppe und nicht nur hundert Gramm Maisgrütze, sondern ein ganzer Teller und etwas Butter – etwas, was keiner von uns je gesehen hat, was aber auf ihren Tischen an der Tagesordnung war. Niemand war darüber erstaunt, niemand protestierte. Was hätte ein Protest auch ausgerichtet? Die Ärzte wiederum beaufsichtigten die Küche, um die hygienischen Bedingungen für die Zubereitung der Mahlzeiten zu kontrollieren. Die Ärzte nicht zu versorgen bedeutete deshalb: seinen Platz in der Küche zu verlieren. Der Narjadtschik und der Kommandant sind die Herren und Meister über Leben und Tod. Sie verteilen die Aufgaben. Und jeder im Lager weiß das und schweigt, denn was kann man letztlich tun? Es der obersten Lagerleitung melden? Die weiß das nur zu gut, und es ist ihr egal, dass die einen mehr und die anderen weniger haben. Und für eine Klage gibt es nur eine Strafe: den Tod. Wer etwas meldet, wird mit Sicherheit sterben. Wenn nicht in diesem Lager, dann im nächsten. Einen Aufstand anzuzetteln, einen Aufstand mit dem Ziel, Fairness oder Gerechtigkeit zu erlangen, so etwas würde von den Offizieren des MWD als politischer Akt gewertet, der sich nicht gegen die Aneignung von Privilegien durch einige Lagerinsassen richtet, sondern gegen das MWD selbst, gegen die Militärverwaltung. Diejenigen, die des Machtmissbrauchs beschuldigt werden, sind schließlich die Handlanger dieser Verwaltung und genießen deren Vertrauen. Das Wagnis einzugehen, ihre Autorität zu untergraben, kann für den protestierenden Gefangenen zumindest die Isolierzelle nach sich ziehen, wenn nicht sogar Schlimmeres. Es gibt noch andere Straflager, besondere Gefängnisse oder einfach: allgemeine Arbeit. Ja, man muss es noch einmal wiederholen: Die Macht hat immer recht.

Und doch gestalteten sich die Beziehungen in diesem Lager in Uchta, wo so viele Angehörige der Intelligenzija waren, sanftmütiger, nicht so gleichgültig. Vielleicht hatten noch nicht alle ihr

Schamgefühl verloren? Vielleicht hatten sich noch nicht alle korrumpieren lassen? Ich erinnere mich an warmherzige Menschen, an solche, die noch wirklich menschlich waren und bewusst dem Druck der betrüblichen Verhältnisse die Stirn boten, welche die moralischen Impulse unterdrückten und die Hoffnungen auf Befreiung im Keim erstickten. Dieser Kampf war verzweifelt, aber auch bewunderungswürdig. Man muss sagen, dass er selbst bei denjenigen Bewunderung hervorrief, die zwar bereits ihre Kräfte verloren, sich aber immer noch ihr moralisches Urteilsvermögen bewahrt hatten. Aganes Alexandrowitsch, der Chefarzt unseres Hospitals, unser Chirurg Michail Danilowitsch, Nikolai Wassiljewitsch, Petre C., Haino, Herr Stanisław S., die liebe Frau Jadwiga, die für mich und die Roma wie eine Mutter war, Olga Chainowna, Marina Alexandrowna und viele, viele andere Unglückliche, die den größten menschlichen Respekt verdienen.

Meine Arbeit im OLP Nummer 1 begann auf der zweiten Station. Die Ärztin, Natalja, war eine Ukrainerin aus der Ostukraine. Ich möchte diese Tatsache betonen. Die Ukrainer aus dem Osten waren im Allgemeinen Menschen mit einer ganz anderen Mentalität als die Ukrainer aus der Umgebung von Stanislaw[43] oder Lwiw. Ich glaube nicht, dass sie ihren Hass auf die Polen mit weniger großem Eifer hegten, aber sie hatten einen größeren Minderwertigkeitskomplex gegenüber den Russen, die sie um ihre große Literatur und ihre Musiktradition beneideten. Sie beneideten sie um ihre Weltmacht, und sie brachten, wie das bei jungen Kulturen oft der Fall ist, überdurchschnittliche Talente wie Schewtschenko[44] und die

---

43 Seit 1962 heißt diese Stadt in der Westukraine Iwano-Frankiwsk.
44 Der ukrainische Nationaldichter Taras Schewschtenko (1814–1861) hat mit seinem Werk wesentlich zur Entwicklung der ukrainischen Sprache und des ukrainischen Nationalbewusstseins beigetragen. (A. d. dt. Übers.)

Weisheit von Chmelnyzkyj[45] hervor. Sie erinnerten sich auch daran, dass einst Kiew und nicht Klein-Moskau die größte Stadt im Lande der Rus war. Bei mehreren Gelegenheiten versuchte unsere Ärztin kleine Vorträge über die Geschichte der Ukraine zu halten, voller nationalistischer Akzente und versteckter Abneigung gegen die »Kazappen«[46]. Das wäre fast amüsant gewesen, wenn diese *Choch-lazki*[47]-Seele nicht noch andere Eigenschaften gehabt hätte. Sie zeichnete sich durch Geiz aus, einen echten, lächerlich groben Geiz. Sie hielt das geringste materielle Gut für so wichtig, dass sie bereit war, sich selbst dafür zu verkaufen. Ihr Hass auf die Russen hinderte die Ärztin nicht daran, sich als eine regelrechte Denunziantin im Lager zu gebärden. Sie schnüffelte überall herum, nutzte Situationen für sich aus, erpresste die Kranken. Die Kranken brachten etwa die Hälfte aller Päckchen, die sie erhielten, in ihr Büro, und selbst das hielt sie für wenig. Sie hatte einen riesigen Appetit. Ich erinnere mich noch gut an sie. Ein feistes Weib. Sie sah aus, als hätte sie ihr ganzes Leben mit einem Rechen in einer Kolchose verbracht. Von Medizin verstand sie nicht mehr als ich. Ihre Politik bestand darin, die Widerspenstigen, die nicht genug einbrachten, zu entlassen; und wenn sie erfuhr, dass aus jemandem etwas herauszuquetschen war, nahm sie ihn mit dem entsprechenden Wohlwollen neu auf.

---

45 Bohdan Chmelnyzkyj (1595–1657), Kosakenhetman mit polnischen Wurzeln und Anführer eines großen – später nach ihm benannten – Aufstands der Saporoger Kosaken gegen die Adelsrepublik Polen-Litauen (1648–1657). (A. d. dt. Übers.)
46 Abschätziger Beiname für die Russen.
47 Wenig verwendeter abfälliger russischer Ausdruck für Ukrainer, die einen besonderen Dialekt – Chochlazki – sprechen. Dieser Dialekt ist eine Mischung aus Polnisch, Russisch und Ukrainisch. Einer der Orte, an dem dieser Dialekt noch bis ins 21. Jahrhundert gesprochen wurde bzw. wird, ist die Provinz Kökşetaw (deutsch: Kökschetau) in Kasachstan, wo noch eine alte Generation polnisch-ukrainischer Verbannter und deren Nachkommen lebten bzw. leben.

Glücklicherweise waren auf der Station eigentlich nur sogenannte Rekonvaleszenten untergebracht, d. h. Menschen, die recht bald aus dem Krankenhaus entlassen werden sollten oder höchstens zur Beobachtung dorthin geschickt worden waren. Es gab aber auch andere Fälle, Menschen, die dank ihrer Beziehungen zu verschiedenen hohen Tieren im Lager eigens zur Erholung hierhergeschickt worden waren. Unser Chefarzt konnte Natalja nicht ausstehen – das hatte ich schnell durchschaut und deshalb sofort um eine Versetzung in eine andere Abteilung gebeten, um nicht mehr unter ihrem Kommando arbeiten zu müssen.

Schließlich wurde sie erwischt. Es gab einen Kranken, der mit Herzproblemen zu uns zur Beobachtung geschickt wurde. Er war kein junger Mensch mehr und bestimmt kein Russe, sondern Este oder Lette. Er erhielt große Päckchen und teilte sie mit anderen Kranken, aber Natalja, die Ärztin, überging er. Sie hatte ihn im Visier, doch offenbar genoss er die Unterstützung eines Mächtigen, denn er wurde lange Zeit nicht entlassen. Ein paarmal setzte sie ihn auf die Liste, aber dann wurde sein Name fast in letzter Minute wieder gestrichen. Ich weiß nicht, was sich in diesem Fall hinter den Kulissen abspielte, ich habe auch nicht danach gefragt, und mir wurde nichts berichtet. Unterdessen begann sich der Patient deutlich schlechter zu fühlen, und es bestand kein Zweifel daran, dass seine Krankheit echt war und eine genauere Untersuchung erforderte. Ich maß täglich seinen Blutdruck und seine Herzfrequenz. Das war alles, was wir in medizinischer Hinsicht taten. Es wurde ihm nichts verabreicht, und es wurden keine besonderen Maßnahmen ergriffen. Als ich vorschlug, einen Kardiologen hinzuzuziehen, fing Natalja nur an zu lachen. Eines Tages hatte der Patient einen Anfall, den ich allein in den Griff bekam. Die Frau Doktor warf mir vor, mich in die Angelegenheiten anderer einzumischen, und drohte damit, mich aus dem Hospital zu werfen. Keine Woche später wies sie mich mit großer Genugtuung an, den Mann zusammen mit

Dutzenden anderen Kranken auf die Entlassung aus dem Krankenhaus vorzubereiten.

Ich erinnere mich noch gut an diesen Tag. Ich benachrichtigte die Kranken, was sehr unangenehm war. Hinter den Mauern des Hospitals warteten die Narjadtschiki und damit die Zuteilung zu einer Arbeitsbrigade auf sie. Ich ging mit der Namensliste zum Chefarzt, der sie immer persönlich unterschreiben musste. Aganes Alexandrowitsch – von dem wir alle wussten, dass er einmal Punkt 6 des Artikels 58 erhalten hatte und wegen Spionage verurteilt worden war (er hatte seine Strafe schon vor einigen Jahren verbüßt) – tat sein Bestes, um Menschen zu retten, und entließ sie nur ungern aus dem Hospital, auch wenn das natürlich dazugehörte, um Platz für die zu schaffen, die noch mehr der Hilfe bedurften. Er erkundigte sich ausführlich nach jedem Kandidaten, der schwere allgemeine Arbeit würde leisten müssen. So erkundigte er sich auch nach unserem Herzpatienten. Eine Krankenschwester hat kein Recht, einen Arzt zu kritisieren. Das verstößt gegen hierarchische Prinzipien, zumal im Lager. Aber irgendetwas in meinem Tonfall muss ihn zum Nachdenken gebracht und ihn verunsichert haben, ob er Nataljas Liste wirklich unterschreiben sollte, und er begann erneut, den Krankheitsverlauf zu studieren. Genau in diesem Moment stürmte Natalja herein. Sie fing an, ihm alles Mögliche zu erklären, und so zeichnete er die Liste schließlich doch noch ab. Schweren Herzens ging ich auf die Station und hielt das unwiderrufliche Urteil in der Hand. Aber mein Patient wurde nicht entlassen. Er war gerade dabei, sich umzuziehen und seine Lagerkleidung anzuziehen, als er plötzlich aufschrie und zusammenbrach. Es gab einen Tumult. Alexandrowitsch höchstpersönlich erschien auf der Bildfläche. Die Hilfe war vergeblich. Mein Patient ging nicht zur allgemeinen Arbeit, sondern zu Fjodorowitsch. Fjodorowitsch, das muss ich dazusagen, war der letzte und wichtigste Verantwortliche des Lagers. Er hatte ein kleines Haus mit einem Tisch, auf dem eine Metallplatte befestigt war, und dort wurde die letzte Inspektion durchgeführt. Der Körper des Unglücklichen wurde mit einem scharfen Messer vom Kinn bis zum Nabel aufgeschlitzt, um eine Sektion vorzunehmen. Das Ganze wurde anschließend nur mit Hilfe eines Verbands wieder zusammengezurrt und der ausgemergelte Körper in einen Sarg gelegt. Fjodorowitsch schrieb auf Wunsch des Anatomen die entsprechende Nummer der Krankheit auf den Totenschein, und wenn er mit dieser administrativen Aufgabe fertig war, wusch er den Tisch, wischte den Boden, säuberte seine Werkzeuge und bereitete den Platz für den nächsten Delinquenten vor, der bereits auf einer mit einem weißen Laken bedeckten Bahre aus dem Hospital herübergebracht wurde.

Drei Tage später war Natalja nicht mehr unter uns. Sie war in irgendein kleines Frauenlager geschickt worden, um dort als Ärztin zu arbeiten. Ich kann mir gut vorstellen, wie sie die armen Mädchen dort ausgebeutet hat. Auf jeden Fall nutzte Aganes Alexandrowitsch diese Situation, um sie loszuwerden, was zeigte, dass er keinen Konflikt scheute, nicht einmal mit der operativen Abteilung. Es muss jedoch gesagt werden, dass diese Abteilung ihre Mitarbeiter nur in begrenztem Maße schützte. Wenn die Rolle des Denunzianten allen bekannt war und sich nur schwer verbergen ließ, weil man, um eine Meldung zu machen, früher oder später mit einem *Oper* in Kontakt kommt, wurde der Betreffende sich selbst überlassen oder in ein schlechteres Lager versetzt. Und dort standen die Urki dann schon bereit, um sich seiner anzunehmen. Für jeden Denunzianten hatten sie ein gutes Andenken – ein scharfes Messer oder eine einfache Axt.

Warum bringe ich Natalja in Erinnerung? Ich weiß es nicht – es gab viele solcher Vorfälle. Es kam so oft vor, dass ein verwahrloster Häftling, von dem man nicht glaubte, dass er wirklich krank war, auf dem Weg zur Arbeit irgendwo hinfiel und nicht wieder aufstand. Manchmal lag das nicht einmal an der mangelnden Bereitschaft des Arztes, sondern an Unwissenheit, mangelnder Erfahrung und dem fehlenden Wissen des Arzthelfers, der entscheiden musste, ob er jemanden mit hohem Fieber oder jemanden, der über Schmerzen im Brustbein klagte, aufnahm und sich für Ersteres entschied. Schmerzen sind schwer zu diagnostizieren – sie sind eine subjektive Sache. Ein Elektrokardiogrammgerät stand nicht zur Verfügung, aber Fieber konnte man messen. Man kann doch einen Kranken nicht aus der Zone hinausschicken und ihn zwingen, mit einer Hacke die Erde zu bearbeiten, wenn seine Temperatur über neununddreißig Grad steigt! Jeder Chefarzt wird diese Entscheidung gutheißen und unterstützen. Im Lager zählt nur eine Krankheit, die selbst ein Oper diagnostizieren könnte: Durchfall, Fieber, Tuberkulose, wie viel Blut ein Kranker aushustet und alle Infektionskrankheiten. Dazu die Krankheiten, die schwieriger zu diagnostizieren sind, aber mit Fieber oder einem Ausschlag einhergehen, sodass es besser ist, die kranke Person zu isolieren, um auf der sicheren Seite zu sein und eine Ausbreitung der Krankheit zu verhindern. Aber das Herz? Nichts als Hirngespinste oder gar Verstellung! Die Kommissionsuntersuchungen in der kardiologischen Abteilung wurden mit äußerstem Misstrauen geführt. Den Worten von Aganes Alexandrowitsch, dem Chefarzt, schenkte man keinen Glauben. Was soll das eigentlich heißen: ein Herzinfarkt? Wo befindet sich denn diese Krankheit, die man nicht sehen kann? Im Krankenhaus in Uchta, bei den Spezialisten, bei den engagierten Ärzten, konnte man den Kranken manchmal noch retten. Aber in einem kleineren Lagerpunkt, wo die medizinische Versorgung von einer unerfahrenen Assistentin übernommen wurde, die gerade mal ein kleines medizinisches Lexikon gelesen hatte, war der Herzkranke dem Untergang geweiht, so wie mein Kranker.

Ich habe eine Zeit lang in der kardiologischen Abteilung gearbeitet. Es war eine traurige Abteilung, eine hoffnungslose, denn wie sollte man den Kranken noch helfen, die bereits einen Infarkt gehabt hatten? Wir versuchten sie so lange wie möglich bei uns zu behalten, und zwangen sie zu vollkommener Ruhe. Das war alles. Bei schweren Fällen wussten wir nicht aus noch ein. Was bringen ein oder zwei Sauerstoffkissen? So etwas verschafft kurz Erleichterung, bevor sich der Abgrund auftut. Die schlimmste Station war jedoch die der offenen Tuberkulose. Ich habe dort drei Monate verbracht, neunzig Tage, und jeder Tag begann mit dem Gedanken: Wer wird heute zu Fjodorowitsch gebracht? Von dieser Station aus gab es keinen Weg zurück zur Gesundheit, und jeder Kranke wusste das. Jeder wartete, bis es ihn traf. Wer gerade erst ankam, weinte meist, versteckte den Kopf unter dem Kopfkissen, weigerte sich zu essen und wollte nicht einmal die zweihundert Gramm Milch trinken, die nur den Kranken auf dieser Station zustanden – als wollten wir sie damit kurz vor dem Tod daran erinnern, dass es mehr auf der Welt gab als Hafersuppe und ein Stück Schwarzbrot. Danach kam Gleichgültigkeit auf oder sogar eine gewisse Wut, eine gewisse Boshaftigkeit. Die Kranken machten gerne ein Ratespiel daraus: Wer wird zuerst gehen und wann? Allzu oft habe ich solche Gespräche gehört, die ich zu unterbinden versuchte. Aber meine Interventionen halfen nicht viel. Die Kranken konnten den Verlauf der Krankheit sehr gut verfolgen. Eine Blutung, das ist der erste Sargnagel. Hohes Fieber der nächste. Plötzliche Verschlechterung und Schwächung, dann geht es dem Ende entgegen. »Ach Brüderchen, du wirst es bis morgen nicht schaffen, ich gebe dir noch bis Mitternacht. Vor dem Morgenappell wird man dich schon wegtragen. Du atmest nicht mehr, du hast keine Lunge mehr, das ist der Todeskampf. Also gib deine heutige Ration lieber mir.« Und der Sterbende erinnert den anderen dort mit schwacher Stimme daran, dass er sich selbst vor einer Woche noch genauso gefühlt habe wie dieser, der ihn jetzt bedrängt. »Du wirst mir folgen, sie geben dir jetzt schon kein Kalzium mehr, das halten sie für Verschwendung, weil sie wissen, dass es sowieso nichts mehr nützt.«

Manchmal gab es glückliche Tage, aber an anderen starben mehrere von ihnen, einer nach dem anderen. Diese Station war ein Vorhof des Todes. Einige lagen dort ziemlich lange, und es gab Anzeichen einer Besserung. Es wirkte so, als hätten wir es geschafft, den Verfallsprozess aufzuhalten. Doch dann kam es zu einer plötzlichen Krise. Andere lagen kaum ein paar Tage bei uns. Sie kamen in einem so schrecklichen Zustand an, dass es ein Wunder war, dass sie in ihrem Lagerpunkt überhaupt noch hatten aufrecht gehen und arbeiten können. Woher nahmen sie diese Kraft, während sie statt einer Lunge einen fauligen Brei in der Brust trugen? Ich ging damals zu fast jeder Sektion, um zu sehen, ob nicht doch noch etwas zu retten gewesen wäre. Aber Rettung – das war nur ein Traum.

Ich erinnere mich kaum noch an die Nachnamen der Kranken. Ihre Gesichter sind mit der Zeit verblasst. Nur eines taucht manchmal noch vor meinen Augen auf: das blasse Gesicht von Janek. Er war vielleicht neunzehn Jahre alt. Er stammte aus einem Bauerndorf in der Nähe von Worniany oder Hlybokaje. Ich weiß nicht mehr, ob er der Sohn von Stanisław war oder ob Stanisławski sein Nachname war. Er war ein Sohn von Belarus, der sich als Pole sah, er sprach Polnisch und betrachtete die Russen mit Verachtung. Er erzählte mir, dass man ihn wegen seines Alters nicht in eine Partisanenbrigade habe aufnehmen wollen, er aber als Mittelsmann im Widerstand aktiv gewesen sei. Letztlich gab man ihm doch einen Karabiner, mit dem es ihm gelang, eine Gruppe in der Nähe von Vilnius zu erreichen. Später, als die Widerstandsgruppen vom NKWD entwaffnet wurden, floh er mit anderen und irrte durch die Wälder. So wurde er Zeuge dieses unbeugsamen, aussichtslosen Kampfes zur Verteidigung des polnischen Wesens dieses Gebiets. Und nun lag er im Sterben und bat mich ständig, nicht wegzugehen. Er hatte große Angst. Er blieb bis zum letzten Moment bei Bewusstsein. Dieser kleine vergessene Soldat der AK.

Die Arbeit in der Abteilung für offene Tuberkulose hatte auch ihre positiven Seiten. Für die drei Monate, die ich dort tätig war, bekam ich fünf Monate Strafreduzierung. Eigentlich hätten sie mir sechs geben müssen, aber fünf waren auch gut. 1947 war für kurze Zeit eine Verordnung erlassen worden, die besagte, dass Rekordhalter und diejenigen, die an gesundheitsgefährdenden Orten arbeiteten, schneller entlassen werden konnten. Jeder Tag zählte daraufhin doppelt oder sogar für drei. Doch kaum ein Jahr später wurde diese Verordnung bereits wieder aufgehoben, die bis dahin mitgeteilten Kürzungen wurden jedoch beibehalten, was es mir letztlich ermöglichte, die Lager fünf Monate früher als geplant zu verlassen. Nicht dass das Leben nach den Lagern leichter oder anziehender gewesen wäre – aber das ist ein anderes Thema.

Die Abteilung für offene Tuberkulose war die zehnte Station und etwas abseits gelegen. Wir bekamen nur selten Besuch von den höheren Lagerbehörden. Deshalb fühlten wir uns dort wohler als die Ärzte und Krankenschwestern auf den anderen Stationen. Der Arzthelfer Lonka bekam Besuch von seiner Freundin, ich selbst wurde von polnischen Mitgefangenen besucht, die ein Schwätzchen mit mir halten wollten. Manchmal versammelte sich eine wahrhaft internationale Gesellschaft im Dienstzimmer zu den verschiedensten Diskussionen, alle hungerten wir nach einem sozialen Leben, nach normalen menschlichen Gesprächen, um einen Moment zu vergessen, wo wir waren und wer wir waren. Der Ukrainer Fedja, dunkel wie die Nacht, erzählte mir von seinen Kämpfen mit Polen, von dem Hass, den er gegen uns hegte, einem Hass, der sich hier zerstreute und wie Rauch in der Luft hängen blieb und nur Bedauern und Reue zurückließ. Auf seiner Gitarre spielte er Präludien von Chopin, oder er ließ seiner Phantasie freien Lauf und improvisierte etwas im Geiste von Prokofjew, den er bewunderte und über den er begeistert sprach. Manchmal brachte jemand Wodka mit, und wir tranken einfach nur etwas. Der Diensthabende musste hin und wieder in den Saal gehen, um nachzusehen, ob dort etwas vorgefallen war, und wenn es ruhig war, versuchten wir die düsteren Gedanken abzuschütteln und zu leben, auch wenn es nur ein imaginäres Leben war.

Aus dieser Zeit erinnere ich mich an eine besondere Anekdote. Ich arbeitete damals nicht mehr auf der zehnten Station, aber für mich hatte dieses Ereignis dort seinen Ursprung. Lonka fing an so zu tun, als wäre er an Tuberkulose erkrankt. Er hatte Fieber, hustete, und außerdem war unser Tuberkulosespezialist, ein Pole, ein feiner Kerl, der von allen geliebt wurde, auch vom Lagerabschaum, sein *partner in crime*. Er hatte ihm beigebracht, auf spezielle Weise zu atmen, und die erste Diagnose gestellt: vermeintliche Koch-Bazillen in Lonkas Sputum. Kurzum, er hatte Lonka auf die große Schlacht um die Freiheit vorbereitet. Aus heiterem Himmel war nämlich beschlossen worden, die unheilbar Kranken, die nicht aufgrund von Artikel 58 inhaftiert worden waren, aus dem Lager zu entlassen, vermutlich um die Statistik nicht zu verderben und Probleme wegen der großen Zahl von Todesfällen zu vermeiden. Etwa fünfzig Kriminelle verschiedenster Couleur versuchten auf diese Weise zu entkommen. Lonka, der wegen Mordes verurteilt worden war, hatte alle Chancen. Ich muss die Ehre seines Namens wieder ein wenig herstellen, denn »Mörder« klingt so bedrohlich und unangenehm. Lonka war ein äußerst charmanter junger Mann: Er hatte Mitgefühl mit den Kranken und verhielt sich uns gegenüber kollegial. Man konnte tagtäglich nur Gutes von ihm denken. Was war dann also sein Verbrechen gewesen? Ach, im Lager lassen sich die Verbrechen der anderen nicht beurteilen, denn niemand kann wissen, ob derjenige, der sich am moralischsten gibt, nicht selbst Tausende von Toten auf dem Gewissen hat. Woher hätte ich wissen können, ob dieser eine Deutsche, dessen Kissen ich aufgeschüttelt habe, nicht an Massenerschießungen teilgenommen hat? Woher hätte ich wissen können, ob dieser eine Lette nicht für die Gestapo gearbeitet hat? Woher hätte ich wissen können, ob dieser eine Mann aus Belarus, der mich an das Schicksal der Partisanen von Markow[48] erinnerte (und ich weiß, was das bedeutet und wie viele Menschen aus unserer Gruppe dort ermordet wurden), nicht an den Massenerschießungen bei Minsk beteiligt war? Lonka hatte nur *eine* deutsche Prostituierte auf dem Gewissen, und die hatte seinen besten Freund mit Syphilis angesteckt. Ja, er hatte unzulässigerweise das Gesetz in die eigenen Hände genommen. Aber wäre dies auf polnischem Gebiet geschehen, wäre Lonka nicht im Lager gewesen. Doch es war in Deutschland passiert und, was noch schlimmer war: ausgerechnet vor den Augen eines hochrangigen Funktionärs. Und so wurde Lonka inhaftiert, selbst etwas überrascht von der Reaktion der Militärbehörden, die normalerweise nur selten auf die Exzesse der Soldaten auf der anderen Seite der Oder reagierten. Er war aufrichtig überrascht, denn niemand hatte ihn zuvor gelehrt, das Leben anderer Menschen zu respektieren. Von der Armee und auch von ihm selbst wurden Leben ohne viel Rücksicht auf den eigenen Tod oder den der Soldaten verschwenderisch vergeudet. Wer gab während des Krieges schon etwas um ein Leben? Hinter der Mauer eines Maststalls hielt ein Bauernjunge ein Ferkel vor der anrückenden Armee versteckt. Er wollte die Soldaten nicht hereinlassen, woraufhin diese den Stall anzündeten, in dem sich der Junge befand. Wie viele solcher russischen Geschichten musste ich mir anhören! Wie oft erinnerten sich diese heldenhaften Leutnants und Hauptmänner daran, was sie auf dem Land in Polen oder Litauen angerichtet hatten! Aber sie waren nicht für ihre grausamen Spielchen verurteilt worden, auch nicht für die Zerstörung polnischer

---

[48] Fjodor Markow (1913–1958), Oberst der Roten Armee, der im August 1943 eine Abteilung der polnischen AK unter der Leitung von Antoni Burzyński entwaffnete, woraufhin ungefähr achtzig polnische Widerstandskämpfer exekutiert wurden. Dafür erhielt er von Stalin die höchste Auszeichnung: den Titel »Held der Sowjetunion«.

Städte, polnischer Landhäuser, polnischer Kunstwerke. Sie wurden für ein unbedachtes Wort verurteilt, dafür, dass sie mit einem amerikanischen Soldaten ein Glas Wodka getrunken hatten, dafür, dass sie mit einem deutschen Mädchen geflirtet hatten. Das war das Verbrechen: Kontakt mit Kapitalisten. Das war ein Verrat, der unentschuldbar war.

Lonka war also überrascht und geradezu niedergeschlagen, denn erst im Lager verstand er, was das bedeutete: den Tod. Dabei wollte er schließlich leben, und dafür sah er nun eine kleine Chance. Eine Kommission nach der anderen unterzog ihn einer eingehenden Untersuchung, wobei die Stimme eines anderen schwerer hätte wiegen können als die unseres eigenen Tuberkulosespezialisten, aber er sprach so überzeugend von einer tiefen Kaverne und von akuten Prozessen, dass selbst die misstrauischsten Kommissionsmitglieder anfingen, dieser imaginären Diagnose Glauben zu schenken. Es gab schließlich auch kein Röntgengerät. Und Lonka war tatsächlich abgemagert, weil er sich selbst eine schreckliche Diät auferlegt hatte. Er lag apathisch auf seiner Pritsche, und wenn er aufstand, ging er zusammengekauert wie der leichenblasse Schatten eines Menschen. Selbst bei den größten Skeptikern begann er Mitleid zu wecken. Gelegentlich – zwischen vier Wänden und unter vier Augen, im Beisein von Freunden, die ebenfalls in den Plan eingeweiht waren – hüpfte er herum oder tanzte ein wenig, um noch etwas von seiner schwer zu bändigenden jugendlichen Energie auszuleben, bevor er sich schnell wieder auf seine Station begab. Er schleppte sich mühsam fort, hustete gelegentlich hart und spuckte aufgrund einer selbst zugefügten Wunde am Zahnfleisch sogar Blut.

Schließlich gewährte ihm die Kommission der freien Ärzte (es waren offensichtlich miserable Ärzte, jedenfalls viel schlechter als unsere örtlichen Seki) den höchsten Gnadenakt, riet dabei aber zu Röntgenaufnahmen, um die Diagnose zu bestätigen. Das war eine kleine Katastrophe. Eine Eskorte kam, ein Dutzend Kandidaten, hauptsächlich aus dem zehnten Bezirk, wurde mitgenommen. Sie konnten sich kaum auf den Beinen halten. Wir mussten auf der Ladefläche eines Lastwagens Platz nehmen; ich begleitete sie als Krankenschwester und hatte die Aufgabe, nicht so sehr die Unglücklichen selbst, sondern ihre Krankengeschichten zu überwachen. Sie brachten uns nach Wetlasjan, in das etwa zehn Kilometer entfernte Zentralkrankenhaus, wo ein Röntgengerät zur Verfügung stand. Armer Lonka, er zitterte wie Espenlaub. Er sah nicht mehr die Freiheit vor sich, sondern eine neue Verurteilung wegen Vortäuschung einer Erkrankung. Er tat mir so furchtbar leid. Ich kannte die Ärzte in Wetlasjan nicht. Ein Gespräch mit dem Röntgenologen, der selbst – so war mir berichtet worden – vor nicht allzu langer Zeit seine Strafe verbüßt hatte und danach zur ewigen Verbannung verurteilt worden war, war nicht möglich. Er hatte zu viel Angst, er hätte dies als Provokation empfinden können, als einen Versuch, ihn in eine Falle zu locken. Ich konnte nichts tun, aber ich gab die Hoffnung nicht auf.

Und irgendwie hat es dann doch geklappt, es muss ein Wunder gewesen sein. Der Arzt dort entpuppte sich als ein netter alter Mann. Er wies mich an, alle Kranken in einer Reihe im Wartezimmer aufzustellen und dann für jeden Kranken gesondert die Krankengeschichte zu erläutern und den Patienten kurz zu charakterisieren. In diesem dunklen Raum fügte der Arzt den von mir dargestellten Krankengeschichten (in einem ganz normalen Schulheft) eine schematische Darstellung der Lunge hinzu. Darauf markierte er die betroffenen Stellen, machte eine kurze Notiz und ging zum nächsten Delinquenten weiter. Er schaute nicht auf den Einband, auf dem Titel, Name und Sonstiges standen. Er vertraute mir. Und dieses Vertrauen habe ich mir zunutze gemacht. Als Iwanow mit einer tiefen Kaverne hereinkam – der Verfallsprozess in seiner linken Lunge war bei ihm bereits weit fortgeschritten –, gab ich ihm Lonkas Heft.

Auf diese Weise wurde seine Diagnose bestätigt. Auf dem Bild von Iwanows Lunge waren freilich nur helle Fleckchen zu sehen, aber ich war nicht von Gewissenbissen geplagt. Iwanows Fall war ohnehin hoffnungslos – seine Tage waren gezählt, und das Warten auf die Freiheit war vergebens. Er starb letztlich genau zehn Tage später. Lonka wusste von nichts, aber es gelang mir, kurz auf den Korridor hinauszugehen, um ihm zu mitzuteilen, dass er Iwanow als Name angeben solle. Er verstand nicht, warum, und weil er nervös war, stellte er sich dumm an und nahm ungeschickt, mit dem Rücken nach vorne gewandt, hinter dem schwarzen Tuch Platz, statt umgekehrt. Ich erinnere mich, dass der Arzt darüber verärgert war, und ich erklärte ihm, dass das merkwürdige Verhalten des Patienten auf eine Art beginnender Demenz zurückzuführen sei. Die Situation entbehrte also nicht einer gewissen Komik.

Die Niederschrift der Krankengeschichten musste ich dem Arzt überlassen, weil er noch einmal einen Blick darauf werfen wollte. Das beängstigte mich ein wenig: Würde Iwanow nicht zufällig entdeckt werden? Der unregelmäßige Verlauf der Krankheit und das Bild der Lunge mussten doch auffallen. Und in der Tat wurde Iwanow einige Tage später aufgefordert, erneut nach Wetlasjan zu kommen, um ein weiteres Röntgenbild anfertigen zu lassen. Aber zu diesem Zeitpunkt war er schon zu geschwächt, um zu gehen. Glücklicherweise stellte niemand eine Verbindung zwischen seinem Fall und dem von Lonka her. Erst als alle Hefte mit den Krankengeschichten an unser eigenes Krankenhaus zurückgeschickt wurden, platzte die Bombe. Lonkas Verteidiger verwiesen auf die ihrer Meinung nach verdächtige Inkompetenz, unser Tb-Spezialist wurde gelobt und strahlte vor Stolz, und der Delinquent selbst, der erst jetzt begriff, was mit ihm geschehen war, war bereit, bald tollkühn zu heilen. Glücklicherweise ging der *Aktirowka*-Vorgang zügig über die Bühne, und Lonka konnte gehen. Was danach aus ihm wurde, weiß ich nicht.

Aktirowka ist die schriftliche Erklärung jedes Ereignisses. Was für ein praktisches Rechtsverfahren! Man kann alles aufschreiben. Aus dem Lagerhaus wurden ein paar Walenki gestohlen. Da kann man nichts machen. Wir stellen ein paar Papiere zusammen, setzen eine Urkunde auf, schreiben hinein, dass die Walenki von den Mäusen aufgefressen wurden, und schon ist das Problem gelöst. Eine Unterschrift des Magazinleiters, des Buchhalters und des Kontrolleurs, die danach ein neues Paar dieser Filzstiefel bekommen, und die Sache ist erledigt. Wir haben Spiritus getrunken und gleich die Urkunde aufgesetzt, so viel von diesem und so viel von jenem brauchen wir für eine solche Behandlung, und alles ist in Ordnung; noch ein Gläschen Stärkungstrank für den Verwalter des Krankenhausmaterials, und unsere Sorgen sind verflogen. Und das kann man mit allem machen: einem Pflug, einem Mähdrescher, mehreren Hundert Weizenkörnern, Heu, einem Traktor, Benzin, Ziegelsteinen. Allem, was irgendwo nützlich sein könnte. »Wir, die Unterzeichnenden, bestätigen, dass im Wagen Nummer soundso während des Transports Nummer soundso sechzigtausend Ziegelsteine durch die Erschütterung des Zuges zerstört wurden. Fünfunddreißigtausend davon befinden sich noch im Lager, der Rest ist als Schutt abtransportiert worden. Wir bestätigen dies mit unserer persönlichen Unterschrift.« Dann folgen die Unterschriften, und irgendwo beginnt jemand, ein kleines Häuschen für sich zu bauen. An der Erstellung der Urkunden sind alle interessiert, vom Lagerleiter bis zum erbärmlichsten Häftling. Der Lagerleiter will sein Haus verschönern, will gratis Spiritus oder Produkte aus der Küche. Denn schließlich verdient er ja auch nicht besonders viel. Die freien Bürger, die im Lagersystem in Freiheit arbeiten, haben auch Wohnungen, rauchende Öfen und oft undichte Dächer. Die Versorgung in der Stadt ist schlecht, es gibt wenig Fleisch, und wenn Schlachtfleisch ins Lager gebracht wird, berechnet man für die Ration siebzig Gramm rohes Fleisch pro Mund. Aber was ist, wenn es zehntausend dieser hungrigen Münder gibt? Können dann fünfzig Kilogramm »aktiviert« werden? Auf dem Transport verloren gegangen. Sie sehen bereits verdorben aus. Im großen Kessel wird dann weniger landen, aber schert das die Verantwortlichen? Wird jemand deshalb sterben? Wir schreiben es auf, und die Sache ist erledigt. Ein Urteil »aufzusetzen« ist jedoch schwieriger. Das ist eine Sache für sich. Wir sitzen also fest, wie die Russen sagen, *ot swonka do swonka*[49]: so viele Jahre, wie das Formular angibt.

Aber was ist das für ein Formular? Was bedeutet die Formulierung *Inspektion gemäß dem Formular*? Das ist ganz einfach. Jeder Häftling hat eine Karte mit einem Foto, seinen Personalien, dem Urteil, einem kurzen Auszug aus der Begründung des Urteils und dessen Festlegungen. Letztere sind die wichtigsten. Sie enthalten die Direktiven, die den Gefangenen jahrelang verfolgen werden, z. B.: *für schwerste Arbeiten einzusetzen*, oder: *hochspezialisiert, entsprechend den Kompetenzen einzusetzen*. Es gibt Bemerkungen, die jede Möglichkeit, sich einigermaßen über Wasser zu halten, für immer zunichtemachen, und dann wieder solche, die einen sofort ins Lagerleben befördern. Bei Massenverhaftungen und Prozessen, wie sie bei uns im Osten stattfanden, wurden diese Bemerkungen vergessen, vielleicht war einfach keine Zeit für solche detaillierten Instruktionen. Sie wurden vor allem in bekannten Fällen verwendet, für diejenigen, die von oben zum Tod verurteilt waren oder zur Arbeit in abgelegenen Gebieten, in der Gas- und Ölindustrie, in Kupferminen, in Elektrizitätswerken – dort, wo man sie gebrauchen konnte. Ein großartiger Gewinn an Spezialkräften! Ihre Zustimmung ist nicht erforderlich. Man muss sich nicht darum kümmern, gute Bedingungen für die »Freiwilligen« zu schaffen. Sie werden kurzerhand in einen Viehwagen gesteckt und an ihren Be-

---

49 Wörtlich »vom Klingeln bis zum Klingeln«, von Anfang bis Ende. In diesem Kontext: die gesamte Strafe absitzen.

stimmungsort gebracht, wo der arme Gefangene freudig die für ihn vorgesehene Arbeit aufnehmen wird, eine Arbeit, an die er vorher nicht einmal hätte denken wollen.

Das Formular reist dem Gefangenen überallhin nach und wird mit Neuigkeiten ergänzt. Soundso oft wurde er in die Isolierzelle geworfen, hat er die Arbeit verweigert (ein Verbrechen im Lager, das extrem hart bestraft wird). Er äußert sich kritisch über die Sowjetunion. Er ist ein unverbesserlicher Konterrevolutionär. Und so weiter und so fort. Jeder tut also sein Bestes, um sein Formular sauber, frei von Kommentaren zu halten, und schaut sich ängstlich um, ob nicht ein Denunziant ein unbedacht geäußertes Wort aufgeschnappt hat, denn der Lauscher wird es melden, und der Oper wird es dann aufschreiben, ohne es zu überprüfen, denn warum sollte er das auch tun. Der Denunziant wird noch selbst etwas hinzufügen, etwas hinzuphantasieren, um seinen Worten mehr Gewicht zu verleihen, und der Oper schreibt alles auf, kontrolliert nichts, warum auch. Es ist also besser, den potenziellen Denunzianten gewogen zu stimmen, indem man ihm ab und zu ein Stück Speck aus einem neu erhaltenen Päckchen zuwirft, solange er noch nicht völlig entlarvt ist. Dann nämlich tritt das Gelichter des Lagers in Aktion, und die Lagerleitung muss den Denunzianten, höchstwahrscheinlich schweren Herzens, melden.

Eines dürfte dabei klar sein: Der Häftling selbst bekommt sein eigenes Formular nie in die Hand. O nein! Dieses Recht kommt nur den verantwortlichen Machthabern und den Offizieren des MWD zu. Es ist das höchste Gut. Von Zeit zu Zeit muss kontrolliert werden, ob dieser Schatz mit der Realität übereinstimmt. Das gesamte Lager wird aufgescheucht, einschließlich der lokalen Beamten. Nur wer so krank ist, dass er nicht vom Bett aufstehen kann, wird verschont, aber im Allgemeinen werden die Hospitäler doch gesondert kontrolliert. Und dann beginnt das Spektakel. Ein Offizier ruft einen Nachnamen, und der Gefangene, der mit dieser Zeremonie bereits vertraut ist, antwortet in Windeseile. Name, Name des Vaters, Geburtsjahr, Artikel, Urteil. Die Geschwindigkeit, in der die Zeremonie ausgeführt wird, ist kein Zeichen böswilligen Ungehorsams, sondern des Wunsches, die Dauer dieser langweiligen Prozedur möglichst kurz zu halten. Eine schnelle Kontrolle macht alle glücklich: die Häftlinge, die nicht zum Appell antreten wollen, und die Lagerleiter, die es eilig haben, zu ihren Frauen zu kommen. Im alten Lager erfolgte die Inspektion auf der Grundlage einer stillschweigenden Übereinkunft. In den neuen Lagern, in denen die Häftlinge gerade erst angekommen sind und wenig Erfahrung haben, kann sie sich oft endlos hinziehen. Die Seki stehen brav zu fünft da, wie es sich gehört, weil sie Angst haben, weil sie nicht wissen, was sie erwartet. Wir in den alten Lagern hingegen können die Ordnung nicht aufrechterhalten, und wir hören nicht auf die Rufe der Wärter, die schnell aufgeben oder diese Kleinigkeiten abtun. Aber während wir die längst gelernte Lektion wie ein Paternoster aufsagen, muss den Neulingen jedes Wort aus der Nase gezogen werden, und die Befragung dauert stundenlang.

Ja, hier, im großen Lager, schwindet der Hass, der das Herz des Gefangenen erfüllte, als er seinem Verhörer gegenübersaß. Worin unterscheidest du dich von mir, Bürger Hauptmann, der du den Posten des Lagerleiters innehast? Du isst zehnmal besser als ich, das ist wahr. Der Tod bedroht dich nicht jeden Augenblick. Du bewegst dich ohne Eskorte. Du hast das Recht, mich zu rufen, wann immer du willst. Aber bist du wirklich frei? Du wurdest wie ich in dieses Land geschickt, ohne dass man dich nach deiner Meinung gefragt hätte. Man hat dir befohlen, diese Dochodjagi zu bewachen, ihnen einzuschärfen, dass sie die schlimmsten Verbrecher seien, aber du bewegst dich unter ihnen und stellst fest, dass sie ganz normale Menschen sind, vielleicht sogar besser als die Offiziere deines Regiments, aber du wagst nicht, deine Meinung zu äußern oder gar selbst zu denken. Du tust also, was sie dir befehlen, und du gibst dein Bestes, um fleißig zu sein. Schließlich weißt du nur zu gut, wonach Widerstand riecht: Die Formulare gehen durch deine Hände, und du kannst schwarz auf weiß darauf sehen, dass einige von ihnen einen höheren Rang hatten als du, Offiziere waren, und doch sind sie nun hier. Deine früheren Chefs sitzen ein, deine früheren Kollegen, deine Freunde, deine Angehörigen. Und du spürst, dass du selbst auch ein Kandidat bist, und so kommt der Gedanke des alten Sprichworts in dir auf, dass sich ganz Russland in die aufteilen lässt, die gesessen haben, die sitzen und die sitzen werden. Also fürchtest du dich, und diese Angst ist deine Unfreiheit. Du fürchtest dich, einen Schnitzer zu begehen, denn schließlich hast du einen Plan zu erfüllen. Du willst ein Regime auferlegen, aber das geplante Regime umzusetzen hilft auch nicht. Der Oper behält dich im Auge, er, der wirklich ein Vertrauter ist, der Treuste unter den Treusten, und der bereit ist, sogar über dich einen Bericht zu verfassen. Du tust so, als ob du streng wärst, aber du weißt nur zu gut, dass sich eine übertriebene Strenge nicht auszahlt, dass in der Nähe des OLP vor nicht allzu langer Zeit ein Lagerleiter umgebracht wurde. Wenn man auch nur ein wenig intelligenter ist, wahrt man den Schein und drückt ein Auge bei den Dingen zu, die in der Lagerzone vor sich gehen. Aber wer hierhergebracht wird, ist in der Regel nicht der Hellste, und so vertust du dich und es wird schlecht für dich enden. Ist das Freiheit, Bürger Hauptmann?

Deine Abhängigkeit ist eine doppelte: Du bist abhängig von uns und von denen, die über dir stehen. Diese anderen sind gefährlicher, aber sie sind weit weg. Vielleicht wäre es also besser, die Handschellen etwas zu lockern? Die Gefangenen haben ein gutes Gespür dafür, wie die Dinge laufen, sie wissen, dass du nur tust, was du tun musst. Sie sagen: Er ist ein guter Lagerleiter, aber sowohl du als auch sie wissen nur zu gut, dass diese Güte nicht von Herzen kommt, sondern deiner Angst entspringt. Du willst deine Schwäche mit Worten überspielen. Du kommst zu den Inspektionen und kramst hundert banale Worte hervor, du kannst nicht anders. Über die Arbeit. Über die Verantwortung, dem Vaterland zu dienen (auch wenn die Hälfte der Insassen dich fragen wird, von welchem Vaterland du da sprichst). Über die helle Zukunft. Und so weiter und so fort. Wie eine Zeitung. Du weißt, dass die Gefangenen mit den Schultern zucken, aber sie machen dieses Spiel mit, weil sie verstehen, dass du keine andere Wahl hast, dass dies der Preis ist, den du dem Oper für deine Ruhe zahlst, für die Möglichkeit, dich auf die andere Seite des Zauns zu begeben. Aber ist das Freiheit, Bürger Hauptmann?

Du fürchtest dich so, dass du jeder Form von Betrügerei zustimmst. Du weißt, dass niemand den Plan erfüllt hat, aber die Häftlinge, die schlauer sind als du und die Finten des Spiels kennen, können einen hervorragenden Bericht vorlegen. Du solltest sie alle an ihre Verantwortung erinnern, schließlich repräsentierst du hier die Macht. Aber du schweigst zufrieden, du gibst dem Buchhalter und dem Planer einen neuen *Buschlat*, du unterschreibst die Berichte, all die Urkunden, die beschreiben, was du selbst gestohlen hast, was deine Männer und Häftlinge gestohlen haben, und du schickst diese Stapel Papier an eine höhere Ebene, wo auch durchdringen wird, was Wahrheit und was Lüge ist, worin die *Tufta* des Lagers genau besteht, denn dort wissen sie nur zu gut, dass es die Sowjetunion ohne Tufta nicht gäbe, und du schreibst alles stillschweigend auf, denn du warst wieder einmal erfolgreich. Und dann kommt ein neuer Offizier, direkt von der Schulbank, ein Mitglied des Komsomol, wirklich noch die wandelnde Unschuld in Person, und er schaut dir auf die Finger, obwohl er nur ein junger Leutnant ist. Aber der Frieden, den du hier in all den Jahren aufgebaut hast, gerät ins Wanken wie das Haus für die freien Bürger, das du ohne festes Fundament hast bauen lassen, weil man den Zement brauchte, um eine zusätzliche Küche im Lager zu bauen. Du fühltest dich damals mit den Häftlingen im Bunde, du hast die Sabotage zugelassen, derer man dich tatsächlich bezichtigen wird, falls das Haus einstürzt.

Und deshalb findest du keinen Schlaf. So sieht also deine Freiheit aus, Bürger Hauptmann!

Du würdest gerne von hier weggehen, egal wohin, aber du weißt auch, dass du so einen lukrativen Job nirgendwo sonst finden würdest, dass du keine Qualifikation hast, dass du bestenfalls die Stelle eines Nachtwächters oder eines Lageristen annehmen könntest. Und auch das ist kein ungefährlicher Job. Jemand stiehlt etwas, und du musst dich dann dafür verantworten. Also sitzt du lieber hier, wenigstens nicht hinter Stacheldraht, und verhältst dich möglichst ruhig. Hin und wieder hilfst du den Häftlingen – wenn es nicht gegen die Vorschriften verstößt – und drückst ein Auge zu, wenn sie das Gesetz in die eigene Hand nehmen. Es gibt genug verachtenswerte Typen im Lager, die für dich die Drecksarbeit erledigen. Und dieses Offizierchen sollten sie einfach woandershin schicken, irgendwo als Leiter eines kleinen Lagerpunktes, bevor das Gesindel ihm den Kopf abschlägt.

Und wie viele solcher Lagerleiter kehrten nicht still und leise mit einer Flasche Wodka in der Westentasche ins Hospital zurück, um sich bei uns heimlich auszukurieren, nachdem sie sich bei irgendeinem Lagermädchen mit einem Tripper angesteckt hatten! Für uns war das gar kein schlechter Handel. Im Tausch gegen eine Spritze bekamen wir Zigaretten, ein Päckchen Machorka, ein Stück Wurst. Über ihr Geheimnis schwiegen wir in sieben Sprachen. Der Vorteil war beiderseitig. Manchmal gelang es uns so, jemanden aus der Isolierzelle herauszuholen, manchmal schafften wir es, dass jemand als Krankenschwester eingesetzt wurde. Der freie Offizier hatte fürchterliche Angst, dass jemand herausfinden könnte, dass er sich im Lager angesteckt hatte. Ein Verhältnis mit einem Häftling wurde mit zehn Jahren bestraft. Er fürchtete zudem, dass die Wahrheit über seine nächtlichen Besuche bei uns ans Licht kommen könnte. Als Grund für seinen Aufenthalt bei uns führte er meist eine vermeintliche Kontrolle an. Die freien Bürger hatten kein Recht darauf, im Lagerhospital behandelt zu werden. Sie hatten ihre eigenen Ambulanzen. Was für ein schreckliches Durcheinander! In den freien Ambulanzen arbeiteten Häftlinge, die ihre Strafe bereits verbüßt hatten, denn wo sollte man sonst Ärzte finden, die in diesem abgelegenen Winkel der Welt arbeiteten? Und was dazu kam: Wer hierher deportiert worden war, war so lange von allen neuen Entwicklungen in der medizinischen Welt abgeschnitten, dass sich in der Regel bei den neu ankommenden Häftlingen bessere Spezialisten fanden. Unser Idyll währte, solange niemand anderes kam oder solange der Befehl zur Deportation ausblieb. Jeder Dienststellenleiter versuchte schließlich diejenigen, die ihn kompromittieren könnten, so weit wie möglich wegzuschicken, es sei denn, er konnte noch von ihnen profitieren.

Das Hospital war groß. Es deckte gemeinsam mit dem Krankenhaus in Wetlasjan die Versorgung des ganzen Kombinats ab. Und dieses Kombinat muss sehr groß gewesen sein, denn es gab einen Lagerpunkt, der sich hundert Kilometer entfernt zwischen den Birken befand. Wie viele Lager es genau gab, ist schwer zu sagen. Manchmal kamen Menschen aus entlegenen Gebieten in der Taiga zu uns. Meistens mussten sie im Holzeinschlag oder bei Infrastrukturprojekten wie dem Straßenbau arbeiten. Sie kamen in sehr schlechtem Zustand zu uns. Die überwiegende Mehrheit litt an Tuberkulose. In der Regel wurden sie dann in der achten Station untergebracht, um nach einigen Wochen, nachdem man den Koch-Bazillus entdeckt hatte, in die zehnte Station verlegt zu werden. Von dort gab es nur noch einen Ausgang, und der führte zu Fjodorowitsch. Die zehnte Station genoss einen so schlechten Ruf, dass die Entscheidung, hierher verlegt zu werden, meist einen Schock auslöste. Im Laufe der Zeit kamen eine zwölfte und eine dreizehnte Station hinzu – neue, große Stationen, auf denen mehr als hundert Kranke versorgt werden konnten (auf allen anderen Stationen lagen in der

Regel etwa fünfzig Personen), und Tuberkulosekranke wurden von nun an dort aufgenommen. Die neunte Station war die Station für Infektionskrankheiten. Die siebte und sechste Station die für innere Krankheiten und schwere Fälle. Die fünfte und vierte Station waren für leichtere Fälle vorgesehen. Die Chirurgie befand sich auf den Stationen drei und zwei. Die erste Station war die Gastrologie. Die elfte Station war für die Rekonvaleszenten zuständig. Das Krankenhaus war also eine kleine Stadt für sich, bestehend aus mehreren Dutzend Baracken, mit einem Labor, das in einem separaten Gebäude untergebracht war, in dem sich auch das Büro des Chefarztes, eine physiotherapeutische Abteilung, die Küche und ein Magazin befanden – und ja, auch Fjodorowitsch.

Die Fluktuation von Menschen war hoch. Es gab die, die starben, und die, die sofort in ihr Lager zurückkehrten, sobald es ihnen ein wenig besser ging. Ansteckende Krankheiten waren aber selten; das lag an den rauen Wetterbedingungen. Meistens ging es um Wundrosen – infolge mangelnder Hygiene – oder um Infektionen. Nach der Tuberkulose sorgten Herz- und Nierenerkrankungen für die größten Verheerungen. Und dann gab es noch die Dystrophie. Dieser langsame Verfall war so häufig, dass er in den Statistiken nicht einmal als Todesursache geführt wurde. In seinem letzten Lebensmonat litt der Kranke dann unter zahlreichen Komplikationen. Daraus konnte man sich eine als endgültige Todesursache auswählen. Die Chirurgie musste auf Hochtouren laufen. In diesem großen Lager erlitten vielleicht weniger Menschen eine Darmtorsion, aber es gab mehr Verletzungen durch Messer und Äxte – die bevorzugten Werkzeuge für stille Abrechnungen unter dem Gesindel des Lagers.

Die Behandlungen waren nicht komplex. Streptozid, Kardiamid, Glukose, Kalzium, ganz selten einmal Penicillin. Auch Vitamine oder Fischöl wurden verschrieben, ebenso wie Pyramidontabletten und Aspirin. Dem Sterbenden wurde Kampfer verabreicht, soweit es noch sinnvoll war, und die Rekonvaleszenten mussten durch Arbeit genesen. Arbeitstherapie, wie Aganes Alexandrowitsch es listig beschrieb. Sobald sie sich auch nur einigermaßen auf den Beinen halten konnten, konnten sie draußen die Wege vom Schnee befreien oder Unkraut auf den kleinen Hospitalpfaden jäten. Bevor sie mit der Arbeit begannen, wurden ihr Puls, ihr Blutdruck und ihre Temperatur (die 36,2 Grad im Allgemeinen nicht überstieg) gemessen. Nach der Arbeit wieder das gleiche Spiel, und wenn der Blutdruck und die Körpertemperatur ein wenig gestiegen waren, wurde das als eine leichte Verbesserung betrachtet. Wir haben sogar ganze Tabellen erstellt, die den Wert der Arbeit für den Genesungsprozess beweisen sollten. Vielleicht war das besser, als nur im Bett auf der Station liegen zu bleiben, vor allem im Hinblick auf die spätere Entlassung aus dem Krankenhaus und die allgemeine Arbeit, die darauf folgen würde. Ein wenig frische Luft und etwas Bewegung unter normalen Bedingungen konnten tatsächlich guttun. Aber für einen Organismus, der sich bereits am Rande der totalen Erschöpfung befand, war Arbeiten natürlich ein voreiliger Gedanke, denn es würde die Wiederherstellung der Kräfte nur verzögern oder sogar unmöglich machen.

Das Hospitalpersonal war zahlreich: Auf jeder Station arbeiteten mindestens drei medizinische Fachkräfte: der Arzt (außer den Seki oft auch freie Bürger) und einige Krankenschwestern; darüber hinaus gab es Laboranten, Apotheker, Köche, Lageristen usw. Wir arbeiteten zwölf Stunden am Tag, eine Woche tagsüber, die nächste Woche nachts. Aber niemand hat sich beschwert, im Gegenteil, es war ein warmer, ruhiger Ort, an dem wir nur selten von Lagerwärtern beobachtet wurden: eine unabhängige Hospitalrepublik. Hier fanden sich auch die interessantesten Persönlichkeiten ein. Aus einem Gefühl der Solidarität unter den Intellektuellen versammelte sich hier mit jeder neuen Lieferung aus dem OLP, wann immer es möglich war, eine Gruppe von Menschen, die es wert war, vor dem sicheren Tod bewahrt zu werden. Der Arzt, ein Sek, versuchte den neuen Häftling unter dem Vorwand der ein oder anderen Krankheit zunächst in das Hospital zu überweisen. Danach bemühte sich der Chefarzt darum, einen Platz für den Unglücklichen zu finden. In der siebten Abteilung arbeitete ein hochrangiger rumänischer Politiker, Petre C., der unter einer schweren Herzerkrankung litt, als Krankenpfleger. In der Apotheke arbeitete Professor Mendeljow von der Leningrader[50] Universität. Der Leiter der Physiotherapieabteilung war ein Georgier, der Direktor eines Theaters in Tiflis, und so weiter und so fort. Ich habe bereits den Arzt und die Sekretärin aus Usbekistan in Erinnerung gebracht. Viele solcher Menschen kamen hier ins Hospital. Wir versuchten einige von ihnen so lange wie möglich als »unheilbar Kranke« bei uns zu behalten. Das gelang nicht immer, aber jeder Monat zählte, jeder Tag war ein gewonnener Tag.

Wir konnten einander relativ leicht verstehen. Eigentlich war es verboten, ohne triftigen Grund eine andere Station zu besuchen, aber wir beachteten dieses Verbot kaum, schließlich wachte niemand über dessen strikte Einhaltung. Nur manchmal musste Aganes Alexandrowitsch – verständlicherweise – eine Zeit lang den Schein wahren: Ich erinnere mich noch, dass ich einmal auf der Toilette der siebten Station saß und mich etwa eine Stunde lang mit Petre C. unterhielt, als er unerwartet auftauchte. Nachts, vor allem in den Sommermonaten, saßen wir auf den Bänken vor den Stationen und sahen zu, wie die Sonne langsam am Horizont vorbeizog. Es entwickelten sich Freundschaften und Liebesbeziehungen. Eine Weile konnten wir die Realität der Welt um uns herum vergessen. Natürlich mussten wir ab und zu aufstehen, um nachzusehen, wie es um die Kranken bestellt war. Und dort, in den Stationssälen, wurden wir wieder von Traurigkeit und Hoffnungslosigkeit übermannt. Denn dort lauerte stets der Tod. Wie oft stand ich dort in der Tür

---

50 Das heutige Sankt Petersburg.

und überlegte, wer von den Kranken wohl noch eine Woche, wer nur noch einen Tag oder eine Nacht überstehen würde.

Es gab sicher einige, die wir hätten retten können, wenn die Diagnose früher gestellt worden wäre. In den Ambulanzen der Lager arbeiteten in der Regel keine Ärzte, sondern nur wenig qualifizierte Hilfskräfte. Sie waren nicht in der Lage, eine Krankheit zu erkennen, und sie waren an zahlreiche Vorschriften gebunden. Nur ein Prozent der Lagerinsassen durfte von der Arbeit freigestellt werden. Der Arzthelfer musste also eine strenge Selektion durchführen. Die Körpertemperatur war das Hauptkriterium. Der Tuberkulosekranke hatte, solange er noch kein Blut hustete, keine Chance, und selbst wenn Blut im Spiel war, misstraute man ihm noch, denn mehrere Häftlinge verletzten sich selbst im Hals, um doch noch von der Arbeit freigestellt zu werden. Unter den Ärzten befanden sich auch einige eiskalte Dreckskerle, denen es nur auf die Höhe der Bestechungsgelder ankam, die ihnen zugesteckt wurden. Ich muss allerdings zugeben, dass solche Typen die Ausnahme waren und meist dort auftraten, wo der Lagerpunkt kaum kontrolliert wurde, weil er zu abgelegen war.

Die Sterblichkeitsrate war nicht hoch – zumindest wenn man sie pro Tag betrachtete. Manchmal gab es zwei, manchmal drei Todesfälle, je nach Jahreszeit. Im Sommer waren es immer mehr, obwohl die Arbeitsbedingungen dann besser waren. Im Vergleich zu den deutschen Lagern war die Todesrate niedrig. Aber das ist nur eine irreführende Statistik. Denn man muss sich fragen: Wie viel Prozent der Häftlinge konnten tatsächlich damit rechnen, das Ende ihrer Strafe zu erleben? Erst unter diesem Gesichtspunkt wird die Brisanz der Zahlen deutlich. Nach ein paar Wochen in meinem ersten Lagerpunkt in Uchta waren etwa dreißig Menschen dahingerafft worden, und das waren nur die ersten Wochen, in denen sich die Menschen noch nicht in sich dahinschleppende Dochodjagi verwandelt hatten. Und was kam danach? Wenn von zweitausend Gefangenen pro Jahr nicht mehr als fünfzig starben, wer war dann nach zehn Jahren noch übrig? Ehrlich gesagt: offenbar etwa drei Viertel. Nur drei von vier haben überlebt. Ich nenne hier bescheidene Zahlen, die optimistischste Schätzung, obwohl ich weiß, dass es Lager gab, in denen die Menschen wie die Fliegen starben, weil sie die entsetzlichen Bedingungen nicht ertragen konnten. In Uchta gab es ein Straflager, aus dem fast jeden Tag Leichen abtransportiert wurden. Es handelte sich um den berühmten *Komandirowka* Nummer 6, einen Wald, einen Sumpf, Zelte, denn es war ein Wanderlager, das mal hier, mal dort errichtet wurde. An den Leichen, die nicht zur Autopsie gebracht wurden, wurde offenbar schon vor Ort eine Sektion vorgenommen. Gelegentlich fuhren unsere freien Ärzte zur Inspektion dorthin – sie erzählten schreckliche Geschichten. Ich weiß nicht, ob es in diesen Lagern wirklich Kannibalismus gab; vielleicht nicht, vielleicht war es nur ein Gerücht. Aber es gingen Berichte bei unserer zentralen OLP ein, und es war kein Geheimnis, dass die prozentuale Sterblichkeitsrate dort weit höher war als in allen anderen Lagern. Irgendwo in den Archiven des MWD werden die genauen Daten aufbewahrt. Wir, die wir überlebt haben, wissen nur zu gut, wie oft wir dem Tod entkommen sind. Wir wissen auch sehr gut, dass wir den Umstand, dass wir noch leben, nicht einer besseren biologischen Disposition verdanken, sondern Menschen, die uns durch die schwierigen Momente geholfen haben, einer zufälligen günstigen Konstellation und ein wenig dem sprichwörtlichen Glück, das man auf seiner Seite haben muss. Ein solches Glück war in meinem Fall das Hospital.

Das Hospital, das Hospital: Es war warm, hell, und obendrein hatten wir kaum Probleme mit stechenden oder beißenden Fliegen. *Rabotjonka ne plochaja.*

3
DIE ARBEIT

Über den Eingangstoren der deutschen Lager prangte die Inschrift ARBEIT MACHT FREI. In den sowjetischen Lagern hing an einem gut sichtbaren Ort in der Mitte der Zone ein gigantisches belehrendes Banner: TSCHESTNYM TRUDOM OTKUPAI SWOJU WINU[1]. Es entbehrt nicht einer gewissen Komik, dass zwei einander so fremde Mächte ähnliche Ideen hatten. Davon, dass eine die andere nachahmte, kann keine Rede sein. Hitler wusste sicherlich nicht, dass es im Osten eine mächtige Organisation wie den Gulag gab. Wie hätte er es auch wissen sollen, wenn so viele Menschen selbst unmittelbar nach dem Krieg nicht an seine Existenz glaubten? Die Ähnlichkeit betrifft jedoch nicht alle Aspekte. Es gibt auch bedeutsame, vielsagende Unterschiede.

Zunächst einmal prangte die deutsche Inschrift weithin sichtbar im Freien, wie ein Aushängeschild, das nicht nur von denen gesehen wurde, die in sein Geheimnis eingeweiht wurden, nachdem sie das gut bewachte Tor passiert hatten. Sie diente auch als eine Art Abschreckung, die deutlich machte, dass dort drinnen gearbeitet wurde und die Arbeit nicht leicht sein würde. Die sowjetische Inschrift hingegen war im Lagerbereich versteckt und nur für die unmittelbar Betroffenen bestimmt. An der Außenseite der Mauern

---

1 Mit ehrlicher Arbeit tilgst du deine Schuld (Russisch).

und Stacheldrähte wurden nie Schilder angebracht. Warum sollte man zufällige Passanten darüber informieren, was sich dahinter verbarg? Natürlich machten sich diejenigen, die bereits Erfahrungen gesammelt hatten, keine Illusionen, und sie dachten gewiss nicht, dass hinter dem Zaun mit den hohen Wachtürmen und dem Stacheldraht Blumen wuchsen oder Gießkannen hergestellt wurden, um diese Blumen zu gießen. Aber sicherheitshalber hatte niemand die Absicht, das, was dort vor sich ging, bekannt zu machen. Den Ängstlichen Angst einjagen kann man auch auf andere Weise.

Zweitens ergibt sich aus den Worten *Arbeit macht frei* eine andere Bedeutung, die der Sowjetmensch als kapitalistische Mentalität bezeichnen würde. Es wird ein klarer Vertrag vorausgesetzt, der überdies nach Ausbeutung riecht. Wie viel Arbeit muss man leisten, damit die Freiheit als korrekte Entlohnung betrachtet werden kann? Bei uns, in Kolyma, Norilsk oder Schesqasghan ist das anders. Keiner geht einen Vertrag ein. Niemandem wird etwas versprochen. Der Slogan spricht nicht die Vorstellungskraft der kühlen Vernunft an und zielt nicht darauf ab, leere Spekulationen hervorzurufen: Wenn du noch besser arbeitest, wirst du ... Ich werde dir so viel geben, und du wirst mir ... Und so weiter. In der sowjetischen Inschrift geht es um das Gewissen, um die Schuld, um die begangenen Sünden und wie man sie wiedergutmachen kann. Eines dürfte klar sein: Diese Inschrift birgt eine ganze Theologie in sich. Es gibt nur *einen* Glauben, und es gibt nur *ein* Dogma: Wir glauben an die Sowjetunion und ihre historische Mission. Wer sich gegen das Dogma gewandt hat, muss Reue zeigen, Buße tun und fest entschlossen sein, sich zu bessern. Die Buße kann sehr unterschiedlich ausfallen, und niemand wagt es, mit dem Kaplan zu verhandeln. Der legt sie fest, und der Sünder muss sein Schicksal mit demütigem Herzen annehmen, ehrlich ausführen, was ihm auferlegt wird, muss die Peitschenhiebe ruhig, ja sogar mit einem Gefühl der Freude ertragen. Immerhin war ihm zugestanden worden, seine Sünden zu tilgen, er wurde nicht gleich zur ewigen Verdammnis verurteilt. Die Deutschen, die Bourgeoisie, machten die Arbeit zu einem Tauschmittel. Es war ein trügerischer Handel, aber immer noch ein Handel. Bei uns läuterte die Arbeit, ohne sie gab es kein Vergeben und Vergessen.

So lebt das ganze Lager von der Arbeit – die Arbeit ist von einem Kult umgeben, es ist immer die Arbeit, über die auf den einberufenen Produktionsversammlungen gesprochen und in den Lagerzeitungen geschrieben wird. Die Namen derjenigen, die am härtesten arbeiten, werden auf großen Plakatwänden gewürdigt. Es gibt kein schlimmeres Verbrechen als Arbeitsverweigerung. *Otkas*, und sofort folgen die Isolierzelle, eine Strafration und eine neue Verurteilung. Otkas sorgt für Unruhe im Lager, erregt den Zorn der Wärter, der Verantwortlichen und Hauptverantwortlichen, denn wie sollen sie in einem Bericht deutlich machen, dass es so etwas wie einen Ungläubigen gibt, jemanden, der ein verbohrter Ketzer geworden ist? Ketzer werden auf Scheiterhaufen geworfen, und so werden auch die Arbeitsverweigerer vernichtet, und zwar schnell. Sie haben nicht die Spur einer Chance. Sie sind wenige und nehmen ein tragisches Ende. Nur selten hat es einer von ihnen geschafft, dem Zorn der Kapläne zu trotzen.

Das Lager lebt von der Arbeit, und der Tagesrhythmus wird von Arbeit bestimmt. Um sieben Uhr morgens Raswod – wir werden dazu aufgerufen, uns zu versammeln und zu verteilen. Auf dem Platz vor dem Tor kommen die Brigaden zusammen, jede hat eine eigene Bestimmung. Sie wissen alle, wo sie arbeiten müssen. Einige sind spezialisiert. So gibt es beispielsweise Brigaden von Malern, Verputzern, Schornsteinfegern, Zimmerleuten und Maurern. Die schlimmsten sind die für Erdarbeiten, Straßenbau und Waldrodung. Auf ein bestimmtes Signal hin gehen sie durch das hohe offene Tor, aber nicht bevor die Wachmänner überprüft haben, ob jemand ein Stück Brot oder einen Brief bei sich hat. Brot ist ein klares Indiz für einen geplanten Fluchtversuch, ein Brief deutet auf den Plan hin, mit jemandem in der Nähe, verborgen vor den strengen Augen der Macht, in Kontakt zu treten. Das sind also neue und gewiss keine geringfügigen Straftaten, für die sofort neue Strafmaßnahmen anstehen. Meistens hat niemand etwas bei sich, und das Passieren des Tores verläuft friedlich. Hinter dem Tor stehen Lastwagen für diejenigen, die weiter entfernt arbeiten sollen. Darin zu stehen ist nicht erlaubt. Man muss sich auf den Boden setzen, in Fünfergruppen, dicht an dicht zusammengedrängt, jede neue Fünferreihe quetscht sich rückwärts zwischen die Knie der Häftlinge, die vor ihr sitzen. Auf diese Weise kann man dreißig Personen auf einen Drei-Tonnen-Lastwagen packen. Reden ist nicht gestattet. Eine bewaffnete Eskorte lehnt sich an die Fahrerkabine. Zwei Soldaten nehmen auf jeder Seite Platz, der Hauptverantwortliche sitzt normalerweise neben dem Fahrer. Die Fahrt über die holprige Straße dauert manchmal eine Stunde, manchmal nicht ganz so lang. Dabei werden einem die Beine ganz taub. Und dann ist endlich der Arbeitsplatz erreicht. Die Gefangenen steigen mühsam zu dem Refrain aus, den jeder gut kennt: *Dawai! Dawai!*

Nun kann der Tag wirklich beginnen. Elf lange Stunden Arbeit, mit einer Stunde Pause für eine wässrige, aber warme Suppe. Und um sieben Uhr abends: die Rückfahrt, das Warten vor dem Tor, bis man an der Reihe ist, denn alle Brigaden kehren zur selben Zeit zurück, eine Kontrolle vor dem Eingang *und* eine in der Lagerzone. Diese letzte Stunde ist die schlimmste, nicht nur für uns. Auch die Soldaten haben davon genug. Wenn der Fahrer geschickt und der Anführer der Eskorte gerissen ist, gelingt es ihnen, eine andere Brigade zu überholen: Sie ziehen kurz vor dem Tor an ihnen vorbei und nehmen dann einen besseren Platz in der Reihe ein. Die Brigaden, die zu Fuß unterwegs sind, scheinen plötzlich wieder zu Kräften zu kommen, denn niemand will hintanstehen. Dieser tägliche Wettlauf hat uns manchmal erheitert, manchmal aber auch in Rage versetzt, meistens dann, wenn es Häftlinge gab, die völlig am Ende ihrer Kräfte waren und die Kolonne aufgehalten haben. Ein Häftling empfindet selten Mitleid.

ITL – *Isprawitelno-Trudowoi Lager*, mit anderen Worten, ein Umerziehungsarbeitslager. Auch hier denke ich: Was für eine Konfusion steckt in diesem Namen, was für eine Kasuistik! Umerziehung? Ich muss dabei an den erzieherischen Wert denken, den das Baumfällen hat, während man hüfthoch im Schnee steht. Steifgefrorene Hände haben keine Kraft, eine Axt zu halten. Die elektrische Säge ist zu schwer für die Frauen, sie hüpft gefährlich über den Stamm und will sich nicht in das Fleisch des gefrorenen *Stwol*[2] fressen. Ich muss dabei an den erzieherischen Wert einer Hacke und eines Brecheisens zur Bearbeitung von Boden der siebten und achten Kategorie denken, d.h. zur Bearbeitung von Felsen. Jeder Schlag prallt mit einem Echo zurück. Die Funken sprühen, aber die Erde gibt nicht nach, und man muss zig Kubikmeter abtragen: die sogenannten warmen Kubikmeter. Ich erinnere mich heute noch an einige der damals geltenden Normen, die angestrebt wurden. Ich muss dabei an den erzieherischen Wert der Hitze des Hoffmann-Ofens[3] und des Gewichts jedes Rohziegels denken. Aber warum sollte ich das überhaupt noch thematisieren, diese Umerziehungsmethoden, immer mit dieser besonderen Welt, der sowjetischen Welt, im Hinterkopf?

Heutzutage werden viele theoretische Arbeiten geschrieben, die die vorherrschenden Mechanismen dieser sowjetischen Welt zu erklären versuchen. Politologen entdecken immer wieder neue Merkmale und Gesetze dieser Welt. Für die Häftlinge waren sie eine so tägliche Kost und eine so glasklare Selbstverständlichkeit, dass

---

2 Baumstamm (Russisch).
3 Mitte des 19. Jahrhunderts von dem deutschen Ingenieur Friedrich Eduard Hoffmann (1818–1900) erfundener Ringofen zum Brennen von Ziegeln.

keine Diskussion darüber möglich war. Ja, die Dualität dieser Welt duldete keinen Zweifel. Sie besaß immer zwei Erscheinungsformen: auf der einen Seite die konkrete, auf der anderen die abstrakte Fassade; auf der einen Seite die brutale Wirklichkeit, auf der anderen die Ideologie.

Jedes Wort muss mit der Ideologie übereinstimmen – die Taten müssen sich in der Regel nach den Gegebenheiten richten. Wer der Auffassung ist, dass Ideologie in einem Lager nichts zu suchen hat, der irrt. Es ist ein Trugschluss, dass eine Ideologie im Zusammenhang mit Kriminellen, obendrein noch politischen Kriminellen, überflüssig sei. Erstens: So etwas wie »politische Häftlinge« gibt es nicht. Wir sind alle schlichtweg Kriminelle. Zweitens: Die Ideologie wirkt, denn ihre Macht ist schrecklicher und grausamer als physische Gewalt und eine größere Bedrohung als die Waffen der Soldaten. Sie erschafft die »Lagerfassade«, die »Lageridee«, auf Schritt und Tritt ist man an ihre Regeln gebunden, Regeln, die nie und nimmer gebrochen werden dürfen. Es gibt keine Sieger und Besiegten, die sich gegenseitig hassen oder auch respektieren können. Nein, es gibt nur strenge, aber gute Hirten und verirrte Schafe, die voller Dankbarkeit sind, weil sich jemand ihrer erbarmt. Es gibt keine hohen Herren und ausgebeutete, erschöpfte Sklaven. Es gibt nur die Macht, unsere Macht, die uns am Herzen liegt und die oberste Macht Moskaus repräsentiert, unseren lieben, gutherzigen Vater Stalin, und wir sehnen uns danach, dem großen Vaterland unsere letzte Kraft schenken zu können. Es sind keine Gegner, Vertreter einer Kultur, die vielen von uns fremd ist, mit Menschen, die eine unverständliche Sprache sprechen. Nein, das sind unsere Brüder, unsere Freunde, unsere Nachbarn, die uns unter ihre Fittiche genommen haben, um uns vor den faschistischen und bourgeoisen Regierungen in diesen anderen Ländern zu schützen, die wir einst für die unseren hielten. Es gibt keine Henker und Hingerichteten, keine Folterer und Gefolterten – nur Leute, die bis zum letzten

Atemzug für das kämpfen, was von der Menschenwürde der Opfer übrig geblieben ist. Nein, die Lagerverwaltung spielt die Rolle der unglücklichen Väter, die ihre eigenen Kinder mit schmerzendem Herzen bestrafen müssen. Wer verfügt schon über die Kühnheit zu denken, dass Lager geschaffen werden, um Andersdenkende zu vernichten, nachdem man sie zuvor so ausgenutzt hat, dass die notwendigen Investitionen mit minimalem finanziellem Aufwand durchgeführt werden können? Die ideologische Version sagt etwas ganz anderes: Der revolutionäre Klassenkampf ist nicht vorbei – die Feinde des Volkes, die alten Reaktionäre, verstecken sich noch immer vor der sowjetischen Justiz. Deshalb müssen sie entlarvt und vorübergehend aus dem Gemeinschaftsleben ausgeschlossen werden, und gleichzeitig muss man ihnen ermöglichen, ihre Fehler einzusehen, damit sie, von Reue durchdrungen, ihre Schuld bekennen und nach altrussischer Sitte ehrfürchtig und lautstark flehen: *Herr, erbarme dich unser.* Nur ist der liebe Herr heute nicht mehr Gott, sondern die Sowjetunion. *Herr, wir danken dir, dass wir uns demütig an die Arbeit machen dürfen.* Nur die Verleumder glauben, dass zahllose Kolonnen versklavter Menschen die Grundlage der sozialistischen Wirtschaft bilden. Die Häftlinge haben gar keine Ketten, sie arbeiten bewusst, *na blago rodiny*[4]. Es gibt gar keine Waggons, die Gefangene in den Osten bringen, es drohen ihnen gar keine langen Märsche. Der fürsorgliche Staat hat sich ihrer erbarmt, auch wenn das Wort Katorga wie ein alter Refrain aus den vergessenen vorrevolutionären Jahren wiederkehrt. Im Kodex gibt es das Wort Katorga noch immer – es unterscheidet sich nicht wesentlich von einem ITL: Es steht für ein etwas strengeres Regime, eine Strafe von mehr als zehn, fünfzehn oder zwanzig Jahren.

Der Deutsche machte keinen Hehl aus seiner Feindseligkeit; er erwartete von niemandem eine Liebeserklärung. Für einen Sow-

---

4 Zum Wohle des Vaterlandes (Russisch).

jethäftling können sich die Machthaber, unter Verwendung der ganzen Palette russischer Schimpfwörter, die unterschiedlichsten Vorwürfe ausdenken, vom Faschisten bis zum Verräter. Sie können ihn als »Bourgeois« oder als »Aristokrat« bezeichnen, als Feind des Sowjetstaates. Ein strenger Erzieher muss nun einmal laut schreien. Der Häftling darf es sich auf keinen Fall einfallen lassen, offen zu reden, als spräche er mit einem ehrlichen Gegner: »Ja, ich bin ein Bourgeois, euer Feind, voller Hass wegen des Schadens, der mir und meinen Angehörigen zugefügt wurde.« Der Häftling darf sich nicht einfallen lassen, sich als tapferer Narr aufzuspielen. Seine Worte werden sonst zu Protokoll genommen und an den Staatsanwalt weitergeleitet. Dieser wird mit einem Gefühl der Genugtuung eine neue Anklageschrift verfassen. Und dann folgt wieder das Gleiche: das Gericht und eine neue Verurteilung, auch wenn die erste Strafe noch nicht ganz abgeleistet ist. Jemand hat schon einige Jahre abgesessen, und dann werden ihm weitere zehn Jahre aufgebürdet. Nur ein Narr ist so eigensinnig, die Spielregeln mit Füßen zu treten.

Die wichtigste Regel lautet: Antisowjetische Mentalität ist eine Sünde, ja mehr noch, ein Verbrechen. Die Franzosen oder die Briten darf man ruhig kritisieren, man darf über ihre Untugenden lachen, sich über ihre Gewohnheiten lustig machen, die bei ihnen vorherrschenden Ansichten widerlegen, sein Erstaunen über das Handeln ihrer Machthaber und ihrer Behörden zum Ausdruck bringen, ihr politisches Programm missbilligen, ihre Absichten demaskieren, sich über ihre Geschichte lustig machen. Doch gegenüber dem Mutterland des Sozialismus, das über die Freiheit und Unabhängigkeit des eroberten Osteuropas wacht, ist nichts von alledem erlaubt. Die Akzeptanz jedes Schrittes dieser Macht und aller ihrer Anordnungen ist Pflicht. Niemand sollte auch nur einen Augenblick denken, diese Pflicht werde mit Gewalt erzwungen – nein, diese Pflicht erwächst aus Dankbarkeit. Dankbarkeit für das – wenngleich nicht erbetene – Aufkommen dieser neuen Macht, die unsere Länder erobert hat und uns – gegen unseren unverständigen und törichten Willen – den Weg zum Aufbau eines neuen großartigen Projekts geebnet hat. Wer ihre Großzügigkeit nicht begreift, den muss sie beseitigen und den wird sie auch weiterhin beseitigen. Eine antisowjetische Mentalität ist ein unverzeihliches Vergehen, ein Akt, der von einer feindlichen, imperialistischen Ideologie zeugt; das ist eine Konterrevolution, ein Angriff auf die Freiheit; das ist die Leugnung aller großen Errungenschaften des Regimes. Wer glaubst du wohl, der du bist, Häftling? Staub bist du, und zu Staub sollst du wieder werden. Herr, sei uns gnädig.

Und so betritt jeder Häftling, ebenso wie jeder Sowjetbürger, eine Welt der Lügen. Wenn er überleben will, muss er sich selbst verleugnen. Er muss dieselbe Sprache sprechen wie seine Verfolger. Er muss dieselben Phrasen, dieselben abgedroschenen Worte wiederholen, sich mit Leib und Seele der Produktion, dem Plan, dem Prozentsatz hingeben. Er kann dies auf zynische Weise tun, weil er weiß, dass das Spiel so gespielt wird. Er kann in diesem Spiel aber auch zu weit gehen, indem er zu sehr sein Bestes gibt, wenn ein Lagerleiter ihn zum Appell ruft, sich zu dienstwillig vor dem Wärter verbeugt, zu eifrig den neuen Arbeitsverweigerer verurteilt. Mit der Zeit beginnt er vielleicht, an das Spiel zu glauben – dann hat er ein trauriges Schicksal, denn schon bevor sein Körper verschwindet, ist bereits seine Seele gestorben.

Ich erinnere mich an gewisse Szenen aus den Anfängen der Ermittlungen: Ich war jung, unklug, leichtsinnig. Zweifellos fehlte mir noch die Fähigkeit, die Welt um mich herum zu begreifen. Außerdem war ich der tief verwurzelten Überzeugung, dass sie mich, nachdem sie mich gefangen genommen hatten, sicher zugrunde richten würden. Wir alle wussten nur zu gut, wie es beim ersten Aufenthalt in Vilnius zuging. Das war mir ganz gleich, ich fand meine eigene Widerspenstigkeit sogar irgendwie amüsant und begriff nicht, dass die Ermittler in einer völlig anderen Welt lebten, in einer Welt der Propaganda und der schönen Worte, auch wenn sie Tag für Tag eine Fülle prosaischer und schmutziger Operationen durchführten. Die Verhöre dauerten Stunden, Tage und Nächte, und sie wurden von einigen Obersten, *Solotopogonniki*[5], begleitet, die provozierende Fragen stellten. Ich antwortete ohne Umschweife, ich sagte unverhohlen, was ich dachte, ich redete nicht um den heißen Brei herum, ich hielt mich an die Fakten. Sie fragten nicht nach meinen Aktivitäten im Widerstand, sondern nach meiner Einstellung zu verschiedenen politischen Ereignissen. Sie müssen mich mit Entsetzen und Erstaunen betrachtet haben: Wie war es möglich, dass ich mich auf so dumme Art und Weise um Kopf und Kragen redete? Und so sprachen sie vom Einmarsch ihrer Armeen in Polen als einer Befreiung, ich dagegen von einem Dolchstoß in den Rücken. Sie erklärten, dass sie gezwungen gewesen seien, einen Pakt mit den Deutschen zu schließen, ich dagegen lachte und warf ihnen Imperialismus vor, eine Eroberungs- und Besatzungspolitik, die seit der Zeit Peters des Großen stattfinde und in der insgeheim zusammen mit den Deutschen vorbereiteten neuerlichen Demontage Polens (und ich kannte damals noch nicht einmal die genauen Fakten des Molotow-Ribbentrop-Pakts) nur einen weiteren Ausdruck finde. Sie priesen ihre sozialistische Kultur, ich dagegen erinnerte sie an die Vergewaltigungen von Zivilisten, an die in Brand gesteckten Dörfer, Ländereien und Kirchen, an die Deportation von Menschen unter unwürdigen Umständen. Ich wies sie auf die Rückständigkeit hin – und zwar nicht nur auf die der einfachen Soldaten, sondern auch auf die der Beamten, der Plünderer –, von der die Bücherverbrennungen und die Zerstörung monumentaler Kunstwerke zeugten. Ich lachte über ihre Liebe zu Uhren und fragte sie, ob sie auch wie die Soldaten eine ganze Sammlung unter ihren Uniformärmeln trugen. Es waren seltsame Gespräche, über lustige, kleine und wichtige Dinge. Ich stellte ihnen die Frage, warum

---

5 Offiziere der russischen Armee aus zaristischer Zeit.

das reichste Land der Welt in eine solche Armut getrieben wurde. Ich machte mich über ihre Propagandaarmee lustig, in der die Offiziere wie Puppen in einer Drehorgel sprachen, über das pompöse Gepränge ihrer ineffizienten politischen Kundgebungen. Ich erzählte ihnen von den Reaktionen der Polen, die über so viel ungeschickte Demagogie lachten. Sie verstummten, schließlich waren sie davon selbst Zeuge gewesen, und ihr Schweigen verschaffte mir eine nie da gewesene Genugtuung. Einmal kam die herzliche Aufnahme der Roten Armee durch das polnische Volk im Jahr 1939 zur Sprache. Ich hatte die ersten Tage ihres Aufenthalts noch gut vor Augen, und ich versäumte nicht, bestimmte Fakten in Erinnerung zu bringen. Sie wussten nur zu gut, dass die Menschen massenhaft vor ihnen flohen, dass bestimmte Armeeeinheiten tragisch und sinnlos Widerstand leisteten, dass sich Menschen gebückt und schleichenden Schrittes durch die Straßen der Stadt bewegen mussten. Nur der Abschaum kroch aus seinen Löchern hervor, um gemeinsam die Panzer und Lastwagen mit dem schmutzigen Gestank nach Benzin zu begutachten, die Soldaten mit ihren kalmückischen Gesichtern und platten Nasen; sie spielten Schallplatten mit Kriegsliedern auf komischen altmodischen Grammophonen. Willkommensblumen gab es keine.

Der stets wiederkehrende Refrain der Gespräche bestand aus Wasilewska und dem Bund Polnischer Patrioten.[6] Ich sah sie als Verräter an: Nach den Geschehnissen der letzten Jahre konnte man sich kaum noch Illusionen über die Motive des mächtigen Nachbarn machen. Ich fragte auch, ob sie persönlich an den Deporta-

---

6 Wanda Wasilewska (1905–1964), polnische Schriftstellerin und sozialistische Politikerin, die sich für die Annexion Polens durch die Sowjetunion einsetzte. Sie schrieb für kommunistische Propagandazeitschriften. 1943 wurde sie Präsidentin des von Moskau gegründeten Bundes Polnischer Patrioten, einer Massenbewegung, die einerseits Stalins Zugriff auf Polen verstärkte und sich andererseits um polnische Minderheiten (darunter Tausende von Waisenkindern) in den sowjetischen Gebieten kümmerte.

tionen polnischer Bürger teilgenommen und nächtliche Eskapaden organisiert hätten, bei denen sowohl Arme als auch Reiche aus ihren Betten gezerrt wurden, sowohl Grundherren als auch Staatsbeamte (das konnte ein Briefträger oder ein Bauer sein, der keinen roten Schultheiß[7], keine Handwerker oder Intellektuelle in seiner Nachbarschaft haben wollte). Ich fragte sie, ob sie die Verfasser von Listen gewesen seien, auf denen – wie wir später sehen konnten, nachdem sie sich aus dem Staub gemacht hatten und eine Reihe von Informationen in die Hände der AK fielen – fast alle Polen verzeichnet waren, weil es genügte, Polnisch zu sprechen und selbst zu denken, um als feindliches Element zu gelten. Sie wiesen mich damals darauf hin, ich hätte selbst für den Anschluss unseres Landes an die Sowjetunion gestimmt. Das war ein häufig verwendetes Argument und ein Grund, einen in der Personalakte als Bürger der Sowjetunion zu verzeichnen. Ich löschte diese Nationalität systematisch und ersetzte sie durch die polnische, was meine Verhörer zur Weißglut brachte. Das Gespräch lief in der Regel folgendermaßen ab:

»Sie haben gewählt!«

»Nein.«

»Was soll das heißen, nein? Ihr musstet doch alle wählen. Wenn du nicht gewählt hättest, wärst du schon längst in Sibirien.«

Hier machten sie einen Fehler.

»Was sind das für Wahlen, wenn man mit den Bajonetten des NKWD im Rücken zur Wahl geht? Ihr habt Zwang ausgeübt, und deshalb sind eure Wahlen ungültig, und deshalb ist es völlig unerheblich, wer daran teilgenommen hat und wer nicht.«

Aber sie hatten ihre Meinung, und sie hatten recht. Ich erinnere mich, dass die Menschen damals Angst hatten und der Londoner

---

7 Ein ländlicher Bürgermeister von einem oder mehreren Weilern, die eine Verwaltungseinheit bilden.

Rundfunk dazu aufgerufen hatte, keinen Widerstand zu leisten. Es hieß, Wahlen unter Zwang hätten nach internationalem Recht keine Bedeutung. Niemand kannte die Kandidaten, die irgendwo in Moskau benannt worden waren. Es war sowjetischer Brauch, dass es nur eine Liste gab, und das NKWD sorgte dafür, dass niemand auch nur einen einzigen Namen von der Liste streichen konnte. Es gab zwar in jedem Wahllokal Wahlkabinen, aber kaum jemand traute sich hinein, denn die wenigen Mutigen, die es taten, wurden sofort verhaftet. Und was hätte es am Ende auch für einen Unterschied gemacht – das Ergebnis war eh schon von oben festgelegt worden. Für uns war das die erste Erfahrung dieser Art, die erste Begegnung mit der sogenannten Freiheit der Sowjetinstanzen, und wir lachten herzlich über die barbarische Prozedur. Es hat sich nicht als weises Lachen erwiesen. Doch wer konnte schon ahnen, dass diese Wahlen von der Allianz anerkannt und bei den Verhandlungen über unsere Landesgrenzen verwendet würden? Wir verfügten damals noch über einen lächerlichen Glauben daran, dass die Gerechtigkeit ihren Lauf nehmen würde, an den Respekt, der uns als kämpfender Nation gebührte, an die Gerechtigkeit, die uns wieder zuteilwerden würde. Wie naiv wir doch waren!

Während ich ihre schönen Worte in die Sprache der konkreten Wirklichkeit übertrug, muss ich ihnen wie ein merkwürdiges, nicht allzu vernünftiges Wesen ohne jedes politische Bewusstsein und von drolliger Ehrlichkeit vorgekommen sein. Sie versuchten mir weiszumachen, dass die AK mit den Deutschen kollaborierte. Das war eines ihrer Steckenpferde. Ich wiederum erinnerte sie daran, dass sie einen Pakt mit den Deutschen geschlossen hatten und eine enge Zusammenarbeit mit ihnen eingegangen waren. Wir hingegen haben vom ersten Moment an gekämpft.

Zu einer Verständigung zu gelangen war unmöglich. Hinzu kam, dass die Herren Obersten – vor allem diejenigen, die die Stadt gut kannten, da sie in den Jahren 39 bis 41 auch dort gearbeitet hatten (sie rühmten sich gerne damit) – irgendwann zynisch den Schein schöner Worte fahren ließen. Sie offenbarten ihr wahres Gesicht. Oberst Petrow machte sich über den Warschauer Aufstand lustig (der Name dieses Herrn war sicherlich falsch, wie bei den meisten von ihnen; keiner der Verhörer benutzte seinen richtigen Namen). »Ihr hattet schon so viele Beispiele«, sagte er, »ihr hattet schon so viel Erfahrung damit, es war doch klar, dass wir euch nicht helfen und eure Hilfe nicht in Anspruch nehmen würden. Ihr wusstet, was in Luzk[8], in Vilnius, in der Region Lwiw geschehen war, und trotzdem seid ihr bereit zu glauben, dass wir unser Wort halten werden! Und wir schauen nur ruhig von der anderen Seite des Ufers zu, wir sehen zu, wie ihr blutet, und warten, bis eure Party vorbei ist.«

Ich bekam eine trockene Kehle, als ich diese Worte hörte, zumal er recht hatte. Nach den Kriegserfahrungen seit dem 17. September hätten wir wissen müssen, mit wem wir es zu tun hatten. Wir hätten ihnen also nicht glauben dürfen, nicht glauben dürfen, nicht glauben dürfen. Aber wir denken immer noch, dass eine Unterschrift etwas bedeutet, dass eine Unterschrift bindend ist, dass sie nicht einfach durchgestrichen werden kann. Das überraschte Pe-

---

8   Als die Deutschen am 1. September 1939 in Polen einmarschierten, flohen viele Polen in Richtung Osten. Auch die polnische Regierung floh und ließ sich in Luzk (heute Ukraine) nieder. Nachdem die Russen am 17. September in Polen einmarschiert waren, war klar, dass diese Flucht nach Osten keine Sicherheit bot. In Luzk verfolgte das NKWD seine Depolonisierungspläne mit unerbittlicher Härte. In den folgenden Monaten wurden etwa viertausend Polen hingerichtet und etwa zehntausend polnische Einwohner von Luzk in Lager in Kasachstan deportiert. Damit war das Elend in der Stadt noch nicht zu Ende. Etwa fünfundzwanzigtausend Juden aus dem Ghetto Luzk wurden erschossen, und 1943 wurden Tausende weitere Polen von ukrainischen paramilitärischen Einheiten während des sogenannten Polnischen Massakers von Wolhynien und Ostgalizien zunächst gefoltert und dann ermordet. In den letzten Jahren hat Polen versucht, diese Taten international als Völkermord anerkennen zu lassen. Bislang beschränkt sich der Konsens unter Historikern auf die Bezeichnung »ethnische Säuberung«.

trow außerordentlich. »Ist es denn nicht selbstverständlich, dass ein Politiker jeden Pakt unterschreibt, wenn es der Moment erfordert, dass er manchmal sogar eine besondere Vereinbarung trifft, um die Wachsamkeit der Bürger erlahmen zu lassen und in aller Ruhe sein Ding durchzuziehen? Das ist doch eine Voraussetzung für effektives Arbeiten. Und ihr seid wie Kinder, dumme, leichtgläubige Kinder.« Diese Lektion in Sache Lügen habe ich mir zu Herzen genommen – sie hat mir später gute Dienste geleistet. Aber lassen wir Petrow oder wie auch immer er hieß auf sich beruhen und kehren zum Lager zurück.

Die Rückkehr von der Arbeit. Ich habe einmal davon geträumt, einen Film darüber zu drehen. Dazu bedürfte es eines Regisseurs mit plastischer Finesse wie Wajda[9]. Eine Kolonne alter Menschen, gekleidet in zu großen Buschlaty, klobigen, wattierten Hosen und abgenutzten Walenki, marschiert daher. Auf dem Kopf tragen sie seltsame Mützen aus alten Lumpen oder verblichenem Schafsfell. Das Tor, die Wachtürme, der Zaun, überall Soldaten und Hunde. Eine Handvoll Offiziere sorgt für Ordnung und schaut zu, wie die Wärter die Gefangenen inspizieren. Diese Wärter haben aus hygienischen Gründen eine weiße Schürze über ihre Uniformen gezogen, damit sie sich nicht mit dem anstecken, was die Gefangenen alles übertragen können. Sie sind zu fünft; auch die Häftlinge in der Kolonne sind in Fünfergruppen aufgereiht. Auf ein Signal hin treten die ersten fünf heran, ihre wattierten Mäntel sind weit auf-

---

[9] Andrzej Wajda (1926–2016) war einer der großen polnischen Filmregisseure der Nachkriegszeit. In den späten siebziger und achtziger Jahren drehte er viele sozial engagierte Filme, in denen er seine Unterstützung für die Solidarność-Bewegung zum Ausdruck brachte. Er verfilmte außerdem mehrere Klassiker der polnischen Literatur. Im Jahr 2000 wurde er für sein Werk mit einem Ehren-Oscar ausgezeichnet. Einer seiner letzten Filme war *Katyń*. Sein eigener Vater war eines der Opfer des Massakers im Wald von Katyń gewesen.

geknöpft. Die Wärter kontrollieren die Taschen, durchsuchen ihre Seiten und Lenden, um sicherzugehen, dass niemand zufällig ein Messer, ein Stück Papier oder ein Stück Brot bei sich hat. Die Zeremonie wird fortgesetzt, bis die gesamte Brigade untersucht ist. Und dann öffnet sich das Tor. Die Eskorte und die Wärter zählen: *Eins, zwei, drei*. Hinter dem Tor spielt ein Orchester. Niemand hört ihm zu. Das letzte Mitglied der Brigade passiert das Tor, und der Schritt ändert sich. So als kehrten die Kräfte plötzlich wieder zurück. Schon laufen sie zur Baracke, um die durchnässten Lumpen so schnell wie möglich auszuziehen, und dann im Trab für eine Schüssel heiße Suppe zum Speisesaal. Endlich kann man sich auf seinem Bett ausstrecken, eine Zigarette rauchen oder eine zuvor gerollte Machorka, die gegen Brot eingetauscht wurde.

Eine Brigade folgt der nächsten. Die Wärter rufen den Nachnamen des Kolonnenführers, und dessen Kolonne eilt zur Kontrolle herbei. Eine Kontrolle wird im Lagerjargon *Schmon* genannt. Ein erfahrener Wärter weiß, wo er suchen muss. Ein erfahrener Häftling weiß, wo er etwas verstecken kann. Dort geht Moskwina, die mit ihrer Brigade die Norm zu hundertdreißig Prozent erfüllt. Deshalb genießt sie die Unterstützung und das Vertrauen der Verantwortlichen. Sie knöpft ihren »Körperwärmer« weit auf, diese wattierte Weste, die zur Uniform aller Häftlinge und Arbeiter gehört. Die Wärterin Olga, die ihren Körper kaum berührt, klopft ihr auf die Schulter: »Geh und ruh dich aus.« Moskwina geht vorbei, und niemand von der Wache weiß, dass auf ihrem Rücken, versteckt unter einem alten Pullover, eine Flasche Wodka an einem Faden hängt, ein guter Dreiviertelliter. Heute Abend, eine Stunde vor dem Appell, werden wir ihn gemeinsam trinken, fünf oder sechs von uns. Und zu unserer Erheiterung werden wir die leere Flasche anschließend auf die Kante des Schreibtischs der Wärter stellen. Wenn sie die Flasche am Morgen vorfinden, werden sie wütend sein. Wer hat hier getrunken? Wer hat sie mitgebracht? Alkohol in der Zone ist ein Vergehen. Für uns ist es ein fröhliches Stündchen, wir sind wie Schulkinder, die auf der Toilette eine Zigarette rauchen. Es ist nicht so sehr der Wodka, der wichtig ist, sondern dass wir den Wärtern ein Schnippchen schlagen können. In unseren Köpfen dreht es sich, denn wir haben nichts zu essen dabei. Jemandem ist es gelungen, etwas Knoblauch zu besorgen, ein anderer hat ein Stück Speck mitgebracht, das er sorgfältig unter uns allen aufgeteilt hat. Nein, wir haben nicht vor, das Büßergewand anzuziehen und uns schuldig zu bekennen. Wir werden uns nicht zu Märtyrern machen. Im Lager wird nicht geweint, nicht geklagt und nicht gejammert. Dort, wo das Leid grenzenlos ist, spricht man nicht von Leid. Dort, wo man alles verloren hat, seine Jugend, seine Hoffnungen, seine Träume, seine Lieben, spricht man nicht von Verlust. Dort, wo man seines eigenen Namens beraubt wurde, lässt man den Kopf nicht hängen und trauert nicht um das eigene Schicksal, denn man ist umgeben von Gleichen. Wir wollen leben, das ist unsere einzige Hoffnung. Und leben heißt lachen, wann immer man kann, heißt lieben, wann immer sich die Gelegenheit bietet, heißt sich über jeden matten, kalten Sonnenstrahl freuen.

Jeder Streich, jedes Spiel fühlt sich an, als würden wir dem Schicksal ein Schnippchen schlagen, ihm etwas entreißen, was uns nicht zukommt – das Lachen ist der Sieg des Besiegten. Vielleicht ist es genau das, was den Offizier so ärgert, ihn so wütend macht. Ein Häftling beschwert sich nicht, warum sollte er auch? Wenn er von der Lagerleitung gefragt wird, wie es ihm geht, antwortet er immer: »Bestens.« Und schon ist die Sache erledigt. Jeder Jammerlappen ist ein Albtraum für das Lagerleben – er schwächt die anderen. Weinen ist ansteckend. Wenn man ihm einmal nachgibt, wird es fast unkontrollierbar. Deshalb hört man kein Weinen, nur in der Nacht vielleicht irgendwo unter einer Decke einen tiefen Seufzer und ein kurzes Wimmern, und sofort sagt jemand im Halbschlaf: »Still, still, lass es sein. Denk nicht, schlaf.«

Die Worte »allgemeine Arbeit« wecken in einem Sek die Angst. Die Arbeit ist jedoch unterschiedlicher Natur: Hinter der einen verbirgt sich der Tod, die andere bietet eine Chance zum Überleben. Die eine vernichtet den Gefangenen unwiderruflich, die andere stärkt ihn und gibt ihm Kraft. Alles ist eine Frage des Glücks. Es gibt keine Überlebensregeln, es herrscht der Zufall.

Arbeiten bedeutet gleichzeitig auch »Menschen«. Von den Mitmenschen – und zwar nicht nur von den Lagerverantwortlichen, sondern auch von anderen Seki, von den Narjadtschiki, den Vorarbeitern, manchmal von Brigadekameraden, manchmal von Fremden – hängt ab: wo, wie und mit wem. Es ist also wichtig, nicht aufzugeben, sondern nach Verbündeten zu suchen. Dabei ergibt sich das Problem, dass der unerfahrene Sek noch nicht weiß, dass ein Verbündeter im Lager manchmal durch Schweinigelei und Platzhirschgebaren, manchmal aber auch umgekehrt durch eine ruhige, wohlwollende und stets herzliche Haltung gewonnen werden kann.

Einmal, es war kurz nach unserem Prozess und unserer Verurteilung, wurden alle Frauen aus unserer Zelle zusammen mit den Frauen aus einer benachbarten Zelle in einem großen leeren Saal aufgereiht. Offiziere erschienen, und einer von ihnen, ein aufgedunsenes rundes Dickerchen, begann uns genauer zu untersuchen. Er forderte einige von uns auf, zur Seite zu treten, die anderen ließ er in Ruhe. Es war eine Selektion, und wir begriffen schnell, dass nur die Gesunden und Starken eine Überlebenschance hatten. Meine Freundinnen wurden ausgewählt, und ich begann zu rufen, dass auch ich von einer erstaunlichen Gesundheit sei, obwohl ich eher wie ein Skelett aussah. Er hatte Mitleid mit mir und setzte mich ebenfalls auf die Liste. So landeten wir in der Kolonie Pravieniškės[10],

---

10 Ein Lager in der Nähe von Kaunas, das während des Zweiten Weltkriegs auch von den deutschen Besatzern genutzt wurde.

die seit den deutschen Jahren für ihre Bettwanzenplage berüchtigt war. Glücklicherweise waren wir nicht allzu weit von Vilnius entfernt, was es unseren Freunden ermöglichte, uns große Päckchen zu schicken. Die ersten Tage kamen uns fast wie das Paradies vor! Plötzlich hatte der Gestank der Parascha, der menschlichen Exkremente und des Schweißes ein Ende, ein Gestank, der uns seit dem Tag unserer Verhaftung unaufhörlich verfolgte. Es war Herbst, um uns herum lag ein Wald voll schöner Farben, in dem sich das Auge gerne erholte. Wir atmeten in vollen Zügen, befreit von dem Gedränge menschlicher Körper, vom ständigen Eingesperrtsein zwischen vier Wänden, von der Enge der kleinen Zellen. Man konnte im ganzen Lager herumlaufen (es war ein ziemlich großes Lager), und das nicht nur, um sich die Beine zu vertreten: Man konnte herumlaufen, bis man müde wurde. Wir fühlten uns glücklich und frei wie kleine Kinder; die Wachtürme, die uns umgaben, und die doppelte Reihe Stacheldraht, der unter Strom stand, schienen uns nichts anhaben zu können. Durch den Stacheldraht hindurch konnten wir die Wiesen und Bäume sehen, einen Feldweg, den aufsteigenden Nebel über den Kartoffelfeldern, die in Nebel gehüllten Kleeheuhaufen. Es hätte wirklich ein Idyll sein können, wenn es nicht ein paar schlimme Zwischenfälle gegeben hätte. Dort erst lernten wir, was echte körperliche Anstrengung bedeutet. Die Kolonie arbeitete im Holzeinschlag, auf den Feldern und vor allem in den Torfmooren. Die Torfproduktion war am wichtigsten. Vier zusammengestellte Brigaden schufteten dort vom Morgengrauen bis in die Nacht. Die dort eingesetzten Männer hatten es am schwersten. Auch die stärksten Frauen wurden gleich ausgewählt und bildeten eine Hilfsbrigade. Die übrigen Frauen wurden in den Gärten und auf den Feldern eingesetzt. Aus organisatorischer Sicht war es ein untypisches Lager. Problematisch daran war das Mischen der Eskorten, die zur Arbeit gehen mussten. Das war etwas, was in den weit entfernten Lagern Russlands im Allgemeinen nicht vorkam. Der verantwortliche

Wachmann, der *Starschina*, hieß zwar Dobroduschin[11], doch einem sadistischeren Typen bin ich selten begegnet. Er tat, was er konnte, um uns das Leben zur Hölle zu machen. Ich erinnere mich, wie wir vom Elektrizitätswerk, das etwa siebenhundert Meter von unserer Baracke entfernt lag, Bretter für Pritschen herbeischleppen mussten. Die Bretter waren in Dreiergruppen zusammengenagelt, sie waren nass und für uns zu schwer. Wir sahen uns daher gezwungen, so ein Brett mit einer anderen Gefangenen zusammen zu tragen, doch das war nicht in Dobroduschins Sinne, und er befahl uns, dass jede eine alleine tragen solle. Ich weiß nicht mehr, wie ich es geschafft habe, diese Bretter zu ihrem Bestimmungsort zu bringen, ich weiß nicht einmal mehr, wie ich sie überhaupt heben und tragen konnte. Es ist nicht zu fassen, woher ein Mensch plötzlich seine Kraft hernimmt. Hätte ich mir jemals vorstellen können, ich sei in der Lage, sechzig Kilogramm Kartoffeln auf meinem Rücken zu tragen?

Dobroduschin inspizierte gerne unsere Baracken, natürlich nach der bewährten sowjetischen Methode, also immer nachts. Wir wurden gezwungen, die Matratzen von unseren Pritschen zu ziehen, ebenso unsere Laken (wir waren immer sehr bemüht, unsere Laken sauber zu halten), und mussten auch alle unsere privaten Gegenstände vorlegen. Dann lief er mit seinen schmutzigen Schuhen über alles rüber. Der gemeine Schuft. Man hätte vor Wut und Ohnmacht heulen können. Er mochte offensichtlich die litauischen und polnischen Frauen nicht, die ständig am Saubermachen waren und sich nicht beschwerten, wenn sie wieder einmal um drei Uhr morgens in den Waschraum gejagt wurden. Man könnte nun meinen, nachts in den Waschraum zu müssen, sei eine besondere Art, die müden Seki zu schikanieren. Aber die Wahrheit war einfacher. Der Waschraum war relativ klein, und es gab viele Brigaden. Tagsüber mussten alle arbeiten. Daher blieben nur der Abend und die Nacht

---

11 Dobro bedeutet »gut«; Duscha bedeutet »Seele«.

zum Waschen. Die Vorschriften besagten eindeutig, dass ein Sek den Waschraum nur einmal alle zehn Tage benutzen durfte. Was sollte die Verwaltung dann tun? Ich glaube, sie waren sogar noch recht menschlich. Abends gingen meistens die hart arbeitenden Männer in den Waschraum. Für uns Frauen, die in der Küche, der Wäscherei und im Garten arbeiteten, blieb dann noch die nächtliche Waschrunde übrig. Im Herbst war das sogar angenehm. Im Winter sah das aber schon anders aus, zumal die Temperaturen in dem Jahr sehr kalt waren und es scheinbar unentwegt schneite.

Wäre Dobroduschin nicht gewesen, hätte unser Aufenthalt in Pravieniškės noch recht angenehm sein können. Die Bettwanzen fielen tatsächlich in wahren Schwärmen über uns her; jede Nacht veranstalteten wir einen Wettbewerb, wer die meisten Bettwanzen töten konnte. Wir kamen schnell auf sechzig. Danach übermannte uns der Schlaf. Damals waren wir noch alle zusammen eingesperrt, und es gab viele polnische Männer. Regelmäßig kamen Päckchen an, wir konnten haufenweise Kartoffeln stehlen und sie dann in einem Öfchen kochen. Nach dem Hunger, den wir zuvor im Gefängnis gelitten hatten, genossen wir sie und leckten uns die Finger danach. Unsere Kleidung verschliss zusehends, aber manchmal erhielten wir noch ein Päckchen mit einem Pullover oder einem Paar Handschuhe. Unsere wattierten Hosen waren nur noch Flickwerk (wir wickelten uns damals eine ganze Zeit lang einen roten Lappen um die Hüften, weil wir kein anderes Material bekamen), aber das störte niemanden. Ich erinnere mich auch an ein fröhliches Weihnachtsfest in diesem Jahr, an das Singen polnischer Weihnachtslieder und das Aufsagen fröhlicher Verse. Wir organisierten die Weihnachtsfeier nach dem Appell in unserer Kaserne. Ausnahmsweise ermahnte uns der alte Wärter nicht zum Schlafengehen, und unsere Baracke war ziemlich weit von den anderen entfernt – wir fühlten uns dort wohl. Ich erinnere mich auch an andere vergnügliche Momente. Wir wollten in unserer Baracke keine Parascha haben, damit es dort nicht zu stinken anfing. Draußen wurde eine große Tonne aufgestellt, speziell für uns. Man musste sie über eine behelfsmäßige Treppe besteigen. Im Winter waren die Stufen und der Rand der Tonne mit Eis bedeckt. Das tägliche Leeren und Reinigen der Tonne bereitete uns große Mühe. Und um nachts hinaufzukrabbeln, war ein außerordentlich raffinierter Balanceakt erforderlich. Wir mussten zu zweit gehen, eine musste der anderen helfen. Eine meiner Freundinnen liebte die Sterne. Immer wenn ich hinaufkletterte und Mühe hatte, das Gleichgewicht zu halten, rief sie erstaunt: »Schau mal, wie herrlich Arktur[12] heute aussieht!« Es war nicht einfach, unter diesen Bedingungen die Position der Sterne und den Himmel zu betrachten, aber ich erinnerte mich noch an einige ihrer Erklärungen. Und später konnte ich den Himmel des Nordens und des Südens mit unserem polnischen Himmel vergleichen.

In Pravieniškės drohte ich trotz der Päckchen zu einer *Dochodjaga* zu werden. Ich zog mir eine schwere Halsentzündung zu, und irgendetwas war mit meiner Schilddrüse und meinem Herzen. Mit anderen Worten, ich wurde zu einer Kandidatin für die andere Welt. Aber dann stand mir das Glück zur Seite. Ein Arzt, ein Russe, der wegen irgendeiner Straftat verurteilt worden war, redete auf die Lagerleitung ein und sagte, ich müsse von jeglicher Arbeit freigestellt werden, sonst würde ich die Lagerstatistiken verderben. Offensichtlich lagen ihnen diese Statistiken sehr am Herzen, denn ich erhielt tatsächlich den Befehl, in den Baracken zu bleiben und mich in der Frühlingssonne aufzuwärmen. Ich durfte nicht einmal Näharbeiten verrichten, was ich normalerweise aus Langeweile tat. So verbrachte ich süße Tage des Nichtstuns, bald schon fast ganz allein, denn nach und nach wurden alle aus unserer schönen Gruppe deportiert. Die

---

12 Arcturus, der hellste Stern im Bootes. Die alten Griechen nannten das Sternbild »Bärenhüter«.

polnischen Frauen waren die Ersten, die weggebracht wurden. Ich blieb schließlich nur noch mit litauischen Frauen zurück.

Irgendwie erholte ich mich, und dann wurde mir eine großartige Aufgabe zugeteilt: Ich wurde der Laufbursche des neuen Lagerkommandanten. Ich musste die Kamine in seinem Büro und im Sekretariat am Brennen halten, ich lief in der Zone herum und erledigte alles Mögliche. Das bot mir die Möglichkeit, etwas über einige interne Konflikte in der Lagerleitung zu erfahren. Ein Wissen, dass mir später sehr nützlich werden sollte. Ein Lager ist letztlich ein Ort der Repression und damit der strengen, harten Disziplin. Dafür sorgen die Wärter, der Lagerleiter und der Oper. Letzterer hat ein besonderes Interesse daran, die Häftlinge zu quälen, und unterwirft sie den knallharten Regeln der *Perewospitanije*[13]. Der Lagerleiter hingegen hat für die Produktion einzustehen. Er muss dafür sorgen, dass der Plan erfüllt wird – er will die Menschen also zur Arbeit anspornen, sie besser ernähren, sie besser kleiden. So prallen zwei unterschiedliche Interessen aufeinander. Mehrmals wurde ich Zeuge ihrer Auseinandersetzungen: Der Oper schickte jemanden in die Isolierzelle, der Lagerverantwortliche aber verlangte seine Freilassung, denn es handelte sich um einen außerordentlich begabten Zimmermann, und es war gerade eine große Möbelproduktion angelaufen. Der Oper beschlagnahmte das Päckchen eines Häftlings, der Lagerleiter aber setzte sich dafür ein, dass es zurückgegeben wurde, denn das Päckchen gehörte jemandem, der im Torfmoor arbeitete und Torf stechen musste. Der Lagerleiter und der Oper hatten allgemein keinen guten Draht zueinander, auch wenn sie manchmal dieselbe Funktion ausübten. Auf der einen Seite setzt sich der Lagerleiter mit Leib und Seele für die Produktion ein, auf der anderen Seite nimmt der Oper keinerlei Rücksicht auf die Produktionspläne. Und was alles noch schlimmer macht: In ihrem

---

13 Umerziehung (Russisch).

Kampf gewinnt der Oper die Oberhand, denn seine Argumente sind ideologisch und stehen deshalb über dem wirtschaftlichen Interesse. Er ist der Hüter der Lagerideologie. Er ist verantwortlich für unsere intimsten Gedanken. Was zählt es da schon, wenn jemand ein guter Handwerker ist und ehrlich arbeitet? Man sollte ihn auf einen schlechteren Arbeitsplatz versetzen, denn man kann ihm nicht trauen, er schmiedet wahrscheinlich einen Sabotageplan, denkt sich etwas aus, das sich gegen die Sowjetmacht richtet. Es ist besser, ihn anderswo unterzubringen, und so leistet ein Arzt allgemeine Arbeit, ein Elektriker landet in der Holzfällerei, und ein qualifizierter Holzfäller muss in der Zone Schnee räumen (schließlich ist es nicht ungefährlich, ihm eine Axt in die Hand zu geben). Der Oper observiert in aller Stille, er hat seine Informanten und ist an jedem unausgesprochenen Wort interessiert. Und Denunzianten im Tausch gegen Machorka oder eine Brotration gibt es überall. Dass all seine Verdächtigungen seiner eigenen Phantasie entspringen, spielt dabei keine Rolle. Schließlich argumentiert er richtig: Wer schon einmal als Volksfeind verurteilt wurde, ist per definitionem zu den schrecklichsten Dingen fähig.

Ich erinnere mich nicht mehr an den Namen unseres dortigen Opers; er war ein schrecklicher Mann, anders als Dobroduschin, weniger primitiv, doch seine Lippen waren stets zu einem verräterischen Lächeln gekräuselt. Einmal beobachtete ich, wie er mit Genugtuung zusah, wie die Kinder der örtlichen Lagerverwaltung spielten. Es geschah knapp außerhalb der Zone, wo die Häuser der Lagerverwalter standen. Ich arbeitete damals in den Gärten des Lagers, die an diese Siedlung angrenzten, daher konnte auch ich ihr unbeschwertes Treiben verfolgen. Und das war sehr lehrreich. Jungen mit Stöcken in den Händen standen im Kreis um eine Gruppe von Mädchen und kleineren Jungen, die in einer Reihe aufgestellt waren. Sie gaben ganz genau dieselben Befehle wie unsere Eskorte, wenn sie die Leute zur Arbeit brachte. Sie hatten Gelegenheit, täglich die gleichen Abläufe zu sehen und die bekannten Formulierungen zu hören, die immer mit den Worten *Wnimanije, sakljutschonnyje!*[14] begannen. Arme Kinder: Ihre natürliche Welt war eine Welt von Häftlingen und Wärtern, das Vokabular ihres Spiels bestand aus »Eskorte«, »Isolierzelle«, »Regime«. Normales Verhalten bedeutete für sie, dass man die Hände hinter dem Rücken hielt, wie es sich für einen Sek gehört, dass jede Gruppe in diejenigen eingeteilt werden konnte, die zuhören und sich fürchten mussten, und in diejenigen, die auch heute noch mit einem Stock in der Hand Gehorsam und Angst erzwingen. Dabei zuzusehen, wie der sozialistische Kader heranwuchs, erfüllte unseren Oper mit Freude.

Ich muss aber auch einem neuen Lagerleiter Gerechtigkeit widerfahren lassen, der Anfang des Jahres zu uns nach Pravieniškės kam und für humanere Bedingungen sorgte. Dobroduschin wurde zur Ordnung gerufen: Die Arbeitszeiten bei der Torfgewinnung und beim Holzeinschlag wurden geändert. Von nun an arbeiteten die zusammengestellten Truppen nicht mehr länger als zwölf Stunden am Tag, sondern nur noch zehn Stunden, und das in zwei Schichten. Das machte einen großen Unterschied. Besuch war erlaubt, und nach und nach bekamen immer mehr Litauer Besuch von Verwandten. Auch wir bekamen Besuche, allerdings von Freunden, denn unsere Familien und Verwandten waren schon vor einiger Zeit nach Zentralpolen repatriiert worden. Trotzdem konnten wir immer mit einem unserer Lieben sprechen, und sie konnten uns dann sagen, was alles so vor sich ging und welche Perspektiven wir hatten. Diese Perspektiven heiterten uns nicht gerade auf, auch wenn wir damals noch das Gefühl hatten, jeden Moment entlassen werden zu können.

Der Lagerleiter hatte zwei Kinder im Alter von sieben und neun Jahren. Sie kamen gern in den Garten, um mir bei der Arbeit zu-

---

14 »Aufgepasst, Häftlinge!« (Russisch)

zusehen. Ich war dort allein – der Gärtner ging gewöhnlich mit der Brigade aufs Feld, um Kartoffeln, Kohl und Tomaten zu pflanzen. Ich kümmerte mich um die Setzlinge und bewässerte abends den ganzen Garten. Der Garten war groß, aber ich schaffte es, meine Arbeiten zu erledigen. Eines Tages kam der Lagerleiter selbst und sah, wie seine Kinder, auf der Matte liegend und faulenzend, meine abendlichen Aktivitäten beobachteten. Er reagierte sofort und befahl mir, ihnen kleine Gießkannen zu geben, damit sie zusammen mit mir die Pflanzen gossen. Der Tadel ihres Vaters war ihnen peinlich, vielleicht war er sogar zu hart gewesen, denn die Kinder verhielten sich immer sehr höflich und waren mir wohlgesinnt. Er hatte sicherlich auch die Inszenierung der Kinder von außerhalb der Zone bemerkt, und vielleicht fürchtete er, dass seine eigenen Kinder die bestehende Lagermentalität in sich aufnehmen würden. Er wies mich an, dafür zu sorgen, dass sie immer etwas Praktisches zu tun hatten, und so jäteten sie mit mir zusammen das Unkraut, halfen beim Auslichten der Pflanzen und bewässerten den Garten mit großem Eifer. Wahrscheinlich hatte es auch damit zu tun, dass ich ihnen immer Märchen erzählte. Die hörten sie gerne, auch wenn sie manchmal Fragen stellten, die mich in eine unangenehme Lage brachten. Sie konnten nicht verstehen, wie jemand wie ich eine langjährig verurteilte Kriminelle sein sollte. Wie sollte ich ihnen erklären, dass die Kriminellen nicht die Lagerinsassen waren, sondern diejenigen, die den Befehl zu ihrer Verhaftung gegeben hatten? Konnte ich ihren Glauben an die Legitimität der Arbeit ihres eigenen Vaters untergraben?

Ich liebte diesen Garten und die Arbeit darin, die Einsamkeit und die Kinder, die etwas Reines wie aus einer anderen Welt mitbrachten. Aber Idyllen enden schnell. Ich weiß nicht mehr, warum ich eines Tages wieder im Lagerbüro sein sollte. Vielleicht war der neue Laufbursche krank geworden? Tatsache ist, dass es für mich kein glücklicher Tag war. An diesem Tag kam ein hoher Offizier des

MWD aus Vilnius, um eine Kontrolle durchzuführen, und erkannte mich! Offenbar hatte er meinen Fall nicht vergessen. Er war vollkommen überrascht, dass ich noch nicht weitergeschickt worden war. Davon abgesehen war er freundlich, er hielt ein Schwätzchen mit mir und erklärte, wie die polnische Frage letztlich geregelt werden würde. Er erzählte von den Auszeichnungen und Beförderungen der Obersten, die ich, wie er wusste, nie vergessen würde. Er erzählte von »Goldmund«, der es zum General gebracht hatte, von Iwanow, der zum General ernannt worden war, weil man mit seiner Art, Ermittlungen zu führen, so zufrieden war, und so weiter. Mit anderen Worten, er schwärmte von den großartigen Ergebnissen, die das MWD im Kampf gegen die AK erzielt hatte, davon, dass die AK zum größeren Ruhme der Sowjetunion in Schutt und Asche gelegt wurde, und davon, dass die städtischen Gefängnisse endlich von Polen gesäubert wurden, indem man sie weiter nach Osten schickte. »Sie werden ebenfalls dorthin gehen, es ist bloß eine Nachlässigkeit, dass sie noch hier sind.« Er drohte nicht, er machte eine sachliche Feststellung. Und offenbar sorgte er auch dafür, dass dieses Unachtsamkeit korrigiert wurde. Keinen Monat später wurde ich deportiert.

Zahllos sind die Menschen, die in all diesen Jahren hierhergeschickt wurden: Alte und Junge, Trottel, die kaum eine Unterschrift hinbekamen, und Hochgebildete, Schurken und Heilige, Menschen so vieler verschiedener Nationalitäten, so unterschiedlicher Kulturen, wie die Chinesen, die fröhlich und diszipliniert in der Lagerwäscherei arbeiteten, oder die Deutschen, die so demütig waren, dass es fast nicht mehr anständig war. Die Lager wurden größtenteils von den Nationalitäten der Sowjetunion bevölkert, die die Herrschaft ihres älteren Bruders alle sicherlich mit wenig Begeisterung hatten hinnehmen müssen. Daneben wimmelte es von den besiegten Nationalitäten: Litauer, Letten, Esten, Polen, Menschen vom Balkan und aus dem fernen Korea, aus Nordchina und der Mongolei, aber auch von Leuten, die an der Seite der Deutschen gekämpft hatten und oft zwangsmobilisiert worden waren: Österreicher also oder Menschen aus der Gegend von Lothringen. In Uchta war einer der Ärzte ein Franzose, der aus dem Elsass stammte. Auch einige Spanier und Italiener hatten unser Paradies von innen kennengelernt; nur Engländer und Amerikaner fehlten. Alle Menschen wurden zusammengepfercht, denn es kam nicht auf die Nationalität an, sondern auf den jeweiligen Artikel und das Urteil. Große Lager bedeuteten immer auch die unterschiedlichsten Verurteilungen: von Wlassow-Anhängern[15] in Belarus bis zu unvorsichtigen Mitgliedern des russischen diplomatischen Korps, die es sich in Berlin erlaubt hatten, ein Gläschen zu viel mit Amerikanern zu trinken. Im Lager saßen, neben Berufsverbrechern, Einbrechern und Kleinkriminellen, auch der erste Sekretär der usbekischen oder belarussischen Republik, ein General, ein Freund von Tuchatschewski[16], ein Professor der Leningrader Universität, der sich geweigert hatte, Lyssenkos[17] Wahrheiten anzuerkennen, eine Frau aus einer Kolchose, die während der Hungerjahre ein Getreidekörnchen vom Feld aufgehoben hatte. Eine vielsprachige Ansammlung voll von gegenseitigem Misstrauen und beiderseitigen Verdächtigungen. Die Großen und Kleinen dieser Welt, die plötzlich aufhörten, sie selbst zu sein. Sie wurden zu etwas anderem, zu jemand anderem, denn wen

---

15 General Andrei Wlassow (1901–1946) wandte sich während des Krieges gegen Stalin und organisierte mit Unterstützung der Deutschen eine antikommunistische Befreiungsarmee.

16 Michail Tuchatschewski (1893–1937), Marschall, der während der Großen Säuberung hingerichtet wurde.

17 Trofim Lyssenko (1898–1976), Biologe und Agrarwissenschaftler, der großen Einfluss auf Stalin ausübte. Er vertrat umstrittene Ideen, u. a. zur Vererbung, doch seine Ansichten wurden zur offiziellen Doktrin. Kritik an ihm kam daher einer Kritik an der Sowjetunion selbst gleich und wurde streng bestraft. Auch nach Stalins Tod blieb er politisch sehr einflussreich.

kümmerte es im Lager schon, dass man früher mit Silberbesteck gegessen und so manchen Urlaub an der Côte d'Azur verbracht hatte, dass man mit Geld um sich geworfen oder von der Prombank Rubel veruntreut hatte, die für die Sozialleistungen bestimmt gewesen waren? Nun formt eine andere hierarchische Ordnung die Menge. Nun herrschen andere Gesetze. Wer andere daran erinnert, dass er einmal bedeutend war, muss mit Ironie und Spott rechnen. Er wird von den Neidern so lange verspottet, bis er sich das aus dem Kopf schlägt und begreift, dass dies nicht die richtige Methode ist, um in der Lagerordnung aufzusteigen, dass es besser ist, still zu sitzen und auf eine Gelegenheit zu warten, dass einem jemand zu Hilfe kommt.

Erstaunlich war die Solidarität der Intelligenzija, die sich über die nationalen und kulturellen Unterschiede hinwegsetzte. Wo es der Intelligenzija gelang, ein wenig Lagermacht zu erobern, tat sie, was sie konnte, um andere zu retten. Das Hospital in Uchta war mit Intellektuellen überfüllt. Sie lagen dort als Kranke, bis man eine leichtere Arbeit für sie gefunden hatte, oder sie wurden als Krankenschwestern, Laboranten, Arzthelfer und so weiter eingesetzt. Manchmal drängte sich ein Urka in ihre Mitte, aber so jemand konnte auch nützlich sein. Ein Urka als Krankenpfleger ist für das Personal ein großer Glücksfall. Denn dann traut sich niemand, Kranke zu bestehlen, und selbst der betreffende Urka stiehlt lieber in anderen Krankenhausstationen als in seiner eigenen.

Ich erinnere mich an einen amüsanten Vorfall. Eine solcher Urka-Pfleger hatte es wirklich gut. Die Kranken gaben ihm Essen aus den Päckchen, die sie bekamen. Er kannte daher keinen Hunger. Er brauchte nicht zu arbeiten, denn was soll das auch schon für eine Arbeit sein, andere anzuschreien. Dem Urka standen immer Leute zur Verfügung, die bereits auf dem Weg der Besserung waren und ihm halfen, Leute, die für eine zusätzliche Suppe Böden putzten, Betten machten, Bettpfannen leerten und so weiter. Der Urka schlenderte durch die Krankensäle oder saß in seinem kleinen »Kabinett«, klimperte auf seiner Gitarre und erzählte Märchen aus seiner ruhmreichen Vergangenheit. Die Freiheit reizte ihn nicht, denn was sollte er mit ihr anfangen. Und so einen gab es also in meiner chirurgischen Abteilung, einen Saschka oder Grischka[18], einen älteren Pfleger. Er hatte seine Strafe abgesessen, übrigens keine lange Strafe, fünf oder sechs Jahre. Mit einer kleinen Tasche (oder war es doch ein Holzköfferchen?) in den Händen, gefüllt mit Dingen, die aus dem Magazin mitgenommen oder aus dem Lager gestohlen worden waren, kam er, um sich zu verabschieden. Zumindest dachte ich das. Aber es war kein Abschied, nur eine kurzfristige Trennung. »Die Oberschwester soll niemanden auf meine Stelle setzen«, sagte er, »denn ich komme zurück. Sobald ich draußen bin, fange ich an zu trinken und schlage jemandem den Schädel ein, sodass sie mich als Wiederholungstäter behandeln werden. Vielleicht bekomme ich fünf Jahre oder sogar mehr.« Ich fasste seine Worte als Scherz auf, aber es stellte sich heraus: Er scherzte nicht. Er wollte nicht frei sein, denn wer würde ihm in Freiheit ein Stück Brot geben, ohne dass er dafür arbeiten müsste? Und so betrank er sich eine ganze Woche lang. Nach dieser Woche wurde er in eine Schlägerei verwickelt, er richtete jemanden schlimm zu, raubte sein Opfer aus und musste anschließend wieder in den Bau. Wie er mir selbst erzählte, hatte er, als er sein warmes Fleckchen wieder eingenommen hatte, das Spiel ehrlich auf russische Weise gespielt: Er gestand alles sofort, um nicht zu lange (während die Ermittlungen noch liefen) im Gefängnis bleiben zu müssen. Er hätte auch in einem anderen Lager landen können, aber irgendwie schaffte er es, wieder bei uns zu landen. Wir nannten ihn den »lebenslangen Krankenpfleger«, denn wir zweifelten nicht daran, dass er, sobald er seine neuerliche Strafe abgesessen hätte, alles daransetzen würde, abermals in sein verlorenes Paradies zurückkehren zu können.

---

18 Diminutive von Alexander und Grigori.

Wie viele solcher *Blatnoi*[19] gab es doch, für die das Lagerleben zum wahren Leben wurde! Dort fühlten sie sich zu Hause, dort herrschten sie, denn dort gebot nichts und niemand ihrem unbändigen Willen Einhalt. Wovor sollten sie sich noch fürchten? Vor einem Urteil? Man hatte ihnen schon eine Strafe aufgebrummt, die die Dauer eines Menschenlebens überstieg. Vor der Isolierzelle? Wer würde einen Urka hinter Schloss und Riegel setzen? Sie wurden von allen mit – ehrlich gemeinter oder aufgesetzter – freundlicher Miene begrüßt. Vor Hunger? Ein Urka kennt keinen Hunger, im Lager gibt es immer jemanden mit einem Päckchen, und der Urka ist der Erste, der darauf zugreift. Vor Arbeit? Es sind die anderen, die sich den Rücken brechen, während er sich am Lagerfeuer ausruht oder tagsüber auf seiner Pritsche schläft, um nachts auf die Jagd zu gehen. Es sind zugegebenermaßen traurige Jagdgesellschaften: nach Schuhen, einer wattierten Arbeitsweste, einem Päckchen. Aber neben der Jagd gibt es noch etwas anderes: das Kartenspiel und die nächtlichen stillen Abrechnungen. Der Urka ist also im siebten Himmel. Die Mädchen schauen ihm nach, er hat wasserdichte Stiefel, manchmal sogar aus Leder, wenn er es geschafft hat, sie einem polnischen Offizier von den Beinen zu reißen. Ein Trenchcoat aus englischem Material ziert seinen muskulösen Körper. Im Winter trägt er weiche Walenki und einen Mantel aus Schafsfell von bester Qualität, einen neuen, nicht so ein zusammengeflicktes Ding. Die anderen hingegen laufen mit seltsamen alten Schuhen herum, sie tragen zerschlissene Arbeitswesten, ihre Hände weisen Anzeichen von Erfrierungen auf, da es an warmen Handschuhen mangelt. Auf ihren Köpfen tragen sie abgewetzte Mützen, um die sie noch ein Tuch wickeln müssen. Sie gehen langsam, schleppen sich dahin,

---

19 Ein Begriff, der ebenfalls für einen Urka verwendet wurde, d.h. für einen Häftling, der wegen krimineller Handlungen (und nicht aus politischen Gründen) inhaftiert war.

unbeholfen, müde, unterernährt, manchmal regelrecht ausgehungert, doch der Urka schreitet an jeder Arbeitsbrigade mit munteren Schritten vorbei, er streut Scherze nach links und rechts, ist von sich eingenommen und ruhig, schaut dem Lagerleiter hochmütig in die Augen, spottet über die Wärter, und wenn er doch mal als Vorarbeiter zur Arbeit geht, dann nur deshalb, weil es ihn langweilt, die ganze Zeit in der Zone zu sein, und ihm danach steht, sich den Wald anzusehen oder durch den weißen Schnee zu laufen. Manchmal klingt in ihm auch die Sehnsucht nach der Weite, den Freuden der Freiheit und dem »schokoladig süßen« Leben an, das er irgendwo zurückgelassen hatte, obwohl es in Wirklichkeit wohl nie so »schokoladig süß« gewesen war. Manchmal muss er an seine Mutter denken, und in solchen Momenten ist er bereit, den Tränen freien Lauf zu lassen; das geschieht merkwürdig leicht bei diesen scheinbar seelenlosen, aber im Grunde sentimentalen und schwachen Kerlen. Wenn das Schicksal ihm einmal kurzzeitig nicht gewogen ist, wird ein Urka weich. Er verliert seine Arroganz, er verliert seinen Mut und ist zu allem bereit, unterwürfig, feige, so als ob sich der Adler auf seiner Brust plötzlich in ein kleines, zitterndes Spätzchen verwandelt hätte.

Eines Morgens wurden wir von Schüssen geweckt. Der Rabatz kam von der Sendestation hinter dem Zaun, wo von den Wachtürmen aus ins Lager hineingefeuert wurde. Eine Stunde nach den Ereignissen erfuhren wir durch eingelieferte Verwundete, dass tags zuvor zwei Transporte eingetroffen waren, einer aus Litauen mit Angehörigen von Kampfeinheiten, die noch gut gekleidet waren und denen es offensichtlich nicht an Essen fehlte, und ein zweiter Transport aus dem tiefsten Russland, voller Krimineller, die von Lager zu Lager geschickt wurden. Diese Russen waren es gewohnt, das Sagen zu haben. In der Nacht hatten sie die Litauer, diese unerfahrenen Naivlinge, die die Gesetze des Gulagreichs noch nicht kannten, umzingelt und ihre Kleidung und ihren Proviant eingefordert. Sie stießen unerwartet, gegen alle Bräuche und Gewohnheiten, auf Widerstand – deshalb wollten sie den Litauern eine Lektion erteilen. Aber auch das verlief nicht nach Plan. Mit Brettern, die sie aus den Pritschen gerissen hatten, stürmten die Litauer ins Gefecht und setzten sich damit gegen ihre erschreckten Angreifer zur Wehr. Also musste die Ordnung wiederhergestellt werden, und zwar im wahrsten Sinne des Wortes von oben. Die Lagerleitung erteilte den entsprechenden Befehl, und von den Wachtürmen aus wurde wahllos das Feuer auf die Kampfhähne eröffnet. Es gab sieben Tote, darunter vier Litauer, und Dutzende von Verwundeten auf beiden Seiten. Die Banditen hatten stärker unter Beschuss gestanden. Die Verwundeten wurden unter ihren Pritschen oder einem Stapel Brennholz, der in der Küche bereitlag, hervorgeholt, wo sie sich ganz offensichtlich vor den Angreifern und den Schützen zu verstecken versucht hatten. Einer der Litauer wurde tot in der Toilette gefunden, er war wahrscheinlich von den rachsüchtigen Urki zusammengeschlagen worden. Später sah ich eine ganze Gruppe von diesen Banditen. Die Lagerleiter wussten vor lauter Schreck nicht so recht, was sie mit ihnen anfangen sollten. Sie wurden aus dem Transport geholt und in unser Lager gebracht, aber auch hier wollte man sie nicht lassen. Sie selbst hingegen setzten sich, als sie ein großes Lager sahen, auf den Boden und wollten nirgendwo anders mehr hingehen. Eine amüsante Situation: etwa fünfzig Gefangene, im Sand verteilt, und um sie herum ein ganzer Trupp Soldaten und Offiziere, denen es eindeutig verboten worden war zu schießen, denn wer beginnt schon ohne Grund auf ein Kontingent zu schießen, das ausgesandt worden war, um an der Entwicklung der sozialistischen Wirtschaft zu arbeiten – wo man ohnehin schon Verluste zu verzeichnen hatte? Den verzweifelten MWDlern blieb nichts anderes übrig, als darauf zu warten, dass jemand eine Entscheidung traf, um aus dieser misslichen Lage herauszukommen. Die ganze Sache zog sich über mehrere Stunden hin. Erst als man den Urki versprach, sie in ein anderes großes Lager zu bringen, gaben sie nach. Sie wurden einzeln durch das Tor des Wachpostens abgeführt, wo sie schon von noch schlimmeren Verbrechern als ihnen erwartet wurden – Verbrechern, die aus den Berufsarmeen des MWD stammten und nun Handschellen in Händen hielten. Die Urki hatten schon so viel durchgemacht, und doch hatten sie sich hinters Licht führen lassen. Sie wurden in ein Straflager gebracht, das zweifellos ihre Verdammnis war. Auch die Litauer wurden als zu kämpferisch eingestuft und in die Tiefen der Taiga, in ein noch nicht existierendes Pionierlager, weitergeschickt. Wie viele solcher Pionierlager wird es wohl gegeben haben? Sie waren in unserer Umgebung fast überall zu finden, vor allem dort, wo der Wald dicht war und sich das Holz zum Bau eignete. Im Herzen der Taiga kam ein neuer, noch unerfahrener Trupp an. Den Männern wurden Zelte und Äxte zurückgelassen, sodass sie selbst Holz schlagen und Pfähle für die künftige Zone herstellen konnten: Mit Stacheldraht wurde ein Sperrgebiet abgegrenzt, und sie wurden angewiesen, ein Lager aus dem Nichts zu errichten, dessen Grenzen festzulegen, einen hohen Zaun zu errichten und die erste Zufahrtsstraße zu markieren. Es wäre gut, wenn sie es schaffen würden, zumindest eine Baracke zu bauen, bevor die eisigen Temperaturen einsetzten. Andernfalls müssten sie versuchen, den Winter in Zelten zu überleben und die Löcher mit Tannennadeln und Moos zu stopfen, damit der Wind nicht so stark hereinblies.

Ich hatte vorgehabt, über die Arbeit und die Menschen, über meine Freunde im Lager zu schreiben, aber mir kommen immer wieder Bilder in den Sinn, in denen ein gewisser Wanka-Tschuma oder Kolka-Moskwa (immer mit Betonung auf dem letzten Vokal) eine Hauptrolle spielt. An einem Sommertag verlassen wir, ausnahmsweise einmal von der Arbeit freigestellt, den Esssaal. Auf dem festgestampften Boden bildet eine Menschenmenge einen Kreis um einige Tänzer. Sie treten abwechselnd hervor, begleitet von Gitarren- oder Akkordeonklängen, langsam, würdevoll, einen Rhythmus kaum andeutend. Die Menge klatscht in die Hände, rhythmisch, langsam, und gemeinsam mit den Tänzern und der Musik werden sie immer schneller, immer schneller, immer schneller. Der Tänzer scheint über der Erde zu schweben, die Musik versetzt ihn bereits in Trance, und dann beginnt er sich abwechselnd auf dem einen und dann auf dem anderen Bein um die eigene Achse zu drehen und ein wildes Seemannsgetrampel zu veranstalten, das Staub aufwirbelt. Aber der nächste Tänzer steht schon bereit, er beginnt noch langsamer, bewegt sich noch geschmeidiger, und auch er beschleunigt, trampelt, klatscht mit den Händen auf die Hüften, dann auf die Knie, um den wilden Rhythmus anzugeben. Die Zuschauer sind beeindruckt, applaudieren und rufen: »Noch einmal, noch einmal! *Wychod, wychod!*« (was so viel wie »Ausstieg« bedeutet, denn die ganze Kunst dieses Tanzes besteht darin, die Drehung nach und nach wieder zu verlangsamen).

Der Urka ist bei einer solchen Vorführung in der Regel der Geschicktere, aber manchmal erweist sich ein Matrose – der trotz aller Lagerkontrollen sein gestreiftes Hemd behalten hat – als schneller und leichter. Dann ist es besser wegzugehen, es nicht mitzuerleben, nichts davon zu wissen. Im Lager brechen Kämpfe schnell aus und so unerwartet, dass man es als Zuschauer nicht schafft, den Kreis zu verlassen. Das Aufblitzen eines aus dem Schaft eines Stiefels gezogenen Messers, und schon beginnt eine andere Art von Tanz: ein schrecklicher Kampf. Zweimal wurde ich Zeuge eines solchen Kampfes, weil mich die hinter mir stehenden Urki nicht vorbeilassen wollten. Wenn ich heute an diese Momente denke, kann ich nicht begreifen, dass ich so fasziniert zusah. Jeder verspürte wahrscheinlich Angst und gleichzeitig etwas, was ihn am Boden festnagelte. Niemand griff ein, wie in einem Ring, niemand versuchte die Kampfhähne aufzuhalten. Glücklicherweise gab es keine Todesopfer, und der Schaden beschränkte sich auf einige tiefere Narben.

Aber ich weiß auch, dass viele solcher Vorfälle tragisch endeten. Denn am Ende wurden sie in unsere chirurgische Abteilung gebracht, diese von Schnittwunden übersäten Häftlinge.

Eines Tages ging ich auf dem Weg zum Hospital, wo ich Dienst hatte, durch die Frauenzone. Es war Winter, das heißt, man musste durch schmale Gänge zwischen hohen Schneehaufen gehen. Ich hatte immer Angst vor einer möglichen unangenehmen Begegnung in diesen schmalen Gassen, aus denen es kein Entrinnen gab, zumal ich auch durch die sogenannte Arbeitszone gehen musste, die das eigentliche Lager von der Hospitalzone trennte. Abends war es meist leer, sporadisch brannte eine Laterne und verbreitete schwaches Licht über die Gasse und die Silhouetten der zu dieser Zeit bereits geschlossenen Werkstätten der Metallarbeiter, Tischler und Eisenbearbeiter. Der große Schornstein des örtlichen Elektrizitätswerks warf einen Schatten auf den glitzernden Schnee. Plötzlich ertönte ein markerschütternder Schrei, das Gestampfe von Füßen – ein Mann rempelte mich an, als er schnell davonrannte, und dann wurde es still. Ich stürmte in das Wartezimmer des Hospitals. Dort herrschte bereits Chaos. Alle hatten die Schreie gehört. Eine halbe Stunde später wurde eine Leiche eingeliefert, der Schädel war mit einer Axt zertrümmert worden. Der Tote wurde sofort zu Fedorowitsch gebracht. Ganze Bände könnte man über die heimlichen Abrechnungen, diese Morde, die aus Rache oder Langeweile verübt wurden, schreiben. Durch die Gewalt einer Handaxt kam der freundliche Verkäufer des Lagerlädchens (er steckte mir gelegentlich ein Päckchen *Belomor* zu) ums Leben. Auch zwei Köche wurden ermordet. Von dem einen wussten wir nicht genau, warum – vielleicht war er im falschen Moment aufgewacht, als der minderjährige Grischka auf einen Tisch in der Baracke kroch, um Anisim, der oben auf einer Pritsche schlief, den Kopf einzuschlagen. Auch der andere Koch wurde, bevor er es überhaupt merkte, zu Brei geschlagen. Ich erinnere mich gut an ihn: ein schöner, großer, blonder Junge aus Belarus, er war höchstens zwanzig. Ein fetter Lagerwärter, der gerne unter den Fenstern der Baracken herumschlich und Gespräche belauschte, wurde ebenfalls umgebracht. Ob sich wohl noch jemand daran erinnert, was ihnen passiert ist? Es war die normalste Sache der Welt.

Ich muss aber auch mit einem Lächeln an meine zwölf Apostel, oder vielleicht sollte ich besser sagen: meine zwölf Räuber, zurückdenken. Das war noch in Woiwosch, wo auf dem Gelände des künftigen Hospitals ein Birkenwald wuchs und es nur wenige Frauen gab: kaum eine Handvoll gegenüber etwa zweitausend Männern. Unmittelbar nach meiner Ankunft dort sammelte ich mehrere Tage lang Moos in der Zone, ohne eigentlich wirklich zu wissen, warum. Offenbar wussten die Lagerleiter nicht so recht, wie sie uns beschäftigen sollten. Maritié begann in der Küche Geschirr zu waschen, die liebe Frau Lastienie wurde von unseren Ärzten als arbeitsunfähig anerkannt und wusch im Gegenzug dafür deren Unterwäsche ebenso wie die einiger anderer sympathischer Häftlinge. Nelka wurde ein Platz in der Ambulanz zugewiesen. Es war heiß, Anfang Juli, und ich pries mich glücklich für die ruhige und einsame Arbeit in der Sonne, bei der mich niemand drängte. Ich hatte viel Moos gesammelt, zu viel, denn ich erhielt nun den Befehl, den Boden im Warteraum und in den Büros der wenigen Gebäude zu schrubben, die damals schon in der Zone errichtet worden waren. Ich hasse es, Böden zu schrubben, auch wenn ich diese Kunst im Gefängnis sehr gut erlernt habe. Es war besser, sich zum Schrubben zu melden, als umgeben von einem Dunst ungewaschener Frauenkörper in einer muffigen Zelle zu verharren. Was sollten wir denn sonst tun? Ich bekam einen Eimer und einen Wischmopp und begann »mit ehrlicher Arbeit meine Schuld zu tilgen«. Ehrlichkeit lohnt sich. Ein befreundeter Häftling sah sich meine rissigen Hände mitleidig an und schlug mir eine Stelle als Hilfskraft des *Normirowtschik* vor. Ich weiß wirklich nicht, ob dieses Wort überhaupt übersetzbar ist – vielleicht gibt es in der heutigen Produktionskette eine geeignetere Bezeichnung dafür, ich weiß es nicht. Vielleicht könnte man ihn *Normateur* oder *Normist* nennen. Alle Alternativen klingen schlecht. Es handelt sich einfach um einen Ingenieur, der die Arbeit von Brigaden anhand der gesetzten Zielnormen bewertet. Die ganze Kunst besteht darin, die angemessene Norm festzulegen, denn es gibt zahlreiche Hintertürchen, zahlreiche Faktoren, die in Betracht gezogen werden können, um die angestrebten Resultate zu verringern oder zu erhöhen. Wir erhielten dafür natürlich keinen Lohn, aber unsere Rationen und die Verteilung der Suppe hingen davon ab, ob wir die Norm erfüllten oder nicht. Wer also die Zielvorgaben kannte, konnte je nach Lust und Laune sehr viel Gutes und sehr viel Schlechtes bewirken. Ich konnte damals nicht gut Russisch schreiben, und selbst es zu sprechen fiel mir schwer. Ich musste mir diese Mängel eingestehen, aber zum Glück erwiesen sie sich als unbedeutend. Mein Retter ging zum Narjadtschik, und fünf Minuten später war alles geritzt. Er führte mich in eines der Zelte, in das ein Schreibtisch passte und in dem er sein Büro untergebracht hatte, und überließ mich dann zwei Ingenieuren, die mir die Kniffe des Fachs beibringen sollten. Davor musste ich aber meine Schreibfertigkeit im Russischen noch ein wenig verbessern.

Ein Mensch, der Gold wert war – ich habe ihm so viel zu verdanken! Es war, wie sich später herausstellte, sein letzter Tag im Lager. Er hatte seine zehnjährige Strafe fast verbüßt, und in seiner Tasche befand sich bereits ein sogenanntes Entlassungsschreiben. Ich lernte damals ein zweites Fach, und das war im Lager ein gutes Fach.

Meine Ingenieure erwiesen sich als äußerst freundliche Menschen. Einer von ihnen, Iwan Moischejewitsch, warnte mich nach ein paar Tagen fast ohne jede Scham, in seiner Gegenwart über Politik zu sprechen, weil er ein Denunziant sei. Welch erstaunliche Ehrlichkeit und welcher Mut! Er mochte mich offensichtlich sehr. Ich musste zugeben, dass seine Argumente plausibel waren. Er war schon acht Jahre lang in Haft. Er hatte ein schweres Herzleiden, und sein Ischias machte ihm zu schaffen. Er wollte überleben, er wollte zu seiner Frau und seinen Kindern zurück. Allgemeine Arbeit kam in seinem Fall einem Todesurteil gleich. Also erklärte er sich bereit, Denunziant zu sein und sich dabei auf politische Themen zu beschränken. Er verriet andere, um selbst zu überleben. Ich weiß nicht, ob er es geschafft hat. Mir gegenüber hatte er sich loyal gezeigt. Und den anderen Häftlingen gegenüber? Ich habe nicht bemerkt, dass er gezielt Kontakt gesucht hat, um ein solches Gespräch zu provozieren. Ich habe keine Ahnung, welcher Art seine Berichte gewesen sein könnten. Vielleicht hat er nur bestimmte Leute ausspioniert? Zum Beispiel diesen einen Professor – einen Spezialisten für Erdölbohrungen, der anscheinend sogar die gesamte Erdölindustrie der Sowjetunion geleitet hatte. Er hatte eine bestimmte Entdeckung gemacht, diese aber nur mit der Außenwelt teilen wollen, wenn man ihm die Freiheit und volle Rehabilitierung zusagte. Mehr als einmal sprach Iwan Moischejewitsch mit Respekt und sogar voller Bewunderung über ihn. Aber die Erfahrung hat mich gelehrt, dass weder Freundschaft noch Respekt unüberwindliche Hindernisse dafür darstellen, jedes verdächtige Wort, an dem die Tscheka interessiert sein könnte, gewissenhaft zu notieren. Fakt ist auf jeden Fall, dass Iwan Moischejewitsch, als der Professor in ein Straflager geschickt wurde, mehrere Tage lang herumlief, als hätte er einen schrecklichen Kater. Hatte er zu dieser drakonischen Strafe wegen Unnachgiebigkeit und Widerspenstigkeit womöglich beigetragen?

Ich mochte Moischejewitsch, aber den anderen Ingenieur mochte ich noch mehr. Er war ein unglaublich schwacher Mensch, kränklich, schüchtern, kaum in der Lage, sich auf den Beinen zu halten, nicht nur wegen der Erschöpfung und des gnadenlosen Hungers, der schon viele Jahre an ihm nagte, sondern auch wegen seiner irgendwie eigenartigen poetischen Art des Daseins. Er hatte etwas von den Figuren Chagalls an sich. Er verstand nichts von dem, was um ihn herum geschah, er wusste überhaupt nichts davon, schrieb Gedichte, die er gleich wieder zerriss, versank in Gedanken und starrte ziellos vor sich hin. Er achtete so wenig auf die Realität, dass man ihm ein Stückchen Brot aus der Hand nehmen konnte, wenn er geradeaus starrte, woraufhin er verwaist und verbittert zurückblieb. Er brachte mir Russisch bei und rezitierte dabei Blok, Jessenin und Balmont[20]. Er hatte ein ausgezeichnetes Gedächtnis. Ich wiederholte die Strophen so, wie er sie vortrug, und nahm immer stärker ihre bezaubernde Schönheit wahr. Er war es, der mich die russische Poesie lieben lehrte, mehr noch: Er weckte in mir Bewunderung für die Geschmeidigkeit und den melodiösen Charakter der russischen Sprache.

Wie war sein Name? Es tut mir leid, aber ich weiß es nicht mehr. Sein Nachname ist in meinem Gedächtnis verblasst. Ich weiß nur noch, dass er es ohne Iwan Moischejewitsch, der ihm zusätzliches Essen gab und ihn vor der allgemeinen Arbeit bewahrte, nicht geschafft hätte.

Ich verbrachte ganze Tage damit, Normen, Urkunden und Vorschriften abzuschreiben, bis sich meine Hand an die russischen Buchstaben und meine Sprache an die russische Syntax gewöhnt hatte. Von da an erkannten die Lagerleiter, dass ich imstande war, selbstständig zu arbeiten. Ich musste mich von meinen geschätzten Ingenieuren verabschieden. Ich wurde ein Normirowtschik für die Zwangsarbeit in den Wäldern. Der Vorarbeiter dort war Ingenieur Schukow, ein alter Häftling, der bereits sieben Jahre Haft auf dem Buckel hatte. Die Brigadiers waren damals zwölf Apostel, zwölf Banditen, alte Wiederholungstäter, die mir absonderliche Dinge über große Lager erzählten, über Norilsk und Kolyma, über Solo-

---

20 Gemeint sind die russischen Lyriker Alexander Alexandrowitsch Blok (1880–1921), Sergei Alexandrowitsch Jessenin (1895–1925) und Konstantin Dmitrijewitsch Balmont (1867–1942) (Anm. d. dt. Übers.).

wezki und den Weißmeer-Ostsee-Kanal, wo die Menschen wie die Fliegen starben und ihre Leichen auf Haufen geworfen oder in kleinen Booten abtransportiert wurden, um den Haien im Meer als Futter zu dienen. Meine Untergebenen hatten bereits mehrere Verurteilungen hinter sich und schon einen ziemlich großen Teil der Gulaggebiete besucht.

Es wurden eifrig Namen von Lagern verbreitet, die ich nicht kannte, sowie Geschichten von Fahrten auf dem Unterdeck eines Schiffes, wo man mit den Füßen im ständig hereinsickernden Wasser saß und es so stickig war, dass nur die Stärksten es schafften, die Küste zu erreichen. Es wurden Geschichten über die Mücken von Krasnojarsk verbreitet, die mit unseren überhaupt nicht vergleichbar sind, da ein einziger Stich den ganzen Körper sofort anschwellen lässt und Wunden zur Folge hat, die nur schwer zu heilen sind. Manche Erinnerungen handelten von verschiedenen Transporten, vom berüchtigten Kirowsk[21], wo man nachts zum kilometerweit entfernten Waschplatz gehen musste und wo es niemand schaffte, die Dinge, die er bis dahin mühsam aufbewahrt hatte, zu behalten; Schuhe oder Mäntel, alles wurde einem dort von der örtlichen Lagermeute unter dem Gelächter der Lagerwärter vor Ort abgenommen. Aus dem Munde meiner Banditen hörte ich zum ersten Mal, dass unter jeder Eisenbahnschwelle zwischen Wologda und Workuta ein polnischer Offizier begraben liege (eine Aussage, auf die ich mehrmals gestoßen bin). Sie waren es, die mir beibrachten, dass die Wologodski-Eskorte keine Scherze duldet und das Erdöl in Uchta besser ist als der Schlamm der Taiga. Es war eine wahre Lektion in der Geographie der Sowjetunion, die ich noch nicht kannte und die mich nicht nur erstaunte, sondern auch beängstigte. In rasendem Tempo wurde dieses riesige Land mit Lagerpunkten und einem Kombinat nach dem anderen überzogen, einem dichten Netz von

---

21 Stadt in Murmansk.

OLPs und Staatsunternehmen, die noch größer waren als die auf der Karte eingezeichneten Dörfer und Städte. Auf dem Weg nach Uchta durch die Taiga konnten wir an jeder kleinen Bahnstation und auch zwischen ihnen immer wieder Wachtürme und Stacheldraht sehen. Wir schrien damals: *Ein Lager, noch ein Lager!*

Aber sie berichteten sogar von Lagern in Moskau und Leningrad, von hermetisch abgeriegelten Gefängnissen für die höchsten Tiere des Landes, in denen Kriminelle selten und wenn, dann nur kurz einsaßen, mit anderen Worten, von Lagerinstitutionen, wie auch Solschenizyn sie beschrieben hat, von den verschiedenen Kreisen[22], dem ersten und dem letzten, von dem Kreis, in dem man überleben kann, und dem Kreis, aus dem nie jemand zurückkehrt. Unser OLP wurde von ihnen als einer dieser untersten Kreise charakterisiert. Daher sagten sie den Mitgliedern ihrer eigenen Brigaden kein langes Leben voraus. Zu harte Winter, zu tiefer Schnee, zu harte Arbeit beim Holzeinschlag, und obendrein hatten wir es mit einem extrem tückischen Wald zu tun: Er war niedrig, knorrig und brachte nicht den nötigen Ertrag. Aber sie selbst waren gut dran, saßen im Wald am Feuer und beschlagnahmten Päckchen von anderen. Manchmal brachten sie auch mir ein Päckchen Machorka oder sogar Belomor mit, manchmal auch ein Stück Speck. Ich habe nicht gefragt, woher sie das hatten. Im Lager stellt man solche Fragen nicht.

Wenn ich an meine Apostel zurückdenke, fallen mir einige nicht immer besonders schöne anekdotische Begebenheiten ein. Über sie möchte ich nicht schreiben. Ein anderer Vorfall lässt mir jedoch keine Ruhe. All diese unterschiedlichen Gestalten, die mich damals begleiteten und die ich kennenlernte, haben aufgehört, in meiner Erinnerung zu leben. Sie sind in meinem Gedächtnis verblasst, aus-

---

22 Bezugnahme auf Solschenizyns vielleicht etwas weniger bekanntes Werk über die Lager: *Im ersten Kreis* (der Titel spielt natürlich auf Dantes Höllenkreise an).

gelöscht, ich kann nichts mehr über sie erzählen. Und dabei wusste ich ohnehin nur sehr wenig. Wer sie vorher waren, wofür genau sie verurteilt wurden, wie ihr weiteres Schicksal aussah? Ich weiß nur, wozu sie imstande waren, ich weiß, wo die Grenzen ihrer Angst und Grausamkeit lagen – und wo die ihres Herzens und ihres Mitgefühls. Ich weiß, wie viel ihr Wort wert war. Jeden Tag wurde ich Zeugin ihrer Schwäche, wenn sie Freunde verrieten, oder ihrer Stärke, wenn sie ihr letztes Stück Brot weggaben.

Was könnte ich zum Beispiel über Troschin erzählen? Er war bereits ein freier Bürger und Verwaltungsbeauftragter des Kombinats, eine ziemlich hohe Position. Er war groß, schwer, von Beruf Ingenieur und offenbar sogar einmal Professor an der Polytechnischen Fakultät in Moskau gewesen. Anfangs war ich ihm gegenüber misstrauisch. Er kam zu Treffen der Kolonnenführer in die Zone. Immer suchte er mich auf und sprach ein paar freundliche Worte mit mir. Hatte er vielleicht ein Auge auf mich geworfen? Zumindest dachte ich das anfangs, als er mich abends auf einem Gässchen einholte, bei meiner Rückkehr zu unserem Schlafplatz. Erst bei diesem Spaziergang erfuhr ich, dass er seit zehn Jahren im Gefängnis saß, dass es ihm verboten war, die Region Uchta zu verlassen, und er bis ans Ende seiner Tage hier im Exil bleiben musste. Er war 1934 verhaftet worden – der Fall war sonnenklar. Ich begann allmählich den Kalender der aufeinanderfolgenden Säuberungen gut zu verstehen: 1929 – die Trotzkisten, 1934 – der Fall Kirow[23] und die letzten Kollektivierungen, 1937 – die Große Säuberung, 1945 – die sowjetischen Gefangenen und so weiter. Troschin hatte eine Tochter, die genauso alt war wie ich, er war verrückt nach ihr. Seine ganze Liebe war nach dem Verlust seiner Frau auf sie übergegangen. Sie aber hatte sich völlig von ihm abgewandt, ihren Nachnamen geän-

---

23 Sergei Kirow (1886–1934), ein Vertrauter Stalins, der populärer als Stalin zu werden drohte und deshalb seines Amtes enthoben wurde.

dert, sie wollte mit einem Kriminellen wie ihrem Vater nichts zu tun haben. Sie schickte kein einziges Päckchen, keinen einzigen Brief. Manchmal schrieb ihm seine ältere, kranke Schwester. Sie wusste nicht viel über ihre Nichte. Troschins Geschichte war ein Schock für mich. Aber später stieß ich bei mehreren Gelegenheiten auf ähnliche Begebenheiten. Einige russische Familien brachen offiziell den Kontakt zu den Gefangenen ab, versuchten aber über eine weniger sichtbare Person, einen entfernten Verwandten, insgeheim zu helfen und liebevollere Worte zu übermitteln. Es gab aber auch Verwandte, die sich aus Angst von den Unglücklichen abwandten wie von Pestkranken. Alle Verbindungen wurden gekappt. Das waren immer Russen. Einmal, höchstens zweimal bin ich irgendwo in der Nähe von Charkiw auf ähnliche Fälle bei einer ukrainischen Familie gestoßen. Für uns Europäer war das etwas, was wir nicht verstehen konnten, etwas, was mit unseren grundlegendsten Werten kollidierte. Wie kann man sich von seinem Vater, seiner Mutter, seinem Sohn oder seiner Tochter lossagen, wenn sie kein einziges Verbrechen begangen haben? Und selbst wenn sie etwas auf dem Kerbholz hätten, auch dann ... In unseren Wörterbüchern gibt es das Wort *Barmherzigkeit*. Sollte es in der sowjetischen Sprache fehlen?

Vor dem Leid ergreift man die Flucht, Leid ist ansteckend. Eigentlich durfte ich mich mit Troschin nicht einmal verabreden: Er war Lagerleiter und ich war ein Sek. Und sowieso gefiel mir die Gesellschaft von Gnesin besser. Gnesin war ebenfalls ein Häftling und arbeitete in der Hefefabrik, in dieser riesigen Lagerstelle, in der es stets nach vergorenem Alkohol roch. Angeblich erhielt jeder hundert Gramm Hefe, um Pellagra zu vermeiden, aber das Zeug, das wir bekamen, war nur ein vage nach Hefe riechendes fades, leicht süßliches Gebräu, das uns an schlecht gemachten Kwass erinnerte. In der Hefefabrik gab es aber immer auch einen kleinen Eimer mit noch unverdünntem selbst gebrautem zwölfprozentigem Alkohol. Der schmeckte mir großartig. Wahrscheinlich war es ein Muntermacher für meine schwachen Kräfte. Er bestand außerdem aus Hefe mit Zucker, was als hervorragender Nährstoff galt. Gnesin bot ihn mir heimlich an. Er mochte mich wahnsinnig gerne und ich ihn. Er war ein stämmiger, sogar leicht abstoßender Mann, hässlich wie die Nacht, mit Warzen überall im Gesicht. Aber abgesehen davon hatte er eine gewaltige Tenorstimme und war unvorstellbar musikalisch. Tagsüber, wenn die Brigaden arbeiteten und die Lagerleiter beschäftigt waren, schlich ich mich oft von meinem Schreibtisch in die Hefefabrik fort, wenn auch nur für ein halbes Stündchen. Wir sangen gerne zusammen, keine Lieder, sondern sinfonische Musik. Gemeinsam versuchten wir uns an Beethovens Sinfonien, Chopins Konzerten und Mozarts Sonaten zu erinnern. Wir lachten wie kleine Kinder über die Klänge, mit denen wir die Hefefabrik füllten, um ein ganzes Orchester von den Geigen bis zu den Flügeln zu ersetzen, und ärgerten uns, wenn wir uns an eine bestimmte Phrase nicht erinnern konnten. Sein Gedächtnis war besser als meines. Er war unbeschreiblich lustig, wenn er mit seinen Händen herumwirbelte, als würde er Beethovens neunte Sinfonie dirigieren. Aus den wenigen Worten, die er darüber sagte, weiß ich, dass er 1937 verhaftet worden war. Er war also ein erfahrener Häftling. Seine Eltern hatten offenbar vor der Revolution einen großen Wodka- und Weinkonzern in Moskau besessen. Sie hinterließen ihm eine große Wohnung – eigentlich ein Haus –, das aber, wie Gnesin lachend erzählte, gezwungenermaßen von mehreren Nachbarn bewohnt wurde. Die Wohnung war so überfüllt, dass er nicht in die Küche gehen konnte, ohne sich auf dem Weg dorthin an einigen Kindern vorbeidrängeln zu müssen oder an alten Leutchen, die gerade hastig zum Laden aufbrachen, oder an jungen Revolutionären, die sich hochnäsig gebärdeten und für einen Bourgeois nicht beiseitetreten wollten. Er erzählte davon amüsiert und ohne Zorn. Alles in allem fühlte er sich ohnehin recht gut behandelt, denn er hatte das größte Zimmer ganz zu seiner Verfügung, in dem er alle wertvollen Möbel versammelte. »Ich lebte wie in einem Museum. Die Hürden, über die ich springen musste, um an meinen Schreibtisch zu gelangen, bestanden aus einem kaiserlichen Sofa, einer Vitrine aus Kiefernholz und zwei lederbezogenen Sesseln.« Die Fröhlichkeit kam ihm fast nie abhanden, nur hin und wieder fand ich ihn in Gedanken versunken und verbittert, und dann wusste ich, dass er seine schwere Maske einen Moment abgenommen hatte. Wie es scheint, war er jahrelang Direktor des Nationalverbandes der Alkoholindustrie gewesen. Seine Eltern waren während der Revolution gestorben. Er selbst unterstützte, als er erwachsen wurde, die Sowjetunion. Für mich wirkte das nicht immer ganz stimmig. Vielleicht hat er mich auch zum Besten gehalten. Alles in allem war er auf jeden Fall ein Chemiker. Er kannte sich mit Alkohol, mit Weinen und mit verschiedenen Gärungsmethoden aus. Und es bestand kein Zweifel daran, dass er ein furchtbar einsamer Mann war. Er erhielt keine Päckchen, er hatte keine Familie, keine Freunde, denen er vertrauen konnte. Wenn ich ihn fragte, wie das kam, antwortete er stets, dass er in seinem Leben auf Schritt und Tritt betrogen worden sei. Er hatte erlebt, wie sich Kommilitonen denunzierten und Nachbarn einander durch das Schlüsselloch ausspionierten. Aus seinen Erzählungen ergab sich das Bild eines Landes, in dem niemand dem anderen glaubte, eines Landes, in dem man das Leben vielleicht genießen konnte, in dem man Spaß haben und ein fröhliches Leben führen konnte, dafür seine Seele aber an den Staat verkaufen musste. Es ist genauso, wie es mir später jemand erzählte: In Russland muss man erst einen Sack Salz zusammen essen, bevor man jemandem vertrauen kann.[24] Gnesin drückte es so aus: »Glaube nichts und niemandem, glaube selbst mir nicht, denn alles, was du sagst, wird

---

[24] Ein altes russisches Sprichwort besagt: »Man kennt einen Menschen erst, wenn man ein *Pud* Salz mit ihm gegessen hat.« Ein Pud entspricht etwa 16,38 Kilogramm.

gegen dich verwendet werden. Es ist besser zu singen. Und reden können wir dann allenfalls über Musik.«

So verlief das erste Jahr meiner Lagererziehung. Ich bin meinen Lehrern jetzt sehr dankbar. Sie haben mich davor bewahrt, viele dumme Fehler zu begehen. Vielleicht verdanke ich ihrem Unterricht mein Leben.

***

Erst damals, als ich gemeinsam mit anderen Vertretern von Artikel 58 in Kasachstan in einem Spezlag landete, wurde ich in die Mysterien der Arbeitsorganisation in der Sowjetunion eingeweiht. Dort lernte ich die Geheimnisse einer gewaltigen Planungsmaschinerie und einer noch gewaltigeren Berichterstattung kennen. Zwei Dinge herrschen darüber ganz und gar: *Tufta* und Beziehungen. Tufta bedeutet Verlogenheit. Beziehungen bedeuten, um es im heutigen sloganartigen Jargon zu sagen: Netzwerken. Man muss jede Gelegenheit nutzen, um mit den angestrebten Zielvorgaben zu schummeln, und immer seine Beziehungen einsetzen. Dieses Prinzip gilt nicht nur für den Häftling, sondern beherrscht den gesamten Produktionsprozess. Anders könnte die sozialistische Wirtschaft schlichtweg nicht existieren. Wie sollte man an das entsprechende Material oder Werkzeug gelangen, wenn man keine Beziehungen hatte, niemanden, der genau das verwaltet, was man braucht? Auf offizielle Zuteilungen kann man sich nicht verlassen. Daher bleibt einem nichts anderes übrig, als seine persönlichen Kontakte anzusprechen und sich dabei auf die gegenseitigen Versprechen von Leistung und Gegenleistung zu verlassen. Dabei muss man auch die geeignete Berichterstattung vorbereiten. Die Tufta folgt den Beziehungen auf dem Fuße. Das eine kann nicht ohne das andere bestehen. Das eine ist die Voraussetzung für das andere. Und von ihnen zusammen hängt das ab, was alle um den Schlaf bringt: der Plan.

Wie soll man einen Plan für das Holzhacken erfüllen, wenn die vorgegebenen Leistungsnormen hoch, die Menschen schwach, die Sägen stumpf und die Höfe abgelegen sind, manchmal zwei Autostunden entfernt, ohne gute Verbindung und mit Schnee, der bis zu den Hüften reicht? Was sollte ein Planer in Uchta also tun, um nicht mangelhafter Arbeitsorganisation, Nachlässigkeit oder gar der vorsätzlichen Sabotage bezichtigt zu werden? Ihm blieb nichts anderes übrig, als um Hilfe zu bitten, zunächst bei der zentralen Versorgungsstelle, um bessere Hackbeile oder zumindest *eine* einzige elektrische Säge zu bekommen. Und ihm blieb auch nichts anderes übrig, als falsche Berichte über den Holzeinschlag zu schreiben, er musste bei der Kontrolle ein Auge vor den Holzstapeln zukneifen, die offensichtlich auf Stämmen und Erdhaufen lagen, und so tun, als wüsste er nicht, dass die Waggons für den Transport nur halb beladen worden waren. Beim Entladen der Waggons konnte man dann behaupten, dass unterwegs ein Diebstahl begangen worden sei. Das musste der für den Transport Verantwortliche erklären – er selbst hatte seinen Teil des Plans erfüllt, zu hundert Prozent oder sogar noch mehr.

Der Sek weiß sofort, wie das Spiel gespielt wird, und versucht selbst Kapital daraus zu schlagen. Warum sollte er sich anstrengen, wenn die Norm ohnehin unerfüllbar ist? Folglich nutzt er, wo immer er kann, eine Tufta. In seinen Berichten vergrößert sich die Dicke der geräumten Schneeschicht, die Anzahl der Knorren an einem gefällten Baumstamm, die Tiefe der ausgehobenen Gruben, die Kubikmeter der aufgeworfenen Erde, die zurückgelegte Entfernung eines Transports und so weiter. Niemand gibt je authentische Zahlen an, es sei denn, die Situation ist zu durchschaubar, aber selbst dann gibt es immer noch ein Schlupfloch, man muss es nur finden. Der Sek lügt, der Vorarbeiter drückt ein Auge vor dieser Lüge zu und sattelt noch etwas darauf, anschließend drückt der Direktor irgendeines Unternehmens ein Auge zu, das Gleiche geschieht bei den Leitern des Kombinats, der Republik und so weiter bis nach Moskau, wo die Ergebnisse immer besser werden und die Prozentsätze neue Rekorde brechen. Das Einzige, was sich nicht vermehrt, sind die Produkte selbst. Irgendwo, niemand weiß wo, schmelzen sie mit dem von der Frühlingssonne erwärmten Schnee dahin.

Ohne Beziehungen geht überhaupt nichts. Ein freier Bürger muss Beziehungen zu einem Sek haben, wenn er sich heimlich etwas aus einem Unternehmen beschaffen will. Der Sek ist derjenige, der die Ziegelsteine auflädt, und er kann einige davon hinter dem Ofen verstecken; aber für diesen Dienst muss man dem Sek auch etwas zurückgeben. Alles hängt davon ab, wer was kann, wer was verwaltet. Manchmal geht es um Dinge wie einen neuen Motor für eine Elektrosäge, manchmal nur um eine Brotration. Der Leiter der Technikervereinigung in der großen Metallfabrik bittet mich, das Verladen der Ziegel in die vier Waggons zu beschleunigen, die für ein Nebengebäude der Korporation bestimmt sind. Dieser Anbau sollte innerhalb einer Frist von drei Monaten fertig sein, aber sie geben ihm immer noch keine Ziegel, und so muss er anders vorgehen. Die Waggons hat er schon besorgt, die Genehmigung für die Ladung auch, aber schon den dritten Tag in Folge drehen seine Leute Däumchen, weil die Ziegelfabrik mit einer Ladung für andere Organisationen voll beschäftigt ist. Also frage ich ihn, was er mir für eine schnellere Lieferung geben könnte. Zwei unserer Siemens-Motoren waren in der Reparaturwerkstatt, und wir warteten noch immer auf sie. Wir klagen, wir verhandeln, bis unser Termin endlich feststeht. Gleich am nächsten Tag, als die Motoren zurückkommen, können wir die Ersatzpresse, die drei Wochen lang stillgestanden hat, zum Laufen bringen. Volle Waggons verlassen das Werk. So geht das ständig, im Kleinen wie im Großen ändert sich der Preis für Dienstleistungen, doch das Grundprinzip bleibt gleich. Es scheint so, als ob man mit Beziehungen und Tufta ein Urteil beschönigen und irgendwie überleben kann, aber das gilt nicht für alle

Lager. Wehe, wenn das Lager in der Produktion nur eine Hilfsfunktion hat und für die großen Waren des nationalen Plans nicht von Bedeutung ist! In einem solchen Fall werden andere Kriterien wichtiger: Dort wird am Bauch des Sek gespart. Die Leiter solcher Lager sind in der Regel die primitivsten Menschen, die nur Fleißprämien für sich selbst wollen und alle möglichen Güter maximal ausnutzen. In solchen Lagern nähen die Frauen Kleider für die Ehefrauen der Leiter, die Männer liefern Brennholz für den Ofen, sie bauen um, streichen, putzen, fertigen Möbel und vielleicht sogar Gemälde für die gesamte Familie des Lagerkommandanten. Und dabei kümmert es niemanden, unter welchen Bedingungen die Häftlinge leben. Es wird an allem gespart, sogar an den Grundrationen, die besten Produkte verschwinden aus den Küchen, und wenn es Beschwerden gibt, werden sie sofort abgeblockt. Aber es traut sich ohnehin niemand, sich zu beschweren. Wenn man es doch tut, wird die Kontrollkommission kommen und wieder gehen, während der Lagerleiter bleiben und dem Beschwerdeführer noch schlimmere Arbeit aufbrummen wird.

Bei einer größeren Produktion lässt sich mehr schummeln, ein Sek kann leichter überleben, und der Lagerleiter kann leichter den Plan erfüllen und befördert werden. Auf kleinen *Komandirowki* herrschen Hunger und Läuse. Die Leitung ist wütend, weil sie in einem solchen Kaff gelandet ist, in dem es nur Taiga und Sümpfe gibt – keine Straßen, kein Amüsement, keine Gesellschaft und nur Wodka als Trost. Die Wut muss irgendwohin kanalisiert werden, und das einfachste Ziel ist ein armer Sek, dessen bloßer Anblick schon ekelerregend ist. Ein zerrissener Buschlat, eine zerschlissene, wattierte Hose, die zu groß ist, das dumpfe Ticken der Walenki, ein rotes, erfrorenes Gesicht, geschwollene Augen, von Skorbut geschwärzte Zähne. Es fällt schwer, Mitleid mit einem solchen »Halbmenschen« zu haben, den man im Auge behalten und zur Arbeit anspornen muss. Wenn einer von ihnen in den Schnee fällt und nicht wieder hochkommt, wird das im Register vermerkt, und niemand kümmert sich darum.

Es gibt also Lager, die sich hartnäckig eines gewissen Rufs erfreuen, weil sie von allen die schlimmsten sind. In Uchta war es allgemein bekannt, dass der Komandirowka Nummer 6 in den Wäldern ein Synonym für den Tod war. Von dort aus wurden unablässig Leichen auf den Seziertisch gebracht. Und ebenso war bekannt, dass man sich am besten an das zentrale OLP Nummer 1 hielt. Denn hier und im Bergbau bestanden die besten Überlebenschancen. Woiwosch hatte einen schlechten Ruf, weil dort die meiste Arbeit darin bestand, in einer Geisterregion voller Sümpfe und mit einer unglaublichen Anzahl von Moskitos Holz zu schlagen und Straßen zu bauen. In Lagern wie diesem würden Tuftas und Beziehungen wenig nützen.

Eine Katastrophe war es auch, wenn die Urki in einem Lager vollkommen das Sagen hatten. Ein Urka, der Vorarbeiter war, konnte eine ganze Brigade auf Strafration setzen und sich von den Päckchen ernähren, die er seinen Arbeitern wegnahm. Es ist nicht verwunderlich, dass derjenige, der so etwas vorhatte, schnell zu einem Dochodjaga wurde. Erfahrene Häftlinge zogen es vor, die Dinge selbst in die Hand zu nehmen. Sobald sich die Gelegenheit bot, versuchten die Arbeitsbrigaden die Lagerleitung davon zu überzeugen, einen Vorarbeiter zu akzeptieren, den sie selbst gewählt hatten. Gelegentlich, etwa bei verschiedenen Reorganisationen oder bei einem Lagerwechsel, gelang dies auch. Die neu ankommenden Häftlinge wurden in der Regel automatisch in Dreißigergruppen eingeteilt, und der Vorarbeiter wurde gegen den Häftling ausgetauscht, der diese Position während des Transports innehatte. Wir wurden also gefragt, wer von uns der Vorarbeiter sei, und die Häftlinge schrien: *Bielaitis, Bielaitis!* Gut, dann wird es Bielaitis. Was macht das schon, wenn man die Leute nicht kennt und jeder schreckliche Rechtssprüche und fatale Urteile in seinem Formular stehen hat! Der Lagerleitung war es gleich. Wenn es viele Banditen gibt und sie gefährlich sind, ist es besser, einen Banditen zu wählen. Wenn es aber nur wenige sind oder gar keine gibt, kann es genauso gut Bielaitis oder der erstbeste Pole werden. Einverstanden, solange der Plan erfüllt wird. In meinem ersten Lager haben wir es auf diese Weise geschafft, die pummelige, fröhliche Nina – eine Freundin – zur Vorarbeiterin zu machen. So haben es auch die Frauen in Balqasch gemacht. Dort gab es keine Kriminellen, und die alten Frauen wussten nur zu gut, dass ein dummer Vorarbeiter eine echte Katastrophe ist. Ich erinnere mich, dass die energische Syrnewa dort Wärterin geworden war. Sie wurde zwar verdächtigt, eine Denunziantin zu sein, doch sie schien niemandem wirklichen Schaden zuzufügen und im Übrigen außerordentlich gewitzt zu sein. Es waren in der Regel anständige Frauen, die Vorarbeiterinnen wurden – einige Russinnen, viele Ukrainerinnen, eine Polin. Meistens waren sie intelligent, und man muss sagen: Sie kämpften tapfer, um keine Menschen zu verlieren.

Die besten Bedingungen ergeben sich dort, wo ein Lager keine eigene Produktion betreibt, sondern seine Arbeitskräfte an zivile Organisationen und Unternehmen, die sogenannten *Chosorgany*, verleiht. Dann entsteht ein recht kompliziertes finanzielles System von Ab- und Berechnungen. Das *Chosorgan* entschädigt das Lager auf der Grundlage der von den Häftlingen geleisteten Arbeit nach den üblichen nationalen Leistungsnormen. Für das Lager ist es natürlich von Vorteil, möglichst viel zu bekommen, und es verteidigt seine Seki deshalb gegen Versuche, ihre Tarife zu senken. Wenn dies effektiv geschieht, hat sogar der Sek etwas davon – er bekommt natürlich kein Geld, aber Brot. Sein prozentualer Anteil an der erfüllten Norm steigt. Das Chosorgan bemüht sich mit allen Kräften, möglichst wenig zu zahlen, verfolgt seinen eigenen Plan und ist zudem zu Sparsamkeit verpflichtet. Die Konflikte häufen sich, und es gewinnt derjenige, der sich am besten mit allen Vorschriften und Regeln auskennt und dem es gelingt zu beweisen, dass er recht hat.

In solchen Fällen ist ein gewiefter Vorarbeiter oder *Prorab* für das Chosorgan ein harter Brocken, vor allem wenn er sich besser mit den Prinzipien des Normierens auskennt als die freien Ingenieure. Außerdem genießt er die Unterstützung des Lagers. Wenn der Vorarbeiter oder Prorab ein guter Verhandlungsführer und Organisator ist, ermöglicht er die Erfüllung des Produktionsplans; das Chosorgan muss dann dafür zwar mehr bezahlen, wird den Prorab aber nötigenfalls der Lagerverwaltung gegenüber verteidigen. So können je nach Bedarf verschiedene Kräfte gegeneinander ausgespielt werden, was das Leben etwas leichter macht. Manchmal kommt es aber auch zu unglaublichen Situationen. Auch mir ist so etwas einmal passiert, und ich erinnere mich mit einer gewissen Genugtuung daran. Damals war ich schon Prorab in der Ziegelei in Balqasch, wo wir neben Ziegeln auch große, schwere Schlackenblöcke herstellten. Die Produktion lief gut, täglich lieferten wir bis zu fünfzigtausend Ziegel aus, mehr als eine halbe Million pro Monat. Die Produktionszahl der Schlackenblöcke habe ich vergessen. Täglich fuhren Waggons hin und her, und eine auf das Be- und Entladen spezialisierte Brigade verdiente bei uns bis zu hundertvierzig Prozent. Aber irgendwann fehlten eine Zeit lang Waggons, was uns dazu zwang, die Blöcke etwas weiter von den Gleisen entfernt zu stapeln, in einem Abstand von mehr als fünfzig Metern. Als sie nach einiger Zeit endlich verladen werden konnten, weigerte sich der Ingenieur, der für den Transport zuständig war und das Verladen bezahlte, den *Narjad* zu unterschreiben. Was war ein Narjad? Eine für uns besonders wichtige Order zur Ausführung einer Arbeit. Auf einem Zettel mit speziellem Aufdruck mussten alle möglichen Informationen notiert werden: die Art der Arbeit, beispielsweise das Tragen von Blöcken über eine Strecke von fünfzig Metern, die Norm, die Menge der tatsächlich geleisteten Arbeit, die Auszahlung und der verdiente Lohn. Ich erinnere mich an bestimmte Leistungsnormen. Eine Arbeitskraft musste zum Beispiel hundert solcher Klötze über eine Strecke von dreißig Metern in einem Zeitraum von genau zwei Stunden und zweiundzwanzig Minuten tragen. Rechnen wir dann einmal aus, wie hoch seine Tagesnorm ist, wenn wir einen Achtstundentag zugrunde legen: etwas mehr als vierhundert, um hundert Prozent zu verdienen und seine Grundration zu erhalten. In der Praxis haben wir oft länger gearbeitet, zehn Stunden, aber die Normen wurden nach den nationalen Berechnungsschlüsseln festgelegt, also mit einem Tag von acht Arbeitsstunden. Vierhundert Blöcke am Tag, das bedeutete vierzig pro Stunde, ein Block alle eineinhalb Minuten. Man muss einen solchen Klotz anheben, dreißig Schritte gehen, ihn absetzen und zurückgehen. Und so ein Block wiegt mehr als zwölf Kilo. Die Norm für das Verladen und Stapeln der Blöcke in den Waggons war geringer: etwa zweihundert pro Tag. Hundert in etwas mehr als vier Stunden. Das war machbar, wenn die Blöcke in der Nähe, direkt neben den Gleisen, lagen. Doch in der Praxis wurden sie meist etwas weiter entfernt abgelegt, und das war auch gut so, denn so musste die Norm für den Ladevorgang und das Schleppen der Blöcke angepasst werden: Wenn man die fünfzig Meter Entfernung vom Stapelplatz mit einrechnet, wurde die Arbeit ganz erträglich. Ich weiß nicht mehr genau, wie viele Blöcke man dann noch verladen musste, etwa achtzig, also acht pro Stunde. Die Frauen stellten sich in einer Reihe auf, und die fünfzehn Tonnen wiegenden Plattformen füllten sich in kürzester Zeit, was eine gute Ausbeute ergab. Doch um diese vorgegebene Leistungsnorm zu erreichen, musste vor Beginn der Arbeiten vom zuständigen Ingenieur ein Narjad auf Basis der anfänglichen Vereinbarungen unterzeichnet werden.

Und dieser Ingenieur glaubte damals, dass die Entfernung der Verladestelle zu den Gleisen nur zwanzig Meter betrage. Er behauptete das einfach und war nicht einmal bereit, es sich mit eigenen Augen anzusehen. Er weigerte sich zu unterschreiben, und ich weigerte mich, die Blöcke verladen zu lassen. Er regte sich furchtbar auf und versuchte sogar den Direktor der Ziegelei einzuschalten, der aber durchblicken ließ, dass ihm die ganze Sache egal sei. Die Arbeit hing nun allein von mir als Vertreterin unseres Lagers ab. Und dann begann ein einziges Theater. Der Ingenieur begann zu telefonieren, ich weiß nicht einmal, mit wem oder worüber, und bald wurde mir gesagt, dass Jasew selbst in die Fabrik kommen werde.

Jasew, das war kein angenehmer Typ, er war der wichtigste Mann von Balqasch, der Leiter des Kombinats und Mitglied des Obersten Sowjets[25]. Er entschied über Leben und Tod von jedem, der als freier Bürger in der Stadt lebte. Von seinen Launen hing die Arbeit von Hunderttausenden ab. Er konnte den Fahrer, der bei einem kleinen Diebstahl erwischt wurde – etwa ein klein wenig staatliche Steinkohle für zu Hause abzweigte – auf der Stelle verhaften oder ihm Arbeit in der Bleimine aufbrummen lassen. Wenn Jasew sprach, hörte sogar das MWD zu. Er konnte nach eigenem Gutdünken über Leute verfügen, und wenn er zur Kontrolle vorbeikam, löste das allgemeine Furcht aus. Er war ziemlich groß, sehr dick, kugelrund und brüllte alles und jeden an. Natürlich hatte er bei all dem Chaos und Mist hier oft Grund, wütend zu werden. Wenn er schrie, wirkte er wie ein kleiner Satrap aus dem Fernen Osten, für den der Mensch ein Tier ist, das nur für harte Arbeit bestimmt ist. Wenn er in der Ziegelei auftauchte, rannten die freien Bürger ängstlich hinter ihm her, nur die Metallarbeiter versteckten sich in den hintersten Ecken und zogen es vor, den Sturm auszusitzen. Wir reagierten nicht, obwohl er uns sehr schaden konnte, denn die Lagerverwaltung nahm schon zu viel Rücksicht auf ihn. Er war es, der uns anstellte und unsere Arbeit bezahlte, und er benahm sich, als gehörte ihm das alles.

Umgehend wurde ich ins Büro gerufen, in dem er schon saß. Sein gigantischer Körper verschluckte förmlich den schmalen Stuhl, auf

---

[25] Seit 1936 das oberste Staatsorgan und die höchste gesetzgebende Gewalt in der Sowjetunion.

dem er saß. Um ihn herum standen einige Ingenieure. Sobald ich eintrat, bombardierte er mich mit einer ganzen Reihe von Vorwürfen und Flüchen wie »Landesverräter«, »Saboteur«, »Faschist« und so weiter. Er versprach mir gleich einen neuen Prozess und eine neue Verurteilung. Das war mir ziemlich egal, denn in solchen Situationen setzt meine Vorstellungskraft sofort aus, und ich denke nicht an später. Ich hasse es zu schreien, also erklärte ich ihm ruhig, dass ich nicht befugt sei, Menschen zu unbezahlter Arbeit anzuhalten. Falls das Lager einer solchen Ausbeutung zustimmen und mich bitten würde, verladen zu lassen, würden wir verladen. Aber ich selbst könne diese Verantwortung nicht übernehmen. Auf die Argumente, dass eine sehr wichtige Baustelle auf die Blöcke warte und ich für die Verzögerungen verantwortlich sei, ging ich nicht ein. Ich wiederholte nochmals meinen Standpunkt und verließ das Büro, was für diese Russen, die an fast sklavische Disziplin gewöhnt waren, nie da gewesen und unerhört war. Ich, ein Häftling, sagte nein zu einer so wichtigen Gestalt in der sowjetischen Verwaltungshierarchie! Das drohte nicht gut für mich auszugehen: Ich würde mindestens meine Stelle als Prorab verlieren und mit der denkbar schwersten Arbeit bestraft werden. Aber ich bin stur wie ein Esel, und meistens hat mir das nicht geschadet. Eine halbe Stunde später versammelte sich fast das gesamte Personal des Lagers: die Lagerleitung, der für die Arbeitskräfte zuständige Offizier, der Oper und so weiter. Auch ich wurde wieder hereingerufen, um zu erklären, was los war. Ich wiederholte, dass ich kein Recht hätte, gegen die Interessen der Lagerbewohner zu handeln, dass das Lager Geld für die geleistete Arbeit bekommen solle und ich keinen Grund sähe, warum wir Verluste machen sollten, zumal morgen wieder Waggons eintreffen würden. Ich hatte im Voraus berechnet, wie hoch der Verlust sein würde. Es waren keine großen Summen, aber alles zählte. Das Argument und die bloße Tatsache, dass ein Häftling die Interessen des Lagers verteidigte, hat die Obersten beeindruckt. So jemandem kann man vertrauen, so jemand wird den Plan sicher erfüllen. Mir wurde befohlen, eine Weile rauszugehen. Die anschließende Diskussion dauerte aber nur kurz. Ich wurde wieder hinzugerufen, aber nur, um den vorher schon vorbereiteten Narjad mit der Norm, die ich darauf angegeben hatte, mitzubringen. Jasew höchstpersönlich setzte seine Unterschrift darunter. Er war wütend, unterschrieb aber dennoch und fragte, wie viel Zeit wir zum Verladen von zehn Plattformen benötigten. »Eine Stunde«, antwortete ich. Ich rief alle Brigaden zusammen. Die Frauen waren genau über das ganze Geschehen informiert. Sie ließen die Arbeit, mit der sie sich gerade beschäftigten, liegen, als ob sie zeigen wollten, dass ich das Recht auf meiner Seite hätte. Und im Handumdrehen begannen sie mit dem Verladen. Ich selbst zählte gerade die Blöcke auf den Plattformen, als die gesamte Lagerleitung und die zivilen Befehlshaber eintrafen, um die Arbeit zu begutachten. Die Lokomotive fuhr bereits in die Zone ein. Jasew rief mich zu sich, und es zeigte sich, dass er gar nicht so übel war. Er fragte mich, wie lange meine Strafe noch dauern würde. »Noch zwei Jahre«, antwortete ich. »Lass es mich rechtzeitig wissen, denn ich würde dich gerne in Balqasch behalten. In einer hohen Position«, meinte er darauf. Als Ergebnis dieses ganzen Traras bekam ich also ein Schulterklopfen und ein Jobangebot für die Zukunft. Und das alles, weil ich mich nicht hatte einschüchtern lassen. So ist das immer mit den Russen. Wenn man sie von oben herab behandelt, werden sie weich. Schlimmer ist es, wenn man seine Angst vor ihnen zeigt.

Ich habe noch ein anderes Bild im Kopf, das die gegenteilige Situation illustriert. Auch sie spielte sich in der Ziegelei ab. Ein hochrangiger Beamter aus Moskau kam zu uns. Er wurde mit »Professor« angesprochen, und ich erinnere mich sogar an seinen Nachnamen: Kedrow. Ein Spezialist für Ziegelsteine. Er sollte neue technologische Verfahren in unserer Fabrik einführen. Zunächst ging er durch alle Abteilungen, ohne sich auf ein einziges Gespräch einzulassen.

Er beobachtete. Nach ein paar Tagen rief er mich zu sich und fragte – womit er mich ungeheuer überraschte –, warum die Häftlinge so gute Arbeit leisteten. Er ging offensichtlich davon aus, dass ein Sek per Definition ein Saboteur sei. Er verstand nicht, dass ein Sek auch essen musste und das Geheimnis guter Arbeit in einer Ein-Kilo-Brotration lag. Die gesamte Ziegelei erhielt die Rekordportion, die größte, von der andere nur träumen konnten. Selten fielen wir unter hundertdreißig Prozent. Also bekamen wir eine Extraportion Grütze mit Fleisch und eine Extraportion Zucker und Brot. Er wusste auch nicht – und ich konnte es ihm nur schwer klarmachen –, dass die Frauen, die in der Fabrik arbeiteten, ihre Zuteilung zur Ziegeleibrigade unglaublich schätzten und Furcht hatten, anderswo eingeteilt zu werden. Es waren meist einfache Bauerntöchter, die an harte Arbeit gewöhnt waren, manchmal vielleicht sogar an härtere Arbeit als hier in der Kolchose. Sie hatten auch einige kleine Privilegien. Täglich fuhren Dutzende von Lastwagen durch die Fabrik, um Ziegel und Schlackenblöcke abzuholen. Mehr als einmal bat sie ein Fahrer, den sie inzwischen schon gut kannten und von dem sie deshalb keinen Verrat mehr befürchten mussten, zwanzig zusätzliche Ziegelsteine zu verladen, damit er zu Hause einen Ofen bauen, eine Wand im Schweinestall reparieren oder in aller Ruhe Material für ein Nebengebäude sammeln konnte. Und als Gegenleistung brachte er den Frauen Brot, ein Stück Speck oder, wenn er es auftreiben konnte, sogar Wurst oder eine Dose Wildkarpfen in Öl mit. Andere nahmen Briefe mit, die sie direkt auf einen abfahrenden Zug werfen konnten. Die Lastwagen wurden an den Toren oft kontrolliert, dann stocherte jemand von den bewaffneten Eskorten mit einem langen Stock zwischen den Ziegeln herum, um zu sehen, ob sich nicht zufällig jemand dahinter versteckte, aber die Fahrer selbst wurden nur selten einer persönlichen Inspektion unterzogen. Wir durften nur zweimal im Jahr schreiben, daher: Ein zusätzlicher Brief war durchaus etwas sehr Wichtiges!

Die Frauen schätzten die Ziegelei, und das nicht ohne Grund. Das hatte mit Risikoberechnung zu tun und auch ein bisschen mit Stolz. Als eine der Ziegelpressen zum ersten Mal nicht nur 24 000, sondern 32 000 Ziegel produzierte, war das für uns ein wahres Fest. Man schickte uns einen Lastwagen voller Melonen (das waren die billigsten Früchte, mit denen das Arbeitsvieh gefüttert wurde), Wassermelonen, Tomaten und Gurken. Wir wussten gar nicht wohin mit unserer Freude. Die Arbeit war überall hart, aber hier brachte sie wenigstens noch etwas ein. Und sie war nicht langweilig. Wir waren zwar ständig Ruß und Ziegelstaub ausgesetzt, aber wir hatten auch das Recht, uns täglich zu waschen. Im Sommer hatten wir in der Fabrik selbst eine Dusche installiert, und im Winter mussten wir uns nicht im Freien, im unbarmherzigen Wind, der durch die Wüste fegte, aufhalten. Und eine Fabrikhalle ist eine Fabrikhalle, dort ist es immer wärmer. Wer noch nie bei dreißig Grad Eiseskälte gearbeitet hat, versteht vielleicht nicht, wie begehrenswert die Ziegelei für uns war.

Kedrow sah mit eigenen Augen, dass die Frauen mit der Ziegelei schlichtweg froh waren, dass sie sich ärgerten, wenn der Lehm knapp wurde und die Fabrik stillstand, dass sie sich freuten, wenn sie einen Rekord erzielten. Er war erstaunt, dass die Frauen nicht angetrieben werden mussten, und er war ebenso erstaunt, dass der Direktor – unser freundlicher, immer ein wenig betrunkener Igor Matwejewitsch – sich ganz auf die Vorarbeiter und auf mich verließ, wenn es darauf ankam, und höchstens hin und wieder auftauchte, um das Feuer im großen Hoffmann-Ofen zu kontrollieren. Eines Nachts stand die ganze Fabrik wieder einmal völlig still – seit Tagen gab es keinen Lehm mehr, und es kamen auch keine Waggons an. Und dann klingelte plötzlich das Telefon: Die Wagen seien im Anzug und würden binnen kurzem die Zone erreichen. Ich saß mit Kedrow in seinem Büro – er war ein wenig nervös geworden, weil ich nicht auf die Nachricht reagierte. Außerdem machte er bestimmte

Berechnungen für die Bestellscheine und sagte mir, ich solle mehr Leute zum Entladen der Waggons bereitstellen. Ich lächelte, denn ich wusste, was in solchen Fällen gemeinhin bei uns los war. Ich setzte mich also aufrecht hin und schlug ihm vor, mich zu den Gleisen zu begleiten. Als wir nach draußen kamen, hörten wir das Schnaufen der Lokomotive. Schon bevor wir bei den Gleisen ankamen, die den großen tiefer liegenden Hof durchschnitten, der als Lager für den Lehm diente, stand der Platz voller Menschen. Drei Brigaden: die Brigade, die normalerweise den Lehm anlieferte, die Brigade, die an der Ziegelpresse arbeitete, und die Brigade zum Trocknen der Ziegel. Alle Frauen standen, noch bevor die Wagen anhielten, mit einer Schaufel in der Hand bereit. Der Lehm wurde ausgekippt und mit flottem Schwung weiterbefördert. Kedrow war sprachlos. Als er sah, dass einige der Frauen nun den Ladeplatz verließen und kleine mit Lehm gefüllte Wagen zur Ziegelei schoben, und er das Dröhnen der anspringenden Motoren hörte, ein Zeichen, dass die Ziegelpresse in Gang gesetzt worden war, sagte er nur: »Das habe ich mir anders vorgestellt.« Von da an war er liebenswürdig, sympathisch, er scherzte mit den Frauen und lehrte mich alle möglichen technischen Finessen. Ich glaube, er war ein guter Fachmann.

Eines Tages bekamen wir Besuch von einigen hochrangigen Offizieren des zentralen *Steplag*[26]. Wir, die Vorarbeiter und die *Proraby*, wurden zu der Besprechung gerufen. Einer der Besucher, ein Oberst, begann in ungewöhnlich harschen Worten unsere Verbrechen, unseren Verrat am Vaterland und dergleichen mehr sowie unseren unbändigen Starrsinn aufzuzählen. Er schrie, dass wir die Norm nicht erfüllen *wollten*, dass wir die Arbeit sabotierten, nicht in der Lage seien, das Notwendige von unseren Leuten zu verlangen,

---

26 Speziallager für politische Gefangene; es liegt in Kasachstan und, wie der Name schon sagt, tief in der trostlosen Steppe.

und dass sich unter uns grausame und gefährliche Elemente verbargen, vor allem Konterrevolutionäre (die meisten im Lager saßen wegen des Vorwurfs der Konterrevolution ein). Er wisse nicht, was er davon halten solle. Obwohl wir dasaßen, wurde uns nicht gesagt, welchem Umstand wir diese Litanei zu verdanken hatten, sondern nur dass wir – schließlich waren wir schon so lange hier – längst hätten Reue zeigen müssen, dass wir der Wahrheit ins Auge sehen und allmählich etwas Liebe für die Autoritäten empfinden sollten, die sich so sehr um uns bemühten.

Ich hörte mir dieses Geschrei an, das nichts Gutes verhieß. Als er uns der Reihe nach zu sich rief, damit wir ihm einen Bericht über den Stand der Produktion gaben, sagte ich, dass unsere Brigade ihre Aufgaben zu hundertdreißig Prozent und sogar mehr erfülle. Seine Reaktion war brutal – er verlangte, dass ich meinen Nachnamen nannte, beschimpfte mich als Landesverräterin und besaß zu allem Überfluss auch noch die Arroganz zu sagen, dass ich die ganze Arbeit dieses hervorragenden Professors aus Moskau, der uns mit seiner Anwesenheit beehrt hatte, zunichtemachen würde. An diesem Tag wurde ich aus meiner Position als Prorab entlassen und zur allgemeinen Arbeit geschickt.

Schon am nächsten Tag fand ich mich beim Bau eines großen Dammes wieder, der die abgeführten Abfälle der Eisenhütte vom See trennen sollte. Eine Vorarbeiterin, eine gute Bekannte von mir, reichte mir jedoch keine Schaufel, sondern einen Stapel Auftragsformulare. Ich verbrachte den ganzen Tag mit Rechnen und Schreiben. Und so ging es mehrere Tage lang weiter, denn Professor Kedrow war verreist und tauchte die ganze Zeit über nicht in der Ziegelei auf.

Doch als er zurückkam, bemerkte er sofort mein Fehlen und fragte die Frauen, was passiert sei. Man sagte es ihm. Offenbar wurde er wütend, und er rief im Lager an. Wir wissen, dass ein Auto kam, um ihn abzuholen, und er irgendwo in Richtung der Gebäude der Lagerverwaltung gebracht wurde. Was der Inhalt des Gesprächs zwischen Kedrow und unserem Oberst war, weiß ich nicht, aber noch am selben Abend benachrichtigte mich Syrnewa, dass ich am nächsten Morgen an meinen alten Platz in der Ziegelei zurückkehren solle. Diesmal hatte mich das Chosorgan gegen das Lager geschützt, und zwar so wirksam, dass es bis zum Ende meiner Haftzeit niemand wagte, mich aus der Ziegelei zu vertreiben.

Es ist eine fast idyllische Szene. Es ist, als ob in unserer Ziegelei die Gesetze der Tufta und Beziehungen nicht mehr gelten würden. Man könnte auch meinen, dass die Häftlinge immer hart arbeiteten und ihnen an ihrer Arbeit viel lag. Ich denke, der Fehler in einer solchen Interpretation liegt in dem kleinen Wörtchen »immer«. Im Gulagbetrieb ist es wichtig, das Wort »manchmal« zu verwenden. Denn: Manchmal hat sich die Arbeit gelohnt, manchmal ruinierte sie die Gesundheit. Hin und wieder wurden die Kräfte des Sek durch eine Tufta geschützt, hin und wieder bedurfte es des Gegenteils, und er wurde von seiner eigenen Rechtschaffenheit geschützt. Einmal so, einmal anders. Es gibt darin keine Regelmäßigkeit. Sogar in der Ziegelei konnten die Dinge unterschiedlich verlaufen. Als wir dort zu arbeiten anfingen, wurden wir pro ausgeliefertem Produkt bezahlt, sodass wir davon profitierten, möglichst viele Ziegel und Blöcke zu liefern. Ob die im Nachhinein zerbröckelten oder zerbrachen, war uns allen egal. Später wurde jedoch der sogenannte Komplex eingeführt, ein Entlohnungssystem, das auf den fertigen Produkten basierte. Von nun an mussten wir darauf achten, dass wir gute Ziegel herstellten; für schadhafte Ziegel bekamen wir nichts. Die Kunst lag darin, mit minimalem Aufwand gute Ergebnisse zu erzielen. Sabotage kam nicht infrage. In dem Meer von Nationalitäten – das im Kontrast zur Loyalität der Russen gegenüber den Lagerkommandanten stand – hatte der geringste Verdacht auf bewusste Sabotage bei der Arbeit tragische Folgen. Daher blieb uns nichts anders übrig, als uns darum zu bemühen, dass die vorgeschriebene Arbeit uns auch selbst zugutekam. Jede Brigade wollte deshalb einen Vorarbeiter mit Fachwissen und einen geschickten Prorab haben. Ein guter Prorab zu sein war im Übrigen gar nicht so schwierig: Das allgemeine Niveau der freien Ingenieure und Lagerführer war nämlich erstaunlich niedrig.

Eine Sache muss noch in Augenschein genommen und sollte nicht vergessen werden. Kann ein Mensch in einer ständigen Lüge leben? In der Tufta steckt etwas Herabwürdigendes. Es scheint, als wäre eine Akzeptanz der sowjetischen Realität mit all ihren Lastern und ihrer Gesetzlosigkeit damit verbunden.

Wir fühlten uns immer noch als Europäerinnen, trotz der üblichen Praktiken, die das Vorstellungsvermögen und die Werte, die man von Hause aus mitbekommen hatte, zu ersticken drohten. Gute Arbeit war also ein Selbstverteidigungsmechanismus. Schließlich ist es unmöglich zu leben, wenn man alle menschlichen Werte ausgelöscht hat. Solschenizyn schrieb über Iwan Denissowitsch und darüber, wie dieser mit einem Gefühl der Befriedigung Ziegelsteine gerade auf eine Mauer setzte. Es ist sicher so, dass ein solches Gefühl auch in uns vorhanden war, denn es gab etwas Wahrhaftiges in dieser Arbeit, etwas, wofür wir uns nicht zu schämen brauchten. Aber gleichzeitig empfanden wir mehr als Solschenizyns Held. Wir waren von dem Willen durchdrungen, uns der in einem Meer von Ungerechtigkeit ertrinkenden Welt zu widersetzen, von dem Willen, uns selbst zu beweisen, dass wir sogar unter solchen Umständen besser waren, intellektuell und organisatorisch kultivierter.

Wenn ich heute auf die Vergangenheit zurückblicke, erinnere ich mich daran, mit welch aufrichtigem Stolz die Frauen auf die Produktionsergebnisse blickten, auf die ordentlich funktionierende, saubere Fabrik, die zu dem Zeitpunkt, als sie sie kennenlernten, ein erbärmliches Bild der Verlotterung abgab: Die Maschinen fielen auseinander, die Ziegel zerbröckelten, die ausrangierten Geräte waren unter Staub begraben. Mir ist klar, dass dieser Stolz aus einem Überlegenheitsgefühl gegenüber jenen erwuchs, die vor uns dort gearbeitet hatten, und gegenüber jenen, die uns als Arbeitskräfte so inkompetent verwalteten. Bei dieser Arbeit, die dazu diente, uns unter der Fuchtel zu halten und zu demütigen, erneuerten wir uns selbst und unser Zutrauen in unser eigenes Können, und mehr noch, wir rangen unseren Unterdrückern Bewunderung ab. Es gibt verschiedene Möglichkeiten, nein zu sagen. Man kann die Arbeit verweigern oder sie schlecht ausführen. Doch wer diesen Weg wählte oder durch die damals herrschenden Verhältnisse in einem bestimmten Lager dazu gezwungen wurde, hatte keine Chance, seine Haut der Knechtschaft abzustreifen. Er wurde nicht nur von der Macht, sondern auch von seinen Mitgefangenen verachtet, für die er zum Ballast geworden war, und so wurde er schnell zu einem erbärmlichen Dochodjaga, der sogar die Fähigkeit zu denken verlor. Im Grunde half er den Machthabern bei seiner eigenen Liquidierung. Dabei war es möglich, wenn sich die Gelegenheit bot – obzwar es stimmt, dass sich solche Gelegenheiten nur selten boten –, das Werk als das eigene zu schätzen. Auch das war eine Form, nein zu sagen zu denen, die in uns nur Zugtiere sehen wollten, die uns dazu bringen wollten, an unsere eigene jämmerliche Natur zu glauben. Die Arbeit sollte uns umerziehen und ein Mittel zur Unterdrückung sein. Doch wenn es uns gelang, die Arbeit zu einem Quell moralischer Stärke zu machen, war das ein Triumph für uns. Ohne Stimme und ohne die Möglichkeit zu protestieren kämpften wir darum, menschlich zu bleiben. Wenn die Arbeit erfolgreich ist, gelingt es Menschen, eine gewisse Ehrlichkeit, ein Gefühl der Rechtschaffenheit und Freude dabei zu verspüren – umso mehr, da wir nur die Arbeit hatten und sonst nichts.

Ich zweifle nicht daran, dass wir, hätte sich die Ehrlichkeit nicht ausgezahlt, alles darangesetzt hätten, um die Prozentsätze auf anderem Wege zu erreichen. Und dass, hätten sich diese anderen

Wege als unzureichend erwiesen, die Last der täglichen Plackerei unerträglich geworden wäre. Glücklicherweise mussten wir nicht betrügerisch vorgehen, obwohl ich hier zugeben muss, dass die Tufta tief im System selbst verborgen war. Selbst die Vorarbeiter und auch die hart arbeitenden Frauen wussten nichts davon, sie konnten es allenfalls vermuten. Das war mein Geheimnis und das von Marijka, der großartigen *Normirowschtschiza*, die zusammen mit mir in der Ziegelfabrik arbeitete. Das Prozedere sah so aus, dass der zuständige freie Ingenieur mehrere Wochen lang jeden Tag die Arbeit in der Ziegelei kontrollierte. Dabei berechnete er, was für die Produktion notwendig war: die Lehmmenge, die Transportdistanz, verschiedene Angaben, die für die Arbeit im Trockenraum oder im Hoffmann-Ofen von Bedeutung waren. Ich will den Leser nicht mit solchen Beschreibungen ermüden. Auf jeden Fall mussten wir in diesen Wochen etwas unternehmen, damit die vorgegebene Leistungsnorm gesenkt werden konnte. Wir führten zum Schein noch eine Menge anderer Arbeiten aus: In jedem Hoffmann-Ofen gibt es kleine Vertiefungen, in denen sich nach dem Brennen des Ziegels Asche und Splitt ansammeln. Bei einer guten Produktion werden diese alle paar Monate gereinigt. Wir dagegen haben das jedes Mal gemacht, wenn der Ingenieur den Ofen betrat. Eine der Frauen wurde hinuntergelassen und wirbelte eine so unglaubliche Staubwolke auf, dass der Ingenieur das Weite suchte und davon überzeugt war, dass diese zusätzliche Reinigungsarbeit unerlässlich war; er nahm sie in den Plan auf. Dadurch konnten wir mit einem Schlag zwei Arbeitskräfte einsparen, die wir später zur Ablösung anderer Arbeitskräfte einsetzen konnten. Und das macht einen gewaltigen Unterschied aus. Ich erinnere mich auch daran, dass die Brigaden nachts, wenn der Ingenieur tief und fest schlief, die Kohle und den Lehm weiter von den Gleisen wegbrachten, damit wir am nächsten Tag zeigen konnten, dass wir eine längere Strecke zurückzulegen hatten, um die Ladung zu uns zu bringen. Was haben wir uns nicht alles einfallen lassen! Wir versteckten die stählernen Unterlegplatten, über die die Schubkarren reibungslos fuhren, und legten stattdessen schwere Bohlen aus, denn dafür galt eine andere Norm. Ich erinnere mich an die Arbeitsaufteilung. Für die erste Schicht, in der zwei Ziegelpressen in Betrieb waren, brauchte man zweihundert Leute, zusätzlich zu den Brigaden, die bereits mit dem Verladen der fertigen Ziegel beschäftigt waren. Achtundvierzigtausend Ziegel und zweihundertzwanzig Arbeitskräfte – das waren hundert Prozent. Wenn jedoch nicht alle sonstigen Arbeiten ausgeführt wurden, konnte die gleiche Produktion mit einer geringeren Zahl von Mitarbeitern erreicht werden. Mit zweihundert Leuten hatten wir einhundertzehn Prozent erreicht, mit einhundertsechzig waren es einhundertfünfunddreißig Prozent. Ich weiß nicht mehr genau, mit wie vielen Leuten wir die Tagesschicht in Angriff nahmen, aber es waren etwa einhundertsechzig oder einhundertsiebzig, nicht mehr.

Marijka war wie ich Prorab, zusammen waren wir für die Tufta zuständig. Wir bemühten uns – eingedenk des exzellenten Unterrichts von Iwan Moischejewitsch – die Situation überall, wo es ging, nach unseren Vorstellungen zu gestalten. Aber um effektiv und geräuschlos manövrieren zu können, mussten wir beide unter größter Geheimhaltung handeln. Nichts war ein besserer Deckmantel als ein ordentlicher Ziegelstein, massiv und rot, geradezu perfekt. Wenn die gleichmäßig gestapelten Haufen allmählich Form annahmen, wagte niemand mehr, die vorgegebene Leistungsnorm infrage zu stellen. Später ist mir zu Ohren gekommen, dass die Leitung des Chosorgan nach unserer Freilassung, als ich in eine obskure Kolchose und Marijka irgendwo in die Zentralabteilung geschickt worden waren, plötzlich die Arbeitspläne geändert hatte und die Ziegelei den Plan nicht mehr erfüllen konnte. Was bedeutete, dass sich Borissewa, die nach uns Prorab wurde, offenbar nicht genug durchsetzen konnte.

Vielleicht sollten wir die Ziegelei jetzt hinter uns lassen. Oder nein, ich sollte noch einmal dorthin zurückkehren, denn mir treten immer noch verschiedene Bilder davon vor Augen, manchmal komische, manchmal geradezu sentimentale. Die Fabrik hatte ein flaches Dach, auf dem man sich bequem hinlegen konnte. Unter dem Dach summten die Motoren, und dieses monotone Summen war einschläfernd. Über einem erstreckte sich ein wunderschöner südlicher Himmel. Unglaublich viele Sterne. Und endlich war man als Mensch allein, ohne die ständige Anwesenheit anderer Seki. Ein Moment der Einsamkeit ist im Lager etwas Wunderbares. Wenn ich auf dem Dach lag, ging ich nur ab und zu hinunter, um nachzusehen, ob alles in Ordnung war, und dann gleich wieder hinauf.

Die Nacht ist lang. Wir werden nicht vor fünf Uhr morgens von der Arbeit abgeholt. So kann ich mir die Sterne ansehen und beobachten, wie der Himmel langsam heller wird und wie in weiterer Ferne, in Richtung der am Horizont sichtbaren Berggipfel, die große goldene Sonne langsam aufgeht. Vom Dach aus kann man die Steppe sehen und wie die Linie des Himmels mit der Linie der grauen wüstenartigen Erde verschmilzt. Doch nun, in der Morgendämmerung, ist der Himmel so von einem goldenen Farbton gesättigt, dass ich die Grenzenlosigkeit der uns umgebenden Steppe deutlich sehen kann. Hier in der Nähe, gleich hinter den Stacheldrähten der Zone, befindet sich eine kleine Siedlung von Einheimischen. Sie erwachen bereits, kleine Rauchschwaden steigen auf, und ich sehe eine junge Kasachin mit einem mit Wasser gefüllten Krug auf dem Kopf geradewegs in die Steppe schreiten. Sie verrichtet ihre Notdurft und wäscht sich. Es ist ihr nicht peinlich, obwohl sie meine Anwesenheit bemerkt haben muss. Sie kennt keine Scham. Die Steppe ist riesig, da braucht man keine Toilette.

Zwei Kilometer entfernt befindet sich ein anderes Lager, mit einer Eisenbahnlinie auf der Rückseite. In der Ferne zeichnet sich kaum sichtbar der Dampf einer Lokomotive ab. Der einzige Fluchtweg, die einzige Möglichkeit hierherzugelangen ist eine Eisenbahnlinie, die über Hunderte von Kilometern geradeaus verläuft, bevor sie sich am ersten Anschlussbahnhof teilt. Eine Flucht aus unserem Lager ist völlig unmöglich. Die Bahnlinie wird stark bewacht, niemand kann ohne Papiere einfach in einen Waggon einsteigen, und die Steppe ist karg, nicht ein Bäumchen, nichts, um sich zu verstecken, kein saftiger Grashalm, nur trockene Äste und Skorpione.

In den zehn langen nächtlichen Stunden kann man viel nachdenken, viel in Erinnerungen schwelgen, sich selbst viel erzählen. Man kann seine Gedanken auch abschalten und sich den Sternen und der Nacht hingeben. Es ist nur schade, dass die Nacht kein Aroma hat. Nichts riecht dort, es ist zu heiß und zu trocken. Die Stille hingegen ist herrlich. Ich reagiere nicht auf das Geräusch von Motoren, denn daran bin ich gewöhnt. Die Stille der Steppe umfängt mich. Erst wenn das Motorengeräusch einen Moment verstummt, kehre ich in die Wirklichkeit zurück.

Im Winter scheint die Nacht länger zu sein. In den Gewerkschaftshäusern brennen unsere kleinen selbst gebauten Kohleöfen; im Büro, in der kleinen Baracke, also dort, wo die Arbeiter untergebracht sind und wo es auch einen Raum zum Arbeiten gibt, steht ein richtiger Ofen. So brauchen wir keine bittere Kälte zu erleiden. Die Frauen, die draußen arbeiten, versammeln sich gelegentlich hier, um sich aufzuwärmen und in Ruhe eine Zigarette zu rauchen. Wie sehr sich doch die Ziegelei von den anderen Arbeitsplätzen unterscheidet, vom nächtlichen Verladen der Kohle auf einen Kahn auf dem Fluss zum Beispiel oder dem Verlegen von Eisenbahnschienen! Wir sind im Lager privilegiert, das Schicksal war uns hold. Die anderen Brigaden betrachten uns mit Neid.

Ich kann diesen Neid verstehen, denn ich habe viele Formen der Arbeit ausprobiert. Ich musste mehrere Monate als einfache Arbeiterin beim Bau von Bahndämmen verbringen. Das war nicht weit vom See entfernt, und die Dämme mussten eine angemessene Höhe haben, damit die Gleise nicht überflutet werden konnten. Wir verließen die Zone früher als andere Brigaden, noch vor sieben Uhr morgens. Um sechs Uhr morgens mussten wir für den Raswod bereit sein.

Damals war es Winter, die übliche Eiseskälte in dieser Gegend lag bei etwa dreißig Grad unter null, und zudem wehte noch ein schrecklicher Wind. Immer wenn es kälter als dreißig Grad unter null war, »aktivierte« das Reglement einen sogenannten Ausfalltag. Aber die Lagerleitung log und betrog, und so wurden wir in Lastwagen verladen und auf einer unbefestigten, rutschigen Straße etwa fünfzehn Kilometer weit weggekarrt. Manchmal wurden wir von einer freundlichen Eskorte begleitet; dann rief der Soldat, der in der Fahrerkabine saß und uns sein Gesicht zugewandt hatte: »Du da, rechts in der zweiten Reihe, deine Nase ist weiß.« Dann musste man sich sofort etwas Schnee von den Seiten des Wagens nehmen und seine Nase damit kräftig reiben. Wir haben diesen Dienst oft erwidert, denn während er hoch aufgerichtet dasaß, erfroren auch ihm oft die Wangen oder die Ohren. Aber diese menschlichen Reflexe zeigten sich nicht bei allen Soldaten. Wir saßen mit dem Rücken zueinander und konnten uns erst nach dem Eintreffen am Arbeitsplatz gegenseitig inspizieren. Es war manchmal nicht mehr möglich, die erfrorene Stelle wieder warm zu reiben. Dann entstand ein purpurroter Fleck, der unsere Frauenwangen dauerhaft entstellte.

Die erste Arbeitsstunde war unerträglich. Die Erde war wie Glas und völlig gefroren. Keine Hacke konnte gegen sie etwas ausrichten. Man musste mit einem schweren Hammer an einigen Stellen um sich herum im Abstand von jeweils etwa fünfzehn Zentimetern Keile einschlagen, damit die Erde zu bersten begann. Mit Hilfe eines Brecheisens konnte man dann das geborstene Stück herausholen. Das erforderte viel Zeit, und die Norm war hoch. Außerdem hatten unsere vor Kälte steifen Hände keine Kraft mehr, um die Werkzeuge zu halten, und unsere Gesichter wurden vom rauen Wind eiskalt.

Dennoch legte jede Frau nach etwa einer Stunde ihren Buschlat ab. Trotz der eisigen Kälte und des Windes arbeiteten wir in unseren wattierten Pullovern weiter. Nur unsere Hände bekamen wir nicht warm. Die Kälte des Stahls schnitt durch unsere Handschuhe hindurch. Man konnte sich eine Weile in einer kleinen Baracke mit einem Ofen aufwärmen, doch es war besser, das zu vermeiden, denn dann bestand die Gefahr, dass einem bei Temperaturschwankungen die Finger abfroren. Daher war es besser, die Wärme in der Arbeit, in der Bewegung zu suchen, aber dabei ergab sich das Problem, dass unsere Arbeit für weibliche Arbeitskräfte eigentlich nicht zu leisten war. Wir mussten also auf die Gnade des Abends warten. Wir bekamen keine Suppe, wir machten keine Pause, denn wo hätten wir sie verbringen sollen? Im Wind? Deshalb wurden wir, nach einem Arbeitstag von zehn statt elf Stunden, eine Stunde vor den anderen Brigaden von der Arbeit abberufen. In den letzten Stunden mussten wir bei fahlem, provisorisch installiertem elektrischem Licht arbeiten, bei dem man kaum erkennen konnte, wo man sein Brecheisen ansetzen sollte. Dabei ist das exakte Ansetzen des Brecheisens sehr wichtig. In völliger Dunkelheit kehrten wir zurück, so erschöpft, dass es uns schon schwerfiel, unsere Schüssel Suppe auf den Tisch zu bringen. Unsere Hände verweigerten uns den Dienst.

Als wir mit dem Verlegen der Schienen beginnen konnten, wurde die Arbeit für uns etwas leichter. Wir mussten das Gleisbett mit Kies bestreuen und mit Steinen auffüllen. Das Abladen der Steine vollzog sich fröhlich und schnell, doch es war sehr gefährlich. Eine der ukrainischen Frauen wurde unter den Steinen verschüttet, ihr ganzer Brustkorb wurde zerquetscht. Wie durch ein Wunder hat sie es überlebt. Das Schlimmste war, dass wir beim Bau der Eisenbahn nie die geforderten hundert Prozent erreichen konnten. Wir mussten also mit dieser miesen Grundration, der sogenannten Garantie, überleben: Wir waren halb verhungert und wurden von Tag zu Tag schwächer. Es war unser größtes Glück, dass der Bau aufgrund von

Haushaltskürzungen plötzlich eingestellt werden musste, und zwar für lange Zeit. Noch viele Jahre später erzählten freie Bürger, die in dieser Gegend lebten, von einer seltsamen Eisenbahnlinie ins Nirgendwo. Wir wussten, wohin sie führen sollte: mit Sicherheit in unsere Vernichtung.

Doch was habe ich dort nicht alles gelernt. Ich lernte, wie man einen Gleisunterbau anhebt, wie man Schienen verlegt, und das alles natürlich von Hand. Später, als wir auch in der Ziegelei Gleisbauarbeiten machen mussten, konnte ich das so steuern, dass wir komfortablere Leistungsnormen zugewiesen bekamen.

Ich weiß nicht, was schlimmer ist: Eiseskälte und Wind oder Hitze und ein Wind, der so heiß ist, als käme er aus einem Schmiedeofen, der einem ständig Sand in Augen und Mund bläst und die Atemwege verstopft. Die Hitze kann so unerträglich sein, dass ein Mensch, der völlig durchnässte Kleidung trägt, in kürzester Zeit gänzlich austrocknet. In der Ziegelei haben wir uns ständig von Kopf bis Fuß mit Wasser übergossen, aber Wasser hatten wir dort ja auch im Überfluss. Einmal, es war im Sommer, zog ich mit den Brigaden in die sogenannte Wasserzone. Das war ein großes Projekt – der Bau einer Dutzende Kilometer langen Wasserleitung. Angesichts der klimatischen Bedingungen mussten die Gräben bis zu sechs Meter tief in den Boden reichen und breit genug sein, um die großen Rohre darin zu verlegen. Die Erde war hier ebenso hart wie anderswo und manchmal mit Wüstensand bedeckt. Wir rückten langsam in Richtung Stadt vor, manchmal fünfzig, manchmal hundert Meter pro Tag. Die Arbeiten begannen irgendwann im Mai und dauerten bis zum Herbst. Steppe. Nirgendwo ein Baum. Schatten konnten wir uns durch das Aufhängen einer Plane an Spaten verschaffen, die wir in den Boden rammten. Durst. Morgens wurde uns eine Tonne gebracht, die gerecht aufgeteilt werden musste, sodass keiner mehr als der andere bekam. Nach wenigen Minuten war die Tonne leer. Ein kleines Pferd zog die Tonne zu einem acht Kilometer entfernten Dorf und wieder zurück. Es dauerte lange, bis das Pferdchen zurückkehrte – das Tier war schwach und lief langsam. Der Reiter hatte es nicht eilig, auch wenn wir alle vor Durst fast umkamen. Aus dem tiefen Graben kam immer wieder jemand nach oben, um in die Steppe zu spähen und nachzusehen, ob der Mann mit seinem Pferd schon zurückkehrte. Als er nach mehreren Stunden endlich am Horizont auftauchte, ertönten Rufe. Die Frauen verließen ihre Arbeit und liefen voller Ungeduld Richtung Wachposten. Das überraschte mich nicht. Sie waren schweißgebadet unter dieser unbarmherzigen Sonne, die den Sand so stark erhitzte, dass man sich die Fußsohlen verbrannte. Eine Temperatur von dreißig Grad und mehr ist in dieser Gegend normal. Manchmal sind es sogar vierzig Grad im Schatten, und die Luft ist knochentrocken. Die Eskorte drohte mit ihren automatischen Gewehren; man befürchtete, dass sich die ungeduldigen Frauen achtlos in den Stacheldraht stürzen würden. Die Tonne kam hinter der Zone zum Stehen. Unter Aufsicht der Eskorte gingen die Vorarbeiter abwechselnd in die Zone, um ihre Eimer zu füllen. Manchmal kam es vor, dass jemand in der Menge einen solchen Eimer wegschob oder sich darauf stürzte, mit den Lippen am Rand des Eimers, der daraufhin umkippte, sodass für die anderen nichts mehr übrig blieb. Es war schwierig, Ordnung und Disziplin aufrechtzuerhalten. Die energischeren Vorarbeiter teilten selbst der Reihe nach Becher aus, damit auch die Schwächeren, die sich nicht durch die Menge zwängen konnten, aber nicht weniger litten als die anderen, genug zu trinken bekamen. Es kam nicht oft vor, dass der Mann mit dem Pferd sich bereit erklärte, eine weitere Runde zu drehen. Das Tier war von der Hitze und dem langen, sandigen Weg erschöpft. Also musste man die Zähne zusammenbeißen und mit seinem unstillbaren Verlangen nach Wasser bis zum Abend, bis zur Rückkehr, durchhalten.

In unserer Ziegelei, wo es im Sommer so furchtbar heiß sein konnte, vor allem im Hoffmann-Ofen, wo die Temperatur auf fünfzig Grad anstieg, schlug Igor Matwejewitsch vor, Eis für die kommenden Hitzewellen vorzuhalten. Wir gruben dann im Winter eine ausreichend tiefe Grube und gossen langsam kaltes Wasser hinein, das sofort gefror. Wir bedeckten das Eis mit Sägemehl – für das unser guter Direktor gesorgt hatte – und dann mit einer Erdschicht. Im Sommer, wenn es gefunden wurde, war unser Wasser kristallklar, kühl und erfrischend. Das verschaffte uns Erleichterung.

An Igor Matwejewitsch erinnere ich mich mit Tränen in den Augen. Er war lange vor unserer Ankunft, gleich nach dem Krieg, mit seiner ganzen Familie hierher deportiert worden. Er stammte aus Westrussland. Ich weiß nicht, was der Grund für seine Deportation war oder ob es überhaupt einen Grund gab. Wie es schien, stand es ihm mittlerweile sogar frei zurückzukehren. Aber das wollte er nicht, er hatte sich an die Steppe und an den See gewöhnt. Ich glaube außerdem nicht, dass er über den Ehrgeiz oder den Willen verfügte, sich ein neues Leben aufzubauen. Er fing an zu trinken. Er trank schon von frühmorgens an, und bevor er seine zweihundert Gramm nicht getrunken hatte, zitterten seine Hände, und er war nicht einmal mehr in der Lage, einen Stift zu halten. Uns gegenüber verhielt er sich herzlich, obwohl er ab und zu einem von uns – in guter alter russischer Manier – schon mal eine Reihe von Schimpfwörtern entgegenschleuderte. Aber er war nie bösartig. Er interessierte sich vor allem für den Hoffmann-Ofen und verbrachte viele Stunden damit – alles andere überließ er fast vollkommen uns. Er sprach nie über sich selbst. Wir haben so viele Jahre zusammen verbracht, so viele Male zusammen im Gewerkschaftshaus gesessen, die Arbeit inspiziert, nach einer Lösung für alle möglichen Produktionsprobleme gesucht, aber nicht ein einziges Mal hat er mich gefragt, warum ich einsaß. Ich vermute, dass er sehr vorsichtig war und sich als Exilant vor jedem etwas persönlicheren Kontakt fürchtete. Aber man konnte immer mit einer Frage zu ihm kommen, man konnte sich auch etwas von ihm erklären lassen, wenn eine Störung oder ein anderes Problem aufgetreten war. Ich weiß, dass er volles Vertrauen zu mir hatte. So kam es, dass er manchmal erst nach Abschluss der Arbeiten vorbeikam, um zu notieren, was wir geschafft hatten, und manchmal habe ich ihn gar nicht zu Gesicht bekommen. Sicherheitshalber wurde er in seiner Abwesenheit durch Kolka, einen anderen Vorarbeiter, vertreten, einem furchtbar dummen, aber wichtigen Typen, von dem wir nicht viel hielten. Doch es musste nun einmal einer der Freien anwesend sein, und sei es nur, um ans Telefon zu gehen, denn das war mir und den anderen Häftlingen strengstens untersagt. Die Frau, die als Wärterin Dienst tat, hätte eine solche Regelverletzung nicht durchgehen lassen. Und das Telefon klingelte oft, um die Ankunft der Waggons, der Lokomotive, der Lastwagen usw. anzukündigen. Normalerweise übernahm Abai, ein Kasache, der dem Vorarbeiter half, diese Aufgabe. Er telefonierte gern im Büro und gab Befehle in seinem gebrochenen Russisch. »Fünf Waggons, auf Rangiergleis!«, rief er. Wir begannen ihn mit der Zeit »Rangiergleis« zu nennen. Er lief sommers wie winters in seinem Buschlat herum, trug immer dieselbe zusammengeflickte Hose und eine viel zu weite *Malachai*[27]. Ich habe mich jedes Mal gewundert, dass er in diesen Klamotten nicht geschmolzen ist.

Es tut mir nicht gut, über das Lager zu schreiben. Seit einigen Tagen träume ich nachts davon, es fühlt sich realer an als die Wirklichkeit selbst. Es kommt mir dann so vor, als würde ich nun erst aufwachen und als wäre die Rückkehr, Warschau, alles, was nach meiner Rückkehr geschehen ist, in diesen langen vergangenen zwanzig Jahren nur ein Traum gewesen, eine nächtliche Wahnvorstellung, und als ginge ich jetzt wieder die kleine Straße entlang, vorbei am Hoffmann-Ofen, den ich kristallklar, mit einer Vielzahl kleiner Details, vor mir sehe, von denen ich dachte, dass ich sie bereits aus meinem Gedächtnis gelöscht hätte. Ich bemerke die cha-

---

27 Eine Art Mütze mit breiten Ohrenklappen.

rakteristische bröckelnde Mauer, den abblätternden Putz, die nicht ganz geraden Schienen der Eisenbahn und die verzogenen Waggons, die meiner Meinung nach zu den Metallarbeitern zurückgeschickt werden sollten. Danach sitze ich plötzlich im Büro, hinter zwei miteinander verbundenen Tischen, Igor Matwejewitsch mir direkt gegenüber, und fühle mich unruhig, denn es fehlen einige Arbeitskräfte, um die Norm zu erfüllen. Die Unruhe ist so spürbar, dass ich, ganz davon durchdrungen, aufwache. Warum sind die Träume so intensiv und die Worte so tot? Ich weiß nicht, ob es überhaupt möglich ist, diese Gemütszustände, die Ängste, den Mangel, das Leiden wirklich wiederzugeben. Ist es möglich, sich davon eine Vorstellung zu machen, wenn man es nicht selbst miterlebt hat? Die bekannten Aspekte, die brutalen Fakten des Lagerlebens regen die Phantasie an: das, was uns Angst einflößt. Mit anderen Worten: die Schläge, die Folterungen, der Tod. Aber kann der Leser meine Beunruhigung nachvollziehen? Vielleicht erscheint ihm dieses Gefühl nur trivial. Schließlich weiß er nicht, was Gefangenschaft wirklich bedeutet, er hat keine langen Tage und Nächte in ihr verbracht, und er weiß nicht, was Hunger ist. Er kennt nur Appetit, gesunden Appetit, und das ist etwas Angenehmes, vor allem wenn man an einem Tisch voller köstlicher Speisen sitzt. Aber Appetit und Hunger sind zwei grundverschiedene Phänomene. Hunger vergeht nicht, Hunger kann zum Beispiel nicht dadurch gestillt werden, dass man einfach eine größere Portion isst. Wenn die Gedärme ihren Dienst versagen, nimmt der Darm keine Nährstoffe mehr auf. Man kann sie dann zwar einen Moment lang austricksen, aber für einen ausgemergelten Körper bedeutet ein solcher Moment nicht viel – und solche Momente kommen im Lager selten oder gar nicht vor. Der Hunger ist also unaufhörlich präsent, Tag und Nacht, wochen- und monatelang, ohne Unterbrechung. Der Hunger hindert dich daran zu denken, zwingt dich, dich selbst herabzuwürdigen – die Qualen führen zur Selbsterniedrigung. Manchmal scheint es dir zu gelingen, den Hunger mit einem Zwieback zu stillen, den dir eine Kollegin gibt, oder mit einer selbst gedrehten Zigarette, aber das ist nur eine Illusion, der Hunger ist immer da, auch wenn er schlummert. Dein ganzes Ich wird zu einem einzigen Verlangen: Essen. Es spielt keine Rolle, was und zu welchem Preis. Der Hungrige durchsucht das weggeschüttete Spülwasser, bückt sich, um ein weggeworfenes Kerngehäuse eines Apfels aufzuheben, lutscht an Kartoffelschalen. Immer sind da diese Schatten von Menschen, die ständig um die Küche schleichen und darauf warten, dass jemand einen Rest fade Suppe oder ein Stück eines Fischkopfes übrig lässt.

Als mir im Gefängnis zum ersten Mal eine Portion Brot gebracht wurde, kam mir das wie eine gigantische Menge vor. Wer kann schon vierhundert Gramm Brot essen? Zu Hause wurde nie so viel Brot verzehrt. Aber wie schnell verliert ein Organismus seine Reserven! Eine Woche dünne Suppe ohne Fleisch und Fett, ein völliger Mangel an Zucker, und schon erscheint eine solche Portion Brot dem Gefangenen mikroskopisch klein. Schließlich lebt er ja nur von Brot. Nach Jahren eines solchen Regimes ist der Körper so ausgezehrt und reagiert der Organismus dermaßen darauf, dass es eine echte Katastrophe bedeutet, auch nur wenige Tage mit einer reduzierten Ration leben zu müssen. Allzu oft habe ich erlebt, wie ein armer Sek, dem es einige Monate lang etwas besser ging, der wieder zu Kräften gekommen war, anschließend zu einer anderen Arbeit versetzt wurde, bei der die vorgegebene Leistungsnorm nicht mehr erfüllt werden konnte, bei der er nur noch Minimalrationen bekam und bei der er in kürzester Zeit zu einem Dochodjaga wurde.

Nach fünf Tagen wird die ganze Arbeit zusammengerechnet. Die fünftägige Arbeitsleistung zur Erfüllung der Norm entscheidet über fünf Tage deines Lebens, darüber, welche Ration du bekommen wirst. Der Verlust der Rekordration verheißt fünf hungrige Tage. Wir schaffen es in der Regel, die Rekordration zu bekommen, aber wir schleppen Jahre des Hungers mit uns herum, was jeden Moment, in dem wieder größerer Hunger droht, unerträglich macht. Mein Traum ist wie eine Wiederholung der Vergangenheit. Unzählige Male hatte ich genauso dagesessen, Igor Matwejewitsch direkt gegenüber, und ihn beobachtet. Er war schlau, er ließ sich nicht täuschen. Bei ihm hatte Schummeln keinen Sinn. Immer wenn der Lehm knapp wurde und die Ziegelei praktisch stillstand oder wenn ein Notfall eintrat und alles schiefging, zerschlug sich unsere Planung, und es war unmöglich, die Ziegelproduktion durch andere Arbeiten zu kompensieren. Wir waren seinem guten Willen ausgeliefert.

Ich musste ihn nie um Hilfe bitten (es hätte sowieso nichts gebracht), aber er verstand die Situation selbst immer sehr gut.

»Wie viel brauchst du?«, fragte er.

»Soundso viel.«

»Das ist viel.«

»Wenn es weniger wäre, würde es auffallen, und sie würden sich zu fragen beginnen, warum die Arbeit in letzter Zeit so schlecht läuft.«

»Sie kann natürlich nicht immer gut laufen.«

»Sie werden sich dann nicht nur fragen, was mit dem Lager schiefläuft, sondern auch mit der Leitung, Herr Matwejewitsch.«

Er kannte meine Argumente ebenso gut wie ich. Er wusste, dass sie zutrafen. Also musste man fiktive Arbeit eintragen, aber davor hatte er Angst. Es stand Spitz auf Knopf. Schließlich nahm er den Stift in die Hand, und ich erstarrte vor Anspannung: Würde er mir so viel dazuschreiben, wie ich wirklich brauchte? Er rechnete es selbst aus. »Hundertdreizehn Prozent, mehr kann ich wirklich nicht für dich tun.« Ich wusste, dass er nicht mehr tun konnte, aber es war besser als nichts. Einige unserer Leute könnten dann noch immer eine Rekordration bekommen, die Portionen von Musterarbeitern. Wir würden untereinander teilen und tauschen können. Morgen würde die Steinpresse repariert, und dann würde alles wieder wie gehabt funktionieren, und unsere Sorgen würden verschwinden. Dann würde ich nicht mehr sorgenvoll vor unserem Direktor sitzen müssen.

Manchmal kam er sturzbetrunken in sein Büro und schlief sofort ein. Es war schwer mitanzusehen, wie ein Mann, der schon einige Jahre auf dem Buckel hatte, vom Leben völlig zerstört war. Manchmal trank er genau die richtige Menge, und dann hatte er richtig gute Laune. Er hatte eine Schwäche für Ola U. Ihre Brigade arbeitete an den Pressen. Er rief sie damals ständig in sein Büro, jeder Vorwand war ihm recht, um sich zu amüsieren und zu scherzen. Er lachte über ihre ukrainische Aussprache mit ihrem Akzent. Eine unserer Lagerleiterinnen, den »Skorpion«, mochte er hingegen nicht. Sie war uns in der Ziegelei ständig auf den Fersen, ging von einem Gewerkschaftsgebäude zum anderen, schnüffelte und suchte überall, um zu sehen, ob nicht jemand aus Versehen etwas getan hatte, was gegen die Regeln der Leitung verstieß. Man musste äußerst wachsam sein, denn man konnte schon wegen der geringsten Kleinigkeit einer solchen Regelverletzung beschuldigt werden. Igor Matwejewitsch konnte die Art, wie der Skorpion redete, sehr gut nachahmen – ihren bäuerlichen Dialekt voller Fehler, irgendwo aus Mordwinien[28] stammend, mit der charakteristischen Betonung des Buchstabens O. Sie war wirklich ein außerordentlich dummes Weib, und obendrein war sie bösartig und so misstrauisch, dass sie allen eine Heidenangst einjagte. Sie hatte unglaublich kleine Augen, aber dennoch einen durchdringenden scharfen Blick und eine unvorstellbare Aufmerksamkeit. In der Zone schlich sie sich leise wie eine Katze in die Baracke und bemerkte immer, wenn jemand ein Messerchen in der Hand hatte oder Stricknadeln für einen Pul-

---

28 Autonome Republik (sowohl zur Zeit des Sowjetregimes als auch gegenwärtig), zwischen Moskau und der unteren Wolga gelegen. Das Mordwinisch gehört zu einer eigenen (finnougrischen) Sprachfamilie.

lover. Im Handumdrehen stand sie neben ihren Opfern, um ihnen ihre Schätze abzunehmen, und sehr oft schickte sie sie direkt in die Isolierzelle. Nichts entging ihr, nicht einmal die auf erfinderischste Weise versteckten Briefe, Bleistifte, Stricknadeln, Rasierklingen oder Wollknäuel. Wir verspürten immer eine gewisse Genugtuung, wenn sie selbst Rückschläge zu verzeichnen hatte.

So gab es eines Tages in der Ziegelei einen Vorfall, der uns alle amüsierte. Igor Matwejewitsch war nicht da – er war in sein Haus hinter der Zone gegangen. Und deshalb wurde ich informiert, dass das Feuer im Hoffmann-Ofen erloschen sei. Das ist eine technische Katastrophe. Ich wies die Frauen an, wo immer es möglich war, zerbrochene Bretter zu sammeln und mit ihnen nach oben zu gehen, ich selbst lief zu einem Petroleumlager. Mit einem schweren Eimer in der Hand eilte ich zurück, als plötzlich, wie aus dem Nichts, der Skorpion auftauchte. Sie hatte mich eindeutig beobachtet, als ich Brennstoff aus der Tonne genommen hatte. Sie versperrte mir den Weg. »Brennstoff!«, rief sie. »Du hast bestimmt vor, die Ziegelei in Brand zu setzen, du Saboteur, du Faschist!« Sie wollte mir den Eimer aus der Hand reißen, aber entgegen allen Prinzipien des Lagerregimes gab ich ihr einen Schubs und ging weiter zum Ziegelofen, wohin immer mehr Bretter gebracht wurden. Wir begannen mit der Rettungsaktion: Wir mussten die petroleumgetränkten Bretter in die Öffnungen des Ofens werfen, damit sie mit einem stärkeren Feuer verbrennen konnten. Eine Öffnung nach der anderen kam an die Reihe: ein wenig Brennstoff, ein wenig Holz und hopp! Auch Igor Matwejewitsch tauchte auf. Er übernahm sofort das Kommando. Spaltet die Bretter stärker! Wir brauchen kleinere Späne! Schüttet hierin! Schüttet mehr dazu! *Dawai, dawai!* Und schließlich ertönte ein Freudenschrei: Der Ofen brannte wieder. Das Feuer gewann an Kraft und wurde langsam immer mächtiger, nahm an Umfang zu und schlang schließlich seine Arme um die neuen Mauern aus rohen vorbereiteten Ziegeln. Wir waren so beschäftigt, dass wir gar nicht bemerkt hatten, dass wir unterdessen schon geraume Zeit Gesellschaft von unserem Oberst, dem Lagerkommandanten, dem Leiter der Produktionsabteilung und dem Oper bekommen hatten. Sie waren vom Skorpion telefonisch informiert worden: Sie sollten dringend kommen, um festzustellen, dass ein Prorab die Ziegelei in Brand zu setzen plante. Was muss ihnen damals durch den Kopf gegangen sein, als sie uns und unseren Direktor (nur zur Erinnerung, ein freier Bürger) sahen, völlig mit Teer verschmiert, schwarz vor Ruß, überhitzt, denn aus den Öffnungen des Ofens stieg eine Temperatur von bis zu tausend Grad auf, und, was noch auffälliger war, durch nichts abzulenken und völlig absorbiert von dieser seltsamen Beschäftigung, diesem konzertierten Schüren eines schlummernden Feuers irgendwo in den Tiefen des Gebäudes? Ich hatte sie irgendwann aus dem Blickwinkel bemerkt, aber ich tat so, als hätte ich sie nicht gesehen, obwohl ich sofort verstand, warum sie gekommen waren. Ich flüsterte Igor Matwejewitsch zu, dass sie dort stünden, und informierte ihn auch über meine Begegnung mit dem Skorpion. Er sagte nichts, war aber sichtlich erfreut. Als das Feuer gerettet war, konnten wir endlich erleichtert aufatmen. Ich schickte die Frauen zurück an ihre gewohnte Arbeit und machte mich auf den Weg, um der Lagerleitung Bericht zu erstatten. Doch Igor Matwejewitsch kam mir zuvor. Er war bereits bei der Lagerleitung und erklärte, dass ich irgendwie belohnt werden solle, dass ich in seiner Abwesenheit das Feuer und damit Tausende von Ziegelsteinen, Tausende von Rubeln gerettet habe, dass er mir besonders dankbar sei und noch mehr solcher Worte. Die Miene, die der Skorpion bei seinen Ausführungen zog, war unbeschreiblich. Die Lagerleitung klopft einem Sek üblicherweise nicht gerne auf die Schulter. Also antworteten sie, dass es gut sei, wenn man mit ehrlicher Arbeit seine Schuld tilge, dann verzogen sie sich. Wahrscheinlich wäre es ihnen lieber gewesen, wenn sich jemand tatsächlich als Brandstifter erwiesen hätte. Für die Entdeckung eines solchen Verbrechers wären Ehrungen und Belohnungen, vielleicht sogar eine Beförderung verteilt worden, und nun gab es nichts von alldem. Es war einfach nur ein Produktionsvorgang. Irgendein Feuer war ausgegangen und musste mit Brennstoff neu entfacht werden. Nichts, was erwähnenswert war. Nichts, worüber man einen Bericht verfassen konnte. Der Skorpion war wütend, sie sah mich hasserfüllt an und fragte mich, warum ich ihr die Situation nicht erklärt habe – woher solle sie denn wissen, dass ich gute Absichten hatte? Was hätte ich darauf antworten sollen? Ich hatte es eilig, das ist alles. Es war keine Zeit für Erklärungen. Ich hatte Mitleid mit ihr, denn die Frauen trieben ihren Spott mit ihr, wann immer sie konnten, und Igor Matwejewitsch strahlte wie ein Honigkuchenpferd. Er konnte sich das erlauben. Natürlich erhielt ich keine Belohnung.

Ein idyllisches Lager. Eine idyllische Ziegelfabrik. In meiner Geschichte wirken die inhaftierten Frauen wie Engel, sympathische, harte Arbeiterinnen, die von nichts anderem träumen als von einem schönen Ziegelstein. Meine Geschichte hat etwas an sich, was mich heute stört, aber dennoch ist es die Wahrheit.

Ich erinnere mich an die Worte eines meiner Lehrer. Er sagte, dass womöglich jeder Mensch einen Strohhalm brauche, an den er sich klammern könne, auch wenn es eine Illusion sei, auch wenn der Strohhalm so zerbrechlich und schwankend sei, dass er Gefahr laufe, in all dem Wellengang selbst unterzugehen. Vielleicht war dieser Ziegelstein für uns ein solcher Strohhalm? Vielleicht hat uns dieser Ziegelstein erlaubt, doch noch einen Rest an Menschlichkeit zu bewahren? Für die Lagerleitung waren wir verachtenswerte Kreaturen, und diese Verachtung begann an unserer eigenen Seele zu nagen. Wir mussten uns davor schützen, aber alles nährte diese Verachtung: die ständige Unruhe, der Hunger, das Denunzieren und die Repression, die quälend langsam verlaufende Zeit. Alles verwässerte und zerstörte in diesem endlosen Strom kleiner, alltäglicher Lebensmühen die Reste des eigenen Willens, der eigenen Gedanken und der eigenen Menschlichkeit. Wie schwer fiel es uns doch, weiterhin um das innere Feuer, die menschliche Kraft zu kämpfen! Die Arbeit in der Ziegelei war hart, und es kam oft vor, dass eine der Frauen nach der Rückkehr in die Zone erledigt war. Sie wollte sich nicht waschen gehen und legte sich völlig gleichgültig, schmutzig von all dem Staub der Ziegelsteine, ins Bett. Es erforderte sehr viel Geduld, um sie davon zu überzeugen, dass diese letzten Anstrengungen notwendig waren, dass wir uns noch einmal waschen mussten, dass wir unsere schmutzigen wattierten Arbeitswesten ausziehen und unsere unter dem Kopfkissen versteckten Pullover anziehen mussten, dass wir die schrecklichen Haferflocken essen mussten, auch wenn sie Magenkrämpfe und fast Brechreiz verursachten. Diese Überzeugungsarbeit leisteten wir mal auf sanfte, mal auf beherzte Art. Selbstverleugnung kam nicht infrage, man durfte sich nicht gehen lassen. Selbstverleugnung ist der Anfang vom Ende, denn sie bedeutet, dass die Menschlichkeit aufgegeben wird, und führt direkt zu jener Gefängniskrankheit, einer seltsamen Krankheit, in der der Mensch zu einem Automaten entartet: Er geht dahin, wo man es ihm befiehlt, er tut, was man von ihm verlangt; nichts kommt mehr von ihm selbst, als hätte er sein eigenes Ich völlig verloren.

Einer meiner Freunde hatte nach seiner Rückkehr nach Polen nicht mehr die Kraft, sich von dieser Gefängniskrankheit zu befreien. Er fühlte sich nur noch in einem Sanatorium wohl, wo ihm Ärzte und Krankenschwestern sagten, was er tun solle. Zu Hause kam er nicht mehr aus dem Bett. Früher war er ein intelligenter Gelehrter gewesen, nun las er nichts mehr, nicht einmal Zeitungen, und nichts interessierte ihn mehr: weder die Politik noch das Leben oder seine Familie. Er hörte lustlos Musik – ich weiß nicht einmal, ob er mitbekam, was gespielt wurde. Wenn ich ihn besuchte, erzählte er mir von seiner Arbeit für die AK, aber auf eine farblose

Art und Weise. Er hatte furchtbar viel vergessen. Ein unterernährter und wehrloser Körper, der sich zu keiner Anstrengung durchringt, fällt schnell der Vergesslichkeit zum Opfer. Eines Tages starb er, still und ohne erkennbaren Grund. Er war einfach erloschen.

Manche Psychologen behaupten, um Veränderungen im menschlichen Geist zu bewirken, genüge es, drei Jahre in einem Gefängnis zu sitzen. Bei uns hieß es, dass man fünf Jahre problemlos durchhalten könne. Fünf Jahre, das ist ein Klacks: Man ist immer noch dieselbe Person. Aber je länger es dauert, desto schlimmer wird es. Die Perspektive von zehn Jahren ist aussichtslos. Das ist eine ganze Gymnasialzeit, das sind zwei Universitätsabschlüsse, das ist eine Tochter, die in die vierte Klasse geht. Niemand im normalen Leben denkt in solchen Zeitkategorien, niemand macht Pläne über einen solchen Zeitraum. Wie kann man wissen, was in einem Jahr oder in zwei Jahren sein wird? Geschweige denn in zehn Jahren? Darf man überhaupt an das Ende seiner Strafe denken? Darf man Träume haben und Pläne schmieden? Die Zukunft wird leer. Und Erinnerungen verblassen. Der Kopf funktioniert nicht mehr so wie früher, Fakten verflüchtigen sich, das Wissen läuft davon, Namen und Ereignisse verschwinden. Vor uns liegt nur der nächste Tag, der mit dem Weckruf um fünf Uhr morgens beginnt, und nur diese Schale Suppe und dieser Löffel Haferbrei und ein Stück Brot und danach das Antreten zum Appell, manchmal schon um sechs Uhr morgens, und das Warten, das Warten darauf, das Lager verlassen zu können, egal ob es windig oder eiskalt oder furchtbar heiß ist, und dann der Weg zu Fuß oder mit dem Lastwagen, dem jedes Mal die immer gleichen Warnungen der Eskorte vorausgehen. Und dann die Arbeitszone. Lange Stunden mit – je nach Gottes Wille – schwerer oder leichter Arbeit, dann eine fade, triste Suppe und anschließend wieder mehrere endlose Stunden, bis schließlich das Ende des Arbeitstages eingeläutet wird und nach elf langen Stunden der Rückweg angetreten werden kann. Dann noch das Warten vor dem

Tor auf die Kontrolle, dann die Lagerzone. Abendessen, waschen, ein paar freie Momente, die man, wenn man nicht zu müde ist, zum Lesen von ein paar Seiten eines Buches oder zu einem Gespräch mit Freunden nutzen kann, und dann steht auch schon die abendliche Inspektion an. Das ganze Lager stellt sich in Fünferreihen auf und wartet voller Ungeduld auf das Ende der Zählung. Spontan möchte man dem ungebildeten Wärter zu Hilfe eilen, der sich ständig verzählt. Eine Glocke verkündet das Ende der Inspektion. Jetzt bleiben nur noch die Baracke und die abendliche Stille. Die Seki sind drinnen, das Vorhängeschloss verriegelt die Tür. Was für ein Mief in diesem überfüllten Raum voller Pritschen, dieser stechende Geruch von feuchter wattierter Kleidung! Man muss sich noch die Zähne putzen, das ist notwendig, auch wenn es nur mit kaltem Wasser möglich ist, und wenn man nicht in den Waschraum gehen konnte, muss man sich am Waschbecken etwas frisch machen. Und dann ab ins Bett. Man dreht sich noch eine letzte große *Bankrutka* vor dem Schlafengehen und noch eine zweite, die man für den Morgen, für das Aufstehen bereitlegt. Und dann schlafen. Am besten träumt man von Ziegeln, davon behält man beim Aufwachen zumindest keinen Kater zurück.

Ich versuche noch ein paar Zahlen zu rekonstruieren. Unsere Produktion kam auf etwa eineinhalb Millionen Ziegel pro Monat. Wir wurden für je tausend Ziegel bezahlt. Der Preis hing von der Jahreszeit ab und davon, ob wir nachts oder tagsüber gearbeitet hatten, aber im Durchschnitt betrug er etwa fünfundneunzig Rubel. Allein die Ziegelsteine brachten dem Lager mehr als hundertvierzigtausend Rubel monatlich ein. Darüber hinaus wurden alle Arbeiten wie das Beladen der Waggons, die Herstellung der Schlackenblöcke, das Abladen der Kohle, die Schneeräumung usw. gesondert bezahlt. Wenn man davon ausgeht, dass diese Arbeiten zu hundert Prozent zum Tagessatz eines gewöhnlichen Arbeiters – damals 17,86 Rubel – ausgeführt wurden und dass für all diese

Tätigkeiten etwa vierzig Arbeiter nötig waren, müsste man weitere zwanzigtausend Rubel hinzurechnen, was zusammen hundertsechzigtausend Rubel im Monat ergibt. Aber wir verdienten viel mehr, im Durchschnitt etwa sechshundert bis siebenhundert Rubel pro Person. Etwa dreihundert Personen erbrachten diesen Betrag für das Lager. Nach der verfügbaren Buchführung (die nicht geheim war, da alle Berechnungen in der Zone gemacht wurden) beliefen sich die Unterhaltskosten für einen Häftling – also die Kosten für Verpflegung, Kleidung sowie für Strom, Wasser usw. – über die Jahre auf etwa achtzig Rubel monatlich. Die Schlussfolgerung ist also klar: Dreihundert Personen deckten die gesamten Unterhaltskosten von fast zweitausendzweihundert Personen, also des gesamten Frauenlagers und zweihundert zusätzlicher Personen. Und dann gab es noch andere Brigaden, die ebenfalls arbeiteten und ebenfalls Geld einbrachten. Ich versuche, die bescheidensten Zahlen zu verwenden. Nehmen wir an, dass sie ihre Norm nicht erfüllt haben und deshalb weniger als achtzehn Rubel pro Tag verdienten, sagen wir fünfzehn Rubel. Wenn sie vierundzwanzig Tage im Monat arbeiteten (normalerweise arbeiteten sie mehr), deckten sie die vollen Kosten für ihren Lebensunterhalt, und jeder von ihnen brachte dem Lager weitere zweihundertachtzig Rubel ein. Es genügt, einige genaue Berechnungen anzustellen, um zu verstehen, was für ein lukrativer Wirtschaftszweig die Lager waren, in denen zu dieser Zeit etwa zehn Millionen Menschen inhaftiert waren. Minimale Kosten, gigantischer Ertrag. Statt vierhundert, sechshundert oder tausend Rubel zu bezahlen (alle diese Berechnungen stammen aus der Zeit vor der Währungsreform), zahlte man höchstens achtzig Rubel. Der Rest floss in die Staatskasse. Hinzu kam, dass man die Häftlinge überall hinschicken konnte, wo Bedarf bestand und wohin kein freier Mensch gehen wollte, außer für eine enorm hohe Gegenleistung. Die Lagerarbeit barg also eine Dualität in sich. Sie wurde zwar mit dem Ziel der Umerziehung organisiert, doch die ideologische Losung verdeckte die prosaischere und konkretere Wahrheit. Der Unterbau bestimmt in hohem Maße die Existenz der Lager, nicht der Überbau.[29]

---

29 Verweis auf Marx' berühmte Theorie, wonach der Unterbau (die Produktionsverhältnisse und -mittel) den Überbau (alle anderen Aspekte des gesellschaftlichen Lebens wie Politik, Normen und Werte, Rechtssystem, Religion usw.) bestimmt.

4
ALLTAG: DAS LAGER

Ich habe die Ernährungsstandards hier vor mir. Gemüse: 150 Gramm. Grütze: 30 und 15 Gramm (30 für die Grütze und 15 für die Brühe). Fett: 10 Gramm. Rohes Fleisch: 45 Gramm, oder 65 Gramm Fisch. Zucker: 150 Gramm pro Monat. Wer sich amüsieren will, kann versuchen, daraus drei Mahlzeiten zuzubereiten. Bei der ersten Mahlzeit sollte es einen halben Liter Suppe und 100 Gramm Grütze geben; bei der zweiten wurde nur ein halber Liter Brühe zum Arbeitsplatz gebracht. Und die dritte Mahlzeit? Abermals Suppe, die gleiche Portion, mit Grütze und Fleisch oder Fisch. Wiederum 100 Gramm. Das zeigt deutlich, dass man aus 15 Gramm Grütze, 150 Gramm Gemüse – fast ausschließlich Kohl, manchmal mit einer Möhre als Zugabe – und 10 Gramm Fett anderthalb Liter Suppe zubereiten musste, und aus 30 Gramm Grütze eine 200-Gramm-Portion. Wenn zum Mittagsessen die sogenannte *Pscheno* – also Hirse – serviert wurde, schwamm auf unserem Teller eine seltsame gelbe Masse, überzogen mit einer bräunlichen Soße, die nach etwas roch, das vage an Fleisch erinnerte. Bei Fisch, der normalerweise portioniert wurde, war es besser: Da blieb wenigstens etwas von seinem Geschmack am Gaumen haften. Und dem muss man noch 650 Gramm Brot hinzufügen.

Lassen Sie mich die Kalorien einmal zusammenzählen. In der von mir selbst aufgestellten Tabelle sind nur die Mengen von Rindfleisch, Kartoffeln, Speck und Speiseöl oder Butter verzeichnet. Am häufigsten bekamen wir Rindfleisch, aber das Gewicht wurde einschließlich der Knochen berechnet. Vom Fleisch selbst waren es also weniger als 45 Gramm, und nach dem Kochen schrumpfte die Portion auch noch um etwa die Hälfte. Außerdem war das Fett ausschließlich schmutziges *Kombischir*: eine seltsame Mischung aus Rindertalg, Margarine und noch irgendetwas anderem. Das Schwarzbrot war in der Regel nicht ganz ausgebacken. Andere Angaben als diese, die sich auf hochwertige Produkte beziehen, habe ich nicht. Zusammen mit dem Brot und den fünf Gramm Zucker komme ich also pro Tag auf genau 1615 Kalorien. Dazu muss man wissen, dass ein Mann bei einer sitzenden Tätigkeit 2600 Kalorien und bei schwerer Arbeit 4000 Kalorien zu sich nehmen sollte. Eine Frau braucht weniger: nur 3200 Kalorien. Diese Zahlen sprechen für sich. Es sind rein theoretische Zahlen, denn in der Praxis bekam der Häftling immer weniger, weil alle immer etwas von seinen Portionen zu stehlen versuchten: die Magazinverwalter, die Köche, die höheren und niederen Lagerbehörden; und der arme Sek stand ganz unten auf der Leiter und wurde zu einem hungrigen Dochodjaga. Eine Rekordration ergatterten nur die gesündesten und stärksten Häftlinge. Aber selbst diese Ration hatte nicht mehr als 2200 Kalorien. So sah unser Alltag aus.

Ein Sek denkt Tag und Nacht an seine Ration. Er versucht ständig etwas zu organisieren. Vielleicht wird ihm der Koch eine doppelte Portion geben, vielleicht ist jemand dazu bereit, etwas aus seinem Päckchen mit ihm zu teilen, vielleicht schafft er es, sich nebenbei etwas zu verdienen, indem er die Sachen anderer wäscht, näht oder repariert, einfach jemandem zu Diensten ist. Der ewig hungrige Sek verwandelt sich oft in einen *Schestjorka*[1]. Schestjorka – ich habe lange über den Ursprung dieses seltsamen Namens gegrübelt. Woher

---

[1] Wörtlich: eine Sechs, eine Entität, die aus sechs Einheiten besteht.

stammt er? In der Lagersprache ist ein Schestjorka ein unterwürfiges Subjekt, das dir in die Augen schaut und darauf erpicht ist, dich auf deinen Wink hin zu bedienen. Ein Schestjorka schwirrt um den Vorarbeiter herum, der natürlich ein Urka ist, hilft ihm beim Ausziehen seiner Schuhe, trocknet seine Walenki, wäscht seine Verbände, bringt ihm den Tee, rennt los, wenn jemand herbeigerufen werden muss – er ist ein Dienstbote, der selbst für sehr lästige Aufgaben eingesetzt werden kann. Ein Schestjorka tut alles und lehnt nichts ab. Er schaut einem allzu liebenswürdig in die Augen: vielleicht wenigstens ein paar Krümel Brot, vielleicht ein Restchen Suppe? Wenn der Vorarbeiter begütert und großzügig ist, bekommt er sogar die ganze Suppe. Er wird die Arbeit von sechs Butlern übernehmen, wenn es nötig ist, und man hat mehr von ihm als von den sprichwörtlichen sechs Köchinnen[2]. Der Vorarbeiter lenkt ihn wie eine sechsspännige Kutsche: »Mischka, hilf mir, meine *Prochorja* anzuziehen, und dreh mir eine *Bankrutotschka*!« (*Prochorja* sind Schuhe in der Sprache der Urki; eine Bankrutotschka ist offensichtlich eine Zigarette oder besser gesagt: eine in ein grobes Stück Zeitungspapier gerollte Machorka. Die *Iswestija* taugt dafür nicht, das Papier ist zu glatt, mit der *Prawda* geht es schon besser. Die *Sewernaja Prawda* und andere Regionalzeitungen waren die beliebtesten Papierchen.)

Machorotschka, Bankrutotschka – wenn er in generöser Stimmung ist, mag der Urka Verkleinerungsformen. Er sagt dann nicht »Lagerleiter«, sondern »Lagerleiterchen« – natürlich mit der Betonung auf dem »a«. Die Wörter sind so gefühlvoll, als würde der Akkordeonspieler sein Lied anstimmen und allein schon mit seinem »Du bist mein Sonnenschein« die Seele des Sek erfüllen. Die Lagersprache ist es wert, eigens analysiert zu werden. In unserer Sprache

---

2 Anspielung auf das polnische Sprichwort »*Gdzie kucharek sześć, tam nie ma co jeść*« – »Wo sechs Köchinnen zugange sind, gibt es nichts zu essen.« (Anm. d. dt. Übers.)

spiegeln sich gleichsam unser Alltag, unser Mangel, unsere Sorgen, unsere Ängste und unser Ärger wider. Aber der gefühlvolle Ton der Sprache ist oft nur eine Maske – im süßen Lächeln erscheint der messerscharfe Reißzahn, den man jederzeit in einen verhassten, feindseligen Körper rammen möchte, egal in wessen Körper, den eines Wärters, eines Lagerleiters oder eines anderen Häftlings. Du *Saukerlchen*, du *Bleichgesichtchen*, flüstert der Urka fast liebevoll, während er einem mit dem Messer den tödlichen Stich versetzt. Da sind das Flüstern und die Liebenswürdigkeit einer Schlange, aber auch, wie so oft, das Flüstern einer blutenden Seele, die von etwas Besserem träumt, aber bereits gedemütigt und gebrochen ist und weiß, dass dieses Glück der Freiheit unerreichbar ist. *Ich würde eine Baskenmütze aufsetzen, mir einen Schal um den Hals binden*, so träumt so manche Tamara und Natascha.

Die Sprache ist zuweilen abstoßend, aber wer kann daran Anstoß nehmen? Die zotige Sprache ist hier in ihrem Element. Schimpfwörter und Flüche dienen hier mitunter als Beweis der eigenen Macht, manchmal sind sie auch Ausdruck der eigenen Ohnmacht. Sie sind die universellste russische Umgangssprache, in jedem Dialekt vorzufinden. Man kann sie mit korrekter und mit ganz seltsamer Betonung hören, mit jenen charakteristischen Akzenten, die der Sprache unserer Nachbarn eigen sind. Manche dehnen das »o«, das sind die Mordwinen, andere, die *Nazmeny*[3], konjugieren ihre Verben überhaupt nicht, wie Kali im Roman *Durch Wüste und Wildnis*[4]. Die Ukrainer sprechen melodiös. Die Aussprache der Moskauer ist korrekt, aber ziemlich hart. Die Leningrader haben ein bisschen Mitleid mit ihnen. Sie denken gemeinhin, dass sie das schönste Russisch sprechen, dass sie die Elite der Nation sind. Und

---

3 Bezeichnung für Häftlinge aus Asien.
4 Ein Jugendroman von Henryk Sienkiewicz aus dem Jahr 1911, der 1905 den Literaturnobelpreis erhielt und im Ausland vor allem für seinen historischen Roman *Quo vadis* bekannt ist.

obwohl wir, die Polen, es fließend sprechen und auch mittlerweile mit den Ausdrücken der Urki vertraut sind, gebrauchen wir es in der Regel nicht. Es passt auch nicht zu uns. Wir tun unser Bestes, um korrekt zu sprechen, aber es gelingt uns nicht, einigen Konsonanten die nötige Weichheit zu verleihen, wir sprechen sie zu prononciert und zu hart aus. Aber ist es in diesem Wirrwarr von Nationalitäten und Gemeinschaften überhaupt möglich, die Sprache korrekt zu lernen? Unsere Sprache ist vom Stigma der Lagerstandards geprägt. All diese Redeweisen sind uns nicht fremd, sie werden immer wieder wiederholt, wie Refrains, die die Endlosigkeit der Zeit und die Endlosigkeit der deprimierenden Tage unterstreichen. Hinter dem Sarkasmus des Lagercodes verbirgt sich oft nichts anderes als völlige Resignation oder regelrechte Verzweiflung.

Mehrfach wurde ich Zeugin von Streitereien unter Urki. Ihr Repertoire an Worten war eher begrenzt. Die Frauen fluchten nicht weniger heftig als die Männer, und das mit noch größerer Grausamkeit in der Stimme. Die Frauen sind nämlich noch grausamer als die Männer – sie können jemanden vor lauter Hass in Stücke reißen. Die rasenden Weiber sind wie eine unbezwingbare Naturgewalt. Das ist ein amüsanter Anblick: zwei Dämchen, die sich gegenseitig die Haare ausreißen, während sie sich, miteinander ringend, am Boden wälzen. Aus ihren Mündern schießen Schimpfwörter in allen erdenklichen Tonlagen und den seltsamsten Kombinationen. Jemand holt einen Eimer mit kaltem Wasser und schüttet ihn über die Frauen, die sich wie zwei Kampfhunde aufeinandergestürzt haben. Sie schütteln das Wasser ab, rappeln sich auf, und nach einer Stunde sehe ich sie zusammen auf einer Pritsche sitzen, eine Zwiebel essen und eine Ration teilen, die sie garantiert selbst gestohlen haben. Die Spannung zwischen ihnen ist komplett verflogen, und in diesem Moment verstehe ich, dass Worte hier wenig bedeuten und leer sind. Sie sind nicht in der Lage, zu berühren, aufzuregen, zu verärgern, Protest auszulösen, Wut zu erzeugen, Gefühle oder das Selbstwertgefühl zu ersticken. Sie werden einfach aus Langeweile in den Raum geworfen. Wo ist die Waagschale für die Worte? Wo ist die Verantwortung für das Sprechen? Diese Menschen scheinen nicht zu verstehen, dass ein Wort verletzend sein kann, dass ein Wort sogar schlimmer sein kann als eine Ohrfeige. »Finden Sie«, sagt jemand, »dass ich Sie beleidigt habe? Wie merkwürdig.« Genau, wie merkwürdig, ja, wie merkwürdig ist es für uns, aber nicht für sie! Jemanden auszuschimpfen bedeutet nichts, das sind nur leere Worte – ein Mensch muss etwas loswerden können, seinen Ärger an jemandem auslassen können. Sich das zu Herzen zu nehmen ist idiotisch.

So werden die Worte ihres Inhalts beraubt. Man kann den Worten nicht trauen, weder den guten noch den schlechten, weder den herzlichen noch den hasserfüllten. Die meisten dieser Worte erfüllen ohnehin nur eine rein rituelle Funktion, denn das Gulagzeremoniell fordert nun einmal, in einer bestimmten Situation so und nicht anders zu sprechen. Und am Ende fliegen uns die Worte ohne Inhalt um die Ohren. Denn was bedeutet einem Gefangenen schon die große Inschrift: DAS VATERLAND IST EINE SACHE DER EHRE, DES MUTES UND DER ARBEIT[5]? Welche Bedeutung hat für ihn die Ehrengalerie, in der der Name des Stachanowisten[6] und der Prozentsatz, den seine Brigade erreicht hat, mit Kreide verzeichnet sind? Da steht der Name dann oder auch nicht – wenn keine bessere Ration damit verbunden ist, spielt das alles eh keine Rolle. Diese monotone Litanei, diese Phrasen, die jeder Anführer einer Eskorte, die

---

5 Skarga bezieht sich hier auf die berühmte sowjetische Parole, die auf dem 16. Parteitag 1930 ausgegeben wurde: »Arbeit in der Sowjetunion ist eine Sache der Ehre, des Ruhmes, des Mutes und des Heldentums.« Dieser Slogan hing in vielen Gulags.
6 Alexei Stachanow war ein Bergmann und vorbildlicher Arbeiter; seine grenzenlose Arbeitsmoral machte ihn zu einem Helden der Sowjetunion. Ein Stachanowist oder Stachanow-Arbeiter war jemand, der die besten Arbeitsergebnisse erzielte.

eine Kolonne von Seki aus der Zone begleitet, immer wieder aufsagt, haben eine rituelle Bedeutung. *Achtung, Gefangene, Achtung* und so weiter. Diese Drohungen (*Ein Schritt nach links, ein Schritt nach rechts, und die Eskorte schießt ohne Vorwarnung!*) erzeugen bei uns schon lange kein Schaudern und keine Gänsehaut mehr. Wir wissen, dass sie schießen würden, falls jemand fliehen sollte, aber ansonsten … Obwohl verkündet wird, dass es strikt verboten ist, sich auszustrecken und miteinander zu reden, wenn die Kolonne abfährt, strecken sich die Frauen auffallend aus und plappern drauflos. Eine gute Eskorte schenkt dem keine Beachtung, und auch der Anführer hat es inzwischen satt, jeden Tag zweimal das Gleiche sagen und diese nutzlose Pflicht erfüllen zu müssen. Nur wenn man hin und wieder auf einen Zeloten, einen Speichellecker oder einfach einen Sadisten traf, der bei den Märschen für Ordnung sorgen musste, hielten wir uns an die Vorschriften, um nicht im Schlamm oder in einer Pfütze stehen zu müssen.

Die rituellen Worte kamen von allen Seiten.

»Wie geht es euch, Mädchen?«, fragt ein Lagerleiter. »Gut?«

»Gut«, antworten sie, denn was sollten sie sonst sagen.

»Wie ist das Leben?«

»Besser als das von anderen.«

»Seid ihr gesund?«

»Gesund.«

Und so geht es in einem fort. Das alles sind Worte ohne Konsequenzen. Etwas anderes zu sagen, zu klagen, etwas zu fordern – warum sollte man das tun? Das Einzige, was das alles bringt und bewirkt, ist Zufriedenheit beim Lagerleiter. Er weiß ganz genau, dass er keine anderen Antworten auf seine Fragen bekommen wird, aber er stellt sie trotzdem, und damit wird das Ritual vollzogen. Worte können Masken sein oder leere Hülsen. Worte sind manchmal wenig sinnvoll, hohl und ohne jegliche Bedeutung. Die Gesänge, die die Ukrainer nachts in ihren Baracken anstimmen, sind da inhaltsreicher. Sie singen über den Kosaken Hryc und die untergehende Sonne. Es gibt so viele dieser sehnsuchtsvollen Lieder, die sie auswendig kennen, mit einer fließenden, weit ausholenden Melodie, die die ganze Traurigkeit dieses vom Schicksal überrannten Volkes enthält. Sie sind unglaublich musikalisch und singen ausgezeichnet. Schon wenn sie zu dritt sind, ob Männer oder Frauen, stimmen sie einen dreistimmigen Gesang an, der wie ein ganzer Chor mit drei verschiedenen Harmonien von ineinander verwobenen Stimmen klingt. Im Vergleich zu uns Polen, auf deren Ohren ein Elefant herumgetrampelt ist, ist die angeborene Musikalität dieser Menschen etwas Außergewöhnliches. Für sie ist Singen wie Atmen. Bevor wir in den Baracken eingeschlossen werden und die Lichter für die Nacht gelöscht werden, erklingen diese Lieder, und in ihren menschlichen Stimmen und ihrer Sprache finde ich wieder meinen wahren Sinn.

An einem gewöhnlichen Wochentag gibt es keinen Platz für Traurigkeit. Sich seinem Kummer hinzugeben kommt dem Untergang gleich. Und so wird der Weckruf eher von Flüchen als von Traurigkeit begleitet: »Verdammt noch mal, kaum ist man eingeschlafen, muss man schon wieder aufstehen.« Ob Eiseskälte, Hitze, Dunkelheit oder eine klare Polarnacht – das Wecken um fünf Uhr morgens ist immer wieder gnadenlos. Manche Frauen haben nicht die Kraft aufzustehen. Aber ich liebe diese Morgen, auch die, an denen man in den ersten Momenten nach dem Verlassen der Baracke von einem eisigen Windstoß getroffen wird, der einem die Kehle zuschnürt und irgendwo tief im Hals auf den Kehlkopf drückt, sodass man kein Wort herausbekommt. Schlagartig füllen sich zugleich die Lungen, die von dem stickigen Mief in der Baracke betäubt waren, mit frischem Sauerstoff. Während die Sterne verblassen, erscheint der Schnee zunächst leicht purpurfarben, mit einem bläulichen Schimmer, der satter und zu einem immer helleren Himmelblau wird, um sich kurz darauf mit einer blaugrauen Blässe zu überziehen und schließlich in reines Weiß zu verwandeln. Vor dem schneeweißen Hintergrund zeichnen sich immer deutlicher die Wachtürme ab.

In diesen ersten Minuten der Stille, noch bevor die Menschen aus der Baracke strömen, ist der einzige Laut, den man hören kann, der Ruf nach Aufmerksamkeit, der von mehreren Wachtürmen ertönt: *Achtung, Achtung ...*

Morgens – so ist es nun einmal – muss man meistens auf die Toilette. Unsere Toilette steht draußen: eine mit Brettern bedeckte Latrine. Auf den Brettern, die über eine tiefe Grube gelegt sind, liegt eine glänzende Eisschicht. Sie sind höllisch glitschig, selbst mit Walenki ist es schwierig, sich aufrecht zu halten. Also bestreuen wir die Bretter mit Asche. Die Hose herunterzulassen gelingt noch, weil die Hände – man hat gerade erst die Baracke verlassen – noch warm sind. Man lässt die Hose herunter und sofort erfasst eine erbarmungslose Kälte die entblößten Körperteile. In Sekundenschnelle dringt diese Kälte irgendwo in die Tiefen der Eingeweide ein. Dann stellt sich das Problem, die Hose wieder schließen zu müssen. Schon nach Sekunden weigern sich die erstarrten Finger zu gehorchen. Es sind schließlich etwa zwanzig Grad unter null, manchmal sogar dreißig oder vierzig Grad unter null. Also gehen wir immer zu zweit – die zweite begleitet einen nur und hilft anschließend beim Hochziehen und Festhalten der Hose. Mit noch nicht zugeknöpfter Hose geht es dann zurück in die Baracke. Dort muss man sich die Hände gut warm reiben, um die Morgentoilette zu beenden. Dies ist der traurigste Moment des Tages, und er ist unvermeidlich.

Frauen leiden regelmäßig an Eierstockentzündungen, chronisch sogar, unheilbar, und außerdem: Selbst wenn die Entzündung nicht unheilbar wäre, womit könnte man sie hier kurieren? Unsere Frauenleiden werden immer schlimmer. Unsere Körper sind geschwächt, die Arbeit ist hart, und dazu kommt noch das ständige Waschen des nackten Körpers bei eisigen Temperaturen.

Hygieneartikel gab es nicht. Manchmal versorgte uns eine gute

Krankenschwester heimlich mit einem kleinen Vorrat an Watte. Die Frauen rissen manchmal Watte aus einem Buschlat, aber die Watte ist schmutzig. Wir stehlen Stücke alter Decken aus der Nähwerkstatt, alles, was uns nützlich sein könnte. Wer im Krankenhaus arbeitet, ist, was dies angeht, privilegiert. Viele von uns haben während ihrer Periode starke Schmerzen. Die Ärzte haben jedoch nicht das Recht, jemanden von uns aus einem so trivialen Grund von der Arbeit freizustellen. Und wieder hängt alles von den Mitmenschen ab. Es gibt Vorarbeiter, die einem aus Böswilligkeit auch noch dazu drängen, die schwersten Balken zu schleppen. Und es gibt andere, die dir erlauben, ein Lagerfeuer zu machen und Reisig und Äste zu sammeln. Man darf sich dann auf einen Stamm setzen, die Beine zum Feuer ausstrecken, mit den Armen seinen Bauch drücken und warten, bis der Schmerz ein wenig nachlässt. Und er geht letztlich vorbei. Alles geht vorbei.

Frauen sind vorausschauend und zu vielem imstande. Was sie nicht alles schaffen! Aus dem Flachs, der zum Dämmen von Wänden auf eine Baustelle gebracht worden war, machen sie eine Art Wolle, und schon entstehen auf ihren Stricknadeln Pullover und Strümpfe. Aus dem Stück eines zerrissenen Stoffsacks machen sie ein Deckchen mit Ajourstichen, die sie auf eine *Tumbotschka*, also auf eine Art Nachttisch, legen, in dem man Brot oder Zucker aufbewahren kann – falls jemand so etwas hat – oder auch Ersatzunterwäsche. Gaze, die mit einem roten Faden aus einem alten, sich auflösenden Pullover bestickt ist und über die Pritsche gehängt wird, verleiht dieser einen Hauch von Sauberkeit und Intimität. Es ist verboten, Strick- und Häkelnadeln zu besitzen, aber fast alle Frauen haben mehrere davon. Wie kommen sie an Garn? Auch für mich ist das ein Mysterium. Ich beobachte, wie sie alte Hemden und Strumpfhosen auftrennen, aber sie haben auch buntes Garn und sogar Seide; ich vermute, dass es manchmal in Päckchen eingeschmuggelt oder von den freien Bürgern herangeschafft wird. Wir bekommen neue Kleider, denn es steht eine neue Saison an, und die alten sind völlig abgenutzt. Wir werden alle in das gleiche Marineblau gekleidet. Aber schon am nächsten Tag bekommen die Kleider, die wie ein Sack an unseren Körpern herunterhängen, einen anderen Schnitt und gestickte Verzierungen an Kragen und Ärmeln. In diesen müden, oftmals hungrigen und erschöpften Frauen steckt ein unbändiger Drang, dem öden Material, mit dem sie arbeiten, eine ästhetische Form zu geben. Sie wollen ihm Schönheit verleihen und es herausputzen. Wir haben kein Papier, keine Notizbücher, keine Hefte und keine Fotos. *Strengstens verboten!* Und so dient ein gesticktes Häuschen mit dem Wort *Wanuscha* oder *Tamarka* – dem Namen des Ehemanns, des Sohnes, der kleinen Tochter, der Schwester – als Fotoersatz. Es ist auch immer erfreulicher und angenehmer, wenn man einen kleinen Überzug auf das mit Sägespänen gefüllte Kopfkissen – so hart wie unsere Ziegelsteine – legen und eine kleine Stoffblume an das Gestell der Pritsche hängen kann. Die Frauen sind sauber, putzen ständig und scheuen weder Kosten noch Mühen, um ihre Decken und Strohmatratzen (die ebenfalls mit Holzspänen gefüllt sind) in Ordnung zu halten. In den Abteilungen, in denen die 58er – also die politischen Gefangenen – untergebracht sind, herrscht keine Unordnung.

Ich erinnere mich aber auch daran, wie es war, als ich gleich nach dem Transport aus unserem kleinen Hospital in Woiwosch in eine Abteilung voller Urki gebracht wurde. Es kostete mich die größte Willensanstrengung, nicht zurückzuzucken und meine Abscheu zu verbergen. Ich hatte damals noch nicht genug Lagererfahrung. Es war ein schrecklicher Saal. Der Gestank traf einen wie ein Schlag ins Gesicht. Dreckige, verschlissene Decken, denn die besseren waren längst gestohlen worden. Durchgeschwitzte, ausgeleierte Lumpen. Abgenutzte Schuhe, von denen der Schlamm noch nicht abgewaschen worden war. Eine überfüllte Baracke. Es herrschte ein Tumult, ein unbeschreibliches Geschrei – jemandem wurden alle möglichen Anschuldigungen an den Kopf geworfen. Noch bevor ich meine Tasche – die mit neidischen Blicken bedacht wurde – auf die Pritsche gestellt hatte, wurde ich schon in eine andere Abteilung gebracht: die der politischen Gefangenen, die übrigens auch voller Urki war, doch die hatten wenigstens einen gewissen Anspruch, denn sie arbeiteten als Buchhalter, Krankenschwestern und Köche. Das war eine andere Welt. Wie konnten zwei unterschiedliche Welten so nahe beieinander existieren? Wie konnte unsere vierte Abteilung, die Pridurok-Abteilung, neben dieser Meute bestehen? Warum kamen sie nicht einfach zu uns, um uns zu bestehlen? Das konnte ich zunächst nicht begreifen. Erst später verstand ich, wie sehr die Urki mit ihren ganzen Ansprüchen diese andere, wilde Welt voller Diebstähle im Griff hatten. Von ihnen hing es ab, wer eine größere Ration bekam und wen sie zu leichterer Arbeit schickten. Und so wurden ständig Konflikte zwischen verschiedenen schwarzhaarigen Sonkas und rothaarigen Walkas und dergleichen ausgefochten. Doch Jewdokija Ossipowna gegenüber empfanden alle nichts als Hochachtung. Jewdokija verbot es, zur vierten Abteilung zu kommen: dass bloß nichts aus der vierten verschwindet! Jewdokijas Lagerehemann war niemand Geringeres als der Narjadtschik höchstpersönlich. Ihr nicht zu gehorchen bedeutete Deportation in den entlegensten Lagerpunkt, um dort zu verhungern.

Ich hatte Glück, aber wie deprimierend war doch das Los der Frauen, die ständig von einem Lager zum anderen geschickt wurden. Sie konnten keine freundschaftlichen Bande knüpfen und fanden sich stets in der Masse der unbeliebtesten Häftlinge wieder, deren sich jeder Lagerleiter entledigen wollte. Auch er zog die Ruhe vor und wollte seinen Plan erfüllen. Wen sonst sollte er wegschicken, sobald sich die Gelegenheit bot, sobald ein anderer Lagerpunkt ein neues Kontingent anforderte, als die Kranken und die zänkischen Frauen, die Allerschwächsten der dritten Kategorie und die Stärksten, die unausstehlich sind, die weder arbeiten noch sich mit irgendjemandem einlassen wollen und die die Gulagdisziplin verletzen? Es ist nicht so, dass die Lagerleiter die kleine Welt dieses Gesindels mochten, sie fürchteten sich vielmehr davor. *Der* Urka, gesetzt den Fall, dass er sich hochgearbeitet hat und nun als Narjadtschik, Kommandant oder Vorarbeiter für die Ehre des Lagers arbeitet, ist ein gern gesehener Gast, denn er wird besser für Ordnung sorgen als hundert Lagerwärter zusammen. Dem Rücksichtslosen gelingt es, Gehorsam zu erzwingen. Für den Ungehorsamen ist sein Messer bereits gewetzt. Aber *die* Urka ist eine freie Banditin, die selbst nichts arbeiten will, sie ist ein lautes und vulgäres Weibchen, das ständig Streit sucht und gefährlich ist, weil sie sich darauf versteht, mit einem Messer umzugehen. Sie ist ein Albtraum für das Lager. Einige unserer armen Frauen verbrachten ganze Jahre damit, von Kolonie zu Kolonie, von einem Lagerpunkt zum nächsten zu ziehen. Diese waren nicht weit entfernt voneinander und lagen in der Regel auf dem Weg zu einem großen Bauprojekt wie dem in Taschjet[7]. Dabei haben die Frauen alles verloren: Schuhe, Pullover, Decken – alles wurde ihnen von den Urki abgenommen. Manchmal versuchten sie sich in größeren Gruppen zu wehren. Manchmal kam es zu einem Kräftemessen mit diesem halb verwilderten Pöbel. Was blieb ihnen auch sonst übrig?

Zum Banditenmilieu gehörten vor allem Russinnen. Sie stammten hauptsächlich aus den großen Städten. Mitunter waren sie in einem Waisenhaus aufgewachsen, aus dem sie Reißaus genommen hatten, als sie erwachsen geworden waren. Aus diesen kleinen Gefängnissen gingen sie in die Freiheit, wo sie sich mit den schlimmsten Gestalten am Rande der Gesellschaft einließen. Einige hatten bereits mehrere Verurteilungen auf ihrem Konto. Ihre Brüste, Ober-

---

[7] Ab 1930 gab es in dieser Stadt in der Nähe von Irkutsk ein großes Umerziehungslager. Die Häftlinge waren für einen Teil des Baus der Baikal-Amur-Eisenbahnlinie verantwortlich. Auf einer kilometerlangen Strecke liegt angeblich unter jeder Schwelle ein Leichnam.

schenkel und Hände waren voller Tätowierungen. Die Zeit in den verschiedenen Lagern hatte ihre Zähne völlig verfaulen lassen – die meisten von ihnen hatten gar keine Zähne mehr. Gelegentlich gab es auch eine Urka, die stolz eine stählerne Zahnkrone zur Schau stellte – das Nonplusultra ihrer Träume und ein Beweis ihrer raffinierten Eleganz. Unsere jungen Männer betrachteten diese Frauen mit unverhohlener Verachtung. Die Kluft zwischen ihrer Unwissenheit – einer geradezu primitiven Unmoral, die sich durch ein hohes Maß an Gleichgültigkeit und Verachtung gegenüber anderen, der Umgebung und jeglicher Art von Regelung auszeichnete – und unseren christlichen moralischen Prinzipien, über die selbst ungebildete Frauen verfügten, war unüberbrückbar.

Der Leser sollte an einige Fakten erinnert werden. Bis 1948 wurden kriminelle und politische Gefangene zusammen inhaftiert. Im Frühjahr 1948 kam die Nachricht von der Freilassung der Polen. Wir lebten zu dieser Zeit in großer Anspannung. In unserem zentralen OLP in Uchta gab es nur drei polnische Frauen und etwa hundertzwanzig polnische Männer. Der erste Transport erwies sich als Enttäuschung. Nur wer zu fünf Jahren Haft und nach Artikel 58, 10 oder 12 verurteilt worden war, durfte wirklich gehen. Das traf auf keine der Frauen und nur auf ein paar Dutzend Männer zu. Das war alles. Während die Vorbereitungen für den Transport liefen, hörten wir hinter einer Trennwand die Stimmen anderer Polen und erfuhren so von einem großen Transport, der gerade zusammengestellt wurde und offensichtlich in Richtung Polen gehen sollte. Die Männer wurden nicht kahl geschoren, anscheinend bekamen sie etwas anständigere Kleidung, und sie wurden auch besser verpflegt. Irgendwann im Juni gab es einen zweiten Transport. Da keimte in uns Hoffnung auf, denn nun brachen auch Häftlinge mit Zehnjahresstrafen auf, zu denen unter anderem zwei meiner Frauen gehörten. Wir blieben noch mit zwanzig Leuten zurück. Das war tatsächlich ein großer Transport, und ich freute mich über das Glück meiner

Freunde und Bekannten, doch irgendwo in meiner Seele nagte auch das Bedauern, dass ich nicht dabei war. Umso schmerzlicher war die Tatsache, dass ich mich von meinen besten Lagerfreunden verabschieden musste, von Freunden, mit denen ich mich oft, sogar fast täglich traf. Wer ebenfalls aufbrach, war unser Münzmeister, unser Gönner S., der uns manchmal half und insgeheim Ratschläge in verschiedenen zivilen Angelegenheiten der freien Bürger gab. Er war besser als die russischen Anwälte. Deshalb versuchten die freien Bürger immer, ihm auf die eine oder andere Weise ihre Dankbarkeit auszudrücken, und sei es nur mit einer Dose geschmortem Schweinefleisch. Es ist wohl unnötig zu erwähnen, dass das gesamte Gerichtsverfahren im Geheimen stattfand. Der Gönner schrieb die Schriftsätze und Berufungsanträge, die der freie Anwalt dann paraphrasierte. Danach gingen auch unser sympathischer Arzt, der König unter den Urki, die lächelnde Roma und Frau J., die für mich und Roma köstlichen Spinat aus Brennnesseln zubereitet hatte. Ich blieb allein zurück. Die Russen, die im Planungsbüro unseres Lagers arbeiteten, versicherten mir, dass ein weiterer Transport vorbereitet werde und ich zweifellos auf der Liste stehe. Zur selben Zeit, in der zweiten Oktoberhälfte, wurde plötzlich – ohne dass es in der Terminplanung vorgesehen war – ein allgemeines Gesundheitskomitee eingerichtet. Es setzte sich aus freien Bürgern zusammen – aus Ärzten, die wir nicht kannten. Anhand der Kategorien konnte man sehen, dass tatsächlich ein großer Transport bevorstand. Die Arbeitslosen wurden der Kategorie 3 zugeordnet; wer bereits die Kategorie 3 hatte, wurde nun der Kategorie 2 oder sogar 1 zugeordnet. Zweifellos wollte sich das Lager der Schwächsten entledigen. Bezeichnend war, dass die höheren Kategorien vor allem den politischen Häftlingen zugewiesen wurden, und obgleich sie vor den Richtern des Areopag[8] zu erscheinen hatten, mussten sie doch alle bleiben.

---

8 Das höchste Gericht im antiken Athen.

Ganz am Ende des Oktobers fielen die Wachen und der Narjadtschik – dieses Rudel Wölfe – schon vor dem Wecken mit lautem Geschrei bei uns ein. Viele von uns bekamen den Befehl, sofort ihre Sachen zu packen. Wenn ein Transport stattfand, verfiel die Lagerleitung in einen Zustand des Wahnsinns. Der Sek wurde schrecklich herumgescheucht, er hatte keine Zeit, richtig zu packen oder von jemandem Abschied zu nehmen. Die unerfahrenen Häftlinge gerieten sofort in Panik. Ich kannte dieses Prozedere bereits, aber dass ich ausgerechnet zu diesem Transport aufgerufen wurde, zusammen mit einer ganzen Schar russischer, ukrainischer und lettischer politischer Häftlinge, verhieß nichts Gutes. Das war gewiss kein Transport nach Polen. Angesichts des brutalen Geschreis unserer Kommandanten stand ich, eher vor Wut als vor Verzweiflung, zitternd da. Kaum dass ich meine Sachen zusammengepackt hatte, landete ich schon mit einer ganzen Reihe Frauen auf dem Waschplatz des Lagers, wo wir einer peniblen *Sanobrabotka* unterzogen wurden, was bedeutete, dass uns die Haare überall abrasiert wurden, außer auf dem Kopf. Wir blieben bis zum Einbruch der Dunkelheit auf dem Waschplatz. Nach dem morgendlichen Überfall und der Hektik lagen wir auf unseren Säcken und warteten ab, wie es weitergehen würde. Am Abend wurden wir zur Entsendestelle gebracht. Sie war schon voller Frauen, alles 58er. Es war eine aus vielen Nationalitäten bunt zusammengewürfelte Truppe, die aus verschiedenen OLPs und Lagerpunkten unseres nördlichen Lagerkönigreiches zusammengeführt worden war. Es kursierten die unterschiedlichsten Gerüchte. Warum wurden wir von den anderen getrennt? Vielleicht brachten sie uns an einen Ort, wo es besser war? Vielleicht wurde der besondere Status des politischen Gefangenen endlich anerkannt? Naivität. Sicher, dieser Status wurde anerkannt, aber nur, um uns einem noch härteren Regime zu unterwerfen.

Die Pritschen waren alle schon belegt, also musste man sich einen Platz auf dem Boden suchen. Ich bemerkte einige Frauen, die einen intelligenten Eindruck auf mich machten, und ging auf sie zu. Wir wechselten ein paar höfliche Worte, aber sie schienen nicht sehr begierig darauf zu sein, mich in ihre Gruppe aufzunehmen. Es waren russische Frauen, die wie immer jedem Fremden gegenüber misstrauisch waren. Ich hielt mich daraufhin abseits, denn die Frauen, die aus unserem OLP kamen, kannte ich kaum, und ich hatte auch keine hohe Meinung von ihnen. Es waren hauptsächlich einfache ukrainische Landfrauen sowie ein paar litauische, lettische und estnische Frauen. Es bildeten sich Gruppen nach nationaler Zugehörigkeit, polnische Frauen fand ich jedoch nirgends. Es gab einige intelligente Frauen, darunter auch Russinnen (ich hatte bei früherer Gelegenheit noch beobachtet, dass sie ihre freien Nächte in den Baracken der Männer verbrachten), doch ich hatte wenig Lust, ihre Gesellschaft zu suchen. Schließlich brach die Nacht herein.

Als ich am nächsten Morgen hinausging, sah ich einige Männer, die ich kannte. Da wurde mir etwas leichter zumute. Ich würde nicht mehr so allein sein. Sie erkannten mich. Es waren auch noch andere Polen und freundliche Ukrainer unter ihnen, und dann kamen noch Landsleute aus verschiedenen OLPs dazu – sie wurden alle in anderen Baracken untergebracht. Bis der Transport losging, blieb ich bei den Frauen. Ihm ging wie üblich eine Kontrolle voraus, die diesmal von einer Eskorte durchgeführt wurde, also nicht mehr von den regulären Wärtern, sondern von den fast schon Pensionierten, den Soldaten, die sich um nichts kümmerten und ihre Aufgaben hastig und nachlässig erledigten. Diesmal war es eine Eskorte von echten MWDlern, die uns unsere Mützen abnahmen, Zucker, Mehl und Tabak verstreuten und miteinander vermischten und unsere Holzköfferchen rabiat aufbrachen und nicht selten kaputt machten. Zum Glück hatte ich außer meinem Köfferchen auch noch eine genähte Tasche, die ich als eine Art Rucksack benutzte. Die Kontrolle dauerte unerträglich lange. Fotos, Briefe, kleine Souvenirs aus der Heimat wurden uns abgenommen, ebenso

Spiegel, Nadeln, Fäden und Metalllöffel (man durfte nur Holzlöffel besitzen). Meine Fotos von zu Hause, die ich ganz unten in meine Tasche eingenäht hatte, fanden sie nicht. Das Holzköfferchen, das ich im Hospital im Tausch gegen ein paar Brotrationen erworben hatte, öffnete ich selbst, damit sie ihre Wut nicht daran auslassen konnten. Endlich begann das Verladen, wie üblich vierzig Personen pro Viehwaggon. Ich schaffte es, direkt in die oberste Pritsche an einem Fenster zu kriechen. So konnte ich später hinausschauen und sehen, wohin sie uns brachten. Kotlas, Wologda, Perm (oder besser gesagt: Molotow[9]): Wir überquerten den Ural. Vor uns erstreckte sich die grenzenlose sibirische Weite.

Solschenizyn fragte sich lange Zeit, wer diese neuen Lager mit einem strengeren Regime brauchte: die sogenannten Speziallager, die *Spezlagerja* in der offiziellen Nomenklatur, die Ende 1948 in rasantem Tempo hochgezogen wurden. Seiner Ansicht nach bestand ihr Zweck darin, verhasste Menschen noch härter zu unterdrücken, sie noch mehr zu demütigen, und vielleicht auch darin, letztlich eine Massenvernichtung durchzuführen. Damit hatte er sicherlich recht, wenn auch nur zum Teil. In Russland ist alles dialektisch miteinander verflochten. Wer weiß schon, ob nicht irgendein Staatsanwalt die Aussonderung der politischen Gefangenen nicht so sehr deshalb befohlen hat, um ihr Leben zu verschlechtern oder zu verbessern, sondern um sie von den Kriminellen zu trennen und so Letztere vor dem schädlichen Einfluss der Feindpropaganda zu bewahren. Denn der Bandit und der Mörder werden irgendwann wieder in die freie Gesellschaft zurückkehren, und was wird dann von ihrer Umerziehung übrig bleiben, wenn sie vom Gift der Konterrevolutionäre ver-

---

9 Von 1940 bis 1957 trug die Stadt Perm einen anderen Namen: Molotow. Die Stadt wurde nach dem berühmten oder (wegen seiner Rolle im Holodomor, den Großen Säuberungen und dem Molotow-Ribbentrop-Pakt) eher berüchtigten ehemaligen Premierminister und Außenminister Wjatscheslaw Molotow benannt.

seucht wurden? Außerdem war es in den gewöhnlichen ITL-Lagern leicht, zu freien Bürgern Kontakt zu bekommen. Gewöhnlich arbeiteten in einem Lager viele freie Bürger, die sich mit eigenen Augen davon überzeugen konnten, dass es sich bei den nach Artikel 58 Inhaftierten um völlig unschuldige Menschen handelte, um Menschen, die sich in ein Netz komplexer Kriegssituationen verstrickt hatten, um intelligente, neugierige, gebildete Menschen und um Patrioten, die für die Freiheit ihres Landes gekämpft hatten. Wie hätte man begreifen können, warum sie sich hier befanden? Ich vermute, dass solche Gedanken hinter unserer Aussonderung gestanden haben könnten.

So viele gefährliche Subjekte an *einem* Ort zu versammeln, das erforderte besondere Vorsichtsmaßnahmen. Ein Spezlag, das verlangt ein spezielles Lagerregime. Vor den Fenstern sind Gitter angebracht (zuvor gab es keine, denn warum auch: Man befand sich in der Zone, die man betreten durfte, und diese Zone war vollständig von Stacheldraht umzäunt). Im Spezlag werden die Baracken nachts abgeschlossen; es wird nur eine Parascha neben die Tür gestellt. Und weil der Sek kein Recht hat, nachts heimlich von Baracke zu Baracke zu ziehen, müssen auch die Fenster gesichert werden. Der Sek hat außerdem seinen Namen eingebüßt, er ist jetzt nur noch eine Nummer. Auf den Kleidern von uns Frauen ist vorne und hinten ein Stück weißer Stoff aufgenäht, auf den mit einem dicken Kopierstift eine Nummer geschrieben wird. Wir tragen sie darüber hinaus hinten auf unseren gesteppten Pullovern und Westen, auf unseren wattierten Hosen, und die Männer tragen sie auch auf ihren Mützen. Die Nummer hängt auch an einem Brett über jedem Schlafplatz. Der Wärter ruft uns nicht mehr mit Namen oder Vornamen, sondern nur noch mit der Nummer. *MW 190, komm her!* In der Praxis werden wir aber immer noch mit unserem Nachnamen angesprochen, weil wir meist nicht auf die Nummer reagieren, was den diensthabenden Wärter sehr verärgert. Wir werden auch häufiger kontrolliert. Ich spreche nicht von den normalen Kontrollen beim Verlassen der Zone, auf dem Hin- und Rückweg zur Arbeit. Das war ein tägliches Ritual, dem wir keine Beachtung mehr schenkten. Ich spreche von großen Kontrollen, die vor jedem größeren Feiertag stattfinden, und so werden wir am Tag vor dem 7. November[10] und dem 1. Mai, gleich bei welchem Wetter, mit all unseren Habseligkeiten nach draußen befördert. Nur seine Matratze darf man zurücklassen. Zuerst führen die Wachen und Soldaten eine sehr sorgfältige Inspektion in der Zone durch, dann nehmen sie sich uns vor. Das Ganze endet zwischen fünf und sechs Uhr abends. Dann gibt es Abendessen, und da der nächste Tag ein Feiertag ist, schleppen sie zu unserer Unterhaltung eine mobile Kinoanlage herbei. Vorher müssen wir jedoch noch die Baracke aufräumen, unsere Sachen verstauen, und wenn es geregnet hat, die Sachen erst noch trocknen. Die Kontrollen haben noch andere tiefergehende Gründe, und der schlimmste davon ist der Eifer unserer Lagerleitung.

Innerhalb des Gefängnisses haben wir zwei weitere Gefängnisse: die Isolierzelle und den *Bur*[11]. Der Bur ist leichter. Die Tür wird gleich nach der Rückkehr von der Arbeit zugeknallt, und anderntags wird man kurz vor dem Morgenapell wieder freigelassen. Dort bekommt man auch eine normale Ration, man lebt also nicht auf Strafration wie in der Isolierzelle. Und man hat auch immer die Arbeitsstunden, in denen man nicht eingesperrt ist und mit den anderen zusammenlebt. Das Spezlag hat also eine abgestufte Bestrafung eingeführt. Die Isolierzelle ist die unterste Stufe. Der Bur ist schon etwas besser. Und im Vergleich dazu ist die normale Zone fast ein Sanatorium. So kommt es zumindest denjenigen vor, die schon eine ganze Reihe von Strafen erhalten haben.

---

10 Von 1927 bis 1990 wurde der Tag der Großen Sozialistischen Oktoberrevolution am 7. November gefeiert.

11 Kürzel für *barak ussilennowo reschima* – »Baracke mit verschärften Bedingungen«. (Anm. d. dt. Übers.)

Von nun an sind wir nicht mehr nur von einem Zaun, von Stacheldraht und Wachtürmen umgeben. Davor erstreckt sich nun auch noch eine zweigeteilte, von Stacheldraht umzäunte Sperrzone. Es handelt sich um einen streng bewachten Streifen, auf dem man jeden Fußabdruck sehen kann, falls ein Draufgänger es wagen sollte, ihn zu betreten. Außerdem wird die Sperrzone nachts von hellen Lichtmasten beleuchtet. In der Sowjetunion ist Strom ständig Mangelware, doch für die Bewachung gefährlicher Elemente gibt es immer Strom. Wir werden auch mehrmals am Tag gezählt. Nach dem Wecken (um zu sehen, ob es nicht jemandem gelungen ist, sich nachts durch ein solide vergittertes Fenster zu zwängen), vor dem Aufbruch zur Arbeit, in der Arbeitszone, vor dem Rückweg von der Arbeit, vor dem Wiedereintritt in die Zone. Und dann gibt es noch einmal abends eine allgemeine Kontrolle für alle. Und danach, um den Tag endgültig abzuschließen, noch eine kurze Kontrolle, bevor wir uns für die Nacht in unsere Baracke zurückziehen. In unsere *Bardak*[12], wie unsere Frauen sagen. Sieben Mal! Wie viel Zeit das gekostet hat, vor allem wenn man die Rechenkünste unserer Lagerwachen und unserer Eskorte bedenkt! Wir konnten sicher sein, dass niemand verschwunden war, dass sich niemand plötzlich in Luft aufgelöst hatte. Denn schließlich dachte auch niemand an Flucht. In Balqasch gibt es nur eine Eisenbahnlinie. Ringsherum ist Steppe, in der nichts wächst, in der kein Tropfen Wasser und keine Nahrung zu finden sind. Die nächstgelegene Stadt ist achthundert Kilometer entfernt. Ein Wald kann einen ernähren, aber in der Steppe ist man ohne Waffen, ohne Wasservorrat dem Tode geweiht.

Es war verboten, den Inhalt der zugesandten Päckchen in den Baracken aufzubewahren, und das galt auch für die persönlichen Dinge, mit Ausnahme *einer* Ersatzunterhose. Aber wer hatte denn so etwas überhaupt? Nur die, die Päckchen bekamen. Uns polnischen

---

12 Polnisch für Rumpelkammer, Durcheinander.

Frauen war das nicht erlaubt. Also liefen wir anfangs in Staatsuniformen herum. Im Winter gaben sie uns *ein* Baumwollhemd und *eine* Unterhose, die wir alle zehn Tage, wenn wir zum Waschen gingen, wechseln durften. Ich weiß nicht, wie die anderen Frauen das geregelt bekamen, wir hatten jedenfalls immer zwei Hemden und zwei Hosen, die alle paar Tage eifrig gewaschen wurden. Um die Kleidungsstücke, die wir am Waschplatz bekamen, scherten wir uns eigentlich nicht. Der Gedanke, die Unterwäsche einer anderen anzuziehen, selbst wenn sie gut gewaschen gewesen wäre, war uns unerträglich. Jede von uns besaß außerdem *ein* dunkles Kleid aus Wolle von Cheviot-Schafen, eine wattierte Hose, eine *Fufaika* und einen Buschlat sowie eine Mütze mit Ohrenklappen. Dass wir Handschuhe und einen Schal besaßen, hatten wir uns selbst zu verdanken – wir beschafften sie uns vielfach auf einfallsreiche Weise. Im Herbst bekamen wir Schnürschuhe, die uns außerordentlich elegant vorkamen. Im Winter liefen wir in unseren Walenki herum; ob es neue, alte, sehr alte oder schon fast völlig zerschlissene waren, hing von den eigenen Beziehungen ab. Wenn man gute Beziehungen hatte, trug man die allerneuesten Walenki. Wenn wir zum Raswod aufbrachen, sahen wir in all den Lumpen, die wir trugen, wie plumpe, dicke Kugeln aus. Und doch fanden die Frauen dank eines phantasievollen geknoteten Schals, der *Kubanka*[13], die leicht kokett aufgesetzt wurde, und der sorgfältig auf dem Rücken kalligraphierten Nummer, sie seien nach der letzten Mode gekleidet. Im Sommer, während der Hitzewellen, trugen wir Kleider und leichte, offene Schuhe – wir kamen uns fast wie Stilikonen vor. In einem dieser Sommer kaufte der Offizier, der uns versorgte, ein sehr fröhlicher Kerl, der an der Front gekämpft hatte (das waren immer die besseren Jungs), für diese zweitausend Frauen Dutzende

---

13 Russische Wintermütze, die manchmal auch *Papacha* genannt wird, mit einer typischen runden Form.

Rollen *Perkal*[14] in allen möglichen Farben. Den höheren Instanzen gegenüber erklärte er, nirgendwo genügend Stoff in *einer* Farbe bekommen zu haben. Obgleich die Schneiderinnen die Kleider nach einem festgelegten Muster nähten, konnte man den Schnitt noch anpassen und sogar die Farbe wählen. Bei der nächsten Inspektion erschienen wir vor den verblüfften Lagerleitern wie eine blühende Blumenwiese.

Die allgemeinen Lager waren »koedukativ«, und trotz der Anwesenheit der Urki war das Leben dort leichter. Im Spezlag waren Männer und Frauen hingegen strikt voneinander getrennt, aber wie immer herrschte dort Chaos und fehlte es an Vorbereitung: Die Japaner waren gerade erst abgezogen, die gesamte Lagerorganisation war neu, und daher waren wir in den ersten acht Monaten noch mit den Männern zusammen inhaftiert. Die getrennten Bereiche für Frauen und Männer wurden wohl erst im April eingerichtet, nachdem der Bau einer großen Trennmauer aus Lehmziegeln abgeschlossen war. Das Hospital stand auf der anderen Seite. Diese andere Zone war ohnehin größer. Unsere Frauenzone erschien uns anfangs zu eng, zu gedrängt, vor allem im Vergleich zu den großen Lagern im Norden. Die Baracken standen parallel in zwei Reihen und schienen so eine Straße zu bilden. Und dahinter, etwas links von ihnen, befanden sich die verbotene Zone und die Trennmauer. Rechts von den Baracken lag eine große Freifläche, wo man eine Küche, ein Versammlungshaus, einen Lagerraum für persönliche Gegenstände und eine Wäscherei baute. Es gab auch einen nicht allzu großen Streifen, der als Garten durchgehen konnte und in dem einige Kürbisse, Melonen, Gurken und Tomaten für die Patienten des Hospitals angepflanzt wurden. Ich habe es nie geschafft, irgendetwas zu essen, was auf diesem Stück Land gewachsen war.

Es gab genau genommen ein einziges angenehmes Fleckchen

---

14 Leichter Baumwollstoff.

in diesem Lager. Direkt neben dem Garten wurden Lehmziegel produziert. Die Seitenränder der ausgehobenen Gruben, die in diesem Klima immer trocken waren, eigneten sich hervorragend, um bequem darauf zu sitzen. Im Rücken hatte man ganze Stapel ordentlich aufgeschichteter Lehmziegel, die zum Trocknen in der Sonne lagen. Die Aussicht: der kleine Grünstreifen des Gartens, der Stacheldraht und dahinter die endlose Steppe mit schemenhaften Berggipfeln irgendwo in der Ferne. Die Sonne ging hinter diesen Gipfeln unter. Man konnte den Blick nur schwer von der Steppe abwenden, die nur im Frühjahr ein klein wenig grün war, im Sommer aber von den ständigen Böen und Windstößen des Buran grau vor Staub und von der Sonne ausgedörrt und versengt war. Die Steppe war völlige Leere. Es gab natürlich niemanden, der in der Steppe stand und schrie, doch wenn doch jemand geschrien hätte, hätte es niemand hören können.

Über die K-W TSCH *(Kulturno-Wospitatelnaja Tschast)* hörte man nie etwas Gutes. Wie hätte es auch anders sein können, saßen dort doch die treuesten Anhänger des politischen Regimes, die *Politruki*[15], Denunzianten und alle möglichen Lagerfieslinge zusammen. Immerhin aber gibt es in der K-W TSCH Zeitungen, ein Mensch muss schließlich wissen, was in der Welt vor sich geht. Es gibt auch eine Bibliothek. Die Sammlung kann als ziemlich seltsam bezeichnet werden: Man sieht, dass sie aus Schenkungen und einem Amalgam älterer Sammlungen besteht; daher finden sich hier lauter Bücher, die in der Gesellschaft nicht mehr im Umlauf sein dürfen. Hier bei uns werden sie von niemandem kontrolliert, und so gibt es Schriftsteller zu entdecken, über die der Bann ausgesprochen wurde, wie Aldanow, Mereschkowski und Jessenin (seine Gedichte

---

15 In den kommunistischen Ländern war ein »Politruk« ein Kommissar oder Offizier, der für Propaganda und Bildung zuständig war.

standen damals auf der schwarzen Liste). Es gibt Gedichtausgaben von Bunin und Balmont. Manchmal kann man auch etwas von den großen russischen Klassikern finden. In Uchta vertiefte ich mich in Dostojewski, der in der freien Gesellschaft auch nicht allzu positiv gesehen wurde, und ich verschlang außerdem Gogol, Turgenjew, Korolenko und Mamin-Sibirjak. Sogar durch Gorki kämpfte ich mich hindurch. Die Bibliothek enthielt darüber hinaus einige Theaterstücke, die für die Laienspielgruppe bestimmt waren. Diese Stücke waren meine Lieblingslektüre und verschafften mir immer gute Laune. Sie drehten sich meist um die bedeutendsten Ereignisse der russischen Geschichte. Es ging entweder um irgendeinen Helden, der sich der Inthronisierung von Władysław IV.[16] widersetzte, oder um den Rasin-Aufstand[17], den Sieg über die französische Armee 1812 (weniger dank Kutusows Manövern[18], sondern eher dank des Mutes einfacher Bauernsöhne), die Revolution oder den letzten Krieg. Die Russen waren stets die Sieger. Die anderen verloren immer wegen taktischer Manöver, und die Russen besaßen ein Monopol auf Edelmut, Heldentum und Weisheit. Die Polen wurden in diesen Stücken in der Regel als Schurken dargestellt, als schlaue Füchse, als elegante, aber charakterlose Gestalten, als Ausbeuter, als Herren, die hohe Schuhe mit Sporen trugen, und die dem treuen russischen Volk mit Peitschen zu Leibe rückten (wie wir aber wissen, waren Peitschen anderswo in Mode). Auf Grundlage dieser Lektüre ließe sich einiges über das Bild schreiben, das ein durch-

---

16 Im Jahr 1610 wurde dieser polnische König, der auch Großfürst von Litauen und Titularkönig von Schweden war, zum neuen Zaren von Russland ernannt. Obwohl er dieses Amt nicht ausübte, behielt er den Titel über zwanzig Jahre lang.
17 Stenka Rasin (1630–1671), Kosakenführer und Volksheld.
18 Michail Kutusow (1745–1823), Feldmarschall, der nach Auffassung mancher, nicht zuletzt seiner selbst, eine entscheidende Rolle beim Sieg über Napoleons Armee im Jahr 1812 spielte.

schnittlicher Moskauer von den Polen hatte, und nicht nur von den Polen. Das ist ein trauriger Umstand, denn diese Büchlein müssen in Bauern- und Arbeitervereinen weitverbreitet gewesen sein und einen primitiven und engstirnigen Nationalismus propagiert haben.

Die K-W TSCH bot auch ein Surrogat für Musik an, denn manchmal kam jemand und spielte Akkordeon und gelegentlich sogar Geige. In Uchta gab es einige ziemlich versierte Orchestergeiger. Sie bildeten ein großes Sinfonieorchester, das jeweils zur Hälfte aus Verbannten und Häftlingen bestand. Allerdings spielten sie nur außerhalb der Zone, im Stadttheater. Bei uns, im ersten OLP, traten sie höchstens ein- oder zweimal, an einem freien Tag und in einem überfüllten Saal, auf. Ihr Repertoire war eher als leicht zu bezeichnen und bestand hauptsächlich aus Opernouvertüren. Die K-W TSCH gründete zudem einen Chor, in dem viele Mitglied wurden. Es wurden auch Spektakel organisiert, die in der Regel aus einer Kombination aus Tanz, Chor und Solodarbietungen von ziemlich guten Sängern bestanden.

Das bringt mich zur Geschichte von Marina A., einer armenischen Frau in den Vierzigern und einer großartigen Mezzosopranistin. Sie war zusammen mit ihrem Mann 1941 verhaftet worden. Die beiden hatten sich geweigert, sich aus Moskau evakuieren zu lassen: Er war für die Fertigstellung irgendeines dringenden Bauprojekts verantwortlich und konnte das nicht aus der Ferne erledigen, und sie wollte bei ihrem Mann bleiben. Sie glaubten nicht, dass die Deutschen in die Hauptstadt einmarschieren würden. Und die Deutschen waren auch nicht einmarschiert. Dennoch beschuldigte man das Paar, sie hätten zu den Deutschen überlaufen wollen. Sie wurden zu fünfzehn bzw. zehn Jahren Haft verurteilt. Marina landete in Uchta. Es war Kriegszeit, eine fürchterliche Zeit. Die gefrorenen Leichen wurden möglichst sorgfältig zu Haufen aufgeschichtet; man wartete, bis die Erde auftaute, um sie begraben zu können. Im Lager grassierte die Pellagra. Marina wurde sofort zur allgemeinen Arbeit beordert. Ein ausdrückliches Verbot, irgendeine leichtere Arbeit zu verrichten, hing wie ein Mühlstein um ihren Hals. Sie erkrankte schwer, irgendein Nierenleiden, und landete im Hospital. Zufälligerweise stand das damals unter der Leitung von Aganes Alexandrowitsch. Die Armenier sind, wie alle nationalen Minderheiten, untereinander solidarisch. Unser Chefarzt behielt Marina so lange wie möglich im Hospital, bis sie auf dem Weg der Besserung war und wieder mehr oder weniger auf ihren Beinen stehen konnte. Der Krieg ging zu Ende, das Regime wurde gelockert. Marina bekam die Erlaubnis, in der Zone zu arbeiten, obwohl sie als arbeitsuntauglich galt. Und dann entdeckte jemand ihre Stimme – plötzlich wurde, wie von Zauberhand, alles anders. Das erst kurz zuvor wieder ins Leben gerufene Stadttheater in Uchta machte sich die Talente der Häftlinge begierig zunutze und erhielt unter anderem die Erlaubnis, Marina anzuwerben. Ich verwende das Wort »anwerben« und muss darüber ein wenig schmunzeln. Denn von einem Arbeitsvertrag, einer offiziellen Anstellung oder einer Bezahlung konnte natürlich keine Rede sein. Sie wurde einfach auf die Liste der Häftlinge gesetzt, die jeden Morgen mit einer Eskorte die Zone verließen, um sich auf den Weg zu den Proben im Stadttheater zu machen. Sie kamen gegen drei Uhr nachmittags zurück, viel früher als die anderen Brigaden. Sie aßen die garantierte Mindestportion Suppe und Haferflocken und verließen um fünf Uhr schon wieder die Zone, um zur Aufführung zurückzukehren: die Brigade der Künstler, Sänger, Musiker und Schauspieler. Ihre Verpflegung war miserabel, aber die freien Bürger hatten hinter den Kulissen immer etwas für sie herbeigeschmuggelt. Zum Personal des Theaters gehörten auch Exilanten und einige freie Bürger, die sich – man weiß nicht, warum – in dieser abgelegenen Stadt aufhielten. Nach einiger Zeit bekamen die Schauspieler sogar einen Passierschein. Von nun an durften sie die Zone auf eigene Faust verlassen und direkt zum Theater gehen. Traf man sie jedoch in anderen als den ihnen erlaubten Straßen an, büßten sie nicht nur den Passierschein ein, sondern wurden auch aus der privilegierten Brigade ausgeschlossen.

Die örtlichen Theaterbesucher wussten genau, wer ein Sek und wer ein freier Bürger war. Die Stadt war klein, jeder kannte jeden. Was aber nicht bedeutete, dass dort eine gemütliche Atmosphäre herrschte.

Irgendwann im Winter 1947 galt es unerwartete Gäste willkommen zu heißen. Sie waren nur auf der Durchreise durch unsere Stadt. Da der Weg aber lang und mühsam war, beschlossen die drei, doch Station zu machen, zumal ihr Auftrag darin bestand, mehrere regionale Theater zu inspizieren, und sie auch die Möglichkeit einer Opernaufführung in Workuta zu prüfen hatten. Einer der Herren war der Direktor eines großen Theaters in Moskau. Die anderen waren Beamte oder Sekretäre der Kulturabteilung des Zentralkomitees und des Ministeriums. An diesem Tag wurde ein Konzert zu Ehren von Tschaikowsky gegeben. Die Gäste nahmen im Zuschauerraum Platz, sie blieben inkognito. Das Konzert verlief ruhig: zuerst die Ouvertüre, dann die Musik zum Ballett, Solodarbietungen von Bässen und Tenören von nicht allzu hoher Qualität. Und dann kam der Moment, in dem Marina auftrat. Die drei klatschten so laut, dass sie die Aufmerksamkeit der anderen Zuschauer auf sich zogen. Nach der Aufführung begaben sie sich direkt in die Garderobe der Künstlerin.

Marina liebte es, diese Geschichte immer wieder zu erzählen. Sie hatte schon von der Bühne aus gesehen, wie diese Männer aufstanden und applaudierten, und sie war nicht überrascht, als die drei auf sie zukamen und sie mit Komplimenten überhäuften. »Was tun Sie hier, gnädige Frau? Warum vergeuden Sie Ihre Karriere in diesem abgelegenen Theater? Wir werden sofort einen Vertrag für das Bolschoitheater aufsetzen. Gnädige Frau, Sie sind besser als

Obuchowa[19]! Es ist ein Verbrechen, dass Sie hier in so einem Nest sitzen!«

»Und was dann?«, fragte ich.

»Was dann? Nun, ich antwortete, dass ich einverstanden sei, sofern der Mann, der hinten stehe, das zulassen würde. Besagter Mann war der Hauptmann unserer Eskorte, der nicht ausreichend für Ordnung gesorgt und nicht bemerkt hatte, dass drei der freiesten aller freien Bürger in diesen für sie verbotenen Raum eingedrungen waren. Ihr hättet die Gesichter dieser Herrchen sehen sollen und wie eilig sie sich aus dem Staub machten. Und was noch hinzukommt: Sie taten das nicht nur eilig, sondern auch ängstlich. Was für eine Genugtuung das für mich war!«

Marina lachte darüber, ebenso wie ihre Freundinnen vom Theater, die Zeugen dieses Vorfalls gewesen waren. Dieses Vordringen hinter die Kulissen kam das Trio zunächst jedoch noch teuer zu stehen. Die Männer wurden zum Büro des Intendanten und später mit einem Lastwagen direkt zum Hauptquartier des örtlichen MWD-Kommandanten gebracht, denn in den Augen des Oper handelte es sich um einen unerlaubten Versuch, Kontakt zu einem Sek zu knüpfen. Dafür konnte man sogar zehn Jahre bekommen. Im Lager wurde anschließend über die Frage gestritten, ob sie noch am selben Tag oder doch erst am nächsten Tag freigelassen worden waren (schließlich war es bereits Nacht gewesen und somit schwierig, eine Verbindung mit Moskau herzustellen). Auf jeden Fall verließ das Trio unsere Region erst zwei Tage später. Das sagte zumindest der Theaterdirektor, der sie zum Bahnhof gebracht hatte. Geschieht ihnen recht, diesen Mistkerlen – nun wussten sie, in was für einem Land sie lebten und wie eine Haftstrafe schmeckte.

---

19 Nadeschda Obuchowa (1886–1961), eine der bedeutendsten Mezzosopranistinnen der Stalinzeit. Sie wurde 1937 als Volkskünstlerin der Sowjetunion geehrt. 1943 trat sie in den Ruhestand, gab gelegentlich aber noch Konzerte.

Es wurde gelacht, und gleichzeitig war eine gewisse Empörung zu spüren. Sie galt nicht den Menschen, die die Gäste empfangen hatten, sondern den Gästen selbst. Hatte es die Jahre 1935 und 1937 und die Kriegsjahre denn nicht gegeben? Was hatten sie sich denn gedacht? Dass sich jemand aus freien Stücken im Hohen Norden aufhielt? Und für wen wollten sie denn dort eine Oper aufführen? Für die Eskorte und die Wärter? Für die Tausenden von NKWDs, die in Workuta auf der anderen Seite des Stacheldrahts saßen und dort Hunderttausende Menschen im Auge behielten, die beste Art von Sowjetmenschen? Oder wie die russischen Frauen sie nannten: die wahren »Ideekommunisten«? Denn nur hier gab es die Kommunisten, die, ohne mit der Wimper zu zucken, bereit waren, ihre eigene Freiheit für die Idee zu opfern. Und so wuchs die Verbitterung.

Marina reagiert jedoch anders. Sie glaubt nicht an den Kommunismus, sie ist schließlich Armenierin, und sie ist in einer Villa ihres Vaters auf der Krim aufgewachsen. Er war selbst Musiker und Komponist, und nach seiner Tochter zu urteilen, muss er ein kultivierter, zivilisierter Mann gewesen sein. Sie empfindet keine Wut oder Bitterkeit, sondern lacht vor allem über die Absurdität der ganzen Situation. Über die Absurdität der Wirklichkeit, die hier eine symbolische Bedeutung bekommt. Denn bedeutete die Geste dieser Herren nicht, dass sie den Wert von Marinas Kunst anerkannten? Das taten sie gewiss. Hatten sie nicht gezeigt, wie sinnlos Marinas Aufenthalt an diesem abgelegenen Ort war und dass sie anderswo mehr von Nutzen gewesen wäre? Von Nutzen – und das gerade für die Nation, die sie verurteilt, fortgeschickt und all ihre Werte negiert hatte?! Aber so ergeht es allen: Jeder wird irgendwo an einen entlegenen Ort verpflanzt, und die oberen Chargen wissen genau, dass diese Verpflanzung keine Aussicht auf Erfolg hat, dass sie nichts anderes ist als die Zurückweisung von Millionen von Menschen, die in der Gesellschaft die größte Wertschätzung verdienen. Welche Nation beraubt sich in dieser Weise ihres eigenen Reichtums?

Marina findet die Naivität der Gäste amüsant. Sie haben sich selbst weisgemacht, dass sie zu so vielem fähig seien, sie gehören zur Oberschicht der Gesellschaft und entscheiden über die Kultur des ganzen Landes, doch gegen die einzige wirkliche Macht, das MWD, sind sie völlig machtlos. Es ist daher nicht erstaunlich, dass sie Angst bekamen, ein solches erstes Aufeinandertreffen erzeugt Angst. Und die Angst lebt noch stärker in den Herzen derer, die zwar schon wissen, aber noch nicht begreifen, was auf sie zukommen kann. Nur der Sek hat davor keine Angst mehr, denn er befindet sich bereits auf der anderen Seite der Grenze. Er hat die Initiation bereits miterlebt. Angst erregt vor allem das, was noch unbekannt ist. Marina zuckt mit den Schultern, als jemand sie fragt, ob die Gäste Mitleid mit ihr empfunden hätten. Nein, sie war es, die Mitleid mit ihnen empfand, denn sie durchlebten einen Moment des Schreckens, sie sahen sich plötzlich mit einer Gefahr konfrontiert, wenn auch nur für einen Moment. Sie war ihnen sogar dankbar, denn trotz der Demütigungen, denen wir hier tagtäglich ausgesetzt waren, fühlte sie sich für kurze Zeit wieder als Mensch. Das Komische ist, dass es just dieselben Lagerautoritäten waren, die dazu beigetragen hatten, dass Marina diesen Moment des Triumphes erleben konnte.

Einer der Wärter in der Eskorte ist übrigens ein Musikliebhaber. Wenn er einmal mit Marina allein unterwegs ist oder an der Tür ihrer Garderobe wartet, bringt er aufrichtig seine Bewunderung zum Ausdruck: »Du, Schönheit, du bist besser als alle, die dich verurteilt haben.« Diese Worte schmecken für sie wie ein moralischer Sieg.

Marina singt nicht gern vor den freien Bürgern. Doch das muss sie, zumindest wenn sie leben will. Sie singt jedoch gerne für uns, in der Zone. Nur wenige Male wurden solche Konzerte organisiert. Ich habe das in Erinnerung behalten, weil eines dieser Konzerte unter ungewöhnlichen Umständen stattfand. Marina war wieder krank.

Abermals waren es die Nieren. Sie lag im Hospital auf der neunten Station und genoss die hingebungsvolle Pflege von Olga Chainowna, einer Krankenschwester und freundlichen Wolgadeutschen, die sich allen gegenüber herzlich verhielt. Ich besuchte sie gern abends, nach meiner Schicht, in einem kleinen Zimmerchen, in dem sie gemeinsam schliefen: die Kranke und die Krankenschwester. Dafür hatte sie von Aganes Alexandrowitsch eine Sondergenehmigung erhalten. Als Marina auf dem Weg der Besserung war, fing sie an, Deckchen mit Kreuzchen zu besticken (woher sie das Garn bekam, war ein Geheimnis), und sie erzählte von der Krim, von ihrem Vater, von ihrer Schwester, die Dichterin war und armenische Gedichte ins Russische übersetzte. Mehr als einmal lasen wir diese Gedichte, alte Gedichte im Stil der phantastischen orientalischen Märchen, voll zarter Poesie. Einmal kam auch Marta mit ihrem Akkordeon vorbei. Und dann versuchte Marina zu singen, zunächst leise, um die anderen Kranken nicht zu stören. Doch die Kranken hörten die Klänge des Akkordeons, und einige der gesünderen Kranken baten darum, die Tür zum Gang zu öffnen. Selbst die, die nicht mehr lange zu leben hatten, baten darum. Und so begann Marina, Lieder von Schubert und Mahler zu singen. Ich sehe es noch vor mir: der Gang voller kauernder Kranker in gelblichen, verwaschenen Pyjamahosen und -hemden, die grauen Gesichter mit tief liegenden Augen, die plötzlich durch die Tränen hindurch zu glänzen begannen.

Doch kehren wir zur K-W TSCH zurück. Nach Balqasch – als wir unser Versammlungshaus bereits ausgebaut hatten: ein großes Gebäude mit einem Theatersaal, einer Bühne und kleinen, aber ausreichend großen Kulissen, um den Bedürfnissen unserer Künstler zu genügen (Autodidakten von minderer Qualität, denn Persönlichkeiten vom Range Marinas gab es sonst keine). Dort organisierten wir an freien Tagen Bälle. Semjonowa spielte Akkordeon, und wir Frauen tanzten bis zum Umfallen. Semjonowa war eine Denunziantin, und jeder wusste das. Aber wir verziehen ihr diese Schwäche.

Schließlich richtete sie kaum Schaden an, und in ihren Händen verwandelte sich ein Akkordeon in ein wahres Jazzorchester. Es wird sicher viele überraschen, dass wir immer noch Lust zum Tanzen hatten. Ja, wir hatten Lust. Und wie! Und wir liebten es, dabei zuzuschauen, wie Maschka Syrnewa sich an den Kosakentanz wagte oder wie Marijka die Lesginka tanzte.

Hinter den Kulissen hatte Olga Konstantinowna für sich ein Malatelier eingerichtet. Dort lag ein ganzer Stapel langer Bretter bereit. Olga kalligraphierte auf ihnen mit bunter Farbe die unterschiedlichsten erbaulichen Losungen. Eine Sammlung geeigneter Losungen wurde von einem Führer der K-W TSCH, einem freien Offizier, zur Verfügung gestellt. Ich vermute aber, dass auch Semjonowa einige für Olga erfand und dabei auf Gorki, Lenin und andere sowjetische Literatur zurückgriff. Olga war darüber hinaus für die »Ehrengalerie« zuständig, desgleichen für alle notwendigen Inschriften: *Zutritt strengstens untersagt, Verbotene Zone* und so weiter. Diese Beschriftungen mussten gut lesbar sein, auch von weitem. Wann immer sie eine Pause von diesen ambitionierten künstlerischen Aufgaben hatte, widmete sich unsere Malerin leidenschaftlich dem Malen von Porträts unserer Lagerleiter, ihrer Frauen und Kinder, der Wärter und der gesamten Lagerverwaltung. Jeder träumte von seinem eigenen Porträt. Für die, die nicht das Recht hatten, die Zone zu betreten, malte Konstantinowna ein Porträt nach einem Foto. Die Porträts hatten immer einen phantasievollen Hintergrund, der vom Auftraggeber gewählt worden war: Berge oder Felsen, manchmal auch das Meer oder etwas ganz anderes, etwa riesige Wolkenkratzer. Einige dieser Gemälde waren Familienporträts: Omas und Opas, Enkelkinder, der Soldatensohn mit all seinen Ehrenabzeichen. Wunderbare hingekleckste Werke, die mehr als einmal unsere Lachmuskeln reizten, der armen Olga aber ein zusätzliches Stück Brot oder eine Dose Karpfen einbrachten. Für kleine Landschaftsbilder, wie Olga sie manchmal mit wenigen Pinselstrichen zauberte, durfte dagegen keine Farbe verschwendet werden, und Olga versteckte sie lange Zeit hinter Regalen, als könnte sie sich nicht von ihnen trennen. Eines Tages wurden sie gefunden. Olga Konstantinowna musste zehn Tage in der Isolierzelle verbringen. Als sie wieder herauskroch, konnte sie sich kaum auf den Beinen halten und litt an einem schweren Herzleiden. Sie wäre sicherlich in die andere Welt hinübergegangen, wenn der Oberst – der sie gebeten hatte, ein Bild seiner Frau zu malen – nicht gewesen wäre. Sie wurde ins Hospital gebracht, und nachdem sie sich etwas erholt hatte, wurde sie streng ermahnt, nie wieder solche »Vorbereitungen zu Fluchtversuchen« zu treffen. Dann ließ man sie zwischen ihren Staffeleien und Regalen in Ruhe. Wie diese Landschaftsbilder mit ihren sanften Farben zur Flucht dienen sollten, war schleierhaft. Nahmen sie etwa an, dass Olga in dieser ausgelaugten Steppe zufällig auf einen Kasachen gestoßen war, der ein Gemälde kaufen wollte? Dass ein entflohener Häftling, der dazu verdammt war, Tausende von Kilometern zu Fuß in der Steppe zurückzulegen, dabei auch noch Leinwände und Bretter tragen könnte? Dass ein aus dem Lager entflohener Häftling – etwas, was übrigens einem Wunder gleichkäme und ein absolut unwirkliches Ereignis wäre – anstelle von Brot Gemälde mitnehmen würde? Vielleicht sahen sie in diesen Bildern einen Beweis für unsere Existenz, einen Hinweis darauf, wo sich das Lager befand? Ein solcher Hinweis müsste dann aber doch jemandem übergeben werden können, nur wem und wo? Aus Balqasch selbst sind die Engländer, die hier in den zwanziger Jahren die Minen und Metallfabriken errichtet haben, schon lange abgezogen. Nur noch eine Legende unter den alten Kasachen erinnert an die weiß gekleideten und Korkhelme tragenden Fremden. Die Stadt, die ich am Horizont sehen kann, wenn ich auf das Dach der Ziegelfabrik klettere, ist fast ausschließlich von Exilanten bewohnt. Und Exilanten dürfen sich ohne einen speziellen Pass in diesem riesigen Land nicht frei bewegen. Es gibt dort auch wirklich freie Bürger, sofern eine solche Bezeichnung hier überhaupt passend ist. Das sind die Leute, die das Sagen haben und die Kontrolle ausüben. Wer von ihnen würde mit einem Sek irgendeine Art von Beziehung eingehen wollen? Ihm ein Stück Brot geben, einen Brief für ihn aufgeben – das wäre gerade noch möglich. Mehr aber auch nicht. Der Oper befragte die arme Olga mehrere Stunden lang bis zur Erschöpfung und wollte immer wieder wissen, warum sie diese seltsamen Symbole gemalt habe, zu welchem Zweck, für wen, was sie damit ausdrücken wolle, wer mit ihr in diese Verschwörung verwickelt sei, wer zur Organisation gehöre. Er schien nicht begreifen zu können, dass ein Mensch aus dem Bedürfnis heraus malen kann, seinen Träumen und seiner Sehnsucht Ausdruck zu verleihen. Das ging über den Horizont des Oper hinaus.

Bei Olga Konstantinowna trifft man mitunter auch die Ärztin Maria Petrowna an. Sie ist eine ältere Frau, klein und zart, und sie geht leicht gebückt. Wie Olga leidet sie an Angina Pectoris, manchmal kann sie sich nur mit Mühe fortbewegen. Sie sitzt schon viele Jahre ein. Und wie Olga verbüßt sie nicht ihre erste Strafe. Es geht das Gerücht, dass die beiden Trotzkisten waren. Sie waren etwa zur selben Zeit verhaftet worden, kurz nach dem Sturz Trotzkis, als Stalin dazu überging, die Anhänger seines Rivalen zu liquidieren. Maria Petrowna musste zu diesem Zeitpunkt sieben Jahre absitzen, Olga fünf Jahre. Eine Handvoll Vorkriegsjahre konnten sie dann in Frieden und Freiheit verbringen, doch sobald die Deutschen in Russland einfielen, wurden alle »gefährlichen Elemente« peinlich genau aus dem öffentlichen Leben eliminiert, und Maria Petrowna fand sich erneut für die nächsten fünfzehn Jahre in einem Lager wieder, ohne Prozess, ohne Urteil, allein aufgrund eines Sonderbeschlusses. Ähnlich erging es Olga Konstantinowna, allenfalls etwas später und etwas kürzer. Die Anklagepunkte? Es gab keine. Ich fragte beide Frauen, ob sie sich als Trotzkisten betrachteten. Sie zuckten mit den Schultern. Wie sich herausstellte, war ein Verwandter, dem Maria

Petrowna sehr zugetan war, Mitglied einer trotzkistischen Gruppe. Das reichte aus, um einen Menschen einundzwanzig Jahre lang in Haft zu halten.

Ich sehe mich um und frage mich: Wofür sitzen all diese Frauen ein? Wir, die polnischen Frauen, wurden wegen der AK verurteilt, das ist klar. Das galt auch für die litauischen und estnischen Frauen, die ähnliche, aber weniger umfangreiche Widerstandsorganisationen hatten. Die ukrainischen Frauen wiederum waren *Banderisten*[20]. Aber was bedeutet das eigentlich: ein Banderist zu sein? Über mir schläft Orysia. Sie stammt aus der Gegend von Stanislaw. Einer ihrer Brüder war bei der AK, der andere gehörte zu Bandera. Sie kamen nachts zu ihr, sowohl der eine als auch der andere, und sie gab ihnen Brot und Speck. Sie liebte sie alle beide. Beide Brüder starben bei einem Scharmützel, vielleicht war es sogar Brudermord. Und dann kamen die Russen und ließen den Rest der Familie für fünfundzwanzig Jahre einsperren.

Das Schicksal jeder einzelnen dieser Frauen könnte die Vorlage für einen Roman abgeben. Aber wir sind bereits abgestumpft, und uns überrascht nichts mehr, abgesehen von etwas wirklich Außergewöhnlichem, das anderen noch nicht passiert ist. Hinzu kommt, dass eigentlich niemand wirklich etwas darüber erzählt, was er mitgemacht hat. Manchmal kann man die Geschichte eines Menschen anhand seiner abgebrochenen Sätze nachvollziehen. Die Geschichten wiederholen sich, was nicht bedeutet, dass sie dadurch ihre tragische Bedeutung verlieren. Aber so ist es nun einmal: Der Tod eines einzigen Menschen trifft uns härter als der Tod von Tausenden, und das Unglück eines Menschen, den wir kennen und der uns et-

---

20 Mitglied der ukrainischen nationalistischen Widerstandsorganisation. Ihr Anführer war Stepan Bandera (1909–1959). Banderas Truppen sollen an mehreren Massenmorden von ethnischen Polen in der Westukraine beteiligt gewesen sein. Die polnische AK und die Bandera-Truppen standen sich somit als erbitterte Feinde gegenüber.

was bedeutet, trifft uns härter als das Unglück ganzer Nationen. Um sich etwas zu Herzen zu nehmen, muss man auf eine individuelle Gegebenheit stoßen. In der Masse beginnt alles zu zerfließen, das Elend bekommt etwas Monotones, etwas Gewöhnliches, etwas, was einen nicht mehr berührt und nicht mehr abschreckt: Das Unglück wird zur Alltäglichkeit. Wir stehen den Erfahrungen der anderen gleichgültig gegenüber, und wir erkundigen uns nicht mehr danach, nicht nur weil im Lager Diskretion geboten ist, sondern auch aus mangelndem Interesse.

Gleichgültigkeit. Wir alle werden immer härter, immer unfähiger zu Mitgefühl. Auf Weinen reagieren wir mit Ungeduld. Auf Klagen reagieren wir mit einem Schulterzucken. Von dem verzweifelten Blick eines anderen wenden wir uns ab. Wir fliehen vor denen, die in traurigen Erinnerungen schwelgen. Wir gehen lieber zur K-W TSCH, um ein bisschen zu tanzen. Wie sonst hätten wir diese Tage, diese Wochen, diese Jahre überleben können?

Allzu oft bin ich auf unsere Lagerdenunzianten gestoßen, und mehr als einmal erwiesen sie sich als intelligente, kultivierte Menschen. Allzu oft überkam mich dann das Erstaunen: Warum machten sie das? Einige, so scheint es, denunzierten aus patriotischem Pflichtgefühl gegenüber der Sowjetunion. Die Loyalsten unter den Fanatikern hatten einen so unerschütterlichen Glauben an das System, dass sie – blind für die Tatsachen, für ihr eigenes Schicksal, für das Schicksal der anderen, für die ganze Realität, die sie selbst miterlebten – der Überzeugung waren, es immer nur mit einer Abweichung zu tun zu haben. Ich persönlich glaube, sie rechneten eher mit Gnade, mit Strafminderung, mit einem Akt der Barmherzigkeit, der es ihnen ermöglichen würde, die eigene Haut zu retten. Sie mussten sich jedoch nur einmal umschauen, um zu begreifen, dass es keine Befreiung geben würde. Warum also sollte man sich dann so besudeln und sich derart mit Schuld beladen? Lag das an der typischen russischen Unterwürfigkeit gegenüber der Macht?

Es gab einige, die ihre Seele für leichtere Arbeit, eine zusätzliche Ration und eine Schachtel Zigaretten verkauften. Hunger und ein schwacher Charakter machten sie zu Denunzianten. Es war eine unkluge Entscheidung. In einem großen Lager konnte sie der plötzliche Tod unter dem Hackbeil eines Urka ereilen. In einem Spezlag verlor der entlarvte Denunziant seine Privilegien und wurde zur härtesten Arbeit geschickt. Denunzianten ließ man also nur einen Moment lang zu Atem kommen. Aber die menschliche Schwäche ist eine nicht zu überwindende Kraft.

Genügt das alles als Erklärung? Denunzianten sind schließlich überall zu finden. Sie umgeben uns auch in unserem normalen Leben. Hier, in diesem Augenblick, während ich dies schreibe, wimmelt es von diesem Gelichter. Es gibt immer mehr solcher kleinen und großen Schufte, Menschen, für die das Denunzieren eine Leidenschaft oder eine Berufung ist, Folterknechte und Sadisten. Wie viele Menschen befinden sich in einem solchen moralischen Morast? Sicherlich viel mehr, als im Lager waren. Doch ich habe das Gefühl, dass ich damals trotz allem von einer reinen Atmosphäre umgeben war. Der gefallene Mensch kam durch einen irrationalen Glauben daran zu Fall, dass die Freiheit seine Belohnung sein würde, oder durch Schwäche, einen Mangel an Willenskraft, dem täglichen Trott die Stirn zu bieten. Er suchte Trost, allerdings ungeschickt, und er verschätzte sich, was die möglichen Folgen anbetraf, doch er war ein Ertrinkender auf der Suche nach Rettung. Die Denunzianten waren keine Zyniker, auch wenn man sie durchaus als Verräter an der Lagergemeinschaft bezeichnen kann. Sie waren Menschen, an deren Herzen und Schamgefühl das Unglück genagt hatte – oder die Angst davor. Sie waren nicht selbstgefällig, sondern fürchteten sich davor, entlarvt zu werden, und diese Entlarvung ließ nie lange auf sich warten.

Oh, glauben Sie nicht, dass ein Denunziant in mir Mitleid zu erwecken begann und ich bereit war, ihm im christlichen Sinne zu vergeben. Nein, es hat mehr mit einer Gewöhnung an das Böse zu tun, mit einer Gewöhnung an das, was eigentlich Abscheu hervorrufen sollte, mit einer Gleichgültigkeit gegenüber Gemeinheit und Elend. Es gibt zu viel Boshaftigkeit, und wir stumpfen ihr gegenüber irgendwann ab. Sie beeindruckt uns nicht mehr und kommt uns schon nicht mehr so schrecklich vor. Heute sehe ich besser als damals, dass diese Lagerplage wirklich eine Plage war, dass wir alle langsam gegen das Böse immun wurden und nicht mehr darauf reagierten.

Es genügt, sich heute umzusehen. Die Spione von heute kämpfen nicht um ihr Leben – es gibt also keine Rechtfertigung für das, was sie tun. Sie sind in der Regel kleine Wichte, die unter einem Minderwertigkeitskomplex leiden und gleichzeitig zu feige sind, offen zu agieren. Sie ziehen es vor, im Verborgenen zu bleiben. Sie ziehen eine stille Genugtuung aus der Macht, die sie über andere haben, über andere, die meist besser sind als sie, die Respekt verdienen und als Autoritäten in der Gesellschaft anerkannt sind. Wie angenehm ist es, gerade diesen Menschen ein Schnippchen zu schlagen, ihr Leben von der eigenen Willkür, diesem oder jenem trivialen kleinen Willen abhängig zu machen. Wie angenehm ist es, sich straflos zu wähnen, weil man von höherer Hand stets beschützt wird, und sich nützlich zu fühlen, weil man eine Rolle ausfüllt, die andere nicht übernehmen wollen. Wie angenehm ist es, in aller Ruhe Anschuldigungen und Verleumdungen zu verbreiten, repressive Praktiken zu nutzen und über fast unbegrenzte Möglichkeiten zu verfügen. Das Opfer weiß nicht – vielleicht hat es nicht einmal den geringsten Verdacht –, wer ihm eine Falle gestellt hat. Seinem Opfer von Angesicht zu Angesicht gegenüberzutreten, es offen anzugreifen, dazu hat der Denunziant weder die Lust noch den Mut. Erst wenn sein Opfer schon wehrlos und der Gnade und Gnadenlosigkeit anderer völlig ausgeliefert ist, kommt er und versetzt ihm einen Fußtritt.

Wir sind überrascht, dass es so viele von ihnen gibt. Dabei handelt sich um ein natürliches Phänomen. In jeder Gesellschaft gibt es Feiglinge und Menschen, die sich von der Macht angezogen fühlen. Eine gesunde Gesellschaft versucht solchen Menschen in ihrem Handeln Grenzen zu setzen. Doch eine totalitäre Macht baut ihren Repressionsapparat auf ihnen auf und bietet diesen Widerlingen gerade besonders großartige Perspektiven. Ein stiller Appell der Machthaber genügt, damit solche Spinnen aus allen Ecken hervorkriechen, ihre Netze weben und ihre Beute ersticken. In ihre Netze verstricken sie schließlich sogar die Macht, aus der sie selbst hervorgehen.

Diese Situation an sich führt zu einer Zunahme von *Operis* und Denunzianten, von Informanten und Geheimagenten. Wer verpflichtet ist, mit ihnen mitzuschwimmen, muss sich einen Panzer der Gleichgültigkeit zulegen. Und tragen wir heute nicht alle einen solchen Panzer? Warum sollte man sich also über den armen Sek wundern? Wie hätte sich der Sek, der gegen seinen Willen in diesem Sammelbecken allen Übels gelandet ist, sonst verhalten sollen? Wer kein sauberes Wasser mehr sieht, gewöhnt sich allmählich an den Gestank. So stört es uns auch nicht, dass Semjonowa denunziert, da sie doch so gut Akkordeon spielt.

Und so verlieren wir nach und nach unsere Seele. Tag für Tag sickert mit dem Hunger, mit der Arbeit, die unsere Kräfte übersteigt, und mit der Hoffnungslosigkeit der Zeit etwas in uns ein, Tropfen für Tropfen, etwas, was beim Namen genannt werden muss. Was in uns einsickert, ist die Akzeptanz des Bösen. Wir können uns nicht mehr darum kümmern, wir zucken dabei nur noch mit den Schultern. Ein rechtschaffener Mensch, auf den man vertrauen kann – nur das würde uns überraschen! Das ist es also, wozu die sowjetische Umerziehung führt, die düster stimmende Bedrohung des täglichen Lebens im Lager.

5
LIEBE

Doch es ist nicht hier, mein Täublein,
Mich wärmt kein liebevoller Blick.
Nur ein besticktes Tabaksbeutlein,
nur Erinnerung bleibt zurück.[1]

Ein besticktes Beutelchen für Machorka, das ist *das* Symbol der Lagerliebe. Wanja oder Kolja[2] zieht vorsichtig eines aus seiner Hosentasche, löst die bunten Schnürchen, nimmt mit den Fingerspitzen die entsprechende Menge Tabak heraus, genau so viel, wie für eine Bankrutka benötigt wird, und legt den Tabak dann auf ein Stück Zeitungspapier seines Kameraden, der dieses Zeichen einer glücklichen Beziehung mit neidischem Blick beäugt. Sein Besitzer glüht vor Zufriedenheit und lässt ihn sein Beutelchen genauer betrachten. Und es gibt darauf auch einiges zu sehen. Da finden sich Blüten, Zweige, die sehr akkurat mit einem grünen Faden gestickt sind, und manchmal auch ein großes Herz, das von einem Pfeil durchbohrt ist, oder eine Aufschrift, die von ewiger Liebe und Treue bis ans Ende aller Tage spricht. Diese Treue ist eine heikle

---

1 Letzte Strophe des Gedichts »Die Pfeife«, das während des Zweiten Weltkriegs unter Soldaten der Roten Armee beliebt war (Autor unbekannt, dt. Übers. von Anselm Bühling).
2 Diminutive von Iwan und Nikolai.

Angelegenheit, denn sie ist schwer durchzuhalten – das lassen die Umstände nicht zu. Aber ach, was sollen sie schon schaden, diese schönen Worte, die auf den Stoff gestickt wurden, um daraus Kraft zu ziehen, wenn sie denjenigen, dem sie gelten, mit Freude und Stolz erfüllen? Eine Freundin im Lager zu haben, ist nicht leicht: Es gibt nur wenige Frauen, und die Konkurrenz ist groß, denn viele hätten nur allzu gerne eine Lagerfrau. Nicht jeder hat also eine Chance.

In plastischen und eindringlichen Worten zeichnete Herling-Grudziński das Bild einer Gruppenvergewaltigung. Ich sehe sofort die ziemlich geräumige Baracke vor mir, die vielen Pritschen, die stumpfen, teilweise verborgenen Gesichter der Seki, die auf diesen Pritschen sitzen. Ein Teil von ihnen beobachtet die Szene, ein anderer Teil schenkt einem Geschehen, das so wenig Bedeutung hat, keine Beachtung. Ich sehe die Frau mit ihrem unterwürfigen, ängstlichen Blick und die Urki, die ihre Hosen herunterlassen, um ihre Lust mit der natürlichen Befriedigung des elementarsten physiologischen Bedürfnisses zu stillen. So funktioniert die Natur nun einmal, sagen die Russen. Was sollte uns daran überraschen? Zärtliche Worte sind hier überflüssig. *Unten bleiben, und dawai!* Das genügt.

Im Lager kennt die Liebe allerdings unterschiedliche Formen. Grudzińskis Bild zeigt nur *eine* davon, vielleicht die drastischste, aber doch weniger dramatisch aufgeladen, als es auf den ersten Blick erscheint. Ich erinnere mich an andere Szenen, andere Gesichter von Frauen, denen das Schicksal im Gulag im Allgemeinen besonders hart mitgespielt hat. Die Frau allein trägt die tragischen Folgen eines kurzen Moments des Vergessens.

Einmal amüsierten wir uns im Lager damit, ein Traktat über die Liebe zu schreiben. Wie es sich für jedes gute Traktat gehört, mussten wir mit einer Klassifizierung beginnen. Es gibt drei Arten von Liebe. Ihnen einen Namen zu geben, bereitete uns sofort Probleme, aber der russischen Sprache gelingt das wunderbar. Es war bekannt, dass die *Sakonnaja*³-Liebe anders war als die Liebe der *Schenatiki*⁴ und sich auch von der Liebe eines *Kobel*⁵ unterschied. Wie sind diese lapidaren Beschreibungen zu übersetzen? Wie kann man die Wörter *Schenatik* oder *Kobel* übersetzen? Dazu fehlt es mir an Phantasie. Das große sozialpsychologische sexologische Traktat lief also von Anfang an Gefahr, unzureichend zu sein, wenn wir uns nicht an die russischen Begriffe hielten. Für diejenigen, die die Sprache des großen Bruders nie lernen wollten, genügt es zu wissen, dass wir über rechtmäßig Verheiratete sprechen werden, über diejenigen, die zwar das Bett, nicht aber ihr Leben miteinander teilen, und über Päderasten, die auch im Lager nicht fehlen durften.

Die Klassifizierung hatten wir damit geleistet, nun konnten wir zur Beschreibung der einzelnen Gruppen übergehen. Die wichtigsten unter ihnen waren die Schenatiki. In Uchta hatte die Hälfte der Frauen ein Verhältnis mit jemandem. Mit wem? Offensichtlich nur mit einem Mann, der im Lager die angemessene Fürsorge gewährleisten konnte. Eine Ehe wurde schnell auf der Basis gegenseitigen Einvernehmens geschlossen. Der Mann fragte: *Willst du mit mir befreundet sein?* Die Frau antwortete: *Ja, aber ...* Und an diesem Punkt begann eine kleine Verhandlung über gegenseitige Dienstleistungen. Wenn es sich um einen Narjadschik, Prorab oder Kommandanten handelte, konnte er seiner Auserwählten leichtere Arbeit versprechen – das war ein Antrag, dem man nur schwer widerstehen konnte. Andere schlugen Zigaretten vor, etwas aus ihren Päckchen, Lederschuhe oder Walenki bester Qualität, kostbare Dinge, die es wert waren, in Betracht gezogen zu werden. Die Frau erklärte sich bereit, Wäsche zu waschen, Kleider zu flicken und mit ihren Nadeln einen Schal zu stricken. Das Tabakbeutelchen kam nicht

---

3   Russisch für »rechtmäßig«, »legal«, »gesetzlich«.
4   Russisch für »verheiratete Männer« (Singular: Schenatik).
5   Russisch für »Rüde« (männlicher Hund), im übertragenen Sinne auch »Schürzenjäger«.

zur Sprache, das kam bei den Verhandlungen nie vor. Das war ein spontaner Ausdruck eines von Liebe erfüllten Herzens. Von einem solchen Beutelchen träumt man. Auf ein solches Beutelchen wartet man.

Sobald die Vereinbarungen getroffen sind, gilt es zu den ehelichen Verpflichtungen überzugehen. Das ist nicht selbstverständlich, denn man kann nicht einfach so miteinander schlafen. Wegen intimer Beziehungen werfen sie einen sofort in die Isolierzelle. Also muss man die Wärter hinters Licht führen. Man muss die Zeit ausnutzen, in der alle Wärter sehr beschäftigt sind. Die Begegnungen – anders geht es nun einmal nicht – müssen kurz sein. Deshalb verschwendet man keine Zeit mit Worten. Ich beobachte, wie unsere weiblichen Schenatiki ein paar Minuten vor dem Wecken ihre Hemden, wattierten Hosen und Jacken anziehen, ihre nackten Füße in ihre Walenki zwängen und lautlos aus der Baracke schleichen. Das ist ein guter Zeitpunkt. Kurz darauf ertönt die Glocke, ein Teil der Wachen versammelt sich dann im Büro des Lagerleiters, um über die Ereignisse während der Nacht zu berichten. Ein anderer Teil hat in der Zwischenzeit Dienst im Esssaal, wohin sich die Brigaden, die außerhalb der Zone arbeiten, auf den Weg machen. Einige Schenatiki schlüpfen in kleine Hütten, in denen ihre Männer – durchweg *Pridurki* – auf sie warten. Andere gehen direkt zu den Männerbaracken. Dort genügt es, eine Decke von der oberen Pritsche herunterzulassen, um die untere zu einem intimen, vor neugierigen Blicken geschützten Winkel zu machen. Manchmal hat man aber nicht einmal dafür die Zeit oder den Kopf, vor allem wenn man sich sehr beeilen muss, weil ein kleines Hindernis eine Verzögerung verursacht hat. Die Liebe erblüht öffentlich, ohne jede Scham. In einem halben Stündchen ist die Sache erledigt. Die Frau hastet, so schnell sie kann, in ihre Baracke zurück; sie muss sich noch anziehen, ihre *Balanda* essen und rechtzeitig zum Raswod fertig sein.

Die Schenatiki versuchen jede Gelegenheit zu nutzen und verlassen sich dabei meistens auf die Diskretion ihrer Mitgefangenen. Über Liebe zu schwatzen ist unangebracht. Außerdem ist es so, dass du heute eine Freundin hast, morgen aber vielleicht ich. Die Frauen zeigen sich auch untereinander solidarisch. Sie warnen sich vor Gefahren und erleichtern sich das Lagerleben, indem sie der anderen ein angenehmes halbes Stündchen gönnen. Die Leiterin der Nähwerkstatt lässt ein Paar, das sich nacheinander sehnt, in das Magazin und schließt die Tür ab. Nach einer halben Stunde kommt sie, um die Tür wieder zu öffnen. Wenn niemand beim Waschen ist, übergibt die alte Waschraumleiterin heimlich jemandem die Schlüssel. Geliebt wird sich überall: in den Räumen des Magazins und in den kleinen ärztlichen Behandlungsräumen, in den Baracken und in der Werkstatt hinter einem Stapel Eisen, im gefüllten Kohlenkeller und auch einfach in den Toiletten, wenngleich es nicht bequem ist, es dort im Stehen treiben zu müssen. Doch das stört die sich nacheinander Verzehrenden nicht besonders. Gleich nachdem die Glocke zum Raswod geläutet hat, kommt Igor zu Musa, die neben mir schläft. Sie arbeiten beide in der Zone, und das ist die beste Zeit für sie beide. Meine alte Decke hängt zwischen uns. Musa holt ihr Bettlaken hervor und deckt die andere Seite der Pritsche sorgfältig ab.

Da es dort nur wenig Platz gibt, lässt Igor bereits seine Hose herunter, während er noch zwischen den Pritschen steht, und schlüpft dann in dieses behelfsmäßige Zelt. Gemeinsam mit Halka – einer Russin, die über mir schläft – verlasse ich die Baracke, so schnell ich kann. Walka, die in der Nachtschicht in der Küche arbeitet, stört sich nicht an Musas Liebesspiel, auch wenn unsere Pritschen hin und her wackeln. Sie schläft oben und schnarcht schon, doch ob sie bei dem ganzen Gerüttel nicht herunterdonnert, bleibt abzuwarten. Über diese Vorstellung müssen wir herzhaft lachen.

Eine Schenatik muss treu bleiben. Man darf seinen Lagerehemann nicht betrügen. Das kann sofort und auf schreckliche Weise bestraft werden. Ein Urka wird sie vielleicht erst noch ermahnen.

Die Frau versucht ihr blaues Auge danach zu verdecken – einerseits schämt sie sich ein wenig, doch andererseits prahlt sie auch mit dem Beweis, dass Tschuma wohl doch etwas für sie empfindet. Er schlägt mich, also liebt er mich. Manchmal tragen diese Ermahnungen jedoch keine Früchte. Dann ist mit dem Schlimmsten zu rechnen: entweder mit der »Straßenbahn«, also einer Gruppenvergewaltigung (der Urka überlässt seine untreue Frau den Kameraden), oder mit dem Messer. Manchmal gelingt es einer Frau, sich nach vielen Messerstichen doch noch zu retten, manchmal hält jemand im letzten Moment inne, und der endgültige Todesstoß bleibt aus. Die Frau wird im Hospital ihre Wunden lecken und dann wieder ins OLP zurückkehren. Allerdings nicht für lange. Sie konnten zwar ihren Liebhaber mitnehmen, ihm wegen des versuchten Totschlags ein neues Urteil aufbrummen oder ihn (so lief es meistens) in eine Strafkolonie schicken, aber seine Freunde blieben zurück, und die rächten sich üblicherweise noch grausamer an der undankbaren Frau.

Frau Dr. Lidka K. hat die Pritsche mir gegenüber. Sie ist unsere Lagerzahnärztin – eine sympathische Frau, schrecklich schlecht in ihrem Beruf, doch einen Zahn ziehen kann sie. Und darauf läuft die Behandlung in den meisten Fällen hinaus. Früher hatte sie anscheinend ein Verhältnis mit einem Arzt, doch der wurde irgendwann in einen anderen Lagerpunkt versetzt. Jetzt lebt sie mit einem Ingenieur aus dem Planungsbüro zusammen, einem ziemlich attraktiven, sympathischen Mann, der mit einem Kollegen ein eigenes Büro in der Baracke der Planer hat. Dr. Lidka genießt also alle möglichen Annehmlichkeiten und muss morgens nicht früher aus den Federn. Da ihr Freund auch in der Zone arbeitet, reicht es aus, sich während des Arbeitstages zu einem diskreten Treffen davonzuschleichen, idealerweise dann, wenn die Brigaden von ihrer Arbeit zurückkehren und die Wärter damit beschäftigt sind, sie in Empfang zu nehmen. Die beiden durchleben ein Märchen.

Dr. Lidka besitzt eine Menge Dinge, mehr als jeder von uns. Ihr früherer Lagerehemann hat offenbar große Päckchen von seiner Familie bekommen, von denen einige sogar für sie bestimmt waren. Sie trägt anständige Schuhe, hat eine neue Burka, drei Kleider und sogar drei Pullover. Sie besitzt auch ihre eigene Unterwäsche, Handschuhe und einen Schal. Ich betrachte sie immer mit einem gewissen Neid. Bevor sie zur Arbeit geht, macht sie sich schick und bindet sich jedes Mal einen anderen Schal um. Sie tut das alles mit größter Ernsthaftigkeit und ohne Koketterie, schließlich ist sie eine geschätzte und respektierte Person, die in der Lagerhierarchie eine hohe Position bekleidet.

Ich schreibe hier Lidka, aber niemand nannte sie damals so. Sie wurde immer mit Lidia Danilowna angesprochen. Warum ist in meinem Gedächtnis also immer noch »Lidka« verankert?

Ich arbeitete zu dieser Zeit in der Nachtschicht und schlief tagsüber in der Baracke. Eines Tages wurde ich von Weibergekreische geweckt. Alle Frauen der Abteilung, kranke und gesunde, versuchten einen nicht mehr ganz jungen Mann von seinem Vorhaben abzubringen. Er warf die Sachen aus Lidia Danilownas Holzkoffer auf den Boden. Er sah sich die Sachen an und steckte sie in einen mitgebrachten Sack, dabei fluchend wie ein Urka, wobei sich in seinem Mund die schlimmsten Adjektive mit einem gebräuchlichen Substantiv vermischten: Schlampe. Offensichtlich war er dieser Arzt, ihr früherer Mann. Er war mit einer Gruppe von Kranken in das Hospital unseres OLP gekommen und nutzte die Gelegenheit, um seiner treulosen Frau eine Lektion zu erteilen. Aus den Schätzen unserer Zahnärztin griff er die besten Dinge heraus, und vielleicht sogar noch mehr als das. Er nahm alle Geschenke zurück und warf sich den schweren Sack auf den Rücken. Seltsamerweise versuchte keine der kreischenden Frauen, ihm diesen Sack zu entreißen. Er winkte noch einmal in ihre Richtung, und weg war er. Von da an verwandelte sich Lidia Danilowna in Lidka. Wie andere Schenatiki war sie den Gesetzen des Lagers unterworfen. Was machte es schon für einen Unterschied, ob ihr Mann ein Arzt oder ein Urka war?

Später fragte ich diese schnatternden Frauen, warum sie bloß herumgeschrien hätten. Warum hatten sie zugelassen, dass hier Dinge gestohlen wurden? Sie verstanden nicht, was ich ihnen vorwarf. Sie waren überzeugt, dass er im Recht war: Sie hatte ihn betrogen, und deshalb gehörte ihr nichts mehr von seinen Sachen.

»Aber er hat ihr dieses Gelumpe doch sicher einmal geschenkt«, widersprach ich hartnäckig. »Und was man verschenkt hat, nimmt man doch nicht mehr zurück! Das verstößt gegen alle Grundsätze des Miteinanders.«

Die Russinnen zuckten mit den Schultern. »Als sie noch mit ihm zusammengelebt hat, hat er mit Geschenken nur so um sich geworfen. Jetzt lebt sie mit einem anderen zusammen und muss die Konsequenzen dafür tragen. Er hat jetzt sicher eine andere Frau und möchte der auch etwas schenken. Und woher sollte er das denn sonst nehmen?«

»Warum habt ihr dann geschrien?«

»Einfach so. Er hätte es ja bereuen und etwas Wertvolles zurücklassen können. Aber das hat er nicht. Das ist schade, aber das ist sein gutes Recht.«

So sieht eine Lagerehe also aus, und das ist ihre Moral. Du bist weggegangen – also gib mir alles zurück, auch wenn dir dann nur noch ein zerschlissener Buschlat bleibt. Lidkas Eleganz fand ein Ende. Die Schals und Pullover verschwanden, sie musste sich solche Gulagschätze erst wieder neu verdienen. Das ist allerdings nicht selbstverständlich. Nicht jeder hat die Möglichkeiten dazu, und nicht jeder hat Lust, seine Auserwählte dermaßen zu verwöhnen. Aber man kann auch ohne all diese Dinge leben. Dazu reicht eine zusätzliche Ration Brot und manchmal eine etwas dickere Suppe.

Gute Ehemannkandidaten sind selten, obwohl es zehnmal mehr Männer als Frauen gibt. Die Meute im Lager ist für die Liebe nicht geeignet. Die Dochodjagi sind geschlechtslose Kreaturen. Sie denken nur noch daran, was sie essen könnten. Der sexuelle Hunger ist in ihnen längst erloschen. In ihren abgestumpften Augen funkelt nicht der geringste Schimmer von Gefühl, nicht der leiseste Hauch von Lust. Diese Skelette schleppen sich in ihren klappernden, zu großen und zerschlissenen Walenki zum Esssaal, und keiner von ihnen würde einem vorbeigehenden Mädchen nachschauen. Nur der Vorarbeiter richtet seine *Uschanka*[6] und zwinkert einmal schelmisch, nur er kann mit einem breiten Lächeln noch seine gesunden Zähne entblößen, nur er macht noch einen Scherz und versucht die vorbeigehende Frau aufzuhalten, indem er sie etwas fragt, ihr etwas vorschlägt. Um zu lieben, muss man ein Pridurok sein, ein *Robotjaga*[7] ist zu nichts mehr fähig.

Der Lagerehemann von Maria Grigorjewna – sie ist die Chefärztin der ersten Abteilung unseres Hospitals – ist niemand Geringeres als der Lagerkommandant. Das ist *un secret de polichinelle*, ein offenes Geheimnis. Niemand wird sich Maria Grigorjewna in den Weg stellen – ihre Macht ist immens. Sie nähert sich dem Ende ihrer Strafe, und die war nicht übermäßig hart: fünf Jahre. Wie es aussieht, wird sie im Hospital bleiben, um dort als freie Bürgerin zu arbeiten. Der Kommandant besucht sie nur nachts. Dann kommt er, vorsichtig, damit ihn niemand bemerkt, auf die Station. Auf ein Verhältnis mit einer Inhaftierten steht eine Strafe von zehn Jahren. Im Sommer, in den weißen Nächten[8], vermeidet er solche Begegnungen offenbar. Dann ist es eher Maria Grigorjewna, die ihn unter irgendeinem Vorwand in dem Gebäude aufsucht, in dem der Lagerkommandant sein Büro hat. Manche glauben, dass sie nicht deshalb

---

6 Pelzmütze mit Ohrenklappen.
7 Im Gegensatz zu einem Pridurok leistet der Robotjaga die schwerste Arbeit.
8 Eine weiße Nacht ist eine Nacht, in der es an Orten, die mehr als sechzig Grad nördlich oder südlich des Äquators liegen, relativ hell bleibt. Weiße Nächte sind unter anderem ein bekanntes Phänomen in Sankt Petersburg.

hingehe, um sich mit ihm zu treffen, sondern mit dem Oper, denn sie sei eine Denunziantin. Das kann sein. Ihre Liebe muss sie mit etwas bezahlen. Die Liebe muss schließlich rentabel sein.

Aus der Küche des Hospitals bringt ein Pfleger einige abgedeckte Kesselchen mit dem Mittagessen für Maria Grigorjewna. Sie enthalten ein Stück Fleisch *und* herzhaften Haferbrei *und* dicke Suppe (die vom Boden des Kessels geschöpft wird), eine Suppe, in der der Löffel stehen bleibt. Maria Grigorjewna braucht das nicht einmal. Schließlich haben wir jetzt auch einen Lagerladen, in dem man geschmortes Schweinefleisch in Dosen oder Marmelade und manchmal sogar Butter kaufen kann, auch wenn das eine große Ausnahme bleibt. Es gibt verschiedene Arten von Süßigkeiten, und einmal wurde sogar Halwa mitgebracht. Maria Grigorjewna kauft alles, was sie nur will, ohne sich anstellen zu müssen. Sie betritt den Laden, und alle machen ihr Platz, damit wir ihren sauberen, aus dem Magazin für Armeebekleidung gestohlenen Pelzmantel nicht mit unseren verschmierten *Fufaiki* beschmutzen. Auf all die beflissenen »Guten Tag«, »Herzlich willkommen« und »Kann ich Ihnen helfen?« antwortet sie kaum. Sie nickt kurz mit dem Kopf, anmutig, aber kühl. Sie ist noch recht jung, um die vierzig, und hübsch. Mehr als ein Urka seufzt, wenn er sie sieht: *Was für ein Weib!* Aber wir mögen sie nicht, sie macht uns Angst. Sie ist zu vielem imstande.

Ich habe Nachtschicht, und auf meiner Station liegt jemand im Sterben. Ich brauche Sauerstoff. Ich gehe zur Apotheke, aber dort wollen sie mir keinen Sauerstoff geben. Unser Vorrat ist zu gering. Ich brauche eine Unterschrift des diensthabenden Arztes, und das ist niemand anderes als Maria Grigorjewna.

»Wo kann ich sie finden?«

»Sie ist wahrscheinlich auf Station eins.«

Die erste Station ist mit vier Riegeln verschlossen. Ich klopfe an die Tür. Der alte Pfleger, ein Vertrauter der Ärztin, öffnet mir. »Ich werde sie nicht wecken«, schmettert er mir entgegen. Wir streiten eine Weile heftig miteinander, und offenbar erhebe ich dabei meine Stimme, denn plötzlich öffnet sich die Tür, und Maria Grigorjewna selbst erscheint. Ich sehe, dass sie unter ihrem weißen Kittel nur ihre Dessous trägt. Ich bin eindeutig ein Eindringling. Nur mit Mühe kann ich meine Wut zügeln. Sie scheint nicht zu begreifen, dass jemand im Sterben liegt. Schließlich unterschreibt sie das Rezept. Ich eile davon, so schnell ich kann. Zur Apotheke, die nicht weit entfernt ist. Dann mit einem Sauerstoffbeutel zu meiner Station. Der Weg windet sich zwischen fast zwei Meter hohen Schneedünen hindurch. Es ist ein schmaler Weg, der von den gesünderen Kranken mühsam geräumt wurde. Meine Station, Station drei, liegt am selben kleinen Weg wie Station eins. Eine Kurve, und plötzlich falle ich in meiner Eile direkt in die Arme des Lagerkommandanten. Beinahe wäre er sogar rückwärts gefallen. Ich bringe ein hastiges »Entschuldigung« und noch ein paar Worte zu meiner Rechtfertigung heraus und versuche mich dann möglichst schnell seinen Blicken zu entziehen. In meinem Herzen pocht die Angst – ich hoffe, dass er mich nicht erkannt hat, dass er nicht weiß, wer ich bin. Erst nach einer Weile begreife ich, dass seine eigene Verwirrung noch größer sein muss. Hat einer denn je schon einmal gehört, dass sich ein OLP-Leiter ganz allein, ohne Begleitung und Bewachung, in die Zone begeben hätte? Die Wärter sind fast immer zu zweit, manchmal sogar zu dritt oder als Gruppe unterwegs. Es ist reinster Selbstmord, sich allein unter die Seki zu begeben. Da er ganz allein hier aufgetaucht ist, ist es also äußerst wichtig, seinen Besuch vor den anderen NKGBlern[9] geheim zu halten. Falls ich den Mund aufmache und sage, dass ich ihn gesehen hätte, würde man ihn in ein anderes Lager schicken. Vielleicht würden sie sogar

---

9 Das NKGB war das Volkskommissariat für Staatssicherheit, das geheimpolizeiliche und nachrichtendienstliche Funktionen hatte. Aus ihm gingen der sowjetische Geheimdienst KGB und dessen heutige Nachfolgeorganisation FSB hervor.

eine Untersuchung einleiten. Schon seine Angst, dass ich anfangen könnte zu reden, könnte genügen, um mich sofort in eine Strafkolonie im Wald zu schicken. Ich habe keine gute Nacht, und ihr folgt ein schlimmer Tag voller Unruhe.

Spät am Abend steht Maria Grigorjewna während meiner Schicht plötzlich vor mir. Sie erkundigt sich nach dem Kranken, ob es ihm besser gehe. Sie will ihn sogar kurz sehen. Der Patient ist wirklich auf dem Weg der Besserung. Vielleicht kann er noch gerettet werden. Es war sein Herz, wahrscheinlich ein Infarkt. Die Ärztin beugt sich über ihn, legt ihm die Decken zurecht und atmet tief ein. Dann sieht sie sich seine Krankenakte an, obwohl es nicht ihre Abteilung ist und sie heute keinen Nachtdienst hat. Ich warte, bis sie etwas sagt, und merke, dass ihre Lippen zittern. Schließlich entscheidet sie sich: »Bist du letzte Nacht in der Zone jemandem begegnet?« (Sie spricht uns mit »du« an, aber ich sage »Sie« zu ihr – das ist die Lagerhierarchie. Das stört mich eigentlich nicht, denn sie ist etwa fünfzehn Jahre älter als ich.) Ich antworte, ohne lange nachzudenken.

»Ja, jemandem von der Armee, aber ich weiß nicht, ob es ein Soldat oder ein Offizier war. Es war sehr dunkel. Ich habe ihn fast umgerannt. Ich bin weggelaufen, damit er mich wegen meines unhöflichen Verhaltens nicht in die Isolierzelle steckt. Aber sagen Sie es bitte niemandem.«

»Hast du nicht erkannt, wer es war?«

»Wie denn, in meiner Eile? Ich rannte wie eine Irre. Ich weiß nicht einmal, ob es nicht vielleicht zufällig ein Urka mit einer Armeemütze war. Das wäre ja noch schlimmer. Haben Sie etwas gehört?«

»Nein, nein.« Sie macht sofort einen Rückzieher. »Einen Moment lang hatte ich den Eindruck, dass sich jemand nachts bei der Station herumtreibt.« Maria Grigorjewna ist offensichtlich beruhigt, auch wenn das alles sehr unwahrscheinlich klingt. Die Zone ist ausreichend beleuchtet, um jemanden, dem man auf dem Weg begegnet, zu erkennen. Und in Walenki läuft man geräuschlos – es ist schwierig, Schritte von jemandem zu hören, der sich irgendwo herumtreibt. Aber wir verstehen einander ausgezeichnet. Sie weiß, dass ich nichts sagen werde. Und ich weiß, dass sie schweigen wird. Wir haben eine stillschweigende Übereinkunft getroffen. Mein Gott, wie viel Angst wir alle im Lager voreinander haben!

Es ist also besser, nichts zu sehen und nicht zu wissen, wer mit wem, wann und wie. Das geht uns nichts an. Die Liebe der Schenatiki findet fast öffentlich statt, und gleichzeitig spricht niemand darüber, als ob es sie gar nicht gäbe. Manchmal kommt es vor, dass ein Paar aus Eifersucht denunziert wird oder es der Sicherheitsdienst in flagranti erwischt. Dann landen sie beide in der Isolierzelle und werden danach deportiert. Das Regime ist unerbittlich. Die Eheleute haben nicht einmal die Möglichkeit, sich zu verabschieden. Für immer getrennt, reisen sie in unterschiedliche Richtungen, wer weiß, was ihnen in anderen, noch härteren Lagern bevorsteht. Liebe ist ein Risiko. Und doch gehen unzählige Seki dieses Risiko immer wieder aufs Neue ein. »Ein Abenteuer«, nennen die Russen es. Aber es ist mehr als das. Wer würde sich nicht wünschen, einen anderen in seiner Nähe zu haben, jemanden, der einen anlächelt und etwas Zärtliches zu einem sagt, der sich um einen kümmert und sich um einen sorgt. In dieser Kälte der gegenseitigen Gleichgültigkeit ist jedes wärmere Wort, jedes freundlichere Lächeln wertvoll, von der Liebe ganz zu schweigen. Selbst eine kurzlebige, brutale Liebesbeziehung hat ihre freudigen und friedlichen Momente. Es ist also schwer, der Liebe zu entkommen.

Irgendwann, noch zu Beginn meiner Lagerjahre in Woiwosch, in dem Hospital, in dem Michail Danilowitsch herrschte, wurde eine Gefangene für ein paar Tage in unser Frauenkämmerchen gebracht. Sie saß schon seit zehn Jahren ein. Ich erinnere mich, was für ein Schock es für uns war zu realisieren, dass jemand so lange in dieser Hölle sein konnte. Sie war eine nette, intelligente Frau. Wofür sie in

Haft saß? Um das zu beantworten, genügt eine einfache Rechnung. Zieht man von 1946 neun Jahre ab, landet man bei 1937. Mehr Details braucht man nicht. Sie erzählte uns von den ersten Jahren im Lager, den allerschlimmsten, als überall die Pellagra grassierte. Erst nach zwei Jahren erhielt sie ihr erstes Päckchen. Es war ein kleines Päckchen mit ein paar Rosinen darin, orientalischen Köstlichkeiten (ihre Eltern lebten noch immer in Georgien), Nüssen, Halwa, Lederhandschuhen und einer dünnen Strumpfhose. Sie weinte über ihr Päckchen und träumte von Zwieback, Zwiebeln und Speck. Wie sehr es den Menschen, die in Freiheit leben, doch an Einfühlungsvermögen mangelt!

Am Abend sprachen wir – Frau L., Maritié und ich – mit ihr über die Liebe. »Auch ihr werdet Lagerehemänner suchen und finden«, sagte sie. Ihr werdet keine zehn Jahre in Keuschheit zubringen.« Ich weiß noch, wie entrüstet wir über diese Worte waren. »Wir? Niemals.«

Es muss hier angemerkt werden, dass die polnischen Frauen, ebenso wie die litauischen, Widerstand leisteten und hart blieben. Selten hat sich eine von uns auf das Abenteuer der Liebe eingelassen. Doch wenn wir einen Polen, einen unserer Jungs, trafen, regte sich etwas in uns. Nur war da immer noch diese Angst, die uns lähmte: Was, wenn ein Kind daraus entstehen würde? Schwanger zu werden hielten wir für eine Tragödie, im Gegensatz zu den weiblichen Urki, die nur davon träumten. Wenn eine Schwangerschaft festgestellt wird, ändert sich die Haltung der Lagerleitung. Eine Frau bekommt dann zweihundert Gramm Milch, sie wird zu leichterer Arbeit eingeteilt, und danach wartet ein spezielles Mütterlager auf sie. Ein Lager mit einem Hospital, einem Waisenhaus und leichterer Arbeit, solange die Frau ihr Kind stillt. Ein halbes Jahr solche Ruhe, das ist viel. Da lohnt es sich, sich um eine weitere Schwangerschaft zu bemühen. Was danach aus ihren Kindern würde, kümmerte die Urki nicht allzu sehr. Dabei hatten sie das Recht, von Zeit zu Zeit an die Waisenhausverwaltung zu schreiben und das Kind nach ihrer Entlassung dort sogar abzuholen. Ich weiß aber nicht, ob sie das je getan haben. Briefe haben sie allerdings geschrieben, das ist wahr. Manchmal sogar an mehrere Orte gleichzeitig, offenbar hatten sie schon einige Kinder in die Welt gesetzt. Ob sie jemals für sie sorgen wollten? Ich befürchte, nein. Dafür reagierten sie zu gleichgültig auf die Nachrichten, die sie erhielten. Nur in Ausnahmefällen sahen sie sich abends das Foto eines kleinen Jungen oder Mädchens an und weinten und seufzten dabei leise. Ich weiß nicht, ob sie sich nicht doch mehr Sorgen um sich als um diese Kleinen machten.

Für die Frauen, die als politische Häftlinge inhaftiert waren – ob es sich nun um einfache Bauernmädchen oder um die Intelligenzija aus Moskau und Leningrad handelte –, war es eine unerträgliche Tragödie, ein Kind wegzugeben. Sie wussten nicht, ob sie ihr Kind jemals wiedersehen und ob es angemessen versorgt werden würde. Die Waisenhäuser waren nicht gerade für ihren guten Ruf bekannt. Gerade dort wimmelte es von *Besprisornyje*[10], von sittenlosen Minderjährigen, die sich überall auf dem sowjetischen Territorium herumtrieben und ausnahmslos in der Gesellschaft der schlimmsten Kriminellen landeten. Man hatte Angst um die Zukunft der eigenen Kinder und damit auch Angst vor Schwangerschaften an sich. Polnische, litauische und estnische Frauen schauderte es allein schon bei der Vorstellung, ein Kind von ihnen müsste in einem russischen Waisenhaus leben. Daher also unsere Zurückhaltung. Daher auch die massenhaften Abtreibungen im Lager – manchmal mit tragischem Ausgang. Selbst die sensibleren Urki entschieden sich gelegentlich für einen Schwangerschaftsabbruch. Einige brüsteten sich damit, Spezialisten auf diesem Gebiet zu sein. »Eine einfache Häkelnadel genügt«, sagten sie. Ich wurde Zeugin der Folgen dieser Hä-

---

10 Obdachlose (verwaiste) Kinder, die gezwungen sind, auf der Straße zu leben; ein weitverbreitetes Phänomen in der Sowjetunion.

kelnadeln, wenn blutige, fast leblose Frauen in einem schrecklichen Zustand ins Hospital gebracht wurden. Die Infektion, die mit solchen Abtreibungen in der Regel einherging, war der direkte Weg ins Jenseits. Dennoch kam es gelegentlich vor, dass eine überlebte. Mehr als eine Frau erwarb auch den stillen Ruhm, eine gute Hebamme zu sein. Manchmal waren es auch die Ärzte selbst, die diese gynäkologischen Eingriffe vornahmen. Das garantierte eher eine gute Hygiene. Es ist wichtig zu wissen, dass sowohl der Arzt als auch die Frau, die sich dem Eingriff unterzog, sofort verurteilt werden konnten. Nach russischem Recht war ein Schwangerschaftsabbruch nicht erlaubt.

Der Spezialist für diese Eingriffe war Zbyszek, unser Lungenarzt. Als ich in der chirurgischen Abteilung arbeitete, war ich es, die seine Instrumente bereitlegen musste. Er holte sie dann am späten Abend ab und brachte sie eine Stunde später zurück. An wem er den Eingriff vornahm, wo, ob auf seiner eigenen Station oder an einem anderen Ort, habe ich ihn nie gefragt. Er musste auch freien Frauen helfen, dafür bekam er Geld. Einen ganz geringen Teil davon hat er immer an mich weitergegeben, was für mich sehr wichtig war, denn schließlich gab es damals einen kleinen Laden im Lager. Zbyszek war vorsichtig und diskret. Ich weiß, dass er es gelegentlich auch ablehnte, einen Eingriff vorzunehmen. Er hatte Angst vor einer möglichen Provokation, Angst vor der Klatschsucht einiger Frauen. Wie er mir einmal gestand, lehnte er den Eingriff aber immer nur ungern ab. Denn er hatte großes Mitleid mit diesen verzweifelten Frauen, die zu allem bereit waren und sogar ihre Gesundheit, ja selbst ihr Leben aufs Spiel setzten. Alles nur, um kein Kind gebären zu müssen, das zu einem Leben im Waisenhaus verurteilt wäre.

Zbyszek liebte Marta, eine wunderschöne schwarzhaarige Frau mit einem Streifen weißem Haar über der Schläfe. Sie gab sich als Ukrainerin aus, obwohl sie in Lwiw ein polnisches Gymnasium besucht hatte, ihr Polnisch so gut wie unseres war und sie Ukrainisch mit einem furchtbar harten Akzent sprach. Sie arbeitete gemeinsam mit Olga Chainowna als Krankenschwester auf der neunten Station. Ich wusste nicht, dass sie schwanger war. Sie hielt es verborgen, wie andere Frauen übrigens auch. Zbyszek führte die Abtreibung bei ihr selbst durch, und ob es nun daran lag, dass er nervös oder emotional zu stark beteiligt war, oder daran, dass zu große Verantwortung auf ihm lastete – er vermasselte es. Marta zog sich eine Infektion zu und bekam wahnsinniges Fieber, obwohl die Instrumente wie immer mit größter Sorgfalt sterilisiert worden waren. Sie musste unter einem Vorwand ins Hospital aufgenommen werden, um die notwendigen Medikamente zu bekommen. Und so wurde sie mit dem Verdacht auf Typhus eingeliefert, denn die Lagerleitung fürchtete sich vor dieser Krankheit zu Tode. Das garantierte, dass niemand sie ungefragt aufsuchen würde und dass wir sie von den anderen Kranken isolieren und so Klatsch und Verdächtigungen vermeiden konnten. Das waren dramatische Tage, und ich hatte mit den beiden schreckliches Mitleid, sowohl mit dem vor lauter Aufregung grau gewordenen Zbyszek als auch mit der fiebrigen, meist bewusstlosen Marta. Es gelang uns, sie zu retten. Blass und mager lernte sie langsam wieder aufrecht zu stehen, doch dann wurde Zbyszek plötzlich zu einem Transport eingeteilt – er durfte zurück nach Polen. Das kam für Marta wie ein Blitz aus heiterem Himmel. Er hingegen ging, ohne seine Freude zu verbergen. Er kehrte nach Hause zurück – gab es denn etwas Glückseligeres?! Sie aber blieb hier, geschwächt und in schlechter gesundheitlicher Verfassung, im Ungewissen, mit einer zehnjährigen Haftstrafe ohne klare Perspektive auf eine Rückkehr. Sie versuchte sich dennoch mit ihm zu freuen, denn sie liebte ihn. Nein, eines ist wohl klar: Es ist besser, niemanden zu lieben, besser, sich eine Kälte im Herzen zu bewahren, um keine Trennung durchleiden zu müssen. Ein Sek geht davon aus, dass die Liebe ihm einen helleren Sonnenstrahl in seine trüben

Tage bringt. Doch wenn dieser Strahl erlischt, wird die Nacht noch kälter und schwärzer.

Ist es nicht schon schlimm genug, dass wir von unseren Liebsten getrennt wurden, als man uns verhaftete? Warum sollte man neue Beziehungen eingehen, die zwangsläufig nicht von Dauer sein können? Ständig droht ein neuer Transport, eine erzwungene Trennung. Der Urka weiß das und macht sich deshalb nichts daraus. Heute die, morgen eine andere. Und vielleicht wird diese andere ihm ein Beutelchen mit buntem Garn besticken. Der Urka hat die Einstellung eines Seemanns: in jedem Hafen eine andere Frau.

Ich versuche Marta möglichst oft zu besuchen. In unseren Herzen tragen wir beide Bitterkeit. Nach der Arbeit, am späten Abend, habe ich keine Lust, in meine Baracke zurückzukehren. Also setzen wir uns auf eine Bank vor der Station neun des Hospitals und richten unseren Blick gen Westen. Der Zaun ist auf dieser Seite weit von uns entfernt, etwa sechshundert Meter, sodass er die Baumkronen nicht verdeckt. Über diese Baumkronen gleitet eine riesige karminrote Sonne hinweg. Und die Wipfel der Fichten wirken wie Hände, die sich gegenseitig die Sonne reichen. Es wirkt, als wollten sie der Sonne nicht gestatten, im dunklen Grün unterzugehen. Irgendwo dorthin, in Richtung dieser Sonne, ist Zbyszek verschwunden.

Irgendwo dort ist auch mein Zuhause. Neben uns auf der Bank sitzen noch einige Rekonvaleszenten. Sie sind Urki. Sie lachen laut und erzählen sich offensichtlich Anekdoten. Plötzlich beginnen sie, bemerkenswert wohlklingend, im Chor zu singen:

Von Suchumi bis Batumi hängen Luftballons für sie beide,
wäre da nicht der Hungertod, der sie voneinander scheidet.

Aus diesem Lied der Urki bricht eine brutale Wahrheit hervor. Warum sollten wir noch länger dasitzen und in die Sonne schauen? Wir wünschen den Patienten eine gute Nacht, und Marta und ich gehen unserer Wege. Am Tor der Wachstation, die das Krankenhausgelände von der allgemeinen Zone trennt, fragt mich der Wachposten, warum ich so spät zurückkomme. »Ich hatte einen schweren Fall – eine Operation war notwendig.« Er nickt und lässt mich freundlich passieren. Die Zone ist ruhig und menschenleer, das Signal für die nächtliche Ausgangssperre und das Löschen der Lichter ist schon vor einiger Zeit erfolgt. Aber es ist immer noch fast taghell. Wer in den Baracken noch nicht schläft, kann mich schon von weitem kommen sehen. Ängstlich beschleunige ich meinen Schritt; jemand könnte die Gelegenheit nutzen, mich zu überfallen und in eine dunkle Ecke zu zerren. Ich renne schon fast. Schwer atmend öffne ich das Tor des Zauns, der unsere Frauenbaracken vom Rest des Lagers trennt. Das Tor sollte eigentlich mit einem Vorhängeschloss verschlossen werden, aber das tut normalerweise niemand. Hinter einem Hain voll wilden Weißdorns – ein Wunder, dass er noch nicht entfernt wurde – stoße ich auf ein Pärchen, das sich auf dem Boden balgt. Ich wende meinen Blick ab, es geht mich nichts an. Vorsichtig öffne ich die Tür der Baracke, und kurz darauf liege ich auf meiner Pritsche. Wer mich bemerkt hat, denkt bestimmt, ich käme von einem leidenschaftlichen Treffen zurück.

Musa hat mir heute erzählt, dass sie schwanger ist. Mein Gott, und Zbyszek ist schon fort! Ich weiß wirklich nicht, wie ich ihr helfen soll. Sie und Igor sitzen neben mir auf der Pritsche und weinen. Was sollen wir tun? Vielleicht ist der freie Chirurg doch bereit, den Eingriff durchzuführen. Sie schütteln den Kopf und wenden ein, er wolle ein solches Risiko nicht eingehen, sich der Gefahr einer möglichen Verhaftung nicht aussetzen und seinen Job nicht verlieren. Er ist selbst krank und hat seine zehn Jahre abgesessen. Andere Ärzte haben keine Erfahrung mit solchen Dingen. Allein Maria Grigorjewna könnte diesen Eingriff vornehmen, aber sie weigert sich aus Prinzip, diese Art von Hilfe anzubieten. Abtreibung ist eine Straftat. »Sie ist zu gesetzestreu. Zumindest wenn es um andere geht«, flüstert Musa, »bei sich selbst sieht sie es nicht so eng.« Sie hat recht, aber das ändert nichts an den Tatsachen. »Vielleicht sollten wir jemand anderen ansprechen, eine heimliche Hebamme?« Aber Musa ist zart und mager, eine Blutung würde sie nicht überleben. Ich rate ihr entschieden davon ab. Dann lieber eine reguläre Geburt. Igor ist auch dieser Ansicht, aber Musa denkt anders darüber. »Eine Fehlgeburt künstlich einzuleiten, birgt Risiken. Man sagt, es sei besser, bis zum dritten Monat zu warten. Wenn mich das Schicksal schon heimsucht, dann eben mit dem Kind. Dann muss das Kind später wenigstens nicht leiden.«

Man könnte meinen, es wäre besser, auf das Liebesspiel zu verzichten, um erst gar nicht in solche Probleme zu geraten. Doch wer so denkt, sollte selbst einmal versuchen, sein Herz mit Eis zu füllen. An Eis mangelt es uns hier im Norden nicht. Bedecke deine Augen, lass deine Finger gefühllos werden, laufe nur einmal selbst kalt wie der gefrorene Stamm einer schwachen Birke durch die Zone: ohne etwas zu fühlen oder jemanden zu sehen. Wir aber wollen Menschen bleiben. Wir wollen nicht, dass das Leben in uns erlischt. Wir schützen uns vor der tödlichen Abstumpfung unserer Gefühle. Wir wollen an jemanden denken, uns um jemanden kümmern, in den Armen eines anderen liegen. Die Moralpredigten und den kühlen Verstand darfst du gerne für dich behalten. Die Liebe ist das menschliche Aufflackern der Seele in dieser unmenschlichen Welt. Man kann ihr nicht entkommen, auch wenn sie zu viele Opfer fordert.

Igor nimmt Musa in die Arme. Über die Wangen dieses jungen Mannes, noch keine fünfundzwanzig, fließen Tränen. Plötzlich kommt mir ein Gedanke, der Hoffnung macht. Musa erhält doch Päckchen von ihrer Mutter – sie gehört zu der Handvoll russischer Frauen, die von ihren Eltern nach ihrer Verurteilung nicht völlig verstoßen wurden. Regelmäßig treffen Päckchen ein und auch traurige Briefe. Ich weiß das, weil Musa die Briefe laut vorliest. Ihre Mutter muss eine außergewöhnlich gütige Frau sein. Nie ein Vorwurf, nur Herzlichkeit und ein paar Neuigkeiten aus ihrem Leben. Nach Musas Verhaftung wurde sie selbst entlassen, und ihr Mann, der zuvor eine hohe Position bekleidet hatte, wurde auf einen unbedeutenden Schreibtischposten in einer relativ kleinen Produktionseinheit versetzt. Sie kommen nur mit Mühe über die Runden. Die Päckchen sind deshalb sehr bescheiden, und doch haben sie offensichtlich ihr ganzes Herz hineingelegt. »Warte noch«, sage ich. »Tu nichts Übereiltes. Schreibe erst deiner Mutter und erzähle ihr alles. Ich kann dir helfen, deinen Brief außerhalb der Zone abzuschicken. Maria Alexandrowna wird ihn sicher am Wachposten vorbeibekommen. Vielleicht können deine Eltern das Kind nehmen und es bis zu deiner Rückkehr adoptieren. Das ist anscheinend möglich.« Igor erwacht wieder zum Leben. In uns keimt wieder etwas Hoffnung auf. Wir müssen nur noch herausfinden, ob es tatsächlich eine solche Regelung für diesen Fall gibt. Igor will auch an eine entfernte alte Tante schreiben, die von Zeit zu Zeit mit ihm Kontakt aufnimmt. Seine eigenen Eltern haben sich schon lange von ihm abgewandt. Noch während seines Verhörs wurde ein Treffen mit ihnen organisiert, natürlich im Beisein des Ermittlungsleiters. Igors Vater, ein hoher Funktionär der Partei, verkündete triumphierend, dass er mit seinem Sohn, diesem Verräter am Kommunismus, nichts mehr zu tun haben wolle. Diese Worte wurden auch von Igors Mutter wiederholt. Wenn Igor davon erzählt, zittert er vor Wut. Was für ein Kontrast zwischen diesen beiden Müttern: zwischen der fernen Mutter, die ihren Blick von ihrem Sohn abwendet, und der Mutter hier neben mir, die bereit ist zu sterben, nur um ihr Kind nicht ins Unglück zu stürzen!

Die Briefe sind geschrieben. Wir warten auf die Antworten. Ein Unglück kommt selten allein oder besser gesagt, das Unglück kommt in wahren Scharen. Der neue Wärter, der Eifrigste unter den Eifrigsten, hat Igor in unserer Baracke bemerkt. Musa wird in die Isolierzelle gesteckt, und Igor wird noch am selben Tag in ein anderes Lager geschickt. Wohin? Das sagen sie uns nicht. Irgendwo im Kombinat Uchta, aber in diesem Radius von mindestens zweihundert Kilometern gibt es zahlreiche Lagerpunkte. Er könnte im Bergbau, in der Forstwirtschaft oder beim Straßenbau gelandet sein. Das Ende der Liebe. Nach fünf Tagen kehrt Musa zurück, dramatisch abgemagert, als hätten die letzten Tage ihr das letzte bisschen Fett geraubt. Sie ist nur noch Haut und Knochen. Sie hustet. Wenn es so weitergeht, wird sie noch Tuberkulose bekommen!

Zum Glück hat sie ihre Arbeit nicht verloren, sie darf noch in der Zone bleiben. Sie weint jetzt, nicht nur um das Kind, sondern auch um Igor. Ein schwieriger, trauriger Monat vergeht. Dann endlich trifft ein Brief ein. Musas Mutter ist unglaublich, diese Frau würde man am liebsten sofort küssen! Sie hat schon herausgefunden, dass sie tatsächlich das Recht hat, das Kind zu sich zu nehmen, und sie wird es auch sofort tun, sobald das Kind nicht mehr gestillt werden muss. Es wird nicht im Waisenhaus landen, sondern von einer liebevollen Großmutter umsorgt werden. Musa weint, dieses Mal vor Freude. Ihre Strafe beträgt sieben Jahre. Drei hat sie bereits hinter sich, vier stehen ihr noch bevor, und das wird sie schon irgendwie schaffen. Jetzt bleibt nur noch zu hoffen, dass Igor es auch schafft, dass sie ihn eines Tages wiedersehen kann. Musas Tage sind jetzt von Träumen erfüllt. Sie bekommt von nun an Milch, was ihren Zustand ein wenig verbessert. Hoffnung hilft, am Leben zu bleiben, sofern man noch hoffen kann.

Es ist Morgen. Die Nacht habe ich im Operationssaal verbracht. Wir hatten es mit einem schweren Fall von Darmverschlingung zu tun. Ein ganzer Darm hatte sich infolge einer Fressattacke nach anhaltendem Hunger verdreht. So geht das immer: ein Päckchen und mangelnde Selbstbeherrschung. Der kranke Mann schläft, er wird es wahrscheinlich schaffen. Michail Danilowitsch und Maritié schlafen ebenfalls schon. Ich habe Tagesschicht, sollte also auf der Station beschäftigt sein, doch ich sitze auf den Stufen vor dem Hospital und blicke auf die Taiga und die Sonne, die immer höher steigt. Durch die offenen Fenster des Nachbargebäudes ist Andreas zu sehen. Er hat alle Hände voll damit zu tun, die Schwerkranken zu waschen. Manchmal höre ich seine Stimme, herzlich und warm. Andreas ist Maritiés Geliebter. Er arbeitet bei uns als Krankenpfleger. Ein schöner, groß gewachsener Junge, ein echter Litauer, mit großen blauen Augen. Plötzlich höre ich hinter dem Zaun das Geräusch eines Lkw-Motors, Gespräche auf dem Wachposten, das Quietschen der Tür am Kontrollpunkt. Ein großer Mann kommt auf mich zu. Ich nehme überhaupt nicht wahr, was für Augen er hat, ob sein Bart dunkel oder hell ist. Ich habe nur Augen für sein Hemd, ein gewöhnliches glattes hellblaues Herrenhemd, dessen offener Kragen eigentlich nach einer locker geknoteten Krawatte verlangt. Weder so eine mit einem Gürtel versehene *Gimnastjorka*[11] noch eine so locker sitzende ukrainische *Rubacha*[12] mit einem bestickten Kragen – die Art von Hemden, von denen ich hier täglich umgeben bin. Nein, es ist ein Hemd, das meine Augen schon seit mindestens drei Jahren nicht mehr gesehen haben. Ein europäisches Hemd. Sein Besitzer sagt etwas zu mir, ich antworte verwirrt und lächle. *Coup de foudre*. Und das wegen eines blauen Herrenhemds.

Die Liebe der Schenatiki hatte noch andere Folgen: Geschlechtskrankheiten. Gonorrhöe war sehr verbreitet. Ihre Behandlung be-

---

11 Typisches Hemd der russischen Armee, in der Regel mit einer doppelten Knopfreihe und einem steifen Kragen.
12 Eher unförmiges Hemd mit starkem folkloristischem Charakter.

stand aus Bädern mit Kaliumpermanganat, das wir im Lager auch *Marganzowka*[13] nannten, aber besonders wirksam war das nicht. Auch an Syphiliskranken mangelte es nicht. Ihnen wurden Bismut[14] und Salvarsan[15] verabreicht, was mehrfach half, die Krankheit zu stoppen. Den Gesichtsveränderungen – den charakteristischen Nasen – bei einigen Häftlingen nach zu urteilen, gelang es jedoch offensichtlich nicht immer, den Verfallsprozess unter Kontrolle zu bekommen. Die Furcht vor *Treponema pallidum*, dem Bakterium, das Syphilis verursacht, sorgte bei beiden Geschlechtern für größere Zurückhaltung. Wir versuchten herauszufinden, wie es um den Gesundheitszustand der potenziellen Partner stand. In der Regel hatten wir allerdings eine klare Vorstellung davon. Schließlich wurden die an Syphilis Erkrankten mit der Regelmäßigkeit eines Uhrwerks zur monatlichen ärztlichen Untersuchung aufgerufen. Doch während diese Vorschrift des Reglements in großen Lagern ziemlich streng gehandhabt wurde, erwies sie sich in den kleineren Lagerpunkten und Kolonien als Makulatur, auch wegen eines bitteren Mangels an geeignetem medizinischen Personal. In den abgelegenen Komandirowki ließ man den Infektionen meist freien Lauf. Von dort wurden die Seki oft in einem bereits fortgeschrittenen Krankheitsstadium in unser Zentralhospital gebracht. Erschwerend kam hinzu, dass Syphilis sogar durch den gemeinsamen Gebrauch gewisser Gegenstände übertragen werden konnte. So kam es mehrmals vor, dass sich zwei Frauen oder zwei Männer mangels Unterwäsche und ein-

---

13 Begriff, der sich von der chemischen Verbindung Mangan ableitet. Kaliumpermanganat ist eine Verbindung aus Kalium und Mangan. Es wurde in der ersten Hälfte des 20. Jahrhunderts häufig als Bestandteil von Medikamenten und Desinfektionsmitteln verwendet. Haut, Augen und Atemwege reagieren jedoch empfindlich auf diese Substanz.

14 Ein schweres, ungiftiges Metall, das früher ein wichtiger Bestandteil verschiedener Arzneimittel war.

15 Markenname von Arsphenamin; es kam 1910 auf den Markt und war lange Zeit das wichtigste Medikament gegen Syphilis.

fachster Wäsche eine Decke, ein nicht immer sauberes Laken oder ein Handtuch teilen mussten.

Ich erinnere mich noch sehr gut daran, wie ein junges Mädchen von kaum siebzehn oder achtzehn Jahren in unserer vierten Station landete. Weshalb sie verurteilt worden war, weiß ich nicht. Es war ein russisches Mädchen, und in den Jahren 1947 und 1948 ereilte so viele dieses Schicksal, wegen eines kleinen Flirts mit einem ausländischen Matrosen oder einer unklug geäußerten kritischen Bemerkung über etwas Sowjetisches. Im ersten Fall verdächtigte man sie der Spionage, im zweiten der Diffamierung des Vaterlandes und seiner Führer. Einzuräumen, dass der amerikanische Doseneintopf besser ist als der sowjetische, konnte schon als Verbreitung schädlicher, gegen die Interessen des Vaterlandes gerichteter Propaganda interpretiert werden. Solche Artikel gab es im sowjetischen Strafgesetzbuch zuhauf. Dies war mehr als nur ein Taschenspielertrick in der Rechtsprechung des großen Bruders. Wann immer jemand einen Grund suchte, um jemandem einen Knüppel zwischen die Beine zu werfen, konnte er einen passenden Artikel finden und damit sogar ein heiliges Lamm in einen politischen Verbrecher verwandeln. Das Mädchen hatte nichts bei sich, keinen Kamm, kein einziges zusätzliches Kleidungsstück, nur ein aus einem Magazin gestohlenes Hemd, das beim Transport sehr schmutzig geworden war, ein unter den Achseln zerrissenes Kleid und abgetragene Schuhe. Die reicheren Frauen unter uns versuchten ihr zu helfen, umso mehr, als sie zur allgemeinen Arbeit gehen musste. Die eine gab ihr ein Handtuch, die andere ein Stück Seife. Das Mädchen bekam sogar eine Zahnbürste. Aus dem Magazin holten sie für sie noch eine alte Decke, ein vergilbtes Bettlaken, eine Burka und einen wattierten Mantel. Das war alles. Eine kümmerliche Ausstattung. Aber das Mädchen war fleißig und vorausschauend, und nach und nach fand es sich im Lagerleben zurecht. Sie half, wo sie konnte, besorgte etwas für jemand anderen, wusch jemandem die Wäsche, auch wenn sie nach der Arbeit schon müde war. Auf diese Weise kam sie an einen Pullover, einen Rock und ein sauberes Hemd. Sie hatte Glück, dass sie gerade in unserem OLP gelandet war, denn hier gab es viele Leute aus der alten russischen Intelligenzija. Es gelang uns sogar, sie von der allgemeinen Arbeit zu befreien. Von Verehrern hielt sie sich fern – sie war noch zu kindlich. Sie freundete sich aber mit einer anderen Russin an, einer älteren, sehr herzlichen Frau, die Päckchen bekam, die sie mit dem Neuankömmling teilte. Und dann plötzlich, nach einem Jahr, erkrankte die kleine Tanja auf seltsame Weise: ein verdächtiger Ausschlag und geschwollene Lymphknoten. Syphilis. Wer war schuld daran? Das ist schwer zu sagen. Die ältere Frau? Ich hatte nicht den Eindruck, dass sie krank war. Außerdem hätte jeder Gegenstand, den Tanja bekommen hatte, die Krankheit übertragen können.

Tanjas Kummer war unermesslich, und mit der feurigen Entschiedenheit, die der Jugend eigen ist, überschüttete sie ihre ältere Freundin mit allen möglichen Vorwürfen. Und diese war ihrerseits völlig fassungslos. Was sowohl an den bittern Vorwürfen als auch an der Nachricht von der Krankheit ihrer Freundin gelegen haben mag. Sie wiederholte immer wieder: »Ich verstehe das nicht, liebste Tanja. Ich verstehe das nicht.« Damals begriff ich, dass Tanja für diese Frau wie eine Tochter war, das Objekt mütterlicher Gefühle, von denen man vermutet hätte, dass sie schon lange erloschen waren. Tanjas Reaktion war nicht völlig überraschend. Sie hatte eine Strafe von fünfundzwanzig Jahren erhalten, denn solche Strafen wurden in dieser Zeit verhängt. Welche Perspektiven hatte sie? Zeiten der Besserung, nach denen die Krankheit noch heftiger ausbrechen konnte? Das ist ein Leben in Ketten, abhängig von Antibiotika und fachkundiger Pflege. Es bedeutet, mit einer streng reglementierten Versorgung mit Bismut in einem Lager eingeschlossen zu sein, wobei es immer ungewiss ist, ob der Arzt Bismut verschreiben würde.

Natürlich hatten auch wir Todesangst vor dieser Krankheit und vor unnötigen Kontakten mit Gegenständen anderer. Unter diesen

Umständen und in diesem hygienischen Kontext war es jedoch äußerst schwierig, die notwendige Vorsicht walten zu lassen. Die Frauen benutzten dies sogar mehrmals als Waffe zu ihrer eigenen Verteidigung. Ein Urka bedrängte eine Frau und wurde handgreiflich. Das Mädchen ging scheinbar auf seine Annäherungsversuche ein, fügte aber hinzu, dass sie es nicht verschweigen könne und ihm gestehen müsse, dass sie krank sei. Normalerweise führte diese Ausrede dazu, dass der Urka eine Schimpftirade abfeuerte, es sich anders überlegte und sich aus dem Staub machte. Ich kenne aber auch Fälle, in denen ein angeblich krankes Mädchen zum Tode verurteilt wurde, damit es niemand anderes mehr anstecken konnte.

Man konnte aber auch auf einen Urka treffen, der bei der Mitteilung über eine solche Erkrankung nur lakonisch erwiderte, dass das für ihn nichts Neues sei, und ihr trotzdem weiter Avancen machte. Das war natürlich auch nicht der Sinn der Sache. Keine dieser Alternativen war verlockend.

Im Spezlag war es wesentlich schwieriger, Liebe zu erleben. Während des ersten Halbjahres, als wir noch nicht von den Männern getrennt waren, suchten wir nur sporadisch Kontakt zu ihnen. Da die Baracken nachts verschlossen wurden, waren Begegnungen nach Beginn der nächtlichen Ausgangssperre unmöglich. Es gab mehr Wärter, und die ganze Atmosphäre des neuen Lagers, die strengere Disziplin, die sehr harte Arbeit in einem äußerst rauen Klima und der schnell zunehmende Hunger nagten an jedem Gefühl in unserem Herzen. Es gab keine Urki und keine lukrativen Angebote mehr, und die Schenatiki waren verschwunden. Jetzt konnten wir in der Nähe der Ambulanz oder des Esssaals noch ein paar Worte mit einem Mann wechseln und einige Sorgen mit ihm teilen, mehr aber auch nicht. Diese Art von Kontakt war offenbar notwendig, denn als ein Zaun errichtet wurde, der die Männer- und die Frauenzone voneinander trennte, begannen die Frauen ein Verlangen zu spüren, sogar ein Verlangen nach Männern, die sie kaum kannten und mit denen sie höchstens einmal gesprochen hatten. Wir waren aus verschiedenen Orten in einem neuen Lagerpunkt zusammengebracht worden und einander noch völlig fremd. Während des ersten halben Jahres war es uns nicht gelungen, engere Beziehungen zu knüpfen. Doch die Menge an Briefen, die nun abends über den Zaun geworfen wurden, war unglaublich. Fast jede Frau wollte schreiben, wollte einen Freund haben, mit dem sie ein paar tröstende Worte teilen konnte. Die Frauen, die niemanden kannten, suchten Kontakte über Vermittler. Auch die Männer schrieben: *Gibt es unter euch ein litauisches Mädchen aus der Gegend von Panevėžys? Ich würde gerne mit ihr korrespondieren.* Und so wurde ein litauisches Mädchen gefunden und eine Verbindung geknüpft. Nächtliche Eskapaden über den Zaun hinweg waren ein äußerst riskantes Unterfangen, denn es erforderte enorme Vorsicht, den Skorpion zu täuschen, der ständig auf der Suche nach möglichen Verstößen gegen die Lagerordnung war. Die Korrespondenz wurde selbst dann nicht abgebrochen, als wir anstelle des Zauns eine hohe Lehmziegelmauer bauen mussten und eine breite verbotene Zone hinzukam. Einige Frauen hatten sich darauf spezialisiert, Nachrichten über die Mauer zu werfen – ein nicht allzu großer Stein genügte dafür.

Es brach eine Zeit der romantischen, sentimentalen Liebschaften an, die vielleicht schon nach einer einzigen direkten Begegnung scheitern würden. Ich weiß von einigen Beziehungen, die gut sechs Jahre Lager und eine Trennung – als einer der Liebenden weggeschickt wurde – überlebten und schließlich in eine Ehe mündeten. Aber so viel Glück hatten nur die wenigsten. Die briefliche Liebe war eher eine Form der Selbsttäuschung, eine Illusion, die man sich selbst und dem Partner schuf, weil sie das Leben leichter machte. Es ist so einfach, sich etwas vorzumachen, wenn man so sehr lieben will!

Sehr selten kam ein Waghals, ein Verrückter, über die Trennmauer und versteckte sich in einer Frauenbaracke. Das waren sporadische Vorfälle, die meistens mit einem langen Aufenthalt in der Isolierzelle endeten. Diese Draufgänger weckten bei uns keinerlei Sympathie. Sie suchten in der Regel nach jemand x-Beliebigem, solange es nur ein Mädchen war – und das, während die Briefeschreiber ihre Damen vor Kummer bewahren wollten. Doch der sexuelle Hunger verfinstert den Verstand und führt zu rücksichtslosen Handlungen oder gar zur Entartung. Die Liebe, die einfach irgendwo und irgendwie als eine geschäftliche Angelegenheit abgehandelt wurde, rief bei uns Abscheu hervor. Einmal verließ ich mit Halina den Waschplatz; direkt daneben, etwa fünfzehn Meter entfernt, verlief der Zaun. Es war Sommer, Sonntag, ein glühend heißer Tag. Alle suchten Schutz vor der Sonne. Vor einer Öffnung im Zaun saß eine der Arbeiterinnen aus der Nähwerkstatt auf dem Boden. Sie hatte die Beine gespreizt und in die Höhe gereckt – nun versuchte sie ihren ganzen Hintern zwischen die Bretter zu zwängen. Auf der anderen Seite hörten wir die Stimme eines Mannes, der etwas von sich gab, das zwischen Jammern und Fordern lag: »Lass mich schauen, öffne sie weiter, öffne sie weiter!« Puh, wir machten uns schnell aus dem Staub. Gleichzeitig florierte die gewöhnliche Prostitution enorm. Sie war nur außerhalb der Zone möglich, während der Arbeit und überall dort, wo die Frauenbrigaden mit freien Bürgern zusammentrafen. Bei den freien Bürgern handelte es sich meist um Fahrer, manchmal auch um Ingenieure und Vorarbeiter. Einige der Frauen waren nicht abgeneigt, sich mit einem Hauptmann der Eskorte oder einem Wachmann einzulassen. Im Allgemeinen ließen uns solche Erfolge völlig kalt, und wir versuchten, nichts davon mitzubekommen. Der älteste Beruf der Welt wird immer und unter allen Umständen Interessentinnen finden, die ihn ausüben wollen. Das Einzige, was sich ändert, ist die Art der Entlohnung. Im Lager ist ein Stückchen Wurst bereits eine gute Belohnung.

Interessant ist die Tatsache, dass es auch in den Männerbaracken Prostitution gab, bei der Frauen die Kundinnen waren. Die

Brigaden arbeiteten oft auf Großbaustellen, wo ganze Wohnblocks gebaut wurden, oder auf riesigen Fabrikgeländen. Dort gab es immer eine unüberschaubare Menge an kleinen Winkeln. Die freien Frauen waren früh, noch vor der Ankunft der Brigaden, auf der Baustelle. Sie versteckten sich sorgsam, um von den Wärtern nicht bemerkt zu werden, die jeden Morgen den gesamten Arbeitsbereich kontrollierten. Danach trafen sie ihre Auserwählten. Sie gingen erst, als niemand mehr zu sehen war. Und wie mir meine Kollegen erzählten, wurden sie gut bezahlt: nicht nur mit Essen, sondern auch mit Gegenständen. Alles in allem gab es jedoch nur wenige, die sich darauf einließen, denn man fürchtete die Krankheit. Offenbar waren die Männer sehr primitiv und vulgär. Was brachte diese Frauen dazu, zehn Jahre Gefangenschaft zu riskieren, wenn sie hier alle Möglichkeiten eines freien Lebens genießen konnten? Fühlten sie sich von der Attraktivität dieser kahl geschorenen Köpfe angezogen? Oder von der Liebe, die vor Gefahr zittert? Vielleicht aber war ein Sek, besser gesagt ein politischer Sek, der trotz der Lumpen, in denen er herumlief, in der Regel rechtschaffen war, ein »Mensch mit Kultur«, wie man sagte, für diese russischen Frauen etwas Exotisches, so etwas wie ein Märchenprinz. Wer kann das schon sagen? Im Laufe der Jahre sind wir an verschiedenen Arbeitsstätten vielen freien Männern begegnet. Viele von ihnen zeichneten sich durch eine vulgäre Grobheit aus. Aber wie könnten sie auch anders sein? Sie mussten schließlich in dieser sowjetischen Realität bestehen, in der man, wenn man sich etwas beschaffen wollte, wenn man leben wollte, über ganz besondere Fähigkeiten verfügen musste. Das Sein bestimmt das Bewusstsein, wie Marx uns lehrte.[16]

---

16 Skarga verweist hier auf das Grundprinzip des Marx'schen Materialismus und seinen Bruch mit dem Hegel'schen Idealismus. Bei Hegel schaffen die Ideen die Wirklichkeit, bei Marx ist es genau andersherum: Die Gedanken werden durch die soziohistorischen, ökonomischen Bedingungen des Daseins geprägt.

Die erschwerten Kontakte zum anderen Geschlecht spielten anderen Beziehungen in die Hände. Homosexualität oder lesbische Liebe, das ist ein eigenes Kapitel. Diese Paare wurden unverblümt als *Kobly* bezeichnet. Bei den Männern wurde diese Liebe frei und zynisch betrieben – sie war eine Art Sport, eine Art Spiel, und wurde selten von sentimentalen Gefühlen begleitet. Bei den Frauen war das anders. Schon in meinem ersten Lager wurde ich damit konfrontiert. Dort gab es ein sehr junges litauisches Mädchen, Grażyna. Sie war, wie wir beobachten konnten, sadistisch veranlagt und riss die jüngsten polnischen Mädchen mit in den Strudel ihrer Spielchen. Das war eine traurige Angelegenheit. Wir versuchten mit aller Kraft, ihrem schädlichen Einfluss etwas entgegenzusetzen – vergeblich.

In den gemischten Umerziehungslagern war Homosexualität selten, und das Gleiche galt für die Beziehungen zwischen Frauen. Die erzwungene Trennung von Männern und Frauen reichte jedoch aus, um das Phänomen wieder aufleben zu lassen. Interessanterweise war dies bei den reiferen, verheirateten Frauen nicht der Fall – sie ertrugen das erzwungene Zölibat gut. Es waren vor allem junge, noch unschuldige Mädchen, die die Liebe noch nicht kannten, die der Verlockung nachgaben. In den fünfziger Jahren wimmelte es in jedem Spezlag von »Fünfundzwanzigjährigen«, benannt nach der Länge ihrer Haftstrafe. Mit diesen langjährigen Strafen versuchten die sowjetischen Behörden, die lebhaften und immer stärker werdenden nationalistischen Bewegungen in der Ukraine, in Litauen und Estland im Keim zu ersticken. Die Repressionswelle riss vor allem die Jugend mit sich: Jugendliche, die nicht in den Komsomol eintreten wollten, aber immer dazu bereit waren, Sabotage zu begehen oder sich an Kämpfen, unaufhörlichen, wilden und hoffnungslosen Kämpfen, zu beteiligen. Zu dieser Jugend gehörten viele Mädchen im Alter von siebzehn oder achtzehn Jahren. Sie stammten meist vom Land, aus ukrainischen Bauernsiedlungen, die über die von zahlreichen Obstgärten und reichem Lössboden geprägten Regionen Podolien und Wolhynien verstreut waren, und nun wurden sie ihren Eltern entrissen, um in Sowchosen und Kolchosen zu arbeiten. Zwanzig Jahre nach der Kollektivierung in der Sowjetunion waren die polnischen und ukrainischen Gebiete an der Reihe, um ausgemistet und all ihrer Söhne, die in Freiheit leben wollten, beraubt zu werden. Das war eine Massenoperation. Hunderttausende wurden in großer Eile verhaftet und abgeurteilt. So viele junge Menschen, so viele Kinder! In unserem Lager wurden rasch neue Baracken errichtet. Sechs Abteilungen zu je sechzig Personen. Das war die erste Ladung. Danach kamen weitere hinzu. Das Frauenlager, das zu Beginn etwa fünfhundert Frauen umfasste, wuchs in weniger als zwei Monaten auf zweitausend Frauen an. Die Neuankömmlinge hatten kaum im Gefängnis gesessen und deshalb noch keine Zeit gehabt, sich in Dochodjagi zu verwandeln. Die gesunden Bauernmädchen wollten essen, arbeiteten gut, gewöhnten sich an die harte Arbeit und wollten vor allem nicht nach vorne schauen. Die Aussicht, ihre ganze Jugend im Lager verbringen zu müssen, war zu schrecklich. Im Grunde wurde ihnen ihr ganzes Leben genommen. Und warum? Einigen von ihnen nur deshalb, weil sie ihrem Bruder, der sich irgendwo versteckt hielt, ein Stück Brot gegeben hatten. Andere hatten nicht einmal ein so geringfügiges Verbrechen begangen. Es genügte schon, dass ihr Vater ein Haus, eine Weide und Vieh besaß. Und mag es unter ihnen auch viele gegeben haben, die mit Bandera sympathisierten oder sich sogar Abteilungen der Banderisten angeschlossen hatten – hatten sie denn nicht das Recht, sich ihren Brüdern und Vätern anzuschließen, wenn sie glaubten, dass dies der Weg zur Freiheit sei? Früher habe ich nie Sympathie für die Ukrainer empfunden. Ihre grausamen Taten erweckten Hass in mir. Aber hier, weit weg von unserem Land, lernte ich sie unerwartet als ein verlorenes, unglückliches Volk kennen. Sie glichen einem Steppenfalken: Er war herrlich, wenn er schwebte und die Kraft seiner Flügel genoss, doch ebenso furchterregend war er, wenn er mit der Geschwindigkeit eines Geschosses in die Tiefe stürzte und seine Krallen in den Körper seiner Beute schlug. Dieses Volk wollte frei sein, aber es wusste nicht, wie es die Freiheit erlangen konnte.

Alte Wunden heilen nur schwer. Das Unglück, das wir teilten, genügte nicht, um uns den Weg zu gegenseitigem Verständnis zu ebnen. Die alten Konflikte zwischen den Nationalitäten flammten im Lager bei zahllosen, selbst banalen Angelegenheiten sehr schnell wieder auf. Die Ukrainer nahmen den Russen und Polen alles Mögliche übel, die Georgier konnten die *Moskaly*[17] nicht ausstehen, empfanden aber Sympathie für die Polen. Die Chinesen begegneten allen mit höflicher Zurückhaltung, zeigten dabei aber nicht die geringste Sympathie. Dennoch entwickelten sich gelegentlich zwischen Einzelnen gute Beziehungen, selbst wenn sie aus Nationen kamen, die einander eher feindlich gesinnt waren. Ich verstand mich sehr gut mit den ukrainischen Frauen, ich mochte sie. Sie waren sauber, fleißig, sie sangen schön und konnten gut sticken, und ihre Sturheit und ihr Hass auf die Russen erlaubten es ihnen nicht, mit diesen gemeinsame Sache zu machen. Unter den Ukrainerinnen gab es keine Denunziantinnen.

Deshalb war es traurig mitanzusehen, wie einige von den Jüngsten unter ihnen plötzlich destruktive Beziehungen eingingen. Aber es waren nicht viele, und obwohl manche von einer fast hysterischen Leidenschaft besessen waren, hoffte ich, dass diese Beziehungen nicht zu viel psychischen Schaden anrichteten. Und obgleich wir diese Leidenschaft zumeist bedenklich fanden, war sie bei einigen Gelegenheiten doch auch unterhaltsam. Wenn ich aus der Distanz auf diese Frauen zurückblicke, habe ich Verständnis für

---

17 Abwertende Bezeichnung für Russen, die es in mehreren slawischen Sprachen und Ländern gibt, ähnlich wie der Begriff *Kazap*.

sie. Sie klammerten sich an eine Ersatzliebe; sie taten alles, um nur einen Moment Vergessen zu finden, um zu spüren, dass ein anderer Mensch ihnen nahe ist. Damals hatte ich dieses Verständnis noch nicht und habe Liebespaare manchmal gemeinsam mit anderen verspottet und verhöhnt. Sie waren für ihre Umgebung schwer zu ertragen: Heulanfälle, Krämpfe, Eifersuchtsszenen, Verzweiflung beim kleinsten Abschied, selbst wenn sie nur zu einer anderen Brigade oder Baracke wechseln mussten. Ihre Reaktionen waren krass und krankhaft. Aber solche Dinge sind gut bekannt, mehrfach beschrieben, und ich will mich nicht weiter damit aufhalten. Ich erlaube mir nur noch, an eine dieser anekdotischen Figuren zu erinnern, die viele von uns zugleich komisch und besonders traurig fanden.

Ich habe sechs Jahre mit Sergei Michailowitsch in einem Lager verbracht. Zwischen uns bestand so etwas wie eine distanzierte Freundschaft, die auf gegenseitigem Respekt beruhte, obwohl ich gerne zugebe, dass sein Verhalten mich oft auch einfach nur fröhlich stimmte. Ich tat mein Bestes, um diese Fröhlichkeit zu zügeln, nicht so sehr aus Angst vor den vielen Schimpftiraden, sondern aus Mitleid. Denn immerhin gehörte ich zu den wenigen, denen er seine persönliche Geschichte erzählt hatte.

Ich schreibe »er« und »ihm«, aber eigentlich handelte es sich um eine normale Frau. Ihr richtiger Name war Sofia Michailowna Afanasewa, aber in seinem offiziellen Formular wurde auch *Sergei Michailowitsch* hinzugefügt. Er war also ein Transvestit. Er lief immer in Männerkleidern herum. Er trug einen *Frentsch*[18], eine Armeehose und altmodische Reitstiefel. Wie er es schaffte, diese Sachen zu behalten, und wie er sie bekommen hatte, das blieb sein Geheimnis. Sein Haar war zu einer kurzen maskulinen Frisur geschnitten. Er war nicht kahl geschoren, obwohl er, wenn er als Mann durchgehen wollte, laut Vorschrift eine Glatze hätte haben müssen. Na-

---

18 Armeejacke mit zwei Brusttaschen und zwei großen Seitentaschen.

türlich hatte er keinen Bartwuchs, aber er zeichnete sich durch viele männliche Fähigkeiten aus. Er arbeitete gern handwerklich und war gut darin. Er wurde immer gerufen, wenn etwas kaputtging, wenn etwas repariert werden musste – eine Tür, ein Schloss, die Stromversorgung und dergleichen. Er platzte dann förmlich vor Stolz, und die Frauen, die ihm helfen wollten, blaffte er meist kurz und verächtlich an: »Lass das, das ist doch keine Arbeit für euch.« Die Ärzte glaubten, er sei anatomisch wie jede andere Frau. Angeblich soll er sogar einmal ein Kind geboren oder eine Fehlgeburt gehabt haben. Aber immer wenn einer von uns es wagte, den Waschplatz zu betreten, während er dabei war, sich zu waschen, fing er wie verrückt an zu schreien. Sergei Michailowitsch wurde von der Lagerleitung toleriert. Nur einmal versuchte einer der Lagerleiter, ihn in die Männerzone zu bringen. Das gab einen ziemlichen Aufruhr, sodass der Lagerleiter sich dazu genötigt sah, Sergei in die Isolierzelle zu werfen, aber es gelang ihm nicht, ihn in die Männerzone zu bringen. Sergei befürchtete dort sicher nicht nur den Spott der echten Männer, sondern auch etwas viel Schlimmeres. Und so lebte dieses seltsame Geschöpf unter uns und wurde zum Gegenstand mehrerer Geschichten. Die freudigsten dieser Geschichten handelten von seiner ewigen Neigung, sich zu verlieben.

Seine längste und tragischste Liebe war die zu Schenja, einer intelligenten, kultivierten Russin aus Leningrad. Sie ertrug seine endlosen Galanterien mit Milde und Verständnis, vielleicht sogar mit einem gewissen Mitleid. Sergei war nicht dumm, er wusste viel, las viel, obwohl er nie eine solide Ausbildung genossen hatte. Im Gespräch offenbarte sich, dass sich unter seiner scheinbaren Elefantenhaut unerwartete Feinsinnigkeit, künstlerische Sensibilität und zahlreiche Reflexionen verbargen, die dem Wesen der Geschehnisse und Dinge auf den Grund gingen. Man konnte gut mit ihm streiten, man konnte viel von ihm lernen. Schenja sprach also viel mit ihm, genauso wie Marijka und ich. Vielleicht sind es gerade diese Gespräche, die mich heute an ihn erinnern. Er war einer der wenigen im Lager, die sich nicht scheuten, das System, das uns in seinen Fängen hielt, zu analysieren, auf innere Widersprüche und Paradoxien hinzuweisen und nach den Wurzeln des Betrugs zu forschen. Er machte sich keinerlei Illusionen. Als in Russland geborener und aufgewachsener Mensch, der sich sicher auch seinem Volk verbunden fühlte, war er in der Lage, ein kühles Urteil zu fällen, und scheute sich nicht vor entschiedenen Schlussfolgerungen.

Ich bin heute nicht mehr imstande, seine Ausführungen oder Argumente zu rekonstruieren. Ich glaube auch nicht, dass irgendjemand imstande wäre, sich nach so vielen Jahren an diese Art von Diskussionen und Bekenntnissen zu erinnern. Sie wurden nie aufgezeichnet und verblassten allmählich, und was übrig blieb, sind nur einige allgemeine Eindrücke oder Umrisse von ein oder zwei allgemeinen Thesen. Bei den Versuchen, sie wiederzugeben, ist immer eine gewisse Verfälschung zu spüren. Wats[19] interessante Gespräche im sowjetischen Gefängnis sind hervorragende innere Dialoge. Sie sind aus einer Neubetrachtung seiner eigenen Ansichten entstanden und aus dem Bedürfnis, seinen ins Wanken geratenen Glauben zu rechtfertigen. Sie sind die literarische Camouflage des Prozesses, in dem der Schriftsteller seine eigenen Scheuklappen abnimmt. Dies ist immer ein faszinierender Prozess, der unsere größte Aufmerksamkeit verdient. Aber ich habe solche Scheuklappen nie besessen. Ich bin in Grenznähe aufgewachsen und hatte täglich mit Menschen Kontakt, die von der anderen Seite herübergeflohen waren

---

19 Alexander Wat (1900–1967), Schriftsteller, Übersetzer, Begründer des polnischen Futurismus. Trotz seiner anfänglichen Sympathie für den Kommunismus wurde er 1940 vom NKWD verhaftet. Er war in mehreren Gefängnissen inhaftiert, unter anderem im berüchtigten Lubjanka-Gefängnis, und wurde später nach Kasachstan verbannt. Als ihm 1946 die Rückkehr nach Polen gestattet wurde, sagte er sich vom Kommunismus los und wurde zum Verfechter demokratischer Lockerungen.

und um ein Bleiberecht, ganz gleich unter welchen Bedingungen, flehten – alles, um nur nicht in ihr Herkunftsland zurückgeschickt zu werden. Ich wusste also, dass von Osten her keine allzu großen Chancen auf Menschlichkeit bestanden. Sergei ist es wert, sich an ihn zu erinnern, denn auch er trug keine solchen Scheuklappen, was eine Seltenheit war. Im Großen und Ganzen glaubten die Russen – selbst diejenigen, die dem neuen System kritisch gegenüberstanden (natürlich nur ganz im Geheimen, selbst wenig gewagte Bemerkungen formulierten sie mit unglaublicher Vorsicht) –, dass das System sich noch zu etwas Besserem wandeln und schließlich eine ideale Form annehmen könne. Selbst wenn alle Realität das Gegenteil hinausschreien würde, bliebe es für einen Menschen unglaublich schwierig, sich von einem Gedanken zu befreien, an den er sich gewöhnt hat, der ihm ans Herz gewachsen ist und den er schließlich als seinen eigenen betrachtet. Der kommunistische Glaube ist wie ein Krebsgeschwür, und manchmal gelingt es nicht einmal einer Lageroperation, den Tumor zu entfernen. Wer weiß, vielleicht hat das Lager die Krankheit bei einigen sogar verschlimmert. So ungefähr hat es Sergei formuliert, und er fügte hinzu: »Sie leiden, sie haben alles verloren, aber o weh, wenn Stalin stirbt, werden sie weinen.« Und nach Stalins Tod: »Habe ich es euch nicht gesagt? Sie weinen. Ein Russe hat keine Augen, er ist blind. Schlimmer noch: Er kann nicht selbst denken, er kann nur den Anweisungen, die sie ihm geben, folgen. Bevor er einen Satz ausspricht, fragt er erst einmal, was das Zentralkomitee darüber denkt.« Die Genauigkeit dieser Bemerkungen hat mich sehr beeindruckt. Mehr als einmal habe ich einen meiner russischen Kollegen nach seiner Meinung gefragt. Dann erhielt ich stets, vielleicht nicht ganz aufrichtig, aber fast automatisch, die Antwort: »Das ist schwer zu sagen, in der *Prawda* ist noch nichts zu diesem Thema geschrieben worden.« Diskussion beendet, anderes Thema. Auch literarische Auffassungen werden von oben herab geformt. Eine eigene Meinung zu haben, zeugt von außergewöhnlichem Mut. Einer meiner Verhörer sagte mir einmal: »Sie denken auf unabhängige Art und Weise. Allein schon aus diesem Grund sollten Sie hinter Schloss und Riegel sitzen.«

Sergei wagte sich öfter an Betrachtungen der russischen Kultur. Ich kann seine Thesen hier nur in großen Linien wiedergeben. »Jeder Russe«, sagte er, »ist ein Barbar, der vor nicht allzu langer Zeit vom Joch der Mongolen befreit wurde. Er ist von dieser Erfahrung durchdrungen, deshalb verlangt es ihn nach Vergeltung, mit einem natürlichen imperialistischen Drang, den nichts und niemand unterdrücken kann. Die Eroberung der Welt, genau das, was die Mongolen getan hatten, ist das Ziel seines Handelns. Wie man diese Welt danach regiert, wie man ihr eine verfassungsmäßige Form geben soll, das ist zweitrangig. Der Kommunismus hat entgegen der landläufigen Meinung keine Vision, wie man sich gesellschaftlich und politisch organisieren soll. Er ist lediglich eine Ideologie, die den Eroberungs- und Unterwerfungsprozess erheblich erleichtert. Gerade mit Blick auf diesen Auftrag wird er entsprechend modifiziert und entfernt sich damit weit von der marxistischen Theorie. Die Attraktivität der kommunistischen Ideologie beruht auf ihrer Unbestimmtheit, auf der Leichtigkeit, mit der jede Regierung und alle Menschen ihre Positionen den Erfordernissen des Augenblicks anpassen können. Dies hat sich als eine wirkungsvollere Waffe als die offen imperialistische Politik der Zaren erwiesen. Wir sollten uns keine Illusionen machen. Die Ideologie hat Möglichkeiten mit sich gebracht, die Peter dem Großen nicht zur Verfügung standen. Peter träumte davon, das Fenster zum Westen zu öffnen. Unsere Machthaber träumen davon, über den Westen zu herrschen. Und ach, nicht nur darüber. Was in seinem eigenen Land geschieht, kümmert einen Russen heute ebenso wenig, wie es ihn früher gekümmert hat. Ein Russe kann Hunger leiden, inhaftiert sein, von seinen eigenen Machthabern verfolgt werden und dennoch vor Stolz strahlen, wann immer er sieht, dass sich die rote Farbe auf der

Weltkarte über die neu eroberten Gebiete ausbreitet. Die Mongolei. Korea. Dem ganzen Süden werden bald Afghanistan und der Persische Golf folgen, und auf der anderen Seite Livland, Peters Traum, die baltischen Länder und Polen. Wenn wir nur an uns selbst denken würden wie jede normale Nation, wenn wir nicht von diesem wilden, irrationalen Trieb beherrscht würden, dann könnten wir friedlich leben – innerhalb engerer Grenzen, ja, aber es wäre ein reicheres Leben, nicht weniger reich als das der Kanadier. Wir haben alles: Rohstoffe, Menschen und sogar sehr begabte Menschen. Aber wir vergeuden die Kraft, die in diesem Land steckt, an Propaganda, Rüstung und destabilisierende Einmischung in andere Regionen, wo immer wir können. Und warum eigentlich? Wer profitiert davon? Das ist doch eine völlig absurde Handlungsweise. Irgendwo muss es für diese Praktiken doch eine Ursache geben, irgendwo muss sie doch ihren Ursprung haben. Aber vergessen wir nicht, dass das Individuum in Russland seit den Zeiten der Rus[20] nie Bedeutung hatte. Russland kennt keinen Liberalismus. Es war immer ein Land von Herren und Sklaven. Selbst hier im Lager will der Russe herrschen und andere erniedrigen, sonst verändert er sich in einen willenlosen Sklaven. Er kann nicht anders. Es ist ein atavistischer Impuls, der unüberwindbar ist.«

Ich versuchte Sergei zu widersprechen und für die Russen einzutreten. Er aber beharrte auf seinem Standpunkt. Während eines dieser Gespräche erzählte er mir mehr von sich. Es war eine Geschichte über die alte russische Aristokratie. Er lachte über sie: über ihren Tand, ihre Oberflächlichkeit, ihren Snobismus – über all die Dinge, die wie ein Schleier über der Trägheit und dem alten russischen Glauben liegen, dass es, wenn einem das Schicksal

---

20 Das Volk, bei dem es sich vermutlich um altschwedische Wikinger handelt, die sich Waräger nannten, ließ sich im frühen Mittelalter im heutigen Nordrussland nieder.

schon nicht die Chance gegeben hat, ein Held zu sein, besser sei, auf einer Bank vor seinem Haus zu sitzen und Sonnenblumenkerne zu knabbern. Er selbst entstammte diesem Milieu. Manchmal sprach er verbittert darüber, manchmal fast wütend. »Was hatte ich schon davon, dass mein Vater an verschiedenen Universitäten im Ausland studiert hatte? Ich habe heimlich einige der Bücher gelesen, die er mitgebracht hatte. Seine größte Leidenschaft war immer die Jagd. Er litt sehr darunter, dass ich als Mädchen geboren wurde. Er verbot mir, Kleider zu tragen. Er schor mir die Haare wie einem Jungen und lehrte mich Reiten, Fechten und Schießen. Er wollte unbedingt einen Sohn haben, und ich gewöhnte mich daran, ein Sohn zu sein – und das war meine Rettung. Als die Revolution vorbeikam, um unser Haus und unsere Familie hinwegzufegen, war ich der Einzige, dem es gelang, sich zu verstecken und davonzulaufen. In den Kleidern eines Jungen gelang es mir, inmitten der wilden Soldatenschar am Leben zu bleiben. Ich arbeitete, wo ich konnte: Mal leistete ich körperliche Arbeit, mal arbeitete ich in den eilig eingerichteten Büros der Dorfräte. Ich konnte lesen, was in dieser finsteren Masse etwas ungewöhnlich Wertvolles zu sein schien. Ich wurde sogar Kommissar in irgendeinem Weiler. Und so ging das Leben weiter. Mit der Zeit arbeitete ich mich nach oben, bekam bessere Arbeit. Ich begann sogar Abendkurse zu besuchen, um meine Ausbildung zu vervollständigen, obgleich sich herausstellte, dass die Bücher meines Vaters mir mehr Wissen vermittelt hatten als die damalige zehnjährige Schulzeit. Und als sich meine Kollegen über mich lustig machten, weil ich keine Frau hatte, habe ich es versucht. Und so kam es, ich weiß selbst nicht genau, wie.«

Dann kam der Krieg. Er wurde eingezogen, und sein Geheimnis kam ans Licht. Sie wollten ihn als Krankenschwester an die Front schicken, aber er wollte seine Männerkleidung behalten und Arzthelfer werden. Er konnte schon nicht mehr anders. Er wurde verurteilt, erst wegen versuchter Desertation, dann wegen Spionage, und so landete er im Hohen Norden.

Wie jede lesbische Frau im Lager war auch Sergei sentimental. Er kam zu Schenja in die Baracke, setzte sich auf einen Hocker und sah ihr in die Augen. Doch offenbar hatte sie eines Tages genug von seinen liebevollen Blicken und seinem Geschmachte. Sie wollte die Brötchen, die er irgendwo außerhalb der Zone besorgt hatte, nicht mehr annehmen. Völlig niedergeschlagen kehrte er in seine Sektion zurück. Ich weiß nicht, ob es eine Pose war oder eine echte Verzweiflungstat, aber mit einem Ruck riss er die Brusttasche seines Frentsch ab. Er zog so stark daran, dass alle Knöpfe zu Boden fielen. Dann setzte er sich und vergrub das Gesicht unter seinem Kopfkissen. Kichernd hoben die Frauen die Knöpfe und den zu Boden gefallenen Frentsch auf und begannen den Mantel zu flicken. Sergei lag da, ohne ein Wort zu sagen, bis die Lichter ausgingen. Nachdem die Baracke verschlossen wurde und sich die Frauen schlafen legten, nahm er die Brötchen, die er ergattert hatte, und begann eines nach dem anderen genüsslich zu verschlingen. Und so sehe ich ihn immer noch vor mir: wie er dort sitzt mit seinem struppigen ergrauten Haar, in seinem sportlichen Männerunterhemd, ohne BH, mit den sich unter der Unterwäsche deutlich abzeichnenden flachen, hängenden Brüsten, und seine Brötchen isst. Eine dialektische Mischung aus Weisheit und Unverständnis, Drama und Humor.

Und was ist mit der Sakonnaja-Liebe, der gesetzlich anerkannten Liebe? Was gibt es darüber zu schreiben, wenn gerade diese Liebe, die normale, die tiefste Liebe, untergraben wurde? Ein gemeinsam verhaftetes Paar. Eltern und Kinder. Brüder und Schwestern. Sie können sicher sein, dass sie in verschiedenen Lagern landen werden, so weit wie möglich voneinander getrennt werden, sodass sie sich nicht zufällig treffen können. Sie werden nicht wissen, wo der jeweils andere ist. Manchmal kommt über jemanden, der in Freiheit lebt und mit dem man korrespondiert, eine vom Oper unbemerkte

Nachricht, dass der Ehepartner noch lebt, es ihm gut geht, er gesund ist. Noch häufiger passiert es, dass die ungebetene Hand des Zensors diese Worte löscht oder den ganzen Brief in den Mülleimer wirft. Und so vergehen die Tage, Monate und Jahre, und keine von uns weiß, ob sie bereits Witwe oder Waise geworden ist oder ob ihr liebstes Kind gestorben ist. Es ist besser, die Existenz einer solchen Liebe nicht zuzugeben. Sie wird beim Verhör dazu eingesetzt, einen zu erpressen. Es gibt kein schrecklicheres Mittel der Erpressung. Der Verhörer richtet seine bösen Augen auf sein Opfer und sagt genüsslich: »Schon gut, schweig nur. Wir haben deinen Mann ohnehin schon einkassiert. Er hat alles erzählt.« Bei diesen Worten, bei der Ohnmacht würde es einen innerlich fast zerreißen, und man bietet seine ganze Kraft auf, um sich auf den einen Gedanken zu konzentrieren: Bloß nicht zeigen, dass es so weh tut!

Es gibt keine größere Freude als eine kurze Nachricht. An dieser Freude nehmen wir alle Anteil – es ist wie ein Festtag. Wer regelmäßig Briefe bekommt, ist glücklich – und immer ist in ihnen eine geheime Botschaft verborgen. Briefe kommen von geliebten Menschen, die in der freien Gesellschaft zurückgeblieben sind. Sie sind wie Strahlen, die unsere erkalteten Herzen erwärmen. In einem Spezlag kommen solche Briefe jedoch äußerst selten an, und wir dürfen nur zweimal im Jahr schreiben. Zweimal, und dann auch nur kurz, denn sonst wird sich der Oper oder der Zensor nicht die Mühe machen, den ganzen Brief zu lesen und dabei vielleicht nur das eine oder andere Wort zu streichen. Er wird den Brief vielmehr als Ganzes in den Mülleimer werfen. Und daher sollte man folgendermaßen schreiben (natürlich nur auf Russisch – andere Sprachen sind nicht erlaubt): *Ich bin gesund. Es fehlt mir an nichts. Ich mache mir ein bisschen Sorgen um Janek (Janek sitzt). Ich küsse dich. Ich denke an dich.* Und dann noch eine Unterschrift. Der Brief, zum Dreieck gefaltet, denn Umschläge gibt es hier nicht, und meist auf einem obskuren Stückchen Packpapier geschrieben, wird in die

Welt hinausgeschickt als einziges Zeichen, dass wir noch am Leben sind.

Litauische und ukrainische Frauen erhalten Briefe. Wir, die polnischen Frauen, kaum. Es ist weder erlaubt, nach Polen zu schreiben, noch Briefe aus Polen zu erhalten. Wenn dort noch jemand übrig geblieben ist, versucht man, Rückkehrern auf der Durchreise Briefe mitzugeben. Jeder folgende Brief ist dann von jemandem unterschrieben, den ich nicht kenne und der sich nach der Rückkehr eines anderen erkundigt. Über die Familie: kein Wort. Oder allenfalls eine kurze Mitteilung, dass alles scheinbar gut läuft. Wir, die Polen, sind völlig von der Welt abgeschnitten. Die Deutschen schreiben. Sie haben das Recht, ihre Korrespondenz über das Internationale Rote Kreuz zu verschicken. Und wir Polen ... Das bedeutet es also, »Sieger« zu sein. Die vermeintlichen Sieger sind zu innerer Unruhe und ständiger Sehnsucht verdammt.

Und doch ist unser Schicksal in gewisser Weise besser als das unserer russischen Brüder. Wir sind uns sicher, dass unsere Familien an uns denken, dass sie sich niemals von uns abwenden werden, ganz im Gegenteil. Sie sind bereit, jedes mögliche Opfer zu bringen, um uns zu retten. Das Recht ist gegen unsere Liebe machtlos. Es kann uns voneinander trennen, aber es wird uns niemals dazu zwingen können, einander zu vergessen. Bei den Russen ist das anders. Ihre Liebe ist gegen das Gesetz. Wenn man einen Sek liebt, macht man sich verdächtig. Das betrifft fast ausschließlich die Intelligenzija. Die einfachen Kolchosbauern und -arbeiter dürfen schreiben. Offenbar versucht niemand Druck auf sie auszuüben; vielleicht gelingt es ihnen auch irgendwie, sich diesem Druck zu entziehen. Es genügt jedoch, eine gewisse Position in der Hierarchie der Sowjetunion einzunehmen, damit sich diese Regel radikal ändert. Eine Ehefrau schickt ihrem Mann die Nachricht, dass sie vom ihm geschieden ist. Ein Vater teilt seinem Sohn offiziell mit, dass er alle Verbindungen zu ihm abgebrochen hat. Manchmal folgt auf eine Reihe von

Briefen, die ein Sek hartnäckig weiterhin schickt, als Antwort ein richterlicher Beschluss: Der Genosse oder die Genossin will nichts mehr mit dieser oder jener Person zu tun haben, sie wird nicht mehr als Familienmitglied betrachtet. Solche Nachrichten liest ein Sek wieder und wieder, bis zum Überdruss, er zeigt sie anderen und kann es nicht glauben, er will es nicht glauben, er schottet sich dagegen ab, denn er weiß nicht, wie er weiterleben, wie er es überleben soll: im Stich gelassen, den vorgefassten Urteilen derer ausgesetzt, die ihm am teuersten sind, die er noch nicht aus seinem Herzen verbannt hat, die ihn aber schon aus ihren Herzen verbannt haben. Die Liebe zur Familie ist der Faden, der uns mit der Freiheit, mit der Heimat, mit dem normalen Leben, mit etwas Besserem verbindet, etwas, wofür es sich lohnt, nicht aufzugeben, durchzuhalten und zu überleben. Wenn dieser Faden reißt, verliert das Leben seinen Sinn. Das Lager zu verlassen bedeutet zurückzugehen, der Sek sagt allerdings nie: »Ich kehre nach Hause zurück«, sondern nur: »Ich kehre zurück.« Und plötzlich gibt es keinen Grund mehr dafür, gibt es da *niemanden* mehr. In seinem fiebrigen nächtlichen Delirium voller Sehnsucht kann er nicht einmal mehr rufen: »Warte, ich komme zurück!« – es gibt niemanden, der noch wartet.

Der gequälte und besorgte Sek wird noch einige Monate in einer Illusion leben. *Vielleicht haben sie das nur gesagt, um mich zu überrumpeln, oder vielleicht waren sie dazu gezwungen. Vielleicht finden sie noch einen Weg, mir zu sagen, dass das nicht wahr ist.* Wenn die Briefe gebracht werden, springt er auf und wartet darauf, dass sein Name aufgerufen wird. Nervös prüft er die Liste der Adressaten der Päckchen. Sein Name ist jedoch nirgends zu finden. Die Wahrheit drängt sich allmählich in die noch immer abwehrende Seele. Mit ihr schleicht sich die Apathie ein, der erste Schritt zu seinem unausweichlichen Untergang. Der Sek hört auf zu kämpfen, nun, da sich alle von ihm abgewandt haben. Er schweigt, unterwirft sich tatenlos dem unerbittlichen Recht des Stärkeren und wird bei immer schlechterer Arbeit und immer schlechterer Verpflegung zu einem Schatten seiner selbst. Zahllose dieser im Stich gelassenen Gestalten sterben. Nur wenige verwandeln ihre Wut und Empörung in eine Kraft zum Leben und Überleben, und in ihren Gedanken sinnen sie permanent auf Rache. Die Frage drängt sich auf: Wer ist hier eigentlich der Kriminelle? Ist es der Sek – selbst wenn man zugestehen würde, dass er irgendein Verbrechen gegen das herrschende Sowjetrecht begangen hätte –, oder sind es diejenigen, die das Recht begründet und damit ganze Familien zu schändlichen Taten gezwungen haben? Verbrechen und Strafe – die Lieblingsthemen der russischen Intelligenzija. Sollten sie immer noch nicht begriffen haben, dass sich das wahre Verbrechen auf der anderen Seite des uns umgebenden Stacheldrahts befindet und die Strafe in erster Linie für sie bestimmt ist, und zwar in mehr als einer Form?

Hier sollte ich meine psychologisch-soziologische Abhandlung beenden, aber dann wäre sie unvollständig. Eines fehlt noch: die Liebe zu Tieren. Diese Tiere fehlten im Lager. Seit den ersten Anfängen meiner Haft, als ich die Katzen beim Spielen beobachtete, habe ich keine einzige Katze und keinen einzigen Hund mehr gesehen. Nur ein paar Vögel, irgendwo hoch oben auf den Ästen.

Das stimmt nicht so ganz. Es gab Hunde, aber nur solche, die an der Leine von Wärtern neben uns herliefen, die man nicht liebhaben durfte, die für uns unverkennbar Geschöpfe einer pervertierten Wirklichkeit waren. Diese Hunde hechelten vor Hass und Mordlust. Sie waren gefährlicher als ihre Herrchen. Sollte sich ein Haustier durch den Zaun winden, würde es sofort getötet und gefressen werden. In Uchta, wo es viele Hungerleider gab, sprach man nur hinter vorgehaltener Hand von Hunden und Katzen, die gefangen wurden. Brrr. Selbst Ratten wurden über dem Feuer geröstet. Ein hungriger Sek frisst alles, was er in die Finger bekommt. In Balqasch gab es jedoch keine Urki mehr, und nach Stalins Tod lockerte sich das Regime ein wenig. Und in dieser Zeit – ich erinnere mich noch gut daran – tauchte in der Ziegelei ein streunender Hund auf, ein gewöhnlicher Mischling. Die Frauen waren gleich ganz verrückt nach ihm. Sie fütterten ihn, so gut sie konnten, und knappsten dafür sogar etwas von ihren eigenen Rationen ab. Der Hund war lieb, er knurrte die uniformierten Wärter an und hatte unsere Mentalität: Er vertraute den Lagerautoritäten nicht und hörte nur auf uns. Er hatte sich so sehr an uns gewöhnt, dass er nicht allein in der Ziegelei bleiben wollte. Er schlängelte sich in die Mitte der Kolonne und kam wie durch ein Wunder am Wachposten vorbei. Er war glücklich, nun, da er mit uns in der Zone war. Er war ein Quell großer Freude für uns. Aus der Küche bekam er die beste Suppe. Wenn jemand ein Päckchen bekam, wurde er sofort gerufen und bekam den köstlichsten Leckerbissen. Die ukrainischen Frauen nannten ihn Rex, die russischen nannten ihn Schurik. Und er selbst schien alle Namen und alle Sprachen zu verstehen.

Leider griff er eines Tages einen Offizier an. Es erging der Befehl, ihn sofort aus dem Lager zu entfernen. Die Frauen hielten ihn versteckt, und am nächsten Morgen schmuggelten sie ihn in einer Kolonne aus der Zone. Der schlaue Hund lief in ausreichendem Abstand hinter uns her, sodass die Eskorte nicht auf ihn schießen konnte. Er kam zur Ziegelei, kroch unter dem Stacheldraht hindurch, und einige Tage lang brauchten wir uns keine Sorgen um ihn zu machen. Doch der Sonntag war ein freier Tag, und anscheinend langweilte er sich, weil er so allein war, vielleicht hatte er auch Hunger. Plötzlich tauchte er wieder im Lager auf. Ein Wärter in einem Wachturm bemerkte den Hund, und sofort startete ein ganzer Trupp Soldaten eine wahre Hetzjagd auf ihn. Er wurde gefunden. Trotz der flehentlichen Bitten, trotz der Heulerei wurde er an einer Lederleine hinter den Zaun geführt, und wir hörten nur noch den Schuss. Nicht einmal einen Hund durften wir lieben.

6

THEATER UND SCHAUSPIELER

Die Russen lieben das Theater sehr. Sie haben hervorragende Regisseure und Schauspieler sowie viele talentierte Bühnenbildner. Sie haben großartige Theoretiker wie Meyerhold[1] oder Stanislawski, was sie nicht davon abhielt, Meyerhold in ein Lager zu werfen. Stanislawski schätzten sie gleichwohl sehr, vor allem wegen seiner Theorie über die »Kunst des Erlebens«[2], die sie weiter perfektioniert haben – und das nicht nur auf der Bühne.

Ich habe diese Aufführungen schon mehrfach kommentiert, in denen Regisseure verschiedener Ministerien und vor allem des NKWD ihr künstlerisches Handwerk auf ganze Massen anwandten und fast wie Eisenstein auf seiner berühmten Treppe in Odessa[3] un-

---

1 Wsewolod Meyerhold (1874–1940), der bedeutendste russische Theaterregisseur seiner Zeit. Im Gegensatz zu Stanislawski war er mehr an experimenteller als an realistischer Kunst interessiert. Wie seine Frau wurde auch er während der Großen Säuberung verhaftet, gefoltert und ermordet.
2 Konstantin Stanislawski (1863–1938) entwickelte diese Theorie in den dreißiger Jahren, um angehende Schauspieler zu fördern. Durch vielerlei Modelle und Techniken lernten diese, sich besser in ihre Figur einzufühlen.
3 Hinweis auf die vielleicht berühmteste Szene aus *Panzerkreuzer Potemkin* (1925) von Sergei Eisenstein (1898–1948). Der Film handelt von einem Volksaufstand in Odessa – einem Vorläufer der großen Volksrevolution. Die legendäre Treppenszene ist eine beeindruckende Meisterleistung komplexer Schnitttechnik und Inszenierung.

vergessliche Bilder kreierten, die so akribisch bis zur Perfektion ausgearbeitet waren, als würden sie Kunst um der Kunst willen schaffen. Die Theaterstücke waren unterschiedlicher Art und ad hoc verfasst. Sie wurden nach den Prinzipien der *Commedia dell'Arte* gespielt, je nach Nachfrage und Bedarf, auch wenn sie mitunter lang und sorgfältig vorbereitet worden waren. Manchmal handelte es sich um kleine Kammerspiele, bei denen nur wenige Personen auf der Bühne standen und Zeit und Raum eine Einheit bildeten. Ein anderes Mal handelte es sich um große Spektakel, an denen hundert oder gar tausend Schauspieler teilnahmen. Ihnen allen hatte man präzise Rollen zugewiesen, aber es kam auch vor, dass die Schauspieler enttäuschten, sich von der Macht des Regisseurs zu befreien versuchten und gegen den Geist des Kunstwerks angingen. Dann nahm der Regisseur seine Maske ab. Wer nicht spielen wollte, wurde auf abscheuliche Weise bestraft.

Die Russen sind »*Soz*-Realisten«. Die Vorsilbe *soz* ist äußerst wichtig. Schließlich geht es in der Kunst nicht um Realismus im üblichen Sinne. Die Kunst dient nicht dazu, die armselige Realität hinter den Kulissen mit ihrer Angst, ihren Tränen und ihrem täglichen Grau in Grau, kurzum, die gesamte Existenz der armen und unterwürfigen Sowjetbürger darzustellen. *Soz* verleiht den Ereignissen ihre Relevanz, den Menschen ihre Erhabenheit und den Bildern ihre Großartigkeit. Auf der Bühne bewegen wir uns mit einer gewissen Grandeur und sprechen mit Pathos. Alles wird dort kraftvoller, ganz im Einklang mit der großen Idee. Hinter den Kulissen rennt man, auf der Bühne schreitet man voran. Hinter den Kulissen geht man geradewegs auf ein konkretes Ziel zu, auf der Bühne wird ein Mensch von langfristigen Plänen bewegt, die über das Individuum hinausgehen. Hinter den Kulissen lieben sich die Menschen oder mögen sich einfach nur, hier dagegen gehen sie ganz in der Gemeinschaft auf. Hinter den Kulissen klagen die Menschen über Armut, hier aber tosen »die Jahre des Wachstums und des Wohlstands, des ökonomischen und kulturellen Aufbruchs«. Dort herrschen Unterdrückung und Einschränkungen, hier »die Umerziehung des Menschen im Geiste des Sozialismus«. Wie gut haben wir schon in dieses Spiel hineingefunden, wie gut haben wir es uns zu eigen gemacht, wie ungeduldig werden wir mit denen, die das Spiel nicht zu spielen vermögen, die sich hölzern und ohne jede Eleganz auf der Bühne bewegen!

Die gesellschaftlichen Rollen zeichnen sich klar und eindeutig ab. Ein guter Soldat hat immer eine zusätzliche Kugel für sich selbst, für den Fall, dass er umzingelt wird. Er würde aus seiner Rolle fallen, wenn er diese Kugel nicht zum richtigen Zeitpunkt verwenden würde. Ein guter Verschwörer, ein Held der Sowjetunion, ein Partisan, der von den Deutschen gefangen genommen wird, muss nach einem Leidensweg sterben. Das sind die Szenarien. Was passiert mit den Menschen, die ihren Text vergessen? Für die gibt es zum Glück noch den Gulag, der ihrem Gedächtnis auf die Sprünge hilft.

Ich habe viele solcher Inszenierungen gesehen, allzu oft war ich Zeugin davon. Einige kenne ich nur vom Hörensagen. Ist das alles wirklich geschehen, wurden die Tatsachen getreu wiedergegeben? Ich weiß es nicht. Wer seine Geschichten erzählte, tat dies mit einer eigentümlichen Andacht, als handelte es sich um eine Beichte. Denn wie schon erwähnt, teilte in den Lagern niemand mit anderen, was er erlebt hatte, man erzählte nicht, was einen erwartete, wie man verhaftet worden war, wie die eigene Lebensgeschichte aussah. Meist genügte das Jahr der Verhaftung oder der Artikel. Der Erlass vom 7. August 1932, und man wusste genug: Man wusste, dass jemand seinen Hof aller Wahrscheinlichkeit nach zu eifrig bewirtschaftet oder ein paar Getreidehalme zu viel von seinem Feld mitgenommen hatte. Das Dekret von 1934 über den Verrat am Vaterland: eine ernstere Angelegenheit, vielleicht hatte der Betreffende Kritik an der Kollektivierung geübt. Ab 1936 begann der *Kirowski*

Potok[4]. 1937 setzte dann wirklich die Große Säuberung ein. Und so weiter.

Entschied sich dennoch jemand, seine Geschichte zu erzählen, dann musste er in seinem Herzen ein großes Bedürfnis danach verspüren. Ich spreche hier natürlich von den Russen oder, weiter gefasst, von den Bürgern des glücklichsten Landes der Welt. Das Schicksal der Polen, Litauer oder Ukrainer war gemeinhin fast identisch, die Inszenierung folgte den gleichen Prinzipien. Sie beginnt mit einer schönen sowjetisch-polnischen Regelung, ihr folgen die Umzingelung, die Einkreisung, die Entwaffnung und die Verhaftung und so weiter. Es handelte sich um ein bekanntes dramatisches Muster, aber das Problem war, dass wir damals noch nicht gelernt hatten, wie wir es korrekt spielen sollten, und statt unseren Befreiern Blumen zu bringen, versuchten wir Widerstand zu leisten. Der Theaterproduzent, der über unser Verhalten verwundert und über unsere Unwissenheit fassungslos war, nahm seine Maske ab und schickte uns an diesen Ort, an dem schlechte Schauspieler wieder zu sich selbst finden sollten: den Gulag.

Über ein Theaterstück muss ich allerdings mehr erzählen. Es handelt sich um eine Szene, in der sich ein polnisches Drama abspielte – die Polen waren die diensthabenden Schauspieler. Die Geschichte dieser Begebenheit war kurz und wurde mir in fieberhafter Eile mitgeteilt. Wir hatten so wenig Zeit und einander so viel zu erzählen! Mein Cousin Stefan wurde einen Monat vor mir verhaftet. Er wurde nach allen Regeln der NKWD-Kunst gequält und schikaniert. Er verbrachte lange Zeit in der Isolierzelle und zog sich eine schwere Lungenentzündung zu. Dennoch wurde der Familie nicht erlaubt, ihm auch nur ein einziges Päckchen zu schicken. Auf ihre

---

4 Wörtlich: *Kirow-Flutwelle*. Sergei Kirow, der populärer zu werden drohte als Stalin, wurde 1934 ermordet. Das war der Startschuss für massenhafte Verhaftungen, Deportationen und Hinrichtungen, das Präludium zur Großen Säuberung ab 1937.

Frage, wo er sich befinde, hieß es ein ums andere Mal: »Wir wissen von nichts. Hier ist er nicht.« Als er im Dezember von seinem ersten in sein zweites Gefängnis verlegt wurde, lief er bei eisigen Temperaturen von bis zu 20 Grad unter null in denselben Sommersachen, in denen er abgeholt worden war, durch die Straßen: mit Sommerschuhen, nackten Beinen, kurzen Hosen und einem völlig zerrissenen Hemd. Auf den Kopf hatte er ein Taschentuch gelegt – mit Knöpfen an den vier Ecken –, als ob er am Strand gelegen hätte und seinen Kopf vor der Sonne schützen wollte. Das alles erzählte er mir, völlig zerlumpt, als wir uns kurz auf der Gefängnistoilette sehen konnten. Ich hatte mich freiwillig gemeldet, um dort den Boden zu schrubben, und er trug gemeinsam mit einem Freund die Parascha aus seiner Zelle. Damals hörte ich zum ersten Mal etwas über den Prozess gegen Okulicki und seine Kameraden.[5] Mein Cousin war als Zeuge mit dem Flugzeug nach Moskau gebracht worden. Man hatte ihm dafür extra anständige Kleidung gegeben, sie ihm aber bei seiner Rückkehr im Gefängnis sofort wieder abgenommen, als wäre es ein Theaterkostüm – zurück in seine Lumpen. Ganze drei Tage lang saß er vor dem Saal, in dem die Anhörung stattfand, und wartete auf den Moment, in dem er zu Wort kommen sollte, um die wahre Version der Tatsachen zu schildern. Doch dazu kam es nicht. Man sah letztlich davon ab, die vielen angekarrten Zeugen tatsächlich aufzurufen. Sie waren nicht richtig vorbereitet worden. Sie hatten sich noch nicht ausreichend in die Materie vertieft und hätten womöglich überflüssige Dinge erzählt. »Das war kein Pro-

---

5 Skarga verweist auf den »Prozess der Sechzehn«, den Scheinprozess, in dem sechzehn Führer des polnischen Widerstands 1945 in Moskau wegen Kollaboration mit den Nazis und Feindseligkeit gegenüber der Sowjetunion verurteilt wurden (in Wirklichkeit hatten die Sechzehn natürlich *gegen* die Nazis gekämpft). General Leopold Okulicki hatte den höchsten militärischen Rang unter den Sechzehn inne. Er starb 1946 im Butyrka-Gefängnis in Moskau.

zess«, flüsterte er. Es war eine kriminelle Inszenierung, Theater für Ausländer, der Anschein von Legalität, hinter dem sich die brutale Gesetzlosigkeit verbarg. Ich bin mir heute nicht mehr sicher, welche Worte er damals gebrauchte, aber an ihre Bedeutung erinnere ich mich noch gut. Er war völlig erschüttert von der Schamlosigkeit internationalen Ausmaßes, von der Verlogenheit, die gigantische Proportionen annahm, von den Lügen, die auf zynische Weise und mit einem Gefühl absoluter Unantastbarkeit verkündet wurden. Wenn die Russen es sich leisten konnten, eine solche Farce zu veranstalten, ohne dass dies einen weltweiten Protest auslöste, welche Zukunft konnte man sich dann für uns noch ausmalen? Wir waren völlig isoliert: keine Zeitungen, kein Radio; Nachrichten sickerten nur über Häftlinge zu uns durch, die erst kürzlich verhaftet worden waren. Berichte verbreiteten sich im Gefängnis schnell, aber sie mussten mit großer Vorsicht behandelt werden. Sie durften nicht als Gewissheit betrachtet werden. Deshalb erwarteten wir weiterhin, dass sich etwas verändern würde. Man konnte Menschen doch nicht wegen ihrer Aufopferung im Kampf gegen die Deutschen ins Gefängnis stecken und verurteilen! An diese naive Annahme klammerten wir uns trotz aller Erfahrungen, die wir bei Verhören und vor Gericht gemacht hatten, sehr lange fest. Doch mit dem Prozess gegen Okulicki verflüchtigten sich alle unsere Illusionen. Mein Cousin und ich standen nebeneinander und unterhielten uns über die ausgewaschene Parascha hinweg, angetrieben von dem ungeduldigen Wachmann, der dieses Treffen gegen eine Schachtel Zigaretten ermöglicht hatte. Aus meinem Cousin brach alles heraus: wie sie ihn zu brechen versucht hatten, zu welchen Aussagen sie ihn gezwungen hatten und was er selbst während des Verhörs auf keinen Fall erzählen wollte. Aber woher sollte er wissen, ob andere unter dem Druck nicht eingeknickt waren und eine ähnliche Rolle gespielt hatten wie die Zeugen in den Prozessen von 1937? Er wusste nicht, was die Angeklagten alles erzählten und wie sie sich verhielten. Er ging davon aus, dass sie ihre Würde zu wahren wussten. Er war nicht mit allen Angeklagten vertraut; er kannte auch die anderen Zeugen nicht außer denen, die mit ihm im selben Flugzeug gesessen hatten. Er nannte eine ganze Reihe von Namen. Vor einigen warnte er mich – sie erschienen ihm verdächtig, obgleich er sich irren konnte. Auf Niedźwiadeks[6] zehnjährige Haftstrafe reagierte er – er, der selbst fünfundzwanzig Jahre bekommen hatte – bloß mit einem Schulterzucken. So funktioniere das System nun einmal: Wer weiter unten stehe, werde in der Regel schlechter behandelt und härter bestraft als seine Anführer. Denn internationale Organisationen falle es schließlich leichter, sich für eine Führungspersönlichkeit oder einen bekannten Intellektuellen einzusetzen, doch beim Unglück Hunderttausender einfacher Menschen gingen sie einfach zur Tagesordnung über. Das verhieß nicht viel Gutes und war ein Vorbote des Elends. Wir umarmten uns zum Abschied und sahen uns nie wieder.

Nachdem ich in meine Zelle zurückgekehrt war, veranstalteten wir eine Sammelaktion für meinen Cousin. Jeder von uns gab, was er entbehren konnte: ein Handtuch, Strümpfe, einen Schal, ein Hemd, einen Pullover, um ihn wenigstens etwas besser zu kleiden. Mit Hilfe eines bestochenen Wachmanns gelang es uns auch, das Päckchen tatsächlich zu verschicken. Aber Stefans Gesundheit war schon durch die Isolierzelle ruiniert. Er starb irgendwo in den Lagern um Archangelsk. Offenbar hatte er sich erneut eine Lungenentzündung zugezogen – beim zweiten Mal wurde ihm die Krankheit zum Verhängnis.

Ich erinnere mich noch an andere Berichte über den Prozess der Sechzehn, vielleicht sogar genauere, da meine Gesprächspartner tatsächlich dabei gewesen waren. Sie erzählten mir, wie diese ganze Farce ausgesehen hatte, wie viele ausländische Journalisten

---

6 Okulicki hatte zwei Pseudonyme: Kobra und Niedźwiadek.

anwesend waren, wie einer von ihnen einen der Gefangenen auf der Anklagebank angesprochen und ihm und den anderen, die dort auch noch saßen, versichert hatte, dass es nicht mehr lange dauern würde, bis sie friedlich in ihr Land zurückkehren könnten. Wie viel Wahrheit in diesen Geschichten steckte und wie viel Verzerrung, lässt sich heute schwer sagen. Aber als ich mir das anhörte, musste ich an die Worte meines Cousins denken. Auf die Frage, was er von der westlichen Reaktion halte, antwortete er: »Weißt du, eine kleine Lüge kommt immer an die Oberfläche. Doch eine große Lüge trägt eine enorme Überzeugungskraft in sich. Es ist leichter, daran zu glauben, gerade weil es so schwer vorstellbar ist, dass offizielle Stellen zu solch einer unerhörten Mystifizierung übergehen. Der Westen ist fest davon überzeugt, dass die Russen recht haben. Und überdies: Ist Polen für den Westen heute noch etwas anderes als eine innere Angelegenheit der Sowjetunion?«

Ich bringe dieses Gespräch mit meinem Cousin nochmals in Erinnerung, weil es für mich, und übrigens nicht nur für mich, eine wichtige Phase in meiner politischen Bildung darstellte. Wir waren noch im Land, und trotz des Gerichtsverfahrens schwelte noch immer ein Fünkchen Hoffnung in uns. Diese Hoffnung ist mit diesem Gespräch völlig erloschen.

Die Lüge. Manchmal überfällt mich das Erstaunen darüber, dass sich Menschen in derart konstruierte, schlichtweg überflüssige, im Grunde für niemanden notwendige Inszenierungen flüchten. Schon während des Verhörs im Gefängnis wurde eine neue Gefangene in unsere Zelle gepfercht. Es gab keinen Strom. Auf den Gängen brannten ein paar kleine Kerzen. In der Zelle war es stockfinster. Die verängstigte Frau musste sich dort hinsetzen, wo ein wenig Platz war, natürlich auf den Boden. Sie fragte ständig, wo sie sei, in welcher Stadt sie sich befinde. Konnte der Schock sie so verwirrt haben? Sie musste doch wissen, dass sie sich in einem Gebäude befand, das alle Einwohner von Vilnius sehr gut kannten. Aber sie fragte weiter nach dem Namen der Stadt und war überrascht, dass wir Polnisch sprachen.

»Seid ihr denn keine Tschechen?«, fragte sie. »Sind wir nicht in Prag?«

»Prag? Prag, wie kommst du denn darauf?«

»Wien vielleicht?«, fragte sie erneut.

Letztlich klärte sich die Sache auf. Die unglückliche Frau war eine Jüdin, die dank der Hilfe von Bauern der Vernichtung entkommen war. Aber anscheinend hatte es in der Stadt kürzlich einen Aufruf gegeben: Juden mit Blutsverwandten in Palästina konnten sich anmelden. Die Reise ins Heilige Land war teuer, aber ihre Familie (relativ klein: ein Ehemann und zwei Kinder, die wie durch ein Wunder alle noch am Leben waren) beschloss, die Reise zu unternehmen. Sie verschuldeten sich, verkauften ihren gesamten Besitz, tauschten ihre letzten Goldrubel ein und meldeten sich zu der Reise an. Abends vor dem Hotel wurde die ganze Emigrantengruppe von adrett wirkenden Organisatoren in Taxis gesetzt und zum Flughafen gebracht. Das Flugzeug wartete bereits. Die Zeit war gekommen. Sie stiegen ein, und kurz darauf befanden sie sich in der Luft. Sie flogen fast zwei Stunden. Dann wurde ihnen mitgeteilt, dass sie in irgendeiner Stadt landen würden, um aufzutanken. Nach der Landung stellten sie zu ihrer Überraschung fest, dass auf dem Flughafen kein Licht brannte. In Wirklichkeit wartete dort ein Lastwagen auf sie, dessen Ladefläche mit einer Plane abgedeckt war. Es hieß, sie sollten für die Nacht in ein Hotel gebracht werden. Sie waren ein wenig beunruhigt über die Art, wie sie behandelt wurden, doch man versicherte ihnen, dass das Hotel, obwohl die Stadt während des Krieges sehr gelitten habe, genügend Komfort bieten werde. Die hermetisch geschlossene Plane verhinderte, dass sie sich überhaupt orientieren konnten. Sie ahnten nicht das Geringste, denn wer hätte schon den Irrsinn vermuten können, dass sie fast zwei Stunden lang über demselben Flughafen im Kreis geflogen waren. Als sie in einem kleinen Innenhof ankamen und in ein Büro gebracht wurden, das voller Mitarbeiter des NKWD war, begriffen sie nicht, wie ihnen geschah. Nach einer eingehenden individuellen Inspektion wurde ihnen das Geld und das wenige, was sie noch bei sich trugen, abgenommen. Dann wurde unsere Mitgefangene von ihren weinenden, verängstigten Kindern und ihrem Mann getrennt. Und so war sie in unserer Zelle gelandet, verstört, unfähig, wieder zu sich zu kommen, unfähig, unseren Worten und der Tatsache, dass sie sich immer noch in derselben Stadt befand, Glauben zu schenken. Am nächsten Morgen stellten wir sie ans Fenster, damit sie sich selbst davon überzeugen konnte. Ein Blick auf die markante Silhouette einer nicht allzu weit entfernten Kirche genügte, um ihr jegliche Kraft zu rauben. Jetzt konnte sie nur noch an ihre Kinder denken. Den ganzen Krieg im Untergrund zu überleben, die Gestapo zu überlisten, um dann auf so idiotische Weise zugrunde zu gehen und sich so fürchterlich täuschen zu lassen! Nach einigen Tagen wurde sie aus unserer Zelle abgeholt. Ich weiß nicht, was mit ihr geschehen ist. Aber ich habe später in den nördlichen Lagern eine andere Jüdin getroffen, die fast genau das Gleiche erleben musste. Man hatte ihr alles weggenommen, danach landete sie vor der OSO[7], bekam zehn Jahre und wurde nach Russland deportiert.

Auf diese Weise wollte man die geretteten Juden bis zum letzten Atemzug ausbeuten. Der alte russische Antisemitismus lebte wieder auf, und mehr als einmal kam ich im Lager damit in Berührung. Die Juden galten als Reiche. Sollten die Bolschewiki es den Deutschen übel nehmen, nicht mehr für sie übrig gelassen zu haben?

---

7 *Ossoboje Sowjeschtschanije*, Sonderberatung des NKWD, die Personen aus rein »administrativen Gründen« und ohne Gerichtsverfahren verurteilen konnte. Ursprünglich war die Strafe, die die OSO verhängen konnte, auf acht Jahre begrenzt. Während des Krieges wurde sie auf fünfundzwanzig Jahre und sogar auf die Todesstrafe ausgedehnt. Unmittelbar nach Stalins Tod wurde die OSO aufgelöst.

Warum überhaupt die merkwürdige Inszenierung, die Taxis, das Flugzeug, die Geschichten aus Tausendundeiner Nacht? Aus Liebe zum Theater? Wäre es nicht einfacher gewesen, diese Leute einfach zu verhaften? Das alles lässt sich nur durch den Willen erklären, noch mehr Menschen zu täuschen, die nächste Gruppe naiver Auswanderer. Ich frage mich, wie viele es insgesamt waren. Hat jemand jemals Zahlen gesammelt oder diese Ereignisse dokumentiert? Ich frage mich auch, was mit den Kindern dieser unglücklichen Frau geschehen ist. Hat sie sie wiedergefunden? Ist sie überhaupt noch am Leben? Ist es ihr gelungen, 1956 zusammen mit ihrem Mann nach Polen zurückzukehren?

Ihre Augen verfolgten mich noch lange Zeit, und selbst heute sehe ich sie noch deutlich vor mir mit ihren schwarzen, großen, völlig erloschenen Augen, ohne einen Funken Leben, als hätte die Welt aufgehört, sich in ihnen zu spiegeln. Als sie begriff, was geschehen war, brachte sie kaum noch ein Wort heraus, als ob ihr die Stimme nicht mehr gehorchen wollte. Doch sie wollte uns mitteilen, was ihr am wichtigsten erschien, und so erzählte sie uns stammelnd, wie die Leute vom NKWD das Lachen nicht unterdrücken konnten, weil sie das alles als großen Witz ansahen. Sie machten sich über sie und ihren Mann lustig. »Ihr wolltet Palästina? Dann bekommt ihr Palästina nun hier.« Entsetzen schwang in ihrer Stimme mit, und dann verstummte sie wieder. Sie saß eine Weile da, ohne ein Wort zu sagen, und dann flüsterte sie: »Warum bin ich nicht mit meiner Mutter mitgegangen?«

»Wohin?«, fragte jemand.

»Nach Paneriai.«

Paneriai war der Ort unterhalb von Vilnius, an dem die Deutschen die Juden erschossen hatten.[8]

---

8 Bei den Massakern von Paneriai (auch Ponary) ermordeten die Deutschen zusammen mit litauischen Kollaborateuren von Juli 1941 bis August 1944

Wenn ich heute an dieses Ereignis zurückdenke, bin ich noch stärker erschüttert als damals, als ich Zeuge davon war. Das Unglück beschlich uns von allen Seiten, es heftete sich an uns, sodass etwas mehr oder weniger Unheil uns kaum noch beeindruckte. Dennoch hatte gerade dieser Vorfall für uns eine tiefere Bedeutung. Denn jede neue Figur weihte uns tiefer in die Geheimnisse der bolschewistischen Welt ein. Wir erfuhren, was hinter den Kulissen vor sich ging, hatten aber gleichzeitig die Möglichkeit, uns das Geschehen auf der Bühne genau anzuschauen. Wir konnten beobachten, dass die Kostüme bereits verschlissen waren, dass die schöne Szenerie offensichtlich nur aus billiger Pappe bestand. Kurzum: Wir lernten das Theater vom Kern her, von innen heraus kennen, wir sahen sein wahres Gesicht. Es dämmerte uns, wozu es fähig war und wie es funktionierte. Das Schicksal dieser Frau war eine dieser neuen Erfahrungen, eine dieser neuen Masken, die wir zu sehen bekamen.

In der Welt der Lüge wird die Lüge als Waffe in die Schlacht geworfen. Wie viel Mühe wird nicht darauf verwendet, die Lüge möglichst gut vorzubereiten! Und doch wird es immer etwas geben, über das jemand stolpert, wird sich etwas den Blicken entziehen. Dann ist es schwierig, alles unter der Decke zu halten, immer gibt es Beobachter – und meistens die unerwünschtesten –, die etwas bemerken. Aber in dieser Welt gibt es das Wort »kompromittieren« nicht: Die Reaktion auf eine Enthüllung dient niemals dazu, Dinge zu erklären, die Lüge zu rechtfertigen oder irgendein Fehlverhalten einzugestehen. Nein, Gott behüte! Der Lügner wird seine Lügen dann noch lauter wiederholen, auf seiner Lüge beharren, die proportional mit dem zunehmenden Unglauben wächst. Die Ungläu-

---

etwa hunderttausend Menschen. Dabei handelte es sich hauptsächlich um polnische und litauische Juden, etwa zwanzigtausend nichtjüdische Polen und mehrere Tausend russische Kriegsgefangene.

bigen, die die Lüge aufgedeckt haben, werden tief in einem Lager versteckt werden, wenn der Lügner Macht über sie hat. Hat er diese Macht nicht, wird er jede Form der Diffamierung, jede mögliche Beleidigung einsetzen – alles, um das Gewicht ihrer Zeugenschaft zu verringern. In dieser Welt wird die allerkleinste Kritik, der kleinste Zweifel an den gewaltigen Werten, auf die sich diese Welt stützt, als Verbrechen angesehen, und zwar nicht nur als politisches, sondern auch als moralisches Verbrechen. Etwas gegen die Sowjets vorzubringen, ist pure Bosheit, eine Beleidigung des ersten sozialistischen Landes der Welt.

Infolgedessen erschienen uns einige Begründungen der Urteile ausgesprochen merkwürdig: *Er wusste zu viel. Deshalb sollte er in einem Lager untergebracht werden. Umerziehung.* Genau das haben sie auch zu Halka gesagt. *Wenn du erst mal sitzt, wirst du gewisse Dinge vergessen.* Halka schlief über mir. Sie arbeitete irgendwo als Buchhalterin, sie war jung, intelligent, hübsch und hatte einen großartigen Sinn für Humor. Sie brachte von draußen einen ganzen Strauß von Anekdoten in die Zone, mit denen sie Musa und mich abends amüsierte. Manchmal kam sie sturzbetrunken zurück. Ich weiß nicht, mit wem sie trank und wie sie es geschafft hat, der Isolierzelle zu entkommen. Aber gerade ihre Trunkenheit erlaubte es mir, sie zu entlarven. Ich kehrte abends aus dem Hospital zurück und sah, wie sie vor der Frauenzone auf wackeligen Beinen ging und es nicht bis zum Tor schaffte. Ich nahm sie am Arm und fragte sie, wo sie sich so hatte gehen lassen. Bei ihrem Versuch, eine Antwort zu formulieren, begann sie zu fluchen, und zwar auf Polnisch, was belegte, dass sie meine Muttersprache ziemlich gut beherrschte. Als ich sie am nächsten Tag hartnäckig danach fragte, woher sie Polnisch könne, offenbarte sie mir ihre Geschichte mit einer erstaunlichen Nonchalance. Sie stammte aus Moskau. Ihre Eltern waren hochrangige Staatsbeamte. Ich hatte den Eindruck, dass ihr Vater sogar beim NKWD arbeitete. Sie studierte Polnische Sprach-

und Literaturwissenschaft, wozu sie auch von ihren Eltern ermutigt wurde. Der Krieg war noch voll im Gange, und ihr Studium verlief etwas stockend – es fehlte an Lehrern und Büchern. Ihre Ausbildung kam erst 1946 richtig in Schwung, doch da erhielt sie auf einmal ein verlockendes Angebot. Sie sollte eine besondere Schulung erhalten und als Repatriierte nach Polen gehen, um dort eine Zeit lang zu leben und eine geeignete Rolle im öffentlichen Leben zu übernehmen. Sie könne ein hohes Amt bekleiden und viel Geld verdienen. Zudem könne sie Reisen ins Ausland unternehmen. In der Tat ein verlockendes Angebot, eine Menge Kohle, Reisen – es wäre schwierig gewesen, noch eine bessere Stelle zu finden. Es gab nichts, was sie wirklich in Moskau hielt. Sie war neugierig auf eine andere Welt. Sie sagte zu. Die Schulung fand in einem alten Schloss irgendwo in der Ostukraine statt. Den Kursteilnehmern war es verboten, sich mit einem Außenstehenden zu treffen. Sie befassten sich nicht nur mit Sprache und der polnischen Literatur. Halka lernte auch den Stadtplan des alten Warschaus auswendig, die Straßennamen, die Cafés, die Namen all der nicht mehr existierenden Läden in der Umgebung ihres zukünftigen Zuhauses. Sie lernte die Mazurka und den Kujawiak zu tanzen. Denn es war bekannt, dass vor dem Krieg kein Ball ohne diesen letztgenannten Tanz hätte abgehalten werden können. Sie bekamen sogar Kinderbücher zu lesen. Halka gefiel Makuszyńskis Büchlein *Die zwei Monddiebe*[9] sehr gut. Das Buch *Wie Wicek Warszawiak dem Tod Angst einjagte*[10] kannte sie

---

9 Kornel Makuszyński (1884–1953) ist einer der bedeutendsten polnischen Kinderbuchautoren. Seine Geschichte über die Zwillinge Jacek und Placek, die den Mond stehlen, stammt aus dem Jahr 1928. Sie wurde in den sechziger Jahren mit den jungen Brüdern Kaczyński (den später führenden Politikern des Landes) in der Hauptrolle verfilmt.
10 Geschichte aus Makuszyńskis Geschichtensammlung *Sehr seltsame Märchen*. Die Hauptfigur ist Wicek, ein zwölfjähriger Junge, auf den der Tod keinen Zugriff hat. Er erlebt und überlebt die seltsamsten Abenteuer in Warschau. Die Geschichtensammlung entstand in den Jahren 1912–1922.

wiederum nicht. »Schade«, sagte ich, »sonst hättest du etwas Wahres über den Krieg Anfang der zwanziger Jahre erfahren.«[11]

Es war eine ziemlich gründliche Ausbildung, die aber immer noch zahlreiche Lücken aufwies. Dadurch entstand ein seltsames Bild von den Polen. Die übertriebene Höflichkeit, die gekünstelten Ehrenbezeugungen, die feierlichen Anredeformen wie *ehrwürdiger Herr* in der Umgangssprache ließen Halkas Art zu reden und zu handeln unnatürlich wirken – besonders für eine jungen Studentin. Ich sagte es ihr, und das betrübte sie wirklich.

»Du würdest in kürzester Zeit enttarnt werden. Jeder würde vor dir wie vor einer ansteckenden Krankheit davonlaufen.«

»Aber ich habe mich so bemüht, euch nachzuahmen«, verteidigte sie sich.

»Du würdest dich bei der nächstbesten Gelegenheit betrinken und dann auf Russisch fluchen.«

Ja, das war in ihrem Fall gut möglich. Sie war unerhört leichtsinnig und für den Beruf der Geheimagentin völlig ungeeignet. Auf ihren Leichtsinn war es denn auch zurückzuführen, dass sie erwischt wurde. Sie erhielt die Erlaubnis, Urlaub bei ihren Eltern zu machen. Und ihr, der zukünftigen NKWD-Agentin, fiel nichts Besseres ein, als sich in einen Beamten der polnischen Botschaft zu verlieben, dem sie zufällig über den Weg gelaufen war. Leichtsinnigerweise erzählte sie ihm von all ihren Zukunftsplänen. Doch der betreffende

---

Mit der Veröffentlichung wollte Makuszyński – wie er auch in seiner Widmung schreibt – den vielen polnischen Kriegswaisen, die nach dem Ende des Ersten Weltkriegs noch durch Russland irrten, Mut machen. Wegen der impliziten Kritik Makuszyńskis an Russland wurde die Geschichte über Wicek Warszawiak in späteren Auflagen (unter anderem in den fünfziger Jahren) gestrichen.

11 Der Polnisch-Sowjetische Krieg dauerte von Februar 1919 bis März 1921. Für Polen stand dabei die Rückeroberung von Gebieten in der Ukraine auf dem Spiel. Für Lenin ging es um die Ausbreitung des Kommunismus nach Zentral- und dann nach Westeuropa.

Beamte – offenbar ein junger, gut aussehender Mann – erwies sich den sowjetischen Behörden gegenüber als loyaler als sie. Er meldete die Angelegenheit, und Halka wurde inhaftiert. Das NKWD musste auf ihre Dienste verzichten, aber dabei blieb es nicht. Denn schließlich hatte sie schon zu viele geheime Inszenierungen aus der Nähe mitbekommen. »Du wirst eine Weile sitzen, und dann wirst du das wohl vergessen«, bekam sie beim Verhör zu hören.

»Verdammt, du kannst mich mal.« (Sie liebte solche Schimpfwörter über alles.) »Das werde ich nie vergessen. Wenn ich meine Strafe verbüßt habe, werde ich weglaufen, meinen Weg finden und eines Tages erzählen, wie sie Agenten ausbilden. Außer für uns fanden die gleichen Kurse für Tschechoslowaken und Ungarn statt. Ich weiß, dass Geheimagenten für alle baltischen Länder und auch für Deutschland ausgebildet wurden.«

Ich befürchtete, dass sie trotz ihrer geringen Strafe (sie bekam nur fünf Jahre) niemals hier rauskommen würde. »Du redest zu viel, und du trinkst mit jedem.«

»Ich trinke mit dem Oper«, gab sie demütig zu. »Er fragt mich immer aus, was im OLP passiert, und ich erzähle es ihm.«

»Du bist also eine Denunziantin. Das hat gerade noch gefehlt!«

»Nein, ich erzähle ihm erfundene Geschichten über einige seiner Denunzianten und über die bescheuerten Wachen. Sag mir einfach, wen du nicht magst, und ich erzähle ihm auch was von ihnen.«

Ich glaube, dass sie die Wahrheit gesagt hat, denn auf unerklärliche Weise wurde einer der bekannten Denunzianten plötzlich in ein Straflager geschickt, und dann verschwand auch noch der schlimmste Wärter, der Schrecken der ganzen Zone. Sie war sozusagen unser eigener *Konrad Wallenrod*[12], aber in der russischen Variante.

---

[12] Held des gleichnamigen Versepos von Adam Mickiewicz aus dem Jahr 1828. Wie mehrere Werke von Mickiewicz enthält auch *Konrad Wallenrod*

Geschichten über Gespenster, Prophezeiungen und Visionen sind typisch für das Gefängnis- und Lagerleben. Dafür entwickelte sich in uns gleichsam ein sechster Sinn. Wir waren für jede Veränderung außerordentlich sensibel geworden. Vorahnungen nahmen wir sehr ernst. Als Frau Lastienie Michail Danilowitsch, der gerade zur Untersuchung der Kranken in die Ambulanz des dritten OLP ging, bat, ein Auge auf einen Litauer namens Merkis zu haben, denn das sei ihr Mann, schaute Michail sie an, als wäre sie von Sinnen. Die arme Frau Lastienie. Sie war vor nicht allzu langer Zeit selbst im dritten OLP gewesen, ihren Mann hatte sie dort aber nicht angetroffen. Außerdem wusste sie nur zu gut, dass der Transport, der ihn aus Kaunas weggebracht hatte, in eine ganz andere Richtung gefahren war. Der bestochene Wachmann, dem sie heimlich fünf Goldrubel zugesteckt hatte – es war ihr gelungen, sie vor einer Kontrolle in Sicherheit zu bringen –, hatte ihr versichert, dass der Transport nach Karaganda aufgebrochen war.

Frau Lastienie wartete den ganzen Tag gespannt auf die Rückkehr des Arztes. Und als er dann endlich zurückkam, fragte sie in aller Seelenruhe: »Und, haben Sie mit ihm gesprochen?« Michail nickte. Ich dachte, er wolle es ihr nicht noch schwerer machen. Doch nichts hätte der Wahrheit ferner liegen können, denn Merkis war tatsächlich zu uns in den Norden gebracht worden.

»Woher wussten Sie das?«, fragte sie der Arzt.

---

eine implizite Botschaft des Widerstands gegen die russische Besatzung. Das Gedicht inspirierte auch die polnischen und litauischen Aufständischen im Jahr 1830, die das Land vom russischen Joch befreien wollten. Die Handlung des Gedichts selbst spielt im 14. Jahrhundert und erzählt die Geschichte eines litauischen Jungen, der von den Feinden seines Volkes – dem Deutschritterorden – gefangen genommen und aufgezogen wird. Er arbeitet sich in der Ritterschaft bis zum Großmeister hoch. Doch dann, als er sich seiner polnisch-litauischen Wurzeln stärker bewusst wird, sorgt er absichtlich dafür, dass der Deutschritterorden eine schwere militärische Niederlage erleidet; bald darauf begeht er Selbstmord.

»Ich wusste es nicht. Er erschien mir im Schlaf und sagte, dass er da sei und ich ihn suchen solle. Ich konnte ihn deutlich sehen, mit diesen Baumstümpfen im Hintergrund, in der Nähe der Ambulanz im dritten OLP.«

Im Gulag auf den eigenen Mann zu treffen, war keine alltägliche Erfahrung. Es gelang uns, Herrn Merkis ins Hospital aufzunehmen und ihn drei Wochen lang dortzubehalten. Das Ehepaar konnte endlos und nach Belieben miteinander sprechen, auch wenn es dies mit der notwendigen Vorsicht tat, damit seine Verbindung nicht entdeckt wurde. Offiziell trugen sie unterschiedliche Nachnamen, aber das NKWD in Kaunas hatte – anders als bei uns in Uchta – durchaus begriffen, wie die Dinge lagen. Ihr Geheimnis war erst ans Licht gekommen, als sie beide erpresst worden waren.

Es stellte sich heraus, dass sie am selben Tag festgenommen worden waren: Sie war zu Hause verhaftet worden, er auf der Straße. Das hatten ihnen die Verhörer jedoch verschwiegen. Und dann hatten sie von ihnen verlangt, ihre Sünden einzugestehen – andernfalls würden sie ihren Lebenspartner verhaften. Frau Lastienie war lange Zeit davon überzeugt gewesen, dass sich ihr Mann noch irgendwo versteckt hielt. Er hingegen hatte gedacht, dass sie noch auf freiem Fuß sei. Um diese Geschichte noch glaubhafter zu machen, hatten beide Päckchen erhalten, angeblich von ihrem Partner, in Wirklichkeit aber von den Verhörern selbst. Das hatte sie natürlich in ihren irrigen Annahmen bestärkt. Die Verhörer hatten bei der Vorbereitung der Päckchen weder Kosten noch Mühen gescheut und dazu geeignete Gegenstände aus dem ausgeplünderten Haus des Paares ausgewählt. Nach einer Weile waren sie dieses Spielchens jedoch überdrüssig geworden, da sie erkannten, dass es kaum etwas brachte. Lastienie war schließlich darüber in Kenntnis gesetzt worden, dass ihr Mann inhaftiert worden sei. Gleiches hatte man ihm über seine Frau mitgeteilt. Die Päckchenlieferung war eingestellt und das Verhör war beendet worden. Das Urteil vor einem Militärtribunal war schnell gefällt worden. Vor der Anhörung hatten sie kein Wort miteinander wechseln dürfen. Sie waren voneinander ferngehalten und unmittelbar nach dem Urteilsspruch vollständig voneinander getrennt worden. Hatten die Machthaber etwa Angst, dass ihre eigenen unergründlichen Taten enthüllt würden? Nun entwirrten die Eheleute Faden für Faden dieses geheimen Geflechts.

Im Hospital gab es nur ein einziges Isolierzimmer, in das wir einen Geisteskranken gelegt hatten. Herr Merkis wurde von Michail Danilowitsch folglich in einem Doppelzimmer untergebracht, gemeinsam mit einem alten Russen, der eigentlich gar nicht so besonders alt, aber beängstigend gebrechlich war. Wir vertrauten ihm, da er ohnehin den ganzen Tag kaum etwas anderes tat, als inbrünstig zu beten. Und tatsächlich behielt er, als ungebetener Zeuge der heimlichen ehelichen Gespräche, ihr Geheimnis für sich und sprach mit niemandem darüber. Ich erinnere mich nicht mehr an den Namen dieses Kranken. Eines Tages starb er still und leise. Nierenversagen. Ich habe mehrere Gespräche mit ihm geführt, immer wenn er das Bedürfnis hatte, etwas zu erzählen. Er redete jedes Mal vom Winterkrieg.[13] »Dieser Krieg hat mich gerettet«, fügte er dann hinzu.

»Du meinst, der Krieg hat deine Gesundheit ruiniert«, antwortete ich.

»Nein, er hat mich gerettet«, flüsterte er. »Jetzt habe ich keine Angst mehr zu sterben.«

Eines Tages erzählte er uns seine Geschichte. Ob sie wahr war, spielt keine Rolle. Die Folgen, die sie nach sich zog, waren allerdings wichtig. Er erzählte mit monotoner Stimme, ruhig, wobei er seine Worte sorgfältig abwog. Er hatte nie eine Ausbildung genossen, ein

---

13 Sowjetischer Feldzug gegen Finnland von November 1939 bis März 1940. Mehr als fünfundzwanzigtausend Finnen verloren dabei ihr Leben, die Verluste der Roten Armee waren aber wesentlich höher.

Bauernsohn. Schon in den ersten Tagen der Revolution schloss er sich den Bolschewiki an. Er meldete sich als Freiwilliger bei der Tscheka und nahm an mehreren Aktionen teil. Er war an mehreren Hinrichtungen beteiligt. Seine Arbeit als Scharfrichter verrichtete er ohne Skrupel, ja, er war sogar stolz darauf. Er wurde beauftragt, jeden zu verfolgen, der schlecht über die Partei sprach. Und das tat er auch. »Über die Partei schlecht zu reden, ist natürlich nicht erlaubt«, sagte er. Er besuchte sogar einige Lehrgänge und stieg bis zum Feldwebel auf.

Dann brach der Winterkrieg aus. Als zuverlässiger Tschekist bekam er den Auftrag, das Gebiet von verdächtigen Personen zu säubern. Das ist ein verbreitetes Phänomen: Die Umzingelung von 1941[14], die Schlacht von Stalingrad – all das hinterließ im Gedächtnis der sowjetischen Soldaten weniger Spuren als der Winterkrieg. Sie erzählten immer wieder von den weißen Teufeln, die auf ihren Skiern wie aus dem Nichts auftauchten, um nach einer erfolgreichen Aktion ebenso schnell wieder zu verschwinden. Die Besessenheit dieser weißen Teufel, ihr Geschick und ihre Intelligenz riefen Respekt und Hass hervor. Gefangene Finnen wurden entsetzlich behandelt.

»Wir waren nicht weit von der Frontlinie entfernt«, erzählte der Kranke. »Eines Tages wurden zwei junge Kerle hereingebracht. Wir mussten sie gefangen nehmen. Sie waren höchstens fünfzehn Jahre alt. Sie waren beide verwundet: dem einen ging es sehr schlecht, aus seinem Bein strömte Blut; der andere hatte eine kleine Schusswunde an der Hand. Er hätte sicherlich fliehen können, wollte aber seinen Kameraden nicht zurücklassen. Wir wollten sie schnell wieder loswerden. Wir haben sie hinter eine Scheune geführt, und das war's.

---

14 Sehr wahrscheinlich meint Skarga hier die Kesselschlacht bei Smolensk zwischen der Wehrmacht und der Roten Armee. Sie dauerte von Juli bis September 1941, mit enormen Verlusten auf beiden Seiten (Anm. d. dt. Übers.).

Der Jüngere, der Schwächere, weinte und flehte uns an, ihn nicht umzubringen. Er brabbelte noch etwas in seiner Sprache, aber wer konnte ihn schon verstehen? Er kniete im Schnee und betete. Dann hab ich geschossen. Er war mir auf die Nerven gegangen. Zum ersten Mal schoss ich daneben. Ich musste noch einmal anlegen.«

Den Kranken plagte offensichtlich sein schlechtes Gewissen, denn er kam immer wieder auf dieses Thema zurück. Die anderen Patienten, die seinen Geschichten gerne zuhörten, versuchten ihn auf ihre Weise aufzumuntern. *Was gibt es da zu sagen. Es ist, wie es ist. Es war Krieg. So viele Kriegsgefangene wurden umgebracht. Oft wurden sie vorher noch gefoltert. Ein normales Soldatenschicksal. Ein Soldat kennt keine Gnade. Diese finnischen Jungen waren grausam; sie dienten als Kundschafter.* Der Kranke seufzte, ohne überzeugt zu sein, und fuhr fort, seine Geschichte zu erzählen.

Etwa einen Monat später wurde ihre Einheit aufgelöst. Er flüchtete mit einem Kameraden, doch der wurde verwundet und starb unterwegs. Er blieb allein im Wald zurück und wusste selbst nicht recht, in welche Richtung er laufen sollte. Drei Tage irrte er umher. Er wanderte durch den tiefen Schnee, in dem er oft bis zu den Hüften einsank. Er hungerte, litt unter der furchtbaren Kälte und wurde immer schwächer und schwächer. Tagsüber hatte er Angst weiterzulaufen. Er grub eine Mulde in den Schnee, wie das bei den finnischen Soldaten üblich war. Diese Mulde bedeckte er mit Zweigen von Nadelbäumen und dann hockte er dort, bis es Abend wurde. Die Tage waren – wie im Hohen Norden typisch – sehr kurz, die Nächte waren lang und eisig. Gelegentlich vernahm er das Geheul von Wölfen. Sollten sie ihn aufspüren, wäre es um ihn geschehen. Er hatte nur noch wenig Munition. Immer öfter stürzte er. Es fiel ihm immer schwerer, sich aus den Schneewehen herauszuziehen. Langsam verlor er die Hoffnung. Als er am dritten Tag vor einer seiner selbst gegrabenen Mulden stand und seine eigene Spur wiedererkannte, begriff er, dass es für ihn keine Rettung mehr gab. Er war die ganze Zeit im Kreis gelaufen. »Brüder«, stöhnte er. »Brüder, der Teufel hat mich zum Narren gehalten. Es gibt kein Entkommen.« Doch noch gab er nicht auf.

Er konnte nicht mehr sagen, an welchem Tag seines Herumirrens es geschehen war. Es war dunkel, und er hatte nicht mehr die Kraft, unter seinen Tannenzweigen, die ihn einigermaßen vor den immer stärker werdenden Schneeböen schützten, hervorzukriechen. Die Purga. Ein Schneesturm. Wer den Norden nicht kennt, weiß nicht, wie schrecklich dieses Wort klingt. Man kann um sein eigenes Haus herumgehen und sich dabei trotzdem verirren, im Schnee stecken bleiben, einschlafen und erfrieren. Er war von Mutlosigkeit übermannt und hatte keine Kraft mehr weiterzukämpfen. Der eisige Schnee verklebte seine Augen, und in seinem Kopf tauchten alle möglichen Visionen auf. Plötzlich wurde er einer seltsamen Helligkeit gewahr, die immer deutlicher und klarer wurde. Sie kam auf ihn zu, und dann sah er eine Frau, die an der Hand des erschossenen finnischen Jungen ging. Er begann vor Angst zu zittern, aber sie verkündete feierlich: »Er hat dir vergeben.« Und dabei zeigte sie auf den Jungen. Danach befahl sie ihm, geradeaus zu gehen, und schenkte ihm eine kleine Halskette. Er kam wieder zu Bewusstsein und kroch unter seinen Tannenzweigen hervor. Der Schneesturm schien ein wenig nachgelassen zu haben. Er sah etwas im Schnee liegen, hob es auf und steckte es in seine Tasche. Er ging oder besser gesagt, er kroch vorwärts. Und nach etwa hundert Schritten stieß er auf einen Waldweg. Kaum dass er diesen erreicht hatte, sprangen plötzlich Soldaten aus dem Gebüsch. Es waren seine eigenen Kameraden: Russen!

Danach hat er noch lange in einem Hospital gelegen. Die eisige Kälte hatte seine Beine furchtbar zugerichtet. Er kämpfte sich durch, nur seine Nieren erholten sich nicht mehr davon. »Und das Kettchen?«, fragten die Patienten. Das trug er immer um den Hals. Es war untrennbar mit ihm verbunden. Aber dieses Kettchen wurde auch zum Grund seiner Verhaftung. Man forderte ihn auf, es abzulegen, doch er weigerte sich. »Wieso denn?«, versuchten sie ihn umzustimmen. »Du bist doch im Komsomol, du bist ein Sowjetmensch, du glaubst doch nicht an solche Dummheiten.« Er antwortete nicht. Man versuchte es ihm mit Gewalt zu entreißen, doch er wehrte sich. Daraufhin wurde er verhaftet. Seine Strafe saß er ab. Wegen Bigotterie wurde er zudem aus der Partei ausgeschlossen – womit er ohne Protest einverstanden war. Schließlich wurde er einem Militärtribunal überstellt und wegen Verbreitung feindseliger religiöser Propaganda und Rebellion gegen Autoritätspersonen verurteilt. Er bekam zehn Jahre. Das Kettchen war ein gewöhnlicher Rosenkranz mit grob geschnitzten Holzperlen und einem unverhältnismäßig großen Kreuz. Im Hospital erfuhr er von jemanden, dass man die einzelnen Perlen festhalten und dazu beten solle. Doch er kannte keine Gebete, und deshalb sprach er nur mit sich selbst über das, was ihn quälte.

Diese Geschichte wäre, wie viele andere, für sich genommen nicht besonders bemerkenswert oder erzählenswert, würde sie nicht, in unterschiedlichen Versionen, auch von anderen Soldaten erzählt, insbesondere von Soldaten, die am Winterkrieg teilgenommen hatten. Mehr als einmal wurde ich Zeugin, wie einfache Leute im Hospital oder an einem gewöhnlichen freien Tag im OLP genau solche Erinnerungen hervorkramten. Einige hatten das Jesuskind gesehen, das barfuß über den Schnee lief, doch in den meisten Fällen war es die Mutter Gottes, die ihnen erschienen war, immer umgeben von Lichtstrahlen, einem goldenen Schein, als wäre sie direkt einer Ikone entsprungen, die in der Ecke ihres Elternhauses hing. Der Erzähler zeigte ein kleines Birkenkreuz oder einen Rosenkranz, den er als Kleinod verborgen hielt, meist ohne zu wissen, wozu es diente. Die Naivität dieser Geschichten war rührend, ebenso wie die Zuhörer, die jedes Wort davon glaubten. Was bewog diese Soldaten, Widerstand zu leisten, obwohl sie wussten, dass ihnen eine mehrjährige Haftstrafe drohte? Woher nahmen sie den Mut, sich einen Rosenkranz oder ein Kreuz um den Hals zu hängen, was ohnehin schon gegen die Grundprinzipien des Komsomol verstieß? Ihre Geschichten zeugten von Angst und Leid, aber auch von Gewissensbissen wegen ihrer Gewalttaten, von dem Wunsch, Buße zu tun, und der Hoffnung, dass ihnen eines Tages alles vergeben würde. Vor allem aber zeugten diese Geschichten von dem normalen religiösen Bedürfnis extrem erschöpfter Menschen.

Überall auf der Welt kommt es vor, dass jemand aufgrund von falschem belastendem Beweismaterial, unehrlichen Zeugenaussagen und dergleichen zu Unrecht inhaftiert wird. Sobald der Irrtum aufgeklärt ist, verlässt der Inhaftierte das Gefängnis, ohne dass dies irgendwelche rechtlichen Konsequenzen für ihn hat. Im Land unseres gewaltigen Bruders ist dies jedoch nicht eine so einfache Sache, erst recht wenn es um Artikel 58 des Strafgesetzes geht. Denn wer einmal das Königreich des NKWD betreten hat, kann es nur schwer wieder verlassen. Bevor er ins Paradies zurückkehren kann, auch wenn dieses nur wenig paradiesisch ist, muss er sich einer reinigenden Buße unterziehen. Warum? Was heißt hier »warum«? Schon die schlichte Tatsache, dass er verdächtigt wurde, etwas getan zu haben, genügt als Vergehen. Wenn der Inhaftierte dann in seiner Naivität auch noch das mühsam vorbereitete Szenario über den Haufen wirft und all den Bemühungen und dem Einfallsreichtum seiner Verhörer nicht Rechnung trägt und sich widerspenstig verhält, statt sich brav in seine Rolle zu fügen, darf er keinesfalls mit Milde rechnen.

An manchen Abenden gesellt sich Professor Mendelejew zu Marina Alexandrowna, Olga Chainowna und mir. Er lacht herzlich über armenische Anekdoten oder über Marinas Imitationen armenischer Marktfrauen. Der Professor war früher einmal in Jerewan gewesen, er kannte die Atmosphäre der östlichen Basare. Einige seiner unvollendeten Sätze lassen mich vermuten, dass er schon mehrmals in Polen war, und das nicht nur wegen des Ersten Weltkriegs. Er plaudert gern, und aus seinen Erzählungen, die meist von jemandem handeln, den er einmal kennengelernt hat, und von den kleinen Abenteuern während seiner Reisen oder Studentenjahre, kann ich mir allmählich ein Bild von seinem Lebensweg herausfiltern. Als die Revolution ausbrach, war er etwa vierzig Jahre alt. Er hatte eine wichtige Position an der Universität in Leningrad inne, nachdem er zuvor im Ausland, vielleicht in London, studiert hatte. Politische Ökonomie. Das war sein Fachgebiet. Er muss auch jemand gewesen sein, der der jungen Sowjetmacht gegenüber völlig treu ergeben und loyal gewesen war. Er reiste zu wissenschaftlichen Konferenzen und begleitete als Wirtschaftsexperte – das nahm ich zumindest an – auch offizielle Delegationen. Meine Vermutungen wurden eines Tages von ihm bestätigt, als er uns von den Umständen seiner Verhaftung erzählte. Offenbar hatten wir nun sein Vertrauen hinreichend gewonnen, vielleicht lag es aber auch an der Stimmung des Augenblicks oder an dem Wunsch, die Verbitterung von sich abzustreifen (auch wenn er amüsiert und mit einer gewissen Humorigkeit und Leichtigkeit davon sprach, als ginge es nicht um ihn). Ich erinnere mich noch sehr gut daran, dass ich mich vor Lachen schüttelte, als handelte es sich um eine der besten Anekdoten, die ich je gehört hatte. Heute hingegen, während ich dies schreibe, ist mir die Lust zu lachen vergangen. Damals reagierte man offenbar anders. Verhaftet zu werden war für jeden von uns ein alltägliches Ereignis, keine Tragödie. Und wenn eine Verhaftung unter so unwahrscheinlichen Umständen stattgefunden hatte, erschien uns das damals besonders komisch.

Der Professor hatte den gesamten Krieg in Leningrad verbracht. Er lebte mit einer seiner Schwestern, die ebenfalls Akademikerin war, in seiner großen Wohnung, die einst schon seinen Eltern gehört hatte. Die Tatsache, dass er die Wohnung hatte behalten dürfen, zeugte von der absoluten Verlässlichkeit der ganzen Familie. Weder unter dem Hunger noch unter der unbarmherzigen Kälte, dem Mangel an Lebensmitteln und Brennholz in der Stadt hatte er allzu sehr gelitten. Seine Mittel waren natürlich beschränkt gewesen, jedoch nicht gar so sehr wie die anderer. Er erhielt besondere Zuwendungen. Für ihn war das ganz selbstverständlich gewesen. Er hatte immer zur Elite gehört. Er war ein Professor, ein bekannter Experte, ein verdienter Mann – ihm stand nun einmal eine besondere Versorgung zu. Und dann plötzlich, einige Monate nach dem Krieg, als er seine normalen Pflichten wieder aufnahm, als er gerade mit der Organisation einer äußerst wichtigen Konferenz beschäftigt war, wurde er in der Nacht durch brutales Hämmern an der Tür geweckt. Sein altes Dienstmädchen, an das er übrigens mit großer Zärtlichkeit zurückdachte, öffnete die Tür. Noch bevor er aus dem Bett gekrochen war und seinen Morgenmantel angezogen hatte, drangen einige Männer in sein Zimmer ein. Sie scherten sich nicht um seine Einwände und seine Empörung, drängten ihn in eine Ecke und begannen mit einer gründlichen Inspektion. Er fragte sie, was das Problem sei, doch sie machten sich nicht einmal die Mühe, ihm zu antworten. Er hörte, wie sie die Möbel in den anderen Zimmern verschoben, wie sie fluchten und Witze rissen. Er stand erschrocken und verwirrt in seiner Ecke und verstand nichts von alledem. Sie wussten, wer er war, denn manchmal drehten sie sich zu ihm um und sprachen ihn mit »Professor« an, wobei sie diesem Wort einen äußerst ironischen Unterton verliehen. Das alles dauerte lange. Seine Schwester war nicht zu Hause. Sie war zu einer Reise nach Moskau aufgebrochen. Er war also allein mit seinem vor Angst erstarrten Dienstmädchen. Schließlich kam die Inspektion zu einem Ende. Es wurde deutlich, dass sie nichts hatten finden können. Etliche NKWDler gingen noch mehrmals in den Keller, kehrten aber stets mit leeren Händen zurück. Äußerst unzufrieden flüsterten sie miteinander und mit dem großen, breitschultrigen Oberst. Der Oberst hatte sogar die Papiere auf dem Schreibtisch, das Manuskript eines druckfertigen Buches, die Schreibmappen und Gutachten, die in Stapeln in den Regalen lagen, durchgesehen. Der Professor verspürte eine überwältigende Müdigkeit, doch man untersagte ihm, sich auf einen Stuhl zu setzen. Sie erlaubten ihm auch nicht, auf die Toilette zu gehen. Schließlich setzte er sich halb tot auf den Boden in seiner Ecke, wo er immer noch festgehalten wurde, und wartete auf das Ende dieser absurden Inspektion.

Als man ihm befahl, sich anzuziehen, dämmerte bereits der Morgen herauf. Begleitet von zwei Beamten, die ihn keinen Augenblick aus den Augen ließen, ging er zum Badezimmer. Sie forderten ihn auf, die notwendigsten Toilettenartikel wie Zahnbürste und Kamm mitzunehmen. Sie scherzten, dass er Seife wohl vor Ort bekommen werde. Er zog sich an – einen dicken Pullover und eine Jacke. Er hatte auch zwei lange Unterhosen und zwei Hemden angezogen, denn er spürte am Verhalten der NKWDler, dass ihm etwas Schlimmes bevorsteht. Noch hatte er die Zuversicht und die Hoffnung, dass alles gut ausgehen könnte, nicht verloren, doch er war ein zu erfahrener Mensch, und er erinnerte sich noch zu gut an das Jahr 1937, um nicht auf alles gefasst zu sein. Er nahm eine größere Geldsumme mit. Erst gegen Abend wurde er schließlich zusammen mit seinem Dienstmädchen aus seiner Wohnung abgeholt. Er wurde in einen dunklen schwarzen Verschlag gesperrt und hatte keine Ahnung, wohin sie fuhren. Zu einem der Gefängnisse, vermutete er. Als man ihn aufforderte auszusteigen, stellte er zu seiner Überraschung fest, dass er sich auf dem Flughafen befand. Er begriff, dass sie ihn nach Moskau brachten.

Und so begann ein merkwürdiges und tragisches Schauspiel: Lubjanka[15], eine Einzelzelle, der tägliche Freigang strikt untersagt,

---

15 Berüchtigtes Gefängnis in Moskau, in dem zahlreiche politische Gefangene verhört, gefoltert und hingerichtet wurden.

völlige Isolation von den anderen Gefangenen und natürlich: die Untersuchung. Die Verhöre dauerten die ganze Nacht über bis in die frühen Morgenstunden und sogar noch länger. Sie waren voller seltsamer Fragen, die er nicht verstand. Wo hatte er in diesem oder jenem Jahr in London gewohnt? In welchem Hotel hatte er damals welches Zimmer bezogen? Wer hatte ein Zimmer nebenan gehabt? Wen hatte er dort getroffen? Wohin war er damals gegangen? Er tat sein Bestes, um sich an Details zu erinnern, die in seinem Gedächtnis längst verblasst waren. Wie sollte er sich noch daran erinnern, wie hätte er noch wissen können, ob er sich damals an diesem oder jenem Ort aufgehalten hatte, ob es das Astoria oder das Bristol oder irgendein anderes Hotel gewesen war, das die sowjetische Delegation manchmal angemietet hatte? Er war fast immer in einer Gruppe gereist, zusammen mit anderen Kollegen. Sie wurden offenbar als Zeugen aufgerufen oder waren vielleicht selbst inhaftiert worden. Die NKWDler hatten eine Menge Informationen, aber diese waren wie immer unvollständig; es war die Art von Informationen, die eine Person viele Jahre nach der Tat liefert, wenn eine unbedeutende Tatsache bereits fast vollständig aus ihrem Gedächtnis gelöscht ist.

Plötzlich wechselten sie das Thema und begannen Fragen über die Türken, die Perser, über seine Kontakte in Teheran und Istanbul zu stellen – Städte, die er in seinem ganzen Leben nie besucht hatte. Man stellte ihm Fragen über ein Hotel in Saloniki und über die dortige sowjetische Botschaft, über seine Kontakte zu den örtlichen Beamten. Später ging es plötzlich um Malta, das er ebenfalls überhaupt nicht kannte. Die NKWDler bezweifelten das jedoch. »Das lässt sich doch leicht überprüfen, es genügt ein Blick auf die Visa in meinem Reisepass«, verteidigte er sich. Und dann folgte eine Frage nach den Decknamen, die er angenommen habe. Und eine Frage, wer ihm die nötigen gefälschten Dokumente besorgt habe. Anhand der vielen Namen und Orte, die erwähnt wurden, begriff er allmählich, dass er der schweren Spionage verdächtigt wurde. Geheimnisvolle Verschwörungen, geheime Codes, Kontaktpersonen – immer mehr wurden solche Dinge zum Inhalt der drängend gestellten Fragen. Er fühlte sich völlig niedergeschmettert von der Sinnlosigkeit dieser Anschuldigungen. Ihn beschlich furchtbare Angst.

Die Untersuchung zog sich fast ein halbes Jahr hin. Er verlor zusehends an Gewicht und fühlte sich immer schlechter. Er wusste, dass sein Blutdruck ungewöhnlich hoch war und alles jeden Moment tragisch enden konnte. Es gelang ihm nicht, seine Peiniger von seiner vollkommenen Loyalität zu überzeugen. Beweis mal, dass du kein Kamel bist, wie die Russen sagen. Sie wollten, dass er sich ehrlich zu seiner nicht vorhandenen Schuld bekannte, und er war kurz davor, dieser Forderung nachzugeben und den entsprechenden Text der Ermittler aufzusagen – alles nur, um dieser Folter ein Ende zu setzen. Und gerade als er mit einer Geschichte aufwarten wollte, die der Gesamtheit der Vorwürfe und Anschuldigungen entsprach, wurde er zu einer Gegenüberstellung vorgeladen: *Otschnaja stawka* in NKWD-Sprache. In Anwesenheit der gesamten Ermittlertruppe traf er auf einen ihm völlig unbekannten Mann von etwa vierzig Jahren. Der Fremde sah aus, als wäre er bereits einige Zeit lang gefoltert worden. Er hatte einen etwas verwirrten Blick, ein geschwollenes Gesicht infolge anhaltender Schlaflosigkeit, er bewegte sich schwerfällig, als ob all seine Muskeln schmerzten. Als er hörte, dass er vor Professor Mendelejew stand, stieß er einen unterdrückten Schrei aus. Der Professor konnte zunächst nicht verstehen, worum es überhaupt ging. Erst als sich der andere Mann auf die Knie warf und zu schreien begann – »Herr Professor, verzeihen Sie, ich dachte, Sie leben nicht mehr. Sie waren schon so alt. Ich bin es, Sascha« –, erinnerte sich der Professor allmählich an den kleinen zehnjährigen Jungen, der noch vor der Revolution hin und wieder im Garten der Mendelejews gespielt hatte. Der Professor, der in jenen fernen Jahren in der Blüte seines Lebens gestanden hatte, muss in den Augen dieses Jungen damals schon ein alter Mann gewesen sein. Jetzt erinnerte er sich sehr gut. Manchmal hatte er ihm ein Bonbon oder einen Apfel aus dem Garten geschenkt. Der Junge war der Sohn einer armen Englischlehrerin. Sie hatte in der Nähe gewohnt, in einem kleinen Nebengebäude. Während der Revolution war sie verschwunden, und er hatte vergessen, dass es sie gab.

Nun lauschte er erstaunt der Erklärung seines Bekannten von früher. Der Mutter war es gelungen, in den Süden und von dort über das Schwarze Meer auf den Balkan und bis nach Griechenland zu gelangen. Danach lebte sie in Saloniki unter den zahlreichen russischen Emigranten. Sascha ging dort zur Schule, verlor seine Mutter und engagierte sich in verschiedenen Organisationen der Weißen[16], bis er schließlich für einen Geheimdienst zu arbeiten begann. Für welchen Dienst? Das ging den Professor nichts an. Nach dem Zweiten Weltkrieg wurde er irgendwo auf dem Balkan verhaftet, gefoltert und immer wieder nach seinen Kontakten zu Russland befragt. Er hielt es nicht mehr aus. Er gab Mendelejews Namen an, damit sie ihn in Ruhe ließen. Er rechnete sich aus, dass der ältere Herr, als den er ihn damals empfunden hatte, sicher schon tot sein würde. Er saugte sich eine ganze Geschichte aus den Fingern, wie er mit Mendelejew in Malta, in Istanbul und in Saloniki in Kontakt gestanden habe. Über London hatte er allerdings nichts erzählt, da er diese Stadt nicht kannte. Nun zog er, erschrocken über die Konsequenzen, alle seine Aussagen zurück – sie waren erzwungen worden. Die NKWDler schäumten vor Wut. Ihre gesamten Ermittlungen fielen wie ein Kartenhaus in sich zusammen. Die Unschuld des Professors war offensichtlich. Er musste freigelassen werden

---

16 Die Weiße Armee stellte sich gegen die Bolschewiki und bestand hauptsächlich aus Menschewiki (Anhänger der Sozialdemokratischen Arbeiterpartei Russlands), Angehörigen des alten Adels und Großgrundbesitzern. Es gab aber auch ausländische Einheiten der Weißen, auf die Skarga hier verweist.

und eine Entschuldigung erhalten. »Ich habe Sascha nichts übel genommen«, erinnerte sich der Professor. »Ich verstand ihn nur zu gut. Ich war selbst kurz davor, eine ähnliche Geschichte zu erfinden. Er wollte sich selbst retten. Es war meine Schuld, dass ich nicht rechtzeitig gestorben war, dass ich noch am Leben war. Ich reichte ihm zum Abschied die Hand und wünschte ihm Mut und Kraft. Ich kehrte in meine Zelle zurück und war überzeugt, dass es meine letzte Nacht darin sein würde. Eine Illusion …«

Der Professor blieb noch einen weiteren Monat in Haft. Auf seine Proteste und seine Forderung, den Staatsanwalt sehen zu wollen, reagierte man nicht. Am Ende stand er eines Tages vor irgendeinem hohen NKWD-Beamten, der ihm mitteilte, dass alle Anschuldigungen wegen Spionage fallen gelassen worden seien. Da der Professor aber schon so lange im Gefängnis gesessen hatte, konnte man ihn nicht einfach wieder freilassen. Dank einer Sonderkommission (der OSO) wurde er als verdächtiges Element zu fünf Jahren Lagerarbeit verurteilt, woraufhin der Beamte mit einem herzlichen Lächeln hinzufügte: »Wenn Sie Ihre Strafe verbüßt haben, können Sie ohne Probleme zu Ihren Beschäftigungen in Leningrad zurückkehren. Natürlich nur, wenn Sie bis dahin nicht krepiert sind.«

In Balqasch fand ich in Schenja eine gute Freundin. Sie kam auch aus Leningrad. Gerade unsere Erinnerungen an Professor Mendelejew brachten uns einander näher. Sie hatte an der Universität studiert und noch Seminare bei ihm besucht. Seinerzeit mochte sie ihn nicht besonders. Er galt damals als jemand, der in der Sowjethierarchie hoch geschätzt wurde. Allem Anschein nach war er eng mit dem Aufbau des Sowjetstaates befasst und diente dabei keinem Geringeren als Lenin selbst als Berater. Ob das stimmt oder nicht, habe ich nie in Erfahrung bringen können. Auf jeden Fall bestätigten sich einige der Behauptungen des Professors, zum Beispiel über seine Wohnung. Es handelte sich um eine gewöhnliche Villa mit Garten, in der ein Stockwerk allerdings von einem anderen hochrangigen Beamten bewohnt wurde. Ansonsten stimmte alles: der Garten, die Wohnung, das Dienstmädchen, die Auslandsreisen. Schenja erinnerte sich daran, dass Mendelejew kurz vor dem Krieg, als das akademische Jahr begann, wahrscheinlich war es 1938, einige Wochen zu spät kam, weil er noch auf einer Reise in den Westen gewesen war.

Schenja hatte den Krieg auf der Krim verbracht. Dort hatte die Mutter ihres Mannes einen festen Wohnsitz. Diese Mutter war persischer Herkunft, aber längst in Russland eingebürgert. Als sie diese im Juni 1941 besuchten, schafften sie es nicht mehr, von dort zurückzukehren. Auf den Straßen der Krim herrschte Chaos, die Kommunikationswege waren unterbrochen, und hinzu kam noch, dass der Ehemann einberufen und als Ingenieur für Kommunikationstechnik einer Heereswerkstatt unweit von Kertsch[17] zugewiesen worden war. All das veranlasste Schenja und ihren Mann, bei ihrer Schwiegermutter zu bleiben.

Die deutsche Armee marschierte ein. Sie schafften es nicht zu fliehen. Die Evakuierung der Werkstätten kam zu spät in Gang, und so kamen die drei unter die Aufsicht der Besatzungsmacht. Es waren keine einfachen Zeiten für sie. Schenja arbeitete in der Küche eines Restaurants. Ihr Mann musste untertauchen. Beide schlossen sich einer Untergrundbewegung an, deren Organisation jedoch schwerfällig verlief. Ich bekam keine klare Vorstellung davon, ob es sich um eine große Widerstandsorganisation handelte. Schenja sprach mit Stolz davon, allerdings ohne wirklich ins Detail zu gehen. Ich vermute, dass es sich um eine nicht allzu große Gruppe handelte, wahrscheinlich sogar eine kleine, und dass sie aus eher locker miteinander verbundenen Abteilungen bestand. Schenjas Mann schmuggelte einen Funksender aus der Werkstatt und ver-

---

17 Stadt im Osten der Krim.

suchte Moskau zu kontaktieren. Diese Situation zog sich über einige Zeit hin. Im Winter 1944 wurde er in der Nähe seiner Wohnung verhaftet, und auch die Mutter und Schenja wurden abgeführt.

Die Zelle, in der Schenja landete, befand sich im Keller. Sie war nicht groß und stark überbelegt. Das kleine Fenster bot weder Licht noch Sauerstoff. Die Kälte war erbarmungslos. Von dem Zementboden stieg eine durchdringende Feuchtigkeit auf. Einige Frauen saßen dort mehrere Monate ein, andere blieben nur recht kurz in der Zelle. Sie wurden morgens gerufen, und es war klar, dass sie nie wieder nach Hause zurückkehren würden. Alle lauschten den Schritten auf dem Gang und dem leisen, metallischen Klirren der Waffen. Sie wurden nicht vor Gericht gestellt – die Ermittlung war meist kurz und sehr brutal. Die ganze Kunst bestand darin, die Verhöre auszudehnen, sie in die Länge zu ziehen, um die Verhörer dazu zu motivieren, weitere Fakten zu ermitteln. Doch die Deutschen zeigten kein besonderes Interesse. Die Inhaftierten wurden schematisch behandelt. Wer stark und gesund war, hatte noch eine Chance, zum Arbeiten nach Deutschland geschickt zu werden. Wer schwach und verdächtig war, ging seiner Exekution entgegen. Schenja zitterte vor Angst um das Schicksal ihrer Schwiegermutter und ihres Mannes. Es gelang ihr, fast bis April durchzuhalten. Und dann, eines Nachts, hörte sie wieder Schritte, das Rufen von Namen in der Nachbarzelle, wobei sie auch ihren eigenen Namen zu hören glaubte. Das musste wohl das Ende sein. »Ich erinnere mich«, sagte sie, »dass ich mich plötzlich nicht mehr auf den Beinen halten konnte und in eine Ecke auf dem Boden direkt neben der Tür setzte. Mir direkt gegenüber saß eine kranke, nicht mehr ganz junge Frau mit grauem Haar. Sie hatte Tuberkulose und hustete Blut – sie war schon sehr geschwächt. Sie setzte sich aufrecht hin, um zu hören, was auf dem Korridor vor sich ging. Alles ging ganz schnell. Plötzlich öffneten sich die Türen. Schenjas Name wurde gerufen. Und dann hörte sie ganz kurz: »Das bin ich.« Es war die kranke Frau, die das sagte. Schenja schrie auf, aber eine starke Hand drückte sie wieder zu Boden. Die Gestapo ging mit der Kranken hinaus, ohne zu bemerken, dass ein Personenverwechslung stattgefunden hatte. Sie wollte sie noch zurückrufen, an die Tür klopfen, doch die anderen Frauen verboten es ihr. »Du bist noch jung«, sagten sie. »Du hast noch ein ganzes Leben vor dir. Die andere würde keinen Monat mehr durchhalten.« Dann kam der April: die Flucht der Deutschen, die Befreiung aus dem Gefängnis, und Schenja war frei, nur um festzustellen, dass ihr Haus völlig ausgeplündert worden war. Das Grauen der Suche in dem völlig demolierten Haus stand ihr jedoch noch bevor: Sie fand ihre Schwiegermutter und ihren Mann. Während der Beerdigung hatte sie nicht einmal mehr die Kraft zu weinen. Ich fragte sie, ob sie versucht habe, die Familie dieser älteren, kranken Frau zu finden. Immerhin kannte sie ihren Namen. Ja, sie hatte diese Familie ausfindig gemacht, aber sie fand nur noch die Nachbarn der Frau. Sie erzählten ihr, dass sie Witwe gewesen sei und ihr einziger Sohn im Winterkrieg gefallen sei. Sonst hatte sie wahrscheinlich niemanden mehr. War es eine Art Selbstmord oder ein Akt der Selbstaufopferung zugunsten der Jugend und der Hoffnung gewesen?

Wie es mit Schenja weiterging? Sie kehrte nach Leningrad zu ihrer Mutter zurück. Sie wollte ihr Studium fortsetzen. Leider. Eines Nachts wurde sie verhaftet und zu zehn Jahren Haft verurteilt. Alles, was ihr bei den Ermittlungen vorgeworfen und als Begründung für die Verurteilung angeführt wurde, war Folgendes: *Warum haben die Deutschen dich nicht abgeknallt? Offenbar hast du uns verraten!* Keine Erklärung oder flehentliche Bitte, Zeugen zu suchen, konnte ihr mehr helfen. Denn eines stand schließlich fest: Ein ehrlicher sowjetischer Patriot, der verhaftet oder gefangen genommen worden war, hätte sterben müssen.

Wie viel Courage und Beharrlichkeit muss man besitzen, um die Szenen zu verwerfen, die Kulissen in Brand zu stecken, den Schauspielern die Kostüme und Masken abzunehmen? Welchen Mut muss man dann noch haben, um sich zu weigern, das Stück mitzuspielen! Und was für eine großartige Sache ist es nicht zuletzt, dass dieser Kampf mit dem Theater oft von denen aufgenommen wurde, die am meisten gedemütigt wurden: den armen Seki. Vielleicht flammte dieser Wille in ihnen stärker auf als bei anderen, weil sie nicht mehr viel zu verlieren hatten und es besser wussten. Alle Geheimnisse der Inszenierung wurden während der Ermittlungen, in den Gefängnissen und bei der Lagerarbeit enthüllt. Solschenizyn beschreibt, wie die Integration der Seki nach der Öffnung der Spezlagerja nur langsam folgte, wie sich der Widerstand gegen die Wärter verstärkte, wie das politische Bewusstsein der Häftlinge zunahm und damit auch das Solidaritätsgefühl. Gerade diese Prozesse, angefangen mit den kleinsten, im Leben eines jeden Häftlings aber so wichtigen Dingen wie zum Beispiel das Ausbleiben von Diebstahl, die Möglichkeit, in seinem Schränkchen ein Päckchen Machorka oder seine gesamte Ration bis zum Abend aufzubewahren, gaben Anlass, eine interne Reorganisation im Kampf für bessere Lebensbedingungen und sogar für die Revision einiger Prozesse zu versuchen. Eine kleine Flamme der Freiheit begann in den Lagern zu flackern und entwickelte sich in einigen Fällen zu einem heftig emporlodernden Feuer.

In Balqasch blieb es lange Zeit ruhig. Das Kontingent der Frauen veränderte sich kaum. Uns erreichten keine Neuigkeiten aus anderen Lagern. Aus der Männerzone hinter der großen Lehmmauer hingegen schon. In einem über die Mauer geworfenen Brief schrieb manchmal jemand an seine Geliebte, dass in der Mine wieder ein Denunziant unschädlich gemacht worden sei. Das waren die ersten Anzeichen dafür, dass man das Gesetz selbst in die Hand nahm. Wir betrachteten unsere Denunzianten mit einer gewissen Milde, solange sie keinen besonderen Schaden anrichteten. Die Frauen, jedenfalls die politischen Gefangenen, waren selten zu einem Mord imstande. Nur ein einziges Mal habe ich von einem solchen Vorfall in Uchta gehört. Wir hatten ja schließlich auch andere Möglichkeiten, mit unliebsamen Menschen zu verfahren und sie unschädlich zu machen. Als Beispiel kann Nadjas Geschichte dienen. Nadja war eine Ungarin, die nur schlecht Russisch sprach. Dennoch hinderte sie die Sprache nicht an ihren schändlichen Taten. Ich bekam es damals mit ihr zu tun, als sie als Metallarbeiterin zu unserer Ziegelei geschickt wurde. Sie arbeitete gut, in dieser Hinsicht konnte man ihr nichts nachsagen. Aber sie hatte einen maßlosen Hang zu Romanzen, auch wenn sie nicht gerade eine Schönheit war. Es gab nicht einen Eskortenführer, der nicht sein Glück bei ihr versuchte. Ich habe selbst einmal miterlebt, wie ein usbekischer Unteroffizier, der für seine strenge Haltung gegenüber den Seki bekannt war, heimlich in die Schmiede ging. Wie sie ihn zu bezirzen verstand, wie sie mit ihm Kontakt aufgenommen hatte, blieb mir schleierhaft. Als ein junger Praktikant in der Fabrik ankam, ein Techniker, ein freier Bürger natürlich und zudem ein ziemlich gut aussehender Mann, der sich uns gegenüber hochmütig verhielt, wie es sich für ein Komsomolmitglied gehörte, begann sie ebenfalls sofort, überfreundlich um ihn herumzuscharwenzeln.

Gleichzeitig denunzierte sie auch. Vielleicht hatten die Mitglieder der Eskorte den Auftrag erhalten, Informationen aus ihr herauszuholen. Zunächst war uns nicht klar, aus welcher Ecke uns die Gefahr drohte. Aber einige Vorfälle lenkten unsere Aufmerksamkeit zunehmend auf sie. Es ging dabei um Anschuldigungen, die nicht nur traurig, sondern auch gefährlich waren. Drei freie Fahrer, die Briefe bei sich hatten, fielen ihr zum Opfer – ohne ersichtlichen Grund wurden sie auf der Wache der Ziegelei einer Kontrolle unterzogen. Sie wurden von ihrer Arbeit abgezogen und in die Mine versetzt. Damit wurde eine der kostbaren Verbindungen zur Welt, zu unseren Angehörigen, abrupt unterbrochen. Später wurden zwei Vorarbeiter unter der Anschuldigung in die Isolierzelle geworfen, heimlich Ziegelsteine an Fahrer verkauft zu haben. Hätte das tatsächlich bewiesen werden können, hätte ihnen dafür eine zweite Verurteilung gedroht. Zum Glück bezeugte unser Igor Matwejewitsch, dass in der Ziegelei keine Engpässe festgestellt worden seien. Als wir wieder vor Ort waren, nach der Rückkehr in die Zone, wurde eine der Frauen noch vom Oper selbst auf die Wache mitgenommen. Sie musste später zudem aufgrund des eindeutig falschen Vorwurfs der Sabotage in die Isolierzelle. Damit war für uns das Maß voll. Die Inhaftierte war eine so ruhige junge Frau, nur ein einziges Mal hatte ich sie wütend erlebt. Man frage mich nicht, warum, jedenfalls hatte sie schon damals Nadja vorgeworfen, eine Denunziantin zu sein.

Es musste etwas passieren. Jemand kam auf die Idee, dass wir leichter mit ihr fertig werden könnten, wenn sie nicht immer nur Tagschichten hätte, sondern auch Nachtschichten machen müsste. Das war etwas, was sich einrichten ließ. Unter dem Vorwand, dass es für die Materialverwaltung notwendig sei, bat ich die Direktion der Ziegelei heimlich um die nächtliche Anwesenheit eines Schlossers in der Werkstatt. Sie stimmten meiner Bitte zu, und Nadja wurde der Brigade zugeteilt, die immer mit mir zur Arbeit ging, ganz gleich ob bei Tag oder bei Nacht.

Nun galt es auf eine gute Gelegenheit zu warten, um ein Spektakel in Szene zu setzen. Es musste eine Inszenierung sein, die sowohl wirkungsvoll als auch realistisch war und mit der Vorsilbe »soz« in Einklang stand, sodass sie der Oper anerkennen würde und Nadja, allen Bestimmungen entsprechend, von der Bildfläche entfernen würde. Die Rollen wurden aufgeteilt, wir warteten, bis der richtige Moment gekommen war. Und dieser Moment kam schließlich. Einer der freien Vorarbeiter erkrankte, und als Ersatz wurde der junge Praktikant eingesetzt. Es war bereits drei oder vier Tage in seiner neuen Position. Ich war an der Formpresse, als mir einer der Vorarbeiter mitteilte, Nadja habe sich mit dem Praktikanten im

Magazin eingeschlossen. Nun war schnelles Handeln gefragt. Im Magazin wurde Papier gelagert, das man zu bestimmten Zeiten zum Abdecken der Stapel der noch zu brennenden Ziegel im Hoffmann-Ofen benötigte. Die Frauen, die dort arbeiteten, waren noch nicht an der entsprechenden Stelle angekommen, aber als der Vorarbeiter ihnen erklärte, worum es ging, beeilten sie sich; und andere (die eigentlich die Waggons beladen sollten) halfen ihnen, sodass wir nach zehn Minuten in aller Ruhe zum Magazin gehen konnten. Die Tür war von innen verschlossen. Wir begannen zu klopfen. Wir bildeten absichtlich eine Gruppe, weil es schwieriger ist zu entkommen, wenn es so viele Zeugen gibt. Zuerst erhielten wir keine Antwort. Wir riefen: »Sascha, schlaf nicht.« »Mach die Tür auf.« »Wir brauchen Papier, sonst steht die Produktion still.« Schließlich begann er hinter der Tür zu brummen, als hätten wir ihn tatsächlich geweckt.

»Verdammt, mach doch auf!«

Er wollte nicht. Er meinte, wir könnten einen Zyklus machen, ohne das Papier einzulegen.

»Bist du verrückt geworden? Schlägst du uns etwa vor, Sabotage zu betreiben? Bis du so eine Art Vorarbeiter?«

Er gab auf. Er schlich sich vorsichtig aus dem Magazin und schloss die Tür wieder hinter sich ab.

»Ich werde mal kontrollieren, ob das wirklich nötig ist«, rief er und ging zum Hoffmann-Ofen. Wo er von einer Gruppe wartender Frauen mit einer Salve spitzer Bemerkungen empfangen wurde.

»Ein Vorarbeiter, der den Arbeitsprozess nicht im Blick hat! Wir kommen in Verzug. Beeil dich!« Ergänzt wurde das Ganze von ein paar deftigen Schimpfwörtern, um dem jungen Mann noch einzuheizen und ihm vielleicht auch etwas Angst einzujagen. Und als er dann zum Magazin zurückkam, fand er uns dort immer noch unbeirrt wartend vor.

»Geht ihr mal wieder an die Arbeit zurück, ich bringe das Papier gleich«, sagte er. Aber wir kannten keine Gnade.

»Sei nicht albern, mach doch die Tür auf.«

Er drehte den Schlüssel im Schloss und wollte allein hineingehen, doch wir schoben ihn zur Seite. Jemand tastete nach dem Schalter, das Licht ging an. Hinter einer großen Rolle des Industriepapiers hockte Nadja in ihrem Versteck.

»Ach so!«, rief ich. »Ein Vorarbeiter, noch dazu ein freier Mann, hat intime Kontakte zu einer Gefangenen! Mal sehen, was der Artikel soundso dazu sagt. So was habe ich ja noch nie gesehen. Leider muss ich euch beide melden.«

Ich weiß nicht, ob ich in meiner neuen Rolle als Denunziantin überzeugend war, aber der Jubel und Applaus, den ich von den verschiedenen Brigaden erhielt, war enorm. Der Praktikant flehte mich an zu schweigen. Aber uns ging es nicht um diesen eigensinnigen und unangenehmen Jungspund, sondern um Nadja und unsere geheimen Interessen in der Ziegelei. Wir konnten nicht zulassen, dass einer von uns noch ein weiteres Strafverfahren aufgebrummt wurde. Das Ende unserer Strafe stand zu kurz bevor. Beim Wachposten vor der Zone meldete ich deshalb, sehr zum Erstaunen der Wache, dass ein Treffen mit dem Oper notwendig sei. Gegen Mittag wurde ich zum Oper gerufen. Meine Erklärung war kurz, aber voller Pathos und großer Worte, wie es sich für die Rolle eines wütenden Prorab gehörte, der jemanden in flagranti bei der Verletzung der heiligen Lagerordnung erwischt hatte. »Früher einmal«, begann ich, »haben Sie, als bevollmächtigter Bürger, mir vorgehalten, Sie nicht über etwas informiert zu haben, was sich in der Fabrik abgespielt und gegen die Ordnung verstoßen hatte. Damals war alles in Ordnung, und ich hatte nichts zu melden. Doch jetzt bin ich hier, um etwas zu melden, denn ich kann nicht zulassen, dass die ehrliche Arbeit, die wir hier leisten, in Verruf gebracht wird.« Und ich erzählte, wie ich völlig zufällig und zu meiner großen Überraschung Nadja in dieser eindeutigen Situation mit dem Praktikanten angetroffen hätte.

»Als Prorab in der sozialistischen Produktionskette kann ich so etwas nicht dulden«, schloss ich.

Ich konnte die Wut in seinen Zügen erkennen. Für ihn würde es nicht leicht sein, wieder eine so gute Denunziantin wie Nadja zu finden. Aber nichts zu unternehmen, war für ihn unmöglich. Eine kompromittierte Denunziantin war wertlos. Nadja wurde aus der Ziegelei abgeführt. Dieser Tag war ein echter Triumph für uns. Und auch der Praktikant verschwand. Er wurde nicht inhaftiert, sondern bekam nur einen ordentlichen Anpfiff. Gott sei mit ihm. Für uns war es am wichtigsten, dass in der Ziegelei wieder Ruhe einkehrte.

Auch wir konnten also das Spiel spielen, wenn es nötig war, und uns nach den Prinzipien des berühmten Stanislawski ganz in eine Rolle hineinversetzen. Manchmal war Theater im Kampf gegen Denunzianten ein besseres Mittel als ein Messer in ihren Rücken, obwohl in anderen Lagern bei diesem Spiel immer häufiger ein Messer zum Einsatz kam. Schon vor Stalins Tod machte ein geheimes Gerücht von Mund zu Mund, von Lager zu Lager die Runde: Die politischen Häftlinge nähmen Widerstand und Verrat nicht mehr mit demütiger Resignation hin. Wie zuvor die Urki flüsterten sie nun auch: *Tod dem Denunzianten!* Und nicht nur dem Denunzianten, sondern auch dem strengen Wärter, dem Gnadenlosen, dem Sadisten, dem, der uns nie in Ruhe lässt, der uns schikaniert, der immer etwas sucht, der eine Kontrolle nach der anderen durchführt, der sich beim Lagerleiter beschwert, der uns oft schubst und uns manchmal, mein Gott, eine Ohrfeige verpasst.

Schlagen war verboten. Während der Verhöre wurde geschlagen, aber nicht in den Lagern. Ein ITL-Wächter, der seine Hand gegen einen Sek erhob, war noch in derselben Nacht fällig. Ein Urka nahm dann Rache. Der Wärter wusste das, und die höheren Lagerautoritäten ebenfalls. Daher das Verbot. Man darf einen Häftling in die Isolierzelle werfen, man darf ihm zu einem schlimmen Komandirowka schicken, aber das Reglement lässt nicht zu, dass man ihn schlägt. Man darf ihn mit einem Morast von Worten überziehen, ihn anschreien, so viel man will, ihn die halbe Nacht wegen einer Inspektion wachhalten. Es gibt verschiedene Möglichkeiten, ihn in die Erschöpfung zu treiben, doch es gibt keine härtere Strafe, als ihn zu einer härteren Arbeit zu schicken, bei der die Anforderungen hoch und die Rationen gering sind. Das genügt, um ihn gefügig zu machen und von jeglicher Rebellion abzuhalten.

Es schien so, als hätten sich die älteren Gefangenen in all den Jahren mit ihren Ketten versöhnt, als wären sie folgsam geworden und hätten aufgegeben. Aber nichts könnte der Wahrheit ferner sein. Gerade in ihnen loderte das Feuer der Rebellion und wartete nur darauf, mit einer Stichflamme zu explodieren. Im Männerlager in Norilsk kamen immer wieder neue Transporte aus dem Süden an, die erstaunliche Geschichten mitbrachten. Irgendwo in einem Lager war ein Streik ausgebrochen. Irgendwo war es ihnen gelungen, für die Rechte der politischen Gefangenen zu kämpfen.

Das allgemeine Bewusstsein für solche Ereignisse war gering. Doch langsam lag etwas in der Luft: Klatsch, Aufregung, die Geschichten der Neuankömmlinge, die Informationen, die die Frauen durch Briefe erreichten.

In Norilsk gab es vier Speziallager für Männer. Die anderen Lager waren für Kriminelle. Das einzige Frauenlager zählte etwa fünftausend Gefangene. In einem langen Rechteck erstreckte es sich zwischen der Tundra und Gebieten, die näher an der Stadt lagen. Von den Dächern der Stadthäuser aus war das Lager gut zu sehen. Ein Teil der kürzeren Seite des Rechtecks grenzte an die Arbeitszone der Männer. Die gegenüberliegende Seite grenzte an einen kleineren Bereich mit einer Isolierzelle. Das Lager verfügte über zwei Wachposten. Einer befand sich direkt neben dem Stacheldraht, der die Männer- und die Frauenzone voneinander trennte, sodass die Frauen, die auf ihrem Weg zur Arbeit an ihm vorbeikamen, genau beobachten konnten, was sich im Lager abspielte. Der zweite Wachposten auf der Stadtseite befand sich ganz am Ende einer Längsseite des Rechtecks.

Norilsk. Nach allem, was man hört, klingt der Name richtig ausgesprochen wie Nórilsk – mit Betonung auf dem o. Aber im Lager betonten die Leute immer das i, sodass das o wie ein a klang.[18] Die Stadt liegt im Norden, nördlich von Workuta, weit jenseits des Polarkreises und bot einen Zugang zum Nordpolarmeer und zum Hafen von Dudinka. Im Sommer segelten die Menschen über den Jenissei dorthin. Im Winter konnte man die Stadt nur mit dem Flugzeug erreichen. Und um die Stadt lag die Tundra, mit viel Kupfer und Kohle, die durch Stollen an die Oberfläche gebracht wurden, mit einer Betonfabrik, einer Ziegelei und einer großen Baustelle – an Arbeit für die Seki mangelte es gewiss nicht.

Es begann eines Nachmittags, um den 22. Juni herum. Wie es im Lager üblich war, versammelten sich die Frauen nach der Arbeit nach einer kargen Mahlzeit, bevor die Türen der Baracken mit ihren schweren Riegeln verschlossen wurden, am Stacheldraht beim Männerlager, und sei es nur, um einem jungen Mann kurz zuzulächeln und Neuigkeiten zu hören, umso mehr, als diese Neuigkeiten immer interessanter wurden. Nach dem Tod des großen Führers begann sich in *Bolschewistan* etwas zu bewegen.

Fröhliche Worte warf man sich über den Stacheldraht zu, als plötzlich ein Soldat von seinem Wachturm aus zu rufen begann. »Geht auseinander, Häftlinge. Reden ist verboten!«

Ein Rekrut, der noch grün hinter den Ohren war. Zu seinem Geburtsjahr brauchte man offensichtlich nicht allzu weit in die Vergangenheit zurückzugehen. Er kannte die Lagergepflogenheiten

---

18 Der Buchstabe »o« kann im Russischen auf drei Arten ausgesprochen werden. Neben dem betonten »o« gibt es zwei Formen von unbetontem »o«. Ein unbetontes »o«, das vor der betonten Silbe eines Wortes steht, wird wie ein »a« ausgesprochen. Wenn das »o« nach der betonten Silbe kommt, klingt das »o« im Russischen eher wie ein stummes »e«.

noch nicht. Die Vorschriften erlaubten solche Gespräche in der Nähe des Stacheldrahts tatsächlich nicht, aber die älteren Wachen und Eskorten und vor allem die *Frontowiki*, die immer eine Demobilisierung erwarteten (obwohl der Krieg schon acht Jahre vorbei war) und schon viel miterlebt hatten, waren an die Seki gewöhnt und drückten bei diesen kleinen Verstößen ein Auge zu. Ach, dieser junge Grünschnabel von einem Wächter – soll er sich doch heiser schreien, dieser Hurensohn! Wer schert sich schon um ihn. Einer der Männer bedachte ihn sogar mit einer längeren Schimpftirade. Und dann fiel ein Schuss. Im ersten Augenblick verstand niemand, was geschehen war. Man lief auseinander. Und dann erschallte ein weiterer Schuss. Zwei junge Männer blieben tot liegen, drei weitere wurden schwer verwundet. Noch bevor die Toten und Verletzten geborgen wurden, brach in beiden Zonen Unruhe aus. So etwas war noch nie passiert: Schüsse in Richtung der Zone? Warum? Wegen eines albernen Geplauders? *Podlezy!*[19] Sie haben solche ideologisch verblendete Neulinge in die Wachtürme gesteckt, die uns als Konterrevolutionäre zu hassen gelernt haben. Wir haben genug von diesen Bastarden, genug von der Arbeit!

In der Männerzone beschlossen sie noch in derselben Nacht, in den Hungerstreik zu treten und nicht zur Arbeit zu gehen. Ein Teil der Frauenbrigaden fasste den gleichen Beschluss. Morgens blieben sie also in der Zone. Die anderen, die nicht wussten, was entschieden worden war (die Baracken waren nachts geschlossen, was die Kommunikation erschwerte), waren zwar zur Arbeit gegangen, erfuhren aber außerhalb der Zone von den freien Bürgern oder den Brigaden der Kriminellen von dem Streik. Am nächsten Tag kündigten alle Teillager des Speziallagers an, sich dem Protest anzuschließen. Es wurde eine Kommission aus Moskau gefordert; bis zu deren Eintreffen sollten alle Wachleute aus der Zone ausgesperrt bleiben.

---

19 Schurken! (Russisch)

Das NKWD war sichtlich überrascht. Der Lagerkommandant fügte sich den Wünschen der Häftlinge. Zum ersten Mal seit vielen Jahren wurden die Baracken über Nacht nicht verschlossen. Spontan bildeten sich Gruppen aus den energischsten und entschlossensten Frauen, die die interne Lagerordnung aufrechterhielten. Die Disziplin war außergewöhnlich hoch. Es folgten seltsame Tage. Die Frauen standen auf, zogen sich an und saßen in den Baracken zusammen. Sie berieten sich und verfassten Texte mit ihren Beschwerden und Forderungen. Die Tage schleppten sich langsam dahin, und die Situation wurde immer schwieriger. Sie nahmen keine Nahrung zu sich. Der Kommandant kam hin und wieder in die Zone und versuchte sie zur Beendigung des Streiks zu überreden. In der Küche wurde das Essen wie üblich zubereitet, und wie es schien, wurde dort sogar besser gekocht. Eine Kommission, die sich aus ständig wechselnden Frauen zusammensetzte, sorgte dafür, dass das Essen vollständig an die in der Zone gehaltenen Schweine verfüttert wurde. Der Kommandant und die Kommission unterzeichneten ein Formular, das bestätigte, dass das Essen vernichtet worden war. Nur die Arbeitsunfähigen durften essen. Sie waren zu geschwächt, um zusammen mit den anderen zu hungern. In der Zone herrschte eine ungewöhnliche Stille. Die Kräfte der Seki ließen sich nicht mit denen normaler, wohlgenährter Menschen vergleichen. Nachdem sie viele Jahre lang Fett und Eiweiß entbehrt hatten, verspürten die Streikenden einen enormen Hunger. Selbst den Frauen, die in der Regel widerstandsfähiger waren als die Männer, fiel es zunehmend schwer, diese selbst gewählte Form des Fastens durchzuhalten. Sie suchten in aller Heimlichkeit Rettung, sodass niemand von der Lagerleitung etwas mitbekam. Manchmal stahlen sie Pferdehafer aus dem Lagerstall. Manchmal gelang es ihnen, einen Eimer Suppe oder Haferbrei aus der Küche vor der »Weggießkommission« zu verstecken. Solch ein Eimer wurde nachts jedes Mal in einer anderen Baracke miteinander geteilt.

Die Krankenschwestern aus dem Krankenhaus stahlen dort auch Vitamine und Lebertran und verteilten diese Schätze, so gut sie konnten, aber was war das schon angesichts von fünftausend Mündern! Das Lazarett war sehr klein und hatte nur fünfzehn Betten. Die Zeit verging, der Juli begann, und sie blieben hartnäckig bei ihrer Entscheidung, wie übrigens auch die Männer. Sie verließen die Baracken nicht mehr, lagen regungslos auf ihren Pritschen und versuchten, nicht die geringste Energie zu verschwenden. Glücklich war, wer Schlaf finden konnte. Aber in ihren Träumen erschienen ihnen Visionen von Brotstapeln und Grütze, sodass sie ihre Augen wieder öffneten und in das nicht erlöschende Licht der Polarnacht starrten.

Die Liste der Forderungen war erstellt. Sie wurde vom gesamten Frauenlager einstimmig angenommen, und sie war auch mit der Männerzone abgestimmt worden. Die Forderungen waren vielfältig. Einige betrafen die Anpassung bestimmter Regeln der Speziallager. Andere Forderungen thematisierten viel wichtigere Dinge: das Entfernen der Nummern von der Kleidung, das Nichtverschließen der Baracken in der Nacht, die Erlaubnis, monatlich (und nicht nur zweimal im Jahr) Briefe zu schreiben, freie Sonntage, die Verkürzung der Arbeitszeit auf acht Stunden, die Einführung von Bargeldzahlungen für geleistete Arbeit und die Eröffnung eines Kaufladens im Lager. Außerdem forderte man die Wiederaufnahme aller Prozesse, die sofortige Entlassung der sogenannten Minderjährigen (d.h. der minderjährigen Häftlinge), den Transport aller Arbeitsunfähigen in Lager im Süden, wo das Klima günstiger war, die Beendigung der schweren Zwangsarbeit und schließlich die Zusage, dass die Sicherheit sowohl der Streikkommission als auch aller Häftlinge in vollem Umfang gewährleistet sei.

Wie groß muss die Solidarität im Lager zu dem Zeitpunkt wohl gewesen sein, dass auf all diese Forderungen eingegangen wurde? Am 4. Juli kündigte der Kommandant die Ankunft einer Kommission aus Moskau an. Er wollte, dass die Frauen ihre Vertreterinnen für die Gespräche benannten, aber die Frauen widersetzten sich dieser Forderung. Alle Frauen sollten bei den Gesprächen anwesend sein, und diejenigen, die das Wort ergriffen, sollten inmitten aller anderen Frauen stehen. Sie vertrauten der Lagerleitung nicht – sie waren viele Jahre lang inhaftiert gewesen und wussten nur zu gut, dass man dem NKWD nicht trauen durfte. Zwei Tage später traf die Kommission ein. Ihre Ankunft in der Zone wurde von fünftausend Augenpaaren beobachtet. Plötzlich ertönten Rufe: »Man hat uns belogen, ihr Lügner. Wir kennen euch gut. Ihr seid aus dem Gulag von Krasnojarsk.« Die alten Häftlinge aus Norilsk erkannten einige der Leiter der zentralen Verwaltung der Gulags, zu denen auch Norilsk gehörte, denn diese waren zuvor mehrmals zu Zwischenkontrollen gekommen. Mit ihnen zu reden, wäre unnütz. Sie kehrten in ihre Baracken zurück, setzten ihren Streik fort und waren fest entschlossen, bis zum Ende zu kämpfen.

Am 7. Juli traf die eigentliche Kommission aus Moskau ein – Generäle, Offiziere, das NKWD. In der Mitte der Zone wurde ein Tisch aufgestellt, an den sie sich setzten. Die Frauen standen in einem Kreis um sie herum. Sie waren außerordentlich höflich und sogar gutmütig. Sie kündigten Änderungen an und gestanden die falschen Vorgehensweisen ein. Nun, da sie gewisse Missstände im Gulag aufgedeckt hätten, würden sie systematisch verschiedene Erleichterungen einführen und auch eine Wiederaufnahme der Strafverfahren in Angriff nehmen. Sie versprachen, die Baracken nicht mehr zu verschließen und die arbeitsunfähigen und minderjährigen Häftlinge mitzunehmen – was tatsächlich fast sofort umgesetzt wurde. Außerdem garantierten sie die vollständige Sicherheit aller Seki.

Die Ergebnisse der Vereinbarungen waren vielversprechend. Noch am selben Tag begann die Küche mit der Zubereitung spezieller Mahlzeiten für die Hungerstreikenden. Sie erhielten eine angepasste Ernährung, um Darmprobleme oder andere Beschwerden zu vermeiden. Zum ersten Mal seit vielen Tagen aßen die Frauen langsam ihren Grießbrei mit ein wenig Fett darin.

Ins Lager kehrte wieder das normale Leben zurück. Nach einer zweitägigen Ruhepause begannen die Brigaden wieder zur Arbeit zu gehen. Abends versammelten sich die Frauen wie zuvor in der Nähe des Stacheldrahts, um mit den Männern zu reden. Nachdem die Lichter in den Baracken gelöscht worden waren, durften sie sogar draußen auf den Sandhügeln sitzen und in den klaren Julihimmel schauen. Die Baracken wurden nicht mehr verschlossen. Dieser Zustand hielt einige Zeit an. Doch plötzlich wurde eine der Frauen, die während des Streiks am aktivsten war, angefordert, um den Fußboden des Wachpostens zu putzen, und kehrte nicht mehr in die Zone zurück. Danach verschwanden eine zweite, eine dritte und eine vierte Frau auf unerklärliche Weise. Nach einer Woche wurden bereits zehn bekannte, kämpferische und geschätzte Gefangene vermisst. Aus der Männerzone erreichten uns ähnliche Geschichten. Die Verhaftungen fanden nie im Beisein von Zuschauern statt. Unter verschiedenen Vorwänden wurden die ins Visier genommenen Häftlinge einzeln aufgefordert, die Zone zu verlassen – eine zum Putzen, eine andere, weil der Oper etwas benötigte, oder sogar, um nachts bei irgendeinem Engpass in der Küche zu helfen – nur um sich dann in Luft aufzulösen. Wie immer war alles eine grobe Lüge. Die Versprechungen hatten nur dazu gedient, die Gemüter zu beruhigen und den Gegner zu entwaffnen, um dann zu einem günstigeren Zeitpunkt zuzuschlagen.

Die Seki hatten genug von diesen Lügen, genug von den perfiden Praktiken. Sie wollten, dass diese Gulagleiter endlich ihr wahres Gesicht zeigten, ohne Masken, dass sie die Lügen hinter sich ließen, sie konnten doch niemandem mehr etwas vormachen! In allen Zonen wurde ein Streik ausgerufen, diesmal ohne Hungerstreik. Man forderte, dass die entführten Häftlinge freigelassen und ins Lager zurückgebracht würden. Über den Zonen wehten weithin sichtbar schwarze Flaggen. Sie sollten das Symbol des Kampfes um Leben und Tod sein. Mehrere Tage lang blieb es ruhig. Die Küche wurde noch beliefert, aber die Wachen und der Lagerkommandant waren verschwunden. Eines Nachts wurde das gesamte Lager von der Armee und Zivilisten umstellt. Die Anführer dieser Einkesselung forderten uns über installierte Megaphone auf, die Zone zu verlassen. Sie schnitten sogar den Stacheldraht am Rande der Tundra durch und forderten alle, denen ihr Leben lieb sei, auf, die Zone zu verlassen. Niemand wollte sich jedoch in Bewegung setzen. Es folgte ein erster Angriff, zunächst auf die Männerzone. Die Truppen waren bewaffnet und schießbereit. Doch beim Anblick der auf die Masse der wartenden Seki gerichteten Waffen begannen die Frauen furchtbar zu schreien. So heftig, dass die Soldaten, ein wenig verwirrt, ein wenig erschrocken, ihre Aktion stoppten. Sie wichen zurück. Doch dann kam ein neuer Angriffsbefehl, und wieder hielt das Gebrüll der Frauen die anstürmenden Soldaten auf. Fünftausend Kehlen brachten ein so markerschütterndes Geheul hervor, dass die Leute in der Stadt auf ihre Dächer kletterten, um zu sehen, was da vor sich ging. Mit diesem Gebrüll haben die Frauen ihre männlichen Gefährten verteidigt. Die Armee musste sich vom Zaun entfernen. Die Frauen und Männer wurden in Ruhe gelassen.

Sieben Tage lang sah es so aus, als würde Waffenstillstand herrschen. Der Streik dauerte an, und die Lagerleitung versuchte weiterhin, die Frauen zum Verlassen der Zone zu bewegen. Schließlich wurde bekannt gegeben, dass die deutschen, ungarischen und tschechischen Frauen in andere, bessere Lager gebracht werden sollten. Diese Ankündigung löste einige Bestürzung aus. Man war sich nicht sicher, was man davon halten sollte. Es schien, als ob eine Repatriierung für diese Nationalitäten vorbereitet würde. Die Streikkommission riet den Ausländern, dem Aufruf zu folgen und sich wie gefordert hinter den Stacheldraht zu begeben, und zwar in die neue, von den Soldaten errichtete kleine angrenzende Zone neben dem Lager, wo in wenigen Tagen eine nicht allzu große Baracke hochgezogen worden war. Einige Tage später verließen auch Dutzende von Pridurki – hauptsächlich russische und ukrainische Frauen aus der Ostukraine – auf Aufforderung der Führung die Zone. Die verbliebenen Frauen – Litauerinnen, Polinnen, Russinnen, Estinnen, Koreanerinnen, Ukrainerinnen, Kalmückinnen und Chinesinnen – blieben solidarisch, sie arbeiteten zusammen und hatten eine Art Kommission mit Vertreterinnen der einzelnen Nationalitäten gebildet. Sie arbeiteten damals eifrig weiter: Sie bereiteten eine Kiste mit Glasscherben vor, sammelten Steine, Stöcke und Eisenteile. Sie machten sich bereit zur Verteidigung.

Zur Stadtseite, hinter der hohen Palisade, erstreckten sich eilends errichtete Soldatenbaracken. Eines Tages versammelten sich alle Soldaten mitsamt ihren Waffen und ihrer Munition auf dem Platz. Es erfolgte eine Warnung, dass die Soldaten nun zu schießen beginnen würden, wenn die Frauen nicht durch den durchgeschnittenen Stacheldraht in Richtung Tundra gehen würden. Die Frauen reagierten mit Schweigen. Und plötzlich begann die hohe Palisade zu wackeln, sie begann zu brechen, und schließlich fiel sie mit einem lauten Knall um. Dahinter kamen seltsam aussehende Zivilisten, schreiend und mit verwirrten Blick, als wären sie sturzbetrunken, mit Stöcken bewaffnet hervor, gefolgt von Soldaten mit Maschinengewehren. Schreie ertönten, aber die Frauen wichen nicht zurück, obwohl sie von dem kalten Wasser, mit dem sie bespritzt wurden und das sie endlich dazu bewegen sollte, sich zu ergeben, klatschnass wurden. Sie versuchten hinter Rollen von Dachpappe und Brettern in Deckung zu gehen, obwohl diese als Schutz nicht viel taugten. Aus dieser Deckung heraus versuchten sie ihre Gegner mit Steinen und Glas zu bewerfen. In dem Moment begann der Angriff. Es ist seltsam, aber sie zuckten nicht vor den Schusswaffen der Soldaten zurück. Sie wichen erst dem Druck der Meute der Zivilisten, die wild mit losgerissenen Brettern, Stöcken und Stangen um sich schlugen.

Sie wurden in die Tundra getrieben, liefen einen nicht allzu großen Hügel hinauf und stürmten dann schreiend hinunter, um sich plötzlich in einem Hinterhalt wiederzufinden. Sie waren völlig von der Armee umzingelt. Es gab kein Entkommen mehr. Sie kauerten sich so eng wie möglich zusammen und waren sich sicher, dass gleich geschossen werden würde und keine Aussicht mehr auf Hilfe bestand. Aber nichts geschah. Die Abend brach herein, dann kam die Nacht – eine kühle Nacht. Die Kälte durchdrang ihre nassen Kleider. Sie wurden von Mücken, diesen Ungeheuern der Tundra, belagert. Ermüdet setzten sie sich auf den feuchten Boden. Sie hatten nicht mehr die Kraft, noch länger Widerstand zu leisten. Erst am nächsten Tag, nach dieser schrecklichen Nacht ohne Wasser, ohne Brot, wurden sie in ein nahe gelegenes Tal gebracht. Dort stand ein Tisch, und an diesem Tisch saßen der Oper, der Kommandant und einige Pridurki, die die Zone früher verlassen hatten. Die Selektion begann: die einen nach rechts, die anderen nach links. Auf der linken Seite landeten etwa siebenhundert Frauen. Sie erwartete nichts Gutes. Nach der Selektion wurden sie in eine neu gebaute kleine Baracke gebracht. Sie erhielten die Erlaubnis, die allgemeine Zone zu betreten, um ihre Sachen zu holen. Die anderen Frauen ließ man in der Zone.

Damit war der Aufstand in Norilsk beendet. Was kam danach? Diese siebenhundert Frauen hatten außerordentlich großes Glück. Sie wurden in ein anderes Lager in Norilsk gebracht, wahrscheinlich mit einem besonders strengen Regime und sehr harter Arbeit, aber sie trafen dort einen wunderbaren Kommandanten an, der ihren Kampf sehr bewunderte. Er tat, was er konnte, sodass es ihnen nicht allzu schlecht erging. Außerdem war er nicht der Einzige, der sie freundlich behandelte. Die Einwohner von Norilsk warfen ihnen, wenn sie ihnen irgendwo auf dem Weg zur Arbeit begegneten, manchmal Brot zu, manchmal sogar ein Stück Speck oder Wurst, Zigaretten oder Machorka. Man konnte gut sehen, wie sehr sie von den tapferen Seki beeindruckt waren.

Für die Männer verhängten die Führer härtere Sanktionen. Bis heute weiß niemand, wie viele von ihnen erschossen wurden und wie viele eine neue Strafe erhielten. Über die Opfer von Norilsk kursieren verschiedene Geschichten, und sie werden noch lange fortbestehen – noch so lange der Gulag lebt.

7

BUDJONOWKA

Stalin war tot. Plötzlich erklang aus den Megaphonen des Lagers die sechste Sinfonie von Tschaikowsky, gefolgt von Händel, Beethoven und Mozart. Beim Tod von Schdanow[1] hatte ich zum letzten Mal einen solchen musikalischen Genuss erlebt. Die *Tschastuschki*[2] waren verschwunden, ebenso die unnachahmlichen Ensembles Beryozka und Alexandrow[3] sowie die Walzer von Dunajewski[4]. Es war schon recht warm, der Schnee schmolz, wir setzten uns nach der Arbeit an das nächstgelegene Megaphon, das hoch an einem Mast hing, und lauschten. Die Wärter nickten: »Seht, die Seki trauern um Stalin. So sollte es sein.« Wir reagierten nicht auf diese Bemerkungen. Wir ließen ihnen ihre Illusion. Und außerdem weinten die russischen Frauen tatsächlich, auch wenn man das kaum glauben mag.

---

1 Andrei Schdanow (1896–1948) galt lange Zeit als Stalins designierter Nachfolger.
2 Beliebte leichte Lieder.
3 Beryozka ist ein traditionelles Tanzensemble (gegründet 1948); der Alexandrow-Chor ist das offizielle Tanz- und Musikensemble der russischen Armee (gegründet 1928). Der Gründer des Chors, Alexander Alexandrow, war auch der Komponist einer Hymne, die im Januar 1944 zur sowjetischen Nationalhymne wurde.
4 Isaak Dunajewski (1900–1955), Komponist vor allem von Filmmusik. Er schrieb unter anderem die Musik zu der oft als Stalins Lieblingsfilm bezeichneten Filmkomödie *Wolga-Wolga* (1938) von Grigori Alexandrow.

Danach folgten die Beerdigung und eine Schweigeminute in ganz Bolschewistan. Ich stand gerade auf dem Hoffmann-Ofen. Ein paar Minuten vor zwölf erschien bei den kasachischen Hütten eine Frau. Gemäß dem Brauch ihrer Vorfahren, die keine hölzernen Außentoiletten kannten, ging sie mit einem hohen Krug auf dem Kopf in die Steppe. Sie hatte bereits eine beträchtliche Strecke zurückgelegt, als plötzlich in einer nahe gelegenen Hütte Sirenen aufheulten. Die Kasachin blieb wie versteinert stehen. Sie stand dort in der leeren Steppe, allein, weit weg von allem und jedem, gut eine Minute lang. Sobald die Sirenen verstummten, hockte sie sich hin, um ihr Geschäft zu verrichten. Der Mensch ist ein intelligentes Wesen – er lässt sich besser dressieren als ein Tier.

Jetzt, da der große Zar verschwunden war, nahmen die Gesichter unserer Lagerleiter einen unsicheren und sogar leicht verwirrten Ausdruck an. In gespielter Unschuld fragten wir unsere Oper, eine Tschekistin namens Walja, was sie von Malenkow[5] halte. Ihre Antwort lautete stets: »Ich weiß es nicht. In Moskau wissen sie das besser. Das wird die Partei entscheiden.« Niemand äußerte seine eigene Meinung. Vielleicht hatten sie einfach keine mehr.

Danach begann die Gerüchteküche zu brodeln. Einige der Gerüchte erreichten uns in der Ziegelei über die Fahrer: Es habe ein Putsch stattgefunden, Beria[6] sei nun selbst inhaftiert worden, in einem Stolypin-Waggon seien Ärzte in unsere Stadt gebracht, nach ein paar Tagen jedoch wieder von einem Transport abgeholt worden. Es hieß, es handle sich um Ärzte aus dem Kreml, sie sei-

---

5 Georgi Malenkow (1902–1988) wurde nach Stalins Tod Vorsitzender des Ministerrats. Nach Vorwürfen des Machtmissbrauchs und enger Beziehungen zu Beria wurde er im Februar 1955 seines Amtes enthoben. Im Jahr 1957 beteiligte er sich an einem gescheiterten Putsch gegen Chruschtschow.

6 Lawrenti Beria (1899–1953), Chef des Geheimdienstes. Nach Stalins Tod verlor er den Machtkampf; Chruschtschow ließ ihn verhaften, vor Gericht stellen und hinrichten.

en für Stalins Tod verantwortlich. Andere meinten, dass nur ihre Ehefrauen in diesen Waggons gewesen seien, aber da Beria verhaftet worden sei, seien sie doch wieder freigelassen worden. In den Zeitungen stand nur wenig, und es war wirklich kaum zu verstehen, was in diesem Possenspiel vor sich ging. Man wartete auf die offizielle Berichterstattung über Berias Verrat, die Verfehlungen der Machthaber und so weiter. Den Leuten vom NKWD zitterten die Knie. Ihr Schicksal war ungewiss. Obgleich wir es waren, die bewacht wurden, hatten wir nun die Oberhand. Als einer der Anführer nach dem Raswod seine Stimme erhob, kamen Vorwürfe aus den Reihen der vor ihm stehenden Seki: »Ihr seid Handlanger Berias, Berias Schakale!« Die NKWDler waren wütend, schwiegen aber. Das Regime war deutlich geschwächt. Was noch lustiger war: Sie fingen an, mit uns zu kokettieren. Ein höfliches Wort hier, ein Lächeln dort, und plötzlich gab es zu einem lächerlich niedrigen Preis Wassermelonen für alle und sogar Kürbisse. Normalerweise wurden Wassermelonen in dieser Region an die Schweine verfüttert, für uns waren sie jedoch ein Festmahl. In der Zone wurde zudem auch ein einigermaßen gut bestückter Laden eröffnet. Und was noch wichtiger war: Man begann uns für unsere geleistete Arbeit zu bezahlen. Wir bekamen zwar nur die Hälfte dessen, was jeder von uns laut Bestellformular verdienen sollte. Und von dieser Hälfte wurden auch noch einmal die Kosten für unser Essen und die Fixkosten (für Unterkunft, Brennholz, Strom und Sicherheit natürlich) abgezogen, aber es blieb immer etwas übrig. Und so kauften wir Karpfen in Dosen, Grütze und Kombischir (eine Mischung aus Margarine und Rinderfett). Als es in dem Lädchen einmal Eis gab, hatten wir den Eindruck, dass sich die Sowjets nun wirklich auf dem absteigenden Ast befanden.

Für viele von uns rückte nun das Ende ihrer Strafe näher. Zehn Jahre waren vergangen. Die Verantwortlichen hatten daher beschlossen, uns beruflich zu qualifizieren. Nach der Arbeit, die übrigens immer noch dieselbe Stundenzahl umfasste und unter unveränderten Bedingungen stattfand, besuchten wir in der Zone verschiedene Kurse. Es waren Ausbildungslehrgänge zum Maler, zum Stuckateur oder zum Arbeiter in einer Keramikfabrik, und mich als geschulte Fachfrau hatte man mit der Leitung mehrerer Kurse betraut. Dabei verdiente ich etwa fünfzehnhundert Rubel, eine astronomische Summe für eine Sek (das war noch vor den Währungsreformen). Und eines muss gesagt werden: Als ich das Lager verlassen durfte, wurde mir dieses Geld bis auf den letzten Cent ausbezahlt.

Es war allmählich an der Zeit, sich von der Welt des Gulag zu verabschieden. Ende März erhielt ich meinen »Entlassungsbrief«, in dem meine Abreise für die darauffolgende Nacht angekündigt wurde. Ich durfte meine wattierte Jacke und Hose, meine Walenki, etwas Unterwäsche und ein Kleid behalten. Aber nach all den Jahren ohne Päckchen hatte ich schon lange keine eigenen Sachen mehr. Die Frauen überschütteten mich reichlich mit Geschenken. Ich bekam neue Handschuhe, Strümpfe, einen Schal, Strumpfhosen, viele Kleinigkeiten, Servietten, eine aus Holz geschnitzte Zigarettenspitze, eine hölzerne Zigarettenschachtel und Zigaretten. Ich hatte keine Ahnung, wohin mich das Schicksal führen würde. In Uchta konnte sich ein Sek seinen Aufenthaltsort noch aussuchen. Hauptsache, man landete nicht in Zentralrussland, nicht in der Hauptstadt einer Republik und auch nicht in einer Hafenstadt. Man bemühte sich, irgendwo eine gewöhnliche Provinzstadt zu finden, um nur ja nicht in einem schrecklichen Kaff zu landen. Viele blieben einfach vor Ort. In den Spezlagerja hatte aber niemand dieses Recht zu wählen. Die Leiter entschieden selbst, wer wohin geschickt wurde. Der dicke Jasew hatte zwar versprochen, mich in der Nähe von Balqasch unterzubringen, aber wie sich herausstellte, hatte er es entweder vergessen, oder er hatte es versucht, aber keine Erlaubnis dafür erhalten.

In der Nacht wurde ich zum Abtransport gerufen. Es lag kein Schnee mehr, die Luft war still und frühlingshaft. Mit einem Holzkoffer in der Hand und einem Sack auf dem Rücken schritt ich das letzte Mal durch unseren Frauenwachposten. Dahinter stand ein Lastwagen vom selben Typ wie der, mit dem wir zur Arbeit gebracht wurden. Darin saßen elf Männer und natürlich noch die Eskorte. Alles wurde ohne die üblichen Phrasen abgewickelt, die man bei einem solchen Abgang erwarten würde. Ich kannte die Männer nicht. Unter ihnen war ein einziger Pole – ein älterer, nicht sonderlich interessanter Mann. Außerdem waren auch Letten, Ukrainer, Litauer und ein Weißrusse dabei. Wir wurden zu einem Bahnhof gebracht und fanden uns kurze Zeit später in einem Stolypin-Waggon wieder. In meinem Bereich saßen bereits drei andere Frauen auf den unteren Brettern. Ich kroch auf das obere Brett. Es gab ein kleines Fenster oder besser gesagt ein Lüftungsgitter, durch das ich die Gleise, einige Bahnhofsgebäude und den weiten Horizont der Steppe sehen konnte. Erst am Morgen ging es los. Wir fuhren nach Norden. Wohin? Nachdem vierundzwanzig Stunden vergangen waren, veränderte sich der Anblick der Steppe. Sie war nun mit Schnee bedeckt. Ich nahm die Walenki aus meiner Tasche und verstaute meine Schuhe in ihr. Im Waggon wurde es immer kälter. Am dritten Tag – es war ein Sonntag – erreichten wir gegen Abend Petropawlowsk, ein Provinzstädtchen, das an der Strecke der großen sibirischen *Magistrale*[7] lag. Man holte uns aus dem Zug. Von den Frauen war nur ich übrig, die anderen drei waren unterwegs schon irgendwo abgesetzt worden, ebenso wie einer der Männer. Und so bestand unsere Gruppe noch aus elf Personen. Wir mussten einige Stunden neben dem Abstellgleis eines Bahnhofs warten, und das bei einer eisigen Kälte von etwa zwanzig Grad unter null. Wir kamen offenbar ungelegen, und man wusste nicht recht, was man mit uns

---

[7] Name der wichtigsten Eisenbahnlinie in Sibirien.

anfangen sollte. Schließlich kam eine »schwarze Krähe« herangefahren, ein Gefängniswagen mit mehreren kleinen Zellen. Wir wurden darin eingeschlossen und dann durch die schlafende Stadt von einem Gefängnis zum nächsten gefahren. In der Stadt gab es offensichtlich mehrere Gefängnisse. Wir hielten mehrmals an, und jedes Mal fluchte unser Begleiter laut und diskutierte mit jemandem, der immer wieder sagte: »Wir nehmen niemanden mehr auf. Es ist kein Platz mehr!« Am Ende öffnete sich dann doch mit schrecklichem Quietschen ein Gefängnistor für uns. Der Wagen hielt an, und einen Moment später öffneten sich die Türen. Wir schafften es nur mit Mühe auszusteigen: Die mehrstündige Fahrt in unseren Zellen, in denen man sich nicht bewegen konnte, und diese teuflische Kälte hatten dazu geführt, dass sämtliche Gliedmaßen schrecklich steif geworden waren. Stampfend und hüpfend wärmten wir uns langsam wieder auf. Wir befanden uns im Innenhof eines ziemlich deprimierenden Gefängnisses mit dicken Mauern, das offensichtlich noch in der Zarenzeit gebaut worden war. Zum Glück dauerte die Aufnahmeprozedur nicht lange. Ich forderte kategorisch, in einer Einzelzelle untergebracht zu werden. Dem Gesetz nach war ich schließlich ein »freier Mensch«. Ich war nicht verpflichtet, meine Zelle mit anderen Häftlingen zu teilen, an denen es hier offensichtlich nicht mangelte. Ich hatte Geld bei mir und befürchtete, dass die Urki mich sofort berauben würden. Der diensthabende Beamte schüttelte missbilligend den Kopf, führte mich aber schließlich doch irgendwo ans Ende eines Gefängnisflurs. Er wies mich nur noch darauf hin, dass der Raum schon lange nicht mehr geheizt worden sei und daher etwas kalt sein könne. Er versuchte jedoch, den Ofen in Gang zu bringen, und brachte mir heißen *Kipjatok*[8]. Die Zelle war ziemlich groß und unbeleuchtet (die Glühbirne war geplatzt), was mich aber nicht störte, obwohl ich die Parascha nur

---

8 Kochendes Wasser zur Zubereitung von Tee oder als eigenes Getränk.

mit Mühe finden konnte. Die Kälte war gnadenlos. Ich lief im Kreis und kam anfangs gar nicht auf den Gedanken, mich hinzulegen. Es gab einige eiserne Etagenbetten, aber ohne Strohmatratzen, nur mit nackten Brettern. Ich legte meine Sachen darauf und breitete meine Decke darüber aus. Doch sie war zu dünn und reichte als Zudecke nicht aus. Der Kipjatok half ein wenig und wärmte mich von innen. Ich hörte, wie der Gefängniswärter sein Bestes gab, um den Ofen richtig anzufeuern, doch angesichts der dicken Wände und der Kälte rechnete ich nicht damit, dass sich der Raum auch nur im Geringsten aufwärmen würde. Müde vom Herumlaufen, legte ich mich schließlich hin und deckte mich mit den Brettern zu. Es heißt, Marie Curie habe früher einen Stuhl über sich gezogen, um schlafen zu können. Warum sollte ich zu diesem Zweck dann keine Bretter verwenden? Außerdem waren sie als Decke besser geeignet, weil sie gerade und schwerer als ein Stuhl waren.

Am Morgen bekam ich eine weitere Portion Kipjatok. Der Ofen wurde etwas wärmer, und man konnte sich sogar den Rücken wärmen, wenn man sich in seine Nähe stellte. Erst gegen Mittag wurde ich aufgefordert, meine Sachen zu packen. Diesmal wartete draußen kein Mitarbeiter des NKWD auf uns, sondern ein gewöhnlicher Milizionär. Er hatte unsere Dokumente dabei: Formulare, anhand derer er nach dem üblichen Verfahren noch einmal überprüfen konnte, wer wir waren. Nachname, Name des Vaters, Urteil, Artikel. Dann wurden wir durch das Tor geführt. Dort wartete ein anderer Lastwagen mit einem anderen Milizionär, aber ohne Eskorte auf uns.

»Es gibt keine Eskorte!«, riefen die Männer. »Es gibt keine, wir sind frei!«

»Frei, Bruder? Versuch mal, aus so einem Lastwagen zu springen«, bemerkte ich nur.

Der Milizionär stellte klar, dass es verboten sei herunterzuspringen, und tippte dabei an das Holster seiner Pistole.

Wir wurden im Lastwagen weit auseinander gesetzt und fuhren durch eine Stadt. Es war eine ziemlich große Stadt mit vielen niedrigen Gebäuden, meist kleinen Häusern mit zierlichen Gärten. Kaum Bäume und nirgendwo Obstgärten. Im Zentrum waren die Häuser etwas größer, zwei- bis dreistöckig, sie mussten im 19. Jahrhundert oder zu Beginn des 20. Jahrhunderts gebaut worden sein. Die Fassaden waren meistens verfallen. Hin und wieder fuhren wir an kleinen Plätzen vorbei, auf denen jeweils eine Statue mit einem großen roten Stern in der Mitte stand. Jede Nation hat ihre Helden. Es gab nur wenige Geschäfte, vor denen sich immer lange Schlangen bildeten. Nachdem ich zehn Jahre in Russland verbracht hatte, befand ich mich nun zum ersten Mal in einer normalen russischen Stadt. Das Gebäude der Miliz befand sich an einer der zentralen Zufahrtsstraßen. Es war der Hauptkommandoposten der Provinz. Wir wurden in einen Raum im Innenbereich geführt, in dem sich sogenannte feste Pritschen befanden, also Schlafplätze, die aus einigen Brettern bestanden, die von Wand zu Wand reichten. Auf ihnen lagen furchtbar schmutzige Strohmatratzen. Hier mussten wir warten, bis uns ein Arbeitsplatz zugewiesen wurde. Zum Glück war es warm.

Wir bekamen tagelang nichts zu essen (für die Reise hatten wir Trockenproviant aus getrocknetem Fisch und Brot erhalten). Wir waren also alle schrecklich hungrig. Schließlich erhielten wir die Erlaubnis, in den Speisesaal der Milizionäre zu gehen, der sich ebenfalls in dem Gebäude befand. Was für ein Festmahl das war! Rinderbraten mit Kartoffeln und Karotten. Dicker ukrainischer Borschtsch[9] mit einer Brühe aus echtem Fleisch. *Kompot*[10]. Und dazu auch noch Wodka, von dem wir eine ganze Menge getrunken

---

9 Rote-Bete-Suppe.
10 Beliebtes süßes Getränk in Mittel- und Osteuropa auf der Basis gekochter Früchte.

haben. Ich muss hinzufügen, dass ich später, nachdem mir der Zutritt zu diesem Speisesaal wieder verwehrt worden war, in Russland nie wieder ein so köstliches Essen zu mir genommen habe. Manchmal fuhr ich mit Kollegen in eine kleine Stadt in der Region, wo es ein sogenanntes Teehaus gab: eine Art Restaurant, in dem man eine kleine Mahlzeit bestellen konnte. Es war fades Essen! Selten Fleisch, und wenn es Fleisch gab, dann nur in *Piroschki*[11] oder höchstens ein Stück, das in der Suppe schwamm – Miliz oder nicht Miliz spielte hier keine große Rolle. Tatsächlich waren dort im Speisesaal nur wenig Uniformierte zu sehen. Es saßen dort einige Zivilisten, die uns misstrauisch und abschätzig beäugten, aber wir hatten schon lange gelernt, nicht auf die Mimik von Führungsleuten zu achten.

Wir erhielten die Erlaubnis, in einer langen Prozession und unter strenger Aufsicht der Miliz in die Stadt zu gehen. Was macht ein Häftling, der in einem fremden Land und unter ihm völlig unbekannten Menschen freigelassen wird? Er trinkt. Wodka gab es im Überfluss. Für Brot und Mehl standen die Menschen Schlange. Die Schlangen zogen sich kilometerlang hin. Aber für Wodka musste man nur die Hand ausstrecken. Als wäre es die natürlichste Sache der Welt, tranken wir in den Geschäften selbst. Offenbar gehörte das zu den örtlichen Gepflogenheiten. Man gab uns ein Glas und ein paar getrocknete Heringe. Und dann legten wir los. Unser Begleiter konnte nach dem Besuch diverser Schnapsläden kaum noch aufrecht gehen, obwohl er den Alkohol besser vertrug als wir. Über uns schweige ich lieber. Wir tranken ein Glas nach dem anderen – eine Art schlecht gereinigter Likör, der wie selbst gebrannter Schnaps schmeckte und mich an die Vorkriegsjahre denken ließ. Wir tran-

---

[11] Gekochte oder frittierte Teigtaschen mit verschiedenen Füllungen (von Pilzen, Kohl und Hackfleisch für herzhafte Piroggen bis zu Obst für süße Varianten).

ken mit großer Entschlossenheit, wohlwissend, welch aussichtslose Perspektive uns das Schicksal zu bieten hatte. Wir wussten, dass uns die Kolchose bevorstand und uns eine Sowchose im Vergleich dazu noch wie ein verlorenes Paradies erscheinen würde. Die Kolchose und die Armut in der Kolchose. Der Milizionär Sibirjak, eine gute Seele, sagte immer wieder: »Ihr werdet sehen, ihr werdet das Lager noch vermissen. Eine Kolchose ist ...« Und dann er spuckte aus und sah sich unruhig um.

Wie ich die Nacht verbracht habe? Nun ja. Ich erinnere mich an nichts mehr. Ich war sturzbesoffen. Am nächsten Morgen hatte ich einen schrecklichen Kater. Es gab keinen Waschraum. Wir fühlten uns schmutzig – jeder von uns war furchtbar schmutzig. Die Eiseskälte war nicht mehr so schlimm, also versuchte ich mich nach russischer Art ein wenig mit Schnee zu waschen. Wir wurden abwechselnd in das Büro des örtlichen MWD gerufen. Es war im selben Gebäude untergebracht wie die Miliz. Statt Dokumenten wurde uns eine Bescheinigung ausgehändigt, in der stand, dass diese oder jene Person in diese oder jene Kolchose zur *wetschnoje posselenije*[12] geschickt werden sollte und dass das Verlassen der Kolchose mit zehn Jahren Gefängnis bestraft werden würde. Wir bekamen alle die gleiche Anweisung. Unkultiviertes Gebiet, Kolchose, Budjonowka. Nach einem guten Essen hinter den gelben Vorhängen im NKWD-Restaurant wurden wir unter der pfleglichen Obhut der Milizionäre zum Bahnhof gebracht und in einen Zug gesetzt. Unsere Endstation war nicht weit entfernt, etwa neunzig Kilometer. Wir befanden uns in einer kleinen Kreisstadt, Bulajewo, in der die Straßen so stark von Traktoren befahren wurden, dass sie vollkommen mit Schlamm bedeckt waren. So etwas hatte ich in meinem ganzen Leben noch nicht gesehen. Der Schnee vermischte sich mit der auftauenden

---

12 Stehende Wendung, die seit der Zarenzeit für Gefangene gebraucht wird, die zu lebenslangem Exil (»Umsiedlung«) verurteilt wurden.

schwarzen Erde zu einem dicken, tiefen Schlamm. Bretter, die quer über die Straße gelegt wurden, sollten das Gehen erleichtern. Ein unvorsichtiger Schritt genügte aber, um bis zu den Knien in diesem Schlamm zu versinken. In Bulajewo überließen uns die Milizionäre der Aufsicht ihrer örtlichen Kollegen. Während ich auf den Transport zur Kolchose wartete, tätigte ich meine ersten, sehr wichtigen Einkäufe. Es gelang mir, eine große Waschschüssel und auch eine Schere zu ergattern. Ich träumte schon seit einiger Zeit davon, mich richtig waschen (ich hatte mehrere Tage lang kein Wasser gesehen) und mir die Nägel schneiden zu können. Erst am späten Abend traf der Pferdeschlitten ein. Ohne Milizionäre, lediglich mit dem Fuhrmann, der uns nur begrenzte Informationen gab, setzten wir unseren Weg fort. Ich erinnere mich noch gut an diese ziemlich helle, sternenklare Nacht, an das Knirschen des Schnees unter den Kufen, an das Schnaufen der Pferde und später an die kleine, warme Stube des Kolchosbüros, an die misstrauischen Blicke der Kolchosbewohner, die sich darum stritten, wer wem ein Zimmer geben würde. Und dann endlich: das letzte Wegstück, nun schon durch das ländliche schlafende und dunkle Dorf mit seinen niedrigen Häusern, das ohne Bäume drum herum seltsam kahl wirkte, und dann das Fenster einer Bauernhütte, hinter dem eine Petroleumlampe brannte: die Hütte von Sergei, meinem Gastgeber.

Ich ging durch einen niedrigen Flur, in dem es nach Schweinemist roch, in eine geräumige, saubere Küche mit gestrichenem Boden. Das Feuer brannte, und das Wasser kochte. Eine sympathische Gastgeberin half mir beim Umziehen und brachte mich in ein Zimmer, das ebenfalls sauber, ansonsten aber vollgestopft war. Auf einem Bett schliefen bereits zwei Kinder, auf einem anderen lag ein kleines Mädchen, und das dritte war wohl dem Gastgeberpaar vorbehalten. Unter jedem Bett saß eine Gans auf ihren Eiern. Und in der Ecke stand noch ein Kalb auf einem Strohbettchen. Ich musste das Bett mit der jüngsten Tochter teilen. Die Gastgeberin war überrascht, als ich den Wunsch äußerte, mich zu waschen – schließlich wollte sie schon schlafen gehen. Man gab mir auch eine Tasse Tee und ein Stückchen Weizenweißbrot, obwohl ich keine Lust hatte, etwas zu essen. Die Aussicht, in der Nacht in diesem Zimmer das Bett mit jemandem zu teilen, war unangenehm. Bevor die Lampe gelöscht wurde, warnte mich die Gastgeberin freundlich, nicht zu erschrecken, wenn die Gänse zu schnattern begännen. Das sei ihre Art, darum zu bitten, rausgelassen zu werden. Sie seien stubenrein und würden deshalb ihr Geschäft nicht im Zimmer verrichten. Der Gastgeber zog seine Hose und sein Hemd aus, ohne sich in meiner Anwesenheit im Geringsten zu schämen, und ließ sich in seiner Unterhose auf sein Bett fallen. Kurze Zeit später begann er zu schnarchen. Das Schnarchen des Gastgebers, die wiederholten Gänge der Gänse, die mit ihrem entschlossenen Schnattern verlangten, dass man ihnen die Tür öffnete, der Geruch von Kälbermist – das war die Atmosphäre meiner ersten Nacht in der Kolchose, meiner ersten Nacht in Freiheit.

Wie angenehm ist es doch, herumzulaufen und zu wissen, dass man nach links oder rechts gehen, kurz stehen bleiben oder den Schritt beschleunigen darf und kein Soldat mit einem Maschinengewehr oder einem Spürhund hinter einem her ist. Es ist nicht erlaubt, die Grenzen der Kolchose zu überschreiten, aber diese ist riesig: etwa zwanzigtausend Hektar. Das sind eine Menge Kilometer. Man kann sich also die Beine vertreten. Mit ausdrücklicher Erlaubnis der Kolchosverwalter ist es auch möglich, in eine benachbarte Stadt zu gehen, wo es ein Kino und ein Teehaus gibt. Anfangs gehen wir nicht so oft dorthin. Wir werden sofort gedrängt, wieder mit der Arbeit zu beginnen. Wir sieben das Getreide auf der Tenne. Wir arbeiten allein. Der Vorarbeiter ist ziemlich sympathisch, obwohl es seltsam ist, dass er nur uns Befehle gibt, als ob die anderen Kolchosbewohner nicht existierten. Wir sehen uns den Hof, den Kuhstall, den Schweinestall, den Schafstall an. Wir haben noch keinen genauen Überblick über die Einkünfte und die Arbeitsorganisation. Jeder bekommt seinen Anteil von der Kolchose zugewiesen: dreißig Kilogramm Mehl pro Monat, fünfzehn Kilogramm Kartoffeln, vierhundert Gramm Fleisch und außerdem pro Tag einen Liter Milch. Das Mehl geben wir den Bauern, bei denen wir wohnen, und sie backen Brot daraus. Es ist Weizenmehl, das Brot ist ausgezeichnet. In diesem Klima sät man nur Weizen, denn Roggen wächst hier nicht – dafür sind die Winter zu streng. Unser Essen ist also noch bescheidener: Es besteht hauptsächlich aus Brot und Kartoffeln, aber die Milch ist eine großartige Sache. Ich kann gar nicht genug davon bekommen.

Das Bauerndorf ist groß, es zieht sich in einem breiten Rechteck über einen Kilometer hin, vielleicht auch noch mehr. In der Mitte: ein großer Platz mit einem ehemaligen Kirchlein, das zu einem Kulturhaus und einem Büro umgebaut wurde. Die Häuschen, *Scherdzianki* genannt, sind klein und im typischen Stil dieser Gegend gebaut. Die vor langer Zeit errichteten Bauernhütten bestehen aus Rodungsholz, für das man zwei- bis dreihundert Kilometer weit fahren musste, da es in der näheren Umgebung keine Wälder, sondern nur die unendliche Steppe gibt. Eines der älteren Häuser ist noch gut erhalten: ein robustes Haus mit mehreren Nebengebäuden für die Bauern; sie bilden zusammen eine Art Karree mit Innenhof. Das Eingangstor ist mit Holzverzierungen versehen. Das Haus hat eine Küche, zwei große Zimmer und eine Diele. In ihm lebt die alte, einsame Malgina. Sie erzählt mir, was im Dorf vor sich geht. Mit der Familie Netreba gehört sie zu der kleinen Gruppe von Menschen, die es geschafft haben, der Sintflut der Kollektivierung zu entkommen. Sie erzählt mir auch von der Geschichte Budjonowkas. Früher war es eine Staniza[13], die von Katharina der Großen zum Kampf ge-

---

13 Alte Kosakensiedlung.

gen die Kirgisen gegründet worden war. So lautet zumindest die Ursprungslegende. Das ganze Bauerndorf war groß und wohlhabend gewesen, hatte solide Holzhäuser und Landgüter gehabt, die noch größer und schöner waren als das von Malgina. Ihre eigene Familie hatte bei wohlhabenden Kosaken im Dienst gestanden. Damals gab es Dutzende von Schweinen und Hunderte von Schafen. In der Umgebung gab es Weiden mit großen Herden. Die Kollektivierung fegte dann das gesamte Dorf von der Landkarte. Die Kosaken wurden enteignet und wer weiß wohin geschickt. Viele wurden erschossen oder erstochen. Die Häuser wurden demontiert und nach Bulajewo gebracht. Bis heute können sie dort besichtigt werden. Die besten von ihnen dienen jetzt als Sitz des Regionalkomitees der Partei, als Rathaus, als Klinik, als Militärbüro und so weiter. Malgina und die Familie Netreba wurden in Ruhe gelassen. Bauernknechte gehörten zum roten Proletariat – sie durften bleiben, wenngleich auch das Haus der Familie Netreba demontiert wurde. Es war zu groß und außerdem trocken. Sie mussten also eine *Scherdzianka* bauen. Heute wähnt sich Malgina als die Aristokratin des Dorfes. Nur sie und Katja Netreba stammen noch aus einem Kosakengeschlecht. Sie trinken gemeinsam kleine Tässchen Tee neben einem summenden Samowar und schwelgen in Erinnerungen an frühere Jahre. Als sie mich besser kennenlernten und mir zu vertrauen begannen, liebten sie es, mir alles Mögliche zu erzählen, und ich liebte es, sie zu besuchen. Das war lebendige Geschichte dieser Region.

Was ist das, eine Scherdzianka? Man rammt Pfähle in zwei Reihen und in einer rechteckigen Form tief in den Boden. An den Ecken werden ziemlich robuste Balken angebracht, die an den Enden etwas länger sind, damit sie das Dach und die Decke tragen können. Das Dach muss wegen des Schneefalls schräg sein. Zwischen den Pfählen wird mit Lehm und Stroh vermischter Dung festgestampft und bis zur Decke aufgeschichtet. Eine solche Dämmschicht aus Dung kommt auch auf den Boden, direkt auf die Erde. Die Wände werden sowohl außen als auch innen möglichst gleichmäßig mit Lehm verputzt und anschließend gekalkt. Die Hütte ist weiß und seltsamerweise warm genug. Die Fenster sind meist klein und doppelt verglast, was besser gegen die Kälte schützt, zudem werden sie nie geöffnet. Die Räume werden über die Diele belüftet. Der Grundriss ist fast überall gleich. In der Nähe der Hütte befindet sich ein Nebengebäude für Heu und Stroh. Die Hütte hat eine ziemlich große Diele mit einer Tür zum Kuhstall, der sich unter demselben Dach befindet, und mit einer zweiten Tür zum Hühnerstall. Gegenüber liegt der Eingang zur Wohnung, in der sich immer zuerst die Küche mit einem großen russischen Herd[14] und einem Zimmer dahinter befindet. Der Boden ist gestrichen, in einer Ecke steht eine Ikone mit einem brennenden Lämpchen daneben, vor den Fenstern hängen kleine Vorhänge, es gibt Betten, einen Tisch und Hocker. Das ist alles an Möbeln. Es ist alles gnadenlos ärmlich, aber doch sauber. Fast jedes Häuschen hat einen eigenen Waschplatz, der ziemlich tief in die Erde eingegraben ist und nur samstags beheizt wird. Der Waschplatz ist ein Fest für sich.

Wir trinken. Wir trinken ständig. Es gibt zu viel von diesem Wodka. Zu Ostern hat die großzügige Kolchosleitung allen Verbannten fünf Eier geschenkt. Im Haus der Netrebas organisieren wir ein Festmahl für die Kolchosbewohner. Wir müssen sie doch willkommen heißen, wir sind auf ihr Wohlwollen angewiesen. Die Frauen haben Piroschki mit Sauerkraut gemacht, und dazu gab es gesalzenen Fisch. Fleisch haben wir nicht bekommen. Die versprochenen vierhundert Gramm Fleisch würden möglicherweise erst im Herbst eintreffen. Bis zum Herbst ist es noch lange hin. Nebenbei möchte

---

14 Eine spezielle Art von Ofen, der für verschiedene Zwecke verwendet wird: zum Heizen, zum Kochen und sogar zum Baden (der Ofen hat eine sehr große Öffnung, in die man eine Wanne stellen kann).

ich noch bemerken, dass wir diese Lieferung nie vollständig erhalten haben. In den anderthalb Jahren, in denen ich in der Kolchose gearbeitet habe, habe ich insgesamt nicht mehr als etwa anderthalb Kilogramm Fleisch bekommen. Ein rares Produkt. Malgina seufzt und erinnert sich, wie sie früher Schafe am Spieß gebraten haben. Wenn ein Fremder vorbeikam oder jemand aus einem benachbarten Weiler, suchten die Männer für ihn sofort das beste Stück Fleisch aus. Es war immer Fleisch auf dem Tisch. Und nun ist Ostern, und es gibt nur Fisch. Wer isst denn zu Ostern schon Fisch?

»Isst man das bei euch in Polen zu Ostern?«, fragt Malgina.

»Nein, natürlich nicht, nur während der Fastenzeit.«

Sie nickt verständnisvoll. »Wie gut, dass einer unserer Freunde irgendwo ein Huhn auftreiben konnte.«

Und so gibt es Piroschki mit Huhn. Die Einheimischen lieben Piroschki über alles. Das Gebäck ist nur wenig verziert und erinnert eher an Brot, aber die Gäste überhäufen es großzügig mit Komplimenten. An Essiggurken herrscht kein Mangel, ebenso wenig an *Grusdi*, eine Art dunkle, gesalzene Mischung aus Kohl und Pilzen. Viele Leute kommen. Alle trinken aus Gläsern: Die Frauen trinken Kirschwodka, die Männer reinen Wodka. Bei den Netrebas steht auf der Fensterbank ein Kessel mit saurer Milch. Davon nehmen wir ab und zu einen Schluck, um nicht betrunken zu werden. Im Zimmer erklingen mitreißende, sehnsuchtsvolle Osterlieder. Ich höre sie zum ersten Mal. Fast alle hier Anwesenden kommen irgendwo aus Zentralrussland. Sie sind vor Hunger und Unterdrückung nach Sibirien geflohen. Hier, so sagt man, gibt es immer Brot, und die Erde bringt immer etwas hervor. Dort war es hart nach der Revolution. Sie schweigen lieber darüber. Aber wenn sie zu viel getrunken haben, fangen sie an zu reden. »So viele Menschen sind gestorben, so viele Menschen«, klagt eine alte Frau. Ich merke, wie sich ihre Zungen lösen, wenn auch nur einen kurzen Moment. Denn schon macht jemand eine Bemerkung: »Red kein dummes Zeug. Passt dir die Kollektivierung vielleicht nicht?« Und dann wechselt man das Thema, der Klatsch beginnt: wer mit wem und wie. So erfahren wir ein Kolchosgeheimnis nach dem anderen. Aber man kann nur über weitgehend unbedeutende Leute herziehen – über den Verwaltungsrat und die Leitung fällt kein einziges Wort!

Ich entferne mich vom Haus. Ein großer, starker Kosak versucht mich aufzuhalten. Anatoli Netreba. Er ist erst vor kurzem aus dem Gefängnis entlassen worden. Er hat ein östliches Aussehen, mit diesen etwas eng stehenden Augen. Sternhagelvoll versperrt er mir den Weg. Ich sehe keinen Ausweg, also schenke ich zwei Gläser voll Wodka und reiche ihm eines davon. »Auf ex?« »Auf ex!« Er trinkt und fällt zu Boden. Nun kann ich endlich meinen Weg fortsetzen.

Ich kenne die Gepflogenheiten in der Kolchose noch nicht genau. Jeden Morgen warten wir, die Verbannten, in der sogenannten Basis auf den Vorarbeiter. Wir sind nur noch zu acht – einer der Polen, der Skowroński heißt, arbeitet als Hufschmied, und Walentin, einem Russen, hat man die Aufgabe des Gärtners zugewiesen. Der Vorarbeiter ist besorgt, man merkt ihm an, dass er nicht weiß, wie wir ihm von Nutzen sein können. Zusammen mit einer jungen Tschetschenin muss ich Anzuchtschalen für das Gewächshaus herstellen. Das ist eine friedliche, ruhige und nicht allzu harte Arbeit. Die Tschetschenin singt ununterbrochen ihre eigentümlichen Lieder für mich. Sie singt rein und musikalisch. Wie andersartig dieser Gesang doch ist! Ich versuche einige Male, es ihr gleichzutun, doch es gelingt mir nie, mit meiner Stimme die richtige Tonhöhe zu treffen. Ihre Intervalle sind wahrscheinlich übermäßige Sexten, aber ich bin mir nicht sicher. Vielleicht sind es auch leicht erhöhte Quinten. Ich habe kein Instrument, um das zu überprüfen. Meine Stimme verrutscht immer wieder, weil sie an die Klänge der europäischen Harmonie gewöhnt ist. Wenn die Mutter der Tschetschenin kommt, summen sie alle beide. Ihre Stimmen verbinden sich nicht wirklich harmonisch. Es ist eher ein spontanes Übereinanderfließen, und doch vereinen sich beide Stimmen zu einem zarten Zweiklang. Es ist wunderschön. Ich frage, was die Worte bedeuten. Dabei stellt sich heraus, dass sie sich die Worte spontan ausdenken und aus dem Herzen heraus singen, was der Moment ihnen vorgibt.

Sie ist faul, meine Tschetschenin. Nach dem Mittagessen deckt sie sich mit Matten zu und schläft. Ich frage sie, warum sie das macht. Sie zuckt mit den Schultern und murmelt in ihrem gebrochenen Russisch etwas wie: »Und wer tut hier etwas in der Kolchose? Siehst du hier jemanden arbeiten?« Sie hat recht: Außer uns und denjenigen, die auf den Höfen bei den Kühen und Schafen arbeiten, ist niemand zu sehen. Es wirkt, als wäre das Bauerndorf leer, als gäbe es dort nicht hundert Arbeitskräfte. Einige von ihnen sehe ich, wenn ich morgens zur Basis eile. Einer repariert den Zaun seines Hauses, ein anderer werkelt an seinem Dach, ein Dritter macht sich mit einem Rucksack unbeirrt auf den Weg in die nächstgelegene Stadt. Manchmal sieht man sie auch zu mehreren um einen Kolchosladen herum. Dann ist offensichtlich etwas geliefert worden. Wenn es sich um Wodka handelt, ist die Gruppe besonders groß.

Der Wodka wird nicht nur einfach so getrunken, das Trinken ist eine regelrechte Zeremonie. Wir stellen uns in Vierergruppen auf. Die ersten vier treten an den Tresen und legen ihr Geld für einen Liter zusammen. Maruschka, die Verkäuferin, nimmt vier Gläser. Mit einer geschickten Bewegung entkorkt sie die Flasche und füllt die Gläser schnell bis zum Rand. Sie wirft die leere Flasche in einen Mülleimer, nimmt Salzheringsstücke aus einem Karton und legt sie auf die ausgestreckten Hände der vier Personen vor ihr. Wir trinken das Glas in einem Zug leer, schnell, denn die anderen warten schon hinter uns. Zum Schluss beißen wir in den Hering und verlassen die Schlange, um uns am Ende der Schlange wieder anzustellen. Maruschka spült die Gläser mit kaltem Wasser aus und öffnet einen weiteren Liter Wodka für die nächste Vierergruppe. Die gleichen Gläser, der gleiche Hering. Die Schlange bewegt sich in rasantem

Tempo vorwärts, und im Handumdrehen stehen wir schon zum zweiten Mal am Tresen. Dieselbe Zeremonie. Es muss kein Wort gesagt werden, alles ist klar. Diejenigen, die hinten stehen, reißen Witze und erzählen Anekdoten. Diejenigen, die vorne stehen, sind zu sehr mit dem Trinken beschäftigt, als dass sie ihre Zeit mit unnötigen Worten verschwenden würden. Inzwischen hat jeder von uns einen halben Liter intus. Wir stehen Schlange für den nächsten Viertelliter. Jemand, dem vom Rausch schwindelig geworden ist, fällt aus, er liegt schon im Schnee, und so nimmt jemand hinter ihm, der noch trinken kann, seinen Platz ein. Wir bewegen uns alle weiter fort, die Gesellschaft wechselt, aber die Ordnung bleibt bestehen. Nach der nächsten Runde gibt es weitere Ausfälle. Am Ende bleiben die Hartgesottensten übrig. Ein tragischer Moment ist der, an dem nur noch zwei übrig sind. Maruschka will dann keine Flasche mehr öffnen. Man muss schon Geld für einen ganzen Liter hinlegen. Dazu kommt es aber nur selten. Jemand hat den Frauen mitgeteilt, dass das Trinkgelage seinem Ende zugeht. Sie kommen nun schreiend und fluchend, um ihre Ehemänner abzuholen. Manche von ihnen sind nur sehr schwer aus dem Laden zu bekommen. Andere muss man mit Schnee erst wieder ein wenig zu Bewusstsein bringen, ehe sie auf ihrem Rücken nach Hause geschleift werden. Auch wenn der Frost nicht sehr schlimm ist, würden sie wahrscheinlich erfrieren, wenn sie die ganze Nacht liegen blieben.

Ich habe Glück. Ich habe es geschafft, das Haus zu wechseln. Ich wohne jetzt bei dem älteren Ehepaar Kalinkin. Ihr Häuschen liegt am Ende des Bauerndorfes. Unser Zimmer ist groß und hell, auch wenn es nur ein Fenster hat. Es gibt zwei Betten. Das eine wird von dem älteren Ehepaar belegt, das andere von mir. Endlich muss ich mein Bett nicht mehr mit jemandem teilen. Der ältere Mann arbeitet nachts als Wachmann. Nachts sind wir also nur zu zweit. Wenn ich zur Arbeit gehe, kommt das Großväterchen zurück. Bei dieser Gelegenheit kreuzen sich unsere Wege. Die beiden sind sympathisch, aber, was Geld angeht, ein bisschen habgierig, wie es bei Bauern immer der Fall ist. Ich zahle dreißig Rubel im Monat und gebe meine Kartoffeln und mein Mehl ab (die Milch behalte ich für mich). Im Gegenzug macht uns Babuschka Fleischbrühe. Dazu verwendet sie meistens Gänsefleisch oder ein Stück Speck. Die Suppe ist immer gleich: Kohl mit Kartoffeln, eine dicke Suppe, ziemlich fett, und es schwimmen Stücke von ausgekochtem Fleisch darin. Jeder von uns isst einen großen Teller davon, und wir teilen uns ein ausgezeichnetes Weizenbrot. Morgens trinke ich Milch, abends gibt es Tee mit Brot. Manchmal gelingt es mir, auf dem Basar in dem Städtchen Butter zu kaufen. Ein anderes Mal bekommt unser kleiner Laden geräucherten Fisch geliefert. Dann gibt es ein Festmahl. Babuschka erzählt mir alle möglichen Geschichten über ihr Leben, über die Revolution, über ihre Söhne, die im Krieg gefallen sind. Ich erfahre, dass sie und ihr Mann, wie die anderen hier, aus Zentralrussland vor dem Hunger geflohen sind. Dass sie dabei ihren Obstgarten – Äpfel, Kirschen – zurücklassen mussten, hat sie am meisten betrübt. Seit vielen, vielen Jahren hat sie solches Obst nicht mehr gesehen – der Laden wird nicht damit beliefert, so etwas gibt es in Sibirien nicht, es ist zu kalt hier. Aber wenigstens gibt es Brot, und zwar sehr gutes.

Das Haus wird von einem Hund bewacht – einer riesigen Wolfshündin, Palma, die außergewöhnlich klug ist. Auf dem Herd faulenzt ein Kater. Ihm fehlt ein Ohr, deshalb nenne ich ihn Graf Ohneohr. Wenn ich zur Arbeit gehe, trippelt er mir durch den Schnee hinterher, bis zum Zaun der Umfriedung um Babuschkas Garten. Vor mir liegt schon der Weg, mit Hütten, mit Hunden, also befehle ich Graf Ohneohr, nach Hause zurückzugehen. Er springt über den Zaun und starrt mir hinterher. Wenn ich abends zurückkomme, wartet er auf mich, an genau derselben Stelle, als hätte er sich seit vielen Stunden nicht bewegt. Das stimmt natürlich nicht, aber ich frage mich immer wieder, woher er weiß, dass ich im Anmarsch bin. Ich komme zu so unterschiedlichen Zeiten zurück, manchmal etwas früher, manchmal etwas später, und immer sitzt er dort auf dem Zaun. Ich nehme ihn auf den Arm, er fühlt sich eiskalt an. Er ist das erste Lebewesen, das mir in all den Jahren so treu ist.

Die letzten Apriltage brachten den Frühling. Der Schnee schmolz vor unseren Augen. Die großen Schneewehen wurden kleiner und verloren ihre Stabilität. Man konnte noch auf ihnen gehen, unter den Füßen knisterte noch die harte obere Schicht, aber nahe dem Erdboden war schon das fließende Wasser zu hören. Die Schneewehen schmolzen von unten nach oben. Hier und da dellte sich der Schnee ein und bildete eine immer breiter werdende Rinne, die fast bis zum Rand mit Wasser gefüllt war, das sich schnell seinen Weg bahnen wollte. Dadurch entstanden unweigerlich eine Menge Hindernisse. Man musste vorsichtig gehen, um nicht auf einen Riss zu treffen und plötzlich hüfttief im eiskalten Wasser zu versinken. Außerdem musste man nach Stellen suchen, an denen man leichter über das fließende Wasser springen konnte. Um nach Hause zu gelangen, musste ich mich zwischen all diesen geborstenen Schneebergen hindurchnavigieren, was öfter Umwege erforderlich machte. Zum Glück ging das nur ein paar Tage so. Der Schnee verschwand, die Steppe wurde grün, und die von Traktoren befahrenen Straßen verwandelten sich in tiefe schwarze Schlammpfützen. Und dann wurde es plötzlich warm. Von einem Augenblick auf den andern. Noch vor einer Woche hatten die Thermometer in der Kolchose fünfzehn Grad unter null angezeigt, jetzt war es fünfundzwanzig Grad warm. Der Frühling endete, der Sommer brach sich Bahn.

Die Kolchose erwachte aus ihrem Winterschlaf. Plötzlich wimmelte es auf der Basis von Arbeitern. Jeder wollte sich an der »Aussaatkampagne« beteiligen. Traktoren schwärmten aus. Der Boden war noch zu feucht, um ihn zu pflügen, aber die Vorarbeiten wurden bereits getroffen. Die Traktorfahrer bastelten ein wenig an ihren Maschinen herum und verbrachten die meiste Zeit im eilig zusammengeschusterten Speisesaal, wo die Frauen in großen Pfannen Suppe mit Fleisch (irgendwo hatte man Fleisch gefunden) und Weizenbrei kochten. Alle waren neidisch auf sie, weil sie Geld für ihre Arbeit bekamen und nicht in *Trudodni*[15] entlohnt wurden. Sie erweckten Neid, aber auch Furcht. Es kursierten Gerüchte, dass sie stahlen, was sie konnten. Babuschka verschloss die Tür mit einem Riegel und ließ Palma ohne Ketten herumlaufen. »Jedem, der sich zu nähern versucht«, sagte sie, »wird sie die Hosen zerreißen.«

Endlich fuhren die Traktoren auf die Felder hinaus. Wie viele es waren? Vier oder fünf. Sie fuhren in einer Reihe nebeneinander, auf den Pflügen saßen Kolchosbauern. Es sah prachtvoll aus. Die großartige sozialistische Wirtschaft. Die Technik. Ein Traktor ist kein Pferd. Das Einzige, was ich nicht gleich verstehen konnte, war, warum der diensthabende Agronom tobte und die Kolchosbauern, die mit einem dicken Stock die Tiefe der Furchen maßen, sich das Lachen nicht verbeißen konnten. Doch das klärte sich bald auf. Ich erinnerte mich wieder daran, dass ein gewisser Malzew[16], ein Erfinder, eine Theorie über die Tiefe der Furchen aufgestellt hatte, wonach diese ungewöhnlich tief sein sollten, um eine noch nie da gewesene Ernte zu garantieren. Alle Zeitungen schrieben nur über Malzew und seine einzigartige, gewiefte, höchst innovative Methode. »Wir geben dem Land mehr Getreide, mehr Brot. Lang lebe Malzew!« Die *Iswestija*, *die Prawda*, *die Trud*, *die Komsomolska*, die Zeitung unserer Republik, alle waren voll von Porträts dieses herausragenden Agronomen. Vielleicht war seine Methode an

---

15 Bei den Kolchosbauern gebräuchliche Recheneinheit für geleistete Arbeit. Wörtlich bedeutet es »Arbeitstag«.
16 Terenti Malzew (1895–1994), Agrarwissenschaftler und Anhänger des pseudowissenschaftlichen Lyssenkoismus. Er war ein Befürworter der allgemeinen Anwendung des Tiefpflügens.

sich sinnvoll, aber nicht in diesem Klima, nicht in diesem dicken, schwarzen Boden. »Sie werden schon merken«, erklärte mir einer der Kolchosbauern, »wie es in einem Monat aussehen wird. All die in der Tiefe verborgene Feuchtigkeit, die jetzt an die Oberfläche gekommen ist, wird austrocknen, und das Feld wird sich in eine harte Kruste verwandeln. Die Setzlinge werden nicht mehr durchkommen. Hier bei uns pflügen die Menschen schon seit Jahrhunderten flach, um selbst den kleinsten Wassertropfen zu bewahren. Hier fällt kein Regen, der das Feld bewässern könnte. Der Sommer ist trocken. Alles verwandelt sich in schwarzen Beton. Auf Beton kann nichts wachsen.«

Und so geschah es. Während der Aussaat kamen immer wieder hohe Funktionäre vorbei, um zu kontrollieren, ob die Pflugscharen die Erde schon tief genug umgegraben hatten. Keiner der Kolchosbauern konnte sie davon überzeugen, dass dies ein absurdes Unterfangen war. Befehl ist Befehl, und basta!

Die Tage der Aussaat hatten mich einiges gelehrt. Zunächst konnte ich mir den eifrigen Einsatz der Kolchosbauern bei der Arbeit nicht erklären. Schon nach wenigen Tagen verstand ich jedoch, was vor sich ging. Lastwagen brachten das Saatgut in Hundertkilogrammsäcken. Zwei Säcke wurden mit der Sämaschine ausgebracht, *ein* Sack verschwand in den Büschen. In der Nähe der Wege wurde die Sämaschine so positioniert, dass die Körner entsprechend der Norm, also recht üppig, ausgestreut werden konnten. Hundert Meter weiter wurde jedoch viel sparsamer gesät. Statt zwei Säcken wurde nur ein Sack genutzt. Später machte ich Spaziergänge über diese Weizenfelder, und man musste nur ein wenig vom Weg abschweifen, um auf einem Feld zwischen Weizenhalmen laufen zu können, ohne etwas zu zertreten. Das Feld mit spärlichem, kaum gewachsenem Getreide auf dünnen, sich im Wind biegenden Halmen erstreckte sich kilometerweit. Hier und da waren völlig kahle Bodenabschnitte zu sehen. Ich weiß nicht, ob die Sämaschine an diesen Stellen ihre Arbeit schon eingestellt hatte oder ob die Erde hier zu hart war. Zehn Zentner (zu je hundert Kilo) pro Hektar bei einer solchen Bewirtschaftung – das ist das Maximum an Ertrag.

Mit der Heuernte verbinden sich angenehme Erinnerungen. Die Felder erstrecken sich acht Kilometer an Rändern mit kargem Gestrüpp entlang. Ich fahre gegen fünf Uhr morgens los. Um diese Tageszeit ist es noch nicht warm. Meine beiden Zugrinder laufen träge des Weges. Ich strecke mich auf einem Heuballen aus und rufe von Zeit zu Zeit *zob* oder *zebe*. Die Tiere wissen genau, dass *zob* »nach links« und *zebe* »nach rechts« bedeutet – und *zob zebe* »geradeaus«.

Außerdem habe ich wie durch ein Wunder endlich wieder Kontakt zu meiner Familie. Ich habe die Erlaubnis erhalten, nach Polen zu schreiben. Ich bekomme Bücher, die Wochenzeitung *Przekrój* und ein eigenartiges Magazin namens *Twórczość*. Darin lese ich ständig. Ich lese Parandowski[17], um in der schönen polnischen Sprache zu schwelgen. Und endlich auch wieder *Beniowski*. Ich kenne das Gedicht nahezu auswendig. Ich rezitiere Strophen, während ich in den wolkenlosen, glatten, hohen, zu hohen Himmel blicke. »›Wo reitest du hin?‹, wie die Samogiten sagen.«[18] Diese Worte sollte man mit dem Akzent der Menschen aus der Grenzregion sprechen, wie es Słowacki, der den Barden[19] verspottete, wollte. Ich bin kein Barde, aber ich stamme aus der Grenzregion, und in der Tat, ich bin nicht auf dem Weg zum Mond, sondern zur aufgehenden sengenden Sonne. Kein »Ich reite zu den duftenden

---

17 Jan Parandowski (1895–1978), Schriftsteller, Essayist und Übersetzer, dessen Werk sich meist mit der klassischen Antike befasst.
18 Vers aus dem fünften Lied (die Samogiten sind ein Volk oder ein Stamm in Litauen).
19 Der von Słowacki verspottete Barde ist Wassili Schukowski (siehe unten).

Steppenblumen«[20] für mich, denn hier gibt es keine Blumen. Das Gras ist schon trocken, obwohl es erst Juni ist. Aber die Steppe ist grenzenlos, und ich bin endlich allein, endlich allein nach all den Jahren. Die Rinder, die Weite des Raumes, der Wind machen mich glücklich. Es gibt nicht viel Heu, kleine zusammengefegte staubige Haufen. Ich sammle sie einzeln auf und staple sie immer höher übereinander. Hat jemand schon einmal eine Frau gesehen, die einen hölzernen Heuwagen ohne irgendeine Hilfe beladen hat? Normalerweise gibt es jemanden, der das Heu anreicht, und jemanden, der es flach stampft. Und was mache ich? Ich klettere auf den Wagen und wieder hinab, lade das Heu auf, stampfe wieder darauf herum. Doch schließlich gebe ich es auf. So viel ich habe, so viel soll es sein. Wenn ich noch mehr aufladen würde, passte ich selbst nicht mehr auf den Wagen. Und ich habe keine Lust, zu Fuß zu gehen. Es ist fast neun Uhr, und die Sonne beginnt unbarmherzig zu brennen. Ich kehre zurück. Die Stiere wollen saufen, also laufen sie schneller. Wir werden trotzdem frühestens in zwei Stunden ankommen. Ich kann mich eine Weile hinlegen und aus *Beniowski* rezitieren.

Nach dem Mittagessen breche ich wieder auf. Die Stiere haben bereits sechzehn Kilometer in den Beinen, also gehen sie langsam, Schritt für Schritt. Ich dränge sie nicht, ich habe es nicht eilig. Welche Erleichterung diese Stunden bieten, welche Stille hier herrscht! Die Monotonie der Felder ermüdet mich nicht. »Die Ochsenkarren knarren, Staub wirbelt auf, die Sicht verringert sich, die Sonne brennt.«[21] Das Heu duftet wunderbar, wie bei uns, wie in Polen. Und auch die Lerchen singen so wie bei uns. Ich rezitiere die Strophen laut, denn ich habe verlernt, wie man Polnisch spricht. Meine Stimmbänder und Lippen passen sich leichter den russischen

---

20 Ebenda.
21 Verszeile aus *Beniowski*.

Versen an, die »wie faulendes Fleisch riechen« und »wie Riemen in die Haut schlagen«[22]. Ich lerne die polnische Sprache neu. Der Heuwagen ist mein Klassenzimmer. Ich bin mein eigener Schüler und Lehrer zugleich, aber der Meister ist Słowacki.

Es ist schon spät am Abend, als ich auf der Basis auftauche. Der Vorarbeiter nimmt das Heu in Empfang und klagt, dass es zu wenig sei. Ich lasse ihn klagen. Wenn er sich wirklich Sorgen machen würde, hätte er jemanden geschickt, der mir hilft. Zum Glück kümmert es ihn wenig, ob ich es schaffe, alles wegzubringen oder nur ein wenig davon, und so geht, wie jedes Jahr, viel Heu verloren. Selbst jetzt sieht man noch die schwarzen verrotteten Häufchen vom letzten Jahr. Er trägt nur die Hälfte meiner *Trudodni* ein. Das stört mich nicht. Er kann eintragen, was er will, solange er mich nur in Ruhe lässt, mit meinen Rindern, mit meinem Heuwagen, mit meinem Heu und mit dem langen, einsamen Weg zum Horizont.

Es war kaum eine Handvoll Monate verstrichen, und schon waren einige meiner Kollegen verheiratet. Sie hatten alle eine Witwe gefunden – es gab viele Witwen in Budjonowka. Der Krieg hatte dieses Volk dezimiert. Die Frauen betrachteten die Verbannten von Anfang an mit interessiertem Blick, und als sie die Überzeugung gewonnen hatten, dass die Neuankömmlinge bessere Arbeiter waren als die einheimischen Männer und obendrein braver und gehorsamer, begannen sie sich sogar um sie zu streiten. Nach und nach normalisierte sich die Situation. Die Kämpfe hörten auf, die Auserwählten organisierten Feste, und bei einem Glas Wodka wurde die Verbindung besiegelt. Natürlich war niemand geneigt, das Standesamt aufzusuchen. Immerhin hatten acht meiner Kollegen bereits

---

22 Verszeilen aus einer *Beniowski*-Strophe, in der sich Słowacki über die russische Poesie lustig macht, u. a. über den romantischen Dichter Wassili Schukowski. Dessen bekanntestes Gedicht ist die patriotische Ode »Ein Barde im Lager der russischen Krieger«.

Ehefrauen, aber die waren weit weg. Einige hatten sogar Kinder. Sie alle wollten zurückkehren, aber eine Rückkehr in naher Zukunft schien nicht möglich zu sein. Sie schrieben Briefe, sie stellten die Fotos, die sie bekamen, auf Tischchen auf, was die neuen Ehefrauen verständnisvoll tolerierten. Diese frühere Ehefrau war etwas Heiliges, etwas Unnahbares, vielleicht sogar etwas Unwirkliches, wie ein seines Körpers entledigtes Wesen. Man sprach nie über sie, so wie man auch nie über die Vergangenheit sprach. Der strenge Lagergrundsatz – erzähle nichts über dich selbst und stelle anderen keine Fragen – galt hier noch immer. Die Vergangenheit war tot. Es gab sie nicht. Wenn die Vergangenheit in die Gedanken zurückkehrte, warf sie einen zu dunklen Schatten auf die gesamte Wirklichkeit und zwang zu vielerlei Fragen. Warum lebe ich noch? Warum leide ich? Wozu habe ich das Lager überlebt, wenn ich nun bis ans Ende meiner Tage ohne einen Funken Hoffnung in einer deprimierenden Kolchose bleiben muss? Warum bin ich hier? Welchen Sinn kann meine Existenz noch haben? Was hat sich im Vergleich zum Lager geändert, außer dass ich zwanzig Kilometer spazieren gehen kann und kein Soldat mit einem Maschinengewehr hinter mir steht, dass ich ins Bett gehen kann, mit wem ich will, und ein Messer und eine Schere besitzen darf? Die Zone hat sich ausgeweitet, das Regime ist weniger streng, doch es gibt immer noch die gleichen Verbote und die gleichen Autoritäten, wenn auch jetzt ohne Uniformen. Die gleiche Unfreiheit. Die Zwangsarbeit ohne Rücksicht auf die persönliche Eignung, auf die Interessen und Bestrebungen des Einzelnen, die Ausbeutung, die Einschränkung der Bewegungsfreiheit, die ständige Kontrolle, ob wir an Ort und Stelle sind und so arbeiten, wie es gefordert wird, das Belauern aus unterschiedlichen Blickwinkeln, das Denunzieren – all das bleibt bestehen. Und was noch schlimmer ist: Es bestand keinerlei Aussicht, dass diese Sinnlosigkeit jemals enden würde. Dieses Mal wurden wir zu lebenslänglich verurteilt. Hätte es nicht immer noch diesen Funken Hoffnung gegeben, wäre es besser gewesen, dem Ganzen eigenmächtig ein Ende zu setzen.

Jeder sucht nach einem Bäumchen, einem Häuschen oder nach sonst irgendetwas, um den Erschütterungen des Lebens zu widerstehen. Meine Kollegen bauen sich ein Haus. Sie sind einfache Männer, Bauernjungs, Handwerker. Ihre Lebensbedingungen in Budjonowka scheinen meilenweit von denen entfernt zu sein, die sie in ihrer Kindheit gewohnt waren. Wir stammen alle aus der Nähe der älteren Grenzen der polnischen Republik oder aus den baltischen Ländern. Eine andere Kultur, andere Gewohnheiten. Alles, was sie sehen, tut ihnen in den Augen weh. Sie spotten über die konfuse Arbeit in der Kolchose, den systematischen Diebstahl, der für niemanden mehr ein Geheimnis ist, die primitiven Häuschen, den Sozialismus ohne Strom, in dem die Kühe mit Stroh gefüttert werden, während das Heu auf den Feldern verrottet. Aber ohne eine Frau können sie nicht leben. Sie brauchen jemanden, der ihnen zur Seite steht. Es ist nicht einmal eine Frage von sexuellen Bedürfnissen, auch wenn diese nach einer langen Zeit der Abstinenz groß sind. Es gibt hier Frauen im Überfluss, die keine Skrupel haben und gerne einen Gast für die Nacht empfangen. Die vorherrschende Haltung in der Kolchose ist in dieser Hinsicht mehr als verständnisvoll. Niemand verheimlicht seine Romanzen, niemand schämt sich dafür, dass er mit Walka, Natschka oder Tanjuschka geschlafen hat. Auch die Frauen empfinden nicht die geringste Scham. Wie im Lager ist die Liebe fast ein öffentliches Ereignis. Sergei und seine Frau fühlten sich weder durch meine Anwesenheit noch durch die ihrer noch kleinen Kinder im Geringsten gestört. Meine Kollegen wollten jedoch mehr. Sie sehnten sich nach einer weiblichen Hand, die die Wäsche macht, etwas näht, kocht, die Hütte aufräumt. Es fällt ihnen weniger schwer, von der Arbeit nach Hause zu kommen, wenn dort eine Suppe auf sie wartet, ein warmer Samowar, ein liebes Wort und ein sauberes Hemd. Das Zimmer ist nicht leer. Die neue Frau erzählt von ihren Sorgen: Das Dach ist undicht, es ist keine Spreu mehr da, also muss neue Spreu gemahlen werden, der Zaun muss auch repariert werden, die Hühner haben schon sieben Eier gelegt, am Sonntag gibt es ein Rührei und so weiter und so fort. Die kleinen bäuerlichen Angelegenheiten helfen, nicht nachzudenken, zu vergessen. Meine Kollegen gehen immer seltener zur Arbeit. Sie sind immer mehr mit ihren Häusern beschäftigt, ebenso wie die anderen Bewohner der Kolchose. Die Verwalter der Kolchose drücken gnädig ein Auge zu, sie sind nicht mehr so anspruchsvoll. Die Männer sind verheiratet, was bedeutet, dass sie wohl hierbleiben werden und, da sie nun dazugehören, nicht mehr als Fremde behandelt werden müssen.

Es wird eine Vollversammlung der Kolchose abgehalten. Der Saal ist voll, denn es hat sich herumgesprochen, dass aus dem Bezirk ein neuer Vorsitzender kommen soll. Unser vorheriger hat zu viel getrunken, also haben sie ihn abserviert. Der Bezirk nimmt auch Anstoß daran, dass der Weizen hinter den Erwartungen zurückgeblieben ist, die Ähren klein sind und nicht mehr als fünf bis sechs Zentner pro Hektar geerntet wurden (Malzew lässt grüßen!). Der neue Vorsitzende wird vom Sekretär des Bezirkskomitees vorgestellt. Er geizt nicht mit Superlativen, als er über ihn spricht: dass er ein Mann von hier sei, in einem Städtchen im Bezirk aufgewachsen sei, eine hervorragende Erfolgsbilanz beim MWD vorzuweisen habe. Die Sache scheint mir klar zu sein: Die Kolchosbewohner stimmen alle für ihn. Keiner hat sich der Stimme enthalten, keiner hat Bedenken.

Unser neuer Leiter ist ein anspruchsvoller NKWD-Mitarbeiter. Sie kaufen ihm sofort ein Auto, einen kleinen Moskwitsch. Von welchem Geld? Ich kann es mir nicht erklären. Die Einnahmen der Kolchose sind dieses Jahr miserabel. Swirin gelobt Besserung. Und dann beginnt die altbekannte Leier, der selbst die Kolchosbewohner achselzuckend zuhören: vom neuen Leben des sowjetischen Bauern, vom Reichtum der Nation dank moderner Agrarwissenschaft und so weiter und so fort. »Das Leben wird besser, das Leben wird fröhlicher«, lautet die neue Losung.

Dieses fröhliche Leben sehe ich auf dem Bezirksbasar. Ich helfe dem Großväterchen beim Verkauf von Mehl, das aus dem während der Aussaat gestohlenen Weizen gemahlen wurde. Er hatte die Aufsicht über die Aussaatmaschine, dafür hat er zwei Säcke bekommen. Vorarbeiter Chisnjak hat ihm sein Pferd geliehen, und zusammen mit den Netrebas betreibe ich nun Handel. Das Gedränge um unseren Karren ist unglaublich. Die Leute trampeln einander fast tot, um wenigstens ein Kilogramm Mehl zu ergattern. Wir können es aber nur in Fünfkilorationen verkaufen. Die Wartenden schreien, dass das zu viel sei, dass es nicht für alle reichen werde. Ich entferne mich von dem Karren, weil ich das Gefühl habe, dass sie uns gleich in Stücke reißen werden. Ich schaue mir an, was die anderen Karren im Angebot haben. Die Kolchose von Poltawka verkauft den Überschuss an Kohl. Auch hier ist es voll. Mehl hat niemand mehr. Es gibt nur ein paar Eier, acht oder zehn, am Stand einer Frau. Weichen weißen Käse stellt hier niemand her. Auf einem der Karren, auf dem schrumpelige Kartoffeln vom letzten Jahr verkauft werden, finde ich ein ovales Stückchen Butter. Es gibt viele Menschen, aber nur wenige Produkte. Ein paar Holzschüsseln und kleine Fässer von der örtlichen Böttchergenossenschaft. Jemand verkauft ein altes Joch, ein anderer ein ausgedientes Halfter. Das Großväterchen sieht sich eine Schaufel an. Der junge Mann, der die Schaufel zu verkaufen versucht, blickt nervös um sich – sie ist bestimmt gestohlen. Der alte Mann zahlt ein paar Rubel dafür, und mit diesem neuen Schatz im Gepäck machen wir uns auf den Heimweg.

Auf dem Gebäude des Bezirkskomitees (das Gebäude befand sich früher in Budjonowka) ist eine riesige Inschrift angebracht, die verkündet, wie viel Pud Getreide wir unserem Vaterland schenken werden. An einer riesigen Ankündigungstafel hängen die Fotos der vorbildlichen Arbeiter, der Traktorfahrer, der Schafzüchter, der Kuhmelker. Auf dem Dorfplatz wehen überall rote Fahnen. Fotos prominenter Köpfe schmücken die Alleen; sie sind an Pfählen befestigt. Stalin fehlt, aber Marx, Engels, Lenin sowie Porträts des Sekretärs der Republik und einiger Stachanowisten sind zu sehen. Es ist schade, dass Malzew nicht dabei ist. Wahrscheinlich hat man ihn schon abgesetzt. Ruhm vergeht schnell. Ich bin gespannt, wie lange der jetzige Sekretär durchhalten wird. Nur die Toten haben nichts mehr zu befürchten. Man kann ihnen kaum noch etwas anhaben, sie können auf Unsterblichkeit rechnen.

Die Geheimnisse der Kolchose bleiben nicht länger vor mir verborgen. Ich habe schließlich die Stellung als Assistentin des Buchhalters und als Kassiererin bekommen. Ich arbeite im Büro der Kolchose. Jeden Morgen erstatte ich dem Bezirk telefonisch über die geleistete Arbeit Bericht. Die Berichte weisen je nach Jahreszeit eine unterschiedliche Form auf. Ich habe einen ganzen Stapel offizieller Drucksachen. Vor der Ernte gibt es eine verpflichtende Druckschrift zu den Vorbereitungen auf die »Erntekampagne« (mein Gott, was für eine bürokratische Sprache!). Dann kommt die Ernte: Wie viele Hektar wurden gemäht, wie viele Traktoren wurden eingesetzt, wie viele Zentner Getreide geerntet, wie viel wurde gepflügt, wie viel an den Staat abgegeben und so weiter und so fort. Danach die Vorbereitungen auf den Winter. Schließlich die Vorbereitungen auf den Frühling. Und dann wieder diese »Aussaatkampagne«. Und so geht es immer weiter.

Ich streite mich mit dem Buchhalter.

»Wir haben doch schon vorige Woche ausgewiesen, dass wir die drei Wagen repariert haben. Gestern ist der vierte fertig geworden.«

»Nein, schreib noch einmal vier auf.«

»Also insgesamt sieben. Wir haben aber nur vier.«

»Das macht nichts, schreibe es auf, wie ich es dir sage. Wer kontrolliert das schon?«

Ich streite mich mit ihm nur aus Prinzip. Ich habe selbst genug Lagererfahrung in solchen Dingen und weiß deshalb, wie man einen Bericht zu verfassen hat. In diesen Berichten steigert sich sowohl totes wie auch lebendiges Inventar: Die Produktionsmengen wachsen an, nur gibt es weder etwas, mit dem man arbeiten, noch etwas, was man essen kann. Ob Handel oder Agrarwirtschaft, das Prinzip ist dasselbe: Auch hier beherrscht die Tufta alles. Und der Bezirk ist zufrieden.

»Wie viel haben Sie gemäht?«, fragt ein Beamter. »Nur fünfhundertdreiundzwanzig Hektar? Nicht mehr?«

»Wieso?«, korrigiere ich ihn sofort. »Sie haben es falsch verstanden, es waren siebenhundertdreiundzwanzig.«

»Aha, das ist schon etwas anderes. Großartig.«

Nach einer Woche berechne ich die Ergebnisse, und mir stehen die Haare zu Berge. Vorsichtig versuche ich Leonid Michailowitsch darüber zu informieren: »Unsere Kolchose ist wahrscheinlich ein bisschen größer geworden.«

Er flucht. »Ist es ein großer Unterschied?«

»Ja, es handelt sich doch um einige Dutzend Hektar.«

»Gut, ich werde anrufen und sagen, dass wir uns gestern vertan haben und mit der Ernte fertig sind.«

»Aber die Traktoren und Mähdrescher sind noch im Einsatz. Sie werden dann die Maschinen abholen kommen.«

»Stimmt. Nein, wir werden sagen, dass wir nur noch ein paar kleine Stücke bearbeiten müssen.«

Doch dann bekommen wir einen Anruf vom Bezirk, wir erfahren, dass Budjonowka auf dem ersten Platz steht, weil wir als Erste die Ernte eingefahren haben. »Wir haben die Nachricht schon an den Radiosender weitergeleitet«, sagen sie. »Ihr werdet auch auf der Tafel mit den Auszeichnungen genannt.« Swirin ist zufrieden, Leonid auch. Am Abend erscheint der Vorarbeiter der Nachbarkolchose. Er ist ganz außer sich.

»Die Mähdrescher stehen immer noch auf euren Feldern! Ihr habt den Bezirk falsch informiert!«

»Welche Mähdrescher?«, fragt Swirin. »Ich glaube, ihr habt etwas nicht richtig gesehen, Genosse.« Und er zwinkert mir zu. Ich weiß, was er vorhat. Ich öffne die Kasse, nehme die Flasche heraus und fülle die Gläser. Der Vorarbeiter lehnt ab, er ist wütend. Aber wer kann schon dem Anblick eines Glases widerstehen? Er trinkt also ein erstes Glas, ein zweites, und dann wird es lustig im Büro. Es ist bereits Nacht, als er sich auf den Heimweg macht. Man muss ihn auf den Karren setzen, denn alleine kommt er nicht mehr hoch. Wir lassen dem Pferd freien Lauf – es ist schlau und wird Poltawka schon finden. Als ich zu meinem Häuschen zurückkehre, sehe ich in der Ferne Reflektoren leuchten. Das sind die Mähdrescher, sie haben sicher noch eine ganze Nacht Arbeit vor sich.

Die Dreschtenne ist voll mit Getreide. Selbst bei einer so miserablen Ernte ergibt der Weizen von 14 000 Hektar Land einen ganzen Berg. Aber der Weizen ist nass, und so kann man ihn nicht an den Staat abgeben. Er muss getrocknet werden. Die Kolchose ist gesetzlich verpflichtet, zunächst dem Staat Weizen abzutreten – erst danach darf ein Teil davon, der für die Aussaat oder die Fütterung von Rindern, Hühnern und Gänsen benötigt wird, beiseitegelegt werden. Was übrig bleibt, darf anschließend unter den Kolchosbewohnern verteilt werden. Zum Trocknen fehlt ein geeigneter Platz, und es fehlt auch an Leuten, die diese Arbeit verrichten wollen, denn die obere Schicht des Getreidebergs wird immer wärmer. Außen ist er trocken, innen aber ist er so heiß, dass man seine Hand nicht hineinstecken kann. Swirin, Leonid und ich arbeiten zu dritt. Wir geben unser Bestes, um wenigstens einen Teil des Getreides zu wenden. Doch es ist so, als würden drei Ameisen versuchen, einen Holzstapel umzuwerfen. Ein Ding der Unmöglichkeit. Vor uns liegen etwa zehntausend Tonnen, das sind zweihundert Waggonladungen. Den Kolchosbewohnern ist das gleichgültig. Sie füllen nachts, mit dem stillschweigenden Einverständnis des Wächters, Säcke mit Getreide, das sie dann in aller Ruhe auf ihren russischen Öfen trocknen. Und sie scheren sich dabei nicht um die Haufen, die nach Alkohol riechen, weil sie schon deutlich zu gären beginnen. Die Bilanz der Ernte ist eher trostlos. Der Staat hat den Pflichtteil in vollem Umfang erhalten, für die Aussaat wurde etwas zurückgelegt, und der Rest wird nun gewogen, um ihn unter den Arbeitern zu verteilen. Aber es gibt nicht mehr viel zu wiegen, nicht mehr als ein Kilo für einen Trudoden. Der Rest des Getreides muss vergraben werden. Es ist für Geflügel oder Vieh nicht mehr zu gebrauchen.

Ich betrachte das alles mit Abscheu. Ich erinnere mich an meine Kindheit, in der jede Ähre sorgfältig gelesen wurde, nicht weil man hungerte, sondern aus Respekt vor dem Brot. Der Krümel, den man von der Erde aufliest, zeugt von dem Respekt, den man empfindet. Unser tägliches Brot gib uns heute ... Und hier? Der Bagger ist gekommen, er gräbt eine riesige Grube aus. Schnell wirft man das verrottende Getreide hinein und bedeckt es mit Erde. Die Erntezeit ist vorbei. Dieses Jahr haben sie wenig vergraben, sagen die Kolchosbauern. Letztes Jahr waren zwei Bagger nötig, um die Arbeit zu erledigen. In eine Grube hat man nicht alles hineinbekommen. Niemand kommt auf die Idee, das spät geerntete Getreide den Kolchosbewohnern zu geben, damit sie es selbst trocknen können. Hätten sie mehr Getreide, würde es ihnen allen besser gehen. Aber die Vorschriften lassen so etwas nicht zu. Der Kolchosbewohner steht an letzter Stelle, er bekommt deshalb kaum etwas ab. Und dann wundert man sich manchmal noch, dass er nur ungern zur Arbeit geht und stiehlt, wo und wann er nur kann!

Die Buchhaltung ist *eine* Sache, die Realität eine andere. Überall gibt es nur Worte, Worte, Worte – eine ganze Flut von schönen und erhabenen Worten. In den Lagern wurden wir nicht mit solchen Mengen gefüttert, hier jedoch werden wir nun mit dieser Art von

Nahrung regelrecht gestopft. Wenn man von Worten leben könnte, wenn man Worte essen könnte, was für ein großartiges Land wäre das dann! Jeder wiederholt sie, jeder kennt sie auswendig, und jeder behält den andern im Blick, damit bloß niemand – Gott bewahre! – nach ihrem tieferen Sinn fragt. Niemand glaubt an sie, aber niemand kann ohne die Worte leben. Wenn es so bestimmt worden ist, dass wir, die Kolchosbewohner, auf diese Weise sprechen müssen, dann ist das auch die richtige Weise. »Warum?«, frage ich. Meine Frage ist an sich schon gefährlich und kann schon gemeldet werden. Ein gutmütiger Kolchosbauer schüttelt den Kopf über meine Leichtsinnigkeit und Dummheit. »So ist es nun einmal vorgegeben«, wiederholt er. »Anders kann es nicht sein. So ist das Gesetz.«

Ich frage Babuschka, wie viele Liter Milch ihre Kuh gibt.

»Vierzehn bis sechzehn«, antwortet sie.

»Aber weiß Babuschka, wie viel eine durchschnittliche Kolchoskuh gibt?«

»Viel mehr«, antwortet sie.

»Ganz und gar nicht, ich habe es gerade ausgerechnet. Es ist nur ein Liter pro Tag.«

Babuschka lacht. »Nicht schlecht. Es gab schon schlechtere Jahre.«

»Mein Gott, bei solchen Standards werden die Kühe in einem normalen Wirtschaftsbetrieb zum Schlachthof gebracht. Da lohnt es sich doch nicht mehr, sie zu füttern.«

Babuschka ist schlau, sie kennt die Geheimnisse der Kolchose. »Wie viel kostet das Futter für eine Kuh, das Stroh, das Getreide? So gut wie nichts«, sagt sie. »Die Arbeitskräfte sind auch billig, und jeden Tag fließen diese hundert Liter Milch in die Molkerei.«

Genauso ist es. Die Melker und der Hirte bekommen im Durchschnitt zwei bis drei Trudodni am Tag. Im Jahr 1954 reichte ein Trudoden für ein Kilogramm Weizen, sodass man auf zehn Zentner für ein Jahr Arbeit kommt. Was ist das schon im Verhältnis zur gesamten Weizenmenge, selbst bei einer so kleinen Ernte? Ein Promille von einem Prozent. Die Arbeitskraft ist also lächerlich billig.

Der Anblick dieser Kühe macht mich ganz unruhig – sie sind erschreckend mager. Ihre Euter sind klein, ihre Haut ist glanzlos, getrockneter Dung klebt an ihren Flanken. Die Milch ist ziemlich fett – so gesehen ist das frische Gras nicht schlecht. Doch warum sind die Kühe so matt? Die Herde wird in der Morgendämmerung hinausgescheucht und sieben bis acht Kilometer bis zur Weide getrieben. Gegen Mittag löscht die Herde ihren Durst. Zwei Kilometer hinter dem Bauerndorf liegt ein kleiner sumpfiger See. Die Hitze ist unerträglich, und es weht ein trockener, sengender Wind. Die Kühe trinken das schlammige Wasser und legen sich auf den Boden. Kaum dass sie sich ein wenig ausgeruht haben, werden sie auf die Weide und am Abend zur Basis zurückgetrieben. Wie viele Kilometer sind das insgesamt? Etwa siebenundzwanzig. Das Melken am Abend dauert nicht lange. Der Melker ist mit seinem Eimerchen noch nicht verschwunden, da legt sich das Tier schon in seinen dicken Dung und bleibt dort bis zum Morgen völlig erschöpft liegen.

Malgina erzählt, wie es früher war. Sobald der Schnee zu schmelzen begann, wurde das Vieh auf die Weide getrieben, und dann wurde das ganze Lager dort aufgeschlagen. Die Tiere wurden dort gemolken und bekamen nötigenfalls dort Futter. Fast jeden Kilometer gab es einen artesischen Brunnen. Die Tiere hatten gutes, sauberes Wasser an Ort und Stelle. Jetzt ist davon nur noch das kaputte Gebälk übrig. Niemand hat die Brunnen instand gehalten, niemand hat sie ausgebessert; alles stürzte ein, ging kaputt, schließlich versiegte das Wasser. Ich habe diese Brunnen gesehen. Sie sahen aus, als hätte sie jemand absichtlich zerstört. Wer weiß. Vielleicht war es ein Racheakt der Kollektivierungsopfer, denen man ihr Eigentum gestohlen hatte. Vielleicht war aber auch das Gegenteil der Fall, und die Brunnen wurden von der Vorhut der Kollektivierung mutwillig zerstört, um alles zu vernichten, was an frühere Zeiten erinnerte. Auf den beschlagnahmten Grundstücken setzten die Bolschewiki nicht nur die Landhäuser in Brand, die als Schulen, Büros, Gemeindezentren, Ferienhäuser oder einfach als Wohnungen hätten dienen können. Sie brannten auch die landwirtschaftlichen Gebäude, die Ställe mit den landwirtschaftlichen Geräten und die Scheunen nieder, um auf brackigem Boden die Gebäude der sozialistischen Wirtschaft zu errichten. Vielleicht hatten sie auch dort bei den Brunnen versucht, jede Spur der früheren Eigentümer, des früheren Reichtums dieser Kosakenhäuser auszulöschen – alles, was von ihrer Geschäftigkeit, ihrer Weitsicht und der harten Arbeit, die sie der Erde angedeihen ließen, zeugte.

Die Schafzucht vermittelte ein besseres Bild von Budjonowka. Schafe eignen sich gut für den Sozialismus. Sie sind so anspruchslos. Man kann sie über ein frisch gemähtes Feld treiben, man kann sie kilometerweit hinausscheuchen. Die Wolle sorgte für ein anständiges Einkommen und rettete das Budget der Kolchose. Und eine große Schafzucht mit fast tausend Tieren hatte für die Kolchosbewohner noch einen weiteren beträchtlichen Vorteil: Die dicken Schichten von in der Sonne getrocknetem Schafdung eigneten sich hervorragend als Brennstoff. Jeder bemühte sich um die Erlaubnis, eine angemessene Menge Dung schaufeln und mitnehmen zu dürfen.

Ich weiß nicht mehr recht, wann es genau geschah – im Sommer oder Herbst 1954, vielleicht sogar im Frühjahr 1955? Ich könnte die Daten ohne große Mühe herausfinden. Es würde genügen, die Ausgaben der *Prawda* durchzublättern, die ausführlich über den Besuch der amerikanischen Bauern berichtete. Das war, glaube ich, der erste Besuch dieser Art, der eine groß angelegte Zusammenarbeit in der Landwirtschaft ankündigte. Die Amerikaner sollten Sowchosen und Kolchosen in Zentralrussland besuchen, irgendwo im Kuban[23], aber auch nördlich von Almaty in Kasachstan, etwa zweitausend Kilometer südlich von uns. Der Besuch fand statt, die Amerikaner waren beeindruckt und reisten wieder ab, und die Zeitungen schrieben nicht mehr über dieses Ereignis. Plötzlich erhielt unsere Kolchose den Befehl, den Dorfplatz für eine große Anzahl von Schafen abzusperren. Dem Telegramm zufolge sollten es etwa fünfzehnhundert sein. Der Befehl kam vom Bezirk. Jeder, der mobilisiert werden konnte, wurde zur Arbeit eingesetzt. Lastwagen lieferten Pfähle und Zaundrähte. Tägliche Kontrollen der Bezirksleiter trieben uns zur Eile an. Schließlich war der Zaun fertig. Er verlief nicht weit entfernt von der Schafzucht, nahe der Straße, über die ich jeden Tag zum Büro fuhr. Wir alle fragten uns, um was für eine Herde es sich wohl handelte, wozu sie hierherkam und wohin sie gehen sollte.

Eine große Staubwolke auf der Straße kündigte das Nahen einer Herde an. Zusammen mit dem Vorarbeiter warteten wir, ausgerüstet mit Notizbüchern und Bleistiften, am Zaun, um die Tiere zu zählen und die entsprechende Futtermenge abzuschätzen. Die Schafe spürten die Nähe des Wassers – sie liefen munter blökend am Zaun entlang und steuerten direkt auf den Trog zu. Es waren etwas mehr als elfhundert. Sobald sie getränkt waren, legten sie sich sofort auf den Boden. Die sie begleitenden Hirten ließen auch ihre abgemagerten, erschöpften Pferde trinken. Die konnten sich kaum noch auf den Beinen halten. Die Hirten gaben keine Informationen preis. Sie sagten nur, dass sie seit über einem Monat, wahrscheinlich sechs Wochen, unterwegs seien und tausend Kilometer von hier entfernt nur einen kurzen zweitägigen Zwischenstopp eingelegt hätten. Nun hätten sie die Erlaubnis erhalten, vierzehn Tage lang zu rasten. Woher sie gekommen waren? Sie schwiegen. Wohin sie gingen? Zu

---

23 Der Kuban ist sowohl ein Fluss als auch ein Steppengebiet in der Nähe dieses Flusses.

näher am Ural gelegenen Häusern, Kolchosen und Sowchosen. Ich war fasziniert, und unsere Kolchosbewohner waren es auch. Keiner von uns stellte einen Zusammenhang zwischen der Wanderung der Herde und dem Besuch der Amerikaner her.

Die Schafhirten, die von den Bewohnern von Budjonowka gastfreundlich aufgenommen worden waren, begannen nach und nach mehr Vertrauen zu schöpfen, und so lockerten sich ihre Zungen. Sie kamen aus unterschiedlichen Himmelsrichtungen. Ihre Sowchosen wurden als sehr gut angesehen.

»Wir hatten prächtige Schafherden«, seufzten sie. »Auf einmal kam der Befehl, die schönsten Schafe in Waggons zu verladen. Einige von uns bekamen den Auftrag, eine Eskorte zu bilden. Wir fuhren nach Süden, ohne unser Ziel zu kennen. Aber wir wurden gut versorgt, und auch an Futter für die Tiere mangelte es nicht. Obwohl die Reise zwei Wochen dauerte, beklagte sich keiner von uns. Schließlich landeten wir in einer großen Sowchose in der Nähe von Almaty. Dort ging es schon äußerst hektisch zu. Am Bahnhof wurden Rinder, Pferde und Schweine aus allen Teilen des Sowjetreichs ausgeladen. Stück um Stück. Wir kamen aus dem Staunen gar nicht mehr heraus: Dass es so etwas gab! Kuhställe, Schweineställe, alles blitzeblank, sauber und mit Strom ausgestattet. Mechanisierte Milchviehbetriebe. Mechanisierte Mistentsorgung. Abwasserkanäle und Wasserleitungen. Unglaublich! So etwas hatten wir in unserem Leben noch nicht gesehen.«

Als sie das erzählten, schüttelten die Bewohner der Kolchose verwundert und ungläubig den Kopf. Schließlich war es schwer, einer solchen Geschichte Glauben zu schenken.

»Eine riesige Sowchose mit sauber angelegten Alleen, auf die gelber Sand gestreut worden war, wie in einem Park. Sie hatten auch einen herrlichen Speisesaal für uns gebaut. Jeden Tag gab es Suppe, ein Stück Fleisch mit Gemüse und Brot, so viel man nur wollte. Morgens stand Milch auf dem Tisch, von der man so viel trinken konnte, wie man wollte, und man konnte sich Butter und Marmelade auf sein Butterbrot streichen, wie sie das in den Filmen tun. Zum Schluss bekamen wir Besuch von einer kleinen Delegation von Führungskräften aus Moskau in Begleitung von Amerikanern. Die Amerikaner trugen so enge Hosen, dass es peinlich war. Sie trugen keine Schuhe mit dicken Sohlen, sondern liefen in flachen Schuhen herum, mit denen man normalerweise nicht durch den Mist im Stall waten kann. Aber in der Sowchose gab es keinen Mist mehr, sie war sauber aufgeräumt. Sie machten Fotos von den schönsten Tieren. Sie versuchten mit uns zu reden, aber wer versteht schon diese verrückte Sprache? Die Kader sprachen mit Hilfe eines Dolmetschers mit ihnen. Sie klopften uns auf die Schulter und machten Fotos.«

Der Hirte, der die Geschichte erzählte, holte seine Brieftasche aus seiner Hosentasche. Daraus entnahm er vorsichtig, als wäre es etwas Zerbrechliches, ein Farbfoto. Darauf waren außer ihm noch zwei andere Schafhirten zu sehen, die einen großen Schafbock festhielten, und ein Amerikaner in Jeans, mit aufgeknöpftem Hemd und einem Strohhut. Alle schauten das Bild mit einer gewissen Feierlichkeit an. Ein Farbfoto – selbst ich hatte so etwas bis dahin noch nie gesehen – war eine Sensation.

»An einem Tag hat er das Foto gemacht, am nächsten Tag bekam ich es schon.«

»Wie lange sind sie geblieben?«

»Drei Tage. Sie haben sich Notizen gemacht, Schweine gewogen, beim Melken der Kühe zugeschaut – mit anderen Worten, sie haben in alles ihre Nase hineingesteckt. Als sie gegangen waren, war es auch mit dem Fleisch vorbei. Zum Mittagessen gab es Sauerkrautsuppe und ein wenig Grütze mit Speck. Und dann forderte man uns auf, unsere Herden zurück nach Hause zu treiben.«

»Wieso zurück nach Hause treiben?«

»Ja. Sie teilten uns mit, dass es keine Transportmittel mehr gebe und wir einfach zu Fuß gehen müssten. Sie halfen uns lediglich, durch die Hungersteppe durchzukommen, denn dort gibt es kein Wasser.«

»Und was wurde aus dem restlichen Vieh?«, fragten wir.

Das wussten sie selbst aber auch nicht. Die Kühe waren offenbar irgendwo in Richtung Altai oder Turkestan gezogen. Sie selbst hatten noch eine Reise von über einem Monat vor sich.

»Wie viele Tiere habt ihr unterwegs verloren?«, fragte ich unverblümt. Der Hirte kratzte sich hinter den Ohren – er hatte keine Lust, es zu erzählen. Schließlich presste er es förmlich heraus: »Etwa zehn bis zwölf pro Rast. Diesmal sind es mehr. Sie sind völlig erschöpft.«

Ich rechne kurz nach. Vierzig Tage, pro Tag zehn tote Tiere, das macht vierhundert. Und sie sind noch nicht am Ziel, also werden sich die Verluste noch erhöhen. Dieser Hirte tut mir leid. Er ist kein junger Mann mehr, und man kann sehen, dass er einer dieser echten Vollblutbauern ist, die sehr an ihren Tieren hängen. Sie waren sicher sein ganzer Stolz und sein Leben. Sie wurden ausgezeichnet, ausgewählt unter vielen anderen, um vor den Augen der Ausländer die Verdienste des Landes herauszustellen. Ein potemkinsches Dorf.[24] Der Zar ist abgereist, nun kann die Dekoration entfernt und auf die Müllkippe geworfen werden. Wer sollte denn noch was davon haben? Der Schafhirte dreht sich eine dicke Zigarette, nimmt einen kräftigen Zug und fährt fort. »Was werden die Leute sagen, wenn ich zurückkomme? All unsere Arbeit, was für eine Verschwendung!« Und er fügt noch hinzu: »Soweit es um mich selbst geht, ist mir das egal. Ich komme schon zurecht. Aber das Pferd meines Genossen, Waschka, ist krepiert. Es war ein gutes Pferd, nur ein bisschen zu jung. Es hatte noch nicht genug Kraft.«

---

24 Dorfattrappen, die zum Schein errichtet werden, um bei wichtigen Besuchern einen guten Eindruck zu hinterlassen. Diese Praxis geht auf Grigori Potjomkin (auch: Potemkin), Minister und Liebhaber von Katharina der Großen, zurück. Er ließ solche Dorfattrappen errichten, als die Zarin 1787 die Krim bereiste.

Der Herbst steht vor der Tür. Zusammen mit Babuschka habe ich bereits die Kartoffeln aus dem Boden geholt. Die Kartoffelernte ist üppig. Babuschka ist zufrieden – es wird im Winter für uns reichen und auch für die Sau. Auf den Feldern der Kolchose hat die Ernte gerade erst begonnen. Der Vorarbeiter fährt von Häuschen zu Häuschen, um die Frauen zur Arbeit zu bewegen, aber sie laufen vor ihm weg und verstecken sich. Auf dem Feld arbeiten nur wenige. Auch für die Futterrübenmaschine sind keine Arbeitskräfte zu finden. Die Rüben sind groß und dick. Wir organisieren einen *Subbotnik*[25]: die Lehrkraft der örtlichen Schule, Lena vom Roten Winkel[26], der Vorarbeiter, Leonid und ich. Auf dem fünf Hektar großen Feld ernten wir die Rüben, die schon begonnen haben Frost anzusetzen. Obwohl wir den ganzen Tag durcharbeiten, sind die Ergebnisse gering. Ein Tropfen auf den heißen Stein. Am zweiten Tag arbeiten wir einer kleineren Gruppe – der Vorarbeiter, Leonid und ich. Drei Leute, das ist lächerlich. Über Nacht fällt Schnee, und auf alles legt sich eine dicke weiße Schicht, die nicht mehr schmelzen wird. Das grüne Kraut der Rüben verrottet im weißen Flaum. Auch die Kolchoskartoffeln verfaulen unter dem Schnee. »Das passiert jedes Jahr«, sagen die Kolchosbauern. »Das ist normal.«

Der politisch interessierte Leser nimmt mir sicher übel, dass ich so wenig über Politik schreibe. *Warum nur, Sie haben doch so viele*

---

[25] In der Sowjetunion war es seit den zwanziger Jahren üblich, an Samstagen kollektive freiwillige Arbeiten (*Subbota* heißt Samstag auf Russisch) zum Wohle der Gemeinschaft zu organisieren: Es wurden Straßen gefegt, Müll wurde beseitigt und so weiter. Diese Gepflogenheit besteht auch heute noch.

[26] *Krasny Ugolok* – die Rote Ecke – ist ein Ort, an dem in einfachen Bauernhäusern Ikonen und religiöse Gegenstände aufbewahrt werden. In kommunistischer Zeit wurden die religiösen Gegenstände in der Roten Ecke durch Bildnisse der kommunistischen Führer ersetzt. Das Kulturhaus in der Kolchose, auf das Skarga hier verweist, ist danach benannt worden.

Jahre dort verbracht, die Jahre unmittelbar nach dem Krieg, die stalinistische Glanzzeit, die Phase, in der der Kalte Krieg begann, dann der Koreakrieg, dann der Tod des großen Führers, die ersten kurze Momente des Tauwetters? Und dann erwähnen Sie nichts davon? Kein einziges Gespräch mit Russen über diese Ereignisse, kein einziges Urteil, nicht eine Beschreibung, wie die Menschen auf das, was um sie herum alles passierte, reagierten? Sie alle hatten Zeitungen, das Radio sendete Nachrichten. Wart ihr denn völlig taub oder alle schon hirngewaschen, dass ihr nur noch an euren Rationen interessiert wart? Waren damals alle Menschen, denen Sie in den Lagern begegnet sind, und alle Menschen, die in der sogenannten Kolchosfreiheit lebten, politisch derart desinteressiert? Das kann doch nicht sein.

Ich verstehe diese Vorwürfe, und ich fühle mich ihnen gegenüber machtlos. Es ist in der Tat schwer zu verstehen, dass Politik das größte Lager- und Kolchostabu war. Sergei Michailowitsch gehörte zu einer kleinen Gruppe von Ausnahmen: Er versuchte seine Gedanken in Theorien zu fassen, versuchte kulturelle Probleme in allgemeine Aussagen über den Charakter der russischen Nation zu übersetzen. Dabei sprach er jedoch nie über das Konkrete, über die aktuellen Maßnahmen der Autoritäten, darüber, ob die Politik zur Entwicklung der Schwerindustrie, die der Kollektivierung oder die der Einmischung in ausländische Konflikte richtig war. Stets hieß es: »Moskau weiß es besser.« So wurden alle Fragen und alle Zweifel beiseitegewischt. Sowohl die alte russische Intelligenzija, der man in den Lagern begegnete, als auch die neueren, die kommunistischen Eliten, die sich auch auf den Anklagebänken wiedergefunden hatten, vermieden politische Wertungen. Und nur sie hätten sinnvolle Einsichten haben können. Den Kolchosbauern fehlte jedes politische Bewusstsein. Ihre Gleichgültigkeit und Oberflächlichkeit waren erschreckend. Lag das an der Primitivität dieser Menschen oder an ihrer Unfreiheit? Ich konnte ihre Handlungsweise nicht begreifen. Es lag eine Doppeldeutigkeit, ein Widerspruch darin. Sie scheuten sich nicht, zu einem Vorarbeiter, der sie zu einer Arbeit einteilte, nein zu sagen. Gleichzeitig kauften alle begierig und ohne Bedenken Staatsanleihen[27] an.

»Petrowna«, erklärte Babuschka, »du verstehst nichts davon. Wie kann man sich weigern, wenn der Staat einen dazu verpflichtet?«

»Aber der Staat verpflichtet dich auch zur Arbeit«, erwiderte ich.

»Die Kolchose ist nicht der Staat. Eine Sowchose, das ist etwas anderes, dort *muss* jeder arbeiten. Dort geht man zur Arbeit, trägt sich in eine Liste ein, und wenn man nicht erscheint, wird das Fernbleiben von der Arbeit vermerkt, und es folgt ein Prozess. In der Kolchose gibt es keine solche Liste. Wenn man will, geht man hin. Wenn nicht, bleibst man zu Hause. So ist das Gesetz.«

Babuschka hat recht: Die Kolchose ist ein freier Zusammenschluss von Menschen, jedenfalls der Ideologie nach. In Wirklichkeit wurden die Kolchosen mittels Zwang und furchtbarer Repressionen errichtet. Doch nun, da es sie gibt, können die höheren Autoritäten nicht direkt in Arbeitsabläufe eingreifen. Um jemanden zu verklagen, der nicht arbeiten will, bedarf es mehr als eines Denunzianten. Dazu bedarf es auch Zeugen und, noch wichtiger: der Entscheidung des Exekutivkomitees der Kolchose. In diesem Gremium sitzen jedoch Leute, die alle aus demselben Bauerndorf kommen, Freunde und manchmal sogar Blutsverwandte. Auch sie müssen die Gelegenheit haben, die Dächer ihrer Häuser zu reparieren und auf den Basar zu gehen. Deshalb versuchen sie Verstöße zu ignorieren. Manchmal versucht der Vorarbeiter jemanden davon zu überzeugen, dass es so doch nicht weitergehen könne.

»Wanja«, sagt er, »du hast den ganzen Tag nichts getan. Die Leute fangen schon an zu murren.«

---

27 In der Sowjetunion gab es nur wenige Möglichkeiten, Geld anzulegen oder zu investieren. Zwischen 1927 und 1957 gab der Staat Lotterieanleihen (Lotteriedarlehen) und andere Arten von Anleihen aus. Auf diese Weise versuchte er seinen gigantischen Schuldenberg abzubauen.

»Schon gut, schon gut«, antwortet Wanja. »Morgen werde ich kommen.«

Ein oder zwei Tage lang taucht Wanja dann wieder auf der Basis auf, um danach wieder zu verschwinden. Der Kolchosbewohner weiß genau, was er darf, und nutzt das aus, ganz wie es seinen atavistischen Gewohnheiten entspricht. Solange sie dich nicht schlagen, bleib einfach still sitzen und mach dein Ding. Dieses Prinzip zeugt von einer unglaublichen Passivität und auch von einem absoluten Mangel an Verständnis für Zusammenarbeit innerhalb der Gemeinschaft. Diese Menschen haben keinen Antrieb, keinen Willen, etwas Besseres für sich und andere zu erreichen. Sie bleiben in dem stecken, was da ist. Sie sind nur von einem Gedanken beseelt: dem Gedanken, der ihnen befiehlt, nicht aufzufallen, sich in ihrem Winkel zu verkriechen, Verantwortung nur so weit zu übernehmen, wie es notwendig ist, und sonst nichts zu unternehmen, erst recht nichts aus eigener Initiative. Ich erinnere mich an einen solchen Schlag von Menschen aus der »Legende vom Großinquisitor«[28], Menschen, die sich mit dem Glück des kleinen und schwachen Menschen zufriedengeben. Wo ist dieser sogenannte Boden, über den die Slawophilen geschrieben haben und der Russland eine Wiedergeburt bringen soll? Ich sehe keinen Boden und auch keine Substanz, um ihn zu düngen. Ich sehe Leere, Menschen, die nicht über die Grenzen ihres eigenen abgesteckten Gärtchens hinausgehen. Wenn sie anders arbeiten würden, wären sie reicher, da bin ich mir sicher. Mir, einer Fremden, bricht es das Herz, wenn ich die schreckliche Vergeudung in der Kolchose sehe. Sie aber reagieren auf meine Bemerkungen mit einem Achselzucken. Alle, ohne

---

28 Kapitel aus Dostojewskis *Die Brüder Karamasow*. In diesem Kapitel stellt Dostojewski dar, dass der Mensch lieber nicht frei ist und lieber keine Verantwortung trägt: Lieber kniet er vor einer Autorität, die einem die Last der persönlichen Verantwortung abnimmt, als in voller Freiheit leben zu müssen.

Ausnahme. Die Bauern, die sich hier aus allen Ecken Russlands versammelt haben, die aus Großrussland Entflohenen, die Nachfahren der Kosaken, die einheimischen Sibirer, sie alle bilden eine seltsame Gemeinschaft. Es ist dort keine Freundschaft oder auch nur gewöhnliche menschliche Solidarität zu spüren. Es gibt keinen Willen, eine gemeinsame Zukunft aufzubauen. Mit bestimmten Verhaltensweisen sind jedoch alle vollkommen einverstanden: Man bewirtschaftet einerseits seinen eigenen kleinen Garten, andererseits ist man der übergeordneten Autorität, ihren Befehlen und erst recht ihren Urteilen gegenüber völlig loyal. Diese Loyalität duldet keine Auflehnung, keine Unabhängigkeit – und sie verwandelt sich in eine Art Despotismus, in einen Panzer, der das Dorf erstickt. Sie führt zu einer programmierten Gleichförmigkeit der Meinung, die anerkannt, befolgt und als Tugend praktiziert wird. Man darf nicht anders denken als die anderen. Man darf nichts anderes wollen als das, wonach es jeden verlangt. Man darf die Kartoffeln in seinem eigenen kleinen Garten ernten, denn das wollen schließlich alle. Der Kolchosbewohner kennt seine Grenzen gut und behält sie im Auge, er behält sich und andere im Auge. Wer die Grenzen überschreitet, stößt bei den anderen auf Erstaunen und Ablehnung.

Ich fühle mich an frühere Gespräche mit Sergei Michailowitsch erinnert.

»Was bedeutet Freiheit für einen Russen?«, fragte ich. »Ihr seid schließlich die Nation von Pugatschow[29] und Rasin[30], und ihr habt die Revolution gemacht.«

»Freiheit?« Sergei überlegt. »Was kann das bedeuten? Freiheit oder Gesetzlosigkeit. Ein Russe erkennt in der Freiheit immer die

---

29 Jemeljan Pugatschow (1740–1775), Anführer eines Kosakenaufstandes gegen die Herrschaft Katharinas der Großen.
30 Stenka Rasin (1630–1671), Kosakenführer und Volksheld des 17. Jahrhunderts. Nachdem er viele Jahre lang als Freibeuter gelebt hatte, wurde er verhaftet und schließlich in Moskau nach langer Folter geviertelt.

Gesetzlosigkeit. Pugatschow, Rasin, die Revolutionäre – sie waren schlimmere Despoten als die Zaren. Die Regierungen zu jener Zeit erschienen ihnen als Regime der Gesetzlosigkeit, die sich gegen die Unantastbarkeit der unverletzlichen Gesetze vergingen. Sie kämpften nicht im Namen der Freiheit, sondern gegen sie: Sie kämpften im Namen eines vollkommenen Zarismus, der den bedingungslosen Gehorsam eines jeden gegenüber der Gemeinschaft forderte.«

Das sind zu harte Worte, obgleich sich darin etwas Wahres verbirgt. Diese Menschen haben überhaupt kein demokratisches Bewusstsein, keinerlei Respekt vor einer anderen, unabhängigen Justiz. Konnten sie politische Wesen sein? Waren sie überhaupt in der Lage, sich eine eigene politische Meinung zu bilden? Konnten sie sich für das interessieren, was sich auf der großen politischen Bühne abspielte, wenn sie sich selbst zu vollkommener Passivität in dieser Materie verdammt hatten? Hin und wieder wagte irgendein alter Kommunist, der zu fünfzehn Jahren verurteilt worden war, vom Spott eines Deutschen oder Polen provoziert, eine leidenschaftliche Verteidigung des Systems. Eine strahlende Zukunft. Der Himmel auf Erden. Stalin, der große Lehrmeister, der Sprachwissenschaftler. Rohstoffe und Stahl, wie in dem Lagerliedchen. Solche Gespräche waren reine Zeitverschwendung.

Gelegentlich beschworen sie selbst solche Gespräche herauf, aber das waren nur Provokationen, die ein konkretes Ziel verfolgten. Denn wie in den Lagern ging es darum, seine Feinde zu enttarnen. Wir kannten diese Vorgehensweise, und nur selten ließ sich jemand hereinlegen. Nicht lange nach meiner Ankunft in der Kolchose hatte das örtliche Parteikomitee dafür gesorgt, dass meine Überzeugungen untersucht wurden. Sergei war dazu auserwählt, ein angemessenes Urteil über sie zu fällen. Sergei kam also mit einem halben Liter Wodka nach Hause, bat seine Frau, ein Rührei zu braten, und begann sich über das Leben in der Kolchose zu beschweren, über die Ungerechtigkeit, über das schwere Schicksal der Verbannten, die besser irgendwo in der Stadt arbeiten sollten als hier in diesem Bauernkaff. Er begann so gefühlvoll zu weinen, dass ich hellhörig wurde. Er erhob zu viele Klagen über die Kolchose und sogar über die allgemeine Politik der Behörden. Es war eine naive Darbietung, zu unwahrscheinlich aus dem Mund eines Sowjetmenschen. Zu viel sogenannte Ehrlichkeit, zu viele fast blasphemische Ansichten. Das nahm ich ihm keine Sekunde lang ab. Seine Ausführungen erinnerten mich an eine bekannte sowjetische Anekdote: »Du melkst nicht gerne Kühe? Hast du vielleicht etwas gegen Kühe? Oder magst du vielleicht das Bauernleben nicht? Aha, du bist bestimmt gegen das Leben in der Kolchose, ja mehr noch, du bist bestimmt gegen die Sowjetunion selbst!«

Ich unterbrach also seinen Redefluss, und seine Augen leuchteten auf, als ich mit der Bemerkung begann, dass ich froh sei zu hören, was er gesagt habe. Ich sagte, dass ich froh sei, denn – und in diesem Moment begann der freudige Glanz in seinen Augen zu erlöschen – nun wisse ich, dass ich es mit einem Feind der Sowjetunion zu tun habe. Ich würde es nur bedauern, dass ich dieses Gespräch und die darin gemachten Aussagen melden müsse. Wie könne er so über die Kolchose reden, wo sich doch die ganze Nation nach Kräften bemühe, den Wohlstand in diesem Land zu erhöhen? Er wurde grün vor Wut.

»Ich habe nur gescherzt«, wiederholte er mehrfach. »Ich habe nur gescherzt.«

Aber ich hatte ihm einen Schrecken eingejagt, wenngleich ich nicht die geringste Absicht hatte, den Inhalt des Gesprächs in Gegenwart anderer zu wiederholen. Schließlich ließ ich mich überreden und versprach, seine unpassenden Enthüllungen für mich zu behalten. Nun könnte man vielleicht meinen, dass ich selbst unehrlich gewesen sei und mich gemein verhalten habe. Was kann ich darauf sagen? Solche Vermutungen anzustellen war erlaubt, und am Ende stellte sich heraus, dass mich meine Intuition nicht im Stich gelassen hatte. Leonid war es, der mir dann, als ich schon im Büro arbeitete, von dem Beschluss des Parteikomitees über mich erzählte. Er gehörte selbst nicht der Partei an, nahm aber als Buchhalter oft an Parteiversammlungen teil. Sergei hatte sich dort darüber beklagt, dass ihm eine derart undankbare Rolle zugewiesen worden sei, und erklärte, Petrowna sei ein »echter Sowjetmensch«, er habe Angst und hoffe nur, dass sie ihn nun nicht beim MWD melden würde. Wer würde bezeugen, dass er solche Dinge nur auf ausdrücklichen Befehl des Komitees geäußert hatte? Die Komiteemitglieder beruhigten Sergei: Sollten höhere Behörden danach fragen, würden sie alle bezeugen, dass er nur eine Rolle gespielt habe. Schließlich beruhigte sich Sergei, und so wurde über mich das Urteil gefällt, dass ich ein »echter Sowjetmensch« sei. Hatte ich das der Tatsache zu verdanken, dass ich damit gedroht hatte, ihn zu denunzieren?

Ein gleiches Urteil wurde unter anderen Umständen noch einmal über mich gefällt. Ich war krank. Ein Frauenleiden nach vielen Hungertagen in Eiseskälte. Ich brauchte Pflege. Zum ersten Mal gab Swirin mir ohne weitere Erklärung frei, damit ich zum Bezirksarzt gehen konnte. Ich musste mich einigen Untersuchungen unterziehen. Sie wurden noch für dieselbe Woche angesetzt. Swirin weigerte sich dann jedoch, mir die Erlaubnis zu erteilen, die Kolchose zu verlassen. Als Verbannte unterstand ich dem Rechtssystem der MWD-Verwaltung und der direkten Aufsicht des Exekutivkomitees der Kolchose. Da ich nicht im Sterben lag, hatte Swirin das Recht, mir mein Fortgehen zu verweigern und zu fordern, dass ich an meinem Arbeitsplatz blieb. Das war für mich der Tropfen, der das Fass zum Überlaufen brachte. Obwohl ich bis dahin noch nie jemanden in der Kolchose beschimpft hatte, warf ich ihm wie eine alte Urka alle möglichen Vorwürfe an den Kopf. Echte Vorwürfe, ausführliche, erfindungsreiche, mit allen möglichen Schimpfwörtern und immer schöneren und originelleren rhetorischen Figuren gespickt. Er sah mich fassungslos an. Dann hellte sich sein Gesicht auf, und mit einem breiten Lächeln rief er: »Petrowna, Sie sind ein echter Sowjetmensch. Gehen Sie, gehen Sie und lassen Sie sich untersuchen, wann immer Sie wollen.«

Und so vollzog sich die Anpassung an das Leben als Sowjetmensch. Tatsache ist, dass ich von diesem Moment an viel persönliche Freiheit bekam. Ich kam, wann immer ich wollte, und wenn ich in den Bezirk gehen wollte, ging ich einfach und sagte höchstens Leonid Bescheid. Swirin begegnete mir mit größerer Vertraulichkeit, behielt aber doch eine gewisse Reserviertheit bei. Und das zu Recht. Für diese Menschen war ich nicht einfach eine weitere Gefangene, die ihre Strafe abgesessen hatte – solche Leute traf man hier oft an. Ich war ein Wesen von einem fernen Planeten, ich kam aus dem Westen, aus dem Land, das sie – und daran erinnerten sie sich gerne – während des Krieges fast vollständig niedergetrampelt hatten, das ihnen aber auch unbegreiflich geblieben war, einem Land mit anderen, völlig fremden Menschen. Ein Russe mag keine Fremden, er vertraut ihnen nicht. Er mag ein wenig eifersüchtig auf sie sein, vor allem auf die aus dem Westen, aber er sucht keine Nähe zu ihnen. Er versucht nicht, sie zu verstehen oder von ihnen verstanden zu werden, so als interessierten sie ihn überhaupt nicht, als hätte er überhaupt keine Lust auf ehrlichere und authentischere Kontakte. Er übernimmt einfach, was er von höherer Stelle hört: dass der andere ein Fremder und damit ein Feind sei und man ihn folglich zertreten müsse, da man sonst von ihm zertreten werde.

Provozieren. Kein anderes System hat das wahrscheinlich in einem solch großen Ausmaß praktiziert. Das System? Nicht nur. Diese Praxis kannte man schon aus der Zarenzeit. Worin unterscheidet sich die Tscheka von der Ochrana[31] und anderen zaristischen politischen Institutionen?! Die Provokation ermöglicht es, Revolutionäre

---

31 Die Geheimpolizei wurde von Zar Alexander II. im Jahr 1866 nach einem gescheiterten Attentat auf ihn gegründet.

und Konterrevolutionäre zu entlarven, diejenigen, die Zar Nikolaus, oder diejenigen, die Stalin nicht wohlgesinnt sind, die Mitarbeiter der *Iskra*[32] oder die Samisdat-Schriftsteller. Die Provokation ist effektiv, und ihre Opfer werden immer in dieselbe Richtung verbracht: nach Sibirien oder in den Norden, manchmal nach Irkutsk und heute vor allem in die Minen von Workuta oder Magadan. Wie hieß das noch mal in dem Lagerlied? *Du, Genosse Lenin, hast aus einem Funken eine Flamme geschlagen, und, Gott sei gelobt, kann ich mich heute am Ofenfeuer wärmen.* Es muss in der Tat eine große Flamme gewesen sein, da mit ihr bis heute so viele Feuer entzündet worden sind und noch entzündet werden, an denen sich neue Lagerinsassen zu wärmen versuchen.

Sergeis Provokationen konnten mich nicht aus dem Konzept bringen – von einer Frau habe ich mich jedoch täuschen lassen. In der Kolchose gab es eine gewisse Fjodorowna, an ihren Vornamen erinnere ich mich nicht mehr. Sie half manchmal bei der Jahresbilanz oder bei gelegentlichen Arbeitsaufträgen bei der Buchhaltung. Die meiste Zeit war sie zu Hause. Sie hatte sechs Kinder, anscheinend alle von verschiedenen Vätern, und wusste selbst nicht mehr so genau, welches Kind von wem war. Sie war eine kleine, stämmige, hässliche Frau, und sie stand im Ruf, eine gute Frau zu sein, die niemandem die Tür wies, der um eine Unterkunft für die Nacht bat (sofern, das versteht sich, es sich um Männer handelte, die mit diesem Anliegen bei ihr anklopften).

Nach der Ernte beschloss die Kolchose, eine Schreinerbrigade zu gründen. Mit Ausnahme des Schmieds und des Gärtners wurden alle Verbannten in dieser Brigade untergebracht. In der Praxis handelte es sich um eine kleine Brigade, da mehrere Kolchosbewohner

---

32 *Iskra* (wörtlich: Funke) war die Zeitung der sozialistischen Opposition, die erstmals zu Beginn des 20. Jahrhunderts erschien. Unter anderem schrieben Lenin und Trotzki Beiträge für sie. Die Zeitung war im zaristischen Russland selbst verboten; sie wurde im Ausland gedruckt.

nur selten zur Arbeit kamen. Die Brigade sollte einen neuen großen Kuhstall und – das war am wichtigsten – einen Getreidespeicher bauen. Da Holz in der Gegend knapp war, wurde die Brigade zunächst in die etwa dreihundert Kilometer entfernte Taiga zum Holzhacken geschickt. Dort kam es zu einem ersten Streit. Es war bereits Winter, und es fiel Schnee. Zugleich wurden die Arbeiter in schlecht geheizten Zelten untergebracht und erhielten außerdem keine angemessene Kleidung. Und das ist noch nicht alles. In der Umgebung gab es weder Läden noch die Möglichkeit, sich mit Lebensmitteln zu versorgen. Jeder war mit Trockenprodukten in Form von Brot, Kombischir und Dosen Kondensmilch versorgt. Man versprach, dass am nächsten Tag noch etwas geliefert werde. Drei Tage vergingen, und es kam nichts. Kein einziges Lebenszeichen. Die Männer wurden aufsässig. Sie nutzten ihre Chance zur Flucht und erreichten nach einer fast zwölfstündigen Tour – teils mit dem Schlitten, teils zu Fuß – die nächstgelegene Siedlung. Sie meldeten sich sofort beim örtlichen Milizkommandanten und forderten ihn auf, ihren Bezirk und ihre Kolchose darüber in Kenntnis zu setzen, dass sie unter diesen Bedingungen nicht arbeiten würden. Eine klassische Arbeitsverweigerung, etwas, wofür man die Todesstrafe bekommen konnte. Und so kamen fast alle Behörden dorthin: das MWD, der Parteisekretär, ein Vertreter der Bezirksverwaltung und auch unser Swirin. Es wurde mit einem neuen Urteil gedroht, mit dem Lager. Die Männer aber erklärten, das in Kauf zu nehmen, da sie – nicht ohne Grund – keinen Unterschied zwischen ihrer früheren Situation und der jetzigen sähen. Mit ihrer Weigerung drohten sie offensichtlich eine Reihe von Plänen nicht nur der Kolchose, sondern auch des Distrikts zu durchkreuzen, sodass die Behörden nachsichtig waren. Die Männer wurden an einen anderen Ort geschickt, an dem sich ein großes Sägewerk, ein Forsthaus und eine Baracke für Waldarbeiter befanden. Sie wurden in dieser Baracke untergebracht und erhielten eine Stempelkarte für den örtlichen

Speisesaal, in dem es anscheinend recht gutes Essen gab. Sie bekamen für den Wald auch die nötigen Walenki, Buschlaty, wärmende und schützende Handschuhe sowie obendrein elektrische Sägen. Und da bekannt war, dass die Kolchose die Genehmigung erhalten hatte, eine bestimmte Menge Holz für die zu errichtenden Bauten zu fällen, beschlossen sie, ihre Aufgabe so schnell wie möglich zu erledigen, damit sie nicht länger als nötig im Wald bleiben mussten.

In der Planung waren für die Arbeit zwei Monate vorgesehen, doch zur Überraschung der Behörden wurde sie in weniger als einem Monat geleistet. Niemand war auf eine solch beispiellose Effizienz vorbereitet. Meine Freunde erzählten mir, dass sie sich keinesfalls übermäßig angestrengt, sondern bloß konzentriert gearbeitet hätten: Die Arbeiten hatten sie entsprechend der Fähigkeiten und Kräfte jedes Einzelnen unter sich aufgeteilt, und im Gegensatz zu den anderen Arbeitern hatten sie keinen einzigen Tag am Lagerfeuer verbracht.

Danach kam das Bauprojekt gut in Gang. Es wurde schnell gebaut. Ich berechnete die Normen, die später in Trudodni umgesetzt wurden. Doch was stellte sich am Ende des Jahres heraus? Obwohl sie fast doppelt so viel Trudodni verdient hatten wie ein durchschnittlicher Kolchosarbeiter, standen sie bei der Kolchose auf einmal in der Kreide. Der tägliche Liter Milch, die Kartoffeln, das Mehl, die kläglichen fünf Eier zu Ostern und auch die Kleidung, die man ihnen für die Arbeit im Wald gegeben hatte – das alles hatte einen Kostpreis, der viel höher war als das, was sie an Trudodni verdient hatten. Ich saß im selben Boot. Für die Arbeit im Büro wurden mir eineinhalb Trudodni pro Tag zuerkannt. Ich nahm nicht mehr als diesen kläglichen Anteil an Lebensmitteln an, der nicht nach Marktpreisen, sondern nach wesentlich niedriger liegenden Produktionskosten berechnet wurde. Und dennoch hatten wir nach fast einem Jahr Arbeit der Kolchose durchschnittlich dreihundert bis fünfhundert Rubel Schulden, was für die damalige Zeit kein geringer Betrag war. Meine Freunde waren wütend, und ich war es auch. Und dann kam das Geheimnis der Kolchose ans Licht. Die Kolchose hielt ihre Arbeitskräfte fest im Griff. Wir waren bei weitem nicht die einzigen Schuldner – jeder musste sich mit solchen Rechnungen herumschlagen. Das Getreide wurde nach Trudodni verteilt: ein Kilogramm für einen Trudoden. So wurden die Schulden immer größer. Einige ältere Arbeiter hatten bereits mehrere Tausend Rubel Schulden angehäuft. Solange sie weiterhin in der Kolchose arbeiteten, wurde über diese Schulden einfach hinweggesehen. Aber sie machten es unmöglich, die Kolchose zu verlassen oder irgendwo anders eine Arbeit anzunehmen, nicht einmal im nächstgelegenen Bezirk. Auf diese Weise wurde also ein guter Bauer an die Scholle gefesselt: Ohne einen Pass und mit einer Schuldenlast, die wie ein Mühlstein um seinen Hals hing, unterschied sich der sowjetische Kolchosbewohner in seinem rechtlichen Status nicht von einem Leibeigenen.

Wenn ich mich nicht irre, wurden diese Schulden 1956 erlassen, zudem erhielten die Kolchosbewohner Personalausweise. Sie bekamen auch eine Entschädigung für ihre Arbeit. All dies geschah jedoch erst nach meiner Abreise. Damals lag der Sklave des 20. Jahrhunderts in festen Ketten. Alles, was er tun konnte, um sich aufzuheitern, war, die erste verfügbare Zeitung aufzuschlagen, in der in Druckbuchstaben und voller Bewunderung geschrieben stand, dass »die Wirtschaft dank der Anstrengungen der Kolchosen für unser großes Land immer wieder zu florieren beginnt«, dass »die Pläne für die Versorgung mit Getreide, Fleisch und Milch übertroffen wurden«, dass »jede Kolchose in einer Atmosphäre großer Begeisterung für Politik und Produktion und unter der Führung der geliebten Partei für das Wohl der Nation kämpft«.

Und dann brach ein zweiter Streit aus. Meine Freunde gingen zum Sekretär des Bezirkskomitees und verlangten eine Versetzung in eine Sowchose oder direkt in den Bezirk. Sie könnten als Tischlerbrigade arbeiten, die unmittelbar dem Bezirksrat unterstand. Dieser Schritt löste große Bestürzung aus. Und gerade in diesem Moment beantwortete ich unvorsichtigerweise eine listige Frage von Fjodorowna. Sie fragte mich, ob die Männer nicht das Recht auf ihrer Seite hätten, da ihnen doch jederzeit das Recht zustand, sich bessere Arbeit zu suchen. Ich weiß nicht, in welcher Form meine Worte weitergegeben wurden. Ich wusste überhaupt nicht, dass mir etwas drohte. Erst einige Monate später erzählte mir Swirin bei einer Gelegenheit, bei der auch Wodka im Spiel war, dass man mich wegen des Verdachts antisowjetischer Agitation sofort hatte verhaften wollen. Die Anklage war von Fjodorowna verfasst worden. Anscheinend war lange darüber gestritten worden, was mit mir geschehen solle. Am Ende erklärte der Kommandant des örtlichen MWD, dass eine Verhaftung und das Lager wenig an meinem Leben ändern würden, da das Regime derzeit – nach Stalins Tod – weniger streng sei, mein Weggang für die Kolchose allerdings ein großer Verlust wäre. In der Kolchose gab es niemanden, der im Büro arbeiten konnte. Man hätte jemanden von außerhalb einstellen müssen, und wer wollte die Arbeit schon machen? Die Klage wurde ebenso abgewiesen wie der Fall meiner Freunde. Sie wurden lediglich ermahnt, nicht noch einmal mit einem derartigen Ansinnen anzukommen. »Das ganze Land schickt seine besten Leute bis in die entlegensten Winkel, und ihr wollt hier nicht arbeiten?«

Ein Mensch konnte schon so viele Jahre in diesem Land leben und noch immer Dummheiten begehen, etwas verlauten lassen, was nicht gesagt werden darf, ein Urteil fällen, das nicht den Erwartungen entspricht, etwas kritisieren, was nicht kritisiert werden darf. Kritik war schließlich etwas vorab Geplantes, und auch wer Kritik äußern durfte, wurde zuvor bestimmt. Als unser erster Vorsitzender entlassen wurde, erschien in der Lokalzeitung ein kurzer Artikel über Budjonowka, in dem einige kritische Beobachtungen standen. Auf diese Weise erfuhren wir, dass T.s Tage gezählt waren. Als Swirin kam, änderte sich nichts. Dasselbe Kolchoschaos, aber nun lobten die Artikel in derselben Zeitung unsere Leistung. Niemand schenkte diesen Meinungen Beachtung, niemand ging auf ihren konkreten Inhalt ein. Das waren alles nur Signale für persönliche politische Abrechnungen.

Der Winter war lang, der Winter war hart. Nur eines war großartig an ihm: der saubere, reichlich vorhandene Schnee. Einmal bedeckte der Schnee unser kleines Bauernhaus bis über die Fenster. Babuschka und ich wachten auf, und es war dunkel, und es blieb dunkel. Es hätte schon Tag sein müssen, die primitive Penduluhr zeigte neun Uhr an. Spielte diese Uhr vielleicht verrückt? Ich zog mich an und wollte nach draußen gehen, aber ich schaffte es nicht, die Tür zu öffnen. Wir waren eingeschneit. Durch den Abstellraum mussten wir unter das Dach kriechen. Dort gab es eine Luke, die zwar auch mit Schnee bedeckt war, doch mit vereinten Kräften schafften wir es, den Schnee beiseitezuschieben und nach draußen zu gelangen. Die Sonne schien herrlich, ein Glanz lag über den großen frischen Schneewehen. Bis es mir gelang, einen Gang hinunter zur Haustür zu schaufeln, musste ich eine ganze Stunde hart arbeiten. Danach machten Babuschka und ich eine Schneetreppe, wir gossen Wasser darüber, damit die Stufen besser gefrieren und länger halten würden, und streuten trockenen Mist darüber, um sie rauer und weniger rutschig zu machen. Es war angenehm, das Häuschen verlassen zu können und über diese Stufen hinaufzusteigen, um auf einer dicken Schneeschicht zu stehen, die dachhoch war und über die man laufen konnte, ohne einzusacken.

Der Schnee bedeckte den Schmutz, den Abfall. Den Schnee konnte man schmelzen, sodass man gutes, trinkbares Wasser hatte. Mit dem Wasser gab es sonst immer Probleme. Im ganzen Bauerndorf gab es nur drei Brunnen. Einer befand sich auf der Basis, etwa einen Kilometer von uns entfernt. Der zweite befand sich beim Waisenhaus, er war verschlossen und für uns unzugänglich. Und dann gab es noch einen dritten auf dem Dorfplatz, etwa sechshundert Meter von unserer Hütte entfernt. Für das Vieh holten wir Wasser aus einem kleinen Teich in der Nähe, etwa zwanzig Schritte entfernt. Das Wasser des Teiches war so sauber, dass wir es auch verwendeten, um uns zu waschen. Doch zum Trinken war es nicht geeignet. Also musste man täglich einen Gang mit einem Joch machen. In den Kolchosen gab es keine Wassertonnen oder Wasserkeller. Es wirkte so, als hätte jeder Wasser im Überfluss. Niemand kam auf die Idee, für eine Wasserzufuhr bis zu den Häusern zu sorgen. Deshalb ging jeder mit einem Joch, in der festen Überzeugung, dass dies der normale Gang der Dinge sei und sich daran nichts ändern ließe. Ich hatte Probleme mit dem Rücken, die sicherlich noch aus der Zeit stammten, in der ich im abgelegenen Pravieniškės-Lager die sechzig Kilo schweren Säcke hatte schleppen müssen. Immer wenn Großväterchen beschäftigt war und die Aufgabe des Wasserholens auf meinen Schultern lag, verfluchte ich die ganze Welt. Den Hinweg ging ich schnell, und auch das Wasserholen mit der Kurbel brachte keine besonderen Schwierigkeiten mit sich. Der Brunnen war allerdings wahnsinnig tief, ein echter artesischer Brunnen. Manchmal trocknete er fast aus, und dann dauerte alles länger, denn man musste den Eimer mehrmals hinunterlassen, um ihn ganz zu füllen. Der Rückweg zog sich dagegen unglaublich lange hin. Alle paar Schritte musste ich die Eimer auf den Boden stellen und mich strecken und dehnen, um den Schmerz im Rücken zu vertreiben. Der Schnee löste dieses schwierige Problem zumindest bis zum Sommer.

Der Winter bedeutete eine Bestandsaufnahme und damit eine Menge Arbeit in der Buchhaltung. Den lieben langen Tag rechnete ich mit einem altmodischen Abakus Spalten zusammen. Eine öde Arbeit war das, eine langweilige Angelegenheit. Dabei konnte ich mich jedoch schwarz auf weiß vergewissern, wie die tatsächliche Produktion in der Kolchose aussah, was für einen Balanceakt Leonid vollführte, um ein besseres Bild zu vermitteln und die Ergebnisse ins Gleichgewicht zu bringen. Er war in diesen Dingen erfahren wie kein anderer. Der Realität kann man sich allerdings nur schwer entziehen. Es kommt ja kein Körnchen einfach so hinzu. Einerseits musste nachgewiesen werden, dass die hohen Produktionsnormen eingehalten wurden, andererseits mussten die tatsächlichen Defizite erklärt werden. Natürlich war das alles nicht die Schuld der Kolchose, sondern auf unerwartete Umstände zurückzuführen. Diese ganze Berechnung, dieser ganze zusammengeschusterte Bericht erweckte bei niemandem Argwohn. Die Generalversammlung der Kolchose nahm den Bericht mit Genugtuung zur Kenntnis und stellte fest, dass man den Partei- und Staatsorganen, der gesamten Verwaltung der Kolchose dankbar sein müsse und auch sich selbst auf die Schulter klopfen dürfe für das Erreichen solch schöner Produktionsergebnisse, die dank des Fleißes einer ganzen Masse von Bauern erzielt worden waren, welche den Idealen Lenins stets treu geblieben seien. Die Generalversammlung betonte auch die Notwendigkeit, die Solidarität mit der Arbeiterklasse zu stärken und immer für die Interessen des Proletariats zu kämpfen. Nach der Versammlung wurde eine Menge Wodka ins Magazin gebracht, und die ganze Kolchose lief drei Tage lang sturzbetrunken herum.

Wir hingegen mussten mit unserer Verwaltungsarbeit fortfahren. Das sah in der Regel so aus: Morgens schrieben wir einen Bericht, den ich sofort an den Bezirk weiterleitete. Wir erledigten einige anstehende Angelegenheiten, während wir mit den Kolchosbauern, die sich am russischen Ofen wärmten, ein Schwätzchen hielten. Sie waren ohne wirklichen Grund zum Büro gekommen, einfach so, aus Langeweile. Gegen elf Uhr tauchte Swirin auf. Er begrüßte die Anwesenden, woraufhin ich mich mit unbewegter, ernster Miene, wie auf einer Beerdigung, bei den Kolchosbauern entschuldigte und ihnen sagte, dass es nun Zeit sei zu gehen, da der Vorsitzende eingetroffen sei und wir nun sehr dringende Angelegenheiten zu erledigen hätten. Langsam und widerwillig verließen sie das Büro. Ich schloss die Tür mit einem Hakenschloss und öffnete die Kasse. Das war eine Eisenkassette mit einem gewöhnlichen Vorhängeschloss. Darin verwahrte ich die Registrierkasse, etwas Geld (nie mehr als zwanzig oder dreißig Rubel, manchmal nicht einmal so viel) und das Allerwichtigste: eine gut gefüllte Zweiliterflasche reinen medizinischen Spiritus. Ich nahm die Flasche heraus, stellte ein Glas auf den Tisch, füllte es zur Hälfte mit dem teuflischen Trank und gab dann Wasser hinzu. Der Vorsitzende tippte ein paarmal mit den Fingern gegen das Glas, um so das Gemisch ein bisschen weniger stark zu machen. Er trank es in einem Zug aus, und die brave Buchhalterin holte als kleine Leckerei ein Stück getrockneten Fisch aus der Schublade. Wieder füllte ich das Glas halb mit Spiritus und halb mit Wasser. Und diesmal war es Leonid, der es leertrank, und auch er knabberte danach an einem Stück Fisch. Dann schenkte ich mir die gleiche Menge ein, fair ist fair. Ohne mit der Wimper zu zucken, goss ich mir das Feuerwasser hinter die Binde und biss in den Fisch, den Leonid dann wegstellte, während ich die Flasche verstaute, die Kasse schloss und die Tür öffnete, um die Kolchosbauern wieder hereinzubitten. Dieses Ritual vollzog sich in völliger Stille, Worte waren überflüssig. Bei der Durchführung eines so bedeutenden Aktes legten wir eine absolute Disziplin und Objektivität an den Tag.

***

Es gibt kein größeres Glück als Briefe. Ich korrespondierte nicht nur mit meiner Familie, was mir natürlich am meisten bedeutete, sondern auch mit ehemaligen Kollegen und Freunden von der AK, die mit mir gemeinsam vor Gericht gestanden hatten. Sie waren in alle möglichen entlegenen Winkel dieses riesigen Landes geschickt worden, und wir konnten nun endlich miteinander in Kontakt treten. Unsere Briefe enthielten immer eine Art Codesprache – Phrasen,

Abkürzungen, Anspielungen, die für jeden von uns völlig verständlich waren, aber für mögliche Zensoren viel weniger. Längst nicht alle Briefe waren fröhlich. Aus ihnen (und auch aus den späteren Erzählungen) konnte ich ersehen, dass das Schicksal mit mir gnädiger gewesen war als mit vielen anderen. Wie unglaublich traurig war Wisias[33] Geschichte! Sie wurde mit einem Binnenschiff zu einem Entsendungsposten irgendwo unterhalb des Jenissei, jenseits von Igarka, in das Land des berühmten Tunguska-Meteoriten geschickt. Mit einem Hauch von Ironie erinnerte sie sich daran, dass sich laut einer lokalen Legende Dserschinski[34] einst in derselben Region aufgehalten habe. Ihm war es gelungen zu flüchten, offenbar war er nicht ausreichend bewacht worden. Auch Wisia wurde nicht bewacht, aber an eine Flucht war für sie nicht zu denken: mittellos, ohne Schlafstätte, unter fremden Menschen, die es nicht immer gut mit einem meinten. Sie wurde mit der Anweisung an Land gesetzt, sich selbst eine Unterkunft und Arbeit zu suchen. Wie sich herausstellte, gestaltete sich beides äußerst schwierig. So wanderte sie von Ort zu Ort, schlief manchmal auf einer Bank in einem Bootshafen, manchmal in einer Kantine, wo sie mehrere Wochen lang den Abwasch besorgte. Sie konnte sich nirgendwo waschen, hatte keinen Platz, wo sie ihre Unterwäsche waschen konnte. Schließlich landete sie in einer Sowchose. Dort gab es zumindest eine Baracke mit Pritschen, einen Waschplatz und auch einen Essbereich. Ihr größtes Pech war, dass sie gut arbeitete. Sie erfüllte ihre Norm, was anderen dann wiederum missfiel. Es kam zu immer größeren Spannungen. Eines Tages sagte sie der Sowchose Lebewohl. Sie bestieg unerlaubterweise das letzte Schiff der Saison (wenn der Jenissei zufror, war die gesamte Verbindung unterbrochen, und es war

---

33 Verkleinerungsform von Jadwiga.
34 Felix Dserschinski (1877–1926), russischer Revolutionär aristokratischer polnischer Abstammung, der die Tscheka gründete. Vor Ausbruch der Revolution wurde er mehrmals nach Sibirien verbannt.

nur noch Flugverkehr möglich) und flüchtete in die nächstgelegene Stadt. Dort fand sie weder eine Arbeit noch einen Schlafplatz. Alle Bemühungen liefen ins Leere. Sie schlief bei Leuten, die sie zufällig traf, schlich sich manchmal in das Haus einer alleinlebenden Frau und verbrachte dort die Nacht zusammengerollt unter dem Ofen, wobei sie ihr Bestes tat, um nicht bemerkt zu werden. Für eine kurze Zeit bewachte sie irgendwo Lagerhäuser in der Nähe eines Flusses. Sie hatte keine geeignete Kleidung und wäre eines Nachts fast erfroren. Sie wurde von einer tatarischen Frau gerettet, die im Wechsel mit Wisia die gleiche Bewachungsaufgabe übernommen hatte. Schließlich fand sie Arbeit bei einer russischen Familie, wo sie sich um die Kinder kümmern musste. Ein Dach über dem Kopf, ein warmes Zimmer, das bedeutete in diesem Klima entsetzlich viel. Damals war es wahrscheinlich Dezember oder Januar, und es konnte bis zu 50 Grad unter null werden. Nun brachen fröhliche Tage an. Sie hatte eine herzliche, ja freundschaftliche Beziehung zu den Kindern, an denen sie sichtlich hing. Kinder, das war immer unser Schwachpunkt als Frauen. Und dann kam eines Tages plötzlich die Nachricht, dass das MWD ihr befahl, diese Stelle aufzugeben. Schließlich könne sie die angesehenen Sowjetbürger und die junge sowjetische Generation demoralisieren. Auch ihre Arbeitgeber wurden eingeschüchtert, und es blieb ihnen keine Wahl. Glücklicherweise begegnete Wisia gerade da einem Polen. Er kümmerte sich um sie, und später heirateten die beiden.

Wisias Geschichte ist typisch. Aufgrund einer Verwaltungsorder werden die Menschen irgendwo in der Steppe oder der Taiga ausgesetzt, und man befiehlt ihnen, sich dort auf eigene Faust ein Leben aufzubauen. Im Vergleich zu solchen sowjetischen Robinsonaden könnte man mein Kolchosdasein als paradiesisch bezeichnen. Ich litt keinen Hunger, ich hatte einen Platz zum Schlafen (in einem richtigen Bett, unter einer richtigen Decke und mit sauberen Laken). Wisia schlief in Tunguska eine Zeit lang auf dem Erdboden auf einem Lederfetzen, inmitten von Kindern und Läusen. Die Kraj Krasnojarsk hatte Budjonowka gegenüber nur einen Vorteil: die große Zahl polnischer Verbannter. In dieser Region wurde der Angaradamm gebaut, und dort erblickte auch die berühmte BAM[35] das Licht der Welt. 1948 kamen zahllose politische Gefangene aus allen Teilen der Welt im *Spez-Oser*-Lager[36] an. In der Regel blieben sie dort, auch nachdem sie ihre Strafe verbüßt hatten.

In meiner Gegend traf man, abgesehen von dem wenig sympathischen Schmied, keine Polen an. Der nächste wohnte, wie sich später herausstellte, etwa zweihundert Kilometer entfernt. Allerdings sind zweihundert Kilometer für einen Sibirer so gut wie nichts. Die Leute sagen es ganz unumwunden: Zweihundert Kilometer, das ist ganz in der Nähe. Da ist man nur zwei, drei Tage unterwegs. Es wird sich bestimmt immer eine Gelegenheit ergeben, dass man von jemandem Dutzende von Kilometern mitgenommen wird. Ein Bewohner, der die Erlaubnis erhalten hatte, etwa zur Taufe oder zur Hochzeit eines Verwandten die Kolchose zu verlassen, warf sich einfach einen Rucksack über die Schulter und brach auf. In unserer Gegend gab es keinen Busverkehr. Zugverbindungen gab es nur in Richtung Westen und Osten. Richtung Norden und Süden waren die eigenen Beine oder ein zufällig vorbeikommender Lastwagen die einzigen Fortbewegungsmittel.

Für einen Häftling war es ein seltsames Gefühl, zum ersten Mal ohne Eskorte in den Zug einzusteigen. Die guten Lagerjahre waren vorbei. Damals brauchte man sich um eine Fahrkarte, einen Sitzplatz, die Abfahrtszeit oder den Transport zum Bahnhof keine Sor-

---

35 Die Baikal-Amur-Magistrale, die nördlich der Transsibirischen Eisenbahn und parallel zu dieser verläuft.
36 Ein spezielles Lager des Verteidigungsministeriums für politische Gefangene. Es wurde 1948 in Taischet eingerichtet. Es bestand aus mehreren Lagerpunkten entlang der Strecke der Eisenbahnlinie, die die Häftlinge bauen mussten.

gen zu machen. Man wurde hingebracht, eingeladen, ausgeladen, wo man hinsollte. Wie bequem! Ich wurde zu einer Stadt innerhalb der Region beordert. Für die Reise bekam ich eine schriftliche Erlaubnis vom örtlichen MWD – das war ein Erlebnis! Ich kam schon eine Stunde zu früh am Bahnhof an, obwohl der Fahrkartenschalter erst eine halbe Stunde vor Ankunft des Zuges geöffnet wurde. Die Anzahl der Fahrkarten war immer begrenzt. Der Bahnhof, an dem der Zug abfuhr, teilte dem nächsten Bahnhof mit, wie viele freie Plätze vorhanden waren. In den Gängen zu stehen war nicht erlaubt. Man sollte mit einem gewissen Komfort reisen, »kultiviert«, ohne Gedränge. Die Folge dieser Regelung, dieser Sorge um den Komfort der Reisenden, war, dass jeder Bahnhof zu einem Ort wurde, an dem sich unzählige unglückliche Menschen versammelten, die auf die begehrten Fahrkarten warteten. Sie legten sich mit ihrer ganzen armseligen Reiseausstattung auf den Boden (es ist verboten, auf den Bänken zu schlafen, *ne kulturno*). Sie aßen, tranken, hielten Nickerchen, und wenn sich ein Zug näherte, bildeten sie eine drängelnde, fluchende und schimpfende Menge vor dem Fahrkartenschalter. Auch an meinem Schalter war das Gedränge ungewöhnlich groß: Hier stand eine lange Schlange von Menschen, die schon mehrere Tage gewartet hatten. Doch als ich meine Reiseerlaubnis mit dem MWD-Stempel vorzeigte, wurde mir trotz der wütenden Proteste der übrigen Fahrgäste sofort eine Fahrkarte ausgestellt. Wenn man von dieser lieben Institution abhängig ist, genießt man eben Privilegien. Die Fahrt in die Stadt war kurz: zwei Stunden. Ich saß bequem in einem geräumigen Wagen, und plötzlich sah ich ein Schild mit der eingravierten Aufschrift: POLEN, PAFAWAG[37].

Freude? Oh nein! Stolz? Auch nicht. Ein seltsames Gefühl überwog. Es war ein Zeichen aus einer anderen Welt, ein Zeichen dafür, dass es diese Welt noch gab, und gleichzeitig war es ein Zeichen,

---

[37] Abkürzung für Państwowa Fabryka Wagonów: Nationale Waggonfabrik.

welches Unbehagen, ja mehr noch, Misstrauen bei mir auslöste. Es zeugte davon, dass es irgendwo weit weg, fern unserer Existenz, Menschen gab, die Absprachen trafen, also miteinander in Kontakt standen, die Verfahrensprotokolle verfassten und unterzeichneten, die in gemeinsamen Verhandlungen ihren Vorteil suchten, gewiss Menschen auf hoher staatlicher Ebene, diesseits und jenseits der Grenze. Die brüderlichen Beziehungen, über die die Zeitungen schrieben. Und was dann? Würden sie sich, und sei es nur einen Moment, fragen, mit wem sie da zu schaffen hatten? Dachten sie an uns, an die Hunderttausenden, die hier festsaßen und vergeblich von einer Rückkehr träumten? Vielleicht war es für sie sogar besser, uns alle los zu sein? Dieser Waggon enthüllte etwas von dieser fernen Wirklichkeit, die wir nicht kannten, nach der wir uns aber so sehr sehnten. Er enthüllte etwas, was einen seltsamen Nachgeschmack von Hohn hatte. Ein polnischer Waggon auf Breitspur![38] Wie war es in Polen wohl wirklich? Was dachten die Leute? Vielleicht war ganz Polen schon auf Breitspur umgestiegen, und nur wir lebten hier noch in der Illusion, dass es nicht so sei.

All die Jahre der Isolation, all die Jahre ohne zuverlässige Nachrichten! Was können wir, die ehemaligen Seki, die Verbannten, schon darüber wissen, was in der Welt und in unserem Land vor sich geht? Wir denken noch immer in den Kategorien eines Vorkriegspolens. Vielleicht spielen diese gar keine Rolle mehr? Vielleicht haben sich die Menschen verändert? Vielleicht sind sie, wie die Menschen hier um mich herum, ganz vom Geist der Propaganda durchdrungen. Freundschaft. Für uns ist das ein leeres Wort,

---

[38] In Russland haben die Gleise eine Spurweite von über 1435 Millimetern (Breitspur). Die Entscheidung dafür (in den meisten Ländern ist die Normalspur die Norm) geht auf die Zarenzeit zurück und wurde aus strategischen Gründen getroffen. Sollte ein anderes Land in Russland einmarschieren wollen, wäre es nicht in der Lage, mit seinen eigenen Zügen nach Russland einzufahren.

wertlos. Das ist jedenfalls unsere Sichtweise. So betrachteten wir diese Worte im Lager. Nun, da ich angeblich in Freiheit lebe, bin ich davon überzeugt, dass ich mich geirrt habe, und zwar gründlich. Die Worte sind nicht leer. Sie geben der völlig absurden Realität vielmehr einen Sinn. Sie durchlaufen in dieser Wirklichkeit eine Metamorphose, nehmen eine neue Form an, als ob sie eine magische Kraft besäßen. Etwas zu benennen heißt, etwas zu ergreifen, etwas zu sehen, was man anfänglich nicht bemerkt hatte. Etwas zu benennen heißt, etwas zu beherrschen, sich etwas unterzuordnen. Worte haben diese Macht, Dinge zu verändern, das Absurde in ein Ideal zu verwandeln, Rückschläge in Erfolge und Siege, ein Verbrechen in eine Tugend. Wir wissen das, wir kennen das aus dem Alltag, aus einem gewöhnlichen, grauen Tag im Leben eines Sowjetbürgers, und auch aus großen Ereignissen. Es ist das Wort, das die Verschwendung in der Kolchose in einen kalkulierten Verlust verwandelt, das den mühsam errungenen halben Liter Milch in einen bedeutenden Zuwachs in der Molkerei verwandelt, das die Transporte der Gulaghäftlinge in Züge voller Freiwilliger verwandelt, die eilfertig dem Ruf des Vaterlandes folgen, das die Stadt, die dank der todbringenden Anstrengungen der Seki erbaut wurde, in ein Kunstwerk der Komsomolzen verwandelt. Das Wort verwandelt auch die Versklavung in Freundschaft, Ausbeutung in einen vorteilhaften Handel, brutale Kolonisierung in einen Akt der Güte, um den östlichen Märkten zu helfen. Das Wort, das wie eine Peitsche ist, wie eine Schlinge, die sich immer fester um den Hals zieht.

Ich bin mehrmals nach Petropawlowsk gefahren. Jedes Mal saß ich dabei in einem Pafawag-Waggon. Jedes Mal hat mir das einen Stich ins Herz versetzt. Ich mochte diese Fahrten nicht, sie brachten nie etwas, was mich hätte froh stimmen können. Die Stadt selbst machte einen deprimierenden Eindruck auf mich. Kilometerlange Schlangen für Brot und Mehl, Schlangen, in denen Menschen ganze Tage und Nächte anstanden. Schäbige Läden mit Menschenmassen, die sich gegenseitig die gelieferten Waren aus den Händen rissen. Nur die Läden für funktechnische Geräte und die Läden mit Seide waren ordentlich bestückt. Alle Regale lagen voll mit Seide aus Kunstfasern. Niemand kaufte sie, sie war teuer, hässlich und grellbunt. Im Sommer klebte der Stoff an der Haut, im Winter wurde sie glatt und riss leicht. Unsere Ladenbesitzerin Maruschka, die sich selbst ein Kleid daraus genäht hatte, schimpfte danach nur noch darüber. Einmal gelang es mir, einen Mantel zu kaufen, der so ähnlich war wie bei uns ein Trenchcoat. Ich trug ihn mit Stolz, weil ich in ihn als Inbegriff der Eleganz ansah. Die Menschen um mich herum kleideten sich äußerst bescheiden. Wattierte Pullover, manche hatten einen alten Mantel, andere einen Pelzmantel, dann war sofort klar, dass die betreffende Dame zu den höheren Parteiebenen gehörte.

Ich wohnte bei diesen Reisen meistens bei der Tochter meiner Gastgeber, Schenja. Sie war eine angenehme Frau mit einer angenehmen Wohnung. Ihr Mann arbeitete als Lokführer bei der Bahn. Sie hatten zwei süße kleine Mädchen, die in den Kindergarten gingen. Sie bewohnten eine Zweizimmerwohnung in einem neuen Wohnblock, mit Hochglanzmöbeln und einem Badezimmer, das nun wohl eine andere Funktion bekommen haben musste, denn die Badewanne war bis zum Rand mit Kartoffeln gefüllt. Iwan verdiente nicht schlecht, aber die wichtigste Unterstützung kam von den Eltern. Babuschka schickte immer Mehl und Butter und, wenn ein Schwein geschlachtet wurde, auch Fleisch. Sie standen seltener als andere in den endlosen Schlangen. Sie berichteten mir von unglaublichen Szenen beim Schlangestehen. Einmal soll eine Frau dort erwürgt worden sein – sie hinterließ drei Kinder. Ich war damals gerade in der Stadt, und es wurde über nichts anderes gesprochen. Bei einem meiner Aufenthalte dort wollte ich Schenja helfen. Ich nahm ihren Platz am Ende der Schlange ein und stand für Brot an. Man musste Glück haben, dass gerade zu der Zeit, in der man anstand, Brot geliefert wurde. Irgendwann hielten es die Leute nicht mehr aus, sie fingen an zu drängeln, und ich konnte mich kaum noch auf den Beinen halten. Ich hatte Angst, zu stürzen und zertrampelt zu werden. Zum Glück erschien Iwan und rettete mich aus dem Gedränge. Mein Gott, während der ganzen Besatzungszeit musste man auch manchmal stundenlang für Brot anstehen, aber so etwas habe ich noch nie erlebt.

Ich fragte Iwan, warum sie die Stadt nicht verließen und in das Bauerndorf zögen. Denn eines musste man zugeben: In der Kolchose gab es wenigstens Brot. Doch das erwies sich als unmöglich: Sie würden Iwan nicht aus seinem Job entlassen. Bei der Eisenbahn ist es wie in der Armee: Du bist eingetreten, hast alle politischen Prüfungen bestanden, sie werden dich nie entlassen, es sei denn, du begehst ein Verbrechen.

»Der einzige Weg zurück führt über das Gefängnis«, sagte ich und lachte.

»Das stimmt«, gab er gutmütig zu.

Sie waren warmherzige Menschen und hatten Mitgefühl mit mir, als ich erneut einen Rückschlag erlitt. Jede Aufforderung, in den Bezirk zu kommen, hatte einen bestimmten, wenig erfreulichen Zweck. Beim ersten Besuch wurde mir ein Pass für Polen verweigert. Beim zweiten Besuch teilte man mir mit, dass man sich weigere, diese Entscheidung zu revidieren. Schließlich gab man mir noch den freundlichen Rat, mich besser nicht beim Obersten Sowjet zu beschweren, da man sich ohnehin nicht darum kümmern würde. Die Machthaber hätten entschieden, dass ich bis ans Ende meiner Tage in der Kolchose bleiben müsse. Alle Bemühungen, sie zu verlassen, würden vergeblich sein. Meine Meldung würde nie über die Bezirksgrenzen hinauskommen. Auch Briefe mit der polnischen Botschaft als Adressat würden nicht gestattet. Und selbst wenn die Botschaft einen solchen Brief erhalten sollte, würde sie nichts in meiner Sache unternehmen, da sie bereits gewarnt worden sei. Wahrscheinlich verhielt es sich wirklich so. Auf einen Brief, den ich in irgendeiner Angelegenheit an die Botschaft geschickt hatte, erhielt ich nie eine Antwort.

Ich verabschiedete mich von Schenja und Iwan und ging die lange gewundene Straße zum Bahnhof hinunter. Trotz des großen Andrangs von Fahrgästen bekam ich eine Fahrkarte, um endlich in einem Waggon mit der Aufschrift PAFAWAG sitzen zu können. Wie viele polnische Verbannte sind damit wohl von wie vielen verschiedenen Bahnhöfen zu ihren eigenen Budjonowkas gefahren?

***

Meine Faulheit ist grenzenlos. Ich könnte in alten Ausgaben der *Prawda* nachsehen, wann die Wahlen zum Obersten Sowjet der Union der Sozialistischen Sowjetrepubliken abgehalten wurden. Aber ich habe dazu nicht die geringste Lust. Ich will mich nicht durch diese Stapel von Papieren wühlen. Zu eng musste ich Tag für Tag mit ihnen leben. »Das reine Papier«, wie Babuschka sagte, diente als Tischtuch, Geschenkpapier, Toilettenpapier, wurde zum Abdecken frisch gewachster Fußböden verwendet und war natürlich zum Rollen einer Bankrutka nützlich. Andere sollen darin herumwühlen, um die Daten herauszufinden. Mir genügen die Tatsachen.

Eine dieser Tatsachen war von besonders großer Bedeutung. Der Kolchose, genauer gesagt, unserem ganzen Bezirk, kam eine große, noch nie da gewesene Ehre zu. In unserem Bezirk wurde Malenkow selbst als Kandidat aufgestellt. Seine Kandidatur wurde von unserer Kolchose während einer Vollversammlung mit tosendem Beifall begrüßt – mit einer Begeisterung, die nicht von dieser Welt zu sein schien. Der andere Kandidat war der Sekretär der Republik. Ich hatte bei diesen Wahlen keine Stimme – zum Glück hatte man mir meine Bürgerrechte für fünf Jahre entzogen. Ich konnte mir das ganze Spektakel allerdings nach Herzenslust anschauen. Unsere alte

Holzkirche, die in ein Kulturhaus und ein Büro umgewandelt worden war, erhielt bereits eine Woche vorher ein festliches Aussehen. So viel Rot, dass es in die Augen stach, überall Banner und Plakate, um das Herz zu erfreuen. In der Mitte des Zarentores hatte man die Porträts der Staatsoberhäupter aufgehängt und mit Girlanden aus Kunstblumen geschmückt. Der Tisch, an dem die Hohe Kommission, bestehend aus Swirin, dem Direktor des Waisenhauses, einigen Lehrkräften und Sergei, saß, war mit einem roten Tuch bedeckt. Woher dieses Tischtuch stammte –die Läden waren nämlich leer –, war ein Staatsgeheimnis. Die Urne, die als Wahlurne diente, war ebenfalls rot. Was für ein Glück, dass uns ein guter Kilometer von der Basis trennte – ein verirrter Stier hätte sonst noch durchdrehen können. Die Wahlen fanden an einem Sonntag statt. Es begann um sechs Uhr morgens. Sobald die Sonne aufging, stand das ältere Ehepaar auf, und wie bei einer Kommunion eilten sie zur Kirche, ohne vorher etwas zu essen, ohne ein Glas Tee zu trinken und in festlicher Kleidung. So gaben sie ihre Stimme ab.

»Wer zuerst kommt, kann einen Preis gewinnen, eine Auszeichnung kriegen oder eine Belobigung erhalten«, erklärte Babuschka.

»Und warum braucht Babuschka das?«, fragte ich.

»Was meinst du mit ›warum‹?«, antwortete sie schroff. »So gehört es sich. So sind wir es hier gewohnt.«

Ich machte mich gegen sieben Uhr fertig, frühstückte und ging in aller Ruhe zum Büro. Man konnte die Musik schon von weitem hören. Das Radio spielte Tschastuschki, Volkslieder und sendete dienstliche Mitteilungen. Musik aus Moskau, dienstliche Mitteilungen aus ganz Russland, einzelne Meldungen von lokalen Radiosendern aus unserem Bezirk. Die Zahlen wurden bekannt gegeben – sie wiesen schon am frühen Morgen aus, dass 99,9 Prozent der Menschen an den Wahlen teilgenommen hatten. Die Orte, in denen die Stimmabgabe bereits beendet war, wurden besonders hervorgehoben. In der gesamten Union fand ein großer Fleißwettbewerb statt.

Ein sportlicher Wettkampf. Wer wird als Erster mit der Stimmabgabe fertig sein? Wer wird die vollen 100 Prozent erreichen? Ihnen gebührt das Lob, die Anerkennung, die Dankbarkeit des Vaterlandes!

Gleichzeitig sah ich bedrückte Gesichter im Büro, unruhiges Geflüster in den Ecken. Es musste etwas passiert sein. Und ja, es war tatsächlich etwas passiert. Ein Drama. Eine Tragödie. Alle hatten bereits ihre Stimme abgegeben. Budjonowka hatte die Chance, Erster zu sein, mehr noch: nicht nur Erster in der Region, sondern im ganzen Bezirk, ja sogar in der Republik. Und dann brachte Matwejewitsch alles durcheinander. Dieser alte Opa, der schon mehr als hundert Jahre auf dem Buckel hatte, war stur und wollte nicht wählen gehen. Sie waren sogar mit der Urne zu ihm nach Hause gefahren, aber er ließ niemanden hinein. Sie riefen und schrien, aber er lachte, schimpfte alle aus und forderte sie auf zu verschwinden. Eine Delegation von Kolchosbewohnern, mit denen er befreundet war, wurde herbeigerufen. Keine Chance. Er blieb an seinem Ofen liegen, sang und lachte.

»Was wollen sie mir denn tun? Ich bin hundert Jahre alt. Ins Gefängnis werden sie mich nicht mehr werfen. Die sollen sich zum Teufel scheren. Sollen die Bastarde sich doch den Kopf darüber zerbrechen.«

Die entmutigten Wähler wiederholten leise und ein wenig verlegen – ich weiß nur nicht, ob es an der Sturheit des alten Mannes oder an ihrer eigenen Einstellung lag – seine ketzerischen Worte. Swirin hing am Telefon und beriet sich mit der Region; die Region beriet sich mit dem Bezirk. Es war noch keine Entscheidung getroffen worden, was mit dem alten Mann geschehen solle. Alle standen unter einer schrecklichen Anspannung. Es wurde zwar Musik gespielt, aber eine fröhliche Stimmung herrschte nicht gerade. Was für ein Rückschlag für die Kolchose! Ein Ketzer in unserer Mitte, eine Schande!

Schließlich fiel die Entscheidung: Der alte Mann sollte aufgrund seiner fortgeschrittenen Demenz von der Liste gestrichen werden. Kaum hatte Swirin den Namen mit einem Federstrich gestrichen, gab es nichts als Jubel und Freude. Hundert Prozent waren erreicht. Die Wahl war vorbei. Budjonowka war zwar nicht Erster, aber der Prozentsatz war immerhin perfekt. Man konnte die Urne mitnehmen und die Stimmen auszählen, schnell ein Protokoll schreiben und das Ergebnis per Telefon an den Bezirk übermitteln. Die Nation konnte nun feiern! Tanzen bis zum Umfallen. Wodka konnte man nirgends mehr kaufen, schon seit einer Woche wurden nirgends mehr Spirituosen verkauft. Aber wer gierig oder erfahrener war, hatte sich einen kleinen Vorrat angelegt. Unter den Bannern direkt neben dem Kulturhaus wurde eine Runde ausgegeben. Der Saal tobte. Die jungen Leute tollten herum, die ältere Generation trank. Ein nationaler Feiertag.

Der Ordnung halber und für die Uneingeweihten steuere ich hier einige grundlegende Informationen bei. In unserem Wahlbezirk gab es zwei Kandidaten für zwei Mandate. Auf jedem Abstimmungszettel standen zwei Namen. In der Ecke des Saals stand ein Raumteiler, hinter dem man sich, wenn man das wollte, eine Weile verbergen konnte. Die Kommission würde das jedoch sofort als etwas Unerhörtes vermerken. Es widersprach den guten Sitten. Ein guter Wähler unterschrieb die Anwesenheitsliste, nahm den Zettel zusammen mit dem Umschlag – langsam, sodass alle es sehen konnten –, steckte den Zettel in den Umschlag, ohne etwas durchzustreichen, ohne ein Spur des Zweifels zu zeigen, und warf danach seine Stimme in die Urne, würdevoll, ruhig und feierlich. Er ging unter Beifall. Wählen gehen ist eine wichtige Bürgerpflicht.

Niemand sollte sich also einbilden, dass die Menschen, die zur Wahlurne gehen, bei einem Mangel an Milizionären und Soldaten plötzlich revoltieren, die Wahlen boykottieren und ihre Pflicht zum Gehorsam gegenüber der Obrigkeit aufgeben würden! Nichts dergleichen! Eine solche Einschätzung gründet sich auf unsere europäischen Erfahrungen. Wenn wir über Unfreiheit nachdenken, denken wir, dass ihre Quelle der Polizeiterror sein muss, denken wir an ein Volk, das unter der Knute gehalten wird, an repressive Behörden. Das ist die Schablone, die man auch der Wirklichkeit in der Sowjetunion anzulegen versucht. Aber diese Masse um mich herum zeugt von etwas ganz anderem. Der Terror steckt in der Nation selbst, in diesem Swirin und in diesem Sergei und in dieser Fjodorowna und in diesen Hunderttausenden, Millionen von Menschen, die selbst vorankommen wollen und die nur zu gut wissen, dass ihnen das nur gelingen kann, wenn sie mit den Machthabern im Gleichschritt gehen. Außerdem sind es die Machthaber, die ihnen alle Chancen geboten haben. Wer wäre Swirin ohne die Macht? Vielleicht ein durchschnittlicher Milizionär oder auch ein Bauernknecht bei den Kosaken. Jetzt fährt er ein Auto, und eine Brigade von Verbannten baut mit gestohlenem Baumaterial ein neues Haus für ihn. Wer wäre Sergei? Ein Bauer aus dem tiefen Russland. Hier ist er der Stellvertreter irgendeines Sekretärs. Es plagt ihn zwar immer noch die Armut, und er wäre sicher reicher, wenn die Revolution nicht ausgebrochen wäre, aber nun ist er jemand von Bedeutung. Die Leute ziehen den Hut vor ihm, man weiß ja nie, ob er nicht doch einen falschen Eindruck von einem bekommt und einen anzeigt. Sergei ist wichtig, und Fjodorowna ist wichtig, und sei es nur, weil sie sich über jemanden beschweren können und man dann ihnen und nicht irgendjemand anderem glaubt. Diese Leute verfügen über ein kleines Stückchen Macht, und wie zerbrechlich und klein dieses Stückchen auch sein mag, es verschafft ihnen Befriedigung. Sie sind es, die darüber wachen, dass niemand in diesem gut zusammengefügten Ganzen aus der Reihe zu tanzen wagt. Das russische Ideal der »Urgemeinschaft« fand im Sowjetsystem seine perfekte Verkörperung. Jeder Reflex, jede Bewegung, die auf Individualität hindeutete, wurde unterdrückt. Mehr noch: mit Stumpf und Stiel ausgerottet. Nicht weil irgendjemand noch an eine gute Zukunft glaubte. Über diese Zukunft wird zwar ständig geredet, das stimmt, aber Reden und Glauben sind zwei verschiedene Dinge. Es geht hier nicht um den Glauben, sondern um elementarere Dinge, um diese kleinen Privilegien. Es geht auch um Gemütsruhe, um das Gefühl, dass man durchaus das Recht hat, andere, die einem im Weg stehen, zu benutzen, zu beherrschen und zu unterdrücken. Tatsächlich widersetzt sich seit geraumer Zeit niemand mehr, höchstens ein merkwürdiger dummer, unwissender Einzelgänger, der, statt sich mit der Mühle mitzudrehen, um dabei selbst ein paar Körnchen abzubekommen, Widerstand leistet und etwas in Ordnung zu bringen versucht. Der wird schon sehen, was er davon hat! Wer im Sumpf steckt, hasst und fürchtet diejenigen, die sich noch aus dem schmutzigen Wasser herauszuwinden versuchen. Denn dadurch sinkt er selbst nur noch tiefer ein. Die Gemeinschaft mag keine Befreier oder Moralisten und betrachtet diese Leute, die ihren eigenen Weg gehen, die eine kritische Haltung und höhere Ideale haben, mit ungnädigem Blick. Ihre Aversion gegen das Anderssein ist erschreckend. Wir sollen alle gleich sein, auf die gleiche Weise stehlen, auf die gleiche Weise fluchen, auf die gleiche Weise hochtrabend über die Vortrefflichkeit des sowjetischen Vaterlandes sprechen, auf die gleiche Weise an Samstagen zum Waschplatz gehen, Wodka trinken und applaudieren, wenn der Sekretär seine Rede hält. Auch diese Rede muss nach genau vorgeschriebenen Regeln abgefasst sein. Punktum, da gibt es keine Diskussion!

Im Lager gab es Leute, die bewacht wurden, und Leute, die bewachten. Hier aber bewachen sich alle gegenseitig, und zwar auf eine absolut perfekte Art und Weise. Die eifrigsten Wächter sind die unfähigsten, kompromisslosesten Figuren ohne Skrupel, die in jeder anderen Gesellschaft an den Rand gedrängt würden. In diesem Land genießen sie die höchste Wertschätzung. Der Sowjetismus ist ein Geschenk des Himmels für jede graue Maus, und diese graue

Maus verteidigt ihre Möglichkeiten und trampelt auf jedem herum, der eine Bedrohung darstellt. Das ist ihre Herrschaft, ihr Königreich. Die Begabteren, die Ehrlicheren betrachten sie mit Misstrauen. Und sie werden ihre Verdächtigungen auch nicht aufgeben, solange die Besseren nicht gehorchen, solange sie nicht gelernt haben, in der Sprache, die vorgeschrieben ist, so zu sprechen, wie es sich gehört.

Ein Paradebeispiel für den Sowjetismus ist Walentina. Sie kam im Herbst, um eine Stelle als Tierzuchttechnikerin anzutreten. Sie hatte ihr Studium an der landwirtschaftlichen Akademie irgendwo in Omsk, Tomsk oder Krasnojarsk abgeschlossen. Eine intelligente Frau, sechsundzwanzig Jahre alt. Sie war schön und nach unseren sibirischen Maßstäben ziemlich elegant. Sie ritt gern und war eine gute Reiterin. Man hatte ihr eine Wohnung im Bezirk zugewiesen, und jeden Tag wurde ein Pferd für sie besorgt, es sei denn, sie kam zusammen mit Swirin. Dieser machte aus seiner Bewunderung für sie keinen Hehl, worauf sie mit einem Lachen reagierte, das nicht einer gewissen Koketterie entbehrte, auch wenn der Altersunterschied zwischen ihnen fast zwanzig Jahre betrug und Walja nur zu gut wusste, dass Swirin verheiratet war. Sie war die einzige Person in der Kolchose, die uns Verbannten gegenüber eine hochmütige, ja verächtliche Haltung einnahm. Die Kolchosbewohner hatten anfangs ein wenig Angst vor uns gehabt – sie waren sich nicht sicher gewesen, ob wir nicht Diebe wären. Aber nachdem sie sich davon überzeugt hatten, dass sie es nicht mit Kriminellen zu tun hatten, verhielten sie sich herzlicher. Ich weiß genau, dass Leute wie die Netrebas oder die Malinkows mich auf ihre Art sehr mochten. Auch Babuschka, das Großväterchen und ihre Verwandten mochten mich, und sogar Leonid und Swirin. Nur die eifrigen Zeloten blieben immer misstrauisch.

Doch ich mache mir keine Illusionen. Diese Sympathie ist oberflächlich. Es genügt ein einziger falscher Schritt, und die Kolchose wendet sich sofort von einem ab. Im Alltag aber verhalten sich alle völlig korrekt, vor allem wenn die jungen Männer verheiratet sind. Walentina hingegen zeigt ihre Antipathie ständig. Mir gegenüber ist sie höflich, kalt, sie vermeidet jede Art von Konversation, selbst den Bericht von der Basis versucht sie Leonid zu geben und nicht mir, obwohl sie genau weiß, dass ich es bin, die die Kollektivlisten erstellt und sie an den Bezirk weitergibt. Vor den Wahlen hatte sie gemeinsam mit dem Geschäftsführer der Roten Ecke das Kulturhaus dekoriert. Sie ist wahrhaft engagiert. Mitglied des Komsomol. Über die Kolchose spricht sie voller Begeisterung, in einer hochmütigen, mit *Politgramota*[39] gespickten Sprache.

Ich liebte es, sie ein wenig zu piesacken. Gelegenheiten dazu boten sich zuhauf. Normalerweise gestaltete sich das mehr oder weniger wie folgt: Walentina bringt mir die Daten des morgendlichen Melkens und auch der Menge des in den letzten vierundzwanzig Stunden verbrauchten Futters. Ich schaue mir die Daten an und beginne, mich an Leonid wendend, ruhig zu sprechen: »Wie ich sehe, werden wir bereits in diesem Jahr vollständig auf das moderne Fütterungssystem umstellen.« Leonid schaut mich erstaunt an. »Ja, in der Tat«, fahre ich fort. »Die Basis wird Roggenstroh sein, ein kalorienreiches Futter mit hohem Proteingehalt.«

Leonid kann sein Lachen kaum unterdrücken. Er wirft einen flüchtigen Blick auf Walentina, die sich bereits purpurrot verfärbt.

»Jaja«, stimmt er zu. »Daran lässt sich nichts ändern. Wir werden unsere Herde verkleinern müssen.«

Auf Walja wirken diese Worte wie ein Donnerschlag aus heiterem

---

[39] Die sogenannte politische Alphabetisierung, die im Mittelpunkt der sowjetischen Bildung stand, mit anderen Worten: die typischen Doktrinen und die stereotype Phraseologie des kommunistischen Staates. Im Polnischen hat der Begriff »Politgramota« nach dem Fall des Kommunismus eine eigene Bedeutung bekommen und behalten. Wenn sich jemand der »Politgramota« bedient, bedeutet dies, dass er seine politischen Ansichten als die einzig richtigen deklariert.

Himmel. Sie weiß, dass die Kolchose unglaublich groß ist und dass auf soundso vielen Hektar soundso viele gemolkene Kühe kommen müssen. Und jetzt reden die von einer Verkleinerung der Herde!

»Und denken Sie nicht«, treibe ich es noch etwas weiter, »dass es besser wäre, die Hälfte der Kühe zum Schlachthof zu schicken? Obwohl wir ehrlich zugeben müssen, dass das Fleisch kümmerlich sein wird. Aber wenigstens die Haut ist etwas wert. Wir könnten nur die jungen Kühe behalten und die dann besser füttern. Nach einem Jahr könnten wir mit dem Geld, das wir für die Kuhhäute bekommen haben, den artesischen Brunnen in der Steppe reparieren. Wir könnten die Herde auch den ganzen Sommer über wegbringen, die Melker müssten dann zu ihnen kommen. Auf diese Weise würden wir es in zwei oder drei Jahren zu einer größeren Produktion gebracht haben. Wir würden dem Land mehr Milch liefern können.«

Was ich sage, ist natürlich rational nachvollziehbar, aber in Waljas Ohren klingt es wie Ketzerei. Das wäre eine Rückkehr zu vorrevolutionären Landwirtschaftspraktiken und hieße, sich ein Vorbild an den Kulaken zu nehmen. Die artesischen Brunnen hatten ja längst symbolische Bedeutung erlangt. Sie daran zu erinnern, ist ein großer Fauxpas. Das ist fast so, als würde man sagen, früher war alles besser. Es ist lustig, Walentina so zu sehen. Sie würdigt mich keines Blickes, beißt sich auf die Lippe und sagt fast beiläufig: »Wenn die Schreinerbrigade mit dem Bau der Kuhställe fertig ist, werden wir den Viehbestand verdoppeln.«

Leonid lacht. »Das ist unmöglich. Es fehlt an Futter. Und es fehlt an Geld. Vielleicht wird es in ein paar Jahren möglich sein. Gibt es sonst noch etwas?« Mit der Frage wendet er sich wieder mir zu.

»Ja, ich habe vergessen, dass das letzte Schriftstück noch unterzeichnet werden muss. Ich habe es zusammengefasst. Es lautet wie folgt: »Wir, die Unterzeichnenden, Tierzuchttechnikerin Walentina soundso, Buchhalter Leonid soundso und Buchhalterin Barbara soundso, haben das folgende Dokument darüber erstellt, dass am

6. September ein Rudel Wölfe die grasenden Kühe angefallen hat. Eine Kuh wurde totgebissen, eine zweite wurde so schwer verwundet, dass sie getötet werden musste. Dies alles bestätigen wir mit unserer persönlichen Unterschrift.«

Walja läuft nun grün an. Es gibt tatsächlich Wölfe. Erst vor ein paar Tagen hat sich ein großer Wolf dem Häuschen von Babuschka und dem Großväterchen genähert. Unsere Hündin Palma fing an zu jaulen. Sie traute sich nicht aus dem Hausflur. Ich habe viel Lärm gemacht. Zum Glück war Großväterchen auch da. Er nahm eine große Stange und ich eine Heugabel, und schreiend und schimpfend stürmten wir auf den Wolf zu. Er stand etwa fünfzig Meter von uns entfernt und beobachtete uns ganz ruhig – ein herrliches Tier. Erst als wir schon ganz nah an ihm dran waren, drehte er sich um und zog in die Steppe davon. Wir liefen einen Kilometer weit hinter ihm her, bis er ganz aus dem Blickfeld verschwand. Dieses Abenteuer hatte mich auf die Idee gebracht, etwas über Wölfe in das Schriftstück hineinzuschreiben. Die eine Kuh war einfach vor Erschöpfung umgefallen, übrigens nicht die erste. Die andere hatte sich kaum noch auf den Beinen halten können, und Swirin hatte darum gebeten, sie zu töten. Walja weiß sehr wohl, dass das eben meine Idee war. Sie weiß auch genau, dass sie den Verlust ohnehin irgendwie erklären muss. Wenn sie nicht auf die Geschichte eingeht, wird sie gemeinsam mit dem Hirten und der Basisleitung auf irgendeine Weise dafür geradestehen müssen. Sie hat deshalb Angst, setzt ihre Unterschrift darunter und verlässt das Büro, wobei sie die Tür hinter sich zuschlägt.

»Sei nur vorsichtig, sie wird dich irgendwann noch melden«, warnt Leonid. »Du bringst ihre heile Welt zum Einsturz.«

»Ich versuche nur die Wirtschaft in der Kolchose zu rationalisieren.«

»Petrowna«, versucht Leonid mich zu überzeugen. »Du weißt nur zu gut, wo diejenigen sitzen, die rationalisieren.«

Es gab viele solcher stichelnden Gespräche. Walentina wusste ganz genau, dass ich meinen Spott mit ihr trieb, und nicht nur mit ihr, sondern auch mit etwas Größerem. War sie eine Denunziantin? Wahrscheinlich schon. Warum reagierte dann nie jemand auf ihre Meldungen? Dazu habe ich verschiedene Vermutungen. Womöglich war sie so ehrlich, all die absurden Slogans über den Anstieg der Produktion, die Sorge des Staates um die Kolchoswirtschaft und die Notwendigkeit, die Leistung der Arbeiter und Bauern wertzuschätzen, mit denen ich meine Aussagen verbrämte, wiederzugeben. Mittlerweile hatte ich auch gelernt, in welche Worte man seine Ansichten kleiden musste. Und das genügte den Mitgliedern des Bezirkskomitees. Ich hatte es so formuliert, wie es sich gehörte, wie es vorgeschrieben war. Was wollte Walja dann also noch?

Einmal sah ich im Bezirk ein buntes Plakat, auf dem ein lächelndes Mädchen abgebildet war, im Hintergrund eine landwirtschaftliche Siedlung und darunter eine große Aufschrift: DAS VATERLAND RUFT UNS, WIR WERDEN DAS BRACHLIEGENDE LAND BEARBEITEN! Walentina war wie das Mädchen auf dem Plakat: dieselben leuchtenden Farben, derselbe fröhliche Gesichtsausdruck und dieselbe Oberflächlichkeit, ohne jeden Tiefgang. Ihre Augen sehen nur das, was sie sehen wollen. Der Rest wird ausgeblendet. Sie läuft im Gleichschritt, voller Zufriedenheit; sie hat gelernt, dass man weder zur Seite noch auf den Boden unter den Füßen schauen darf. Letztlich ist sie nicht so blind, als dass sie nicht sehen würde, was in der Kolchose wirklich passiert. Dazu genügen die Kuhställe, in denen sie täglich zugange ist. Dazu genügt dieses eine Schriftstück oder irgendein anderes, das sie unterschreiben muss – und auch unterschreibt –, weil sie andernfalls für gigantische Nachlässigkeit und Misswirtschaft hauptverantwortlich wäre. Und in dieser Verlogenheit fühlt sie sich wie ein Fisch im Wasser. Sie sollte einmal versuchen, vor das Bezirkskomitee zu treten und nur ein bisschen vom wirklichen Leben in der Kolchose zu erzählen. Sie weiß genau, dass sie dort nichts anderes erwarten würde als der Zorn des Sekretärs und dass man alles daransetzen würde, sie aus Budjonowka hinauszuwerfen und mit einem geheimen Urteil in einem gut verschlossenen Umschlag, das sie als Unruhestifterin ausweist, anderswo hinzuschicken. Dem Bezirk ist es dann doch lieber, dass sich »Staatsfeinde« wie ich und meine Freunde in der Kolchose aufhalten. Die kennen wenigstens die Spielregeln und riskieren nicht Kopf und Kragen. Und sollten sie sich doch einmal vorwagen, wird man schon dafür sorgen, dass sie sich ordentlich die Finger verbrennen. Bei Walja ist die Situation komplizierter, denn sie kann sich an höhere Instanzen wenden und lästig werden. Bei ihr werden sie über keinen Fehler hinwegsehen, und das weiß sie. Die Partei irrt sich nicht. Die Partei hat immer recht. Also muss man mit ihr im Gleichschritt gehen, den Kopf hochhalten und »Links, links!« rufen wie Majakowski[40]. Diese Verrückten kratzen jedem die Augen aus, der auch nur daran denkt, ihre Verlogenheit zu enthüllen.

Großväterchen zu beobachten bereitet mir Vergnügen. Er ist schon über siebzig, groß, schlank, drahtig und geht leicht gebückt. Er hat langes weißes, nach hinten gekämmtes Haar, das ihm bis in den Nacken fällt. Er ist außergewöhnlich gepflegt. Morgens nach der Arbeit gießt Babuschka für ihn heißes Wasser in eine große Schüssel. Er wäscht sich bis zur Hüfte, dann zieht er die Schuhe aus und weicht seine Füße ein, die von dem nächtlichen Herumlaufen müde sind. Er sagt wenig, spricht in würdevollem Ton und mit einem altmodischen Akzent, wie er für die großrussischen Bauern typisch ist. Wenn er das Häuschen betritt, grüßt er zuerst gottesfürchtig und dreimal die Ikone, die in der Ecke hängt, erst danach sagt er »Guten Morgen«.

---

40 Wladimir Majakowski (1893–1930), sowjetischer Dichter und Futurist (Anm. d. dt. Übers.).

Er kennt sich gut mit dem Wetter aus. Er muss nur einen Blick auf seine Hühner und seine Gänse, die vor dem Häuschen ruhig ihre Körner picken, auf den klaren, wolkenlosen Himmel, auf die Farbe der gerade untergehenden Sonne werfen, und schon weiß er, ob wir die Gurken abdecken müssen, ob es in der Nacht einen ersten Frost geben wird oder ob, gerade im Gegenteil, der Morgen warm sein wird. Ich frage ihn, woher er das alles weiß. »Alles ist bedeutsam«, antwortet er. »Wie ein Vogel fliegt. Wie ein Huhn zu seinen Küken läuft. Ob die Grashalme aufrecht stehen oder sich zusammenrollen.« Großväterchen sieht überall in seiner Umgebung Zeichen. Die ganze Natur enthüllt ihm ihre Geheimnisse. Ich bewundere ihn. Er irrt sich nie. Ich frage ihn auch, wie es früher war, vor der Revolution. Er redet nicht gerne darüber. Er stammelt einige unvollständige Sätze, aus denen ich nur schwer etwas Zusammenhängendes machen kann. Ich weiß, dass er zu Beginn des Krieges, schon 1914, irgendwo in den Masuren verwundet wurde. Seine Beine sind mit tiefen Narben übersät, die auch jetzt noch schmerzen, wenn der Frost kommt. An der Revolution war er nicht beteiligt. An zwei Dinge erinnert er sich noch: an die Obstgärten, mit der Zärtlichkeit eines Menschen, der Bäume liebt, und an die »Bolschewiki«, die kamen, um ihm das Brot wegzunehmen. Für ihn ist ein Bolschewik nicht jemand, der heute die Macht ausübt, sondern ein Mann im schwarzen Mantel, der seinen Obstgarten, seinen Dachboden, seine Scheunen durchsucht, ein Mann mit einem großen Revolver im Gürtel, mit dem er ohne großes Gewese auf Menschen schießt. Nur diese Bolschewiki hasst das Großväterchen leidenschaftlich. Manchmal erwähnt er die Hungersnot, die sich in seiner Erinnerung von der Revolution bis zu seiner Abreise nach Sibirien, also fast bis zum Zweiten Weltkrieg hinzog. Über diesen Krieg spricht er nicht gern. Als Kriegsinvalide wurde er einem technischen Hilfsdienst zugeteilt, der immer zu spät kam und immer unter Beschuss war. »Es war ein unvorstellbarer Lärm«, sagt er. Damit enden meist die Erinnerungen.

Er arbeitete noch in der Kolchose, um ein paar Trudodni zu haben und damit Getreide und sein eigenes Brot. Er kümmerte sich sehr gut um sein kleines Stück Land und schuftete hart für die Kartoffeln: Er pflügte und lockerte die trockene Erde, der seine sorgsame Hand deutlich zugutekam, denn sie bescherte ihm Kartoffeln in Hülle und Fülle. Ich half ihm beim Pflügen und führte das Pferd an den Zügeln. Jede Arbeit begann er stets damit, dass er ein großes Kreuzzeichen schlug. Seine Philosophie war außerordentlich einfach und schön. Die Erde war für ihn heilig. Die Aktivitäten in der Kolchose betrachtete er mit Bedauern, sie widerten ihn sogar an wie ein Todsünde. Manchmal ging er mit mir auf das Feld hinter unserem Häuschen. Er schaute auf das Ende seines kleinen Ackers, wo der Weizen dicht gesät war, und richtete dann seinen Blick weiter in die Ferne, auf die leeren Stellen in den Feldern, die dünnen Halme. Dabei schüttelte er den Kopf und flüsterte: »Petrowna, das ist eine Sünde, eine große Sünde. Gott wird das bestrafen.« Doch als die Zeit der Aussaat kam, brachte er mehrere Säcke mit gestohlenen Weizenkörnern nach Hause. Auch er musste schließlich leben, und außerdem wollte er seiner Tochter helfen. Ich vermute, dass der Diebstahl von Kolchosgütern in seinen Augen überhaupt nicht verwerflich war. Im Gegenteil, er bewahrte die Güter vor dem Verderben. Er wachte über die Ernte auf der Tenne. Wenn wir morgens zusammen Tee tranken – er nach der Arbeit und ich vor der Arbeit –, flüsterte er manchmal: »Alles wird verbrennen, alles wird verfaulen, der Gestank kommt aus dem Getreide. Ein Glück, dass wir noch einen Teil für das heilige Brot gerettet und getrocknet haben. Wie kann man das Getreide nur so verschwenden? Das ist eine Sünde, eine große Sünde.«

Babuschka erzählte mehr, in erster Linie von den schrecklichen Kriegsjahren, als die Männer an die Front mussten, als ihre Pferde und ihre Rinder aus der Kolchose weggebracht wurden. Und als sie, die Frauen, und manchmal auch Jungen von etwa zehn Jahren zum

Pflügen eingesetzt wurden, damit wenigstens auf einem kleinen Teil des Feldes ausgesät werden konnte. Sie besäten einen kleinen Teil, sie hatten keine Kraft, doch es kamen immer Chefs aus dem Bezirk, die sie mit ihren Schreien antrieben, mehr zu säen.

»Und diese Chefs, mussten die denn selbst nicht zur Armee?«, fragte ich.

»Wie stellst du dir das vor? Es muss doch einen Chef geben.« Babuschka verkündete diese Wahrheit ohne die geringste Ironie. »Wie stellst du dir das vor, ohne einen Chef?«

Nach der Ernte, für die sie selbst verantwortlich waren, gingen sie nachts auf das Feld, um einige Ähren aufzulesen. Gott bewahre, dass eine von ihnen erwischt würde! Ein Schauprozess, ein Urteil hätte ihr gedroht. Aber essen muss der Mensch nun mal. Schenja, ihre Tochter, war klein und hatte Hunger. Ich weiß einiges über solche Prozesse, denn in den Lagern saßen viele Frauen, deren einzige Schuld darin bestanden hatte, heimlich Ähren von einem Kolchosfeld aufgelesen zu haben. Die Ähren durften weggeworfen werden, aber man durfte sie nicht für den Eigengebrauch auflesen.

Babuschka hatte zwei Kinder, einen Sohn und eine Tochter, und dazu noch einen adoptierten Jungen. Nur Schenja ist ihr geblieben, die beiden anderen sind im Krieg gefallen. In einem Koffer lag – zwischen Babuschkas Schätzen wie Leinen, Tüchern, Schals – ein kleines Holzkästchen mit zwei Nachrichten über den Tod eines Helden und leicht verrosteten Tapferkeitsmedaillen darin. Manchmal öffnete Babuschka das Kästchen, polierte die Medaillen, wickelte sie in ein Tuch und verstaute alles wieder. Sie konnte nicht lesen, also gab sie mir die Papiere, damit sie den Inhalt noch einmal hören konnte. Da gab es nicht viel zu lesen: Ich, Name soundso, Oberst dieses oder jenes Regiments, teile Ihnen mit, dass Soldat X auf dem Schlachtfeld bei Y einen tapferen Tod gestorben ist. Ein Datum, eine Unterschrift, und das war's. Babuschka wischte sich die Tränen weg und atmete tief durch.

Sie erzählte mir von der Geburt ihres Sohnes. Er war ihr erstes Kind. Er kam in den Tagen der Ernte zur Welt. Schon früh am Morgen spürte sie, dass es an diesem Tag so weit war. Sie nahm ein sauberes Baumwolltuch und eine Wolldecke mit auf das Feld. Großväterchen hatte einen Krug mit Wasser vorbereitet, und so gingen sie gemeinsam auf das Feld. Als die Wehen einsetzten, legte sie sich auf die Wolldecke zwischen dem Unrat, Großvater erhitzte das Wasser und schnitt die Nabelschnur mit einem Messer durch, das er im Feuer erhitzt hatte. Er wusch das Kind, wickelte es in das Baumwolltuch und gab es der Mutter, damit sie ihm die Brust geben konnte. Zwei Stunden lang lag Babuschka dort, bis alle Schmerzen und die Schwäche abgeklungen waren. Vorsichtig legte sie das gestillte Kind auf einen Stapel Roggen im Schatten, damit die Sonne nicht so stark auf es herniederbrannte. Dann kehrte sie wieder zur Arbeit zurück. Ihr Rücken schmerzte ein wenig, aber das war nicht schlimm.

Schenja wurde in einem schwierigen Jahr zu Beginn der Kollektivierung geboren. Es herrschte Hunger, die junge Mutter hatte keine Milch zum Stillen und gab der Kleinen verschiedene Kräutertees. Es ist ein Wunder, dass sie durchkam. In diesem Moment beschlossen sie, Zentralrussland zu verlassen und hierher, nach Budjonowka, zu ziehen. Noch bevor sie sich ein wenig hatten eingewöhnen können und ihre Kinder zu Kräften gekommen waren, brach der Krieg aus.

»Und so dreht es sich nur im Kreis, Petrowna«, flüsterte Babuschka. »Und so dreht es sich immer Kreis: Es wird ein bisschen besser, und dann kommt wieder der Hunger. Unser Leben kennt keine Fröhlichkeit.«

Babuschka war für mich eine unerschöpfliche Wissensquelle über das Leben in diesem mächtigen Land. Und ich bin auch der Überzeugung, dass sie die wahrhaftigste Quelle war. Sie und Malgina waren Menschen aus einer anderen Welt, einer Welt, in der sie die Parolen noch nicht hatten erreichen können, in der noch die menschliche Liebe und ebenso die menschliche traurige Wahrheit regierte.

»Babuschka«, frage ich, »warum gibt es in der Kolchose fast keine jungen Leute? Mir ist klar, dass es wenige Männer und viele Witwen gibt. Es war Krieg. Aber jedes Haus ist voller Kinder, die ein paar Jahre später geboren wurden, dennoch sieht man hier kaum Jugendliche. Ein paar Mädchen, die zu mir zum Unterricht kommen, das ist alles.«

Babuschka schüttelt den Kopf. Wie bei jeder ihrer Erklärungen beginnt sie auch diese mit den Worten: »Petrowna, davon verstehst du nichts. Die Männer sind in den Krieg gezogen. Wer sollte da noch Kinder zeugen?«

»Und was ist dann mit den Kindern«, wende ich ein, »die zwei, drei Jahre vor dem Krieg geboren wurden oder sogar etwas früher?«

»Die sind alle gestorben, es herrschte Hungersnot. Wer könnte von denen noch übrig sein?«

»Aber jetzt haben mehrere dieser Witwen kleine Kinder. Woher kommen die denn?«

»Wenn ein Weib es will, findet sie immer einen Muschik[41]«, sagt Babuschka in einem moralisierenden Ton. Babuschka ist auch tief gläubig. Sie betet jeden Abend und hält die Feiertage ein. Zum orthodoxen Allerseelenfest geht sie mit einem Korb zum örtlichen Friedhof. Der Korb enthält verschiedenes Gebäck, ein Stück Speck und Essiggurken. Der Friedhof sieht traurig aus – er ist leer, die Gräber sind ungepflegt und nur hier und da mit Kunstblumen geschmückt. Es gibt keine Kreuze. Sie sind nicht erlaubt. Nach dem Tod von Matwejewitsch, dem Mann, der nicht wählen gehen wollte, stellte seine Frau ein Kreuz auf. Es verschwand schon in der folgenden Nacht. Sie stellte noch mal ein Kreuz auf, und zusammen mit ihrem Sohn, der auch schon ein alter Mann war, wachten sie meh-

---

41 Einfacher Bauer oder alter Kerl (Russisch). (A. d. dt. Übers.)

rere Tage lang darüber. Aber auch dieses Kreuz verschwand schließlich. Die Frau beschwerte sich bei Swirin, der sie jedoch warnte, keine antisozialistischen Zeichen auf dem Friedhof aufzustellen, da dies böse enden könne. Sie weinte, lenkte aber schließlich ein. Babuschka seufzte nur und sagte: »Was für ein Friedhof ist das, so ohne Kreuz, ein Begräbnis ohne Pope. Aber was soll man tun, es ist nicht erlaubt.«

Ich frage sie, wo die nächstgelegene noch genutzte Kirche zu finden sei. Babuschka weiß es nicht. Vor dem Krieg gab es noch eine in einer der Bezirksstädte. Und es gab einen Popen. Doch der wurde während des Krieges in ein Lager geschickt. Die Kirche wurde geschlossen, und jetzt ist sie ein Magazin für landwirtschaftliche Materialien. Auch andere Kirchen sind seit langem geschlossen, das war schon vor dem Krieg so. Hier, in der Nähe von Poltawka, gab es noch eine andere große, reiche Kirche. Sie wurde von den »Bolschewiki« niedergebrannt.

Unsere Gespräche sind selten deprimierend. Babuschka hat einen guten Sinn für Humor, sie lacht und scherzt gerne und erzählt mir auch einige heitere Geschichten. Wenn sie jedoch in ihrer Vergangenheit gräbt, überkommt sie diese typisch russische Melancholie.

»Wie war es vor dem Krieg, vor dem ersten Krieg«, frage ich. »Wie sah euer Leben aus? Wann habt ihr geheiratet?«

Sie haben kurz vor dem Ersten Weltkrieg geheiratet. Babuschka brachte eine große Mitgift mit: viel Leinen (jetzt verstehe ich, warum die Schätze in Babuschkas Koffer so viele Jahre überdauert haben), zwei Kühe (eine davon ein Kalb), ein großes Schwein. Sie hatte eine Menge Arbeit zu bewältigen und einen großen Bauernhof. Babuschka muss reich gewesen sein, schlussfolgere ich. Eine Kulakin.

Sie fühlt sich beleidigt. »Was für eine Kulakin?« Sie weiß, dass dies kein gutes Wort ist, und möchte nicht, dass es auf sie bezogen wird. »Eine gewöhnliche Bäuerin, nicht mehr.«

»Und wann war es für dich besser, vor oder nach der Revolution?«

Babuschka schaut sich um, obwohl sonst niemand im Haus anwesend ist. Daran hat sie sich im Laufe der Jahre gewöhnt.

»Solche Fragen darfst du nicht stellen, Petrowna. Das ist nicht erlaubt.«

Und dann, als würde sie das Thema wechseln, fügt sie hinzu: »Wir hatten fünf Kühe, sogar junge, und jetzt haben wir nur noch eine.« Wieder stößt sie einen tiefen Seufzer aus.

Ich bin traurig, sie verlassen beide die Kolchose. Für sie ist es zu schwer geworden, hier zu arbeiten. Sie sind schon sehr alt. Sie ziehen zu ihrer Tochter Schenja. Das Häuschen verkaufen sie einem Kolchosbewohner, Palma nehmen sie mit. Arme Palma, sie wird irgendwo eingesperrt sein. Auch das ältere Ehepaar wird sich nur schwer an die städtischen Gewohnheiten anpassen können. Ihr Häuschen werden neue Heimatlose aus Belarus übernehmen. Sie kommen aus der Gegend von Aschmjany. Sie sind freiwillig gekommen, sie sind vor Hunger und Armut geflohen. Man hat ihnen ein himmlisches Paradies auf dem Ödland der schwarzen Erde versprochen. Der neue Hausherr hat drei kleine Kinder, also muss ich mir ein neues Zuhause suchen. Zum Glück kennen mich die Einheimischen nun schon, und ich bekomme einige Angebote. Ich ziehe bei einer Frau ein, einer Wolgadeutschen, die während des Krieges hierhergeschickt wurde. Sie arbeitet als Putzfrau in der Schule. Ich bin mit Anuschka allein – wir wohnen ein paar Schritte vom artesischen Brunnen entfernt in der Nähe des Büros. Das hat auch seine Vorteile, aber mir tut es trotzdem leid, dass Großväterchen und Babuschka weggezogen sind. Gute Menschen.

Im Vergleich zur internationalen Zusammensetzung der Lager leben hier in Budjonowka – abgesehen von Ausnahmeerscheinungen wie uns oder der deutschen Anuschka – nur noch Nachkommen von Kosaken, Großrussen und Tschetschenen. Letztere bilden eine Gruppe für sich. Sie halten sich abseits und bleiben ihren nationalen Gebräuchen treu. Wie vor hundert Jahren beginnt eine Ehe mit der Brautentführung. Wie früher sitzen die alten Männer um den am Spieß drehenden Hammelbraten herum, und die Frauen warten in einiger Entfernung auf weggeworfene, noch nicht ganz abgenagte Knochen. Wie früher gehen die Frauen mit Tragetüchern, die mit einer speziellen Art von Tragegurten befestigt sind, umher, in denen kleine Kinder sitzen und mit ihren Beinen wippen. Die übrigen Kinder helfen ihren Müttern beim Tragen ihrer restlichen Habseligkeiten. Der Vater geht stets voran, trägt eine hohe Mütze aus Karakulwolle und schwingt seinen Gehstock. Beim Tragen hilft er nicht, das gehört sich nicht. Die Frau ist zu Hause eine Magd, eine Arbeitskraft beim Vieh, ein Zugtier. Tschetschenen sind faul, ihre Häuschen sind schmutzig und sehr schäbig. Sie arbeiten ausschließlich als Hirten, halten Kühe und Schafe. Die Kolchose ist verpflichtet, jedem von ihnen ein Pferd zu überlassen. Ohne Pferd fühlt sich ein Tschetschene schlecht. Ich habe jedoch den Eindruck, dass diese Menschen, ungeachtet der Pferde, so sehr mit ihren Bergen verwachsen sind, dass sie sich in diesen weiten, leeren Steppen nicht einleben können. Sie leiden unter Nostalgie, wie jeder, der seine Heimat zwangsweise verlassen musste, auch wenn diese Heimat äußerst bescheiden und arm war. Das Land der Kindheit bleibt, durchdrungen von einem seltsamen Schein von Wärme und Verbundenheit, in unserer Erinnerung immer bestehen. Es bleibt immer heilig, auch wenn viele Tränen geflossen sind. Alles dort ist kostbar: die Landschaft, der Waldrand, der nur dort so und nicht anders aussieht, die Luft, die Gerüche, die Straße, die man oft befahren hat, die Grabsteine geliebter Menschen auf einem kleinen Hügel, die schiefe kleine Kirche, die Sprache der Menschen, die dort lebten, der Obstgarten, von dem uns Babuschka immer so viel erzählt hat, der Wasserfall, an dem sich Ibrahim als kleiner Junge gerne gewaschen hat. Was für ein schreckliches Verbrechen ist die Zwangsumsiedlung, die die Menschen von dem Land losreißt, das sie seit Hunderten von Jahren ernährt hat! Nun trifft es die Belarussen mit ihrer Neuansiedlung: Sie sind mit der Aussicht auf ein besseres Leben in die Irre geführt worden. Sie wissen noch nicht – sie sind gerade erst angekommen –, worauf sie sich eingelassen haben und wie bitter der Preis ist, den sie für ihre Entscheidung noch zahlen werden. Wie viele Generationen werden noch folgen müssen, bis sie sich hier als einheimische Sibirer zu Hause fühlen? Schon jetzt sind sie erstaunt, dass es im Dorf keine Kirche gibt und Kirchen nirgendwo im Bezirk zu finden sind. »Wieso?«, fragen sich die Frauen. »Wo sollen wir denn am Sonntag unseren Glauben bekennen?« Dort, im fernen Belarus, waren noch nicht alle Kirchen geschlossen. Es war auch möglich, nach Vilnius zu fahren, in eine *richtige* Kirche. An Feiertagen wie Weihnachten und Ostern gab es noch Segnungen. Aber hier? Nichts mehr von alledem. Es gibt auch kein Wasser. Und auch das überrascht sie: »Wie das? Wo sollen wir im Sommer dann baden gehen? Bei uns sieht man überall Seen, wohin man schaut. Und Fische gibt es auch. Und was ist mit den Wäldern, den Pilzen, den Heidelbeeren?« Sie fühlen sich betrogen.

»Wie ist es dort in Aschmjany?«, frage ich sie.

»Da gibt es keine Juden mehr, die Deutschen haben sie alle ermordet.«

»Und wer lebt dann dort?«

»Die Russen sind gekommen.«

»Und was ist mit den Polen?«

»Es ist kaum jemand übrig geblieben. Die meisten wurden von den Deutschen und den Russen ermordet. Wer überlebt hat, ist weggegangen.«

»Und warum seid ihr aus euren Dörfern weggezogen?«

Sie zucken mit den Schultern. Sie mussten wegziehen. Es gab nichts zu essen. Da sie nach der Einführung der Kolchosen drei Jahre lang nur Flachs säen durften, war die Erde so unfruchtbar geworden, dass dort nun weder Flachs noch Roggen wächst. Dort wächst nichts mehr, es gibt nichts mehr, was man in den Kochtopf werfen könnte. Sie sprechen offen und kühn. Sie haben sich den Sowjetjargon noch nicht zu eigen gemacht, sie schauen sich noch nicht um, sie sagen, was sie denken, und machen die Kolchosbewohner damit nervös. *Boltuny*[42]. So nannte man sie wegen ihrer Ehrlichkeit, ihrer Unvorsichtigkeit, wegen der Freimütigkeit, mit der sie ihr eigenes – wenn auch primitives – Urteil äußerten. Doch sie werden umgeformt werden. Die nächste Generation wird schon anders sprechen.

Die Ländereien unserer Kolchose grenzen an ein großes Weideland einer anderen Kolchose, das ausschließlich von Kasachen bewohnt wird. Sie besitzen angeblich fünfzigtausend Hektar und sind die Reichsten in der Region. Wenn sie auf den Basar kommen, glänzen ihre Pferde – sie sind gestriegelt und gewaschen. Manchmal verkaufen sie heimlich Hammelfleisch, aber jeder weiß das, und es hat keine Konsequenzen. Sie tragen große Schafsmäntel und Malachais, sie sind immer schmutzig, aber sympathisch und fröhlich, und sie können die Russen nicht ausstehen. Manchmal besuchen sie unsere Kolchose und machen nicht immer astreine Geschäfte mit Leonid. Sie haben Getreide in Hülle und Fülle. Schließlich ist ihre Kolchose die einzige, die ihren Abgabeverpflichtungen nicht nachkommt. Man erzählte sich, dass zur Erntezeit schon viele Kilometer vor dem Dorf Späher postiert wurden. Sobald sich die bevollmächtigten Inspektoren näherten, wurde, wie zu Zeiten Dschingis Khans, Feuer gemacht, um den Feind anzukündigen. Bevor die Bezirksinspektoren die unwegsame Strecke zu ihnen zurückgelegt hatten, war das getrocknete Getreide für den Eigenbedarf von allen bereits im Haus verstaut und gut versteckt worden. Und das ganze Dorf war danach eifrig damit beschäftigt, das restliche Getreide, das bereits verrottete, in die Scheune zu schaffen und es als die für den

---

42 Russisches Wort für Plaudertasche, geschwätzige Person.

Staat bestimmte Produktion auszugeben. Ein Kasache sagte: »Ich bin der Eigentümer dieses Landes, ich gebe den Russen nichts.« Verhaftungen, Verurteilungen – nichts half. Leonid erzählte mir, dass die Behörden anfangs noch versucht hätten, sich mit ihnen anzulegen und sie zur allgemeinen Disziplin zu zwingen. Vergebens. Die Kasachen ließen sich nicht überzeugen, sie wollten sich nicht beugen. Ich erinnere mich, dass es einmal, als ich im Bezirk war, Zucker gab. Vor dem Laden, der Zucker verkaufte, hatte sich eine riesige Schlange gebildet. Es bestand nicht die geringste Chance, dass es für die, die sich ganz hinten anstellen mussten, noch reichen würde. Vorne standen drei Kasachen, die für Ordnung sorgten. Einen von ihnen kannte ich, er besuchte uns manchmal. Er rief mich und platzierte mich als Erste direkt vor sich. Das sorgte hinten in der Schlange für einen gewissen Aufruhr, doch er drehte sich nur kurz um und bekräftigte mit einem hässlichen Wort sein unverbrüchliches Grundrecht auf dieses Land. Einem Russen passt das nicht? Dann kann er vergeblich warten und nach Hause gehen. So ist es, und nicht anders. Der Laden war noch geschlossen, und hier tauchten immer wieder neue Kasachen auf, die sich in der Schlange ganz vorne anstellten. Das Gedränge war furchtbar. Zucker wurde kiloweise verkauft. Ich kaufte zuerst ein und dankte meinem Retter. Danach schaute ich auf die Schlange der kasachischen Köpfe und die Masse wütender Russen dahinter, deren Chancen, etwas von der begehrten Süßigkeit abzubekommen, immer geringer wurden. Ich muss hinzufügen, dass ich fast anderthalb Jahre in Budjonowka gelebt habe und es mir in all diesen Monaten gerade mal gelungen ist, zwei Kilogramm Zucker zu ergattern. Zum ersten Mal war es in der erwähnten Situation, dank der Kasachen. Ein zweites Mal gelang es mir, als der Zucker in der Kolchose nach der Ernte entsprechend der Platzierung auf einer bestimmten Liste verteilt wurde. Swirin war so freundlich gewesen, mich auf diese Liste zu setzen.

Nach dem Unterricht besuchen mich oft die Mädchen des letzten Jahrgangs. Einige von ihnen sind Waisenkinder, die im Waisenhaus leben, zwei sind Töchter von Kolchosbewohnern. Ich helfe ihnen in Mathe und Physik. Sie sind sehr stolz, wenn sie als Einzige in der Klasse die komplexen Aufgaben erfolgreich lösen können. Vor der Schule halten sie unser gutes Verhältnis geheim. Manchmal gehe ich mit ihnen ins Kino in der benachbarten Bezirksstadt. Manchmal sitzen wir abends im Kulturhaus und unterhalten uns. Sie sind neugierig und fragen mich über das für sie so exotische Polen aus. Mit der Weitergabe von Informationen bin ich jedoch vorsichtig. Wie schnell gerät man in den Verdacht, die sowjetische Jugend zu demoralisieren! Ich weiß, dass sie mich schon lange fragen wollten, warum ich hier bin, warum ich verhaftet wurde. Das beschäftigt sie eindeutig sehr. Anders als Walentina erwecke ich bei ihnen offenbar nicht den Eindruck, eine Diebin zu sein. Diese Mädchen haben ihre kindliche Ehrlichkeit noch nicht verloren. Schließlich gelingt es ihnen, mich zu überreden. Sie horchen mich aus, und sie fragen mich auch, warum ich ihnen nie im Fach Geschichte helfen will. Was soll ich ihnen antworten? Ich erkläre ihnen ganz allgemein, dass die Berichte derer, die dabei waren, unsicher sind und dieselben Ereignisse sehr unterschiedlich kommentiert werden. Ich gebe ihnen dafür einfache Beispiele aus ihrem eigenen Leben, aus dem Leben der Kolchose. In der Geschichte verhält es sich nicht anders, die Historiker bewerten die Fakten nicht alle auf die gleiche Weise, jeder betrachtet sie aus dem Blickwinkel seiner eigenen Interessen. Sie sind danach völlig perplex. Sie hatten nicht geahnt, dass die Auffassungen über die Vergangenheit verschieden sein können.

»Es gibt also nicht *eine* Wahrheit?«, fragen sie.

»Es gibt sicher *eine* Wahrheit, aber die wird selten ausgesprochen. Meistens wird nicht die Wahrheit mitgeteilt, sondern das, was einem in den Kram passt, was einem Zweck dient. Die Interpretation der Fakten ist immer subjektiv.«

Die schwarzäugige Tanjuschka, eine Kosakentochter, die intelligenteste unter ihnen, schaut mir direkt in die Augen und hakt nach. »Heißt das, dass man dort in Litauen, Lettland und Polen überhaupt keine Hilfe von der Sowjetunion, von unserer Armee, haben wollte? Oder wollte man sie doch?«

»Wir wollten einfach nur frei sein.«

»Frei? Was bedeutet das?«

»Das bedeutet, sein Land selbst zu regieren. Das bedeutet, sein Leben nach seinen eigenen Prinzipien aufzubauen und nicht nach denen eines anderen. Das bedeutet, seinen eigenen Überzeugungen gemäß zu denken und zu sprechen. Nicht das zu denken, was gefordert oder gelehrt wird, sondern das, was man selbst als Wahrheit erkennt. Wenn ein Mensch nicht frei ist, kann er nicht leben, nicht schöpferisch sein, nicht der Zukunft entgegengehen.« Ich spreche diese einfachen Worte aus und bin mir nicht sicher, ob sie meine Zuhörerinnen erreichen. Wir sitzen auf einer Anhöhe in der Nähe des Kulturhauses, vor uns steht das Schulgebäude, da läuft Scharik an einer langen Leine vorbei.

»Sieh dir den Hund da drüben an«, sage ich. »Wenn diese Leine nicht lang wäre, könnte er nicht einmal einen Hasen fangen.«

Ich weiß nicht genau, was danach in der Schule vorgefallen ist, was die Mädchen erzählt haben, aber sie haben wohl ein unbedachtes Wort fallen lassen, denn die Schulleiterin rief sie nicht nur zu sich, sondern untersagte ihnen auch sicherheitshalber jeden Kontakt mit einer Übeltäterin wie mir. Tanja errötet und senkt den Kopf, wenn sie mir begegnet. Wie hermetisch verschließen sich doch die Reihen des Volkes vor einem Quäntchen freien Denkens!

8
DIE GRENZE

Irgendwann Anfang Mai 1955 erhielt ich einen Brief von N. aus Kolyma. Darin stand, dass die Polen repatriiert würden. Sobald das Eis geschmolzen sei, würden sie auf den Kontinent und in ihr Land gebracht werden. Es fiel mir schwer, diese Nachricht zu glauben, aber gleichzeitig enthielten auch andere Briefe aus Norilsk, Workuta, Krasnojarsk und Karaganda ähnliche hoffnungsvolle Botschaften: Wir kehren zurück. Die Zeitungen schrieben ebenfalls über Rückführungen, aber nur über die der Deutschen. Adenauer hatte bei seinem ersten Nachkriegsbesuch in der Sowjetunion auf diese Rückführungen gedrungen. Dieses sowjetisch-deutsche Abkommen konnte unsere Verbitterung nur noch weiter steigern. Auf die Deutschen wurde immer mehr Rücksicht genommen als auf uns. Ihre Regierung forderte die Befreiung ihrer Gefangenen – die Regierung in Warschau schwieg. Wer weiß, vielleicht wünschte sich unsere Regierung sogar unseren Untergang, um sich ein für alle Mal der Zeugen der Ereignisse, die sich zwischen dem Westlichen Bug und der alten Grenze Polens abgespielt hatten, zu entledigen. Jeder von uns war der lebende Beweis für die Annexion, die Repression und die Verbrechen. Vielleicht erschien es da besser, diese schmutzigen Seiten der Geschichte für immer umzuschlagen und so alle Spuren zu verwischen. Repatriieren ist so, als würden die verschwundenen, bereits vergessenen, schweigenden Menschen wieder auferstehen. Repatriieren bedeutet, dass sie nicht mundtot gemacht werden, dass man ihnen erlaubt zu sprechen, zu schreien, Zeugnis abzulegen. Es sei denn, es kehrten nur noch menschliche Schatten wieder und keine Menschen mehr. Doch selbst ein Schatten kann noch die Wahrheit enthüllen.

Ich glaubte es nicht, ich konnte es nicht glauben, denn einmal hatte ich schon eine solche Repatriierung miterlebt, und bei der war ich völlig übergangen worden. Ich blieb den begeisterten Briefen von Kollegen gegenüber sehr skeptisch und ebenso gegenüber den Berichten, dass man die Häftlinge, die zu fünfzehn Jahren schwerer Zwangsarbeit verurteilt worden waren, in normale Lager verlegt und ihnen erlaubt habe, sich die Haare wachsen zu lassen, und dass man sie auch nicht mehr zur Arbeit abführte. Es tat sich etwas, denn in Norilsk kam etwas in Bewegung, Menschen waren unterwegs. Aber hier bei mir blieb alles vollkommen ruhig.

Das Leben in der Kolchose verlief in seinem üblichen trägen Rhythmus. Es gab wieder die »Aussaatkampagne«. Niemand sagte einfach »Aussaat«. In der Sprache schimmerte immer ein Krieg durch, ein Kampf um etwas, um das Getreide, um die Ernte, um einen Liter Milch oder ein Kilogramm Wolle. Wir kämpften also tapfer weiter. Ich kannte nun die Gepflogenheiten in der Kolchose zur Genüge, und bekam, wie die anderen auch, einen Sack Weizenkörner zum Säen. Ich verkaufte ihn heimlich einem von Anuschkas Freunden, zu einem nicht allzu schlechten Preis. Ein Mensch sowjetisiert sich schnell und ohne nennenswerte Gewissensbisse. Wie immer schreibe ich verlogene Berichte, die mit falschen Zahlen frisiert sind, und so geht die Zeit dahin. Dennoch habe ich den Eindruck, dass die Zeit fast gänzlich stillsteht, jeder Tag achtundvierzig Stunden hat und eine Woche aus Dutzenden von Tagen besteht. Ich warte auf Neuigkeiten. Ich weiß nur zu gut, dass Warten eine Form der Selbsttäuschung ist, dass es besser ist, nicht zu denken, keinerlei Hoffnungen zu hegen. Trotzdem kriecht die Hoffnung in mich hinein und lässt mich nicht zur Ruhe kommen. Sollten die anderen weggehen dürfen und ich nicht, werde ich einen Kampf führen müssen, einen richtigen Kampf. Aber wie? Das weiß ich noch nicht. Es gibt mehrere Möglichkeiten: Arbeitsverweigerung, Hungerstreik.

Schließlich begann etwas in Bewegung zu kommen. Ende Juni wurde ich in das Hauptquartier des Kommandanten unserer Region gerufen. Ich fuhr mit bangem Herzen dorthin. Was würden sie sagen? Warum wurde ich einbestellt? Neben der Armee war das MWD zweifellos die am besten organisierte Institution des Landes, aber auch dort war Unordnung unvermeidlich. Ich meldete mich bei der Abteilung für Exilangelegenheiten, wo ich schon viele Male gewesen war. Dort erlebte ich eine Überraschung. »Wer hat dich vorgeladen? Das muss ein Irrtum sein. Da ist nichts dran.« Ich gab nicht auf. Unser Bezirkskommandant wurde angerufen. »Es kann sich nicht um einen Irrtum handeln, das muss geklärt werden.« Man schickte mich von einem Beamten zum anderen, und überall das gleiche Lied: Keiner wusste Bescheid. Ich war schon drauf und dran, dieses feine Gebäude zu verlassen, als ich auf dem Korridor einem Offizier begegnete, der mich schon einmal empfangen hatte. Er erkannte mich wieder und bat mich in sein Büro. Aus einer dicken Mappe zog er ein Blatt Papier heraus.

»Wollen Sie bitte hier unterzeichnen«, sagte er feierlich.

Es war eine Erklärung, dass ich auf der Liste der Rückkehrer nach Polen stand.

»Wenn Sie nicht gehen möchten, sondern sich entscheiden, bei uns zu bleiben, dann ist das Ihr gutes Recht«, ermutigte er mich.

Sicherlich glaubte er selbst nicht, dass ich auf seinen großartigen Vorschlag eingehen würde. Auf meine Frage, wann die Rückführung beginnen werde, antwortete er, er wisse es nicht, man werde mich rechtzeitig in Kenntnis setzen, und ich solle nun erst einmal abwarten. Das war alles.

Ich erzählte von diesen Neuigkeiten niemandem in Budjonowka. Es konnte sich noch so viel ändern. 1948 wurde ein Teil der repatriierten Polen aus Brest am Westlichen Bug doch wieder zurückgeschickt. Warum sollte man sich da Illusionen machen?

So klar ich mir meinen ersten Sommer in Budjonowka noch vor Augen führen kann, so vage (ja fast völlig ausgelöscht) sind die Erinnerungen an diesen zweiten Sommer voller Erwartung. Was geschah in dieser Zeit? Die Belarussen bauten ihre Lehmhäuser. Meine Mitverbannten schlossen die Arbeiten am Stall für die ausgemergelten, hungrigen Kühe ab. Im Büro behielt Walja nach wie vor mit einem säuerlichen Gesicht die Volksfeindin im Auge, was Swirin und Leonid nicht davon abhielt, eine Flasche Schnaps mit dieser Feindin zu teilen. Wenn es die Zeit zuließ, unternahm ich lange, einsame Spaziergänge durch die Felder, hinauf zu dem schlammigen, salzigen See, dem heilende Wirkung zugesprochen wurde. Er sollte Rheuma und Malaria kurieren. Seine Ufer waren jedoch vollständig mit Schilf bewachsen, weshalb das Wasser nur schwer zugänglich war. Die Hitze war schrecklich. Die trockenen Windböen verwandelten die Steppe in ein schwarzes, glasiges Tuch, auf dem die kümmerlichen Getreidehalme vergilbten. Kein Tropfen Regen. Von Zeit zu Zeit veranstaltete das Dorf eine seltsame Parade. Frauen, Kinder und ältere Kolchosbauern liefen als Gruppe umher, schlugen auf leere Eimer, Schüsseln und Blechtöpfe und sangen dazu ein Lied, das ich nicht kannte. Aus allen Häusern kamen die Menschen herbei, um sich das Spektakel anzuschauen und die Prozessionsteilnehmer mit Wasser zu besprengen. Die Prozession sollte Regen herbeirufen. Es war nichts anderes als eine magische Beschwörung, die mit großem Ernst und völliger Überzeugung abgehalten wurde. Der Aberglaube war offenbar stärker als die marxistischen Lehren und sogar stärker als der orthodoxe Glaube. Es gab keine Kirche, es gab keine Popen, Feiertage wurden kaum noch begangen, aber die alte Gewohnheit, Regen heraufzubeschwören, blieb bewahrt. Und dieser Brauch war offenbar wirksam, denn ein paar Tage später fiel Regen in Strömen. Es goss den ganzen Tag, und der Regen überschwemmte die ausgetrocknete, rissige Erde. Doch sobald der Himmel ein wenig aufklarte, verschwanden die Pfützen schnell.

Der September kam, und noch immer geschah nichts. Das Leben ging unverändert weiter. Anuschka, der ich von den Repatriierungen erzählt hatte, schüttelte den Kopf.

»Petrowna«, erklärte sie mir. »Lass dich nicht entmutigen. Das ist alles eine Lüge, das musst du akzeptieren. Du wirst nirgendwohin gehen. Du brauchst hier einen Mann.«

Die Tage wurden immer kürzer und kälter. Die Ernte war vorbei. Anuschka bekam manchmal von irgendwoher einen halben Liter Wodka. Wir tranken ihn dann abends einsam, ohne viel zu reden. Worüber sollten wir hier schon reden? Über die Vergangenheit? Die bestand zu sehr aus Traurigkeit und Tränen. Wir wurden betrunken und gingen schlafen. Ich trank auch mit Leonid und Swirin, manchmal im Büro, ein anderes Mal auf einem Feld zwischen den großen Maisstängeln. Ich fragte mich, was von diesem Mais noch übrig bleiben würde, wenn der Schnee fiel.

Was ist von diesen deprimierenden Tagen noch in meiner Erinnerung geblieben? Leere, uninteressante, bedeutungslose Ereignisse. Ich bin jetzt seit über elf Jahren in diesem Land. Nichts überrascht mich mehr, nichts bereitet mir noch Freude. Ich habe mich an die große Landkarte gewöhnt, die im Kulturhaus hängt und auf der die riesige Sowjetunion mit ihrem Rot fast den ganzen Raum einnimmt, während das mickrige Europa wie ein kleines Geschwür aussieht. »Wo ist euer Polen?«, lachen die Bewohner der Kolchose. Polen ist kaum zu sehen. »Unser Land ist ein großes Land, eine Weltmacht. Wenn wir wollten, könnten wir ganz Europa mit einem Biss verschlingen.« Diese Karte erweckt imperialistische Gefühle. Sie wurde wahrscheinlich eigens zu diesem Zweck angefertigt, denn selbst China sieht auf der Karte klein aus. Muss ich jetzt auch an diese Weltmacht glauben? Kann ich *nicht* daran glauben?

Ich erinnere mich, dass ich eines Tages irgendeine Kolchosangelegenheit mit Wassili Iwanowitsch besprach. Er war der Stellvertreter von Swirin, ein Mann über sechzig, groß, sehr stämmig, mit einem breiten, aufgedunsenen roten Gesicht. Er hatte bestimmt hohen Blutdruck. Er war ein unglaublicher Vielfraß. Er prahlte immer damit, dass eine Gans zum Mittagessen für ihn nicht mehr als ein Vorspeise sei und er ein ganzes Kalb verputzen könne. Das wäre vielleicht möglich gewesen, hätte es in unserer Kolchose überhaupt Kälber gegeben. Ich selbst habe ihn einmal dabei beobachtet, wie er auf der Basis ein Viertel der gesamten frisch gemolkenen Milch hinunterkippte.

Ich sitze bei ihm daheim, sein Haus ist eines der größten in unserem Dorf. Wassili ist reich, sicherlich reicher als wir alle. Er hat drei Kühe, Milch und Rahm im Überfluss. Er hat mich zum Pfannkuchenessen eingeladen. Seine Frau und seine Tochter backen sie in der Küche. Es dauert nicht lange, schon steht eine Schüssel voller Pfannkuchen auf dem Tisch, und auch ein großer Krug Rahm und ein Teller mit geschmolzenem Schweinefett werden gebracht. Ich nehme zwei Pfannkuchen, fange an sie zu schneiden und beobachte während des Essens meinen Gastgeber. Er taucht seine Pfannkuchen in das Fett und den Rahm, ehe sie mit einem Happen in seinem Mund verschwinden. Für jeden Bissen, den ich nehme, verschlingt er einen ganzen Pfannkuchen. Nach drei Pfannkuchen bin ich satt. Er schlemmt weiter und erteilt mir gleichzeitig eine moralische Lektion. Seiner Meinung nach – und nach der aller Bewohner der Kolchose – sollte ich heiraten. Das Leben in der Einsamkeit müsse ein Ende haben. Es gebe auch zwei Kandidaten. Zwei lobenswerte junge Männer, sie kämen beide aus guten Familien. Einer von ihnen sei Anatoli Netreba, der zweite dessen Cousin Pjotr. Ich lache. Anatoli, das ist wohl ein Scherz! Das ist ein richtiger Schurke. Vor ein paar Monaten, im Mai oder Juni, hat er zusammen mit seinen Kameraden eine Freundin seiner Cousine Walja vergewaltigt. Um es in der Sprache der Urki zu sagen: Sie sind mit ihr »Straßenbahn« gefahren. Das Mädchen erlitt eine Blutung, und es hat nicht viel gefehlt und sie hätte es nicht überlebt. Ihre Eltern erstatteten Anzeige, und Anatoli wurde verhaftet. Katja Netreba, die stets mit Verachtung und Missbilligung über den Sohn ihres Bruders sprach, ließ einmal ihre feindselige Haltung ihm gegenüber beiseite und ging mit ihrem Mann zur Staatsanwaltschaft. Ganz offensichtlich müssen sie Schmiergeld bezahlt haben, denn der Angeklagte wurde freigelassen, und sein Verfahren wurde später eingestellt, mangels Zeugen, wie es hieß, obwohl die halbe Kolchose gesehen hatte, wie Anatoli die Frau in einen Lastwagen gezerrt hatte. Damit war die Geschichte aber noch nicht vom Tisch. Kurz nach der Ernte wurde im Kulturhaus eine Party veranstaltet. Anatoli war leicht angetrunken, angelte sich ein Mädchen und brachte es vom Kulturhaus zum Dorfplatz, wo er es in Anwesenheit fast des halben Dorfes ebenfalls vergewaltigte. Das Mädchen weinte, versuchte sich zu befreien, aber nichts half. Keiner stand ihr bei, keiner hielt den Dreckskerl auf. Und der spuckte aus und sagte, nachdem er fertig war und seine Hose zugeknöpft hatte, in aller Ruhe: »Sei froh, dass du noch lebst, Schlampe. Jetzt weißt du, wie es ist, wenn man einen Netreba anzeigt.«

Der Mann ekelte mich an. Einmal im Büro beugte er sich über den Tisch zu mir herüber, ließ die Zunge über seine Zähne gleiten (und er hatte schöne weiße Zähne) und flüsterte: »Wollen wir nicht Freunde werden?«

»Ich habe keine Lust, mit einem Urka befreundet zu sein«, antwortete ich kühl. Ich dachte, er würde mich schlagen. Aber er hielt sich zurück und ging. Von da an sah er mich immer feindselig an, und ich hatte Todesangst vor ihm. Ich wusste, wozu er fähig war. Erst später erzählte mir Leonid, dass ich meine Sicherheit Pjotr zu verdanken hatte, der Anatoli drohte: »Rühr sie nicht an, sonst schlachte ich dich ab wie ein Tier.« Pjotr war genauso groß, stark und sicher etwas wendiger als sein Cousin und dennoch das genaue Gegenteil von ihm. Er war immer ruhig, höflich und drängte sich nie auf. Einmal fragte er mich, wen ich in Polen zurückgelassen habe.

»Meinen Mann und zwei Kinder.«

»Hast du noch Kontakt zu ihnen?«

»Natürlich.«

Nie hatte er mir irgendeinen Antrag gemacht. Und jetzt versuchte Wassili mich zu überreden und zur Heirat zu bewegen. »So kann es doch nicht weitergehen«, fuhr er mit seinem Plädoyer fort. »Das sind gute Jungs, und was machst du …?« Er war furchtbar betroffen von meiner abschlägigen Antwort. Ihm verging sogar sein Appetit auf Pfannkuchen.

Ende September kam aus dem Hauptquartier des Kommandanten plötzlich der Befehl, meine Rechnungen bei der Kolchose zu begleichen. Unter der Bedingung, dass ich alle meine Schulden beglichen hatte, erhielt ich die Erlaubnis abzureisen. Ich musste etwas unternehmen, um meine Schulden zu tilgen, und die waren nicht gering. Selbst meine kärglichen Essgewohnheiten der letzten anderthalb Jahre – Kartoffeln, Mehl, Milch – machten mich im Verhältnis zu den im Büro verdienten Trudodni (mein Lohn betrug anderthalb Trudodni pro Tag) zu einer großen Schuldnerin. Armer Leonid, was musste er schuften und schwitzen, damit ich schließlich bei null herauskam. Er sprach mir nicht nur für Getreide, sondern auch für Heu, Kleie, Rüben, ja sogar für Mais Trudodni zu. Dank seines Einfallsreichtums konnte ich den Mitarbeitern des Kommandanten den entsprechenden Nachweis vorlegen. Dieser wurde akzeptiert, und ich erhielt nun den Befehl, erneut zu warten. Ich überließ die Kasse der Tochter des Vorarbeiters und musste noch trostlosere Tage überstehen, Tage ohne Arbeit, die ich nur mit Warten verbrachte.

Ich versuchte Anuschka ein wenig zu helfen. Sie war eine gute, warmherzige und furchtbar einsame Frau. Sie hatte ihre ganze Familie verloren. Ihr Vater war ermordet worden. Sie selbst war an einen noch entlegeneren Ort als den unseren verschleppt worden. Über Umwege hatte das Schicksal sie nach Budjonowka geführt, und dort war sie geblieben, ohne jemanden zu kennen. Wie ich hatte sie eine lebenslange Strafe erhalten. Und wie ich musste sie sich monatlich im Hauptquartier des Kommandanten melden. Sie heiratete nicht. Es gab nur wenige Männer, und sie war nicht gerade so sündhaft schön, dass sie einem jungen Mann hätte gefallen können. Obendrein war sie noch eine Deutsche. Obwohl sie schon ewig in Russland lebte und nicht einmal die deutsche Sprache beherrschte, reichten ihre Dokumente aus, um das Misstrauen der Einheimischen zu wecken. Bei Deutschen weiß man schließlich nie. Sie könnten kommen, um uns zu verhaften und noch weiter wegzubringen. So begnügte sich Anuschka mit ihrem kleinen Haus, mit ihrer Arbeit in der Schule, die sie putzte, mit dem kargen Lohn, für den sie bei den Kolchosbauern Mehl und Milch kaufen konnte. In ihrem kleinen Gärtchen baute sie Kartoffeln und Gurken an, mit denen sie über den Winter kam. Am schlechtesten stand es um ihre Versorgung mit Brennstoff. Die Kolchose wollte ihr keinen getrockneten Dung als Brennstoff überlassen, und es gab keine Bäume, um Holz zu schlagen. Über Swirin gelang es mir, Bauschutt zu bekommen. Er gestand das zu. Der Vorarbeiter lieh mir ein Pferd. Mit einigen Kollegen beluden wir einen Karren: Die dickeren Balken legten wir nach unten, die kleineren Abfälle nach oben. So entstand ein schöner Karren mit trockenem, gutem Holz. Danach sägten wir es tagelang wie besessen, wir zerhackten und spalteten es und versteckten dann alles schnell in einem Lagerraum, damit niemand in der Kolchose etwas bemerkte. So hatten wir Brennholz für den Winter.

Und der Winter stand vor der Tür. Im Oktober fiel der erste

Schnee und bedeckte die Rüben und Kartoffeln. Das Heu und der viele schöne Mais waren ebenfalls noch nicht eingebracht worden – man hatte es nicht geschafft, alles rechtzeitig zu mähen. Schwarz verfärbte Halme ragten aus dem Schnee heraus und sprachen Chruschtschows Losung Hohn: »In der Produktion von Fleisch und Milch werden wir die USA einholen.« Einholen, immer die gleiche Leier.

Oktober, November – und noch immer nichts. Ich erhalte zwar optimistische Briefe, aber dabei bleibt es dann auch. Sie haben es sich bestimmt anders überlegt! Wurde die Repatriierung abgesagt? Alles ist möglich. Das Essen wird immer knapper. Von der Kolchose bekomme ich nichts mehr. Wer nicht arbeitet, isst nicht. Ich habe nicht einmal mehr Milch. Was für ein Glück, dass es noch Kartoffeln gibt. Ich esse mit Anuschka Bratkartoffeln mit Salz, und wir trinken Tee. Aus dem restlichen Mehl backt Anuschka Brot.

Den ganzen November über weht ein höllischer Wind. Wenn er in dieser Steppe aus allen Richtungen bläst, gibt es kein Entkommen. Der Wind ist gefährlich. Man kann einfach so umgeweht werden, man kann in einen Schneesturm geraten, sich verirren und sogar in der Nähe des eigenen Hauses erfrieren. Ich vermeide es, abends wegzugehen. Ich habe auch niemanden, zu dem ich gehen kann. Mit Kollegen zu reden habe ich keine Lust. Keiner glaubt an meine Abreise. Leonid versucht mich zu überreden, wieder in der Kolchose zu arbeiten. Ich wehre mich noch dagegen, noch habe ich die Hoffnung nicht aufgegeben.

Man könnte meinen, dass mit mir ein Katz-und-Maus-Spiel gespielt wird, dass ich absichtlich gepiesackt werde. Doch das glaube ich nicht. Es ist ein spezifisches Zusammentreffen von gewissen Umständen, das dazu führt, dass meine Repatriierung so und nicht anders verläuft. Da ist erstens das übliche Chaos. Die Beamten arbeiten langsam und nicht besonders akribisch. Sie haben in der

Regel wichtigere Dinge im Kopf. Eine Repatriierung ist nur lästig. Zweitens hat jeder Sekretär, ob vom Bezirks- oder vom Regionalkomitee, eine negative Einstellung zu Rückführungen. Ihm werden dadurch Menschen entzogen. Die Erfahrung zeigt, dass sich alles noch ändern kann, deshalb ist es für sie von Vorteil, abzuwarten und die Sache nicht zu eifrig zu betreiben. Das Ganze kann noch ins Wasser fallen. Der allzu Eifrige hätte dann bereits seine Arbeitskräfte verloren, die irgendwo anders gelandet wären. Und drittens verfügt der Verbannte über keinerlei Informationen, sodass immer noch die Möglichkeit besteht, ihn zu belügen und dazubehalten, es sei denn, es käme eine Namensliste aus Moskau. Die örtlichen Behörden haben also keinen Grund, eine Ausreise zu beschleunigen. Nur die Ausnahmeerscheinungen in der Leitungsebene, die menschlicher als die anderen sind, informieren jeden Verlorenen korrekt. Aber wie viele sind es wohl, die die erlösende Botschaft nie erhalten?

Das Spiel, Zeit zu schinden, ist ein Prinzip, das sich schon oft bewährt hat. Das MWD erinnert sich zweifellos noch an 1948. Ich erinnere mich ja auch noch an damals.

Der November neigt sich seinem Ende zu. Endlich: ein Anruf aus dem Hauptquartier des Kommandanten. Nächste Woche solle ich mit meinen Sachen in die Stadt kommen. Aufruhr in der Kolchose. Eine Sensation. Erst hat man mir nicht geglaubt, und jetzt beneiden sie mich. »Die Polen«, sagen sie. »Sie lassen die Polen frei! Die haben es gut. Sie rüsten sich für die Reise.« Ich warte auf das letzte Telefonat. Gleich morgens müssen sie mir Bescheid sagen, damit ich beizeiten am Zug sein kann, der nachmittags abfährt. Ich packe meine Sachen. Die Kolchosbewohner überhäufen mich mit Geschenken für die Reise. Katja Netreba bringt eine ganze gebratene Ente mit. Von Malgina bekomme ich ein Stück geräucherten Speck sowie auch noch Gebäck und einen Laib Brot. Der Tag der Abreise bricht an. Ich warte auf den Anruf – bis elf Uhr passiert nichts. Also rufe ich selbst im Hauptquartier an. Sie wissen von nichts. Ein Beamter murmelt, dass die Repatriierung abgesagt worden sei und ich bleiben müsse, wo ich sei. Ich gehe nach Hause und starre auf meine Holzkoffer. Ich bin am Ende meiner Kräfte und stehe kurz vor dem Zusammenbruch. Ein Uhr. Ich bereite mit Anuschka Kartoffeln für das Mittagessen vor. Plötzlich werde ich gerufen. Das Telefon. Das Hauptquartier. Warum bin ich noch nicht weg?! Der Zug kommt schon in zwei Stunden. Ich muss Budjonowka heute noch verlassen.

Ich laufe zur Basis. Ich brauche ein Pferd und einen Schlitten. Einer der Bewohner wird mich zum Bahnhof bringen. Ich küsse Anuschka. Leonid umarmt mich herzlich. Wir machen uns auf den Weg. Die vier Kilometer kommen mir wie vierzig vor. Wir kommen am MWD an. Ein Passierschein? Wozu denn? Wenn die Dame im Eisenbahnwaggon mitgenommen wird, wird sie das Hauptquartier des Kommandanten in der Stadt schon erreichen. Um noch einen Passierschein zu besorgen, bleibt keine Zeit. Der Bahnhof. Mein Gott, am Fahrkartenschalter steht ein Freund, ein Pole aus Uchta. Ich grüße ihn. Wir sind furchtbar aufgeregt. Sie geben uns Fahrkarten, ohne dass wir uns in der Warteschlange anstellen müssen. Sie kennen mich hier am Bahnhof. Und schließlich Petropawlowsk. Wir teilen uns ein Taxi, um zum örtlichen MWD zu gelangen. Dort ist der Treffpunkt – wir sind etwa zwanzig Polen. Ich kenne sie nicht, sie kommen aus verschiedenen Lagern und Entsendestellen. Jetzt sind wir beruhigt, auch wenn man bis zum allerletzten Moment nicht daran glauben darf, man darf noch nicht glücklich sein.

Wieder sind wir unterwegs. Ein Unteroffizier vom MWD nimmt sich unserer an, er hat unsere Papiere. Wir sitzen in einem gewöhnlichen Personenzug, der in die andere, völlig entgegengesetzte Richtung fährt: nicht nach Westen, sondern nach Osten, nach Karaganda! Anscheinend stellt man dort einen Polentransport zusammen. Die Strecke ist lang, die Fahrt dauert zwei volle Tage. Wir tauschen polnische Zeitschriften aus und sprechen über die neuesten Ereignisse und Erfahrungen in den Lagern und Entsendestellen. Wir fühlen uns pudelwohl, endlich sind wir unter Landsleuten. Endlich können wir also offen reden, ohne Lügen, ohne Scham, einfach sagen, was wir denken. Völliges Vertrauen, völlige Solidarität. Ich bin die einzige Frau. Die Männer sind fürsorglich und kümmern sich um mich. Sie richten mir auf einem Brett mit einigen Sachen einen Platz her, damit ich etwas schlafen kann. Ich schlafe ein paar Stunden, dann überlasse ich meinen Platz anderen. Gegen Abend kommen wir in Karaganda an. Wir schleppen unser Gepäck mit – bis zum Sammelpunkt, der ziemlich weit vom Bahnhof entfernt liegt, ist es ein langer Fußmarsch. Er besteht aus Kriegsbaracken. Dort herrscht ein fürchterliches Gedränge. Alles ist bereits voller Polen. Ich sehe bekannte Gesichter, alte Freunde, noch aus dem Widerstand. Wir sind glücklich wie kleine Kinder. In den Baracken gibt es jedoch keinen Platz mehr für uns. Wir können immerhin unsere Habseligkeiten dort lassen und kehren dann zum Bahnhof zurück, um dort die Nacht zu verbringen. Der Bahnhof ist groß und warm, doch nach den örtlichen Vorschriften darf man nicht auf den Bänken schlafen. Wir ignorieren dieses Verbot und legen uns so bequem wie möglich hin. Natürlich gibt es deswegen Ärger. Wir stehen trotzdem nicht auf. Man hätte uns einfach einen Platz zum Schlafen zur Verfügung stellen sollen. Der Bahnhofsvorsteher wird wütend, die Miliz wird herbeigerufen. Unser NKWD-Begleiter verteidigt uns, schließlich hat auch er keinen anderen Platz zum Übernachten. Zu guter Letzt lassen sie uns in Ruhe. Wir schlafen herrlich. Wir haben uns schon an alles Mögliche gewöhnt.

Am Morgen steht ein Besuch bei der Bank an. Man hat uns mitgeteilt, dass wir unsere Staatsanleihen in Rubel umtauschen können. Wir gehen zusammen mit einem Unteroffizier zur Bank, denn er muss bezeugen, dass wir Polen sind, und bekommen einen Betrag ausgezahlt, der dem Wert der Anleihen in den letzten zwei Jahren entspricht. Als wenige Tage zuvor die Nachricht vom Umtausch bekannt geworden war, hatte eine Masse von Russen die Polen mit der Bitte belagert, ihre in zehn Jahren angesammelten alten Anleihen für sie einzutauschen – jeder bekam dafür die Hälfte des ausgezahlten Betrags. Auf diese Weise verdienten die Polen mehrere Tausend Rubel, und auch die Russen waren glücklich, bis der Bank das Geld knapp wurde. Erst dann kam der ganze Schwindel ans Licht. Das waren doch Häftlinge, die konnten doch gar keine Anleihen aus der Zeit vor 1954 haben! Wer rechtzeitig da gewesen war, hatte Glück gehabt und war auf einen Schlag reich geworden. Man kaufte mit dem Geld alles, was sich zu kaufen lohnte. Kühlschränke, Radios, Fotoapparate verschwanden aus den Geschäften; irgendjemand kaufte sogar ein Motorrad. Als ich meine zweihundert Rubel bekomme, kann ich in der Stadt nichts mehr auftreiben. In jedem Geschäft höre ich nur: »Die Polen haben alles aufgekauft.«

Die Abreise. Wir werden von einer großen Gruppe von Freunden verabschiedet, die nicht auf der Liste standen. Wir sehen sie traurig an. Wir steigen in die Lastwagen. Wir fahren nicht zum Bahnhof, sondern an einen Ort, der irgendwo hinter der Stadt, hinter dem Bahnhof liegt. Wir kommen an, springen aus den Lastwagen, und einen Moment später fangen wir alle lauthals an zu lachen. Wir lachen schallend, wir kommen aus dem Lachen gar nicht mehr heraus. Die verunsicherten NKWDler schauen uns an, als wären wir verrückt geworden. »Was ist denn los mit euch?« Wir sagen nichts, und jeder neue Lastwagen, der ankommt, jede neue Zwanzigergruppe, löst neue Lachsalven aus. Vor uns, auf den Gleisen, steht ein Zug. Aber einer mit Pullman-Waggons, *Wagons-Lits* – das bedeutet Komfort, das bedeutet Europa. Wo sind unsere geliebten Stolypin-Waggons, unsere Viehwaggons mit vergitterten Fenstern und einem eisernen Abflussrohr statt einer Parascha? Wir beginnen nun wirklich zu glauben, dass wir in den Westen fahren.

Wir werden in Vierergruppen verladen, vier in ein Abteil. Ich stelle mich so auf, dass ich mit Freunden von der AK zusammenkomme. Wir nehmen in unserem Abteil Platz – vier weiche Liegen. In einer Schublade liegen Laken, ein Kissen und gefütterte Decken. Wir haben unsere Sachen noch nicht weggeräumt, da kommt schon ein Bahnmitarbeiter und fragt, ob wir vielleicht Tee möchten. Ich lächle wieder. In unserem Waggon belegen wir nur drei Abteile. In den anderen Abteilen sitzen unsere Begleiter. So ist es nun mal, was soll's. Aus dem Fenster sehen wir, wer und was noch in den Zug verladen wird. Es sind einige Schwerkranke darunter. Sie werden auf Krankenbahren getragen. Es gibt auch viele Verletzte, die sich auf Krücken stützen. Einige sehen furchtbar ausgezehrt aus und gehen in schrecklichen Lumpen. Sie erhalten nun schlecht genähte Kleidung: eine Hose, eine Herrenweste, ein Hemd, eine Fufaika, für einige gibt es sogar einen Mantel. Die Kommandeure fragen uns, ob wir auch etwas von dieser Kleidung haben wollen. Das wollen wir nicht. Ich habe eine wattierte Weste, Walenki, Schuhe und einen Mantel. Ich brauche ihre Almosen nicht.

Sie kontrollieren noch einmal alles, verschließen die Waggons, und der gesamte Offiziersstab kommt vorbei. Wie immer werden die gleichen Fragen gestellt: Name, Nachname, Name des Vaters, Geburtsjahr, Urteil und Artikel (auch wenn man seine Strafe bereits verbüßt hat), Nationalität. Alles stimmt. Wir sind mehr als vierhundert Leute. Der Zug trägt die Nummer 517. Wir fahren ab.

Die Reise dauert elf Tage. Wir sind alle gut gelaunt. Wir denken nicht an die Zukunft. Was sein wird, wird sein. Das Wichtigste ist jetzt, aus der Hölle herauszukommen, danach werden wir sehen, was Gott uns noch gibt. In der Gesellschaft unserer Brüder und Schwestern werden wir nicht verloren gehen. Wir erfreuen uns der Sprache der Heimat, wir erfreuen uns der alten Lieder. Wir lassen uns auf Gespräche mit den uns begleitenden Obersten vom MWD ein. Sie geben sich übertrieben interessiert und fragen uns ständig, ob wir sie in schlechter Erinnerung behalten werden. Diese zarten

Seelchen – als ob es ihnen wirklich wichtig wäre, einen besseren Eindruck zu hinterlassen! Ist das Naivität oder soziale Inkompetenz? Sie sind nicht in der Lage, normal zu sprechen. Sie sind extrem reizbar und steif. Sie konnten dich ausschimpfen, sie konnten dir alle Kraft aus dem Leib saugen, aber etwas Menschliches zu dir zu sagen, nein, das können sie nicht. Sie fragen uns, ob die Vorräte, die wir bekommen hätten, ausreichend seien. Wir lachen. Jeder von uns bekommt jeden Tag ein Kilogramm Brot, ein großes Stück Wurst, ein Stück Speck, eine Essiggurke, eine Zwiebel, und obendrein legen wir noch Zwischenstopps ein, um essen zu gehen. Bis zum Ural hängt der Zeitpunkt dieser Mahlzeiten von der Entfernung zwischen den Stationen ab. Manchmal essen wir um elf Uhr morgens, manchmal um fünf Uhr nachmittags. In jedem Fall essen wir immer tagsüber. Das Mittagessen in einem Bahnhofsrestaurant, an mit Tischtüchern gedeckten Tischen, besteht aus drei Gängen, mit Fleisch und einem sehr guten Kompot zum Nachtisch. Wer kann das alles aufessen? Wir verteilen das Brot, den Speck und die Wurst an die Leute auf den Bahnhöfen. Sie bedanken sich, blicken aber neidisch auf den geheimnisvollen verriegelten Zug, der nach wer weiß wohin fährt. *Der Zug Nummer 517 wird von Gleis vier abfahren*, erschallt es aus den Megaphonen. Wer darin sitzt, ist ein Staatsgeheimnis. An manchen Bahnhöfen sind keine Menschen mehr zu sehen. Sie werden offensichtlich auf Abstand gehalten. Aber hinter dem Bahnhof sind noch ein paar Neugierige zu finden. »Wollt ihr Wurst?« Sie holen ihre spärlichen Münzen hervor, aber wir wollen kein Geld. »Esst nur und erinnert euch an die Polen.«

Jenseits des Urals werden die Bahnhöfe wieder belebter; es ist schwieriger, die wartenden Fahrgäste abzuhalten. Man gibt uns nun nur noch nachts etwas zu essen. Unser Mittagessen nehmen wir um ein oder zwei Uhr nachts oder noch später, gegen Morgen, ein. Tagsüber schlafen wir. In den Bahnhofshallen warten stets eilig aufgebaute Juwelierläden auf uns. Wir dürfen alles ohne Sondersteuern einführen, aber wir dürfen keine Rubel mit nach Polen nehmen. Unser restliches Geld müssen wir also für irgendetwas ausgeben. Wer Anleihen in größere Summen umtauschen konnte, kauft Silber, Ringe, Puderdosen und Zigarrenkästchen. Das meiste ist aus hochwertigem Material, aber wenig geschmackvoll gefertigt.

»Sieh sie dir an«, sagt einer unserer Begleiter, »sie kommen aus ihren Gefängnissen zurück, von ihren Entsendestellen, und sie sind wahrhaftig reich.« Als wüsste er nicht, woher wir das Geld haben.

Am Ural kommen wir an einem Pfahl mit der Aufschrift EUROPA / ASIEN vorbei. Wir klatschen. Wenngleich dies nur ein klägliches Stück von Europa ist, das sich noch lange hinziehen wird, ist es doch gut, dass wir Asien hinter uns gelassen haben. Wir empfinden schließlich keine Sympathie für diesen Kontinent. Wir schauen uns die Umgebung an – die endlosen Steppen, in denen man den ganzen Tag über kein Haus und keinen Baum zu sehen bekam, haben wir bereits hinter uns. Jetzt fahren wir durch ein Land, das schon dichter besiedelt ist. Wir kennen es alle noch von unserer ersten Reise in den Norden. Die Armut macht uns betroffen. Der Krieg ist jetzt so viele Jahre vorbei, und ich sehe auf den Bahnhöfen Frauen mit zerschlissenen Walenki, um die Füße haben sie Lumpen gewickelt, und sie tragen kaputte Fufaiki. Die Bahnhöfe hingegen sind großartig. Die Bahnhofsgebäude sehen aus wie Paläste. Gemälde bedecken ganze Wände und zeigen fröhliche Kolchosbauern und tüchtig zupackende Fabrikarbeiter.

Während unserer Reise erlebten wir zwei amüsante Zwischenfälle. Einmal waren zwei Freunde bei einem Halt des Zuges in die Stadt gegangen und kamen zu spät zur Abfahrt zurück. Sie meldeten sich direkt beim Bahnhofsvorsteher. Dieser schaute sie misstrauisch an und fragte sie nach ihren Dokumenten. Aber keiner von uns hatte irgendwelche Dokumente bei sich, kein einziges Stück Papier. Der Bahnhofsvorsteher sperrte die Männer in die Bahnhofszelle und informierte das MWD. Im Zug war ihr Fehlen zum Glück sofort bemerkt worden. Wir hatten es unseren Begleitern gemeldet, und am nächsten Bahnhof hatten diese ein Telegramm an den vorherigen Bahnhof geschickt. Die Namen und die anderen Angaben waren korrekt, und so wurden die Männer freigelassen und in einen Schnellzug gesetzt, der uns irgendwo zwischen zwei Städten einholte. Als wir in Tula ankamen, warteten die beiden dort schon auf uns. Wie sich herausstellte, war es nicht so sehr das Fehlen der Dokumente gewesen, welches das örtliche MWD beunruhigt hatte, als vielmehr die genauen Informationen, die die Männer über unseren Zug hatten. Je mehr Details sie ihnen über Zug 517 anboten, um zu beweisen, dass sie tatsächlich in diesem Zug gewesen waren, desto größer wurden die Zweifel der dienstbeflissenen Tschekisten. Sie wiederholten immer wieder: »Woher wisst ihr so viel? Ihr wisst zu viel. Spione, ihr müsst Spione sein!« Selbst für solch erfahrene Seki war diese Art der Argumentation schwer zu verstehen, und unsere Freunde überkam allmählich die Angst, sie würden lange festgehalten werden und es könnte einige Zeit dauern, bis alles aufgeklärt wäre. Dieses Telegramm war ihre Rettung. Was für ein Glück!

Ein ähnliches Abenteuer erlebte der Ehemann unserer Transportärztin. Er arbeitete selbst beim MWD und hatte den Rang eines Majors. Seine Frau hatte ihm mitgeteilt, wann wir ungefähr in der Nähe von Moskau sein würden (die Verantwortlichen unseres Transports hatten nicht die Absicht, diese widerspenstigen Polen in die Stadt selbst hineinzulassen – einer von uns könnte am Bahnhof ja noch etwas Unnötiges von sich geben). Wir fuhren also auf außergewöhnlichen Wegen um Moskau herum, und der Herr Major hatte Mühe, zu einem der nahe gelegenen Bahnhöfe zu gelangen. Er wandte sich sofort an den diensthabenden Bahnbeamten und fragte, ob der 517 schon angekommen sei und auf welchem Gleis der Zug stehe. Und was geschah dann? Der Beamte meldete die Sache dort, wo so etwas gemeldet werden muss, und der Herr Major wurde in einen Raum gesperrt, um alles zu erklären. Sein Ausweis half ihm ebenso wenig weiter wie sein spezieller Passierschein. Erst nach mehreren Stunden wurde der Mann auf Intervention der Verantwortlichen unseres Transports und der erschreckten Ärztin freigelassen. Aber die Zeit, die er festsaß, hat ihm sicher nicht geschadet. Unter solcher Geheimhaltung wurden wir also aus Russland hinausgebracht, einer weit größeren Geheimhaltung als bei unserer Einreise.

Kiew. Unsere Begleiter haben ihre Uniformen abgelegt und ihre Zivilkleidung angezogen. Sie sehen amüsant aus. Auch Bevollmächtigte der polnischen Regierung steigen ein. Wir fragen sie darüber aus, was uns nun erwartet. Sie sind höflich. Endlich nähern wir uns der alten Grenze. Wir schauen uns jedes Dorf, jeden Wald, jeden verschlungenen Pfad genau an. Viele von uns kennen diese Gegend gut. Wir kommen nachts in Lwiw an, haben aber keine Möglichkeit, in die Stadt zu gehen. Die Abreise ist bereits angekündigt. Wir stehen also nur einen Moment auf den Stufen des Bahnhofsgebäudes und blicken auf die schlafenden Straßen und Häuser. Es versetzt uns einen Stich ins Herz.

Wir fahren weiter. Es ist eine kalte Dezembernacht, es ist dunkel, man kann nichts sehen. Doch niemand von uns schläft. Wir starren alle aus dem Fenster, als wollten wir jeden Baum, jeden Strauch wiedererkennen. Als sie uns von hier wegbrachten, war dies noch unsere Erde, war dies noch unsere Heimat. Jetzt sehen wir russische Inschriften an den Straßen und an den Bahnhöfen, die wir gut kennen. Wie unmenschlich, wie schrecklich ist es, mit Stumpf und Stiel der Erde entrissen zu werden, der Erde, auf der man aufgewachsen ist, auf der man jedes Fleckchen kannte, auf der man seine Liebsten um sich hatte. Die Kriegsjahre haben unsere Bindung zu dieser Erde nur noch verstärkt. Ich will keine großen Worte machen, aber es bleibt eine Tatsache, dass wir für diese Erde gekämpft und dass viele von uns ihr Leben dafür gelassen haben. Wir, die Inhaftierten, haben dem Land unsere ganze Jugend und Gesundheit geschenkt. Jetzt fahren wir an den Überresten vergangener Feuersbrünste, an verlassenen Dörfern und toten Stümpfen gefällter Obstbäume vorbei. Wir sehen alles, und niemand wird uns etwas vorgaukeln können, denn in unserem Gedächtnis haben wir die Form jedes Hügels und jedes Abhangs des sich bis zum Horizont erstreckenden Waldes bewahrt. Jetzt fahren wir hier vorbei, um nie wieder zurückzukehren. Nie ist das Gefühl der Niedergeschlagenheit in uns so groß gewesen.

Es wird Tag. Mostyska, die letzte Station vor der Grenze. Die Reichen kaufen in den Juwelierläden von ihren letzten Rubeln Silber. Wir blicken auf den Bahnhof und die sich dahinter erstreckenden Felder. Es ist leer hier, außer den Bahnbeamten und Grenzbeamten ist keine Menschenseele zu sehen. Wir steigen wieder in den Zug. Vor Medyka werden die Waggons verschlossen, wir werden erneut gezählt. Die Zahl ist korrekt. Wir stellen uns auf den Gang und öffnen die Fenster weit. Der Zug setzt sich in Bewegung. Auf dem Trittbrett stehen sowjetische Grenzsoldaten. Sie springen ab, direkt vor den Stacheldrähten. Ein breiter Streifen verbotenen Landes. Wir singen die Nationalhymne und die *Rota*[1]. Die Grenze.

---

[1] Ein Gedicht von Maria Konopnicka (1842–1910) aus dem Jahr 1908, das zu einer nationalen Hymne wurde, nachdem der Komponist Feliks Nowowiejski (1877–1946) es zwei Jahre später vertont hatte.

GLOSSAR

AK In Polen gab es zwei große Widerstandsorganisationen: die kommunistische Armia Ludowa auf der einen und die Armia Krajowa (AK) auf der anderen Seite. Gegen Ende des Krieges und in der Nachkriegszeit wurden viele Mitglieder der AK von den Kommunisten verfolgt, verbannt und ermordet.
Allgemeine Arbeit Begriff, der schwerste Zwangsarbeit bedeutete.
Balanda Wässrige Gefängnissuppe.
Bankrutka Eine selbst gedrehte Zigarette.
Belomorkanal Zigarettenmarke (auch kurz Belomor genannt).
Buschlat Stoffjacke, ähnlich einer Cabanjacke (Plural: Buschlaty).
Dochodjaga Ein Gefangener, dem es so schlecht ging, dass er bereits mit einem Bein im Grab stand (Plural: Dochodjagi). Der Begriff leitet sich von dem Verb *dochodit* ab, das »erreichen, ankommen« bedeutet.
Fufaika Wattierter Mantel. Von Herbst bis Frühjahr wurde dieser Mantel normalerweise von Soldaten, Arbeitern und Gefangenen in der Sowjetunion getragen.
ITL Abkürzung für Isprawitelno-Trudowoi-Lager. Großes Umerziehungsarbeitslager, das aus mehreren Einheiten (Lagpunkty) bestand. Ein ITL hatte ein hohes Maß an Selbstverwaltung: ein eigenes Budget, eigene Transportmittel, ein eigenes Hospital usw.
Katorga Die Katorga war ein System von Gefängnissen und Straflagern aus der zaristischen Zeit, also ein Vorläufer des Gulag. Auch in den Jahren des Kommunismus wurde der Begriff Katorga noch verwendet, vor allem wenn die Strafe für einen Verurteilten aus harter Zwangsarbeit von mehr als zehn Jahren bestand.

Komandirowka Abgelegener Lagerposten, in dem ein Trupp vorübergehend bestimmte Arbeiten verrichten musste, z. B. Forstwirtschaft, Bergbau (Plural: Komandirowki).

Kombinat In kommunistischen Ländern wurde dieser Begriff häufig verwendet, um einen Zusammenschluss von Fabriken mit unterschiedlichen Spezialisierungen auszudrücken.

Kombischir Eine Art von aus unterschiedlichen Fetten zusammengesetzter Margarine; wurde hauptsächlich in der Armee und auch in den Gulags verwendet.

Komsomol Kommunistische Jugendorganisation.

K-W TSCH Abkürzung für Kulturno-Wospitatelnaja Tschast (»Abteilung für Kultur und Erziehung«): Organisation, die für die Integration kultureller Aktivitäten in das Lagerleben zuständig war. Diese Aktivitäten (wie Aufführungen, Vorträge, das Verteilen oder Aufhängen »informativer« Plakate und Zeitungen) zielten ausdrücklich auf die Umerziehung der Häftlinge ab.

Lagerpunkt Kleiner Lagerposten (Russisch: Lagpunkt, Plural: Lagpunkty).

MWD Das Innenministerium; es war für das Gulagsystem verantwortlich. Von 1946 bis 1954 war das MWD auch der Staatssicherheitsdienst – besser bekannt als NKWD.

Narjadtschik Lagerverwalter, der für die Arbeitsaufteilung verantwortlich war. Er bestimmte, welcher Brigade man als Häftling zugewiesen wurde.

NKWD Das Volkskommissariat für innere Angelegenheiten. Daraus ging später der KGB hervor.

Normirowtschik Zuständig für die Berechnung, wie die angestrebten Zielvorgaben erreicht werden konnten, und für die Kontrolle, ob sie auch tatsächlich eingehalten wurden (was in der Regel nicht der Fall war, sodass die Arbeit des Normirowtschik hauptsächlich darin bestand, Zahlen zu beschönigen).

OLP Lagerposten, der größer als ein Lagerpunkt ist. Abkürzung von Otdelny lagerny punkt (wörtlich: *Einzellagerpunkt*).

Oper Sonderbeauftragter der Miliz oder der Sicherheitskräfte im Lager.

Otkas Arbeitsverweigerung (ein Gulaghäftling, der sich weigerte, zur Arbeit zu gehen, wurde sehr streng behandelt).

Parascha Kübel oder vielmehr eine große Eisenwanne, die in den Gefängniszellen oder Baracken der Gefangenen als Toilette diente.

Pridurok Gefangener, der leichtere Arbeiten verrichten darf und keine »allgemeine Arbeit« leisten muss (Plural: Pridurki).

Prorab Arbeitsinspektor, der dafür sorgt, dass der Plan erfüllt wird. Er überprüft die Planung und sorgt dafür, dass die Brigaden ihre Arbeit ordnungsgemäß ausführen können. Anschließend kontrolliert er, ob die Arbeit auch tatsächlich ausgeführt wird.

Raswod Morgendliches Prozedere, bei dem sich Häftlinge, die außerhalb des Lagers arbeiten mussten, versammeln mussten und ausgesandt wurden (Raswod bedeutet wörtlich »Trennung«; so wurden Häftlinge, die innerhalb der Lagerzone arbeiteten, von denen getrennt, die außerhalb der Zone arbeiten mussten).

Spezlag Abkürzung für *Spezialnyj Lager*: Speziallager für politische Häftlinge, in dem in der Regel ein strengeres Lagerregime als in anderen Lagern galt (Plural: Spezlagerja).

Trudoden Unter Kolchosbauern verwendete Abrechnungseinheit für geleistete Arbeit bzw. Arbeitseinsätze. Wörtlich bedeutet es »Arbeitstag«. Man wurde also in »anerkannten Arbeitstagen« bezahlt, die dann gegen Grunderzeugnisse wie Mehl, Milch und dergleichen eingetauscht werden konnten (Plural: Trudodni).

Tufta Das Schummeln mit Zahlen in den Arbeitsberichten, um trotz allem die vorgegebenen Ziele zu »erreichen«.

Urka Gulaghäftlinge, die im Gegensatz zu den politischen Häftlingen aus kriminellen Gründen inhaftiert waren (Plural: Urki. Synonym: Blatnoi).

Walenki Filzstiefel der russischen Armee (Singular: Walenok).

Sek Gefangener, Abkürzung von Sakljutschonnyj (Plural: Seki).

HINWEISE DES NIEDERLÄNDISCHEN ÜBERSETZERS

Obwohl *Nach der Befreiung* in vielerlei Hinsicht Barbara Skargas bemerkenswertestes Buch ist, ist es auch ihr am meisten unterschätztes und vielleicht ihr am wenigsten gelesenes. Auch wenn es in den letzten Jahrzehnten einige Nachdrucke von *Nach der Befreiung* gab, waren die Auflagen immer äußerst gering. Daher ist es heute schwierig, wenn nicht gar unmöglich, an ein Exemplar zu kommen. Wer ein Exemplar bei einem Antiquitätenhändler oder auf dem Gebrauchtmarkt ergattert, hält ein seltenes Kleinod in Händen.

Das Buch erschien erstmals im Jahr 1985. Aufgrund der kommunistischen Zensur und Repressionen veröffentlichte Skarga ihre Aufzeichnungen aus dem Gulag zunächst unter einem Pseudonym (Wiktoria Kraśniewska) und im Ausland. Das Instytut Literacki in Paris – viele Jahre lang das kulturelle Epizentrum der polnischen intellektuellen Diaspora – übernahm die Veröffentlichung. Der letzte Nachdruck erschien 2008, kurz vor Skargas Tod.

Dieser Übersetzung wurde die Ausgabe von 1990 zugrunde gelegt, die vom Verlag W drodze in Poznań bearbeitet wurde. Nach dem Fall des Kommunismus konnte Skarga das Buch erstmals unter ihrem eigenen

Namen veröffentlichen, wobei in dieser Ausgabe auch Skargas Pseudonym in Klammern steht. Die Ausgabe von 1990 unterscheidet sich in einigen Punkten von der ersten. So waren in der ersten Auflage noch alle Ortsnamen anonymisiert und durch einen Buchstaben oder einen anderen Namen gekennzeichnet (Budjonowka ist der einzige fiktive Ortsname, den Skarga beibehalten hat), sodass es für die Behörden schwieriger war, den Autor zu ermitteln. Die wichtigste Änderung betrifft das Ende von Kapitel 1. In der Ausgabe von 1990 endet es mit der Hinrichtung der polnischen Gefangenen. In der Originalausgabe folgten auf diese Passage unmittelbar die ersten Absätze von Kapitel 3, auch wenn sie thematisch nicht so recht zusammenpassten.

Über die Gründe, warum *Nach der Befreiung* nur schwer den Weg zu seinen Lesern gefunden hat, lässt sich viel spekulieren. Liegt es daran, dass das Interesse am Gulag – sowohl an der allgemeinen Geschichte als auch an persönlichen Erzählungen – nicht sehr groß ist? Liegt es daran, dass der Zeitgeist ein anderer war – erst durfte das Buch in Polen nicht veröffentlicht werden, dann wollte man mit der Vergangenheit abschließen und mit dem Wandel so schnell wie möglich in eine neue Zukunft starten?

Zweifellos spielte auch die Tatsache eine Rolle, dass dem Manuskript die fürsorgliche Hand eines guten Lektors fehlte, weshalb es einige Fehler und Schlampigkeiten enthält. Es fällt auch auf, dass Skarga vom Leser ein Maß an Intelligenz und Wissen erwartet, das, gelinde gesagt, nicht sehr realistisch sein dürfte. Zum einen sind ihre Notizen mit zahlreichen literarischen, kulturellen und historischen Verweisen gespickt, die selbst für die meisten Slawisten nicht zum Allgemeinwissen gehören werden. Zum anderen verfasste Skarga ihre Notizen in einem Jargon und mit Begriffen (technisch, organisatorisch, politisch, juristisch usw.), die zum Leben im Gulag gehörten, aber für den normalen Leser in der normalen Realität ohne Hintergrundinformationen nicht verständlich sind. Skarga hat sich jedoch nicht die Mühe gemacht, ihre Notizen mit Fußnoten zu versehen oder sie auf andere Weise zugänglicher zu machen.

Dies bringt uns zu einem weiteren Grund, warum das polnische Manuskript von *Nach der Befreiung* so ein harter Brocken ist: Skargas Sprache. Drei Aspekte sollten hier hervorgehoben werden. Erstens: Der Unterschied zwischen geschriebener und gesprochener Sprache ist im Polnischen ohnehin recht groß, und Skarga schreibt in einer stilisierten Form des Polnischen, die typisch war für die polnische intellektuelle Elite, die in der Zwischenkriegszeit in Litauen aufwuchs und dort ausgebildet wurde (und zu der beispielsweise der Nobelpreisträger Czesław Miłosz gehörte). Zweitens enthalten ihre Aufzeichnungen zahlreiche russische Phrasen in polnischer Transliteration; vor allem wenn sie die Gespräche unter den Häftlingen oder die Gespräche mit den Lagerbehörden beschreibt. Solche »russischen« Phrasen sind manchmal kursiv gesetzt (wie Skarga es tat) und stehen dann nicht in Anführungszeichen. Das Problem, das sich hier stellt, ist, dass diese Transliteration nicht immer regelkonform erfolgt ist. Während man vielleicht davon ausgehen konnte, dass der polnische Leser in den achtziger Jahren die russische Sprache ausreichend beherrschte, um zu verstehen, was Skarga meinte, ist dies für den zeitgenössischen Leser und für Leser im Ausland offensichtlich nicht der Fall. Drittens fällt auf, wie sehr die Jahre in Russland Skargas Sprache geprägt haben. Ihr Polnisch wurde in jenen Jahren etwas russifiziert. Am auffälligsten war dies natürlich in den Jahren unmittelbar nach ihrer Rückkehr nach Polen (Skarga hat auch in anderen autobiographischen Erinnerungen davon berichtet), aber auch noch viele Jahre später, wie unter anderem aus ihren in den achtziger Jahren niedergeschriebenen Aufzeichnungen über den Gulag hervorgeht. Skarga »polonisiert« in ihrer Sprache häufig russische Wörter. Aus linguistischer Sicht ist dies besonders faszinierend, aber für den normalen Leser stellt dies für eine flüssige Lektüre ihrer Werke manchmal einen Stolperstein dar.

Ich möchte einige Beispiele anführen. Wenn Skarga ein Trinkgelage in der Kolchose beschreibt, spricht sie von einer Pijanka. Pijanka ist jedoch kein anerkanntes polnisches Wort. Pijany/pijana ist das polnische Wort für betrunken, und ein Pijak ist ein Betrunkener. Aber Pijanka gibt es nicht; das ist eine Polonisierung des russischen пьянка. Das korrekte

Polnisch müsste Pijatyka lauten. Wie der Leser sehen kann, haben die Begriffe hier eine andere slawische Wurzel, und es ist nicht sehr schwierig, die Bedeutung von Skargas Neologismus herauszufinden. Dies ist jedoch keineswegs immer der Fall. Wenn Skarga in Kapitel 5 den an Lethargie grenzenden russischen Gleichmut beschreibt, sagt sie, die Russen fügten sich leicht in ihr Schicksal und bissen dann einfach auf Siemeczki. Das ist eine Polonisierung des russischen семечки: Sonnenblumenkerne. Das korrekte Polnisch ist pestki słonecznika. Skargas Notizen enthalten mehrere solcher russifizierter Neologismen, die – wenn der Leser des Russischen und Polnischen nicht gleichermaßen mächtig ist – eine flüssige Leseerfahrung und die Verständlichkeit bestimmter Passagen behindern.

Um die Leseerfahrung und die Verständlichkeit zu optimieren, wurde die niederländische Übersetzung von Skargas Aufzeichnungen – mit Zustimmung von Skargas Erben – deshalb vielfach mit Anmerkungen versehen und, wo nötig, redigiert. *Nach der Befreiung* bietet der niederländischsprachigen Leserschaft somit sowohl einen authentischen Augenzeugenbericht des Lebens im Gulag als auch eine wichtige Informationsquelle zu Aspekten der europäischen Geschichte, die nur unzureichend bekannt sind, die aber die Welt bis heute prägen.

ZITIERTE WERKE

Janowska, K. und P. Mucharski, *Innego końca świata nie będzie*. Krakau, Znak, 2008. (Autobiographischer Interviewband)
Skarga, Barbara, *Kwintet metafizyczny*. Krakau, Universitas, 2005.
Skarga, Barbara, *Człowiek to nie jest piękne zwierzę*. Krakau, Znak, 2007.
Skarga, Barbara, *Tercet metafizyczny*. Krakau, Universitas, 2005.
Skarga, Barbara, *O filozofię bać się nie musimy*. Warschau, PWN, 2017.
Skarga, Barbara, *… jeżeli myślicie o mnie, to bez smutku … Korespondencja z lat 1946–1955*. Warschau, PWN, 2019.

HAUPTWERKE VON BARBARA SKARGA

1964 *Narodziny pozytywizmu polskiego: 1831–1864*
1975 *Kłopoty intelektu. Między Comte'em a Bergsonem*
1982 *Czas i trwanie. Studia nad Bergsonem*
1985 *Po wyzwoleniu ... 1944–1956*
1987 *Przeszłość i interpretacje*
1989 *Granice historyczności*
1997 *Tożsamość i różnica. Eseje metafizyczne*
2005 *Kwintet metafizyczny*
2009 *Tercet metafizyczn*